U0522362

项目资助信息：

此书得到"云南大学双一流世界史学科建设经费"和"云南大学区域国别历史与文化研究创新团队经费"的支持

云南大学世界史研究序列丛书

东南亚的民族国家建构与民族整合进程研究

何平 阳举伟 等◎著

中国社会科学出版社

图书在版编目（CIP）数据

东南亚的民族国家建构与民族整合进程研究／何平等著．－－北京：中国社会科学出版社，2024.8. （云南大学世界史研究序列丛书）．－－ISBN 978－7－5227－4019－5

Ⅰ. D733.062

中国国家版本馆 CIP 数据核字第 2024GC4307 号

出 版 人	赵剑英	
责任编辑	张 湉	
责任校对	杨 林	
责任印制	李寡寡	

出　　版	中国社会科学出版社	
社　　址	北京鼓楼西大街甲 158 号	
邮　　编	100720	
网　　址	http：//www.csspw.cn	
发 行 部	010－84083685	
门 市 部	010－84029450	
经　　销	新华书店及其他书店	

印　　刷	北京君升印刷有限公司	
装　　订	廊坊市广阳区广增装订厂	
版　　次	2024 年 8 月第 1 版	
印　　次	2024 年 8 月第 1 次印刷	

开　　本	710×1000　1/16	
印　　张	30.25	
字　　数	465 千字	
定　　价	168.00 元	

凡购买中国社会科学出版社图书，如有质量问题请与本社营销中心联系调换
电话：010－84083683
版权所有　侵权必究

总　序

习近平总书记说过：当今世界正经历百年未有之大变局，和平与发展仍然是时代主题，同时不稳定性和不确定性更加突出，人类面临许多共同挑战；我们要具备战略眼光，树立全球视野；我们要从各种乱象中看清实质，从历史的维度中把握规律。[①] 时至今日，人类如何借鉴过去、思考当下、把握未来，更加迫切地摆在了我们的面前。历史学承载着过去、现在和未来，承载着人类的记忆和民族的希望。在社会进步和发展顺利的时候，需要总结历史；在遭遇挑战、充满变数的时刻，更需要了解历史，我们不仅需要了解我们民族和国家的历史，也需要了解世界其他国家和地区的历史。

云南大学世界史学科开始于20世纪40年代末，在20世纪50—90年代，在云南大学历史系和西南亚研究所中聚集的一批从国外学成归国的老先生，如纳忠、杨兆钧、张家麟、武希辕、李德家、施子愉等，和众多国内培养的著名专家和学者，如方德昭、邹启宇、赵瑞芳、吴继德、左文华、唐敏、黎家斌、徐康明等，共同奠定了云南大学世界史学科的基础。1981年，云南大学世界史获得了地区国别史的硕士授予权，2000年，云南大学世界史学科获得博士授予权，肖宪教授、贺圣达教授、刘鸿武教授、杨曼苏教授、徐康明教授、吕昭义教授、许洁明教授、何平

---

① 综合引用习近平总书记在"2019年3月26日在中法全球治理论坛闭幕式上的讲话"；"2018年8月27日在推进'一带一路'建设工作5周年座谈会上的讲话"；"2019年4月26日在会见联合国秘书长古特雷斯时的讲话"。

教授、赵伯乐教授、李杰教授、李晨阳教授等人先后成为云南大学世界史的博士生导师。在长期的发展过程中，云南大学世界史薪火相传，在东南亚史、南亚史、西亚中东和非洲史、阿拉伯史等研究领域形成了特色和优势。近年来，云南大学世界史也注重加强欧美史的研究，并取得了初步的成效。2017年，云南大学成为了首批"双一流"建设高校之一，为云南大学世界史在人才引进、人才培养和学科建设方面提供了极大的支持。

回顾过去，我们倍感自豪，但展望未来，我们倍感责任重大。当前，国内高校的世界史学科建设飞速发展，一日千里，云南大学世界史更应当尊重学科发展规律，加快学科建设和学位点建设。出版"云南大学世界史研究序列丛书"，就是要集中推进云南大学世界史研究成果，增进和学术界的交流合作，进一步昌明学术、造就学者、发展学科、培养人才。

历史学的研究需要求真、求新、求变，云南大学世界史学科的发展则需要冷静、坚守和执着。"为天地立心，为生民立命，为往圣继绝学，为万世开太平"，这是中国传统知识分子的使命与担当。希望我们每一位世界史研究者都能够不忘使命与担当，遵循学术发展规律和问题导向，紧跟时代步伐，回应社会关切，继承和发扬老一辈的科学探索精神和优良传统，潜心学术，立身、立业、立言，多出精品力作，共同推动云南大学世界史学科发展，共同为发展和繁荣我国历史学科做出新的贡献。

钱金飞

2022年7月

序　言

本书是何平教授主持的2014年度国家社科基金项目"东南亚民族国家建构的历史基础、目标构想与民族整合进程研究"（项目编号14BMZ043）的修改版。该项目于2019年通过结项，结项鉴定结果为良好。后与中国社会科学出版社联系，有幸得以在该出版社出版。因版面限制，需要压缩；又因出版社编辑工作认真，把关严格；加之参加项目研究并承担具体各章的同仁又分散在不同省区的不同单位，大家互相联系，经数次修改，最终得以和读者见面。

这本书能和读者见面，也要感谢包括张湉老师在内的出版社各位老师给予的专业指导、帮助和辛勤付出，感谢出版过程中认真负责的匿名评审专家提出的宝贵修改意见，这使本书的质量得以整体提升。

本书是在何平教授指导下取得的一项集体研究成果。其中，绪论和结语部分由何平和阳举伟执笔。第一章至第九章的作者及其负责的部分分别是：第一章泰国部分由阳举伟负责，第二章越南部分由王云裳负责，第三章老挝部分由张静负责，第四章柬埔寨部分由宋云龙负责，第五章缅甸部分由左娅负责，第六章新加坡部分由李猛负责，第七章马来西亚部分由蒋炳庆负责，第八章印尼部分由李猛负责，第九章菲律宾部分由段宜宏负责。书稿完成后，由何平和阳举伟进行最后的统稿工作。

从项目立项到结项，再到出版过程中进行的数次修改至今，已近十年。其间过程，可能只有参与的作者和参与出版过程的出版社老师知晓"区域国别研究"其中的"过程五味"。就像幸运的多数人经历了"疫前"、"疫间"和"疫后"这三段时期之后存活下来一样，这本书也经历了这样一个过程。其中，如同在写作过程中充满了跌宕起伏的问题和挑战一样，在本书的出版过程中，由于国际局势发生了突如其来的变化，这对当时处于出版过程的本书结语部分的观点也构成了挑战，这也算是现实对历史形成的内容构成的挑战。略感欣慰的是，本书现在的观点继续保持了结项时所持的观点，未做修改，这或许也体现出基础研究或者说是"坐冷板凳"的一些价值来。尽管历史既不能假设亦不能预测什么，但在展现历史进程的过程中，在尊重历史客观性的基础上，尽力做到"据今鉴古"以达"经世济用"之功用一二。由于历史不会重演，所以我们很少或是根本就没有机会同步捕捉到历史上与现实中的"押韵的音符"，但希望对未来能起到有所启示、有所助益的功用，依然是我们努力的方向。尽管如此，由于本书研究的东南亚国家多，而东南亚地区在民族、文化、宗教、国家政体类型等方面均表现出多样性特点，因而通过相应作者负责对相应国家进行研究，进而尽力最终将东南亚民族国家建构与民族整合的个体特性和整体图景展现出来。坦白地说，由于各种因素的影响和制约，这方面的研究构想和实际之间还是存在或多或少的缺憾。

虽然本书是在获得结项鉴定良好结论基础上的压缩版修改稿，出版社编辑也严格把关，但由于这是一项集体成果，各人投入的时间和精力不一样，水平也有差异，所以许多地方不可避免地还存在一些问题。敬请读者不吝赐教。

何 平 阳举伟

2024 年 3 月 15 日

著作第一章至第九章作者简介：

1. 第一章　泰国民族国家建构与民族整合

阳举伟，世界史博士（云南大学2019届），贵州大学历史与民族文化学院讲师，贵州大学东盟研究院研究员。

2. 第二章　越南国家建构与民族整合

王云裳，法学博士（云南大学2022届），云南民族大学政府与公共管理学院（人民武装学院）讲师。

3. 第三章　老挝民族国家建构

张　静，世界史硕士（云南大学2019届）。

4. 第四章　柬埔寨民族国家建构

宋云龙，世界史硕士（云南大学2019届），山东省日照海曲高级中学一级教师。

5. 第五章　缅甸民族国家建构与民族整合

左　娅，世界史博士（云南大学2020届），云南财经大学国际语言文化学院副教授。

6. 第六章　新加坡民族国家建构

李　猛，世界史硕士（云南大学2019届）。

7. 第七章　马来西亚民族国家建构

蒋炳庆，历史学博士（云南大学2017届），昆明学院马克思主义学院副教授，硕士研究生导师。

8. 第八章　印尼民族国家建构与民族整合

李　猛，世界史硕士（云南大学2019届）。

9. 第九章　菲律宾民族国家建构与民族整合

段宜宏，世界史硕士（云南大学2017届），云南技师学院（云南工贸职业技术学院）高级讲师、国际交流合作中心主任。

目 录

绪论 ……………………………………………………………（1）
  一　选题意义 …………………………………………………（1）
  二　国内外研究状况与述评 …………………………………（2）
  三　研究方法与问题 …………………………………………（12）
  四　相关概念及其含义 ………………………………………（13）
  五　本书的结构与内容 ………………………………………（26）

第一章　泰国民族国家建构与民族整合 ……………………（35）
  第一节　泰国民族国家建构的历史基础 ……………………（35）
    一　泰国的民族概况 ………………………………………（35）
    二　泰国民族关系的演变 …………………………………（41）
  第二节　泰国近现代改革及其民族国家建构目标 …………（46）
    一　泰国近现代改革及其民族国家建构 …………………（46）
    二　泰国民族国家建构目标与路径 ………………………（63）
  第三节　泰国的民族整合进程概况及其效果 ………………（70）
    一　泰国民族整合进程概况 ………………………………（70）
    二　泰国民族整合效果 ……………………………………（87）

第二章　越南国家建构与民族整合 …………………………（91）
  第一节　越南地理环境与民族构成概述 ……………………（91）
    一　现代越南地理环境概述 ………………………………（91）

· 1 ·

二　现代越南的民族构成与疆域形成 ………………………… (92)
第二节　从史前到越南封建王朝的国家建设与民族关系发展 …… (96)
　　一　史前到北属时期的"国家"雏形与民族关系发展 ………… (97)
　　二　封建时代的国家建设与民族关系发展 ………………… (101)
第三节　反殖反帝时代的越南国家建构和民族整合 ………… (107)
　　一　法属时代大众民族主义的兴起 ………………………… (107)
　　二　从南北分治到革新开放前的国家建构与民族整合 …… (114)
第四节　南北统一后越南的国家建构与民族整合 …………… (119)
　　一　1975—1986 年的国家建构与族际关系调整 ………… (119)
　　二　革新开放以来的国家建构与民族整合 ………………… (121)

第三章　老挝民族国家建构 ……………………………… (135)

第一节　老挝民族国家建构的历史基础 ……………………… (138)
　　一　老挝民族的起源与多民族格局的形成 ………………… (138)
　　二　法国殖民统治与老挝民族国家的形成
　　　　(1893—1954 年) ……………………………………… (141)
第二节　老挝内战时期的政治格局及其民族政策
　　　　(1954—1975 年) ……………………………………… (145)
　　一　老挝内战时期的政治格局的形成和发展 ……………… (146)
　　二　老挝内战时期的民族问题与民族政策 ………………… (149)
第三节　凯山·丰威汉时期的老挝民族国家建构
　　　　(1975—1990 年) ……………………………………… (153)
　　一　凯山·丰威汉时期老挝的国家建构 …………………… (154)
　　二　凯山·丰威汉时期老挝的民族建构 …………………… (158)
　　三　凯山·丰威汉时期老挝民族国家建构的成效 ………… (164)
第四节　全面革新以来老挝的民族国家建构(1991 年至今) …… (166)
　　一　全面革新以来老挝的国家建构 ………………………… (166)
　　二　全面革新以来老挝的民族建构 ………………………… (170)
　　三　全面革新以来老挝民族国家建构的成效 ……………… (174)

第四章　柬埔寨民族国家建构 ……………………………………（178）

第一节　柬埔寨民族国家建构的历史基础及其多族群格局的形成 ……………………………………（178）
一　高棉族的起源与发展及其认同 …………………………（179）
二　柬埔寨其他族群的由来、发展与认同 …………………（180）
三　法国的殖民统治与柬埔寨民族国家要素的渐趋完备 ……（182）

第二节　西哈努克时期柬埔寨的民族国家建构 ………………（186）
一　西哈努克时期的国家建构 ………………………………（187）
二　西哈努克时期柬埔寨的民族建构 ………………………（190）
三　西哈努克时期民族国家建构的成效 ……………………（193）

第三节　大动荡时期柬埔寨的民族国家建构（1970—1991年） ………………………………………（196）
一　大动荡时期柬埔寨的国家建构 …………………………（197）
二　大动荡时期柬埔寨的民族建构 …………………………（201）
三　大动荡时期民族国家建构的成效 ………………………（205）

第四节　柬埔寨和平进程以来的民族国家建构（1991年至今） ………………………………………（209）
一　1991年以来柬埔寨的国家建构 …………………………（209）
二　1991年以来柬埔寨的民族建构 …………………………（211）
三　1991年以来柬埔寨民族国家建构的成效 ………………（215）

第五章　缅甸民族国家建构与民族整合 ……………………………（220）

第一节　以缅族王朝为核心的国家的形成与整合 ……………（220）
一　缅甸的主要民族及其分布概述 …………………………（220）
二　缅族王朝时期的缅甸整合 ………………………………（222）

第二节　以多元化社会为基础的英属缅甸的构建与整合 ……（226）
一　英国殖民政府的多元化社会构建 ………………………（226）
二　英国殖民政府的国家整合的危机 ………………………（228）
三　国家分裂与缅甸独立 ……………………………………（230）

第三节　以缅族中央集权为目标的国家构建与整合 …………（234）

    一 以民主和佛教为整合手段的吴努政府
        （1948—1961年） ………………………………………（234）
    二 以中央集权和缅甸式社会主义为整合手段的奈温政府
        （1962—1987年） ………………………………………（237）
  第四节 以"有纪律的民主"为指导思想的国家构建与整合 ……（240）
    一 新军人政府时期的国家整合（1988—2010年） ………（240）
    二 吴登盛政府时期的国家整合（2011—2015年） ………（246）
    三 民盟政府时期的国家整合（2016年至今） ……………（250）

第六章 新加坡民族国家建构 ………………………………………（257）
  第一节 新加坡民族国家建构的历史基础 ……………………（257）
    一 新加坡诸族的起源与早期历史 ………………………（257）
    二 英国殖民统治与新加坡族群结构的定型 ……………（260）
    三 新加坡的民族主义运动与新加坡的自治 ……………（264）
  第二节 李光耀时期新加坡的民族国家建构 …………………（268）
    一 新加坡民族国家建构道路的选择 ……………………（269）
    二 李光耀时期新加坡的国家建构与民族整合 …………（272）
    三 李光耀时期新加坡民族国家建构的成效 ……………（280）
  第三节 1990年后新加坡的民族国家建构 ……………………（283）
    一 1990年后新加坡民族国家建构的挑战与建构目标 …（283）
    二 1990年后新加坡的国家建构与民族建构 ……………（285）
    三 1990年后新加坡民族国家建构的成效 ………………（288）

第七章 马来西亚民族国家建构 ……………………………………（291）
  第一节 马来西亚民族国家建构的基础 ………………………（291）
    一 第二次世界大战结束前马来族认同的形塑 …………（292）
    二 第二次世界大战结束前马来西亚华族的认同 ………（294）
    三 第二次世界大战结束前印度族的发展与族群认同 …（298）
    四 英国殖民统治的遗产 …………………………………（300）
  第二节 马来西亚民族国家建构的肇始 ………………………（302）

一 "马来亚联盟计划"与"马来亚联邦计划" …………………（302）
　　二 马来西亚族群政治的形成与"马来亚联邦"的独立 ………（304）
　　三 马来西亚民族国家的初步建构 ……………………………（308）
　第三节 "新经济政策"背景下的马来西亚民族国家建构 …………（310）
　　一 "5·13事件"的起因、过程及影响 ………………………（311）
　　二 "5·13事件"后马来西亚民族国家的建构 ………………（314）
　第四节 马哈蒂尔"小开放"背景下马来西亚的民族国家建构 ……（319）
　　一 "小开放"政策出台的背景 ………………………………（319）
　　二 "小开放"政策与马来西亚民族国家的建构 ……………（322）

第八章 印尼民族国家建构与民族整合 ……………………………（329）
　第一节 印尼民族国家建构的历史基础 ……………………………（329）
　　一 印尼民族的起源与发展 ……………………………………（329）
　　二 荷兰的殖民统治与印尼多族群格局的奠定 ………………（334）
　第二节 印尼的民族主义运动与民族国家的建立 …………………（338）
　　一 印尼民族主义的兴起与"印度尼西亚"概念的确立 ………（338）
　　二 印尼的民族主义运动与印尼的独立建国 …………………（340）
　　三 印尼民族国家建构的目标构想 ……………………………（343）
　第三节 苏加诺时期的印尼民族国家建构 …………………………（345）
　　一 议会民主制时期印尼的民族国家建构与民族整合 ………（346）
　　二 "有领导的民主"时期印尼的民族国家建构与民族整合 …（351）
　　三 苏加诺时期印尼民族国家建构的成效 ……………………（354）
　第四节 苏哈托时期及民主化时期印尼民族国家建构进程 ………（356）
　　一 苏哈托时期印尼民族国家建构进程 ………………………（356）
　　二 后苏哈托时期印尼的民族国家建构与民族整合 …………（361）
　　三 苏哈托时期及"后苏哈托时期"印尼民族国家
　　　　建构的成效 …………………………………………………（367）

第九章 菲律宾民族国家建构与民族整合 …………………………（371）
　第一节 菲律宾民族国家的形成与历史发展 ………………………（371）

一　菲律宾的民族起源 ………………………………………（374）
　　二　西班牙殖民统治及菲律宾民族国家疆域的初步确立 ……（375）
　　三　美国的殖民统治与日本的军事占领及其影响 ……………（376）
第二节　菲律宾民族主义的兴起与菲律宾民族国家的
　　　　 构建目标 ……………………………………………（380）
　　一　菲律宾民族主义的兴起与多民族国家格局的初步形成 ……（381）
　　二　菲律宾多民族国家格局的奠定 ……………………………（383）
　　三　菲律宾民族国家的构建目标 ………………………………（385）
第三节　独立后至马科斯时期菲律宾民族国家的构建与
　　　　 民族整合 ……………………………………………（386）
　　一　独立后菲律宾民族国家的政治整合 ………………………（387）
　　二　独立后菲律宾民族国家的经济整合 ………………………（391）
　　三　独立后菲律宾民族国家的文化整合 ………………………（394）
　　四　独立后菲律宾民族国家的社会整合 ………………………（397）
第四节　"后马科斯时代"的菲律宾民族国家构建与民族整合 ……（398）
　　一　"后马科斯时代"的菲律宾民族国家政治整合 ……………（399）
　　二　"后马科斯时代"的菲律宾民族国家经济整合 ……………（404）
　　三　"后马科斯时代"的菲律宾民族国家文化整合 ……………（407）
　　四　"后马科斯时代"的菲律宾民族国家社会整合 ……………（409）

结语 ………………………………………………………………（411）

参考文献 …………………………………………………………（426）

后记 ………………………………………………………………（468）

表目录

表0-1　东南亚国家主要族群及其占比的估计数(2000年) ……… (33)
表1-1　泰国不同群体人口所占比例(1990年与2000年数据) …… (41)
表3-1　老挝49个族群及其人口比例(按人口数排序) ………… (135)
表3-2　按性别与宗教分类的老挝人口 ……………………………… (138)
表4-1　按宗教、居住地域和自然区域分列的柬埔寨人口构成状况
　　　　(2013年) ……………………………………………………… (178)
表4-2　柬埔寨妇女在议会中的席位占比变化(1993—
　　　　2016年) ……………………………………………………… (216)
表5-1　2001年缅甸各民族人口(估计数) ………………………… (221)
表6-1　李光耀执政时期新加坡三大族群的人口及其比例(1947—
　　　　1980年) ……………………………………………………… (270)
表6-2　新加坡家庭最常使用的语言(2000年) …………………… (278)
表6-3　新加坡社会经济发展状况 ………………………………… (280)
表6-4　新加坡族际间的友谊程度 ………………………………… (282)
表6-5　新加坡公民对族际通婚的看法(1989年) ………………… (282)
表6-6　新加坡跨族群的结婚数和结婚率(1991—2017年) ……… (289)
表7-1　1641—1860年马六甲华人人数统计 ……………………… (295)
表7-2　1788—1860年槟榔屿华人人数统计 ……………………… (296)
表7-3　1871—1931年新加坡、马来西亚华人移民人数统计 …… (296)
表7-4　1841—1947年沙捞越华人的人口增长情况 ……………… (297)
表7-5　1880—1910年马来亚印度契约移民的数量统计 ………… (299)

表7-6　李特调查团相关建议内容一览 …………………………（307）
表7-7　1957—1970年马来西亚三大族群月均收入情况 …………（311）
表7-8　1970年西马来西亚的贫困人口与三大族群分布 …………（312）
表7-9　1990—2000年马来西亚三大族群就业行业人数比率 ……（325）
表8-1　华人移民荷属东印度（印尼）数额 …………………………（337）
表8-2　印尼议会民主制时期历代内阁及所属党派 ………………（347）
表9-1　菲律宾按族裔和性别划分的家庭人口数量及其比例
　　　　（2010年） …………………………………………………（372）
表9-2　菲律宾和棉兰老岛按主要族群划分的总人口（2000年和
　　　　2010年） …………………………………………………（373）
表9-3　日本占领时期菲律宾农业种植相关数据统计 ……………（379）
表9-4　棉兰老岛摩洛人与非摩洛人人口估计（1903—
　　　　1980年） …………………………………………………（390）

绪　　论

本部分由五块内容组成，即（1）选题意义；（2）国内外研究状况与述评；（3）研究方法与问题；（4）相关概念及其含义；（5）本书的结构与内容。下面将依次介绍这五个部分的主要内容。本书的研究范围，将在绪论相应部分进行说明。此外，东南亚各国的主要民族（族群）构成，在绪论末尾部分进行了简要的概括与说明。

一　选题意义

本书的选题意义，或者说是选题价值，主要体现在其学术意义与现实意义两个方面。

从学术意义来看，首先，从整体层面来说，东南亚地区实际上是一个民族数量众多、民族关系复杂的地区。民族国家建构和民族整合是东南亚各国当代历史发展进程中的一个非常重要的内容。因此，本书对东南亚各国的民族国家建构与民族整合进程进行了系统的研究，这无疑有助于深化和推进对东南亚地区和东南亚各国的民族史，特别是东南亚各国的民族关系史和当代民族问题的相关研究。

其次，东南亚的民族国家建构与民族整合是世界范围内的民族国家建构与民族整合的一部分，其进程表现出了与世界上其他地区和国家在这个进程中表现出来的许多共性，同时也具有一些不同于其他地区的特点。而在东南亚地区各国的民族国家建构与民族整合进程中，各国呈现出来的特点和凸显出来的问题也不尽相同。本研究成果按国别对东南亚各国民族国家建构的历史基础、目标构想和民族整合进程进行了系统研究，并以东南亚各国的案例研究为基础，对现有民族国家建构和民族整合的相关理论进行了一定的检验与发展。

最后，东南亚地区是我国的近邻，一些国家与我国山水相连，许多民族与我国的一些民族具有共同的历史文化渊源，还有一些民族与我国的一些民族至今都还被视为同一民族。在东南亚民族国家的建构和民族整合的进程中，这些与我国民族有关的民族在政治、经济、文化和社会认同等诸多方面发生的一些新变化，对我国的相关民族也产生了不同程度的影响。本研究成果对东南亚的民族国家建构与民族整合问题进程进行研究，或多或少能为我国的民族问题研究和边疆（民族）问题研究引出一些新的学术增长点或扩展新的研究领域和方向。

二 国内外研究状况与述评

（一）综合性代表著作

总体来看，国内外学界对东南亚的民族国家建构与民族整合及与此相关问题进行的研究，虽然取得了不少成果，但多是以分析框架为基础进行的案例研究，以东南亚的一个或多个案例研究为主。按国别对东南亚各国的民族国家建构与民族整合展开系统研究的专著，依然少之又少。与此相对，专门研究东南亚某个国家的民族国家形成/建构与民族整合的成果则相对多一些。限于篇幅，此处仅综述与开展本书研究存在直接或间接相关性的已出版著作及博士学位论文。

国外学者对东南亚民族问题进行研究所取得的成果，明显多于国内学界的研究成果，但也没有专门对东南亚的民族国家建构与民族整合进行多层面的系统研究。从研究范围覆盖东南亚地区整体或部分的民族国家建构层面来看，王赓武编著的《民族建构：东南亚五国历史》（*Nation-Building*：*Five Southeast Asian Histories*）一书[①]，收录了分别研究泰国、菲律宾、印度尼西亚、马来西亚及新加坡五国与"民族建构"主题相关的论文。廖建裕（Leo Suryadinata）在其所著的《东南亚的国家

---

① Wang Gungwu (ed.), *Nation-Building*：*Five Southeast Asian Histories*, Singapore：Institute of Southeast Asian Studies, 2005, pp. 21 – 38.

绪 论

形成：国家、族裔、本土主义和公民身份》（*The Making of Southeast Asian Nations：State, Ethnicity, Indigenism and Citizenship*）中，基于历史学与政治学研究视角，在分析了与"民族"（nation）相关的概念，如族裔、国家、本土/土著主义和公民权之后，主要分析了东南亚五个国家，即新加坡、马来西亚、印度尼西亚、菲律宾和泰国民族建构（nation building）进程中的民族整合政策。其中，对菲律宾与泰国进行研究的章节，主要是分析这两个国家在民族国家建构进程中实行的国家政策（性质）以及遇到的来自（穆斯林）族裔与伊斯兰的挑战。除此之外，作者的研究内容除包括东南亚七个国家的"华族"（Ethnic Chinese）与民族建构外，还讨论了全球化时代东南亚的国族建构和公民权建设过程中存在的问题及其前景。[①] 此外，廖建裕编著的《族群关系与东南亚的民族建构：以华人为例》（*Ethnic Relations and Nation-Building in Southeast Asia：The Case of the Ethnic Chinese*）[②]，主要对马来西亚和新加坡的华人进行了系统研究。李福源（Lee Hock Guan）和廖建裕编著的《东南亚的语言、民族与发展》（*Language, Nation and Development in Southeast Asia*）[③]，收录了研究东南亚国家的语言与民族建构及发展的论文。

此外，影响比较大的成果，如由戴维·布朗（David Brown）所著的《东南亚的国家与族群政治》（*The State and Ethnic Politics in Southeast Asia*）[④] 一书，主要是从民族政治的视角对东南亚相关国家的民族问题进行研究。其中虽然涉及东南亚的民族国家建构与民族整合问题，但主要还是对东南亚各国的民族政治问题进行的研究。另外，还有克里斯托弗·R.邓肯（Christopher R. Duncan）编著的《文明化边缘：东南亚国家政府的少数民族发展政策》（*Civilizing the Margins：Southeast Asian Government Policies for the Development of Minorities*），摩西·伊格尔（Moshe Yegar）所著的《在

[①] Leo Suryadinata, *The Making of Southeast Asian Nations：State, Ethnicity, Indigenism and Citizenship*, Singapore：World Scientific, 2015.

[②] Leo Suryadinata (ed.), *Ethnic Relations and Nation-Building in Southeast Asia：The Case of the Ethnic Chinese*, Singapore：Institute of Southeast Asian Studies, 2004.

[③] Lee Hock Guan and Leo Suryadinata (eds.), *Language, Nation and Development in Southeast Asia*, Singapore：Institute of Southeast Asian Studies, 2007.

[④] David Brown, *The State and Ethnic Politics in Southeast Asia*, London：Routledge, 1994.

整合与分裂之间：菲律宾南部、泰国南部和缅甸西部的穆斯林共同体》（*Between Integration and Secession：The Muslim Communities of the Southern Philippines，Southern Thailand，and Western Burma/Myanmar*）等著作，① 以及相关的诸多论文，虽然这些成果也或多或少涉及本书研究的相关问题，但也不是对东南亚各国的民族国家建构与民族整合进程进行的系统的国别案例研究。

而从国内学术界来看，韦红著的《东南亚五国民族问题研究》，陈衍德、彭慧、高金明等著的《全球化进程中的东南亚民族问题研究——以少数民族的边缘化和分离主义运动为中心》与陈衍德主编的《多民族共存与民族分离运动——东南亚民族关系的两个侧面》，孔建勋等著的《多民族国家的民族政策与族群态度：新加坡、马来西亚和泰国实证研究》，岳蓉著的《东南亚地区民族国家研究》以及赵海英著的《现代化进程中东南亚国家建构研究——基于族际整合视角》等著作②，尽管他们的研究范围覆盖东南亚整个地区或覆盖该地区中的部分国家，但主要是对东南亚国家或是民族整合方面的政策、民族关系、存在的主要民族问题进行的研究，或是主要基于政治学研究视角对东南亚国家的国家建构进行的研究。从研究的国别案例的数量来看，这些成果只是挑选了东南亚部分国家作为案例进行研究。岳蓉著的《东南亚地区民族国家研究》，基于"主权观念"和"宪政原则"，主要对东南亚地区的民族国家形成及其发展做了系统研究。此外，周新华撰写的博士学位论文《二战后东南亚海岛地区民族国家整合中的伊斯兰因素》，则对第二次世界大战后东南亚各

---

① Christopher R. Duncan（ed.），*Civilizing the Margins：Southeast Asian Government Policies for the Development of Minorities*，New York：Cornell University Press，2004；Moshe Yegar，*Between Integration and Secession：The Muslim Communities of the Southern Philippines，Southern Thailand，and Western Burma/Myanmar*，Lanham：Lexington Books，2002.

② 参见韦红《东南亚五国民族问题研究》，民族出版社2003年版；陈衍德、彭慧、高金明等《全球化进程中的东南亚民族问题研究——以少数民族的边缘化和分离主义运动为中心》，厦门大学出版社2008年版；陈衍德主编《多民族共存与民族分离运动——东南亚民族关系的两个侧面》，厦门大学出版社2009年版；孔建勋等《多民族国家的民族政策与族群态度：新加坡、马来西亚和泰国实证研究》，中国社会科学出版社2010年版；岳蓉《东南亚地区民族国家研究》，中国社会科学出版社2016年版；赵海英《现代化进程中东南亚国家建构研究——基于族际整合视角》，中国政法大学出版社2016年版。

民族国家整合进程中的伊斯兰教对其所发挥的不同影响作了深入研究。①

(二) 国别代表著作

总体来看,除缅甸外,对于东南亚其余各国的研究,国外相关的研究成果均比国内多。为方便综述,本书按研究国别国家的顺序依次展开。

从对泰国的相关研究来看,由沃克尔·格拉波夫斯基(Volker Grabowsky)编著的《泰国之地区与民族整合: 1892—1992 年》(Regions and National Integration in Thailand: 1892 - 1992)一书,选编了不同学者的论文,就泰国统一泰国北部、东北部与南部地区的过程中实行的政策、取得的成效及存在的问题进行了分析。② 庞海红著的《泰国民族国家的形成及其民族整合进程》一书,则专门对泰国的民族国家形成与民族整合进行了研究,尤其是对中部泰族的形成演变历史及中部泰族对北部泰族、东北部泰族/老族与南部穆斯林的民族整合进行了系统的分析。③ 此外,顾长永与萧文轩合著的《边缘化或是整合: 泰国的少数族群政治》,在介绍泰国主要少数族群的历史基础上,主要从族群政治视角对泰国少数族群在泰国的族群结构中的权力关系、少数族群应对国家权力施展的策略或方式,以及少数族群的族群认同的维持与变迁等作了深入而系统的研究。④

从对越南的相关研究来看,对越南的民族国家建构与民族整合进程进行研究的相关成果较少。国内外学界主要的研究主题集中于越南全国或局部地区的少数民族、民族问题与越南政府的民族政策,或涉及中国与越南边境接壤地区的"跨境民族"等。具体而言,国外主要有越南学者邓严万等著的《越南的少数民族》[Ethnic Minorities in Vietnam (4th edition)],杰拉德·坎农·希基(Gerald Cannon Hickey)著的《森林中的自由: 越南中部高地的民族史(1954—1976 年)》(Free in the Forest: Eth-

---

① 周新华:《二战后东南亚海岛地区民族国家整合中的伊斯兰因素》,博士学位论文,西北大学,2012 年。

② Volker Grabowsky (ed.), Regions and National Integration in Thailand: 1892 - 1992, Wiesbaden: Harrassowitz Verlag, 1995.

③ 庞海红:《泰国民族国家的形成及其民族整合进程》,民族出版社 2012 年版。

④ 顾长永、萧文轩:《边缘化或是整合: 泰国的少数族群政治》,高雄: 中山大学出版社 2016 年版。

nohistory of the Vietnamese Central Highlands, 1954 – 1976)，奥斯卡·扎尔明克（Oscar Salemink）著的《越南中部高地人的民族志：历史语境化（1850—1990年）》(The Ethnography of Vietnam's Central Highlanders: A Historical Contextualization, 1850 – 1990)，世界银行（The World Bank）出版的《国家社会分析：越南的族裔与发展》(Country Social Analysis: Ethnicity and Development in Vietnam) 以及由托马斯·西科尔（Thomas Sikor）等编著的《越南的高地转型》（Upland Transformations in Vietnam）等。① 国内则主要有范宏贵著的《越南民族与民族问题》、周建新著的《中越中老跨国民族及其族群关系研究》以及滕成达著的《越南当代民族问题和民族政策研究》等。②

柬埔寨方面，国外的相关研究成果居多，代表作品主要有约阿希姆·施莱辛格（Joachim Schliesinger）著的《柬埔寨的族群（三卷）》(Ethnic Groups of Cambodia)③，佩妮·爱德华兹（Penny Edwards）著的《柬埔寨：一个国家的培育（1860—1945年）》(Cambodge: The Cultivation of a Nation, 1860 – 1945)，埃文·戈特斯曼（Evan Gottesman）著的《红色高棉之后的柬埔寨：民族建构政治之"内道"》(Cambodia after the Khmer Rouge: Inside the Politics of Nation Building)，里克提纳·C-P. 奥利尔（Leakthina Chau-Pech Ollier）和蒂姆·温特（Tim Winter）编著的《柬埔寨的"表符"：传统、认同和变革的政治》(Expressions of Cambodi-

---

① Dăng Nghiêm Van, Chu Thái So'n and Lu'u Hùng, *Ethnic Minorities in Vietnam* (4th edition), Hanoi: Thê Giới Publishers, 2010; Gerald Cannon Hickey, *Free in the Forest: Ethnohistory of the Vietnamese Central Highlands, 1954 – 1976*, New Haven and London: Yale University Press, 1982; Oscar Salemink, *The Ethnography of Vietnam's Central Highlanders: A Historical Contextualization, 1850 – 1990*, Honolulu: University of Hawaii Press, 2003; The World Bank, *Country Social Analysis: Ethnicity and Development in Vietnam*, Washington, D. C.: The World Bank, 2009; Thomas Sikor, Nghiêm Phu'o'ng Tuyên and Jennifer Sowerwine et al. (eds.), *Upland Transformations in Vietnam*, Singapore: NUS Press, 2011.

② 范宏贵：《越南民族与民族问题》，广西人民出版社1999年版；周建新：《中越中老跨国民族及其族群关系研究》，民族出版社2002年版；滕成达：《越南当代民族问题和民族政策研究》，厦门大学出版社2017年版。

③ Joachim Schliesinger, *Ethnic Groups of Cambodia, Vol. 1: Introduction and Overview*, Bangkok: White Lotus, 2011; Joachim Schliesinger, *Ethnic Groups of Cambodia, Vol. 2: Profile of Austro-Asiatic Speaking People*, Bangkok: White Lotus, 2011; Joachim Schliesinger, *Ethnic Groups of Cambodia, Vol. 3: Profile of the Austro-Thai-and Sinitic-Speaking Peoples*, Bangkok: White Lotus, 2011.

a：The Politics of Tradition, Identity and Change)，阿斯特丽德·诺伦－尼尔森（Astrid Norén-Nilsson）著的《柬埔寨的第二王国：国家、想象和民主》（Cambodia's Second Kingdom: Nation, Imagination, and Democracy），以及凯瑟琳·布里克尔（Katherine Brickell）和西蒙·斯普林格尔（Simon Springer）编著的《当代柬埔寨手册》（The Handbook of Contemporary Cambodia）等。①

就缅甸的相关研究而言，国内学术界取得的相关研究成果较多，主要有祝湘辉著的《山区少数民族与现代缅甸联邦的建立》，刘务著的《1988年以来缅甸民族国家构建》，陈真波著的《独立以来缅甸民族关系研究》以及钟贵峰著的《缅甸民族国家建设中的族际关系治理研究》等。② 这些著作涉及缅甸民族国家的建立或是民族国家的构建、民族关系的历史及其演变等内容。其中，刘务著的《1988年以来缅甸民族国家构建》对1988年以来缅甸的民族国家建构作了系统研究。国外研究有马丁·史密斯（Martin Smith）著的《缅甸：叛乱与族裔政治》（Burma: Insurgency and the Politics of Ethnicity）及《冲突的国家：缅甸的族群冲突动态》（State of Strife: The Dynamics of Ethnic Conflict in Burma），玛丽·P. 卡拉汉（Mary P. Callahan）著的《制造敌人：战争与缅甸的国家建设》（Making Enemies: War and State Building in Myanmar），N. 甘森（N. Ganesan）和觉因兰（Kyaw Yin Hlaing）编著的《缅甸：国家、社会和族裔》（Myanmar: State, Society and Ethnicity），阿什利·苏斯（Ashley South）著的《缅甸的族群政治：冲突国度》（Ethnic Politics in Burma: States of Conflict）以及迪特默·

---

① Penny Edwards, *Cambodge: The Cultivation of a Nation, 1860–1945*, Honolulu: University of Hawaii Press, 2007; Evan Gottesman, *Cambodia after the Khmer Rouge: Inside the Politics of Nation Building*, New Haven and London: Yale University Press, 2002; Leakthina Chau-Pech Ollier and Tim Winter (eds.), *Expressions of Cambodia: The Politics of Tradition, Identity and Change*, Oxon and New York: Routledge, 2006; Astrid Norén-Nilsson, *Cambodia's Second Kingdom: Nation, Imagination and Democracy*, Ithaca, NY: Southeast Asia Program, Cornell University, 2016; Katherine Brickell and Simon Springer, *The Handbook of Contemporary Cambodia*, Oxon and New York: Routledge, 2017.

② 祝湘辉：《山区少数民族与现代缅甸联邦的建立》，广东世界图书出版公司2010年版；刘务：《1988年以来缅甸民族国家构建》，社会科学文献出版社2014年版；陈真波：《独立以来缅甸民族关系研究》，吉林人民出版社2014年版；钟贵峰：《缅甸民族国家建设中的族际关系治理研究》，中国社会科学出版社2017年版。

洛威尔（Dittmer Lowell）编著的《缅甸：争取国家认同的斗争》（Burma or Myanmar：The Struggle for National Identity）等，这些论著围绕缅甸不同时期的内战或族群冲突的政治主题展开了研究。[1]

从对老挝的研究来看，相关成果主要是部分涉及其民族国家建构与民族整合。主要有约阿希姆·施莱辛格（Joachim Schliesinger）著的《老挝的族群（第三卷）：奥泰语民族群体简介》（Ethnic Groups of Laos, Vol. 3：Profile of Austro-Thai-Speaking Peoples），索伦·艾瓦森（Søren Ivarsson）著的《创造老挝：印度支那和暹罗之间老挝空间的形成（1860—1945 年）》（Creating Laos：The Making of a Lao Space between Indochina and Siam, 1860 – 1945），瓦塔纳·波勒希纳（Vatthana Pholsena）著的《战后老挝：文化、历史与身份认同的政治》（Post-war Laos：The Politics of Culture, History and Identity），玛尼诺奇·法明（Manynooch Faming）撰写的博士学位论文《国家整合：老挝人民民主共和国的少数民族教育》（National Integration：Education for Ethnic Minorities of the Lao People's Democratic Republic）以及马丁·斯图尔特—福克斯（Martin Stuart-Fox）著的《老挝：政治、经济与社会》（Laos：Politics, Economics and Society）等论著。[2] 国内的相关成果主要是黄兴球著的《老挝族群论》一书。[3]

从对新加坡的研究来看，有关其民族国家建构与民族整合的成果较

---

[1] Martin Smith, *Burma: Insurgency and the Politics of Ethnicity*, London and New Jersey: Zed Books, 1991; Martin Smith, *State of Strife: The Dynamics of Ethnic Conflict in Burma*, Washington, D. C.: The East-West Center, 2007; Mary P. Callahan, *Making Enemies: War and State Building in Myanmar*, Ithaca and London: Cornell University Press, 2003; N. Ganesan and Kyaw Yin Hlaing (eds.), *Myanmar: State, Society and Ethnicity*, Singapore: Institute of Southeast Asian Studies, 2007; Ashley South, *Ethnic Politics in Burma: States of Conflict*, Oxon and New York: Routledge, 2008; Dittmer Lowell (ed.), *Burma or Myanmar: The Struggle for National Identity*, Singapore: World Scientific, 2010.

[2] Joachim Schliesinger, *Ethnic Groups of Laos, Vol. 3: Profile of Austro-Thai-Speaking Peoples*, Bangkok: White Lotus, 2003; Søren Ivarsson, *Creating Laos: The Making of a Lao Space between Indochina and Siam, 1860 – 1945*, Copenhagen: NIAS Press, 2008; Vatthana Pholsena, *Post-war Laos: The Politics of Culture, History and Identity*, Singapore: Institute of Southeast Asian Studies, 2006; Manynooch Faming, *National Integration: Education for Ethnic Minorities of the Lao People's Democratic Republic*, Ph. D. Diss., Hong Kong: The University of Hong Kong, 2008; Martin Stuart-Fox, *Laos: Politics, Economics and Society*, London: Frances Pinter (Publishers), 1986.

[3] 黄兴球：《老挝族群论》，民族出版社 2006 年版。

绪 论

多，有迈克尔·希尔（Michael Hill）和连权辉（Kwen Fee Lian）合著的《新加坡的民族国家建设政治与公民身份》(The Politics of Nation Building and Citizenship in Singapore)，希尔瓦拉吉·威拉育丹（Selvaraj Velayutham）著的《应对全球化：新加坡民族国家、文化和身份认同》(Responding to Globalization: Nation, Culture and Identity in Singapore)，迈克尔·D. 巴尔（Michael D. Barr）和兹拉特科·斯科尔比斯（Zlatko Skrbiš）合著的《建设新加坡：精英主义、族裔和民族建构项目》(Constructing Singapore: Elitism, Ethnicity and the Nation-Building Project)，李·埃德温（Edwin Lee）著的《新加坡：预期之外的民族国家》(Singapore: The Unexpected Nation)，以及约翰·克拉默（John Clammer）著的《独立新加坡的种族与国家（1965—1990 年）：多族群社会多元化的文化政治》(Race and State in Independent Singapore 1965-1990: The Cultural Politics of Pluralism in a Multiethnic Society) 等。[①] 从国内来看，相关研究成果主要有李志东著的《新加坡国家认同研究（1965—2000）》，李路曲著的《新加坡现代化之路：进程、模式与文化选择》，以及张力著的《多族群国家的政治整合——以瑞士、比利时、新加坡、马来西亚四国为例》等。[②]

从对马来西亚的研究来看，有关其民族国家建构与民族整合方面的成果也较多。国外的相关成果主要有詹姆斯·P. 昂吉利（James P. Ongkili）著的《马来西亚的民族国家建构（1946—1974 年）》(Nation-Building in Malaysia, 1946-1974)，谢文庆（Cheah Boon Kheng）著的《马来西亚：民族国家建设》(Malaysia: The Making of a Nation)，弗雷德里克·霍尔

[①] Michael Hill and Kwen Fee Lian, *The Politics of Nation Building and Citizenship in Singapore*, London and New York: Routledge, 1995; Selvaraj Velayutham, *Responding to Globalization: Nation, Culture and Identity in Singapore*, Singapore: Institute of Southeast Asian Studies, 2007; Michael D. Barr and Zlatko Skrbiš, *Constructing Singapore: Elitism, Ethnicity and the Nation-Building Project*, Copenhagen: NIAS Press, 2008; Edwin Lee, *Singapore: The Unexpected Nation*, Singapore: Institute of Southeast Asian Studies, 2008; John Clammer, *Race and State in Independent Singapore 1965-1990: The Cultural Politics of Pluralism in a Multiethnic Society*, Oxon and New York: Routledge, 2018.

[②] 李志东：《新加坡国家认同研究（1965—2000）》，中国人民大学出版社 2014 年版；李路曲：《新加坡现代化之路：进程、模式与文化选择》，新华出版社 1996 年版；张力：《多族群国家的政治整合——以瑞士、比利时、新加坡、马来西亚四国为例》，山西经济出版社 2016 年版。

斯特（Frederik Holst）著的《马来西亚的族群化与认同建构》（*Ethnicization and Identity Construction in Malaysia*），埃德蒙·特伦斯·戈麦斯（Edmund Terence Gomez）著的《马来西亚国家：族裔、平等和改革》（*The State of Malaysia: Ethnicity, Equity and Reform*），以及穆罕默德·穆斯塔法·本·伊沙克（Mohamed Mustafa Bin Ishak）撰写的博士学位论文《从多元社会到"邦萨"马来西亚：马来西亚民族国家建构政治中的族裔与民族主义》（*From Plural Society to Bangsa Malaysia: Ethnicity and Nationalism in the Politics of Nation-Building in Malaysia*）等。[①] 国内的主要论著有廖小健著的《战后马来西亚族群关系：华人与马来人关系研究》，许红艳著的《马来西亚族际政治整合研究》，李悦肇撰写的博士学位论文《马哈迪时期马来西亚之国家整合（1981—2003）》，以及蒋炳庆撰写的博士学位论文《马来西亚民族国家建构研究——基于东姑·拉赫曼到马哈蒂尔时期族群利益博弈的视角》。[②]

就对印度尼西亚（以下简称"印尼"）进行的相关研究来看，对其民族国家建构与民族整合进行研究的著作较少，而分散性的论文则较多。并且，对印尼的研究主要集中在与"亚齐问题"相关的问题上。同时，国外研究成果较为丰富。其中，代表性著作主要有 R. 威廉·利德尔（R. William Liddle）著的《族裔、政党和国家整合：印尼个案研究》（*Ethnicity, Party, and National Integration: An Indonesian Case Study*），克里斯汀·德雷克（Christine Drake）著的《印尼的国家整合：类型和政策》（*National Integration in Indonesia: Patterns and Policies*），穆罕默德·本·阿布巴

[①] James P. Ongkili, *Nation-Building in Malaysia, 1946–1974*, Singapore: Oxford University Press, 1985; Cheah Boon Kheng, *Malaysia: The Making of a Nation*, Singapore: Institute of Southeast Asian Studies, 2002; Frederik Holst, *Ethnicization and Identity Construction in Malaysia*, Oxon and New York: Routledge, 2012; Edmund Terence Gomez (ed.), *The State of Malaysia: Ethnicity, Equity and Reform*, London and New York: RoutledgeCurzon, 2004; Mohamed Mustafa Bin Ishak, *From Plural Society to Bangsa Malaysia: Ethnicity and Nationalism in the Politics of Nation-Building in Malaysia*, Ph. D. Diss., University of Leeds, 1999.

[②] 廖小健：《战后马来西亚族群关系：华人与马来人关系研究》，暨南大学出版社2012年版；许红艳：《马来西亚族际政治整合研究》，中国社会科学出版社2021年版；李悦肇：《马哈迪时期马来西亚之国家整合（1981—2003）》，博士学位论文，台北：中国文化大学，2004年；蒋炳庆：《马来西亚民族国家建构研究——基于东姑·拉赫曼到马哈蒂尔时期族群利益博弈的视角》，博士学位论文，云南大学，2017年。

卡尔（Muhammad bin Abubakar）著的《印尼的国家整合政治：亚齐省的军人作用分析》（*The Politics of National Integration in Indonesia*: *An Analysis of the Role of Military in the Province of Aceh*），雅克·贝特朗（Jacques Bertrand）著的《印尼的民族主义与族群冲突》（*Nationalism and Ethnic Conflict in Indonesia*），蒂姆·凯尔（Tim Kell）著的《亚齐叛乱的根源（1989—1992 年）》（*The Roots of Acehnese Rebellion*，*1989 - 1992*），廖建裕（Leo Suryadinata）以及艾薇·努维达·阿里芬（Evi Nurvidya Arifin）和阿里斯·阿南塔（Aris Ananta）合著的《印尼的人口：变化政治格局中的族裔与宗教》（*Indonesia's Population*: *Ethnicity and Religion in a Changing Political Landscape*）等。①

最后，从对菲律宾的研究来看，主要的相关成果有费利佩·B. 米兰达（Felipe B. Miranda）著的《菲律宾的政治制度与民族建设》（*The Political System and Nation-Building in the Philippines*）②，阿里尔·赫尔南德斯（Ariel Hernandez）著的《民族建构与身份冲突：促进菲律宾南部的调解进程》（*Nation-Building and Identity Conflicts*: *Facilitating the Mediation Process in Southern Philippines*）③，格雷格·班克福（Greg Bankoff）和凯瑟琳·维克利（Kathleen Weekley）合著的《后殖民时期的菲律宾国家认同：庆祝百年独立》（*Post-Colonial National Identity in the Philippines*: *Celebrating the Centennial of Independence*）④，伊维斯·博奎特（Yves Boquet）著的《菲

---

① R. William Liddle, *Ethnicity*, *Party*, *and National Integration*: *An Indonesian Case Study*, New Haven and London: Yale University Press, 1970; Christine Drake, *National Integration in Indonesia*: *Patterns and Policies*, Hawaii: University of Hawaii Press, 2019; Muhammad bin Abubakar, *The Politics of National Integration in Indonesia*: *An Analysis of the Role of Military in the Province of Aceh*, Aceh: Unimal Press, 2015; Jacques Bertrand, *Nationalism and Ethnic Conflict in Indonesia*, Cambridge: Cambridge University Press, 2004; Tim Kell, *The Roots of Acehnese Rebellion*, *1989 - 1992*, Ithaca, New York: Cornell Modern Indonesia Project, 1995; Leo Suryadinata, Evi Nurvidya Arifin and Aris Ananta, *Indonesia's Population*: *Ethnicity and Religion in a Changing Political Landscape*, Singapore: Institute of Southeast Asian Studies, 2003.

② Felipe B. Miranda, "The Political System and Nation-Building in the Philippines", *Social Weather Stations* (*SWS*) *Occasional Paper*, 1987.

③ Ariel Hernandez, *Nation-Building and Identity Conflicts*: *Facilitating the Mediation Process in Southern Philippines*, Wiesbaden: Springer VS, 2014.

④ Greg Bankoff and Kathleen Weekley, *Post-Colonial National Identity in the Philippines*: *Celebrating the Centennial of Independence*, Oxon and New York: Routledge, 2018.

律宾群岛》（*The Philippine Archipelago*）①，以及马克·R.汤普森（Mark R. Thompson）和埃里克·文森特·C.巴塔拉（Eric Vincent C. Batalla）编著的《当代菲律宾劳特里奇手册》（*Routledge Handbook of the Contemporary Philippines*）等，直接或间接地涉及了菲律宾民族国家建构与民族整合的内容。②

整体来看，除了廖建裕所著的相关成果，特别是《东南亚的国家形成：国家、族裔、本土主义和公民身份》，就目前而言，国内国外学界尚无对东南亚的民族国家建构与民族整合进程进行研究的专门成果。尽管如此，上述国内外学界所取得的这些主要研究成果都为本书的研究提供了大量可资利用的资料或有价值的见解。至于相关的研究论文以及其他论著，限于篇幅，此处不再展开，而将在行文中进行介绍或引用。

三 研究方法与问题

本书成果主要采用民族学和历史学的研究方法，在充分占有中外文献资料的基础上，对东南亚各国的民族国家建构与民族整合问题进行系统的研究。

迄今为止，东南亚各国的民族国家建构和民族整合有的较为成功，从而使国家在政治、经济、文化、社会各个方面的发展都较为顺利。但是，还有一些国家则因为种种原因，其民族国家建构和民族整合的进程颇为坎坷，国内各民族之间，特别是主体民族和少数民族之间充满偏见，国家甚至长期处于民族分裂、动荡的困局中，严重影响了国家在各个方面的发展。究其原因，都与东南亚地区各国民族国家建构的历史基础、目标构想和民族整合中的政策及其实践有着密切的关系。具体而言，有以下几点。

第一，不管是通过改革向现代转型的泰国，还是在战后先后摆脱殖民统治获得独立的其他国家，虽然这些国家在英语中都被称为"nation"，即"民族国家"，但实际上都是一些多民族的政治实体。事实上，这一

---

① Yves Boquet, *The Philippine Archipelago*, Cham, Switzerland: Springer International Publishing AG, 2017.
② Mark R. Thompson and Eric Vincent C. Batalla (eds.), *Routledge Handbook of the Contemporary Philippines*, Oxon and New York: Routledge, 2018.

类"民族国家"只是具有了一个现代民族国家的政治框架，它们都还面临着真正意义上的民族国家建构的历史重任。这些国家的出现并不像此前一些学者认为的那样，即标志着民族国家的形成，而其实只是民族国家建构的开始。正因如此，民族国家建构与民族整合这个论题才得以成立。

第二，由于东南亚大多数国家在近代都曾经沦为西方的殖民地，因此，此前有学者在探讨当代东南亚各国民族国家建构进程中的民族关系或出现的民族问题时，过多地将其归咎于西方殖民统治的影响。笔者认为，东南亚各国不同的历史基础，包括各国更早历史上各民族政治、经济、文化和社会不同的发展及各民族关系不同的发展演变等因素，对各国民族国家的建构和民族整合有着更大的影响。

第三，除了历史累积的影响外，东南亚各国中央政府和主体民族精英对民族国家建构和民族整合的目标、途径的理解、认知的不同以及具体政策落实的情况不同，以及少数民族或亚文化群体对新兴国家的认同和利益诉求的不同，也深刻地影响着当今东南亚各国的民族国家建构和民族整合的进程。

四 相关概念及其含义

首先，需要说明的是，本书的研究范围涵盖除文莱和东帝汶之外的东南亚九国，即泰国、越南、柬埔寨、缅甸、老挝、新加坡、马来西亚、印尼、菲律宾。

其次，本书的研究，涉及的主要概念主要包括"民族国家""民族国家建构"及"民族整合"等。为方便阐述，下面将对这些彼此关联的概念进行说明。需要指出的是，由于本书的研究方法主要采用民族学和历史学的研究方法，因而，对相关的主要概念进行界定，主要目的在于理解这些概念，并对之加以选择性地运用。同时，本书对相关主要概念的解释，主要是依据国内外学者的相关研究结论而作出。需要补充说明的一点是，本书在使用这些相关概念时，将根据引文的语境来进行选择。

(一) 民族国家

迄今为止，由于各个学科之间的差异，国内外学者对"民族国家"①（Nation-State）的概念解释、特征表现及其构成要素等的认识仍存在或多或少的偏重与争议，因而不同学者对"民族国家"的认识也具有"偏重性的认识"。尽管如此，国内外学者在对民族国家的界定或解释上还是存在一些共同之处。因此，对具有现代性的"民族国家"做出具有"开放性"的界定或解释，或许更有助于理解集政治概念、国家形态与世界体系主要参与行为体于一体的"民族国家"。

从国家层面来看，作为分析概念的"民族国家"，同"民族"②与"国家"密切相关，而存在联系与区别的"民族"与"国家"③，同"民族国家"的内在关系也是极其密切的。简言之，"民族"与"国家"可以当作"民族国家"的"一体两面"，即"民族国家"是一体，而"民族"与"国家"则是作为"一体"的"民族国家"的"两面"，二者之间存在密切的关系。对此，正如周平教授所指出的，民族国家这种国家形态实现了国家与民族的统一，也使二者相得益彰、相互促进。一方面，民族国家为新兴的民族披上了国家的外衣，并且为其提供了强大而有力的利益保障，为民族的利益建造了一个坚固的政治屋顶，从而激发了民族共同体巨大的创造活力，促进了民族的强盛；另一方面，日益兴盛起来的民族为国家的发展注入了不竭的动力，推动着国家走向强大。④ 除国家与民族发生的互动关系外，民族主义因素对民族或国家本身的影响也是不容忽视的。⑤

---

① 有关对"民族国家"概念、特征（特点或特性）等进行梳理与讨论的内容，参见贾英健《全球化背景下的民族国家研究》，中国社会科学出版社2005年版，第50—65页；宁骚《民族与国家：民族关系与民族政策的国际比较》，北京大学出版社1995年版，第264—281页。

② 有关对"民族"概念的探讨，详参贾英健《全球化背景下的民族国家研究》，中国社会科学出版社2005年版，第41—50页。

③ 关于"民族"与"国家"之间的相互关系，详参宁骚《民族与国家：民族关系与民族政策的国际比较》，北京大学出版社1995年版，第251—259页。

④ 参见周平《多民族国家的族际政治整合》，中央编译出版社2012年版，第16页；周平《国家建设与国族建设》，《社会科学研究》2010年第2期。

⑤ 有关"民族主义"对民族的作用，详参 Anthony D. Smith, *Ethno-Symbolism and Nationalism: A Cultural Approach*, Oxen: Routledge, 2009, pp. 61–80。

绪 论

"现代意义的国家和现代意义的民族尽管在产生的时间上未必同步,但两者都有建立公共权力和(进行)内部整合的内在需求,也正基于此,国家和民族的有机结合使民族被日益地政治化了。"① 20世纪,尤其是在20世纪60—70年代,主权国家不断增加,而主权国家之间的关系构成了世界政治格局。但在20世纪最后数十年的时期内,也出现了大量众所周知的制约国家主权的现实问题。② 当代有关"主权国家病危"(the dangers of sovereignty)与"民族国家过时"("obsolescence" the "nation-state")的论争通常基于这样一个假设:假如民族忠诚感越来越弱,那么,民族忠诚感将会被基于更大的地区性的,或是宣称普世思想观念的更宽泛的忠诚代替。不过,也应考虑与之相反的现象,即民族忠诚感被更为狭隘的忠诚取代。③ 由此可见,尽管民族国家在某些方面的主权受到制约,但并不能否认民族国家依然是当今国际体系中最重要的主体这个事实。

英国学者编著的《布莱克维尔政治学百科全书》将"民族国家"(nation-state)解释为:两种不同的结构和原则的融合,一种是政治的和领土的;另一种是历史的和文化的。"国家"这一要素在此指现代理性国家,它形成于西方现代初期,是一种自立于其他制度之外的、独特的、集权的社会制度,并且在已经界定和得到承认的领土内,拥有强制和获取的垄断权力。民族,可以界定为一种名义上的人类共同体;它/它们有着一个共同的祖先,历史传统和划一的大众文化(神话);据有一块领土,所有成员都有劳动分工和法定权利,其中包括种族文化(种族民族主义)因素和现代"公民"特征。民族的概念所具有的二重性和模糊性影响着它随后与国家的融合。民族的公民要素和领土要素越明显,其融合过程便越为容易;反之,民族概念中的种族要素越突出,国家与民族间融合和合一的可能性便越小。在为数不多的情况下,国家和民族甚至

---

① 陈建樾:《全球化、民族国家与马克思主义》,《世界民族》2002年第2期;王建娥、陈建樾等:《族际政治与现代民族国家》,社会科学文献出版社2004年版,第31页。

② Hugh Seton-Watson, *Nations and States: An Enquiry into the Origins of Nations and the Politics of Nationalism*, London: Methuen & Co., Ltd., 1977, p. 473.

③ Hugh Seton-Watson, *Nations and States: An Enquiry into the Origins of Nations and the Politics of Nationalism*, London: Methuen & Co., Ltd., 1977, p. 478.

于在同一领土范围内共存,并在社会的文化混合当中和谐共处,造成这种结果的原因更多的是因为一种种族民族主义,它刻意追求的是使某一特定的种族取得独立的地位,而不是使国家制度和公民的民族性获得同步的发展。[1] 由此可见,民族国家是民族与国家的结合,是一种具有集权特性的社会制度,对划定的领土拥有垄断性权力;同时,民族国家也是国家与民族融合的产物,是一种统一的"政治—文化共同体",但二者的融合受到包括民族主义等因素在内的综合作用与影响。

英国著名社会理论家与社会学家安东尼·吉登斯(Anthony Giddens)将"民族—国家"(The nation-state)界定为:"民族—国家,存在于由其他民族—国家所组成的民族国家联合体之中,依照一系列治理制度对业已划定边界(国界)的领土实施行政垄断,并依靠法律的授权以及通过直接控制内外部暴力工具以维护其统治。"[2] 加拿大西安大略大学教授米切尔·基廷(Michael Keating)认为,民族国家代表领土边界内的集权和对社会推行一套共同的价值观,其本质是宣称拥有主权,即在领土内的最终权威。作为复合而成的"民族国家"(nation-state)一词,隐含着一种民族认同。从共同体意义上来看,民族可能会主张对自治政府、国家以及政治活动体制的权力。米切尔·基廷还认为,民族国家首先是一种意识形态构造,属于民族主义学说的产物。从这一点来看的话,事实上,容易忽视的一点是绝大多数民族国家并不是由纯粹的民族构成的。民族国家的主张既是规范性的,也是描述性的。同时,民族国家是建造公民价值观的基础所在,其中包括自由民主和参与建设。民族国家聚焦于认同,文化价值表达以及对社会化措施的共同规范。在民族国家内部,阶层达成妥协并就不同分配问题取得共识。国家为福利体制建设提供基本准则与基础,而经济管理则通过民族国家以精益求精的方式进行。最后,

---

[1] [英]戴维·米勒、韦农·波格丹诺编,中国问题研究所、南亚发展研究中心等组织翻译:《布莱克维尔政治学百科全书》,中国政法大学出版社1992年版,第490页;[英]韦农·波格丹诺主编(英文版),邓正来主编(中文版):《布莱克维尔政治制度百科全书》,中国政法大学出版社2011年版,第408页;德全英:《民族区域自治权》,博士学位论文,中国社会科学院研究生院,2000年,第25页。

[2] Anthony Giddens, *The Nation-State and Violence: Volume Two of A Contemporary Critique of Historical Materialism*, Cambridge: Polity Press, 1985, p.121.

绪 论

民族国家历来是应对内外部安全问题的主要工具。[1]

在将厄内斯特·盖尔纳（Ernest Gellner）、本尼迪克特·安德森（Benedict Anderson）、埃里克·霍布斯鲍姆（Erik J. Hobsbawn）以及安东尼·史密斯（Anthony D. Smith）四人对民族与民族国家兴起过程的解释的异同进行比较后，中国学者江宜桦概括了这四人所持观点的一些共同点：首先，他们都强调民族与民族国家的现代性（格），认为18世纪以前人类未曾形成如此大规模而又自以为休戚相关的政治文化组织。其次，他们也或多或少同意国家（作为一种拥有最高统治权的行政组织）事实上创造了民族，而国家之所以能成功塑造出一个民族，与民族主义此种意识形态的运用有关。再次，由于民族事实上出于建构（或重新建构），它不必然与血缘种姓等"客观"因素有关，而多半受到特定国家选择性政治教化的深刻影响。最后，这种后天、主观、人为的因素，回避了一个国家是否真正出自一个民族的质疑，却巧妙地向前推销一个国家必须努力成为一个民族的企划。[2]

吉斯·苏特尔（Keith Suter）从全球化视角探索了全球化与民族国家之间的关系，认为民族国家是构造出来的（Manufacturing a Nation-State），它包含五个发展性要素：国家权力的强化，国家忠诚感的创建，自然法的弱化流失，国家法律体系的创建，以及所有民族国家的国家、主权平等观念的创建。在民族国家的建造过程中，这五个发展性要素相互作用、彼此增强与促进。[3] 民族国家所具有的这五个发展性要素也可以视为民族国家所应有的五个特征。简言之，民族国家所表现出来的这五个特征，又可以压缩为四个特征，即国家集权化、国家认同感培育、法制化体系的建立与国家主权独立平等。民族国家具有的这几个特征或是所包括的这几个要素之间存在相互作用与影响的密切关系。因此，很大程度上来说，可将其视为进行民族国家建构所需要的由不同要素所共同组成的一体性要素。

---

[1] Michael Keating, *Nations Against the State: The New Politics of Nationalism in Quebec, Catalonia and Scotland*, London: Macmillan Press, 2001, pp. 23 – 24.

[2] 参见江宜桦《自由主义、民族主义与国家认同》，台北：杨智文化事业股份有限公司1998年版，第36页。

[3] Keith Suter, *Global Order and Global Disorder: Globalization and the Nation-State*, Westport: Praeger Publishers, 2003, pp. 20 – 23.

学者贾英健认为,所谓"民族国家指的是在统一的民族(国族)基础上建立的、以国家为标识和认同为核心的主权国家,它是在调控能力优于传统国家(如古老帝国或城市国家)的政治共同体"。并认为,民族国家的概念应包括以下内容:第一,民族国家与主权是相统一的;第二,民族国家在功能上优于传统国家;第三,民族国家是以民族对其(国家)的认同为核心的,它的基础在于民族性;第四,民族国家是国际交往中的自主主体。[①] 另外,民族国家具有诸多特性:主体民族的居住区域与国家领土疆域基本一致、国家主权与主权在民、对所辖领土以及所辖领土上的事务拥有合法使用暴力的权力、民族主义政治文化的形成以及统一的民族市场。[②]

基于民族政治学视角,周平则将民族国家看作历史上形成并在现实中仍然存在的国家形态,认为应将其置于国家形态演进的历史进程中加以考察。周平教授认为,从本质上看,"民族国家就是以民族对国家的认同为基础的主权国家"。其中,民族国家有以下基本特征:民族国家是主权国家(拥有主权是民族国家的前提条件)、是民族认同与国家认同相统一的国家(民族国家的民族性,就集中表现为民族对国家的认同)、是人民的国家。[③] 宁骚认为,所谓"民族国家,就是建立起统一的中央集权制政府的、具有统一的民族阶级利益以及同质的国民文化的、由本国的统治阶级治理并在法律上代表全体国民的主权国家"。[④]

综上所述,国内外学者从不同视角对民族国家的概念作了解释与界定,虽然其观点或多或少存在不同的侧重,但这些学者的观点也都具有一些或多或少的共同点,这些共同之处涵盖的关键内容包括:民族国家是由一系列构成要素有机组成的,是国家民族("国族")的国家。其中,民族国家最为重要的构成要素涵盖"主权""集权(化)""制度""认

---

① 贾英健:《全球化背景下的民族国家研究》,中国社会科学出版社2005年版,第55—58页。

② 贾英健:《全球化背景下的民族国家研究》,中国社会科学出版社2005年版,第58—65页。

③ 周平:《国家建设与国族建设》,《社会科学研究》2010年第2期;周平:《对民族国家的再认识》,《政治学研究》2009年第4期。

④ 宁骚:《民族与国家:民族关系与民族政策的国际比较》,北京大学出版社1995年版,第269页;张建军:《近二十年民族分离主义研究述评》,《西南民族大学学报》(人文社会科学版)2011年第2期。

同""（暴力）工具"以及作为民族与国家结合的国族意义上的"政治—文化共同体"。具体来说，主权表示民族国家是组成世界体系的主权国家；集权（化）代表国家权力的中央政府集权化；制度表示民族国家所颁布与施行（或修改并施行）的涉及政治、经济、文化以及社会等诸多领域的一系列制度性或法律规范性体系；认同即是通过一套统一的意识形态（或价值体系）和教育的普及，或是利用民族主义因素来培育、塑造以及强化民族认同与国家认同的同一或统一；（暴力）工具则表示民族国家垄断性地拥有对影响民族或国家安全与稳定的内外部因素使用"暴力工具"的合法权利。同时，民族国家及其构成要素是一个动态发展与相互作用、影响的过程，受到内外部因素的制约与影响。

综合国内外不同学科研究背景且具有代表性的学者对民族国家概念、特征与内涵的界定与表述来看，可以将民族国家的内涵或构成要素概述为：民族国家具有特定的疆界、独立平等的主权、渐趋完备的法律体系与合法使用暴力的权力，民族对国家的认同与国家对民族的国家认同感的培育，民族国家是国家民族（国族）的国家。同时，我们也应看到民族主义因素在民族国家建构过程中所具有的双重作用与影响，而民族国家建构也是一个动态发展与长期建构的过程。在全球化背景下，尽管一度产生或存在"民族国家"已然过时的观点，但正如安东尼·吉登斯所言，"尽管全球时代已经来临，但民族国家却并未消失，而且在最近的将来也不会消失"。[①] 笔者认为，在新的国家行为体以及构成世界体系主要参与的行为体尚未出现或产生之前，民族国家，不论是单一民族国家还是多民族国家，依然具有较强的生命力。这是由于民族国家本身所具有的应对挑战的活性能力，并能根据内外部环境或体系的变化做出调整的能力。

（二）民族国家建构

"民族国家建构"（Nation-State Building）是对民族国家进行"民族建构"（Nation-Building）与"国家建构"（State-Building）两位一体的双重

---

① ［英］安东尼·吉登斯：《全球时代的民族国家》，郭忠华、何莉君译，《中山大学学报》（社会科学版）2008年第1期。

概括。换言之,"民族国家建构"是"民族建构"与"国家建构"有机结合的双重建构的过程:国家建构为民族建构提供政治、经济与文化等方面的制度性保障,而民族建构则反过来夯实国家建构所取得的成果,正是在国家建构与民族建构作为一体的民族国家建构的"两面"这个意义上,才凸显出民族国家所具有的现代性的国家与民族的双重属性。民族国家建构的内容主要针对民族国家共同体与民族国家制度的创建和完善。[1] 即从构成民族国家一面的民族来看,主要是建构"民族共同体"(国家民族,即"国族"),这是一个长期的动态过程;而从构成民族国家另一面的"国家共同体"来看,则主要强调通过"国家建构",逐渐提升"民族共同体"对同一的"国家共同体"的国家层面的共同政治认同。[2] 同时,具有现代属性的民族国家建构,其建构的基础主要是传统国家与传统民族(族群)[3],这对绝大多数的非西方国家来说,其民族国家建构既是历史的(需要历史作为建构基础)延续,同时,也需参照西方民族国家建构模型来建构具有本国特性的民族国家,因而从时序上来看,民族国家建构也是"传统"与"现代"的调试与融合、延续与变革。[4] 一定程度上来说,剖析"民族建构"与"国家建构"的概念所指代的内容及二者之间的关系有利于更好地理解"民族国家建构"。

"民族建构"究竟指涉为何?无疑,这个概念是一个规范性概念,因为它暗指实现一个目标:一个民族/国家。理想情况下,这个民族/国家对应于一块领土和一套被普遍接受的规则、规范。这一领土之上的公民正式获得了国籍,并且,在理想情况下,他们认同自己是该国家的国民。因此,民族/国家认同需要一种归属感和想象力。这就是作为 20 世纪民族概念研究著名理论家之一的本尼迪克特·安德森(Benedict Anderson)

---

[1] 关于民族国家的建构所包括的主要内容、建构路径以及民族国家的建构形态的划分,参见贾英健《全球化背景下的民族国家研究》,中国社会科学出版社 2005 年版,第 77—81 页。

[2] 有关对民族、民族建构、国家建构及民族国家建构等概念及其关系的分析,参见严庆《民族、民族国家及其建构》,《广西民族研究》2012 年第 2 期。

[3] 安东尼·D. 史密斯认为,民族的基础或内核是具有文化属性的族群。参见叶江《当代西方的两种民族理论——兼评安东尼·史密斯的民族(nation)理论》,《中国社会科学》2002 年第 1 期。

[4] 贾英健:《全球化背景下的民族国家研究》,中国社会科学出版社 2005 年版,第 77—81 页。

绪 论

之所以将民族称为"想象的共同体"的缘由所在。如果"想象的共同体"对应于作为民族国家的定义和管理,那么,至少在理论上,民族建构的目标已然达成。不过,在实践中,民族建构的过程显示出来的是,民族建构这个过程本身比理论反思所暗示的要困难得多。民族建构不仅仅是纯粹的政策实施和机构的建立。即使是构成国家支柱的机构(如官僚、司法、公务员和公共设施)正在有效运作,但某一社群的国家认同仍可能是在不同的隶属关系中得以塑造的。[①] 由此可见,民族建构的理论与实际、民族建构的过程与国家认同的塑造所具有的复杂性和系统性。

《布莱克维尔政治学百科全书》将"民族建构"(原译为"民族统一构设",Nation building)解释为:民族建构,即是"为促进民族一体化而制定的诸项政策之总和",它用来指(国家通过政策)引导一国内部走向统一,并使其居民结为同一民族成员的过程。民族建构属于一个双重性概念:一方面,它指国家不断发展的公共权威和控制;另一方面,是指公民权利的扩大。因此,民族建构是与民族这个概念相对而言的。从传统上讲,若民族概念与现代国家概念,或与任何已经建立的国家之居民概念等同划一的话,那么,民族建构这一概念则仅仅是指现实的国家控制和公众服从的政策;若民族概念是对文化共处或种族特征的一种表述的话,那么,民族建构即意指向一个在语言、宗教或者种族方面具有权威性的民族范式方向积极同化和标准化的过程。[②] 由此可见,民族建构涉及国家所制定的文化—政治政策,而文化—政治政策具有双重性,既可以加强同质民族国家的关系,也可以抑制由推行"文化—政治同化"政策所带来的或者是异质民族本身主动具有的潜在的政治风险。"民族建构"就是民族作为文化—政治共同体的建构过程和"建构的民族"的民族认同的形成过程。

达成成功的民族建构,是国家建构、社会整合与意识形态合法化这

---

① Claudia Derichs and Thomas Heberer, "Introduction: Diversity of Nation-Building in East and Southeast Asia", *European Journal of East Asian Studies*, Vol. 5, Issue 1, 2006, p. 2.

② [英]戴维·米勒、韦农·波格丹诺编,中国问题研究所、南亚发展研究中心、中国农村发展信托投资公司组织翻译:《布莱克维尔政治学百科全书》,中国政法大学出版社1992年版,第489页。

三个单个要素高度合成的结果，民族建构中的某一构成部分能够相对容易地从外部获得，如部分基础设施。然而，其他构成部分则很难甚至不可能从外部获得，如民族建构的意识形态。民族建构进程中的三个核心要素能否相互啮合并彼此发力互助，将决定民族建构的成败。通常来说，外部因素会对民族建构起到促进或阻碍的作用，但因内部因素会排除外部因素的干扰而使得阻碍性因素几乎不能阻止民族建构这一进程。[1] 推动民族建构进程的动力性因素或一些不同维度的手段包括：经济整合、文化整合、政治集权、官僚管制、军事征服或镇压、创造共同利益、民主化以及建立共同的公民身份或是进行"种族灭绝/清洗"式的压迫行径等。从世界历史来看，欧洲和第三世界国家在"民族建构"的过程中，曾经经历或现在仍然经历着"和平的过程"和"暴力的过程"。在此意义上，民族建构借以推行的"工具"或"手段"即可以划分为"和平性的手段"与"暴力性的手段"，运用"和平性的手段"进行民族建构为积极性建构，而运用"暴力性的手段"进行民族建构则为破坏性建构。事实上，一个国家可能还存在同时运用"暴力性的手段"与"和平性的手段"进行民族建构的情况。

与"民族建构"关系密切的"国家建构"，简言之，则是国家（政府）通过制度化建设以调整自己与市场、社会之间的关系，以及作为具有相对独立属性的主体调整社会与市场之间的三重关系，进而有利于国家的存在、维持和强大的过程。在"国家建构"的过程中，国家既表现为理性的行为者（施动者），同时也作为一种制度综合体。英国著名社会学家与社会理论家安东尼·D. 史密斯认为，民族形成的途径主要有两种：第一种是通过本土化动员；第二种，从根本上来说，是通过官僚式融合。并认为，官僚式融合过程多种多样，包括人们熟悉的国家建构的许多手段：全国建立单一的法律规范和司法体系；创立单一的税制和财政制度；建设统一的交通和通信体系；精简行政机构以提高办事效率，将权力集中掌握在居于首府的统治者手中；形成专业化组织人事制度，使关键的行政管理部门由训练有

---

[1] 有关"民族建构"及其核心构成要素，以及成功的民族建构所需具备的要素或条件的详细分析，参见 Jochen Hippler (ed.), Barry Stone (tr.), *Nation-Building: A Key Concept for Peaceful Conflict Transformation?* London: Pluto Press, 2005, pp. 6 – 9。

绪 论

素的人员充任；创立中央控制下的有效的军事组织和技术。在较晚阶段，设立福利保障，劳动保护、保险、健康制度、教育也逐渐被纳入国家建构之中。[①]

在国家建构过程中，人们形成了一种强烈的民族意识。虽然它是国家建构结果的一部分，但如果将"民族缔造"与国家建构分开来进行剖析的话，那么，它既是结果，又是原因，是一种因果重合。尽管民族缔造是一个与国家建构交替使用的术语，但民族缔造的中心点和重点却与之存在相当大的差异。在民族缔造所主要包括的内容中，从"在被界定的领土上对技术、资源的选择和使用"[②] 这一方面来看，民族缔造就与国家建构存在直接关系，即国家建构有赖于对其所属领土的界定因而国家建构需要国家整合——对领土与行政的整合。换言之，国家通过国家整合以实现国家建构所需要满足的条件，在此基础上，来进行民族缔造或建构——建构一个国家民族意义上的"民族共同体"。由此可见，"国家建构"与"国家整合"存在叠合，前者为后者提供制度保障，后者作为前者的"工具性手段"以实现国家建构与民族建构的目标；同时，国家建构的过程或多或少也是国家整合的过程和结果。

通过对国内外学者有关民族、国家、民族建构与国家建构等概念及其关系进行的辨析后，学者杨雪冬将民族国家构建界定为："民族国家构建"（nation-state building）就是"国家构建"和"民族构建"的双重进程，体现了"国家""民族"的构建特征以及民族国家的动态发展过程。[③] 简言之，"民族建构"与"国家建构"是基于或利用民族与国家本身所具有的特征来建构的，"民族建构"更强调对同一文化认同的"文化共同体"的建构，而"国家建构"则更强调建构族群间在国家层面上同一的"共同政治认同"。当然，民族主义在民族国家建构进程中所发挥的双重作用与影响也不应忽视。

[①] ［英］安东尼·D. 史密斯：《全球化时代的民族与民族主义》，龚维斌、良警宇译，中央编译出版社2002年版，第104—106页。

[②] ［英］安东尼·D. 史密斯：《全球化时代的民族与民族主义》，龚维斌、良警宇译，中央编译出版社2002年版，第106—107页。

[③] 杨雪冬：《民族国家与国家构建：一个理论综述》，《复旦政治学评论》2005年第1期。

对于非西方的"模仿性民族国家"而言，其民族国家建构具有国家建构与民族建构的叠合性特征，民族国家建构是国家建构与民族建构有机结合的双重建构过程。民族国家的建构过程，包括了民族（民族性）、国家、民族/国家认同以及民族主义等构成要素或影响因素的参与与建构，这个建构过程也因时、因地、因内外部环境、因对象国的国家形态演变的不同而不同，表现出强烈的地域性与叠合性特点。[①] 第二次世界大战后，亚非拉殖民地通过民族独立运动完成了自身的民族国家建构，但由于这些国家自身缺乏民族与国家孕育与生长的基础，因而在独立之后，这些国家仍然面临着艰巨的建构任务，其所处的地区也成为当今世界最为不稳定的地区。严庆认为，就绝大多数国家而言，民族成分的多族裔化是既有事实，就个别国家而言，民族成分的多族裔化则是一种趋势，而进行多民族国家建构将是一个恒常的政治话题。[②]

（三）民族整合

民族国家建构，主要侧重于民族建构与国家建构，国家建构为民族建构提供制度保障，而民族建构则既需要建构思想，也需要建构基础和条件。从对国家建构的界定与解释来看，事实上，国家建构进程中提出的一系列制度为国家整合提供了参考，而国家整合又反过来充实了国家建构，二者在一定程度上是叠合的，即国家建构的过程，同时也是国家整合的过程。当国家建构或整合达到一定程度时，即当外部因素对国家建构与整合的影响减弱时，此时需要全力推进民族整合。对第三世界国家而言，国家建构与民族建构并不总是同步进行的，不同时期侧重点有所不同，在国家独立前后，主要侧重于国家建构。

英国学者安东尼·H. 柏奇（Anthony H. Birch）认为，民族/国家整合（national integration）作为一个过程或进程，部分是社会与经济发展的一个副产品，部分则是政府政策有意为之的结果，而整合进程中无计划的那部分通常被称作"社会动员"（social mobilization）。这个过程基本上是由工业化过程引起的，包括了共同体的扩大、语言的标准化、交通运

---

① 阳举伟、何平：《泰国民族国家建构模式探究——基于民族国家构成要素的分析》，《东南亚南亚研究》2015 年第 3 期。

② 严庆：《民族、民族国家及其建构》，《广西民族研究》2012 年第 2 期。

输条件的改善、大众传媒的交流以及截然不同的社群成员融合为"整体化民族"(the national whole)在内的一系列变化。① 民族整合的其他组成部分包括由政府设计的旨在改变人们态度和保持人们忠诚的政策。通过发展国家机构与运用政治社会化策略,并努力尝试以一种最重要的国家忠诚感来取代人们对地方的和部门的忠诚,这个过程被称为"民族建构"(nation-building)。②

从政府或国家作为政策施动者以培育国民对国家的认同与忠诚这个角度来看,民族整合的过程也是民族建构的过程,或者说,为了实现一体化的"民族建构",国家采取了促进民族整合的政策。推动民族建构的措施可以分为两类:一类是采取直接举措以促进民族一体化和培育民族认同感与民族自豪感。比如,创造促进国家或民族认同的象征物(国旗、国歌与制服——如国际比赛中运动队员所穿的队服,尤其在作为获胜一方时,这种对国家或民族的认同效应表现得更加明显)。而民族建构的更为重要的一个特征是,通过教育体制实现(包括民族美德在内的)社会化。另一类是政府为最大限度地降低族群分裂与文化分裂带来的政治影响的反应性措施,如建立对包括边缘地区群体或少数民族族群在内的全体社会阶层负责的政治体制,即通过制度安排或制度倾斜的方式来最小化族群间或族群与国家之间因语言、宗教信仰等的不同而引起的争议的负面影响。③ 由此可见,民族整合涉及政治、经济、文化(包括教育、语言以及宗教在内)以及社会政策等方面,因而民族整合进程并不总是一帆风顺的,尤其是在第三世界国家更是如此。

梳理与辨析清楚相关概念及其关系后,中国学者严庆对"民族整合"进行了界定:"所谓民族整合,就是多民族国家综合运用政策措施,对国内各民族之间的关系、民族与国家之间的关系进行调整,以实现国内民族关系、民族与国家关系的和谐。也就是说,民族整合是多民

---

① Anthony H. Birch, *Nationalism and National Integration*, London: Unwin Hyman, 1989, pp. 36–37.

② Anthony H. Birch, *Nationalism and National Integration*, London: Unwin Hyman, 1989, p. 37.

③ Anthony H. Birch, *Nationalism and National Integration*, London: Unwin Hyman, 1989, pp. 40–46.

族国家的民族治理功能,从唯物辩证法的角度讲,民族整合也是多民族国家的民族治理过程。"① 同时,严庆指出了民族整合是民族政治整合、经济整合、文化整合与社会整合的"四位一体"的整合,即作者指出了民族整合的"四位一体"的政治、经济、文化与社会整合的四种整合路径或多维举措。②

概言之,民族整合是对民族国家建构过程或进程的进一步完善,国家建构通常与国家整合存有叠合,二者可能是同步、交叉或是分阶段进行的。而当前所说的国家整合,主要涉及领土的划定与管理,国家制度体系在国家范围内的完善与施行,而民族整合则是为实现"民族一体化"(如民族在政治与经济上的一体化)这个最终目的服务的。不过,需要注意的是,民族整合不同于简单的民族同化,对多民族国家而言,吸取强制同化的教训是很有必要的。本书所要论述的民族整合,主要包括政治整合、文化整合、社会整合以及经济整合四个方面,并将根据掌握材料的多寡、相关案例的特点等进行有所选择地论述。

五 本书的结构与内容

本书正文由九章构成,按国别分别简介东南亚各国的民族国家建构与民族整合进程的相关内容。

第一章研究了泰国的民族国家建构与民族整合进程。泰国,作为东南亚地区唯一未被殖民的国家,其民族国家建构与东南亚其他国家相比显示出了明显的差别。朱拉隆功改革,尤其是其中的行政官僚改革,为泰国的民族国家建构与民族整合提供了制度性的基础。而瓦栖拉兀国王(拉玛六世)提出的"民族、宗教与君主"三位一体的民族主义思想,则为泰国的民族国家建构提供了思想武器和理论指导。自1932年政变推翻绝对君主制而建立君主立宪制以来,泰国的"宪制民主"大幅削弱了传统君主的绝对权力,而军人在泰国国家政治中的作用也变得不容忽视,尽管如此,泰国的民族国家建构与民族整合依然遵循瓦栖拉兀所提出的

---

① 严庆:《解读"整合"与"民族整合"》,《民族研究》2006年第4期。
② 严庆:《民族整合的理念、格局与举措》,《政治学研究》2015年第1期。

绪 论

民族主义思想，并据此进行泰民族国家建构与民族整合。从民族整合效果来看，目前除南部边境诸府依然处于不稳定状态，或者说是除"南部问题"依然没有得到妥善处理之外，泰国的民族国家建构取得了较为显著的成效，而对北部泰族、东北部老族以及山民的整合，尽管存在社会经济方面的一些问题，但在政治整合方面，已经取得了良好的预期效果。

第二章分析了越南的民族国家建构与民族整合进程。越南，作为中南半岛乃至东南亚地区具有影响力的社会主义国家，其民族、国家疆域与官僚制度的历史形成与发展，与中国存在千丝万缕的联系。不过，法国殖民势力的到来，打断了越南民族与国家的发展，并对越南历史的发展及其转向产生了深远的影响。这突出表现在越南书写文字的改变上，即由喃字到采用拉丁化文字。尽管法国殖民者将喃字拉丁化的初衷是为了维持和延续殖民统治，然而，从客观上来说，喃字的拉丁化却产生了溢出效应，即客观上起到了提高越南人民识字率的效果。这为越南民族主义与革命思想的传播和推翻殖民统治的革命斗争，无疑起到了革命性的作用。从1945年越南民主共和国宣布独立到1975年南北越统一，越南先后经历了"抗法"和"抗美"战争，并通过战争手段完成了国家统一。然而，直到1986年越南政府推行"革新开放"政策之后，越南的民族国家建构与民族整合进程才得以大踏步地开启，这尤其体现在越南经济的发展和国内一体化市场的逐渐形成上。对于国土狭长的越南而言，除具有统一和团结全国各族人民的政治思想外，其经济水平与基础设施的发展程度则将直接决定越南民族整合的效果。

第三章分析了老挝的民族国家建构进程。老挝的国体与越南类似，坚持社会主义人民民主专政制度。作为东南亚地区唯一的一个内陆国家，老挝民族与国家的历史形成与发展，深受周边外部力量（主要是泰国、越南和柬埔寨）、法国殖民势力以及其他帝国主义势力的影响。1954年，老挝取得独立后，由于受到外国势力干涉，卷入了长达20多年的内战旋涡之中。1975—1990年，主要是老挝人民革命党探索建设老挝社会主义事业的时期。在探索社会主义道路的这25年时间中，老挝党和政府初步构建起了国家政治秩序和经济体制。1991年开始"全面革新开放"以来，老挝以马克思列宁主义和凯山·丰威汉思想作为老挝民族国家建构的主要理论指导。在"全面革新开放"政策的指引下,老挝政府致力于发展民族经济。针对"苗族问题"和华人群体,老挝政府出台了一系列措施,将其纳入以老族为主的社会共同体之中,较为妥善地处理了历史遗留的民族问题。总体而言,老挝在政治制度、经济建设和社会发展方面都取得了一些进步,但老挝的民族国家建构与民族整合的总体水平依然有待提高。

第四章研究了柬埔寨的民族国家建构进程。在历史发展过程中,柬埔寨逐渐形成了以高棉族为主体、多族群并存的局面。印度文化和佛教信仰共同造就了柬埔寨古代社会的政治与文化传统。近代以来,在法国殖民体制下,柬埔寨从民族、地理、文化实体等方面的多线建构将个体归属视野从地方性网络逐渐拓展到"民族共同体",法国和柬埔寨文人"精心制作的文化"则孕育了柬埔寨的高棉族民族主义。法国的殖民统治,从客观上促进了柬埔寨民族国家建构要素的产生,这尤其体现在疆域划定方面。1953年,在西哈努克领导下,柬埔寨获得独立。柬埔寨的独立,标志着法国在柬长达90年的殖民统治的结束,也标志着柬埔寨民族国家建构与民族整合进程的开始。不过,1970—1991年,柬埔寨经历了"大动荡时期"。这一时期,柬埔寨政治精英提出的民族国家建构方案与柬埔寨的国情严重不符,因而产生了一系列消极后果,并严重阻碍了柬埔寨的民族国家建构进程。1993年进行的全国大选,标志着柬埔寨的民族国家建构进入了新时期。1993年以来,柬埔寨在"民族、宗教、国王"口号的指引下进行新时期的民族国家建构。目前,尽管柬埔寨依然存在一些尚待妥善解决的民族问题,但柬埔寨在民族整合方面还是取得了一些成绩。不过,柬埔寨民族国家建构与民族整合进程依然需要进行不断的完善。

第五章研究的是缅甸的民族国家建构与民族整合进程。在缅甸历史发展演变的过程中,缅族逐渐发展成为现今缅甸的主体民族,建立起蒲甘、东吁和贡榜三个统一的缅族王朝,并使缅甸成为中南半岛历史上的最强大的国家之一。历史上,缅甸王朝进行了"开疆拓土",并建立起山区对中央的朝贡依附关系,但由于这种关系本身的松散性,致使山区少数民族的特殊性仍得以保持和发展。英国殖民者东来并统治缅甸后,采用"分而治之"的统治方式将缅族中央与山区少数民族之间的依附关系彻底打断。种族、社会阶层、司法制度、经济利益等观念的引入，彻底改变了缅甸社会的历史发展轨迹；而日本人的短暂占领，在缅甸既制造了非常大的民族隔阂与民族矛盾，但意外的是，又在客观上推动了缅甸国家的向前发展。独立后，吴努实行议会民主制的失败推动奈温走向中央集权，建立并发展"缅甸式社会主义"，以期整合国家。这种做法导致了中央和山区的直接武装对抗，暴力冲突成为推动国家整合的主要手段。但长期的社会动荡和经济破败也掀起了缅甸民主化改革的浪潮。缅甸（新）军人政府逐渐意识到接纳社会各阶层派别和各民族是实现国家统一的出路。吴登盛政府开始推进"有纪律的民主国家"的建设。虽然武装冲突依旧发生，但冲突各方"以打促谈"的目标并未突破国家统一的底线。昂山素季领导的民盟执政被视为缅甸民主化进程的一个里程碑。罗兴伽人事件显示出缅甸国内族群—宗教问题与多民族相互敌视的状况仍然严重。受国际和国内局势的影响，在缅甸进行国家整合与民族整合的过程中，政治上的全面包容与民族和解框架的搭建，对于缅甸尽早完成国家整合，具有重要意义。

第六章研究了新加坡的民族国家建构进程。华人、马来人和印度人是新加坡的三大族群，这一多族群结构的形成是长期历史发展的结果。英国殖民时期，新加坡形成了华人、马来人和印度人"三族鼎立"的族群格局。第二次世界大战后，新加坡民族主义情绪不断高涨，经过不断斗争，英国最终承认新加坡自治。这一时期，新加坡基本具备了日后进行民族国家建构的领土、人民、政权和主权等要素，这为新加坡民族国家建构和民族整合打下了坚实的基础。1965年，新加坡宣布脱离马来西亚独立建国。李光耀成功探索出了建构"新加坡人的新加坡"单一制国家的理念，同时提出并制定了新加坡"多元一体化"的民族整合理念，从而为新加坡民族国家建构的道路指明了方向。李光耀执政时期为新加坡确定的"多元一体化"主义，对现今新加坡的民族国家建构与民族整合依然有着巨大的影响。基于"多元一体化"主义所施行的"多元种族政策"，不仅成功缓解了新加坡国内主要族群间的矛盾，也促进了新加坡的民族建构与国家建构，实现了新加坡和平稳定的发展。1990年，李光耀卸任后，"后李光耀时期"的新加坡政府在其民族国家建构进程中提出了"共同价值观"的思想,这表现出新加坡政府强化国民文化认同的趋势。尽管新加坡仍然面临一些内外部环境变化带来的问题和挑战,但总体而言,新加坡民族国家建构与民族整合所取得的成绩,无疑是东南亚国家中最好的。很大程度上来说,这得益于新加坡采取的"多元一体化"政策。

第七章研究了马来西亚的民族国家建构。马来西亚在其民族国家建构的路径上坚持"族群中心主义"的同化政策,这突出表现在政治方面。尽管如此,但在一定程度上来说,马来西亚也能考虑多族群结构的现实而不断调整民族整合政策。大体而言,马来西亚的民族整合政策经历了从"妥协式同化"到"威权主导下的同化",再到具有"开放和包容特征的同化"的转变过程。一定程度上说,这或多或少缓和了马来西亚的族群矛盾。自1957年独立以来,马来西亚在过去60多年的国家建构过程中,国家建构和民族整合虽然同时起步,但是进程并不统一,步调也并不一致。经过数十年的磨合,马来族、华族和印度族基本认同马来西亚国家,但在民族整合和民族认同方面,将马来西亚以三大族群为主的多族群和多元社会整合为一个统一的"马来西亚民族"依然处于一个理想阶段。迄今为止,马来西亚族群政治的实质并未发生根本性改变,主要族群间的关系仅仅处于一种"共处"的状态。更为重要的是,从政治上来看,马来西亚宪法保证下的马来人特权依然存在,而这恰恰是马来西亚构建公民身份认同和进行民族整合的制度性障碍。在宪法尚未保障和规范族群间实质平等的条件下,由马来人主导的马来西亚民族国家建构的目标和路径的实现以及马来西亚政府打造"马来西亚民族"的构想依然任重道远。

第八章研究了印尼的民族国家建构与民族整合进程。在漫长的历史演进中,印尼当今的主要民族逐渐形成和定型。在古代,现今印尼领土上虽然也曾建立过一些传统国家,并曾创造过辉煌,但到了近代,印尼最终先后沦为葡萄牙和荷兰的殖民地。在殖民统治时期,作为印尼各族重要组成部分的华人开始定居于此,并最终成为印尼各族不可分割的一部分。印尼的历史发展和多民族格局的定型,为独立后其民族国家的建构奠定了历史基础。在荷兰殖民统治下,印尼的知识分子开始接受西方的民族主义思想。进入20世纪后,印尼先后建立了一系列民族主义组

绪　论

织，推进民族主义运动，力图摆脱荷兰的殖民统治。印尼的各类民族主义组织的意识形态相互激烈地碰撞，并最终融入了统一的"印尼"的旗帜之下。

第二次世界大战后，在苏加诺等人的领导下，印尼人民高举民族独立大旗，最终摆脱了殖民统治，实现了国家独立。印尼的独立，正式拉开了印尼民族国家建构与民族整合的序幕。在印尼为争取民族独立而奋斗的过程中，作为印尼民族国家建构指导思想的"潘查希拉"（印尼建国五项基本原则）也被确立。不过，在苏加诺、苏哈托以及"后苏哈托时代"的印尼各领导人的民族国家建构进程中，尽管"潘查希拉"思想原则仍作为民族国家建构的核心，但在不同领导人执政的不同时期里，"潘查希拉"也表现出了不同的形式和特点。苏加诺时期（1950—1965年），苏加诺确立了印尼建立世俗民族国家的道路，即确立了以"潘查希拉"为核心的立国方针。苏加诺尝试通过"潘查希拉"的理念融合各民族，通过"印尼"来塑造统一的印尼民族。苏加诺政府围绕凝聚意识形态共识，塑造了"潘查希拉"国家思想观作为立国思想的根基，并在此基础上，展开了建国初期的民族国家建构实践，并取得了良好成效。而"潘查希拉"也被印尼的后来历届领导人遵从，逐渐发展成为名副其实的民族国家建构观。苏哈托时期（1965—1998年），印尼在威权政治体制下进行民族国家建构，苏哈托通过各领域的整合手段，试图将国内各民族打造成具有统一国家思想观（"潘查希拉"）的国族。在民族整合中，苏哈托虽然试图通过强制认同的手段来整合各个民族，但在整合过程中，政府/国家具有地域中心主义的"大爪哇主义"的倾向明显。"后苏哈托时期"（1998年至今），印尼进入政治转型期。通过历任总统的改革，印尼在政治整合上取得了很大的成就。通过颁布一系列的地区治理法令以及地区自治法令，地方自治得到了真正的落实，地区民族的矛盾得以缓和。这一时期，印尼民族整合的最大成效莫过于通过政治谈判手段解决了"亚齐问题"。不过，虽然在"后苏哈托时代"，印尼在民族国家建构上取得了很大的进步，但印尼在长期建设的过程中积累的诸多问题却并未得到完全解决，印尼民族国家建构依然需要不断地摸索与尝试。

第九章研究了菲律宾的民族国家建构及其民族整合进程。历史上，由于各种主客观因素的影响与制约，相对而言，菲律宾的经济社会发展程度落后于东南亚其他国家。在西班牙殖民前，南部的苏禄、棉兰老受到伊斯兰教的影响，出现了一些穆斯林苏丹政权。同期，菲律宾北部则依然处于以"巴朗盖"为基础的落后的社会形态之中，并未形成统一的政权和宗教信仰。西班牙人的殖民统治初步奠定了菲律宾的疆域，而到美国殖民时期，菲律宾的疆域得以扩大并逐渐巩固下来。西班牙的殖民统治制度与菲律宾的巴朗盖体制的结合，形成了菲律宾的政治庇护体系和政治生态。随着19世纪末菲律宾融入世界经济体系，菲律宾的民族意识逐渐成长起来，而随着"宣传运动"的发展，菲律宾人形成了自己的民族意识。作为凝聚菲律宾人民的一种力量，这种民族意识被用于反殖民斗争的开展。美国殖民统治及美国殖民下的菲律宾自治政府所采取的一系列措施，为独立后的菲律宾民族国家建构奠定了基础。其中，通过教育同化穆斯林的整合政策被独立后的菲律宾政府一直沿用。美国殖民时期，一方面，将菲律宾南部纳入菲律宾版图，另一方面，美国的殖民政策也激发了摩洛人的民族意识。获得独立后，菲律宾政府继承了美国殖民时期及菲律宾自治政府时期的民族政策，开始了菲律宾的民族国家整合进程。菲律宾独立后的前两任总统——罗哈斯与季里诺，主要忙于战后菲律宾经济的恢复，在民族国家建构及民族整合上并未采取具体行动。而自马格赛赛总统执政开始，菲律宾政府将投诚的胡克叛乱分子安置到菲律宾的南部穆斯林地区，并鼓励北部地区的天主教徒移居南部地区。这一举措在激发穆斯林族群意识的同时，由于移民与穆斯林之间不断累积的矛盾，也最终引发了南部地区的动乱。到马科斯执政时期，菲律宾政府不仅没有努力化解这些矛盾，反而试图通过军事管制以实现菲律宾南部的和平。南部穆斯林为了维护自身权利，采取武装反叛的方式与菲律宾政府进行对抗。阿基诺总统上台后，采取多元文化主义政策，放弃了收效不大的同化政策，开始与摩洛反抗运动组织进行谈判。不过，菲律宾南部地区至今依然不时发生局部的恐怖袭击活动甚至动乱或冲突。由于各种因素的影响和制约，菲律宾南部穆斯林地区的民族整合之路，仍然任重道远。

总体来看，东南亚地区的国家均为多民族/族群国家。不同之处在于，东南亚各国的族群数量与族群占比存在或多或少的差异。比如，主要族群数量较少的有新加坡、文莱和东帝汶，而族群数量较多的则有印尼、菲律宾、缅甸、泰国及越南等。其中，主体族群占比处于50%—80%的国家有文莱、缅甸、东帝汶、老挝、马来西亚、新加坡和泰国。柬埔寨和越南的主体族群所占比例则极高，分别达到90%和88%。有关东南亚11国的主要族群及其所占比例情况，见表0-1。

表0-1　东南亚国家主要族群及其占比的估计数（2000年）

国家	国家人口数量	主要族群及其占比
文莱	336000人	马来人（64%）、华人（20%）、达雅人（6%）、其他（10%）
缅甸	41700000人	缅族（68%）、掸族（8.5%）、克伦（6.2%）、若开（4.5%）、华人（3%）、孟族（2.4%）、钦族（2.2%）、印度人（1.7%）、克钦（1.4%）、其他（0.7%）
柬埔寨	12200000人	高棉人（90%）、越人（5%）、占族人与其他（3%）、华人（2%）
东帝汶	约800000人	帝汶人/东帝汶土著（78%）、印尼人（20%）、华人（2%）
印尼	224000000人	爪哇人（45%）、巽他人（14%）、马都拉人（7.5%）、其他的马来人（7.5%）、其他约350个族群（26%）
老挝	5500000人	老龙人与老泰人（操泰语者）（65%）、老听人（操孟—高棉语者）（24%）、老松人（操藏缅语者）（10%）、其他（1%）
马来西亚	21800000人	马来人与其他的土著（60%）、华人（30%）、印度人（8%）、其他（2%）
菲律宾	81200000人	泰加洛人（28%）、宿雾人（24%）、伊洛加诺人（10%）、伊隆戈人（Ilongos，9%）、其他的马来人（24%）、华人（2%）、其他（3%）
新加坡	4200000人	华人（76.4%）、马来人（14.9%）、塔米尔人（6.4%）、其他（2.3%）
泰国	61200000人	泰人（54%）、老人（28%）、华人（11%）、马来人（4%）、其他（3%）*
越南	78800000人	越人（88%）、华人（2%）、泰人（2%）、高棉人（1%）、其他（7%）

* 说明：此处似为引用的原文数据有误，将高棉人和其他两个数据合并为其他（3%）。依据在于，据泰国2010年的统计数据，泰族人口比例在上升，而非泰族人口比例在下降。
资料来源：Patrick Heenan and Monique Lamontagne（eds.），*The Southeast Asia Handbook*，London and Chicago：Fitzroy Dearborn Publishers，2001，p.306。

需要说明的是，表0-1中并未直接列出东南亚一些国家中人数较少但在政治方面具有重要意义的族群信息，其中，最为重要的族群包括菲律宾南部的摩洛穆斯林和印尼的亚齐人等。另外，与使用随着统计年份而发生变化的人口数字相比，使用族群人口所占比例进行考察，则相对稳定一些。东南亚各国中，有的国家进行了民族识别，如越南、老挝和缅甸，而剩下的八个国家则没有进行国家层面的民族识别工作，这对于进行准确统计东南亚各国所有族群的工作者来说，操作起来的实际困难也比较多。目前，越南有 54 个民族，老挝有 49 个民族，而缅甸则有 135 个民族（国内学者认为，缅甸的民族大约有 50 个）。不过，尽管泰国、柬埔寨、新加坡、文莱、印尼、马来西亚、菲律宾和东帝汶并未进行民族识别，但学界对这些国家的民族还是存在基本的认知和划分。其中，泰国全国有 30 多个民族，主要民族有泰族、（东北）老族、华族、马来族等；柬埔寨有 20 多个民族，除高棉族外，还有占族、普农族、老族、泰族、华族、京族、缅族、马来族、斯丁族等少数民族和土著部落；新加坡的三大民族为华族、马来族和印度族；马来西亚有 30 多个民族，并以马来族、华族和印度族三大民族为主体；菲律宾有 90 多个民族，主体民族包括他加禄人、比萨扬人、伊洛克人、比科尔人，占全国人口的 80%。[①] 因此，在概述东南亚民族数目状况的基础上，本书主要概述东南亚各国的主要族群及其占比情况。对于表 0-1 中没有直接概介的族群信息，本书将在正文的相应部分对这些族群及其存在的问题进行论述。

---

① 有关东南亚各国的民族划分详情，参见周建新《东南亚各国的民族划分及相关问题思考》，《贵州民族研究》2018 年第 2 期。

第一章　泰国民族国家建构与民族整合

阳举伟

第一节　泰国民族国家建构的历史基础

一　泰国的民族概况

从历史整体性发展的角度来看，泰国历史的发展，既包括泰语民族历史的发展，也包括非泰语民族历史的发展。换言之，泰国历史的发展，是泰语民族与非泰语民族二者共同作用与推动的结果。从时序上看，孟—高棉语民族在泰族迁徙到今泰国境内之前，就在今泰国版图上建立了他们自己的"早期国家"，并发展出了他们自己的宗教文化。段立生教授认为，"在素可泰王朝建立以前的很长一段历史时期，在现今泰国的版图内，曾经出现过一些或大或小的国家，在不同历史时期有不同的称谓。这些大大小小的邦国，构成泰国历史不可分割的一个组成部分……所谓泰国史，应该指现今泰国境内包括泰族、孟族、吉蔑族、华族及山区少数民族在内的各个民族共同创造的历史。"① 因此，在论及泰国的民族状况时，不能不涉及孟族和高棉族等民族群体，尽管现在属于泰国的少数民族，但他们曾在泰国历史上发挥了重要作用，比如孟—高棉语民族在

---

① 段立生：《泰国通史》，上海社会科学院出版社2014年版，第12—13页。

宗教文化等领域对后来建立古国的泰语民族所产生的影响。"孟—高棉人曾在包括现今泰国大部分的国土的地域上建立了其强大的王国。在接触交往的过程中，孟—高棉人吸收了南亚的民族群体在宗教、社会、政治、文化思想以及制度等领域的成果，而这些成果对之后泰国的文化发展与国家认同的形成产生了影响。"① 由此可见，从宗教文化与政治制度的角度来看，"泰文明"离不开对"孟—高棉文明"的借鉴与吸收；而从民族群体的演化来看，不同民族群体在长期交往与融合的历史进程中，共同促进了"泰文明"的进步与发展。

从泰国的民族构成与分布状况来看，大致而言，在现今泰国边界内，古代泰国时期②的民族有孟—高棉语族、马来人（即后期形成的马来穆斯林）、中部泰族、北部泰族和南部泰族。此外，还有北部地区的山民和在古代不同时期移民泰国的华人。虽然泰族在现代泰国占绝大多数，但泰国仍有许多少数民族，且其中一些在泰国社会和经济生活之中占有重要地位。从历史上看，大部分少数民族在泰族于13—14世纪"侵入"现代泰国境内之前就已生活在泰国，如马来人、高棉人、苏伊人、遂人（Soai）、克伦人以及其他群体等。还有一些群体则作为战俘来到泰国。还有一些人出于个人或社会原因自愿进入泰国。③ 古代泰国时期，在泰族来居之前，现今泰国北部、中南部地区为孟—高棉语民族所占据。比如，泰国兰那地区的大量遗址表明，在公元前1万年前后，兰那开始有人居住。许多学者认为，这些当地史前人类的后裔很可能就是今天均属孟—高棉语民族的"卡"（Kha）、"听"（Thin/Htin）、拉瓦（Lawa）等民族及其支系的祖先。④ 事实上，泰族在现今泰国境内建立政权前后，泰国就处于"多族群共存"的状态之中。比如，泰国北部地区是多族群聚居地，包括泰泐人（Tai Lue）、老潘人（Lao Puan）和克木人（Khamu）在内的

---

① Barbara Leitch LePoer (ed.), *Thailand: A Country Study*, Washington, D. C.: Library of Congress, Federal Research Division, 1989, p. 3.

② 本书所指的"古代泰国时期"指朱拉隆功改革之前的时段。泰国，1939年之前称暹罗。除引用文献称泰国为暹罗外，为行文方便，本书统称暹罗为泰国。

③ Blanchard Wendell et al., *Thailand: Its People, Its Society, Its Culture*, New Haven: HRAF Press, 1958, p. 57.

④ 何平：《泰国的孟高棉语民族》，《贵州民族研究》2010年第5期。

族群居住于此。泰北（兰那）①的这些族群聚居地的民族群体已被重新安置，兰那历史学家将此称为"收菜入篮、集人进城"（Keb Pak Sai Sa, Keb Kha Sai Muang）。这一历史时期出现了因18世纪的战争和强制移民而造成的巨大的社会混乱。当地处泰国北部地区的兰那王国从缅甸占领的200多年中获得解放时，城市因此而得以重建。②之后，中部泰族逐渐加强并巩固了对兰那的控制。

泰族迁入后，孟—高棉语民族逐渐退居山地。此外，北部清迈西方山中的拉佤人（Lava），南部尖竹汶山麓一带的冲人（Chaung），以及曼谷附近的孟人（Mons），总体来看，都分布于湄南平原的边缘地区。分布于东泰高原四周者，则有东北境地的梭人（So，总数约一万人，全为佛教徒）和卡伦人（Kaleung，围居于色军府附近）。东南部国境山中的吉蔑/高棉人和绥人（Sui）等，聚居地与柬埔寨的同族人相连续。半岛地区的马来族，是比孟—高棉人还早的先住民马来人，往昔曾繁衍于泰国心脏地带的湄南平原，现避居半岛地区，和马来西亚的同族人接壤，亦信仰伊斯兰教，但人数较少。从文化上来看，他们并不亚于平原地区的泰人。此外，泰国还有一些原始民族，如塞芒人（Semang），属尼格利托系语族，今可见于泰国南部边境地区；木舍人（Mosso），属藏缅系语族，今存于泰国北部边境地区，人数更少。③"后来居上"的泰族，逐渐成为现今分布于泰国中部、北部以及东北部占主导地位的民族群体。同时，这也是"多权力中心"存在的一个时期，即中部泰族、北部泰族与南部马来族都（曾）建立了自己的王朝或王国。

不过，需要说明的是，正是基于泰国的民族群体数量较多这样的事实，我们将泰国称为"多民族国家"。不过，从人口所占比例来看，泰国的少数民族人口总共不及泰国全国人口的10%。从一定程度上来说，在

---

① 兰那，意为"百万稻田"。"兰那"一词是在1553年的一块石碑上发现的。由于泰国古史大都以追记的形式出现，1553年之前的泰庸人已用"兰那"一词来称呼自己的国家了。参见饶睿颖《从"八百媳妇"到"兰那王国"名称变更考释——泰国古代北方泰族国家变迁新探》，《广西民族研究》2010年第2期。

② Chusak Wittayapak, "History and Geography of Identifications Related to Resource Conflicts and Ethnic Violence in Northern Thailand", *Asia Pacific Viewpoint*, Vol. 49, No. 1, 2008, pp. 112–113.

③ 参见郑资约编著《东南亚地理志略》，台北："国立编译馆"1972年版，第182—183页。

人数很少的民族群体中，包含了不少的"民族样品"。该区域的民族移动历史，与其所处的地理位置密不可分。该区域位于亚澳两个大陆的中间，是民族移动的十字路口，宛似欧洲的巴尔干半岛。该区域的湄南平原对周边各民族吸引力最大。各种不同的民族，从四面向此心脏地带集中。然而，后浪推前浪，波浪永无息止。最初占据此区者为马来人，到高棉人来后他们则退居边境地带。泰族来后，高棉人又退居边境地带。"有一次的民族移动波浪，就由盆地中心向盆边地方，像波纹似的层层压迫。"入主"中原地带"的民族，创造了灿烂文化，成了该区域的领导势力。不过，后来的民族，莫不大量地和先住民混血，相互同化（融合）。今日泰族之中——指宽泛意义上的包括中部泰族在内的泰国泰语民族，包含了过去所有民族的血液。需要注意的是，不同区域的泰族，混合的民族也是不同的，具有地方性特点。先住民族，亦多亦少，都有残留。今日该地的种族数目，也说明了泰族包含的成分。①

事实上，从泰族在当今这片国土建立素可泰王朝至今已800多年，在这片土地上居住生活的人民，除泰国人之外，数百年来，还有柬埔寨、老挝、越南、缅甸、马来西亚（包括现今的新加坡）、印尼、印度和中国等（国家的）民族的众多人民与少数其他东、西洋人民，大家长期生活在一起，语言、风俗和文化相互影响，加以互相通婚、互相融合，所以到了今天，泰族这个民族，虽说是仍以原先泰族人为主体的民族，但上述各个国家的侨民在这片土地上繁衍的子子孙孙，也都已成为现代泰族组成的一重要部分了，这使泰族更加壮大和充满活力。②

大约从11世纪起，原先居住在中国西南部边境地区的傣泰语群体及其支系，开始向南移动。傣语民族的南迁路线有二：一是沿萨尔温江河谷移居现今缅甸的北部、东部，这一支称为"大泰族"；二是沿湄公河谷移居（越南）东京、老挝及泰国北部，则称为"小泰族"。"小泰族"即是今日泰国泰人的远祖。之后，"小泰族"继续向南移动，到13世纪时（1257年，南宋保佑五年），建暹罗国（Sayama）于泰国北部之素可泰，

---

① 参见郑资约编著《东南亚地理志略》，台北："国立编译馆"1972年版，第183页。
② 江白潮：《泰国华侨华人现状的探讨》，[泰]洪林、黎道纲主编《泰国华侨华人研究》，香港：香港社会科学出版社有限公司2006年版，第65页。

中国史籍将其称为速古台王朝，此为泰族统治斯土之始。一个世纪后，他们继续向南移至湄南平原，驱逐先住民吉蔑族（高棉族）而建立大城王朝（即阿瑜陀耶王朝），都于大城。至18世纪（1767年），大城王朝为侵入之缅军所灭。① 13世纪末，位于现今泰国北部地区的孟人女王国被泰人的兰那王国消灭。到了14世纪中叶，暹又与罗斛合并，泰族在暹罗的势力逐渐膨胀，原先位于暹罗的孟人国家不复存在。②

自此以后，作为被统治群体的孟人不断被处于主导地位的泰人同化，但泰人继承和发展了孟人的文化。迄今为止，只有少部分孟人还保留着他们的血统和文化习俗，但这些作为少数民族的孟人，往往偏居在泰国（和缅甸）等国的南部一隅。

13世纪的东南亚发生了三件大事，这些大事使得东南亚的政治面貌发生了极大的改变。孟族的王国和侯国成为泰人"登场"之地，在缅甸和泰国都是这样；蒙古人的直接干预和军事干预的影响；伊斯兰国家的出现（尤其是在印度和印尼）。③ 而在12世纪，高棉在现今泰国境内的势力扩张逐渐结束，但正如我们所见的一样，在之后的文化力方面，高棉文化依然保持了长时间的影响。需要注意的是，从政治因素来看，真腊王国最后一位信奉大乘佛教的国王阇耶跋摩七世（Jayavaman Ⅶ，1181—1219年在位），曾大力弘扬大乘佛教。但他死后，真腊的国势和大乘佛教一起趋于式微，而原先在真腊统治下的泰族则取得独立。泰族建立素可泰王朝以后，便有意"反其道而行之"，崇奉小乘佛教。④ 到13世纪，泰族、老族政权在今泰国北部和东北部地区先后建立，不过，高棉人仍一度在中南半岛的东面统治着占人（1220—1257年）。换言之，从13世纪开始，泰人及其所建立的国家开始兴起。因而，随之而来的便是，清莱和素可泰（Sukhōthai）王国得到巩固。在清迈的兰那王国建立之前，孟人建立的哈里奔猜国落入作为泰族领袖的芒莱王之手，尽管孟人在文化

---

① 参见郑资约编著《东南亚地理志略》，台北："国立编译馆"1972年版，第181—182页。
② 何平：《中南半岛民族的渊源与流变》，民族出版社2006年版，第115页。
③ Emmanuel Guillon, *The Mons: A Civilization of Southeast Asia*, Translated and edited by James V. Di Crocco, Bangkok: The Siam Society, 1999, p.145.
④ 段立生：《从文物遗址看佛教在泰国的传播》，《东南亚研究》2001年第4期。

和宗教上的影响一直持续到 19 世纪，但在政治上，他们被清除出了泰国（的影响范围）。① 到 14 世纪末，中南半岛中东部地区出现了三个繁荣的泰人王国：（1）大城府的暹罗人（泰人）王国；（2）泰阮人/泰庸人的兰那王国，或清迈；（3）1353 年建立的老挝澜沧王国，领土包括湄公河中游河谷和呵叻高原的绝大部分。第一、第二个王国和第三个王国的部分疆域于 19 世纪逐渐形成了统一的现代泰国。尽管战争导致了人口的频繁变化，但现今泰国泰语族群的划分倾向，一定程度上来说，直接反映了古老的泰人三王国的分裂历史。②

近代以来，随着由民族群体所建立的权力中心的减少，民族国家边界的划定，泰国逐渐形成了以中部泰族为主导的泰语民族群体为主体的多民族分布的格局。在民族国家建构与民族整合的时代背景下，中部泰族成为泰国的"主导民族"，并试图将非中部泰族和其他少数民族纳入以中部泰族为"标准民族"的"泰民族国家"之内。吞武里王朝时期，泰国版图得以恢复并进一步扩大。曼谷王朝初期，中部泰族进一步确立了对北部泰族、东北部老族以及南部马来穆斯林的主导地位。而朱拉隆功改革则为其民族国家的建构与进行民族整合奠定了坚实的历史基础。自曼谷王朝建立以来，中部泰族遂成为泰国的主导民族至今。

经过朱拉隆功统治时期进行的省地行政改革，20 世纪初年，随着国家边界的基本划定，泰国的多民族格局逐渐得以形成。

整体来看，按照语系，可以将泰国的民族群体划分为三大类：汉藏语系民族、马来—波利尼西亚语系民族和孟—高棉语系民族。泰语系民族分布于泰国中部、北部、东北部以及南部地区。除华人外，多数少数民族群体则分布于同缅甸、老挝、柬埔寨和马来西亚接壤的泰国边境地区。至于现今泰国有多少民族，国内学术界一般认为泰国有 30 多个民族。据泰国国家统计局的人口普查资料（见表 1-1）。此外，泰国少数民族群体还包括高棉族、北部山地民族群体等。在泰语中，"少数民族"一

---

① Emmanuel Guillon, *The Mons*: *A Civilization of Southeast Asia*, Translated and edited by James V. Di Crocco, Bangkok: The Siam Society, 1999, p. 146.

② Blanchard Wendell et al., *Thailand*: *Its People*, *Its Society*, *Its Culture*, New Haven: HRAF Press, 1958, p. 59.

词即为"**ชนกลุ่มน้อย**"（chon-klum-noi），可将其翻译为"一个数量较少的群体"。泰国"少数民族"一词指以下群体：华人、山地部落、第二次世界大战后的越南难民、南部的泰国穆斯林（马来人）、云南籍华人和来自缅甸的流离失所者。[①] 总体来看，泰国少数民族占比远低于主体民族——泰语民族（包括中部泰族、北部泰族、东北老族以及南方泰族）。

表1-1　泰国不同群体人口所占比例（1990年与2000年数据）

不同群体人口占比	1990年（%）	2000年（%）
佛教徒	95.2	94.6
穆斯林	4.1	4.6
南方穆斯林（占南方人口比）	26.9	29
高棉人	3.1	2.3
马来人	2.2	2.3
"山地部落"	0.6	1.3

资料来源：National Statistical Office, *Key Indicators and Important Tables of the Population and Households*, *Population and Housing Census 1990 and 2000*, Ministry of Information and Communication Technology, Bangkok, Thailand, 2000。

二　泰国民族关系的演变

整体来看，泰国各民族群体之间的民族关系主要可以划分为三个阶段：前泰族时期的民族关系、泰族时期的民族关系及泰国民族国家建构时代的民族关系。其中，前两个阶段（19世纪中期以前）可以视为古代泰国的民族关系，而第三个阶段，即从朱拉隆功（1868—1910年在位）改革至今这一时段，即是泰国民族国家得以逐渐形成并推进民族国家建构的时期。第三个阶段又可以细分为两个时段，即以1932年泰国建立君主立宪制为分水岭，分为泰国民族国家逐渐形成、进行现代民族国家建构与民族整合两个时期。

古代泰国的民族关系经历了一个大转变，即中部泰族由非主体民族逐渐变为主体民族的历史转变。前泰族时期的民族关系，主要是先迁徙

[①] Kachadpai Burusapatana and Porntipa Atipas, "Thai Government Policies on Minorities", *Southeast Asian Journal of Social Science*, Vol. 16, No. 2, 1988, pp. 47 – 48.

到中南半岛（北部）地区的孟—高棉族处于主导地位，而后迁徙至该地区的泰族则处于非主体地位。比如，在传统的傣泰编年史中，鲁阿人（Lua）被认为是泰北地区的原住民。鲁阿人属孟—高棉语族，他们还有米卢孤（Milukkhu）、丹米拉（Thammila）、拉佤（Lawa）、拉（La）等多种称呼。虽然傣泰民族从何处迁徙而来依然存在争议，但鲁阿人很早就在泰北地区定居却没有多少争议。① 在傣族（Tai）移入现今泰国北部地区时，当地人口大多是由隶属孟—高棉语族的拉佤族（Lawa/Lua）和孟族（Mon）所构成的。当傣族移入清迈地区时，拉佤族的人口远比傣族来得多，所以，傣族领袖的统治地位经常需要通过拉佤族的认可才享有合法性。由此可见，拉佤族在傣族政治中的重要性。② 总体来看，高棉人与暹罗人之间的关系在14世纪初期至15世纪初期之间逐渐发生了变化，即经历了由从属③、平衡（高棉人势力的衰退与泰人国家的兴起）到反转的过程。

泰族时期的民族关系，即指13世纪中叶至19世纪中叶的中部泰族与非中部泰族的关系。换言之，古代泰国时期民族关系，主要指中部泰族与北部泰族、东北部老族及与南部马来人或马来穆斯林之间的关系。总的来看，从中部泰族与北部泰族分别建立起各自王国起，至中部泰族兼并北部泰族之际，中部泰族与北部泰族之间的关系可以分为两个阶段。第一，分立—兼并发展阶段，即北部泰族与中部泰族在先后建立自己的王朝之后分别发展的阶段。在此过程中，则伴随着中部泰族与北部泰族分别对其周边小国或领土的兼并。其中，阿瑜陀耶王国对素可泰王国的兼并，为之后其最终兼并兰那王国奠定了坚实的基础，尽管这要到曼谷

---

① 参见［泰］拉塔娜潘·瑟塔高《景栋与清迈的洛人——对傣泰王国原住民的比较研究》，陈红升、谭孟玲译，《广西民族大学学报》（哲学社会科学版）2007年第6期。

② 萧文轩、顾长永：《权力与抵抗：泰国"国家—高山民族"关系的探析》，《问题与研究》2011年第4期。

③ 比如，吴哥窟的浮雕上出现了泰族雇佣兵的形象。另外，公元639年的真腊碑铭提到献给寺庙的寺奴有一人名叫"暹奔"。公元1050年的林邑（占城）占婆文碑，在提到献给神庙的55名寺奴中有暹人、高棉人和蒲甘人。"暹"是高棉、孟、占、佤等民族的称呼。碑铭反映了当时的泰族处于被统治的地位。相关分析，参见［英］D. G. E. 霍尔《东南亚史（上册）》，中山大学东南亚历史研究所译，商务印书馆1982年版，第217页；谢远章《泰傣学研究六十年》，云南民族出版社2008年版，第203—204页。

王朝初期才得以实现。第二，并存—兼并发展阶段，即中部泰族与北部泰族并存发展，最后中部泰族兼并北部泰族的阶段。之后，曼谷王朝初期进一步巩固了对包括清迈王国统治地区在内的现今泰国北部地区的统治。总的来看，在18世纪后期至19世纪中前期（1874年之前），中部泰族与北部泰族是一种松散的藩属关系。① 经过19世纪后期朱拉隆功在暹罗推行的行政改革之后，曼谷王朝将原先的藩属关系转化为中央与地方的关系。到1932年，清迈成为泰国的一个府。② 概言之，中部泰族与北部泰族之间经历了双方独立并存发展、北部泰族半独立或自治、最后被中部泰族兼并的历史过程。从二者的关系来看，由藩属关系转为了中央与地方之间的关系。

东北老族生活在干旱的东北高原和湄公河西岸，与老挝隔河相望。东北老族和老挝的老族同族，曼谷当局过去曾贬称其为"白肚佬"（即腹部不文身的老族），也有人称其为"泰籍老族"，但他们不是泰东北地区的土著，这一地区的土著可能是高棉人。公元8世纪，泰东北地区（至少是东北地区的南部）成为高棉族国家陆真腊的版图。据说，当时陆真腊境内可能已有"暹族"（即泰族或老族）出现，但人数少且属于被统治民族。素可泰王国和阿瑜陀耶王国时期，该地区成为老挝与泰国之间的中间地带，并一度成为老挝的势力范围，直到18世纪才正式成为泰国的版图。③ 关于东北泰族来源的调查资料说明，东北泰族是16世纪以后从湄公河东岸迁来的，其中大多数人是在18—19世纪才迁来的，而有些则是被泰军掳掠来的。总之，东北泰族主要源于老挝老族，并和当地早期的泰族、高棉族、华侨后裔及少数越侨后代相互融合而成。阿瑜陀耶王朝建立以后，为掠夺人力资源和扩张版图，积极对外发动战争。不过，阿瑜陀耶王朝时期主要是向东挑战真腊，向北征讨兰那泰，向南拓展，向西挺进。④ 这一时期，中部泰族并未对现今泰国东北部地区表现出极大

---

① 庞海红：《泰国民族国家的形成及其民族整合进程》，民族出版社2012年版，第99页。
② Patit Paban Mishra, *The History of Thailand*, Santa Barbara, CA: Greenwood, 2010, p. 42.
③ 参见谢远章《泰族》，秦钦峙、赵维扬主编《中南半岛民族》，云南人民出版社1990年版，第175页。
④ 参见段立生《泰国通史》，上海社会科学院出版社2014年版，第59—61页。

的兴趣。在对缅战争取得胜利后，吞武里王朝便把精力转到对外扩张上。老挝，首先就成为吞武里进攻的对象。1791年，曼谷王朝创立者拉玛一世乘老挝南部民众发生叛乱之际，派人前去整治占巴塞。从此。占巴塞也成为暹罗藩属。这样，在曼谷王朝初期，整个老挝的各小王国都成了暹罗藩属。①

  从文字记载的历史来看，中部泰人与南部马来人发生关系应始于素可泰时期，但二者之间关系的发展主要还是在阿瑜陀耶王朝时期。到曼谷王朝初期，二者之间的关系逐渐趋于固化，保持着松散的藩属关系。在北大年地区于1909年通过"英暹条约"而被"合法兼并"进入泰国版图之前，二者的关系正处于由藩属关系转向中央与地方之间的关系的演变之中。现今泰南地区的民族主要有南方泰族和马来族，另外也有华人。南方泰族主要居住在叻丕以南、宋卡府以北的地区，而马来族则主要居住在与马来西亚接壤的南部边境地区，尤以北大年、也拉、陶公（今那拉提瓦）和沙墩四府的马来人为多。另外，宋卡府也有一部分马来族分布。②泰南地区的土著民族有孟族和马来族。公元7世纪，兴起于苏门答腊的室利佛逝曾一度控制了北大年等地。这一时期，可能已有马来人生活在当地。泰族大约是在7—8世纪以后出现在泰南地区的，他们在与孟人和马来人融合之后，形成了同泰国其他地区的泰族有所不同的南方泰族。现在，泰南地区的孟人已不复存在，原在半岛之中、上部农村的马来族已和泰族融合，成为具有马来血统的南方泰族，他们中的有些人仍信仰伊斯兰教。③现今泰南的北大年、也拉、沙墩、那拉提瓦府（changwats）被兼并入泰王国是1785年玛哈·乌巴腊（Maha Uparat）向南显著扩张的结果。这在一定程度上促使北大年对泰王国的服从，此后，北大年不再被视为附庸国（muang pratesarat），如老、柬被泰视为附庸那样，与此相反，而是作为泰王国一个重要的组成部分，据说是因牵扯到泰国的重要利益。至此，泰国不仅收复了此前控制的所有马来半岛的领土

---

  ① 中山大学东南亚史研究所编：《泰国史》，广东人民出版社1987年版，第160—161页。
  ② 庞海红：《泰国民族国家的形成及其民族整合进程》，民族出版社2012年版，第173页。
  ③ 参见谢远章《泰族》，秦钦峙、赵维杨主编《中南半岛民族》，云南人民出版社1990年版，第177页。

(即吉打及其属邦),而且还新增了吉兰丹和丁加奴两个新的朝贡邦国。[①]不过,马来穆斯林对泰人统治的反抗却依然没有结束。

暹罗南部马来半岛的小国,由于语言、宗教、种族的不同,长期以来,它们都没有归属暹罗的倾向,暹罗也从来没有以法律为根据控制过马来各邦。只有在暹罗强大时,才用武力强迫他们归顺。自1767年缅甸灭亡阿瑜陀耶王朝后,马来各邦纷纷脱离暹罗的控制。直到曼谷王朝时,拉玛一世巩固西北边陲,乌巴腊又率大军南下将马来半岛暹罗境内的缅军全部赶走之后,马来苏丹才重新臣服于暹罗。乌巴腊进驻宋卡后,派出使臣到北大年及吉打等重镇,企图说服各地苏丹每年向曼谷呈送"金银花",归顺暹罗,但遭到苏丹们的拒绝。最终,暹罗以战争方式迫使北大年苏丹接受暹罗的要求,成为暹罗南部的藩属。[②] 到朱拉隆功统治时期(1868—1910年),由于省级行政改革的推行和1909年英暹条约的签订,中部泰族与南部马来穆斯林的关系进入了一个新时期,即由传统的藩属关系转为了中央与地方的关系。

曼谷王朝拉玛四世(蒙固王)和拉玛五世(1873年朱拉隆功正式加冕为国王)时期(1851—1910年),暹罗的一个突出特点是:由国王领导的宫廷和国家不得不接受自上而下的改变和变革。[③] 如果可以将朱拉隆功国王称为现代暹罗王国的缔造者的话,那么,(朱拉隆功的两个儿子)拉玛六世与拉玛七世则可以被称为将现代暹罗王国转变为近代暹罗民族国家的"转变者"。[④] 泰国的近现代改革,实际上指的就是朱拉隆功改革和1932年泰国君主立宪制的建立。这一时期,泰国国家处于一种由传统王国向现代国家转变的混合状态。1932年君主立宪制的建立,使得泰国开启了迈向现代民族国家建构与民族整合的进程的序幕。不过,泰国的现代民族国家建构与民族整合,很大程度上来说是基于朱拉隆功改革所奠定的基础。除了第二次世界大战后迁徙或移民到泰国的民族群体不包

[①] Nantawan Haemindra, "The Problem of the Thai-Muslims in the Four Southern Provinces of Thailand (Part One)", *Journal of Southeast Asian Studies*, Vol. 7, Issue 02, September 1976, p. 198.
[②] 中山大学东南亚史研究所编:《泰国史》,广东人民出版社1987年版,第161—162页。
[③] James C. Ingram, *Economic Change in Thailand: 1850 – 1970*, Stanford, California: Stanford University Press, 1971, p. 2.
[④] David K. Wyatt, *Thailand: A Short History*, London: Yale University Press, 1984, p. 223.

括在内,这一时期也是泰国当代多民族格局得以最终形成的关键时期。

第二节 泰国近现代改革及其民族国家建构目标

一 泰国近现代改革及其民族国家建构

自朱拉隆功国王统治以来,泰国将生活在国内的各民族群体所具有的不同历史文化传统解释为"统一国家"共有的单一传统。通过控制佛教僧伽,建立全国范围内的大众教育体系,操纵大众媒体以及创建颂扬民族/国家的公共假日,泰国试图将一种主导性的国家意识形态强加于民众。不过,这个过程产生了"反趋势/反作用"(countertendencies);并且,尽管今日的泰国人普遍认为泰国民族文化是以"民族、宗教和国王"(chat, sat, phah maha kasat)为基础的,但如何理解关于构成泰国传统的这些要素,即使在精英阶层之间也存在明显差异。[1] 关于"文明的"(siwilai)的讨论始于拉玛四世统治期内,这一讨论在拉玛五世和拉玛六世统治期间得到蓬勃发展,最终导致了20世纪30年代末和40年代初披汶时期的极端民族主义的出现。如何让泰国变得"文明",是泰国规避殖民化的一种战略。这是基于这样的假设:如果泰国人被殖民列强认为是文明的,那么,泰国就不会成为以"文明贵族"自诩的白人进行"文明开化"的目标。[2] 受到族裔地理呈现多元文化特性的深刻影响,在从传统帝国向现代国族国家转型的过程中,泰国国族同质性的建构一直是统治精英的首要任务,其不仅被用来凝聚全国人民的向心力,从而得以抵抗外来殖民帝国的威胁,同时也是泰国王室用以延续政治权力的正当性来源。[3] 整体来看,泰国近现代改革与瓦栖拉兀民族主义思想的提出,为现代泰国民族国家建构与民族整合的推进奠定了坚实的现实与理论基础。

---

[1] Charles F. Keyes, *Thailand: Buddhist Kingdom as Modern Nation-State*, Boulder and London: Westview Press, 1987, p. 201.

[2] Thak Chaloemtiarana, *Read Till It Shatters: Nationalism and Identity in Modern Thai Literature*, Acton ACT: Australian National University Press, 2018, p. 146.

[3] 顾长永、萧文轩:《边缘化或是整合:泰国的少数族群政治》,高雄:中山大学出版社2016年版,第22页。

第一章　泰国民族国家建构与民族整合

（一）朱拉隆功改革与"准民族国家"的形成

1868年，拉玛四世因病去世时，暹罗仍是一个落后的东方国家，等到朱拉隆功嗣立后，面对的是如下的情况："没有固定的法典，没有一般的教育制度，没有控制税收与财政的方法，没有邮政与电报的设备，债务奴隶并未完全废除，鸦片法（Opium Laws）处理不当，没有医药设备照顾臣民的健康，没有现代化的陆军与海军，没有铁路，几乎也没有公路，日历也与世界其他的国家不同，由此更可类推到其他方面的不完备。"① 自曼谷王朝起，暹罗一度有过一段相对和平的时期。英国征服缅甸，这在客观上就消除了与泰国发生冲突的一个主要根源。但泰国西面的"旧敌"衰落不久之后，在泰国东面又出现了一个"新敌"——法国殖民者。他们意欲引发整个泰国东部地区的边境争议（直到1907年才解决）。② 边境争议解决之后，泰国却"丧失"了70000—80000平方英里的领土。③

事实上，在朱拉隆功统治时期，英法等列强对泰国领土入侵的威胁仍然存在。为了保持国家的独立与生存，拉玛五世遂继续采取以往蒙固王的"让步政策"，因而在1873—1907年放弃了许多在老挝（寮国）、柬埔寨（高棉）、马来西亚等边缘地区的属国。④ 1893年，当法国舰艇溯湄南河而上停在皇宫"前面"时，泰国和法国的紧张关系达到顶点。对于外国的这种入侵领土的野心，朱拉隆功的政策是于必要的时候做适当的让步，但是也需让英法两国了解，泰国成为一个强大的、中立的缓冲国对于它们的重要性。19世纪90年代，泰国曾割让靠近柬埔寨边境地区的土地给法国。这样就使得英国（此时在缅甸建立了稳固的基础）与法国直接对峙了。为了避免冲突，英法两国便于1896年缔结协定，同意泰国的中立，而使泰国得以保持独立。⑤

---

① 参见［新加坡］崔贵强编著《东南亚史》，新加坡：联营出版有限公司1965年版，第259页。
② James C. Ingram, *Economic Change in Thailand: 1850 – 1970*, Stanford, California: Stanford University Press, 1971, p. 2.
③ James C. Ingram, *Economic Change in Thailand since 1850*, Stanford, California: Stanford University Press, 1955, p. 2.
④ 参见吴复新《泰国行政发展之研究》，台北：私立东吴大学1981年版，第76—77页。
⑤ 吴复新：《泰国行政发展之研究》，台北：私立东吴大学1981年版，第94页。

拉玛五世（朱拉隆功）继任王位之后开始了大刀阔斧的改革，决心按西方的模式改革暹罗的社会政治制度。朱拉隆功改革虽然未能让泰国达到真正的富国强兵，完全抵御西方的扩张和蚕食的地步，[①] 但改革毕竟为后来泰国的现代化进程奠定了一块基石。[②] 朱拉隆功改革，是指从1874年朱拉隆功国王创设国务会议（Council of State）和枢密院（Privy Council）起，至1910年内政部真正发展成为一个精密的正式行政机构为止，这段时间内泰国在拉玛五世的领导下，曾经对政府行政作出重大的改革，这一段在本质上属于"西化运动"的改革时期，学者通常将之称为"却克里改革"。而这项改革又常以1892年的行政重组为标志分为前后两个阶段。第一阶段包括立法及咨询机构的创立以及财政、交通、教育、铁路等机构的建立与创设，其间大约经历了20多年。第二阶段则主要是政府结构的重组。[③]

从民族国家形成或泰国统治精英建构泰民族国家的意义上来说，即从泰国当时面临的内部形势来看，朱拉隆功改革进程中的中央与地方层面的行政改革，对泰国民族国家的形成发挥了重要作用。19世纪末期，朱拉隆功国王就认为："假如行政制度不加以修正且发展成为现代的制度的话，则这个国家将会遭遇危难，甚至于丧失独立与自由，所以改革与发展省政以保卫国家比教育的工作重要，因为各省将由内政部来统辖。"[④] 另外，1895年，朱拉隆功国王，即拉玛五世王曾指出："目前我们面临的最大困难就是保卫我们的领土……今天在我们左边有英国，右边有法国……我们无法如以往一样再过孤立的生活。要保卫我们的国家，可以采取的三种方法是：友好的外交关系、国防力量的维持以及有条理的行政（orderly administration）。行政办得好，人民便可以获得更好的生活，而他们也缴得起更多的税，这便是国家的经济基础，所以有效的行政以及促进人民更好的生活乃是最重要的，此亦为这个国家的最后目的。"[⑤]

[①] 参见 Keerati Chenpitayaton, *When Siam Faced the World: Transnational Relations and the Thai Modernizing State, 1855–1932*, Ph. D. Diss., New York: New School University, 2015, Ann Arbor, Michigan: ProQuest LLC, 2016, p. 63。
[②] 张锡镇：《当代东南亚政治》，广西人民出版社1994年版，第33页。
[③] 吴复新：《泰国行政发展之研究》，台北：私立东吴大学1981年版，第78页。
[④] 吴复新：《泰国行政发展之研究》，台北：私立东吴大学1981年版，第85—86页。
[⑤] 吴复新：《泰国行政发展之研究》，台北：私立东吴大学1981年版，第77页。

第一章　泰国民族国家建构与民族整合

从1892年朱拉隆功国王实施行政大改革之后，泰国的政府行政进入了一个新的阶段，中央政府的职能与效率大为增加。在各部发展中，内政部的建立与发展，关系国家集权统治的强弱（即对省和地方的控制），以及一个新的全国行政制度的建立。1892年4月1日，丹隆亲王接掌新成立的内政部。丹隆亲王开始对人事制度进行重组，留任了大部分的人，而只带来两位新人，这样可以避免引起原有人员的恐惧。另外，他以职能为基础重新组织了内政部的工作，成立了许多职能专化的机构。甚至，有些其他部的机构也暂时交由内政部管辖，但却仍然保留原来机构的名称，同时他也规定了若干工作的方法，例如，所有人员需每天签到，依计划完成工作，并且都领取固定的薪给。①

内政部重组的最大意义（亦即目的），在于建立一套完整的有效控制全国的地方行政体系（tesapiban system）。因此，丹隆亲王在考察地方回来并且做好了部内的整顿工作后，便开始从事这项"浩大的工程"。在1892—1894年，泰国内政部开始尝试一种"透过分权、实施集权"的办法，而行政区统治中心的初步建立工作也同时着手进行。国王先任命一些高级官员（常常是亲王或王子）担任这些行政区的首长，并且皆领有薪给。他们在政府所建的办公处所处理公务（以前首长的官邸就是办公的地方）。他们具有清楚的职权和管辖的事项，其行政目标是政府政策的执行。他们向内政部负责，并且被纳入一个逐渐扩大而统一的官僚体系。由于行政区的这种组织形式具有许多大改革的元素，所以它并未完全打破传统。因为从古时起，就有这种措施：当某一地区出乱子时，国王即派遣大行政长官（Kha yai, i. e., great commissioners）前往掌管该地。现存行政区长官（monthon commissioners）的设置就是出于这种传统。早在1874年，朱拉隆功就曾派皇家行政长官去控制清迈这个（东）北部的重要属国。此举的成功使得这种措施得以广泛实施。在1882年以前，5个标准的行政区已经建起来，以便满足由于日增的侵略或叛乱的威胁所导致对地方控制的需要。事实上，此时这些行政长官的任务是保卫领土而非如丹隆亲王所设想的治理这些地方。因此，一直到1892年内政部成立

---

① 吴复新：《泰国行政发展之研究》，台北：私立东吴大学1981年版，第99页。

之后，行政区长官才成为地方行政的一个重要元素。19世纪90年代，由于受法国殖民势力侵略的威胁，行政区的发展迅速扩大，超出了丹隆亲王原来的计划。到了19世纪结束时，泰国总共有14个行政区，涵盖了全国的绝大部分地方，而到1915年丹隆亲王退休时行政区已增为17个。① 实质上，"行政圈"的建立、发展与撤销，也是泰国对泰国非中心地区进行集权于中央政府的行政整合。

泰国进行的地方行政改革，将原先独立或半独立的土邦纳入了中央政府的直属管辖范围之内，并由中央政府（内政部）选派官员取代地方贵族出任地方行政长官。同时，地方官员的薪俸制度经过改革，由原先主要依靠税费截留和贵族采邑获取薪金，改为由中央政府统一支付薪金，从而有效强化了中央对地方的监管和掌控。② 在地方行政体系的改革中，丹隆亲王于传统的府级区划之上，增设行政区/圈（Monthon）级区划，通过选派行政区常驻专员的方式，监管和引导各级地方政府开展包括财政、税收、司法制度领域在内的各项行政改革。20世纪初，在泰国的行政版图中，除原先最外层的独立土邦因英法殖民势力的干涉而脱离泰国掌控之外，其余的各圈层都被纳入内政部的直属管辖，从而为泰国现代民族国家的构建奠定了基础。1933年，根据当年颁布的《府行政法》，行政圈区划被取消。此后，府级区划成为泰国最高层级的地方行政单位。③ 需要注意的是，泰国国王支持下的行政改革仅仅巩固了国家对地方的统治，它确实并未在民众当中促进政治自由的发展。从社会层面来看，泰国社会的种族多种多样，包括马来人、孟人、老族人和一些山地民族，如苗族和瑶族等，还有一定数量的华人移民。暹罗社会也同样按人们的阶级和社会地位的不同而对他们划分等级，并已深入语言之中。④

19世纪中期至20世纪初期（第一次世界大战爆发前），泰国的"三

---

① 吴复新：《泰国行政发展之研究》，台北：私立东吴大学1981年版，第100—101页。
② 周方冶：《王权·威权·金权：泰国政治现代化进程》，社会科学文献出版社2011年版，第35—36页。
③ 周方冶：《王权·威权·金权：泰国政治现代化进程》，社会科学文献出版社2011年版，第36页。
④ ［新西兰］尼古拉斯·塔林主编：《剑桥东南亚史Ⅱ》，王士录、孔建勋、李晨阳等译，云南人民出版社2003年版，第98页。

大目标"是维持国家独立、促进国内政治的巩固及发展国家经济与进行行政权建设。这三大目标是相互关联的。总体来看,到1910年朱拉隆功国王去世时,这三个宽泛的目标已经完成。朱拉隆功统治时期进行的各项改革,对外基本维护了国家的独立,对内则强化了中央对边缘地区的控制。同时,泰国的边界得以基本确立,这为泰国民族国家的建构和完善奠定了不可或缺的基础。事实上,从19世纪后期至20世纪30年代君主立宪制建立之前,是泰国由传统国家向近现代国家转型的过渡期。在1868—1932年这60多年的时间里,泰国开启并经历了由传统王国向近现代国家过渡与转型的过程,这也是泰国近现代国家建构的过程。不过,过渡期内的泰国国家建构明显具有"混合型国家建构"的特征或性质,即当时泰国在保留传统王国专制统治权的同时,也选择性地借鉴了近现代西方国家建构国家的一些政策与措施。[①] 正是在朱拉隆功改革并未完全将泰国变为一个主权独立的现代民族国家的这个意义上,可以说,泰国只是一个"准民族国家"。原因在于,现代民族国家建构与民族整合进程的展开,需要明确提出民族国家建构思想,颁布具有现代意义的宪法,国家经济一体化进程对国内各地区发展的推动,以及泰国现代教育塑造国民的国家认同等,这些都是后来泰国逐渐推进的事项。因此,朱拉隆功时期的泰国,仅是一个具有民族国家雏形的"准民族国家"。

（二）瓦栖拉兀的"泰民族主义"思想

"泰民族主义"并不是以武装斗争反对殖民压迫者,而是关于掌握西方文明以试图争取近似的平等的思想。这是一个与君主制、王室成员、贵族和王权的官僚仆人密切相关的民族主义。[②] 在19世纪最后几十年,基于佛教君主制的传统观念以及泰国民族传统不可替代的价值,泰国官方的国家意识形态的初期形式得以以"国家政治共同体"（chat or chat banmuang）的概念出现。这种官方的国家意识形态,作为一种保护现存的王朝专制制度的工具得以发展起来,因为当时的泰国面临着西方殖民

[①] 参见阳举伟、何平《泰国民族国家建构模式探究——基于民族国家构成要素的分析》,《东南亚南亚研究》2015年第3期。

[②] Thak Chaloemtiarana, *Read Till It Shatters: Nationalism and Identity in Modern Thai Literature*, Acton ACT: Australian National University Press, 2018, p.75.

主义的威胁。这种传统为泰国后代统治精英所继承,尤其是瓦栖拉兀国王。① 事实上,泰国被称为"精英民族主义"或"萨迪纳(Sakdina)民族主义"的"官方民族主义"发源于朱拉隆功统治时期;并由其继承者瓦栖拉兀大大强化、正式化和制度化。② 安德烈亚斯·斯特姆(Andreas Sturm)认为,瓦栖拉兀国王统治时期,民族主义概念发生了根本性变化,即民族主义成为"君主民族主义"和"政治民族主义"的混合体。瓦栖拉兀保留了"君主民族主义"的一些元素,例如国家/民族与君主之间的密切联系、国王的核心作用以及跨族裔性质的"泰身份"(Thai identity)。然而,瓦栖拉兀国王也发展了自己的想法,并引入了诸如种族、维护国家/民族自由,纯洁泰文化的需要以及强调国家重要性等概念。③ 泰国的"竞争性价值观"的困境(The paradox of competing values),再也没有比瓦栖拉兀国王在其构建的图景中所描述的那样更为清楚,即以旧暹罗"仁慈的专制制度"(the benevolent autocracy of old Siam)优良传统中的一种带有宽容的道德榜样的方式,向他的人民介绍西方的民族主义概念。④

瓦栖拉兀(1910—1925年在位),暹罗的绝对君主,曼谷王朝的第六任统治者。瓦栖拉兀是传统独裁者和现代民族主义者的"自相矛盾的集成者"(a paradoxical combination)。他确实是暹罗国家现代民族主义的创始人。他对作为国家力量工具的民族主义的支持与其前任统治者为使暹罗进入现代世界所采取的行动一样是刻意而非革命性的。瓦栖拉兀认为,不假思索地接受西方的做事方式必然会危及泰国人看待事物的方式。如果泰国依然保持"泰",必须积极推行迄今为止理所当然的泰国价值观的延续。然而,泰国如何在变得更加西化的同时变得更加"泰化"(Thaiification)?"西化"和"泰化"发挥的是"对冲目的"(cross-purposes)的

---

① Eiji Murashima, "The Origin of Modern Official State Ideology in Thailand", *Journal of Southeast Asian Studies*, Vol. 19, Issue 1, 1988, p. 81.
② [新西兰]尼古拉斯·塔林主编:《剑桥东南亚史Ⅱ》,王士录、孔建勋、李晨阳等译,云南人民出版社2003年版,第237页。
③ Andreas Sturm, *The King's Nation: A Studies of the Emergence and Development of Nation and Nationalism in Thailand*, Ph. D. Diss., London: University of London, 2006, pp. 138 – 139.
④ Walter F. Vella, *Chaiyo! King Vajiravudh and the Development of Thai Nationalism*, Honolulu: The University of Hawaii Press, 1978, p. xvi.

第一章　泰国民族国家建构与民族整合

作用：平等主义越多，尊重的等级越少；科学和技术越多，物质世界的抽象就越少。① 不过，瓦栖拉兀国王发布的避免模仿外国方式的禁令也有点虚假，因为当时泰国对西方方式的最大模仿者即是国王本人。除了基本上是西方化的政府计划之外，瓦栖拉兀的民族主义甚至其提出的许多口号（包括忠于民族、宗教和国王——类似于英国的"上帝、国王和国家"），都是西方的舶来品。瓦栖拉兀所持"模仿"西方的强烈立场意味着，在最终的分析中，对哪些应当从西方引进的微妙选择，是一个国王认为只有他能独自做出的选择。瓦栖拉兀再次成为传统的君主，为其人民作出了至关重要的决定。②

为了凝聚民心，巩固摇摇欲坠的封建君主政体的根基，拉玛六世上台后即开始了以"忠诚和爱国"为主题的"大泰民族主义运动"。拉玛六世效法英国的"上帝、国王和国家"模式，在泰国民众中广泛宣扬"民族、君主、宗教"三位一体的思想，要求国民热爱民族、忠于君主、崇敬宗教，团结一致。所谓民族，指的是泰族；所谓君主，即国王；所谓宗教，即小乘佛教。为了贯彻上述政治理念，拉玛六世下令以红、白、蓝条相间的三色旗为新国旗，用红色代表民族，象征各族人民的力量与献身精神；白色代表宗教，象征宗教的纯洁；蓝色代表君主/王室，居中的蓝色象征国王的至高权威得到宗教认可与人民拥戴。拉玛六世教导人民要每日向国旗致敬。③ 瓦栖拉兀寻求通过宣传军事的重要性、对佛教的认真保护以及强调对君主和王权忠诚的等级统治论来应对外部（西方）的威胁。的确，瓦栖拉兀认为国王的地位是如此至高无上，以至于泰国与西方国家相比没有阶级之间的差别，只有国王与"其他人"的区别。这种思想被概括为"国王、国家/民族、宗教"，在以后的数十年中，这种思想一直被宣扬为国家与社会的指导方针，成为官方认可的"官方指

---

① Walter F. Vella, *Chaiyo! King Vajiravudh and the Development of Thai Nationalism*, Honolulu: The University of Hawaii Press, 1978, pp. xiii – xvi.

② Walter F. Vella, *Chaiyo! King Vajiravudh and the Development of Thai Nationalism*, Honolulu: The University of Hawaii Press, 1978, p. xvi.

③ ［泰］黄瑞真：《拉玛六世的民族主义与排华思想及其影响》，《南洋问题研究》2008年第2期；周方冶：《王权·威权·金权：泰国政治现代化进程》，社会科学文献出版社2011年版，第44页。

导思想"。并且，瓦栖拉兀通过各种宣传渠道大力宣传其思想。①

事实上，拉玛六世之所以提出"民族、宗教、国王"的立国三原则，是出于专制王权建构的意识形态需要。或者说是，拉玛六世鼓吹"民族、君主、宗教"三位一体的泰民族主义，其出发点就是要求人民对君主保持"忠诚"。② 拉玛六世认为，如果泰国要在西方殖民主义的外部威胁之下维护国家统一和民族独立，就必须在"民族、宗教、国王"三位一体的基础上构建现代民族国家体系。三者缺一不可，效忠三者之一就必然效忠其余二者，背离三者之一就意味着背离三者全部。需要注意的是，"民族、宗教、国王"三者的地位并不相同，对拉玛六世来说，"国王"无疑是三原则的核心与本源。③ 在拉玛六世时期的暹罗，宗教也被认为是一个伟大的团结力量，在这方面，暹罗和缅甸之所以这样巧合，是由于两国的民族主义宣传机构都宣称：只有佛教徒才是真正的爱国者。④ 事实上，佛教在皇室的保护下继续作为正式的国教而存在，因为它起着促进国家统一和历史连贯的作用。或者说是，暹罗的佛教起着促进国家统一和巩固中央政府的作用。⑤ 拉玛六世曾明确指出："民族主义哺育爱国主义，爱国主义激发尚武热情，尚武热情将成为保家卫国的力量源泉。"⑥

拉玛六世的民族主义，是一种折中的民族主义，既有西方的色彩，也融合了暹罗本国的特色。在泰国官方撰写的史籍中，瓦栖拉兀被尊称为"泰国民族主义之父"。⑦ 瓦栖拉兀是公认的泰国民族主义思潮的缔造

---

① [新西兰]尼古拉斯·塔林主编：《剑桥东南亚史Ⅱ》，王士录、孔建勋、李晨阳等译，云南人民出版社2003年版，第237—238页。
② [泰]黄瑞真：《拉玛六世的民族主义与排华思想及其影响》，《南洋问题研究》2008年第2期。
③ 周方冶：《王权·威权·金权：泰国政治现代化进程》，社会科学文献出版社2011年版，第44页。
④ [英]D. G. E. 霍尔：《东南亚史》，中山大学东南亚历史研究所译，商务印书馆1982年版，第910页。
⑤ [新西兰]尼古拉斯·塔林主编：《剑桥东南亚史Ⅱ》，王士录、孔建勋、李晨阳等译，云南人民出版社2003年版，第102—103页。
⑥ [泰]黄瑞真：《拉玛六世的民族主义与排华思想及其影响》，《南洋问题研究》2008年第2期。
⑦ [新西兰]尼古拉斯·塔林主编：《剑桥东南亚史Ⅱ》，王士录、孔建勋、李晨阳等译，云南人民出版社2003年版，第238页。

者，他建立了国家意识形态，这种国家意识形态认同"民族、宗教、国王"。瓦栖拉兀使泰国保留了官僚的传统，即保守的民族主义。虽然这在当时并未成为民众普遍支持的一股力量，但它为后来泰国社会的军事动员奠定了基础。[①] 泰国君主专制统治的最后时期，瓦栖拉兀的民族主义方针实际上被放弃，但其方针在1932年通过结束君主专制的政变上台的军人领袖那里得到了有力复兴。[②]

瓦栖拉兀发起的民族主义，后来在20世纪30年代末和40年代初由披汶政权强化，促进或迫使华人同化进入泰国社会。[③] 事实上，除了强制同化华人，披汶的强制同化政策是全国性的，即针对的是泰国境内的所有少数民族群体，但侧重方向略有差异。即便是从未成为殖民地的泰国，也需要建立可识别的民族主义。不过，尽管在"1932年革命"发生后，泰国也未能做到这一点。尽管英国和法国吞并了许多非泰族居住的边境地区，但战后泰国仍然不得不与南部马来穆斯林的分裂主义达成和解，接受山地部落涌入北部（山区）。同时，曼谷的钟摆在军人政府和文官政府之间摇摆不定，通常通过非流血的政变完成政权更迭，虽然这些政变并未造成大的内乱，但却使政府的政策变得不稳定和无常。[④] 简言之，瓦栖拉兀"泰民族主义"思想的提出，表明泰民族国家建构有了明确的"理论指导"。不过，瓦栖拉兀泰民族国家建构思想得以大规模地进行实践，却是发生在1932年以后，尤其是在銮·披汶掌权时期。

（三）君主立宪制时代的"泰民族国家"建构

1932年6月24日清晨，配备坦克的少数军队开进曼谷，随即包围了

[①] ［新西兰］尼古拉斯·塔林主编：《剑桥东南亚史Ⅱ》，王士录、孔建勋、李晨阳等译，云南人民出版社2003年版，第104页。

[②] ［新西兰］尼古拉斯·塔林主编：《剑桥东南亚史Ⅱ》，王士录、孔建勋、李晨阳等译，云南人民出版社2003年版，第238页。

[③] Thak Chaloemtiarana, *Read Till It Shatters: Nationalism and Identity in Modern Thai Literature*, Acton ACT: Australian National University Press, 2018, p.163.

[④] ［新西兰］尼古拉斯·塔林主编：《剑桥东南亚史Ⅱ》，王士录、孔建勋、李晨阳等译，云南人民出版社2003年版，第468页；Nicholas Tarling (ed.), *The cambridge Vlistory of Southeast Asia: Volume 2, The Nineteenth and Twentieth Centuries*, Cambridge: Cambridge University Press, 2008, p.592.

王宫。但当时泰国国王恰巧并不在宫内,"叛军"只得俘虏了40位贵族。24日下午,曼谷的商店便又重新开店。一切都进行得迅速而顺利,只有两人伤亡。6月27日,拉玛七世签署了一项由"民党"成员及其支持者所草拟的1932年"临时宪法"(Provisional Constitution of 1932),从而结束了君主专制制度,开创了泰国君主立宪的"新纪元"。[①] 这无疑标志着泰国"君主立宪制时代"的到来。在这一时代,现代意义上的泰民族国家建构得到了有力推动。1932年,军队帮助"民党"推翻了君主绝对统治。新政权以"新泰国"(a new Thai nation)之名建立,此后在控制中央政府的努力中经历了诸多沉浮起落。[②] 同样,在未寻求"民主授权"的情况下,泰国军队以"新泰国"的名义抑制了君主的权力[③],从之后的泰国历史来看,军人无疑在泰民族国家建构进程中发挥了更为深远的影响与作用。不过,在君主立宪制时代的不同时期,泰国国王所发挥的或大或小的作用也不应忽视。

澳大利亚国立大学研究东南亚历史的历史学家克雷格·雷诺兹(Craig Reynolds)认为,在探寻泰国的"民族/国家建构"(nation-building)的发端期时,历史学家自然转向1932年——泰国绝对君主专制被新起的文职与军人领导层舒缓地推向一侧的一年,这清楚表明了(泰国)民族国家塑造工程(a project of fashioning the nation-state)的启动。很容易识别这个工程的建筑师,尽管一些次要的建筑师(the minor architects)应该得到比迄今为止所受到的更多的关注,但是,往往被遗忘的是:建筑师和工程师并不是在"一无所有"的基础上开始工作的。[④] 在泰国绝对君主专制时期的最后数十年,为了应对当时泰国所面临的国内外的挑战,专制统治者(们)已经制造了日后泰国建构民族国家所需要的至关重要的"建材",而1932年政变后新履职的领导层则快速利用这些既有"建

[①] 吴复新:《泰国行政发展之研究》,台北:私立东吴大学1981年版,第145—146页。
[②] [新加坡]王赓武:《东南亚的政党与国家》,吴宏娟译,《东南亚研究》2012年第4期。
[③] Wang Gungwu, "Party and Nation in Southeast Asia", *Millennial Asia*, Vol. 1, Issue 1, 2010, p. 48.
[④] C. I. Reynolds, "Nation and State in Histories of Nation-Building, with Special Reference to Thailand", in Wang Gungwu (ed.), *Nation-Building: Five Southeast Asian Histories*, Singapore: Institute of Southeast Asian Studies, 2005, p. 26.

材"来建构泰国的民族国家。① 换言之,克雷格·雷诺兹教授认为:泰国民族国家的建构工程的设计与建构基础来自统治者们为应对当时国内外的挑战所作的准备。

泰国有一种为整个统一国家（a unified nation）所接受的单一传统,这通常表现为佛教和君主制。这并不否认"反结构"（counter-structures）在泰国的存在。泰国南部的穆斯林则有截然不同的传统。同样,泰国还有一部分"山地少数民族部落"（upland minority tribes people）。然而,总的来说,这些"反结构"并没有改变"泰人国家"（the Thai state）的主要结构。泰国的政体一直被称为"一致政体"（consensus polity）。在泰国历史的大部分时期,君主制是这种"一致"的焦点;现在,君主制仍是（泰国）政治合法性的源泉和国家团结、统一的参照点。军人领导的"1932年革命"虽然推翻了君主专制制度,但君主与臣民之间的关系几乎没有变化。自第二次世界大战结束后,普密蓬·阿杜德（Phumiphon Adulyadej）国王逐渐将君主制塑造成了一种有效的政治工具。②

1932年君主立宪制建立之后的"泰民族国家"建构的要素,除由拉玛六世提出的三位一体的"民族、宗教、国王"的民族主义思想所包括的泰民族国家建构要素外,还包含宪法和军人（精英）这两个要素。泰国1932年宪法体现出了"宪法"的权力规制作用,而銮·披汶③时代的泰民族国家建构,则突出了军人精英或政府领袖的地位与作用。对于宪法与国家的关系,泰国1932年（佛历2475年）宪法文本中就包括这样的语句:"但愿王室成员、公务员成员、战斗部队成员和人民一致遵守宪法,使宪法始终成为国家/民族的象征。"④

---

① C. I. Reynolds, "Nation and State in Histories of Nation-Building, with Special Reference to Thailand", in Wang Gungwu (ed.), *Nation-Building: Five Southeast Asian Histories*, Singapore: Institute of Southeast Asian Studies, 2005, p. 26.
② Nicholas Tarling (ed.), *The Cambridge History of Southeast Asia: Volume 2, The Nineteenth and Twentieth Centuries*, Cambridge: Cambridge University Press, 2008, p. 437.
③ 披汶,1897年出生时的名字是蒲莱克·集他桑卡（Plaek Khittasangkha）;1928年,他被授予军衔和头衔——銮·披汶颂堪（Luang Phibunsongkhram）。后来,他将披汶颂堪作为家庭姓氏。参见David K. Wyatt, *Thailand: A Short History*, London: Yale University Press, 1984, pp. 252 – 253。
④ Thak Chaloemtiarana (ed.), *Thai Politics: Extracts and Documents, Vol. I (1932 – 1957)*, Bangkok: Social Science Association of Thailand, 1978, p. 98.

军人精英对"泰民族国家"建构的推动作用,在銮·披汶军人政权时期表现得尤为明显。如同瓦栖拉兀的政纲一样,銮·披汶的政纲也是杰出人物统治论,不同之处在于忠诚的主要对象不再是君主(当时为居住在欧洲的少年国王),而是总理兼总司令的銮·披汶自己。大力宣传对"这个领袖人物"的崇拜不仅表示出对"国王"的忽视,而且在某种程度上还表示对瓦栖拉兀宣扬的三种制度中的两种即"国家/民族"与"宗教",以及在1932年政变后不久因一时心血来潮而增加为第四种"基本制度"的"宪法"的不重视。① 事实上,披汶不但在行动上反对君主制,而且还禁止在家中悬挂前国王巴差提勃(Prajadhipok)的画像,并起诉他滥用皇室财产。② 为了巩固自己作为国家唯一领袖的地位,披汶努力毁坏他的"最终对手——君主制"的声望。1939年,前国王拉玛七世的画像被禁止展出,当时政府以滥用600万泰铢的皇室财产的罪名对前国王提起诉讼。披汶政府赢得了诉讼,前国王的财产和私人住宅被没收。到1939年,一位泰国历史学家发表评论说,披汶"已经成为泰国尚未加冕的君主"。③ 从之后来看,銮·披汶所推动的"领袖崇拜"运动,强调了军人精英领袖在泰民族国家建构进程中所发挥的作用与影响。

泰国是一个非西方国家,其稳固的国家意识形态的建立基于已经发展起来的国家政治传统,以对抗西方自由主义的涌入。现行宪法第45条明确规定了官方的国家意识形态,其中规定"任何人不得以对国家/民族、宗教、国王和宪法产生不利影响的方式行使其宪法权利和自由"。换言之,每个泰国人都必须忠于这四个制度规定。此外,泰国政府稳定产出小册子和其他出版物,以将这种意识形态灌输到泰国人民的心中。这种意识形态中的"民族"与"宗教"和"国王"密切相关,"宗教"和"国王"都是传统泰国佛教王权理论的基本要素。根据这一理论,国王是"君权民选"(the king, regarded as elected by a gathering of all the people)的结果,国王应当作

---

① [新西兰]尼古拉斯·塔林主编:《剑桥东南亚史Ⅱ》,王士录、孔建勋、李晨阳等译,云南人民出版社2003年版,第241页。
② David K. Wyatt, *Thailand: A Short History*, London: Yale University Press, 1984, p.253.
③ Thanet Aphornsuvan, "The United States and the Coming of the Coup of 1947 in Siam", *Journal of the Siam Society*, Vol.75, 1987, p.191.

为人民可以依赖的保护者,并应受到佛教道德法规的限制。因此,这种意识形态中的"民族"概念不同于西方自由民族主义所指的"民族"的概念。①

将瓦栖拉兀的思想作为一种"民族主义模式"(a nationalist model)的最清楚的例证由总理披汶·颂堪提供。披汶·颂堪,泰国1932年政变的参与者之一,后于1938年底升任总理。披汶·颂堪的权力基础是军队,其计划是走军国主义和民族主义道路。将披汶·颂堪的所有民族主义观念归咎于他的皇家前辈是一种歪曲事实的行为,因为第二次世界大战期间披汶总理的民族主义能够而且确实大量吸收了其他的来源,特别是在意大利、德国和日本崛起的独裁政权的极端民族主义思想。但是,披汶·颂堪的一些民族主义观念似乎显然来源于瓦栖拉兀。② 銮·披汶任总理后,打开了泰国民族主义的新局面。銮·披汶基本恢复了瓦栖拉兀式的民族主义的许多内容,但常常超出瓦栖拉兀本人所设想或实施的范围,将其引向了极端。③ 在太平洋战争前夕,泰国军人政权大胆地奉行一种在东南亚各国中非常独特的民族主义。除了被暂时打断时,例如比里1944—1947年的再度执政与1973—1976年的"民主时期",这种保守的、精英至上的"官方"民族主义始终是占统治地位的国家意识形态,直到20世纪80年代这种局面才发生变化。④

事实上,从20世纪50年代末到80年代初,尽管君主立宪体制决定了国王只是民族和国家的象征,但由于军人和政治家之间的争夺和政府在国内政治经济政策上表现出来的不尽如人意之处,国王从最初只是做一些社会福利工作和对政策修修补补的工作,到最后逐渐被对立双方拉入政治斗争的旋涡,并在其中发挥了较大的作用。⑤

---

① Eiji Murashima, "The Origin of Modern Official State Ideology in Thailand", *Journal of Southeast Asian Studies*, Vol. 19, Issue 1, 1988, p. 80.

② Walter F. Vella, *Chaiyo! King Vajiravudh and the Development of Thai Nationalism*, Honolulu: The University of Hawaii Press, 1978, pp. 269 – 270.

③ [新西兰]尼古拉斯·塔林主编:《剑桥东南亚史Ⅱ》,王士录、孔建勋、李晨阳等译,云南人民出版社2003年版,第241页。

④ [新西兰]尼古拉斯·塔林主编:《剑桥东南亚史Ⅱ》,王士录、孔建勋、李晨阳等译,云南人民出版社2003年版,第242页。

⑤ 贺圣达、王文良、何平:《战后东南亚历史发展:1945—1994》,云南大学出版社1995年版,第255—256页。

泰国国王与军队的关系最为重要,也最为复杂。伴随着王权复兴的是军队影响力的一路走低,军权与王权之间经历了一个"对抗(1932年后)—合作(20世纪60年代)—拥立(1973年后)—联盟(20世纪80年代)—仰赖(20世纪90年代)—捍卫(21世纪初)"的过程。① 从20世纪60年代开始,"以国王为元首的民主"逐渐由一种象征性的抽象语词,通过一系列文化建构手段,变成具有实质意义的具象概念,并开始介入泰国的政治和社会,主导人们的日常生活。② 1976年之后,"以国王为元首的民主"不再是一句无约束力的口号,而是升级为一种指导原则和国家意识形态,与泰国的官方民族主义挂钩,由政府部门负责宣传推广。1980年,泰国政府为强化意识形态建设,成立"国家认同促进委员会"(National Identity Board),由总理办公室直接负责,每年发行大量泰文、英文的书籍和宣传册,内容涉及节日、皇家加冕礼、佛教高僧授任仪式和王室家族重要成员的传记等,还在原有"民族—宗教—君主"三位一体的国家意识形态的传统表述中加入了"以国王为元首的民主"。③

銮·披汶军人政府时期,泰民族国家建构得以强力推进,尤其是在其第一任期之内。銮·披汶推进泰民族国家建构的有力武器即是具有"内外兼修"双重含义的"极端泰民族主义":对内,构建具有同质性的"泰人",刺激和培育泰人爱国、尊崇领袖的民族主义;对外,则寻求通过民族主义运动收复历史上"丢失的领土",并意欲建构"大泰族帝国"。历史学家普遍认为瓦栖拉兀国王(拉玛六世,1910—1925年在位)是"现代泰民族主义之父",但披汶·颂堪元帅在其担任泰国第一任总理期间,则将(泰)民族主义推向了一个新高度。④ 在执掌第一届政府(1937—1944年)期间,披汶大力倡导军国主义和民族主义政策,使自己

---

① 金勇:《以国王为元首的民主制:当代"泰式民主"的文化建构》,《东南亚研究》2018年第2期。

② 金勇:《以国王为元首的民主制:当代"泰式民主"的文化建构》,《东南亚研究》2018年第2期。

③ 金勇:《以国王为元首的民主制:当代"泰式民主"的文化建构》,《东南亚研究》2018年第2期。

④ Bruce E. Reynolds, "Phibun Songkhram and Thai Nationalism in the Fascist Era", *European Journal of East Asian Studies*, Vol. 3, No. 1, 2004, p. 99.

成为领袖（phu-nam）和第一元帅（the first Field Marshal）。披汶采取的极端民族主义政策，使他受到泰国人的强烈谴责，因为泰国人被迫学习、适应披汶所宣扬的一种新的"文明和现代"的文化习俗，同时要求放弃传统文化习俗；并且，泰国的华人少数民族，在这一时期因其商业上的成就突出而遭到泰国政府的迫害和镇压。① 事实上，泰国国家建设的重要举措之一即是将国名从"暹罗"改为"泰国"。新名称意味着国名与主体族群相符合。泰国政府采用多种方式培养民众的民族主义情绪，特别是强调他们的泰族身份（ethnic Thai identity）。这项国家建设政策快速推进了泰国的民族主义运动。②

1938年12月20日，披汶担任总理的泰国政府成立。披汶政府在其执政的三年多时间里，推行了一项令人瞩目的国家主义政策，即以提倡泰民族国家为宗旨，要求建立一种新的政治、文化观念，并且以这种新的观念去改造泰国社会。③ 为贯彻落实国家主义政策，披汶总理在1939年6月至1942年1月期间先后颁布了十二个政府通告。从泰语新术语名称来说，这些通告总称为"叻他尼荣"（Rattaniyom），字面意义为"国家主义"，即泰国的爱国主义；华人通常将其译作"唯国主义"或"唯泰主义"；其实际意义是国家认可的行为准则或国家的要求，故也译作"国民条例"。④ 总体来看，披汶的"泰族国家主义政策"，或是披汶的"国族建设政策"（the nation-building policy）创造和发展了各种概念。事实上，这些概念构成了披汶民族主义思想及其实践的主要内容，其中包括以下内容。（1）通过思想的发展建构民族/建设国家（Building the Nation）。（2）通过习俗和文化建设国家。根据学者丹苏克·努侬达（Thamsuk Nurnnondha）的研究，通过习俗和文化建设国家的政策对泰国人民的日常

---

① Thanet Aphornsuvan, "The United States and the Coming of the Coup of 1947 in Siam", *Journal of the Siam Society*, Vol. 75, 1987, pp. 190–191.

② Chularat Meepien, *Field Marshal P. Phibunsongkhram's Nation-Building Policy and Its Impact on Muslim Identity in Southern Thailand (1939–1944)*, Master Thesis, Bangkok: Chulalongkorn University, 2006, p. 36.

③ 龚浩群：《民族国家的历史时间——简析当代泰国的节日体系》，《开放时代》2005年第3期。

④ 中山大学东南亚史研究所编：《泰国史》，广东人民出版社1987年版，第235—236页。

生活产生了巨大影响。泰国政府从宣布以 6 月 24 日为"国庆日"开始，鼓励人们记住"民党"在推动国家民族发展方面所起的作用。政府也将新年从 4 月 13 日改为遵循国际惯例的 1 月 1 日。习俗和文化方面建设还与人民的服饰有关。泰国政府还推进了一个运动，鼓励男性政府官员在离家上班前亲吻他们的妻子，这种做法受到了西方传统的影响。政府还禁止人们吃槟榔，因为槟榔除了会让人闻到难闻的气味，还会让一个人的牙齿突出，并引发蛀牙。(3) 通过艺术建设国家。(4) 通过文学建设国家。(5) 通过妇女建设国家。(6) 披汶的民族主义政策迫使不是佛教徒的人成为佛教徒。政府似乎相信佛教徒和泰人是一样的。需要指出的是，第六项内容在学者之间还存在不同的观点，即是否可以用（是否信仰）佛教来衡量一个人是不是泰人。①

战后的銮·披汶政府继续推行民族主义政策。② 从 1948 年 4 月到 1957 年 9 月是第二届披汶政府的执政时间，它在本质和风格上都与第一届政府不同。第一届披汶政府的核心主题是建立一个现代民族国家（the building of a modern nation），将泰国变成一个现代化、文明化和受人尊敬的国家。相比之下，第二届披汶政府所传达出来的信息，显得苍白无生气。披汶在国家议会（the National Assembly）中决心坚持宪法规定的民主；将维护和支持君主制及却克里王朝；将保护并为佛教提供赞助，并协助王国的其他宗教；将根据国家需要维持和加强武装部队的力量。③

沙立在发动 1957 年政变后掌握了政权，政变成功标志着这样一种意义上的"革命"的开始：沙立试图重新审查披汶从西方借用的政治概念，并给其加上"泰式风味"。这样做毫不奇怪，因为政变的支持者都是国内教育制度的产物。沙立想保护的基本价值是"国王、宗教和国家"这三大观念。沙立开始审慎地扶持王权。在沙立领导下，国王得以在国内和国际上都发挥更大的作用。通过这种抛头露面，国王和沙立政权的各项

---

① Chularat Meepien, *Field Marshal P. Phibunsongkhram's Nation-Building Policy and Its Impact on Muslim Identity in Southern Thailand（1939 - 1944）*, Master Thesis, Bangkok: Chulalongkorn University, 2006, pp. 32 - 36.
② 中山大学东南亚史研究所编：《泰国史》，广东人民出版社 1987 年版，第 262 页。
③ Kobkua Suwannathat-Pian, *Thailand's Durable Premier: Phibun through Three Decades 1932 - 1957*, Kuala Lumpur: Oxford University Press, 1995, p. 24.

政策都联系在一起，从而提高了沙立政权的声望。①尽管"1932年革命"造成的直接结果就是泰国国王权力和王权仪式的被削减，但沙立政府时期的一个态度就是强调与注重传统，这使得泰国国王的王权在20世纪60年代得到逐渐的回归。今日的最终结果是泰国国王确实在以一种实际的形式象征着泰国的佛法政治（或政治法则，"the dharma of politics"），并且，国王也是信仰佛教的泰国人的集体认同的象征；不过，这同时说明了，或许正是因为国王象征了佛法政治与泰人的集体认同，使得作为政治实践者的国王从政治的实际舞台上"被退出"——"统而不治"，但实际统治者需要具有超凡个人魅力的国王对其的肯定以使自己的权力合法化，因而在泰国社会出现"脱节"现象的时候，常常需要国王出面从中进行调解或斡旋。所有这些都暗示了"世袭传统"深层次方面的回归，尽管这种回归是一种可以意识到的公认的变化。②在世界各地的许多君主制被当作"前现代时代"多余的遗物而遭到淘汰的时期，普密蓬国王（King Bhumibol）成功地将泰国君主制恢复成现代民族国家（the modern nation-state）的核心支柱之一。③

二 泰国民族国家建构目标与路径

结合目前所能参考到的中外文资料，笔者认为，当代泰国民族国家的建构目标是基于政治面向与地理面向相结合的双重界定来建构"泰民族国家"，这两个面向之间的关系紧密相连。

第一，从政治面向来看，泰国境内的各类民族群体，不管是长久居住的"土著族群"，还是获得泰国公民身份的移民群体，经过民族整合或进行同化（泰化整合）之后，达到"所有人都是泰（国）人"的同质目标。表现最为明显的是，在銮·披汶先后两次出任泰国总理共长达15年

---

① [新西兰]尼古拉斯·塔林主编：《剑桥东南亚史Ⅱ》，王士录、孔建勋、李晨阳等译，云南人民出版社2003年版，第346—347页。

② Stanley Jeyaraja Tambiah, *World Conqueror and World Renouncer: A Study of Buddhism and Polity in Thailand Against a Historical Background*, Cambridge: Cambridge University Press, 1976, p. 527.

③ Charles F. Keyes, *Thailand: Buddhist Kingdom as Modern Nation-State*, Boulder and London: Westview Press, 1987, p. 210.

（1938—1944 年、1948—1957 年）的执政时期内，为使泰国发展成为一个强盛的以泰人为主导的现代民族国家，他大力推行极端民族主义政策。披汶政权（the Phibun regime）在 1939 年至 1942 年间推进的民族主义运动，强化对少数民族群体的同化。① 由于銮·披汶政府出台的一系列政策法案中有相当一部分内容与文化改造和文化建设有关，因此也有学者称其思想为"文化民族主义"。② 在公共意识对民族国家的意义、团结和崇高方面，披汶设法在泰国人中间激起沙文主义思潮，并用戏剧、歌曲和文学作品为这场民族主义运动服务。③

第二，从地理面向来看，泰国对民族群体的划分，并不是以种族面貌、民族身份以及所操语言等主客观因素为标准，而是以地区或地形特征来划分民族群体。对此，可从銮·披汶在 1939 年 6 月至 1942 年 1 月期间先后颁布的 12 个政府通告的相关通告中看出，第三号通告（1939 年 8 月 2 日）颁布"关于泰族名称"称："不能用与种族的名称相抵触的名称，或与他们的意愿相抵触的名称来称呼泰人。所有泰族，包括北部泰人、东北部泰人、南部泰人和伊斯兰泰人等，一律使用'泰'这一词语称之。"④ 其中，伊斯兰泰人，甚至是广义上的"南部泰人"，即包括南部马来穆斯林在内的泰国穆斯林群体。泰国官方政府将穆斯林群体的所有成员称为"伊斯兰泰人"（Thai Islam），刻意忽视或弱化其种族与宗教的不同，旨在强调所有公民的民族团结。⑤ 同时，泰国政府认为，所有居民都是泰人，只按某些特征将其划分为泰人、华裔泰人、山地泰人；或根据居住地将其分为"中部泰人""东北部泰人""北部泰人""南部泰人"等。⑥ 由此可见，

---

① Thak Chaloemtiarana, *Read Till It Shatters: Nationalism and Identity in Modern Thai Literature*, Acton ACT: Australian National University Press, 2018, p. 164.
② 金勇:《泰国銮披汶时期的文化政策及其意涵》,《东方论坛》2013 年第 5 期。
③ Thamsook Numnonda, "Pibulsongkram's Thai Nation-Building Programme during the Japanese Military Presence, 1941–1945", *Journal of Southeast Asian Studies*, Vol. 9, Special Issue 2, 1978, p. 245.
④ 张映秋:《评披汶政府的十二个通告》,中山大学东南亚历史研究所编《东南亚历史论文集》,1984 年版,第 76—77 页。
⑤ Blanchard Wendell et al., *Thailand: Its People, Its Society, Its Culture*, New Haven: HRAF Press, 1958, p. 60.
⑥ 陈茜、孔晓莎等编:《澜沧江—湄公河流域基础资料汇编》,云南科学技术出版社 2000 年版,第 79 页。

作为移民群体的华人，作为泰国政府称为"山地部落"群体的"山民"，在取得公民权后，也被称为"华裔泰人"和"山地泰人"。事实上，"山地泰人"还包括居住在山地地区的部分泰人，这部分泰人主要是第二次世界大战后迁移到山地地区的。

简言之，1939 年前，泰族被称为"暹罗族"，泰国被称为"暹罗"；现在，泰国民族统称为泰族。① 历史上，不管是銮·披汶将"暹罗"的国名改为"泰国"，还是将不利于国家统一的"北部泰阮人""东北老人""南部马来人"的称呼改为"北部泰人""东北部泰人"及"泰国马来人"，其目的都在于经由使用没有民族差别的称呼来促进泰民族主义的发展。② 同时，作为一种理论、一场运动的"泛泰主义"，即 20 世纪 30—40 年代在泰国兴起的一股泛民族主义浪潮，在泰国国内表现为无视泰国是多民族国家的现实，以行政法律手段确立泰族在政治、经济、文化领域的支配地位，并试图通过强力推行同化政策的方式，确立和强化少数民族对泰国的认同。③ 事实上，在 20 世纪帝国主义的威胁之下，泰国大部分历史课程的设计都是为了维护民族认同，并通过历史课程将民族主义传承给下一代。④ 1939 年之前，暹罗是一个"多文化政体"，不同种族的存在得到了广泛的承认，但国名改为泰国后，这种文化异质性变得越来越不明显，族群语言之间的差异也变得越来越不明显。国名的改变反映了泰国试图通过减少文化多样性来使这些民族群体发展民族/国家意识。中部泰语由于与三位一体的"民族—宗教—国王"的思想发生联系而得到了促进。随后，泰国政府做出系统性的努力来维持中部泰语作为国家认同象征的地位。⑤ 不过，需要补充说明的是，披汶政府将国名从暹罗改为泰国，存在四个主要目的：（1）将所有族群作为整体归并为泰人，旨在消除泰国

---

① 田禾、周方冶编著：《泰国》，社会科学文献出版社 2005 年版，第 38 页。
② 参见庞海红《泰国民族国家的形成及其民族整合进程》，民族出版社 2012 年版，第 201 页。
③ 朱大伟：《銮披汶·颂堪政府时期的泛泰主义研究（1938—1944）》，《淮北师范大学学报》（哲学社会科学版）2013 年第 2 期。
④ Nicha Pittayapongsakorn, "Shifting the Thai Education Paradigm", *Bangkok Post*, January 10, 2018.
⑤ Saowanee T. Alexander and Duncan McCargo, "Diglossia and Identity in Northeast Thailand: Linguistic, Social, and Political Hierarchy", *Journal of Sociolinguistics*, Vol. 18, Issue 1, 2014, p. 62.

各族群之间的分歧;(2)同样,这也是为了解决国家与其他国家签署官方文件时所面临的(名称)问题;(3)政府认为,改变国名将在居住于国家领土之上的大众之间建立和谐;(4)创造泰(国)人的泰国意识。①

为了达到民族国家建构同质的目标,泰国依靠的路径是经由拉玛六世提出的"立国三原则"——三位一体的"民族、宗教与国王"思想而对泰国民族国家进行建构,同时经由政治、宗教文化、社会经济等方面的政策进行民族整合。拉玛六世对民族原则的实践,包括两方面内容:一是对"我者"("泰民族")的建构,二是对"他者"的塑造——通过区分"他者",有助于理解"我者",也有利于增强"我者"的凝聚力。不过,拉玛六世所建构的专制王权,存在明显的制度缺陷②,1932年的"六二四政变"即是历史的证明。需要注意的是,"我者"与"他者"具有相对性,"我者"的涵盖范围,取决于"他者"是谁。因而,"我者"与"他者"在不同的语境下,所指的范围不同。泰国的民族建构,同时体现了既涵盖广义的"我者",又排除"内部的他者"两方面的内容。在话语表达上,这一民族建构表现出突出"我者"的同质性而淡化"他者"的多样性特点,并积极对"内部的他者"进行泰化整合,使之朝着"内部的我者"演变。以泰北山民为例,20世纪初,泰国北部有很多"山民"从制度上被排除在民族国家之外,在泰国出生的许多"山民"以及外国的迁来者都没有泰国公民身份。另外,在泰国民族国家边缘及其内部也有许多"他者"没有这项权利。不过,有相当数量的"山民"日后却逐渐成为泰国社会的正式成员,但他们在成为"泰国成员"的过程中却丧失了自己的很多文化。③ 换言之,"山民"成为泰国社会的成员,付出的代价即是接受泰化整合,尤其是泰族文化教育的同化。不过,泰国

---

① Chularat Meepien, *Field Marshal P. Phibunsongkhram's Nation-Building Policy and Its Impact on Muslim Identity in Southern Thailand (1939 – 1944)*, Master Thesis, Bangkok:Chulalongkorn University, 2006, p. 41.

② 有关对泰国"立国三原则"——三位一体的"民族、宗教、国王"及其缺陷的详细分析,参见周方治《王权·威权·金权:泰国政治现代化进程》,社会科学文献出版社2011年版,第44—50页。

③ Ronald D. Renard, "Creating the Other Requires Defining Thainess Against Which the Other Can Exist:Early-Twentieth Century Definitions", *Southeast Asian Studies*, Vol. 44, No. 3, 2006, p. 317.

第一章 泰国民族国家建构与民族整合

整合"山民"主要是在第二次世界大战之后进行的。

三位一体的"民族、宗教与国王"思想的重要性直接体现于历部泰国宪法之中。[①] 比如，泰国 2017 年宪法第四章"泰国人的责任"的第五十条规定个人须承担的义务之一："保护和维护民族、宗教、国王及以国王为国家元首的民主政权政府"。[②] 这直接表明"民族、宗教与国王（君主）"在泰国政治与泰国社会中的至高地位。另外，在 2017 年宪法第六章"国家政策的指导原则"的第六十七条规定："国家应支持和保护佛教和其他宗教。佛教是大多数泰国人长期信仰的宗教，在支持和保护佛教的过程中，国家应促进和支持小乘佛教佛法原则的教育和传播，以培养佛教徒心智的发展，并制订防止佛教受任何形式破坏的措施和机制。国家还应鼓励佛教徒参与实施这些措施或机制。"[③] 需要注意的是，泰国的任何成文宪法都没有规定国家宗教（"国教"）。从表面上看，泰国似乎完全是一个"世俗国家"，特别是与印尼、巴基斯坦或缅甸相比。但实际上，泰国还没有像欧洲那样经历一个国家和宗教果断分离的过程。[④] 另外需要注意的是，正如王赓武教授所指出的那样，就泰国来看，坚持民主的政党在国家建构中，不一定就比军人政权做得更好。王赓武教授认为，目前，直到 21 世纪，在泰国活跃的政党都还是太年轻、太反复无常。因此，除了推进国家机器正在实施的或者平民大众要求的政策的落实之外，（它们）做不了多少事情。迄今为止，在泰国南部以及东北部的国家建构中，它们做得并不比军人政权好。更有甚者，许多泰国人都不认为执政党是为国家服务的。很多人怀疑，它们中的大部分只是政客们以国家利益

[①] 有关泰国 1932 年、1997 年、2007 年宪法的相关条款中，涉及"民族、宗教与国王"内容的相关规定及其分析，参见阳举伟、何平《泰国民族国家建构模式探究——基于民族国家构成要素的分析》，《东南亚南亚研究》2015 年第 3 期。

[②] The Office of the Council of State, *Constitution of the Kingdom of Thailand* (Unofficial Translation), Bangkok: The Constitutional Court of the Kingdom of Thailand, April 6, 2017/B. E. 2560, p. 16.

[③] The Office of the Council of State, *Constitution of the Kingdom of Thailand* (Unofficial Translation), Bangkok: The Constitutional Court of the Kingdom of Thailand, April 6, 2017/B. E. 2560, p. 21.

[④] Nidhi Eoseewong, "The Thai Cultural Constitution", *Kyoto Review of Southeast Asia*, No. 3, 2003.

为代价中饱私囊的工具。① 由此可见，在泰国国家建构中，需要处理好"南部问题"与"伊山/东北问题"。

作为一个现代民族国家的泰国，在民族（族群）与文化的同质性方面往往具有显著的特征，并且，通过"泰文化"具有的"假定/想象的能力"（the supposed ability）同化"有特色的特性"（to assimilate distinctive characteristics）。作为集体认同的"泰特性"（Tai-ness）是由享有共同性的语言、宗教和君主制构成的。成为泰（国）人，即应忠于三项原则/支柱：民族（chat）、宗教（satsana）、国王（phra mahakrasat）。作为泰国人集体身份的"泰特性"的建构反映了民族关系的政治化，其中，民族同质化是国族建构过程的根本所在。②

现代泰民族国家是以民族、宗教和文化同质化政策的推行为基础建构的，这一政策始于20世纪初，但"同质化政策"得到彻底甚至是极端的贯彻则是在1932年君主立宪制建立以后。泰国的族群性不仅涉及在灵活的边界内改变社会群体的"排列"（alignments），而且还涉及泰族和非泰族身份之间的结构转变以及二者之间的分离。由国家设计的民族分类代表了政治和文化的融合以及民族多样性或"非泰族认同"向现代泰民族（the modern Thai nation）转变的重要机制。然而，这一过程涉及族裔身份的确定，这在使用和利用（the exercising and deployment）少数民族（chon klum noi, ethnic minorities）话语中表现得非常明显。在少数民族的主导性叙事中，泰族和非泰族的独特身份已经变得政治化，并且对泰国国家的完整性产生反作用。③ 近年来，泰国强调有所选择地保护或"发扬"少数民族特色文化，实际上，这主要是出于增加旅游收入（北部山民）的经济考量，或是为了促进国际贸易（如鼓励泰国华人学习中文），更多的是体现了语言学习的工具性价值，但同化政策并未从实质上发生改变，这直接体现于泰国（尤其是泰国小学强制性）的教育政

---

① ［新加坡］王赓武：《东南亚的政党与国家》，吴宏娟译，《东南亚研究》2012年第4期。
② Pinkaew Laungaramsri, "Ethnicity and the Politics of Ethnic Classification in Thailand", in Colin Mackerras (ed.), *Ethnicity in Asia*, London and New York: RoutledgeCurzon, 2003, p. 157.
③ Pinkaew Laungaramsri, "Ethnicity and the Politics of Ethnic Classification in Thailand", in Colin Mackerras (ed.), *Ethnicity in Asia*, London and New York: RoutledgeCurzon, 2003, p. 170.

策之中。

概言之，20世纪中叶以前，曼谷统治者都希望通过"国族"（民族）概念的创造与推广来建构人民的共同体意识，借以在旧暹罗这个"地理体"中灌注新的"国家心灵"，从而达成创建"泰国族国家"（泰民族国家）的目标。因此，从拉玛六世即位开始，一直到銮·披汶掌权期间，国族建构（nation-building）始终是政治议程上的核心任务。[1] 事实上，20世纪初，暹罗政府的优先事项是，推进用于国防的铁路建设、瑰丽的皇家建筑建造以及民族/国家建构项目（projects of nation-building），农业则处于低优先级的考虑范围。[2] 事实上，直到第二次世界大战后的沙立军人政府时期，由于泰国得到了来自美国的各种援助，这使得泰民族国家得以进一步地"扩展"权威。具体而言，来自美国越来越多的资金，使得在朱拉隆功改革期间就开始构想却从未完全实现的一些"国家规训项目"（the projects of national discipline）的展开/实施成为可能。沙立政府实施的一些计划，目的在于进一步努力实现朱拉隆功时代要创建一个"统一"的"泰民族/国家"（the "unity" of a "Thai nation"）的雄心壮志。特别是，泰国政府试图在泰国部分地区实施"统一"，而这些地区在语言、宗教和文化传统方面，与想象中的国家标准不同。[3] 至今为止，泰国民族国家建构依然还在持续之中，尤其是民族建构，正如"在泰国绝大多数人眼中，民族（建构）就像一座永远不会完工的建筑"[4] 一样，这说明民族建构具有动态性与长期性的特点。[5]

---

[1] 顾长永、萧文轩：《边缘化或是整合：泰国的少数族群政治》，高雄：中山大学出版社2016年版，第181—182页。

[2] Chris Baker and Pasuk Phongpaichit, *A History of Thailand* (3rd Ed.), Melbourne, Australia: Cambridge University Press, 2014, p. 87.

[3] Chris Baker and Pasuk Phongpaichit, *A History of Thailand* (3rd Ed.), Melbourne, Australia: Cambridge University Press, 2014, pp. 171 – 172.

[4] 阳举伟、何平：《泰国民族国家建构模式探究——基于民族国家构成要素的分析》，《东南亚南亚研究》2015年第3期。

[5] 参见 C. I. Reynolds, "Nation and State in Histories of Nation-Building, with Special Reference to Thailand", in Gungwu Wang (ed.), *Nation-Building: Five Southeast Asian Histories*, Singapore: Institute of Southeast Asian Studies, 2005, p. 36。

第三节 泰国的民族整合进程概况及其效果

一 泰国民族整合进程概况

泰国民族国家的形成过程,实际上是中部泰族以强大的政治力量向周围地区扩张的过程。泰国北部的兰那、东北部/伊山地区[①]及南部的马来穆斯林地区原本并不在泰国版图之内。在朱拉隆功掌权之前,这些地方的人们同中部泰族的关系实际上是一种非常松散的藩属关系。[②] 在暹罗从传统王国向现代国族国家转型时期的领土兼并过程中,也将这些少数族群所居的地区一并纳入泰国的范围之内。为了建构泰国族共同体,政治精英对这些少数族群采取整合、强制同化的策略,收到了各种不同的回应:接受(东北老族、东南高棉族)、积极抵抗(南部穆斯林)、积极同化(华人)、被排除在外(越南移民、高山民族)。[③] 从整合的整体历程来看,兰那地区的人也可以归入"接受"整合的类别。

总体而言,泰国的民族整合可以宽泛地分为两类:一是中部泰族整合"泰语系民族"(主要包括北部泰族和伊山老族);二是中部泰族整合非泰语系民族群体(华人、山民/山地部落及南部马来人/马来穆斯林等)。其中,中部泰族对北部泰族、伊山老族、南部马来人进行的民族整合,采取了领土与行政整合等具有国家整合性质的政策措施,具有较强的政治性;而对华人和山民的整合,则主要是社会、经济和文化教育等面向的。从时间来看,泰国政府对山民的整合较晚,主要是在第二次世界大战后才开始进行的。从整合的效果来看,中部泰族对华人、北部泰族、伊山老族、山民的整合较为成功,但对南部马来穆斯林的整合,则"成少败多"。从整合的进程来看,对于伊山老族、北部泰族、(北

---

① "伊山"(อีสาน, Isan)地区即泰国东北部地区,顾长永、萧文轩两位学者将其译为"伊森"。准确来说,"伊山"一词的泰语发音更接近"伊三",但"伊三"一词在中文语境中容易引发歧义,加上泰东北地区为高原多山,故译为"伊山"。
② 庞海红:《泰国民族国家的形成及其民族整合进程》,民族出版社2012年版,第227页。
③ 顾长永、萧文轩:《边缘化或是整合:泰国的少数族群政治》,高雄:中山大学出版社2016年版,第36页。

部）山民及南部穆斯林等民族群体的整合，泰国依然需要从社会、经济、政治和教育等层面加大投入，建构一种兼具包容性与多样性的"泰特性"意识形态（国家层面维持统一、政治上形成并巩固国家认同，地方层面上适当尊重地方文化习俗等），以继续推进泰国"民族共同体"的构建。

（一）中部泰族整合北部泰族

1. 泰国北部地区与北部泰族历史的基本概况

从行政区划上看，泰国北部地区有17个府，总面积16.96万平方公里，其中80%是山区和丘陵。泰北17府分别是：清迈府、清莱府、甘烹碧府、南邦府、南奔府、夜丰颂府、那空素旺府、难府、帕耀府、帕府、碧差汶府、披集府、彭世洛府、素可泰府、达府、乌泰他尼府、乌达叻滴府（程逸府）。① 13世纪后期，兰那泰王国在泰北地区建立（地理范围涵盖现今泰国以上北部地区的8府，即清迈、清莱、帕耀、南奔、南邦、帕、难及夜丰颂②）。兰那泰王国在16世纪中期衰落后，于1556—1763年处于缅甸的控制之下。18世纪后期，兰那泰王国联合暹罗吞武里王朝共同抗击缅甸。1775年，在赶走缅甸雍籍牙王朝统治者后，兰那泰王国开始臣服于吞武里王朝。③ 自18世纪后期起，清迈王室控制的兰那泰王国包括清迈、南奔、南邦、帕和难五个属国，它们开始与曼谷结盟。1809年之后，兰那泰王国的五个属国与曼谷中央政府建立起稳定的关系。④ 直到英国势力介入之前，这些朝贡国的世袭统治者——"召勐"（cao muang）仍然在掌权，并很少受到曼谷王朝的干涉。⑤ 整体而言，从18世纪后期到19世纪中期，兰那泰王国及其属国与曼谷王朝维持着一种较为松散的藩属关系。之后，随着朱拉隆功省级改革的推进，兰那泰与曼谷

---

① 田禾、周方冶编著：《泰国》，社会科学文献出版社2005年版，第5—8页。

② Thanet Charoenmuang, "When the Young Cannot Speak Their Own Mother Tongue: Explaining a Legacy of Cultural Domination in Lan Na", in Volker Grabowsky (ed.), *Regions and National Integration in Thailand: 1892-1992*, Wiesbaden: Harrassowitz Verlag, 1995, p.82.

③ 庞海红：《泰国民族国家的形成及其民族整合进程》，民族出版社2012年版，第98页。

④ Shigeharu Tanabe, "Ideological Practice in Peasant Rebellions: Siam at the Turn of the Twentieth Century", *Senri Ethnological Sthudies*, No.13, 1984, p.90.

⑤ 顾长永、萧文轩：《边缘化或是整合：泰国的少数族群政治》，高雄：中山大学出版社2016年版，第178页。

的关系逐渐转为地方与中央的关系,即暹罗完成了对兰那泰王国的兼并与行政整合。

到 1908 年时,曼谷似乎已经完全控制了泰北诸勐,当地所有的统治者都接受了暹罗中央政府按其过去的收入赋予其固定年薪的安排。同年,曼谷王朝作出决定:鉴于现在的泰北诸勐与内地省一样了,为节省政府付给各勐向国王呈献金银花的钱,同时也为节省总督及其随从来曼谷的花费,今后泰北各勐不再向国王呈献金银花。自此,泰北各地向曼谷王朝的进贡得以正式结束。① 这标志着曼谷王朝与北方地区之间正式建立起中央与地方的关系。

2. 中部泰族整合北部泰族

到朱拉隆功于 1910 年去世之时,暹罗政府已经成功地以地方官员取代了北部地区的地方贵族。暹罗政府对帕亚普"行政圈"完全控制权的取得为下一阶段的国家/民族统一的共识的建立,奠定了良好的基础。1921 年,当铁路系统向北建设到清迈时,这一便捷的交通网络更是将兰那地区和集权化的权威中心紧密联系起来。1925 年,拉玛七世宣布废除兰那的"六大臣"制,任职总督死后不再任命新总督(1939年,清迈最后一位总督逝世)。1932 年政变以后,泰国实行君主立宪制。1932—1933 年,泰国取消了省级行政的"提萨琵班制"(The Thesaphiban② System),即"地方政府制"。直至"行政圈"体系被省取代时,前兰那王国的中心——清迈,就变成暹罗的一省。③ 至此,泰国对兰那的行政整合得以最终巩固下来。泰国将兰那纳入版图之后,又从教育、语

---

① 庞海红:《泰国民族国家的形成及其民族整合进程》,民族出版社 2012 年版,第 108 页。
② "Thesaphiban" 这个词是由三个来自巴利文的暹罗词组成的,thet 或 thesa 的意思是国家(country),aphi 的意思是"特定",ban 或 bala 的意思则是"负责/掌管某地某事"。因此,Thesaphiban 的字面意思即为"负责/掌管某国的特定地区",亦即"管理或控制国家部分领土"。与此有关的即是泰国国家始于 20 世纪之初的以"勐通"——泰语"Monthon"一词是从字面意思为"圈"的曼荼罗(Mandala)一词转译而来的——为单位进行的领土行政划分。有关 Thesaphiban 的解释,参见 Tej Bunnag, *The Provincial Administration of Siam from 1892 to 1915: A Study of the Creation, the Growth, the Achievements, and the Implications for Modern Siam, of the Ministry of the Interior under Prince Damrong Rachanuphap*, Ph. D. Diss., Oxford: University of Oxford, 1969, p. 159。
③ Tej Bunnag, *The Provincial Administration of Siam from 1892 to 1915: A Study of the Creation, the Growth, the Achievements, and the Implications for Modern Siam, of the Ministry of the Interior under Prince Damrong Rachanuphap*, Ph. D. Diss., Oxford: University of Oxford, 1969, pp. 310 – 311。

言、宗教等方面对泰阮人进行整合，以期泰阮人能够认同中部泰族。由于文化上的相似，中部泰族对泰阮人的整合较为成功，最终取得了预期的效果。①

从教育方面来看，自19世纪末期开始，暹罗逐渐将现代教育扩展到了兰那—清迈（1893年建立一所学校）、南邦（1894年建立一所学校），1895年，难省又建立一所学校。但早期的学校规模有限，且主要是培训公务员的学校，而学员完全是贵族子弟。直到1909年省级教育发生重大改变，普及教育有了明确目标并有专门机构负责实施，尤其是1921年小学教育法案通过后，泰北的教育才有了较大的变化。② 1899—1961年，在兰那可以看到这样的情况，即存在同时使用的两种语言：一种是为实现职业发展而使用的书面暹罗语，而另一种则是日常交流的（兰那）口语——目的在于享有"社群感"。由于（兰那地方的）客观因素以及人口组成没有发生变化，似乎两种语言（书写的暹罗语与作为兰那口语的康勐）得以共存。③ 不过，需要注意的是，兰那被整合进入泰国之后，曼谷的艺术和文化逐渐开始主导并摧毁了兰那自身的文化。虽然兰那文字被禁止用来教育儿童，所有儿童只能学习读写中部泰语，但兰那的口语却依然流行并广泛使用于泰国北部地区④。直到20世纪70年代，这种情况才开始发生变化。

20世纪30年代的泰民族主义，对北部地区的影响较少。直到銮·披汶上台以后，激进的民族主义政策才对北部地区产生了重大的影响。北部人被大力鼓励参与"建设/复兴民族"（Building up the nation）并"追随领袖"——披汶·颂堪总理（Follow the leader-Prime Minister Phibunsongkhram）的活动中。1939—1942年，一系列"叻他尼荣"（国家青睐的行为指南）颁布后，北方人开始感到不舒服。这些指南多强制落实于

---

① 庞海红：《泰国民族国家的形成及其民族整合进程》，民族出版社2012年版，第109页。
② 庞海红：《泰国民族国家的形成及其民族整合进程》，民族出版社2012年版，第118—121页。
③ Thanet Charoenmuang, "When the Young Cannot Speak Their Own Mother Tongue: Explaining a Legacy of Cultural Domination in Lan Na", in Volker Grabowsky (ed.), *Regions and National Integration in Thailand: 1892-1992*, Wiesbaden: Harrassowitz Verlag, 1995, pp. 88-89.
④ Thanet Charoenmuang, "When the Young Cannot Speak Their Own Mother Tongue: Explaining a Legacy of Cultural Domination in Lan Na", in Volker Grabowsky (ed.), *Regions and National Integration in Thailand: 1892-1992*, Wiesbaden: Harrassowitz Verlag, 1995, p. 82.

城市区域，但也有落实在乡村的情况。① 对北部泰语的学习造成致命一击的是，20 世纪 30 年代末期披汶·颂堪提出的军人民族主义。1940 年 6 月颁布的"第九号叻他尼荣"，强调了泰国国家语言的重要性。披汶政权时期，泰国官方首次压制泰北的传统教育，这种压制发生于对北部传统的学习已经历一个长期衰落的过程和人民的民族主义情感高度升起的时期。因此，暹罗官方对北部文化教育的压制，导致北部寺院中的传统教育进一步地衰落，以至于第二次世界大战以后，这种寺院传统教育从未得以恢复过来。②

结果是，北部地区许多年轻的儿童目前已不能说本地方言或理解"康勐"（兰那口语）。有可能的情况是，将来的几代人以后，康勐将会消失，就像"图勐"（兰那文字）以及兰那艺术和文化中的其他许多元素一样。③ 总之，通过政策加以导向、加上政府强制推行教育政策及相关内容，以及社会经济发展的需要，中部泰语在北部地区逐渐扎下了根。20 世纪 80 年代初，泰国北部地区的许多父母在他们彼此和他们的亲戚和朋友之间继续说方言，但对自己的孩子却说曼谷话，就说明了这一点。现在，中部泰语在泰北人的社会生活中逐渐占据了主导地位。相反，康勐语则逐渐退出了历史舞台，除了佛寺里还有少数僧侣懂得康勐语外，年青一代几乎没有人懂康勐语。④ 因此，从教育方面来看，中部泰语主导地位的形成与确立，对于泰国整合北部泰族来说，是除行政整合外，确立北部泰族对泰国国家认同的最为关键的一项因素。

（二）中部泰族整合伊山老族

1. 伊山地区的历史与族群概况

与兰那或泰国北部地区不同，而与北大年地区类似的是，伊山地区

---

① Vachara Sinduhprama, *Modern Education and Socio-Cultural Change in Northern Thailand, 1898 – 1942*, Ph. D. Diss., Hawaii: University of Hawaii, 1988, pp. 252 – 253.

② Vachara Sinduhprama, *Modern Education and Socio-Cultural Change in Northern Thailand, 1898 – 1942*, Ph. D. Diss., Hawaii: University of Hawaii, 1988, pp. 286 – 287.

③ Thanet Charoenmuang, "When the Young Cannot Speak Their Own Mother Tongue: Explaining a Legacy of Cultural Domination in Lan Na", in Volker Grabowsky (ed.), *Regions and National Integration in Thailand: 1892 – 1992*, Wiesbaden: Harrassowitz Verlag, 1995, pp. 82 – 83.

④ 庞海红：《泰国民族国家的形成及其民族整合进程》，民族出版社 2012 年版，第 129 页。

居住的主体族群不是暹罗族群体,而是老族和高棉族,这两个民族同样也是泰国的邻国老挝和柬埔寨的主体民族。其中,伊山地区主要是以老族为主。

伊山地区,即泰国东北部地区的历史(至19世纪)大致可以划分为五个阶段:(1)前老族时期(到1300年);(2)老族渗透初期(1300—1700年);(3)老族"内部殖民"初始阶段(1700—1780年);(4)作为暹罗东北的伊山(1779—1827年);(5)后召阿努国王时期①,即1828年至1893年法暹条约签订期间,与暹罗为松散的藩属关系。但总体来看,暹罗采取措施逐渐增强了对东北地区的控制。在巩固对伊山地区的控制以后,暹罗开始对伊山地区进行系统的行政整合,即经由设立"行政圈"而达到稳固统治的目的。暹罗对伊山地区的整合具有双重性:对伊山地理空间的行政整合及经由民族整合将"老族"建构为暹罗"东北泰族"或"伊山泰族"。"伊山"(Isan)一词本身只有在相对于中部泰族国家而言时才是有意义的。"伊山"一词是梵语借词,意为"东北"。② 需要指出的是,用"伊山"(Isan)来指称泰国东北地区居民的观点似乎更受青睐,因为泰国老族最喜欢的语言即是"伊山语"。原因在于,"泰国老族"(Thai Lao)一词被严重污名化,因此,除引用"泰老"一词之外,书中将使用"伊山老族"来指代这一群体。另外,应该指出的是,泰国东北部的十几个少数民族也使用"伊山"的标签指称自己。③ 伊山地区,即位于曼谷东北方向的泰国地区。泰国对伊山/东北地区的兼并并与其建立中央—地方关系的实质,即是泰国经由行政整合完成对伊山地区的中央集权化控制,同时将藩属关系转变为中央—地方之间的关系。

---

① Volker Grabowsky, "The Isan up to its Integration into the Siamese State", in Volker Grabowsky (ed.), *Regions and National Integration in Thailand: 1892 – 1992*, Wiesbaden: Harrassowitz Verlag, 1995, p. 124.

② Peera Songkunnatham, *Recognizing Village Publics: Cultural Citizenship and the State in Northeastern Thailand*, Undergraduate Thesis, Swarthmore, Pennsylvania: Swarthmore College, 2015, p. 24.

③ 有关"伊山"一词与被污名化的"泰老"一词的分析,参见 John Draper and Paweena Prasertsri, "The Isan Culture Maintenance and Revitalisation Programme's Multilingual Signage Attitude Survey", *Journal of Multilingual and Multicultural Development*, Vol. 34, Issue 7, 2013, p. 618。

2. 中部泰族对伊山老族的行政整合

整体而言，从 19 世纪末至 20 世纪 80 年代，在不同外部因素的影响下，泰国通过国家整合与民族整合的政策措施，对伊山地区进行了整合。为应对国家/民族整合政策，伊山地区也出现了不同形式的抵抗运动。比如，自 1932 年以来，东北地区的政治领导人反对曼谷的日益集权化，并请求运用国家资源来弥补东北地区的劣势。20 世纪 40 年代后期，作为"去殖民化"进程的一部分，一些东北部领导人希望重新绘制国界，将伊山与其他讲老语的地区联合起来。不过，随着军人政府的上台，东北部领导人数次遭受了军事镇压，经常被监禁或杀害。其中，两位前国会议员组成了一个致力于社会主义的"东北党"（Northeastern Party），并要求（曼谷中央政府）为东北地区提供更多的发展资金。对此，沙立指责东北领导人提倡共产主义和分裂主义，二人之后（被判刑并）最终被公开处决。[1]

从曼谷王朝初期至 1893 年法暹条约签订之前，暹罗东北部的呵叻高原及湄公河左岸的领土属于暹罗的朝贡国和畿外省。在此期间，这里存在老族人与暹罗人主导的两种行政体系，但多以前者为主。自 1867 年起，暹罗行使了数个世纪宗主权的藩属——柬埔寨，变成了法国殖民者的保护国。暹罗被迫承认法国对柬埔寨的"保护制度"，同时，法国对柬埔寨的直接殖民，为之后暹法之间爆发一系列领土争议埋下了祸根。对此，朱拉隆功加紧了对藩属国的集权控制。从 19 世纪 70 年代开始，暹罗开始实行一种新的省级行政制度。1874 年，暹罗成功在清迈设置王室专员后，便进一步计划在所有老族区域设置王室专员。到 19 世纪 80 年代，法国在安南的殖民稳定后便显示出对西双楚泰及莱州进行扩张的野心，这促使暹罗于 1882 年在占巴塞、乌汶、廊开和呵叻设置四名王室专员，目的在于在暹罗东北和老族周边地区建立一种新的政治体系。[2] 1887—1891 年期间，因法国殖民者步步紧逼，朱拉隆功遂派遣其兄弟蒲拉查·辛拉帕功

---

[1] Chris Baker and Pasuk Phongpaichit, *A History of Thailand* (3rd Ed.), Melbourne, Australia: Cambridge University Press, 2014, p. 172.

[2] Charles F. Keyes, "Millennialism, Theravāda Buddhism, and Thai Society", *The Journal of Asian Studies*, Vol. 36, Issue 2, 1977, p. 293.

第一章　泰国民族国家建构与民族整合

(Prachak Sinlapakhom) 亲王和森帕西提·蒲拉颂 (Sanphasitthi Prasong) 亲王以"高级专员"(khaluang yai) 的职位前去代替廊开、占巴塞以及呵叻等地的（王室）专员，并赋予其有如内政部一样的绝对权威去管理他们所负责的领土。①

总体来看，1893—1899 年暹罗总共设立了 14 个勐通（最后达到 20 个）②，其中就包括 1893—1894 年设立的呵叻勐通以及 1899 年设立的乌隆勐通（总部设在新城乌隆）；1900 年则设立了伊山勐通（总部乌汶）。为提高行政效率，1899 年至 1915 年，暹罗政府对较大的勐通进行再次划分，比如，呵叻勐通分为碧差汶和呵叻两个勐通，伊山勐通则分为黎逸和乌汶两个勐通，各负责 3—4 个省。与勐通制相平行，暹罗政府对县、乡、村也进行了改组。改组初期，总体来看，1 个乡涵盖 7 个村，而 1 个区则涵盖 17 个乡。③ 到 1916 年，勐通制被取消，建立了行省。到 20 世纪 30 年代初，暹罗又改省设府，府的最高长官成为府尹。④ 进入 20 世纪以后，暹罗对伊山地区的直接控制在其他改革中得以进一步延伸。主要的"华勐"(huamuang) 变成"县/区"(amphoe, districts)，而"昭勐"则变成省长 (phuwa ratchakan muang, Governor)，与其他省区的官员一道被并入暹罗的文官体系，其薪资来自中央政府而非贡金的一部分。当昭勐过世之后，就不再按照传统的方法来决定新统治者，而是由内政部任命的省级官员接任其职位。如此一来，地方贵族的经济独立丧失了，同时，暹罗官员给农民带来的经济压力，也是农民面对的一种沉重的负担。很显然，伊山的当地贵族被中央政府剥夺了他们之前能够接受的一些财富。在伊山专区引入新

---

① Paitoon Mikusol, *Social and Cultural History of Northeastern Thailand from 1868 - 1910: A Case Study of the Huamuang Khamen Padong (Surin, Sangkha and Khukhan)*, Ph. D. Diss., Washington: University of Washington, 1984, p. 128.
② 一个"行政圈"或一个"勐通"，通常由五六个省组成。在塑造每一个勐通的过程中，要考虑的因素包括自然特征，如河流、运河或山脉，以及战略等。参见 Peter Rogers, *Northeast Thailand from Prehistoric to Modern Times: In Search of Isan's Past*, Bangkok: Duang Kamol (D. K.) Book House, 1969, p. 201。
③ Peter Rogers, *Northeast Thailand from Prehistoric to Modern Times: In Search of Isan's Past*, Bangkok: Duang Kamol (D. K.) Book House, 1969, p. 201.
④ 庞海红：《泰国民族国家的形成及其民族整合进程》，民族出版社 2012 年版，第 164—165 页。

的税收制度，致使人们产生了极度的不满，如同 1901 年之前那样。① 更为关键的是，统治职位不再根据血缘关系来安排，对伊山地区原先的民众与统治者之间紧密连接的亲属社会关系造成了彻底的破坏。②

伊山地区由于受到来自暹罗政治、经济两方面的压迫，遂产生了一些不稳的局面。从政治上来看，地方行政体系的推行，触动了原先的利益集团的利益，加上有些官员在执行公务的过程中出现了不良行为，引起了人们的不满，而一些失去权力的总督就利用这些不满来煽动、制造混乱。③ 其中，最为严重的是，1901—1902 年由那些被称为"普米汶"（phu mii bun）的"拥有功德之人"（men-having-merit）所领导的叛乱，即所谓的"圣人反叛"（the Holy Man's rebellion），这是一种宗教上的"千禧年运动"（millenarian movement）④，即是一个很好的说明。

受伊山地区叛乱事件的影响，同时也出于对伊山地区重要性的考虑，暹罗政府决定放慢集权化步伐，并逐渐将地方贵族整合入新的省级官僚体系中。借此，暹罗可以避免任何叛乱行动的扩散。直到 1912 年 6 月，暹罗才进一步将伊山行政圈细分为黎逸行政圈（Monthon Roi-et）和乌汶行政圈（Monthon Ubon）。这一时期，"伊山"一词被用来指称一个广泛的地理区域，以取代过去狭隘的行政称号。⑤ 1915 年，主导省级行政改革的丹隆亲王辞职以后，一项新的行政区划被创造出来，即"地区"（phak, region）行政区划。在之后的 7 年，涵盖春蓬、洛坤与北大年等行政圈的南部地区（Phak Tai），及涵盖黎逸、乌汶、乌隆和呵叻等行政圈的伊山地区（Phak Isan, the Isan Region）陆续成立。当时，"地区"

---

① Paitoon Mikusol, *Social and Cultural History of Northeastern Thailand from 1868 – 1910: A Case Study of the Huamuang Khamen Padong (Surin, Sangkha and Khukhan)*, Ph. D. Diss., Washington: University of Washington, 1984, p. 133.

② 参见萧文轩、顾长永《泰国的国家整合与伊森地域认同的探析》，《台湾东南亚学刊》2012 年第 2 期。

③ 庞海红：《泰国民族国家的形成及其民族整合进程》，民族出版社 2012 年版，第 165 页。

④ 参见萧文轩、顾长永《泰国的国家整合与伊森地域认同的探析》，《台湾东南亚学刊》2012 年第 2 期。

⑤ Volker Grabowsky, "The Isan up to Its Integration into the Siamese State", in Volker Grabowsky (ed.), *Regions and National Integration in Thailand: 1892 – 1992*, Wiesbaden: Harrassowitz Verlag, 1995, p. 107.

制度仅施行于南部地区和东北地区,而且,东北地区并未涵盖整个呵叻高原。自1922年起,指称整个呵叻高原的所谓"东北地区"一词便开始被广为接受,其覆盖范围包括之前的伊山、乌隆和呵叻三个勐通/行政圈的领土。[1] 随着较大的勐通(行政圈)地区的重新命名,暹罗政府开始对整个呵叻高原的城市和大型集镇进行集中性的重新命名,以使其更符合暹罗文化和历史。据统计,呵叻高原的150座城市和其他区域以前带有"老"的名称的地方,多被改称为具有/包含"泰"的名称。[2]

1925年,"地区"制度被废除。直至1932年"民党"结束绝对君主制以后,行政圈制度才被正式废止,而"地区"制度则成为行政圈制度的直接继承者而得以再次成立。1934年起,整个暹罗就被划分为中西部、东部、东北部、北部、南部五个地区。其中,东北地区涵盖整个呵叻高原。自此,所谓的"伊山"或"东北地区"遂代表整个呵叻高原,并成为泰国社会所普遍接受的一种说法。至今,伊山地区的老族和高棉族居民仍普遍自称为"伊山人/东北人"(Khon Isan),显然,这与伊山地区的历史发展存在密切关系。[3] 事实上,一定程度上来说,使用"伊山人"的自称,既反映了地方性的认同,同时也是强调其与"中部泰族"和"老挝老族"的不同所在。从政治上来看,泰国东北部的村民,能够并且已经利用一种"伊山/老族身份"(Isan/Lao identity)来表达对中部泰族,特别是对中部泰族官员的不信任、怨恨和反感的情绪。[4] 同时,"我们身为老族人,却是泰国公民"(We are Lao people, but Thai citizens, pen phu lao tae sat thai)[5] 的这样一种声音也表明,伊山人的族群认同与国家认同

---

[1] Volker Grabowsky, "The Isan up to Its Integration into the Siamese State", in Volker Grabowsky (ed.), *Regions and National Integration in Thailand: 1892 – 1992*, Wiesbaden: Harrassowitz Verlag, 1995, p. 107.

[2] Paul Henry De Neui, *String Tying Ritual as Christian Communication in Northeast Thailand*, Ph. D. Diss., Pasadena, California: Fuller Theological Seminary, 2005, p. 63.

[3] 参见萧文轩、顾长永《泰国的国家整合与伊森地域认同的探析》,《台湾东南亚学刊》2012年第2期。

[4] Charles F. Keyes, "Ethnic Identity and Loyalty of Villagers in Northeastern Thailand", *Asian Survey*, Vol. 6, No. 7, 1966, p. 369.

[5] Charles F. Keyes, "Ethnic Identity and Loyalty of Villagers in Northeastern Thailand", *Asian Survey*, Vol. 6, No. 7, 1966, p. 367.

是并列存在的,他们对泰国国家认同的程度,与曼谷中央政府对东北地区的政策存在紧密联系。

伴随着伊山地区行政改革进程的是,曼谷和伊山地区的通信和交通也逐渐得到了改进和提升。新的交通通信网络,进一步加速了对东北老族的同化进程。① 转向 20 世纪时,暹罗东北地区已投入供高级官员使用的电话电报通信。自 1922 年起,开通了到黎逸和乌汶的定期航班。不过,铁路开始运作时仅通达素辇——乌汶行政圈内的第一个省,直到 1930 年,铁路才到达乌汶城——在停顿 25 年（1900—1925 年）后,曼谷才开始投入政府资金和人员扩展东北铁路线至湄公河地区。1926—1930 年,开通了一条线路,铁路线部分穿过原来森林区域的高棉邦州（the former Forest Khmer states）,到达乌汶。1923 年法令和 1930 年法令批准修建（从呵叻）到达孔敬并延伸到廊开的第二条铁路线,但在君主专制时期仅仅完成了一小段。② 除了使曼谷成为具有吸引力的中心等实际原因之外,泰族官僚也看到了他们在老族省份的使命,即让老族认为,接受"泰族文化"（Thai culture）和泰族的组织领导,就能从中受益。③ 由此可见,泰国改善东北地区的交通以及通信,主要还是为了加强对该地区的控制,铁路线路的修建和开通,在加强控制的同时,也促进了地区之间的经济联系。另外,强化中部和东北部的经济联系,有利于让东北地区的老族因参与经济活动并从中"获益",进而产生一种对"泰族文化"的认同,从而推动对"老族的泰化",至少在意识上是这样。

总之,国家开展领土划分,目的往往是为了统一控制国家领土。在暹罗,这种统一化的意愿通过对行政区的命名而变得特别明显。可以说,暹罗迈向行政集权化的过程,不仅将老族人的居住地——呵叻高原,置于曼谷权威的直接统治之下,从而确立了伊山地域的空间范围。与此同

---

① 庞海红:《泰国民族国家的形成及其民族整合进程》,民族出版社 2012 年版,第 166 页。
② Kennon Breazeale, *The Integration of the Lao States into the Thai Kingdom*, Ph. D. Diss., Oxford: University of Oxford, 1975, pp. 197, 267.
③ Kennon Breazeale, *The Integration of the Lao States into the Thai Kingdom*, Ph. D. Diss., Oxford: University of Oxford, 1975, p. 267.

时，呵叻高原被赋予"伊山"之名，也成为泰国官方加强老族人对泰民族国家成员身份的体认的一个环节。不过，伊山地域的某些特性，包括地理、历史、文化，以及共享的族群性等要素，依然强化着湄公河两岸老族人之间的亲属关系联系，从而在心理层面将其与暹罗的心脏地带分隔开来。显然，暹罗试图通过貌似中立的自然地理的新名称，达到象征性地抹除族群异质性的目的的行动仍有所不足——查理·凯耶斯教授认为，泰国东北地区的村民接受作为他们所属国家的精英特征的"泰式"（the Thai way），并承认他们经由教育拥有上升的可能，如果村民愿意的话，那么，他们可以成为"泰族"。然而，这不应该被解释为，即这并不意味着可以或应该试图在东北部所有人身上施加一种"泰族"身份/认同和忠诚。[1] 这就是促使曼谷当局在东北地区推动民族建构的一个主要理由。[2] 换言之，尽管暹罗从行政上确立了对伊山地区的统治权，但为了合法化统治，尚需文化教育上的整合，在伊山老族等族群中间建立对"泰民族"的民族/国家认同。只有让这些族群树立"泰民族"身份/认同，泰国对伊山地区的统治才会"长治久安"，但"泰民族"身份/认同在伊山地区的推进，前提是这种身份对伊山居民具有吸引力，并且政府不采取强制性的泰化措施，原因在于，作为地区认同的"伊山认同"，依然广泛存在于伊山老族中间。因此，促进泰国国家认同与适度保留伊山地区认同之间，并非严格的"对立"关系。

对此，这里举例进行说明：

泰国东北地区的村民之所以说"我们身为老族人，却是泰国公民"，这与泰国政府资助的义务教育，东北地区的人承认普密蓬国王（King Bhumibol Adulyadej，1927—2016）是他们的合法统治者密切相关。无论在哪一方面，东北地区没有地区领袖，或是邻国老挝没有任何领导人达到拥有像普密蓬国王那样的佛教徒的人格魅力（Bud-

---

[1] Charles F. Keyes, "Ethnic Identity and Loyalty of Villagers in Northeastern Thailand", *Asian Survey*, Vol. 6, No. 7, 1966, p. 369.
[2] 参见顾长永、萧文轩《边缘化或是整合：泰国的少数族群政治》，高雄：中山大学出版社2016年版，第49页。

dhist charisma)。①

对于东北地区与族群和国家认同相关的语言使用情况,邵宛尼·亚历山大(Saowanee T. Alexander)与邓肯·麦卡科(Duncan McCargo)两位学者于 2012 年进行的田野观察和问卷调查表明:一定程度上来说,正式场合使用泰语,而非正式场合使用伊山话,直接反映了中部泰语与东北话二者之间存在"双语关系"(a diglossic relationship)。伊山地区多数人使用伊山话,直接反映了伊山地区认同的存在;同时,能流利地讲中部泰语,也直接说明了泰国在伊山地区在教育方面所取得的成效是明显的。对于问卷,由于受访者只有一个首选项可以选择,因此,大多数受访者选择"泰人"(khon Thai)作为最能描述他们自己的地位类别,即 122 名受访者中有 56 名(46%)认为自己首先是泰国人;在 97 名可以说"伊山话"(phasa isan)的受访者中,有 57 人认为自己是"老(族)人"(khon Lao)。②可以说,一半多的受访者在自认是"泰国人"即表明国族认同的同时,也有 1/3 多的受访者自认是"伊山人"即表明族群—地域认同,而仅有 4% 的受访者认为自己是"老人"即表明族群认同。换言之,伊山人的国家认同体现在民族认同方面是首要的,其次才是具有族群—地域色彩的"伊山地区认同"。

(三)中部泰族整合南部马来族/马来穆斯林

1. 马来穆斯林的基本概况

从地理学上来看,泰国南部地区属于马来半岛的一部分,其范围包括春蓬与那拉提瓦之间的区域。其中,由于文化、历史和族裔上的差异,南部地区又可以进一步细分为"中南地区"和"深南(Deep South)地区"等次区域。"中南地区"的范围涵盖从春蓬向南经洛坤到宋卡和合艾

---

① Charles Keyes, *Finding Their Voice: Northeastern Villagers and the Thai State*, Chiang Mai: Silkworm Books, 2004, pp. 110 – 111.
② Saowanee T. Alexander and Duncan McCargo, "Diglossia and Identity in Northeast Thailand: Linguistic, Social, and Political Hierarchy", *Journal of Sociolinguistics*, Vol. 18, Issue 1, 2014, pp. 60 – 86.

的区域,而"深南地区"则指沿边界地带的那拉提瓦、也拉、北大年三府。从族群构成来看,南部地区除泰族外,还有马来人、莫肯人（Moken）及拉沃人（Urak Lawoi）等。从族群的宗教信仰来看,这一地区的宗教信仰主要以佛教和伊斯兰教为主。泰国国家统计办公室2000年发布的人口住房普查数据显示,泰国南部地区的人口为806.8万人,其中,佛教徒571.3万人,伊斯兰教信徒234.6万人,各约占南部地区人口数的70.8%和29.1%。①

在以信仰伊斯兰教为主的四个穆斯林府中,那拉提瓦、也拉和北大年三府的穆斯林以马来人为主,而沙墩府的居民则大多为泰语穆斯林。宋卡府的穆斯林比例虽然超过20%,但宋卡府的马来语人口比例只有4%,而且主要集中在宋卡府东部四区,从而和那拉提瓦、也拉和北大年三府构成了一个马来穆斯林集中的群聚区域。② 除了并非"问题/麻烦地区"的沙墩府外,泰国南部边境府地区主要指北大年、也拉、那拉提瓦三府及宋卡府东部四区——乍那（Chana）、堤帕（Thepha）、纳塔威（Na Thawi）、塞巴隅（Saba Yoi）,即"三府+四区"。③ 从历史上来看,尽管有一部分"马来穆斯林"被强制迁移（现居泰国非南部边境地区）而被同化融入暹罗/泰国社会,但"马来穆斯林"一词,除了指称历史上"北大年国"以伊斯兰教为国教之后的"北大年马来人",更多的是指至今依然未被同化的居住在泰国南部边境地区的马来语穆斯林。

2. 中部泰族对马来穆斯林的国家/民族整合

对于泰国整合马来穆斯林的历史进程,在简介行政整合方面的政策外,笔者主要就泰国政府对马来穆斯林进行的政治面向的民族整合展开讨论。从本质上来说,现今依然存在的"泰南问题"或泰国"马来穆斯林问题",尽管其性质具有多重属性,但主要是一个具有政治属性的民族问题。从"泰南问题"角度来看,泰南边区或大北大年地区即指北大年、

---

① 参见顾长永、萧文轩《边缘化或是整合：泰国的少数族群政治》,高雄：中山大学出版社2016年版,第115页。

② 顾长永、萧文轩：《边缘化或是整合：泰国的少数族群政治》,高雄：中山大学出版社2016年版,第115页。

③ 阳举伟、何平：《论泰国政治整合马来穆斯林族群的政策——以"后銮披汶时代"为中心的考察》,《世界民族》2018年第4期。

也拉、那拉提瓦三府和宋卡府东部的四个区。泰南问题的核心根源导因于泰族国家对马来穆斯林所实施的整合策略，这可以从两个方面来进一步说明：一是暹罗对马来王国兼并的历史过程及其后续的行政整合，这逐渐剥夺了传统马来封建领袖的政治权力；二是暹罗为了建构国族而开始的"泰化"过程，目的在于消灭马来穆斯林的族裔特性。实际上，这两者是打造现代泰国族国家的同一过程的不同组成部分，其后果都引起了马来穆斯林的反抗。①

到 1910 年朱拉隆功去世时，泰国南部边界通过《1909 年英暹条约》得以划定。《1909 年英暹条约》将地理上统一的马来半岛一分为二，根据条约所划定的界线（由陆地边界和海上边界组成），泰国依然控有北大年、那拉提瓦、沙墩和也拉四府以及宋卡府的部分地区（最南端的地区原来也是属于广义上的"大北大年地区"的一部分）。很大程度上来说，持续至今的，尤其并主要是发生在北大年、也拉和那拉提瓦三府的泰南分离运动与暴力或恐怖袭击活动的根源之一在于，对马来穆斯林来说是强加于他们的《1909 年英暹条约》的签订。《1909 年英暹条约》造成了泰南诸府马来穆斯林族群与其马来亚的同胞被分离于领土分界线的两端的结果，而这一领土划界的过程并没有马来穆斯林代表的参与，这就是马来穆斯林之所以认为《1909 年英暹条约》所划定的领土分界线是泰国（及英国殖民者）强加给他们的原因所在。与此同时，泰国也基本完成了对泰南马来穆斯林地区的行政整合。不过，暹罗签署《1909 年英暹条约》并割让领土给英国，而得以正式兼并北大年地区，却未能解决该地长期存在的"南方政治困境"。② 之后，曼谷政府展开系统性的尝试，希望在该地发展出一种"单一族群"的佛教泰族特性。1916 年 5 月 19 日，暹罗将涵盖北大年行政圈的 4 个省份进一步改制为府（Cangwat），即北大年府、也拉府、那拉提瓦府及赛武里府。1932 年，"民党"（Khana Ratsa-dorn, the People's Party）推翻绝对君主专制并建立君主立宪制后，暹罗政

---

① 顾长永、萧文轩：《边缘化或是整合：泰国的少数族群政治》，高雄：中山大学出版社 2016 年版，第 122 页。

② Edward Van Roy, *Siamese Melting Pot: Ethnic Minorities in the Making of Bangkok*, Chiang Mai: Silkworm Books, 2017, p. 151.

府于1933年废除行政圈制度，将每个省/府置于内政部的直接监督之下。其中，在南部4个府中，赛武里府于1931—1932年间被降级为一个县/区（amphoe，district），并被并入北大年府。① 1933年以后，泰南边境地区的北大年、也拉和那拉提瓦（陶公）三个边境府府级行政区就延续至今。

从根本上来说，泰国对马来穆斯林的"整合"属于一种同化性质的"泰化整合"，这种整合包括行政与政治整合，宗教、文化与教育整合以及社会整合（如人口迁移、经济开发等）。对于20世纪初年至60年代泰国"泰化"整合马来穆斯林的阶段及其进程，谢曼（W. K. Che Man）将这一时期泰国对泰南地区的穆斯林采取的整合政策概括如下。（1）1901年至1906年，派遣泰族官员取代七个马来侯国（the Seven Malay Principalities）的马来土王（Malay Raja）。（2）1906年，废除北大年地区的伊斯兰教法（the sharia，Islamic Law）。（3）1906年，将七个马来侯国改建为四省/府。（4）通过签订《1909年英暹条约》（the Anglo-Siamese Treaty of 1909），将北大年地区"合法并入"泰国。（5）颁布1921年泰国《（初等）义务教育法》。（6）1939年，（披汶政府）颁布《泰国习俗法令》（the Thai Custom Decree）。② 此处需要补充的是，就泰国最南端的政府与人民之间的关系而言，在"叻他尼荣公告"施行期间，需要区分马来穆斯林中的两组群体。第一组群体包括与政府达成一致的人。他们把孩子送到泰国公立学校，并支持他们的孩子说泰语。这些人通常是政府官员，他们希望在政府官僚机构中晋升到更高级别。第二组群体由地方的哲学家和教师组成，他们不同意政府的政策。这组群体试图鼓励当地人民以抵制政府的政策。这些人意识到政府倾向于根除他们的身份，并且，意识到政府旨在用"佛教哲学"和西方文化来同化他们的生活方式。第二

---

① 参见顾长永、萧文轩《边缘化或是整合：泰国的少数族群政治》，高雄：中山大学出版社2016年版，第126页；Worawit Baru alias Ahmad, "Traditional and Cultural Background of the Patani Region", in Volker Grabowsky (ed.), *Regions and National Integration in Thailand: 1892–1992*, Wiesbaden: Harrassowitz Verlag, 1995, p.199；Uthai Dulyakasem, "Education and Ethnic Nationalism: The Case of the Muslim-Malays in Southern Thailand", in Charles F. Keyes (ed.), assisted by E. Jane Keyes and Nancy Donnelly, *Reshaping Local Worlds: Formal Education and Cultural Change in Rural Southeast Asia*, New Haven, Connecticut: Yale University Southeast Asia Studies, 1991, p.137。

② 参见阳举伟《泰国整合马来穆斯林族群的困境与出路——基于影响民族同化因素的分析》，《印度洋经济体研究》2015年第6期。

组群体的人数似乎比第一组的人数多。第二组群体会将那些站在政府一边的人指责为"反叛者",拒绝与这类人进行合作,并反对将泰语书籍带进其房屋之内。一些穆斯林儿童被派往中东去学习,而不是在泰国的学校学习。第二组人拒绝了由泰国政府推动,旨在鼓励穆斯林人说泰语的泰国课程。① (7) 1961 年,开始实施将传统伊斯兰教育机构"旁多克"(pondok) 改造为用泰语教学的现代私立学校的政策。(8) 1961 年,开始在南部马来穆斯林地区实施"自助安居工程"(Self-Help Settlement Project),以缓解该地区泰人佛教徒与马来穆斯林之间人口比例失调的现象。② 沙立军人政府时期,泰国政府推动的教育改革,助长了南部马来穆斯林的反抗与叛乱,这直接说明同化教育政策也是影响民族关系的一个重要因素。需要注意的是,现代意义上的马来穆斯林分离主义运动即开始于 20 世纪 50 年代末 60 年代初。

20 世纪 60—70 年代,随着泰国工业化进程的展开,泰国政府对落后的少数民族地区的经济开发也提上了日程。泰国政府希望通过经济开发,缩小地区经济差距,促进少数民族与主体民族的融合,从而进一步推动国家的统一和发展。然而,在经济开发过程中,由于部分政策的失误,不仅没有达到预期目的,反而激化了原有的民族矛盾,民族冲突呈升级趋势。20 世纪 70 年代,泰南马来穆斯林反对中央政府的分离运动掀起新一轮高潮,他们从一般的抗议集会发展到在各地搞暴力运动,反政府活动愈演愈烈。③ 直到 20 世纪 80 年代,泰南分离主义运动才大幅减弱。20 世纪 80—90 年代,泰南边境地区处于一个相对平静的时期。不过,2001 年"9·11"事件发生之后,尤其是 2004 年以来,由于他信政府在处理"泰南问题"的政策上出现严重失误,不但导致了马来穆斯林分离主义运

---

① Chularat Meepien, *Field Marshal P. Phibunsongkhram's Nation-Building Policy and Its Impact on Muslim Identity in Southern Thailand (1939 – 1944)*, Master Thesis, Bangkok: Chulalongkorn University, 2006, p. 52.

② Wan Kadir Che Man, "*National Integration and Resistance Movement: The Case of Muslims in Southern Thailand*", in Volker Grabowsky (ed.), *Regions and National Integration in Thailand: 1892 – 1992*, Harrassowitz Verlag, 1995, pp. 240 – 241.

③ 韦红:《20 世纪六七十年代泰国经济开发中的民族矛盾》,《中南民族大学学报》(人文社会科学版) 2002 年第 2 期。

动出现"复苏",而且还引发了多数发生于泰南马来穆斯林边境府地区的越来越严重的暴力袭击事件。

整体而言,自1902年泰国兼并大北大年地区以来,泰国对马来穆斯林族群所采取的整合政策按时间大致可以划分为12个时期。[①] 相应地,泰国推行的整合政策也遭到了来自马来穆斯林的反抗,这种反抗在不同时期以不同形式出现。其中,20世纪60—80年代由马来穆斯林武装组织发动的武装分离反抗运动及其导致的与泰国中央政府的激烈冲突,以及2004年以来泰国南部边境地区频发的暴力袭击事件,表现得最为明显。值得关注的是,英拉政府执政时期,曾试图通过政治手段经由和平谈判解决南部问题。其中,最为重要的是,英拉政府打开了和谈大门,直接承认了"南部问题"所具有的政治属性,即"泰南问题"是一个政治问题。由于泰国国内多方因素的影响和掣肘,泰南的和平进程依然任重道远。

二 泰国民族整合效果

多年来,泰国历届政府及其领导人一直试图淡化国内的族群和族群问题的存在,甚至不承认泰国有少数族群。[②] 泰国官方称主体族群为"泰族泰人",称华人为"华裔泰人",称南部马来族为"穆斯林泰人",对分布在山区的苗、瑶、傈僳等少数族群,则一律统称为"山民"或"山区泰人"。总之,泰国官方的解释是全国各族群均属泰人,只是因血统、宗教或居住区域不同而有所差别,但在实际上,泰国政府对族群和族群问题是十分重视的,并针对各族群的不同情况制定了不同的政策。泰国族群政策的基本出发点和中心内容,就是实行族群同化,努力使少数族群趋同于主体族群,以此来解决族群问题,维护国家统一,在政治上实

---

① 参见 Research Center for Regional Resources-Indonesian Institute of Sciences (ed.), *Multiculturalism, Separatism and Nation State Building in Thailand*, Jakarta, Indonesia: Research Center for Regional Resources-Indonesian Institute of Sciences (PSDR-LIPI), 2004, p.64; 阳举伟、何平《论泰国政治整合马来穆斯林族群的政策——以"后銮披汶时代"为中心的考察》,《世界民族》2018年第4期。

② 孔建勋等:《多民族国家的民族政策与族群态度:新加坡、马来西亚的泰国实证研究》,中国社会科学出版社2010年版,第107页。

行中央集权的单一制国家制度,不搞任何形式的族群自治和族群自决。泰国政府在南部马来人地区推行的中央集权化统治,就是这种政策的体现。①

需要特别指出的是,銮·披汶时期推行的极端民族主义政策影响了泰国的各个群体。它不仅影响了泰族(the ethnic Thai),还影响了泰国其他的族群共同体(ethnic communities)。但是,受披汶民族主义政策影响最为严重的却是华人和穆斯林。虽然其政策旨在减少因族裔群体之间的差异而引起的紧张局势,但泰国政府在实施这个民族主义政策后,似乎引发了许多少数民族人民的分裂主义情绪,这也是该政策对居住在泰国最南端的穆斯林所产生的影响。披汶的国家建设政策(即"叻他尼荣"政策)意味着华人或南端部的穆斯林不得不"放弃"他们的身份,而必须适应新的文化和实际的生活方式。② 与华人相比,在政治高压政策下,马来穆斯林进行着"或明或暗"的抵抗。在披汶第一任期内,泰国政府与马来穆斯林之间的关系充满了冲突。披汶政府推行的"叻他尼荣"政策,遭到泰国最南端许多马来穆斯林人的抵抗。其中,最著名的例子是东库·雅拉·纳泽(Taunku Yala Naze)的兄弟穿着纱笼以示对政府政策的反对。他拒绝支付罚款并被留在警察局,直到他的朋友让他回家。事实上,大多数穆斯林人并不愿意遵守"叻他尼荣公告"(the Ratthaniyom proclamation),因为公告规定与他们的信仰有悖,并且其中一些内容与他们的文化和习俗相抵触。③

从目前泰国民族国家建构与民族整合的效果,亦即泰国民族国家建构目标的实现程度来看,一方面,中部泰族对北部泰族、东北部泰族、泰国华人以及"山地居民"或"山地族群"(简称"山民")的民族整合

---

① 孔建勋等:《多民族国家的民族政策与族群态度:新加坡、马来西亚的泰国实证研究》,中国社会科学出版社2010年版,第107页。

② Chularat Meepien, *Field Marshal P. Phibunsongkhram's Nation-Building Policy and Its Impact on Muslim Identity in Southern Thailand (1939 – 1944)*, Master Thesis, Bangkok: Chulalongkorn University, 2006, p. 36.

③ Chularat Meepien, *Field Marshal P. Phibunsongkhram's Nation-Building Policy and Its Impact on Muslim Identity in Southern Thailand (1939 – 1944)*, Master Thesis, Bangkok: Chulalongkorn University, 2006, p. 53.

第一章 泰国民族国家建构与民族整合

较为成功,尽管其对山地族群的整合还存在一些问题,但这些问题并不能从根本上对泰国民族国家造成较大的影响;另一方面,泰国对南部马来穆斯林族群的整合却遇到了瓶颈,民族整合的效果并不明显。事实上,在进行民族整合的过程中,由于泰国政府出台和实施的相关民族政策与措施未能"因地制宜",从而导致了较为严重的族群冲突问题,"南部问题"一直持续至今,尚未得到彻底解决。总体而言,泰国的现代民族国家建构较为成功,这主要体现在泰国未曾沦为西方殖民列强(尤其是英法两国)的殖民地,朱拉隆功改革后泰国统一国家的形成(或者说是国家整合的完成),自1932年以来颁布的各部现代意义上的宪法,以及第二次世界大战后泰国产业经济的快速发展等方面上。不过,泰国在民族整合方面依然面临着一些挑战,尤其是在南部"马来穆斯林问题"上。

除泰国政府采取的政策因素外,整合马来穆斯林族群的成效还受到其他内外部因素的影响,其中马来穆斯林的人口集中程度、泰国(及马来穆斯林)与马来西亚的关系及马来西亚的发展程度,均会对泰国整合马来穆斯林产生或多或少的影响。对伊山泰族和北部泰族的整合,尤其是行政整合,于20世纪初期也已完成,但泰国政府需要继续改善这两个地区的社会、经济及教育状况,伊山地区尤其如此,进而达到泰国民族国家的深层巩固。对于北部山民及华人,尽管二者人口一少一多,但均呈分散分布,因而对泰国来说,除华人外,需要继续改善山民生活的社会、经济以及教育条件,从而进一步促进山民对泰国的国家认同。

总之,除对马来穆斯林族群的整合需要继续推进外,从历史来看,泰国政府对北部泰族、伊山老族、华人及山民的整合是较为成功的,尽管政府在不同时期也曾受到来自这些不同群体的挑战或抗议。其中,最为重要的是,泰国需要从以族群中心主义为整合导向转向以族群共同体构建为导向的民族国家建构。而这与如何认识"泰特性"存在密切关系。自20世纪50年代以来,"泰特性"(Thainess)的概念有效地融入了普通泰国人的心中,这无疑是"国族建设"(nation building)和创造大众身份认同(popular identity)的基石。在促进集中管理以及证实传统的偏见和社会不公平的存在等方面,"泰特性"也取得了巨大成功。现今,对于"泰特性"的含义,当前它有些为过时的、肤浅的理解所削弱,对"泰特性"意味着成为泰人/泰国人进行现代的和更为成熟的理解早应完成：其中之一是满足所有泰国人的希望和期望，并在权利和机遇方面，达到符合普遍标准的程度。对于一些人来说，这可能需要在视角上进行实质性的范式转换，但其潜在的回报是无限的。对族群问题的和解与地方性知识和智慧的投资只是一个开始。归根结底，真正承认和尊重个人的遗产、文化和语言所带来的自豪和信心是未来团结、安全和提高人性尊严的最佳途径，这些都是真正的"泰特性"的核心。[1] 简言之，泰国需要以一种包容多样性的、开放的以公民身份为导向的"泰特性"为基础进行民族整合与推进国家认同，推进泰国民族国家的继续建构，从而为处理和解决民族问题，尤其是南部马来穆斯林问题打下基础。

---

[1] Suwilai Premsrirat, "Redefining 'Thainess': Embracing Diversity, Preserving Unity", in Pranee Liamputtong (ed.), *Contemporary Socio-Cultural and Political Perspectives in Thailand*, Dordrecht: Springer, 2014, p. 21.

第二章　越南国家建构与民族整合

王云裳

第一节　越南地理环境与民族构成概述

一　现代越南地理环境概述

(一) 越南的自然地理区划与地缘环境

越南位于东南亚中南半岛的东部,与中国、老挝和柬埔寨接壤,紧邻南海,另与东南亚海岛国家马来西亚、菲律宾和印度尼西亚隔海相望。它占据着重要的地理战略位置,是连接东亚大陆、东南亚海岛和南亚地区的桥梁和十字路口。历史上,因为越南毗邻中国,故一直作为中国的附属领土,直至公元968年才脱离中国的控制。

越南全境可分为四个自然地理区:红河三角洲、长山山脉、湄公河三角洲和东部沿海地区。长山山脉为云南高原向南部的延伸,其沿西部从北向南不断延伸,山上种有大量的橡胶林和茶林,并拥有丰富的物产资源,在战略位置上是控制南越乃至整个印度支那南部的要冲。红河三角洲人口密集,水量充足,水稻种植普遍,航运业发达。湄公河三角洲土壤肥沃,是世界上最富庶的产稻地区之一。越南北部矿产资源丰富,南部有石油资源,沿海地区有丰富的渔业资源,这些都成为越南经济发展的重要基础。[1] 这是个中部狭长、南北两端硕大呈现为"扁担"形（或

---

[1] 中国大百科全书出版社《简明不列颠百科全书》编辑部译编:《简明不列颠百科全书》（第9卷),中国大百科全书出版社1986年版,第307—308页。

S形）的国家，其东部和南部海岸线绵长。沿海地区的越南人从史前时期就开始接触海洋，随着生产力的发展逐渐发展起来，因为地理位置的原因，这些地区又慢慢成为越南发展最快的地区，既有肥沃的稻米田园，又有丰富的渔业资源，因此越南有50%以上的人口集中在沿海地区。

（二）越南的文化地理分区及其民族构成

倘若结合民族分布与相关文化来看，按照越南文化研究学者杨健女士的想法，可以把越南分为六个重要的文化地理区域。其一，"西北文化区"指从红河北岸山区延绵至义安地区。这里土地贫瘠，人口密度小，但当地居民中的少数民族达20多个，尤其以泰族、芒族人口居多。其二，"越北文化区"则指高平、北干、太原、凉山、宜光、河江六省，加上富寿、永福、北江和广宁省的一部分山区。其主要民族为岱依族、侬族、瑶族、赫蒙族和彝族。其三，红河、太平河和马河三角洲地区构成了"北部红河文化区"。这里的主要居民为以村社文化形式凝聚的京族，该地区也是史前东山文化和古代"大越"文化的发源地。其四，沿海狭长地带的广平省与平顺省构成"中部文化区"。在京族到达之前，这里曾经是占婆古国的地域，保留了深受印度文化影响的占人文化。其五，长山山脉的东面包含嘉来、崑嵩、得乐和林同四省，为"西原文化区"。西原地区是少数民族聚居地区，民族成分多样，现有46个民族在此居住。[①] 其六，是奈河流域和湄公河支流九龙江的流域构成的"南部文化区"。这里主要的居民是从北部和中部南迁而来的占族人和京族人，以及一些从中国大陆迁徙过去的华人，他们与土著高棉族人融合形成了别具一格、自由奔放、信仰多样的南方文化圈。[②]

二 现代越南的民族构成与疆域形成

（一）现代越南民族的构成特征

据2009年的人口普查，越族（京族）人口占全国人口的85.7%。越族全国都有，主要分布在湄公河、红河流域和一些沿海地区。关于越族的起源，基本的观点是其源于百越民族中在新石器时代就居住于越北红

---

① 滕成达：《越南当代民族问题和民族政策研究》，厦门大学出版社2017年版，第24页。
② 杨健：《交融与内聚：越南文化流变的多维透视》，中国社会科学出版社2017年版，第34—35页。

第二章 越南国家建构与民族整合

河三角洲地区的骆越人，他们从宁绍平原迁入红河流域，然后和当地的澳大利亚—尼格罗种人混合而成了越族。此后，在越南历史上长达千年的"北属时期"，中国居民大量迁入越南。1979年3月2日，越南政府颁布了《越南各民族成分名称》，宣布越南正式确定拥有54个民族。

2009年，越南国家统计局通过人口普查对这54个民族进行了人口数量及其占比的统计。我们从越南国家统计办公室（General Statistics Office of Viet Nam）的2009年人口统计资料和越南族群分类材料，① 和广西人民出版社1999年出版的范宏贵教授的《越南民族与民族问题》，② 以及对当代越南54个民族（23个土著民族、从中国迁入越南的21个民族以及从海岛、老挝和柬埔寨迁入越南的10个民族）的构成整理分析，③ 从这些资料中的越南各民族的人口在总人口中的占比及其主要分布地区的情况可以看出，现今越南社会主义共和国的民族构成的特点。第一，在多样性的民族构成中，各民族人口之间的数量差异巨大。所以，国家如何对待"人数极少的少数民族"，使其语言文化得以保存与传承的确会成为一个难题，这一直是（将来更加可能是）越南民族国家不得不面对的问题。第二，从越南各民族分布地域的不同来看，其主体民族京族虽然遍布全国，但是其族人主要分布在比较发达的东北部的红河三角洲附近、东南部沿海和湄公河三角洲地区。京族之外的本土原住民族主要分布在和平省、清化省、永富省、山罗省、宁平省等以及湄公河三角洲地区。由中国迁入的人口占比相对较大的少数民族④，主要分布在邻近中国且相对富裕的越南北部地区和湄公河三角洲等经济发达地区。其他人数较少的少数民族，主要居住在越南西北部的高原山区和长山山脉东麓狭小的河谷盆地。这就使得各民族的生存资源严重不均等，地区发展程度不一致和

---

① 数据来源于越南国家统计办公室（General Statistics Office of Viet Nam）1999年与2009年的人口普查报告。
② 有关对具体族群的描述，参见范宏贵《越南民族与民族问题》，广西人民出版社1999年版，第76—281页。
③ 综合参见范宏贵《越南民族与民族问题》，广西人民出版社1999年版；何平《东南亚民族史》，云南大学出版社2012年版；滕成达《越南当代民族问题和民族政策研究》，厦门大学出版社2017年版。
④ 数据来源于越南国家统计办公室（General Statistics Office of Viet Nam）1999年的人口普查报告。

经济区域发展不平衡等问题尤为突出。第三，从老挝的中寮与下寮，以及柬埔寨等迁徙而来的少数民族，主要分布在与老挝相邻的长山山脉东麓、西原地区一带，而这些少数民族大多是跨境民族。他们在文化属性与语族归属上又与北方诸民族有所不同。第四，在越南现代国家的民族构成中，从语言构成来看，主要有汉藏语系、南亚语系、南岛语系（马来—波利尼西亚语系）等语系，这与历史上的民族迁徙路线是契合的。第五，跨境民族多而且分布广泛。跨境民族的定义按刘稚等学者所提出的观点，是指"现分布在两个或两个国家以上并在相关国家交界地区毗邻而居的同一民族"[1]，具有属于共同族源和居住在边界两边分属不同政治实体等特点[2]。在对跨境民族的政策方面，须从两国关系统筹考虑，另外，跨境民族的国家归属感和民族认同感（这里主要指国族认同），是一个需要关注的问题，也是国家建构的一个重要问题。[3]

（二）关于越南现代国家的疆域及其形成过程

从文化方面来看，在今天越南北、中、南三个地方发掘的文化遗址，即东山文化、沙萤文化和奥埃文化，这三个远古文明不是并行发展的，但都为越南民族国家的文化起源作出了贡献。

东山文化是青铜器时代处于鼎盛时期的文化，因其于1924年被考古学家在越南北部清化省东山县东山村发现96个遗址而得名。东山文化生产工艺水平很高，它处于从青铜文化的鼎盛时期向铁器时代的萌芽时期转化的阶段，越南的前国家形态已经依稀可见，且日本学者所称为"红河文明"的"疆域"大概至少涵盖了从红河边上的河内市、红河边域的永富省、海兴省、兴安省、太平省，以及马江流域的清化省、河南省、河山省、和平省、河西省、宁平省等在内的现今越南北部最为富饶的地区。[4]

---

[1] 刘稚、申旭：《论云南跨境民族研究》，《云南社会科学》1989年第1期。
[2] 杨焰婵、陈发翠、鱼海波：《云南跨境民族与中国国家安全》，《广西民族师范学院学报》2015年第1期。
[3] 范宏贵：《越南民族与民族问题》，广西民族出版社1999年版，第285—312页。
[4] 对东山文化的介绍，参见杨健《交融与内聚：越南文化流变的多维透视》，中国社会科学出版社2017年版，第72—75页；中国大百科全书出版社《简明不列颠百科全书》编辑部译编《简明不列颠百科全书》（第2卷），中国大百科全书出版社1985年版，第669页；何平《东南亚民族史》，云南大学出版社2012年版，第143—144页。

第二章　越南国家建构与民族整合

何平教授认为，"越南南部沿海地区的沙荧文化就是占族人的文化，其成熟时期是公元前600年左右"。① 沙荧文化的遗址位于越南中南部的广义省，它与越南东南部同奈河流域的"同奈复系文化"，共同说明了现代越南国家的远古人类起源的不同南北性。这大概也可以说明，在公元前7世纪末，越南中南部的广义省及其周边，以及南方的同奈河流域，是远古时期越南先民的居住地，它们共同构成了现代越南民族国家疆域的原始形状。

第三个值得注意的史前文化是奥埃文化。据学者杨健《交融与内聚：越南文化流变的多维透视》中的观点，这个位于越南西南部九龙江流域与越南东南部沿海地带之间的文化遗址，是1944年曼雷瑞特发现的。这个文化分布于相当广阔多样的生态环境中，从龙川四角到同塔梅地区，再到西南沿海地区和与同奈文化及沙荧文化交汇的缘海林区都是它的分布范围。有以青平塔为代表的宗教建筑，以及堆土为塚与挖方坑为穴的两种墓葬形式，表明其居民已经进入了稻作文化时代，并有了多样化的丰富的精神世界。

此后，在长达1000多年的"北属时期"，在严格意义上还谈不上越南民族国家共同疆域的打造，在北属时期，越族（京族）作为族群正在兴起与建构，而所谓的疆域打造远远滞后于族群的整合，以及从族群（ethnic groups）向民族（nation）的过渡。公元10世纪以后，越南北部开始脱离中国的直接管辖，形成独立的封建国家。在以京族为中心的封建王朝建立的过程中，随着越族的对外扩张，其民族国家疆域的打造才成为一种与民族整合共时性发展的过程。越族的扩张以向南扩张为主。中南沿海地区的占婆古国在沙荧文化和奥埃文化的遗址上，建立了王国。直至1471年，越南进入独立封建时代的鼎盛时期，强大的封建王朝后黎朝最有作为的君主黎圣宗，亲率大军占领了占婆首都毘阇耶（阇槃城），占婆仅剩了南部的宾童龙地区。② 此时越南的疆域扩大至长山山脉和东南部沿海附近。

---

① 何平：《东南亚民族史》，云南大学出版社2012年版，第52、53页。
② 何平：《东南亚民族史》，云南大学出版社2012年版，第153—154页。

另外，越南最南端的湄公河三角洲依旧是真腊古国（今柬埔寨，中国人把7—15世纪的高棉人国家称为"真腊"）的疆域。直至1620年，广南国君主阮福源将女儿嫁给了真腊国王后，真腊王于1623年允许越南人在柴棍地区（即今胡志明市）建立城镇。随后，阮氏政权不断向南继续扩展，蚕食剩余的国土。1698年，阮氏王朝继续夺取高棉王国辖下的湄公河三角洲，设嘉定府，把西贡（今胡志明市）等地并入了越南版图。1708年，属于高棉国的河仙（今坚江省）向阮主称臣。[1] 18世纪后半期，越南封建王国已经逐渐吞噬了下柬埔寨的全部土地，形成了今天越南的南部地区。1802年，阮福映建立越南最后一个封建王朝阮朝。1834年，越南最后一个封建王朝阮朝的明命帝开始侵占真腊，此后越南在真腊地区实施改土归流，将真腊首都金边改称为镇西城，在真腊设置了32府2县，委派越南文官直接管治真腊地区，进一步巩固了当今越南南部地区的疆域所属。[2] 因此，越南总共历经近2000年的疆域的不断构建，最终形成了现代越南的疆域，其中最重要的阶段是独立封建时代。但是，"族群认同"与疆域打造这两件事不一定是共时性的，一般来说，族群文化认同大多要发生在疆域打造之前，有了共同的起源神话和潜在的共同的心理意识，人们才有可能去为打造共同地域而做出努力。

第二节 从史前到越南封建王朝的国家建设与民族关系发展

从越南的历史和民族关系发展史来看，可按史学家黄荣的分期将其分为五个阶段：（1）远古时代的文郎—瓯雒文化到雄王建国时期（下限为公元前176年）；（2）从公元前179年到938年（另一说为968年）的"北属时期"；（3）从10世纪到19世纪的大越封建王国独立时期；（4）从1884年到1975年的殖民时期；（5）从1976年至今的越南社会主

---

[1] D. R. SarDesai, *Vietnam: Trials and Tribulations of a Nation*, New Delhi: Promilla & Company Publishers, 1988, pp. 33–34.

[2] ［越］陈重金：《越南通史》，戴可来译，商务印书馆1992年版，第323—339页。

义共和国建设时期。① 在越南历史发展的所有阶段上，中心点都是王朝或国家的建构和民族关系的发展与整合。

一 史前到北属时期的"国家"雏形与民族关系发展

（一）氏族部落时期越南"国家"的萌芽与"族群"的源起

越南远古时期氏族部落的前"国家"形态与族群文化，来自现代京族的祖先——雒（骆）越人。对于雒（骆）越人的起源与语族所属，学界争论的重点在于雄王、文朗国、鸿庞氏、瓯越国是否存在。关于雄王的记载，据说最早见于佚失不存的《南越志》。《交州外域记》曰："设雒王雒侯主诸郡县，县多为雒将。"②《广州记》曰："交趾有骆田，仰潮水上下，人食其田，名为骆人，诸县自名为骆将。"从上述引文可见：首先，雄王、雒侯、雒将是原始氏族部落联盟的酋长。其次，雄王的"雄"字是不是雒王的"雒"字在流传过程中被误而成，也引起了讨论。因此，许多人对雄王的存在与否产生了怀疑。连越南历史学家陈重金也认为："它们全属神仙鬼怪之说，完全违背自然法则。"陶维英认为，"旧史所谓的鸿庞氏或雄王各代的国统，只不过是传说的假托杜撰而已"。法国学者也认为并不存在雄王时代，这种观点一直持续到法属时期结束。③ 即便这样，让雄王在越南起到向人民提供一个全民族共享的共同起源神话，以之成为建构这个"想象的共同体"的基点，以打造和唤醒其民族意识的作用，也不是不可为之。

除了血缘方面的融合外，之前提到的史前文化的演变也是越南"国家""萌芽"和"族群"源起的另一个重要方面。越南的史前文化经历了以旧石器到新石器再到青铜文化的演变，以和平文化、北山文化、沙茔文化、奥埃文化和璀璨的东山文化为代表。其中最重要的是位于越南北部红河流域的东山文化，其居民就是在公元前1000年到公元2世纪生

---

① 参见杨健《交融与内聚：越南文化流变的多维透视》，中国社会科学出版社2017年版，第45页。
② （北魏）郦道元著，谭属春、陈爱平点校：《水经注》卷三七·叶榆水，岳麓书社1995年版，第537页。
③ 参见杨健《交融与内聚：越南文化流变的多维透视》，中国社会科学出版社2017年版，第76页。

活于此的古代骆越人、濮人的先民,东山文化实现了从青铜文化步入铁器文化初期的发展,东山文化的后期也是越南北部国家形态的前萌芽阶段。从社会制度上看,到了东山文化后期,父系氏族制度开始慢慢取代母系氏族制度,出现了越南历史上在基层社会中一直起重要作用的"村社制度"的萌芽,有些地方甚至发展出了早期公社农村。原始部落"国家"形态出现的这一阶段,被越南人认为就是传说中的"雄王时代"。

这样看来,"雄王"或许是越南民族对东山文化时期雒越部落首领的称呼,只是后来越南人将其史诗化和英雄化,创造出一种满足其可以寻根的民族起源的"历史",代表了越南民族对其史前先民的想象和创思,并在多维的民族认同意识①的建构中,凸显了越南人试图使其民族起源正统化、渊源化的美好愿望。"雄王时代"的终止正是"蜀王子将兵三万,来讨骆王骆将"的结束,也是"蜀泮因称安阳王"的古国的建立。按照越南史学家陶维英的理解,"雄王所辖的地方只是一个部落联盟而已"②。越南国家的雏形严格地说是从"北属时代"才开始形成的。

(二)"北属时期"的越南独立进程与雒越人族群意识的兴起

公元前214年,越南进入所谓"北属中国的时代"。公元前207年,赵佗自立为王,南越割据政权遂始于此。赵佗保留了当地的风俗习惯,稳定了原象郡地区的统治。公元前111年,汉武帝平定南越,使南越政权归属西汉,西汉王朝在此设立九郡,并设太守和都尉管理,随着郡县制度的建立,西汉王朝对越南的影响日渐深入。东汉时期,东汉的中央政府更是从政治、经济和文化方面加强其对越南地界之郡县的统治。在政治上,中央政府对三地的经济方式开始由"羁縻制度"转变到"直接管理"。所谓"羁縻",意为笼络藩属以使其归顺。在经济上,随着中原铁

---

① 安东尼·史密斯指出,民族认同概念的要素包括:1. 各文化群体在其本国的地区范围;2. 共同性的起源神话和共同体的历史追忆;3. 大众标准型文化的共同联结;4. 生产活动的共同地域分工,全体成员具有可流动性和对资源的拥有权;5. 在共同法律和制度下全体成员拥有统一的法权和义务。以此为据,我们把民族定义为一个有共同的历史地域、共同的追忆和起源神话、大众标准型公共文化、共同经济以及全体成员有共同法权和义务的有名称的人类群体。参见 Anthony D. Smith, "National Identity and the Idea of European Unity", *International Affairs*, Vol. 68, No. 1, 1992, p. 60。

② 参见杨健《交融与内聚:越南文化流变的多维透视》,中国社会科学出版社2017年版,第78—79页。

器与牛耕的传入,雒越社会出现了新的生产方式,步入较为先进的农耕时代。九真地区当时很落后,太守锡光和任延为那里的社会进步做出了贡献,任延将中原地区先进的生产工具铁犁连同与之相关的牛耕技术带到九真,使之"稻谷两熟,米不外散,恒为丰国"[1]。

在社会文化发展方面,锡光和任延大力推行文化教育,"建立学校,导之以礼"。同时使中原移民"杂居其间,用稍知言语,渐见礼化"。[2] 到了西汉末年,中原王朝对越南的统治政策发生改变,由羁縻制度变为直接统治,雒越上层被赋予一定的统治权力,汉族地方官员与当地雒越首领之间的矛盾,上升为社会的主要矛盾。阶级矛盾的冲突爆发,就酿成了历史上著名的"二征起义"。它虽然以失败告终,但是,就其在古代越南独立的认同意识形成这一点上,却有着非凡的意义:认同首先意味着"同一性",如心理学中将认同理解为一种心理机制,"个人可以据此有意识或无意识地将其他个体或群体的特征归属于自己"[3],即实现个体自身对相关群体的认同,使族群"一致性"形成。威廉·康纳利认为,差异与认同之间是相互需要而共同存在的,人们可以通过建构与"我群"相对立的"他者"来形成自我认同。[4] 斯图亚特·霍尔甚至直接指出,认同本身就是通过差异性来建构的,即通过借助"他者"来区分"我群"不包括什么、缺少什么以及在外部积极的层面则包含什么。[5] 这种借助于与"他者"的差异性来彰显"我群"的同一性的做法,在民族(国家)意识形态形成和发展过程中,起了重要作用。

东汉末年的交州太守士燮为该地区的发展做出了突出贡献,以至于越南黎朝史学家吴士连说:"我国通诗书习礼乐,为文献之邦。自士王

---

[1] 陈国保:《汉代交趾地区社会经济发展之探析》,《中国社会经济史研究》2005年第4期。

[2] (南朝宋)范晔撰,(唐)李贤等注:《后汉书》(第10册),中华书局1965年版,第2836页。

[3] 张旭鹏:《论欧洲一体化的文化认同建构》,《云南民族大学学报》(哲学社会科学版)2004年第2期。

[4] William E. Connolly, *Identity/Difference: Democratic Negotiations of Political Paradox*, New York: Cornell University Press, 1991, p. 10.

[5] Stuart Hall, "Who Needs Identity?", in Stuart Hall (ed.), *Questions of Cultural Identity*, London: Sage Publications Ltd., 1996, p. 4.

始,其功德,岂特施于当时?而有以远及于后代。"① 到了唐王朝时期,唐朝政府将交州改为"安南都护府",对人民实行直接管理。唐王朝末期,安南地区的土豪曲承裕(Khuc Thua Du)拥兵自重,趁机割据一方,于公元906年在红河三角洲地区领导越南人进行"斗争",后中央政府承认曲承裕为"都护"。公元939年的白藤江战役为越南封建统治奠定了基础,朝廷旧将吴权控制当地,南汉出兵讨伐,吴权率兵击败南汉军队,自立为王而建立吴朝。944—968年又爆发了"十二使君之乱",到公元968年年底,丁部领平息了"十二使君之乱",并建立大瞿越国,越南成为一个独立的封建国家,也结束了其历史上的"北属时期"。

总之,在历史上的"北属时期",越南主要是作为中国的郡县而存在,不是一个"国家",该时期以京族为中心的雒越人的民族意识开始逐步形成。学者于向东曾将越南思想史的发展划分为越南先民原始思维阶段、越南民族思维体系形成阶段、越南封建意识形态丰富与发展阶段以及越南传统思想与西方思想观念(碰撞与)融合创新阶段这四个阶段。② 北属时期显然处于越南民族思维体系形成的阶段。另外,李大龙写道:"夏夷二元族群结构的长期存在虽然为羁縻治理方式提供了实施的基础,但族群的整合治理方式的一体化却是一个必然的趋势,因而羁縻治理方式作为一种补充形式尽管其存在或许是长期的,但与中原地区的划一却是必然的结果。"③ 这种夏夷二元族群结构及其治理方式的存在,体现了中国封建社会统治者的"夏夷有别观",及其因地制宜、因人制宜进行统治的合理性。在现今越南北部地区,"北属时期"上层治理中郡县制度的确立与基层社会中土著原始部落管理方式的保留,使中原的政治制度、生产方式、科学文化与越南北部本土的经济社会发展相结合,加速了越南社会的封建化进程。中国儒学文化和典章制度的传入,触动了对越南

---

① [安]吴士连编辑,[日]引田利章校订句读:《大越史记全书(第二册)·外纪全书卷之三·属西汉纪》,东京:埴山堂反刻,明治十七年。
② 于向东:《越南思想史的发展阶段和若干特征》,《郑州大学学报》(哲学社会科学版)2001年第3期。
③ 李大龙:《关于中国古代治边政策的几点思考:以"羁縻"为中心》,《史学集刊》2014年第4期。

氏族部落联盟的雒将制度的根基。[1]

二 封建时代的国家建设与民族关系发展

(一) 封建时代越南国家建设的历史路径

前述公元968年，华闾峒（今宁平省）豪族丁部领削平十二使君后称王，建大瞿越国，遣使朝贡中国，被宋太祖封为"交趾郡王"。980年前黎朝建立。此后，在越南历史上出现了三个历时久、建树多的王朝，这就是：1009年到1225年的李朝；1225年到1400年的陈朝；以及1428年到1527年属其前期，1592年到1789年属其后期的后黎朝。从国家疆域变动中的地域推进和雒越人对其他民族的整合来看，这三个主要王朝统治的时期，是越南封建王朝努力进行大一统的时期。自1460年到1802年的近250年间，越南处于领土扩张、国家分裂、再度统一的状态中。先是安南向其南面大举扩张，于1471年占领占婆国的大部分地区，使后黎朝的疆界南移。之后，安南断断续续地分裂并持续到1802年，以西山兄弟（Tay Son Brothers）的起义而告终。其间，南方阮主在1693年再次攻打占城国，使其最终灭亡。1733年，阮主趁柬埔寨内乱之机先后占领了原属柬埔寨的美萩、永隆、茶容，最终形成现代越南的南方疆域。

西山兄弟阮惠、阮岳与阮吕因其家乡归仁（平定省）[2]掀起了越南历史上最大的一次全国性农民起义。[3]他们于1778年占领了越南的中部和南部，后于1786—1787年占领了越南北部。后来成为光中皇帝的阮惠推翻了后黎朝和阮主、郑主两大家族的统治，自南向北统一了整个越南。这标志着现今越南民族国家疆域的最后形成。而后，阮氏家族成员阮福映，在法国大主教百多禄的帮助下，依靠法国军队，占领了西贡和湄公河三角洲，经过激烈鏖战，打败西山兄弟控制了整个越南。1802年阮福映建立阮朝，名嘉隆王。阮朝的建立及其发展，基本上使越南封建时期

---

[1] 郭振铎、张笑梅主编：《越南通史》，中国人民大学出版社2001年版，第43页。

[2] 1799年，阮福映占领归仁府后，将其改为平定省。平定省共辖三部分，其中之一为平定。参见郭振铎、张笑梅主编《越南通史》，中国人民大学出版社2001年版，第509—510页。

[3] 中国大百科全书出版社《简明不列颠百科全书》编辑部译编：《简明不列颠百科全书》（第8卷），中国大百科全书出版社1986年版，第432页；杨健：《交融与内聚：越南文化流变的多维透视》，中国社会科学出版社2017年版，第100页。

的王朝国家建设达到了高峰，且巩固了越南在漫长历史过程中打造的共同地域之成果。阮福映立国后，迅速向中国清王朝纳贡请封。1885年，中法战争结束，清朝与法国缔结合约，承认法国对越南的保护权，越南正式沦为法国的殖民地。

（二）从典章制度到行政机构的仿汉制度建构

在国家建设中，典章制度与行政机构的创制必不可少。典章制度是国家和政府制定的，在一定时期内作为臣民或者国民行为规范的基本准则。行政机构是国家政治管理的主体，是管理国家的职能机构。建立典章制度和设置行政机构是国家政治方面建设中的重要手段。越南封建时期的政治整合主要是仿照中国封建王朝的设置，建立了相应的典章制度和行政机构。

968年，安南初建时就模仿宋朝政治制度：建宫殿、制朝仪、置百官、立社稷、设六军，建立起一整套封建国家政治体系。[①] 李朝和陈朝是越南封建中央集权制度发展的鼎盛时期。李朝时期，统治阶级特别注重完善封建制度，开始整理和编撰各种治国规定并完善官僚制度。1042年，李太宗颁布越南历史上第一部成文的法典《刑书》，它标志着越南国家的典章制度开始走向正轨，法律制度开始有了正规的成文导向。它的问世表明中央集权国家已具有相对稳定的性质，也建立了相对完善的法权机构。[②] 1230年陈太宗又颁布了《国朝刑律》，1342年陈裕宗颁布《刑律书》，1483年后黎朝黎圣宗颁行了《洪德法典》，这些法律书典的出台都表明越南封建国家的国家机器组织正规化的进程与发展。

实际上，这些影响深远的法典，都受到了中国封建时代的律法典范的影响。越南历史上封建君主颁布的《刑书》《国朝刑律》和《刑律书》主要参照《唐律》制定，内容出入不大，区别仅在"宽严之间，时加斟酌"。《洪德法典》共6卷16章722条，其中有200条参照中国《唐律》，17条参照中国《大明律》，其他的参照李朝的《刑书》。综上所述，越南

[①] 杨健：《交融与内聚：越南文化流变的多维透视》，中国社会科学出版社2017年版，第93页。

[②] ［越］越南社会科学委员会编著：《越南历史》，北京大学东语系越南语教研室译，人民出版社1977年版，第166页。

封建时代的法律，基本上模仿了中国封建时代的律法，主要是对唐宋元明律法的折中取用。

越南封建时期仿汉建立行政机构，通过行政机构的管理对当时越南疆域内不同地区进行横向连接与打造。设立行政机构与建设典章制度一样，都是通过整合的手段，建立一种需要全体臣民共同遵守的政治法律制度和公共文化，目的在于通过整合而构建一个维持国家统一的政治共同体。小到村社、大到省级的各个地区之间进行的政治整合，创造出这个共同体所需要的社会凝聚力，而行政机关的设置与典章制度的设立的重要意义，都是为国家的政治合法性奠定制度文化和社会治理的基础。[1]

英国社会学家安东尼·吉登斯认为，建立民族国家需要经历一个"内部绥靖"的过程，这个过程就是上述国家行政资源集中建构的过程，"既然，固定的边界只有依赖于国家体系的反思性建构，那么，多元民族的发展就是中央集权以及国家统治得以在内部进行行政扩张的基础"。[2] 以建立仿汉典章制度和行政机构的这种整合，对越南封建时代的国家建设起着积极的作用，这种整合行为方式是一个官僚式的融合过程，为后期越南开始真正进行现代民族国家建构打下了政治认同的基础。

（三）从儒学越化到王朝民族主义的兴起

越南封建王朝对各个民族进行族际关系的整合，最重要的手段是使儒学本土化而成为一种文化导向及文化黏合剂，以及在此基础上促成王朝民族主义的兴起。儒学越化从文化上对民族心理、民族文化认同进行纵向的整合，成为统治阶级用来打造越南民族文化的重要手段，在统治阶级打造王朝民族主义的过程中发挥了重要作用。

越南封建制度初建之时，越南统治阶层意识到加强中央集权制需要一种共同思想来维持上层建筑。因此，李朝统治者在公元11世纪开始寻求"大一统"的儒学思想。越南人修文庙，建国子监，实行科举制

---

[1] 王建娥：《国家建构和民族建构：内涵、特征及联系——以欧洲国家经验为例》，《西北师大学报》（社会科学版）2010年第2期。

[2] [英]安东尼·吉登斯：《民族国家与暴力》，胡宗泽、赵力涛译，生活·读书·新知三联书店1998年版，第145页。

选拔翰林学士。12世纪创立了国子院，教习"四书五经"。陈朝时期是儒学在越南的重要发展时期，此时，越南儒生阶层取代僧侣而成长为朝廷重臣。① 14世纪末，胡朝统治时期甚至开始出现在政治上"独尊儒学"的局面，胡季犛为了巩固和增强中央集权，大力革新越南儒学，推进其本土化。他所著的《明道》反映出当时越南统治阶层，希望摆脱中国文化的影响，通过儒学越南化而展现出越南民族力图求异创新的文化思维。

15世纪的黎朝是儒学在越南文化发展历史中最为鼎盛的时期。黎圣宗独尊儒学，全面推行以儒学为中心的封建秩序。同时，黎朝的封建君主积极改革科举制度，让这个时代出现了不少崇尚儒学的政治家、文学家和史学家。尽管儒学的发展到17世纪末18世纪初的西山王朝开始衰落，但它依旧得到了南北方封建政权的维护和推崇。阮朝末期面临天主教和西方殖民主义的入侵，为了保持国家的独立，封建统治者依旧重视儒学，大力提高儒生地位。同时，儒士们在道德、礼仪、心理和生活方式等方面都独崇儒学，使得此时的儒学成为越南全社会统一的精神旗帜。②

总的来说，儒学本土化包含了越南封建时期一些典型的民族主义特征。越南民间对中国传统儒学教义的认知则出现了明显的变异，即越南著名文化学者潘玉所说的"折射现象"。他认为："我们可以把原始的孔教视为一束阳光，而把越南看作是这束阳光穿过的物质环境，这个物质环境就是越南人的心理认知，而这种心理认知是在具体或特殊的物质条件下，越南民族在生活中，与大自然做斗争的过程中形成的。"③ 作为越南传统思想的核心价值观，儒学在打造民族共同心理素质到建构民族文化认同中，起到了双重的作用：对统治阶级来说，儒学是支撑整个封建制度的统治思想，有利于统治阶级利用王朝民族主义，进行自上而

---

① 杨健：《交融与内聚：越南文化流变的多维透视》，中国社会科学出版社2017年版，第106页。

② 杨健：《交融与内聚：越南文化流变的多维透视》，中国社会科学出版社2017年版，第111—112页。

③ ［越］潘玉：《越南文化本色》，文学出版社2002年版，第214页；转引自杨健《交融与内聚：越南文化流变的多维透视》，中国社会科学出版社2017年版，第113页。

下的民族整合；对普通民众来说，儒学作为一种精神旗帜，起到打造一种共同民族心理的作用，是民族最终达到建构民族认同的一种精神理念。

另外，从使用汉字到创建喃字，都是一种民族"我群"意识的体现和努力。喃字是汉字的孳乳文字，它在汉字的基础上，运用形声、会意、指示和假借等方式，形成了一种唯一的越南本土民族自创的文字。① 但是，喃字缺乏严格完整的规则，书写混乱不已，难于达到标准化的程度，加大了人们的学习难度，没有流传很久。尽管如此，喃字的出现却是安南民族统一意识的体现。② 13世纪到14世纪，喃字文学的出现体现了越南人想提高越南语的地位，使越南语的音形实现统一，发展独立的民族文化的强烈要求。15世纪时，喃字文学处于成熟和上升期，文学作品内容大多体现了士大夫阶层积极向上的气势，体现了强烈的独立自强的"大越民族意识"。③ 到17世纪中叶，越南语使用的拉丁字母文字体系即越南拼音文字，才由一个法国天主教牧师创造，并在1910年法国殖民政府将其用作官方语言，以进行推广。在此之前，越南文几乎一直援用汉字为"国语"。

修史是保存民族历史记忆的方式，也是发展民族文化意识以建构民族国家的历史基础。越南的官方正式修史始于陈朝。陈太宗任命黎文休编修《大越史记》，在该书中，越南首次将赵佗管理越南的时期视为越南立国之始。美国学者亚历山大·伍德赛德对此做出如下评价："自陈朝黎文休著《大越史记》始，越南史学著作中就刻意强调其独立性。"④ 后黎朝时期黎圣宗（Le Thanh Tong，1460—1497）又"于光顺年间，诏求野

---

① 杨健：《交融与内聚：越南文化流变的多维透视》，中国社会科学出版社2017年版，第166页。
② 苏彩琼：《越南文字的变迁与民族意识的发展——越南国语字的推广历史探究》，硕士学位论文，暨南大学，2010年，第5页。
③ 杨健：《交融与内聚：越南文化流变的多维透视》，中国社会科学出版社2017年版，第171页。
④ Alexander Barton Woodside, *The Vietnamese and the Chinese Model: A Comparative Study of Vietnamese and Chinese Government in the First Half of the Nineteenth Century*, Cambridge: Harvard University Press, 1988, p. 20.

史,及家人所藏古今传记,悉令奏进,以备参考。又命儒臣讨论编次"。[①] 这是越南封建王朝第一次为了修辑官史而对民间收藏的历史记忆资源进行收集、整合与利用。洪德十年,黎圣宗"令史官修撰吴士连撰大越史记全书十五卷"。[②]

吴士连编修的《大越史记全书》与黎文休编撰的《大越史记》二者最大的不同点是,前者将越南的建国时间向前推移至鸿庞氏时期,并将鸿庞氏的起止时间确定为"起壬戌至癸卯,凡两千六百二十二年"。[③] 越南封建王朝后黎朝的知识分子,已经明确地将《鸿庞纪》列为正史外纪的第一卷,使越南有了更加久远的历史起点。同时,后黎朝在官方正史的编写中,加入了雄王的越南民族"始祖"身份的内容。这样,越南的远古历史与其起源神话便联系在一起了。"雄王"开始以越族始祖的身份,出现在越南主流民族的历史意识建构中,为国家对本民族历史渊源的探寻,提供了明确、权威、有说服力的正统性解读。打造雄王信仰的意义在于,经过独立封建时代各个王朝对雄王信仰的建构,这一全民族共享的文化资源已经深深扎根于越南民众之中,对于现代越南国家建构和民族认同都有着举足轻重的作用。18世纪,阮朝作为越南最后一个封建王朝,为了使日益衰弱的政治统治重振雄风,封建王朝统治阶层通过修缮雄王庙宇和干预民间信仰活动,开始在民间大肆宣扬雄王信仰,目的在于进一步加深和巩固民族国家的民族历史观,建构统一的民族历史认同感和溯源感。

可见,在历史发展过程中,随着民族意识的发展和国家建设的需要,雄王公祭仪式越来越具有浓重的民族文化起源与国家政治发展的色彩,甚至成为与国家政治需要紧密相关的仪式(表演),具有建立和维护越南

[①] [越]吴士连、范公著、黎僖等著,陈荆和校注:《大越史记全书(上)》卷首序言,转引自张慧丽《越南后黎朝前期民族意识研究(1428—1527)》,硕士学位论文,郑州大学,2016年,第29页。

[②] [越]吴士连、范公著、黎僖等著,陈荆和校注:《大越史记全书(中)》本纪卷十三,转引自张慧丽《越南后黎朝前期民族意识研究(1428—1527)》,硕士学位论文,郑州大学,2016年,第27页。

[③] [越]吴士连、范公著、黎僖等著,陈荆和校注:《大越史记全书(中)》本纪卷十三,转引自张慧丽《越南后黎朝前期民族意识研究(1428—1527)》,硕士学位论文,郑州大学,2016年,第27页。

人对于其共同体的想象的功能。从公祭仪式的内容看，它体现了国家试图通过祭祀雄王的仪式来激发国民的民族意识，培养爱国主义情怀，强调民族认同意识以及发扬饮水思源传统的政治文化意图。[①] 仪式的重要性，源于越南民众心目中共同的父亲，统治者创造出一个想象的"源"，初始目标在于通过溯源使其民族建构基于人们之间的关爱和互相保护，进而团结越南各族人民。现在，雄王公祭主要是建构了一种共同的民族精神，雄王信仰已经成为越南民族的共识，已经和他们的生活融为一体。

第三节 反殖反帝时代的越南国家建构和民族整合

越南反抗殖民主义、帝国主义的时代大致包括自19世纪后期到20世纪70年代中期美国从越南撤军的这一百来年。虽然其中有1954年奠边府战役后越南的短暂独立，和同年7月开始的南北分治，但是历史上的"越南战争"通常指1955—1975年（西贡政权瓦解）的这一段时间，之后越南才真正独立。这一百年是越南历史上遭受殖民主义与帝国主义的侵略最为惨重的时代，也是越南大众民族主义兴起与不断高涨的时代。

一 法属时代大众民族主义的兴起

（一）法国殖民主义对越南经济与社会文化的影响

在历史上，葡萄牙探险家早在1516年就来到了这里，接着西班牙、意大利、荷兰、英国、法国的传教士与商人也纷至沓来。1664年，法国"东印度公司"与"异域传教会"在越南成立。1778年后，传教士百多禄及法国军队介入阮福映镇压西山兄弟起义，这给了法国殖民者可乘之机。1857年7月，拿破仑三世决定正式派兵入侵越南。第二年的9月，

[①] 徐方宇：《雄王公祭与越南民族——国家认同的建构》，《东南亚南亚研究》2012年第3期。

法国海军就攻陷了岘港。1874年3月15日，阮氏王朝在西贡与法国殖民者签订了第一次《西贡条约》，将南圻西三省正式割让给法国，并同意法国帮助阮朝维持国内秩序，阮朝开放包括河内在内的多个通商口岸，脱离与中国的藩属关系，自此越南基本上成为法国的殖民地。[1] 1883年殖民者控制了越南全境，并在十年后建立了包括现今越南、柬埔寨与老挝在内的"印度支那联邦"。

经济方面，在19世纪中叶法国殖民统治之前，越南的经济主要是以稻作农业为主的乡村经济。在法国殖民统治期间，殖民者实行了以印度支那殖民地经济利益为核心的殖民地开发政策。法国为了迅速地开发印度支那的财富，建造了铁路、公路、港口、桥梁、运河和其他公共工程，使越南成为法国工业生产的原材料来源地和法国产品的倾销市场，并且通过对当地人征税为殖民地政府提供运作资金。法国政府垄断了鸦片、食盐和米酒贸易，这些贸易收入在1920年构成了殖民地政府预算的重要部分，到1930年三种产品的贸易收入开始下降。1875年在越南成立的印度支那银行（Banque de l'Indochine），负责在印度支那铸造和发行货币，使印度支那于1940年成为法国的第二大投资殖民地。法国以直接出口的方式获取越南的自然资源如大米、煤炭、矿物、橡胶等。[2]

法国殖民者针对越南不同地区的情况进行分区投资，越南的南方被指定为各种农业商品的种植园基地，北方被划定为发展工业的基地。法国殖民者对越南进行的地区性分工刺激了殖民时代越南出口业的发展，北方的煤炭、有色金属矿产和南方的大米、咖啡、烟草、橡胶等不断向外输出。但是这种过分强调区域经济差异与角色分配的强制性"分工"，扭曲了越南经济发展的基础。[3] 到19世纪末20世纪初，法国汽车工业的发展导致印度支那橡胶业的发展，橡胶种植园遍布整个南越，尤其是安南和南圻。橡胶种植园的成功导致多家公司对殖民地投

---

[1] 杨健：《交融与内聚：越南文化流变的多维透视》，中国社会科学出版社2017年版，第213页。

[2] 瞿伟：《法国殖民统治时期的越南经济研究》，硕士学位论文，贵州师范大学，2015年，第10—12页。

[3] 李一平：《论法国对印度支那殖民政策（1887—1940年）》，《南洋问题研究》2004年第4期。

资的增长。① 在1880年到1930年间，由于在湄公河三角洲地区建设水利工程，越南的水稻种植面积增长了两倍。但是，同期农民个体的大米消费量却在下降，且没有替代品，第二次世界大战前夕越南的无地农民家庭占比估计有一半之多。②

总之，在经济方面，殖民初期，法国殖民者主要对采矿业和运输部门投资，他们采取"合一主义"的经济政策，即同时将越南视为原料产地和商品市场，强行榨取越南的经济资源的同时又向越南人民倾销法国商品。直到第一次世界大战之后，"联系主义"才应运而生，即法国殖民主义者将整个印度支那视为与法国的生存与发展有密切联系的一部分，制定了殖民地生产专业化的政策。

在政治统治方面，法国殖民主义者采取"分而治之"的方式，把越南划分为南圻、中圻和北圻三个部分，河内、海防等重要城市受法国总督的直接管辖。政府部门中，中上层统治者都是殖民者，只有一些低级职位对能说法语、会写法语的越南人开放。法国人在1880年2月成立了殖民地议会，但只有加入了法国国籍且能够流利使用法语的越南人才有资格进入。

在社会文化方面，从喃字创建失败到国语字运动的兴起，既是法国殖民政府时期越南社会文化的一种发展，也是越南人反殖民斗争的一部分。19世纪法国军队直接占领越南以后，殖民政府公开禁止越南语中汉喃字的使用，使之几乎绝迹。早在17世纪在法国传教士的帮助下，拼音化的"国语字"在由西欧传教士和越南"有识之士"的共同努力下开始创设。到了1861年，越法双语字典的问世，标志着越语拼音文字的适用领域在逐渐扩大。1882年，南圻统督明确规定所有越南语的公文一概强制使用拼音化国语字。国语字的普及背后存在法国殖民者利用这一文字工具达到在社会与文化上占领越南的目的和将越南变成"说法语的越南"的主观意图。因此，在法国殖民者的倡导下，越南语拉丁化拼音文字开始在学校推广。1896年，殖民政府在越南古都顺化成立了"国学"学校，

---

① 瞿伟：《法国殖民统治时期的越南经济研究》，硕士学位论文，贵州师范大学，2015年，第13—20页。
② 詹小娟：《法国的印度支那殖民经济政策（1887—1930）》，《东南亚研究》1989年第1期。

专门教授法语和拉丁化越文。1906年，殖民政府颁布教育改革章程，把学习法语推入小学课程之中，使法语与（拼音化）越语尽可能成为越南人共同使用的通用语言。而且，从1898年开始法国殖民政府逐步废除了科举制度，并使用拉丁化越文刊发报纸，① 实现了把越南变为"说法语的印度支那"的愿望。这样客观上起到了统一越南语言与文字的效果，最终形成统一的越南文化新载体即拼音化越文。

这种统一的国语字，尤其是1910年法国殖民政府把拼音文字规定为官方的全国通用语言的做法，客观上大大促进了越南现代国家的建构与民族整合。"殖民主义双重性"的历史作用，不知不觉就得到了体现。另外，本尼迪克特·安德森在《想象的共同体：民族主义的起源与散布》中明确指出，使用法语—越语教材的教育体系，无意中使这个欧洲人发明的书写符号得到扩散，无意中"变成了那个表达出越南的文化（和民族的）团结的群众性媒介"②。统一的国语字不仅提高了民众受教育的普及性，更是提高了民族间的凝聚力，是实现越南民族整合统一目标的载体。到了20世纪30年代，国语字广泛应用在越南的文字报刊和革命宣传资料当中，直到1945年，国语字终于成为越南民族和越南民主共和国的统一文字。

总之，从喃字的失败到拉丁化越南文的"国语字"的普及可以看出，国语字运动对民族整合的作用主要在于创造了一个大众文化心理连接，一种民族间的凝聚力。喃字的失败，在于封建时代国民教育体系的不完善，就很难对其形成自上而下的推广；而法国殖民政府对拉丁化越文进行自上而下的推广，客观上创建了系统的国民教育体系及大众普及教育。通过这个强制性的教育系统，法国殖民者培养出一大批具有民族独立思想的知识分子，他们成为越南大众民族主义运动风起云涌的基础。

（二）法属时期的反殖民运动及大众民族主义代言人

1897年杜梅总督上任后，对越南实行直接统治，越南的经济在1900

---

① 参见杨健《交融与内聚：越南文化流变的多维透视》，中国社会科学出版社2017年版，第224—226页。

② ［美］本尼迪克特·安德森：《想象的共同体：民族主义的起源与散布》，吴叡人译，上海人民出版社2016年版，第121页。

年以后也得到了发展,但其受益人主要是法国殖民者及越南少数富裕阶层。在此阶段越南民族意识的增强可从三方面来看,一是各民族共同抗击法国殖民者的历史及其历史记忆;二是越南民族国家建构中与其共同文化及其共同心理素质密不可分的"国语字"的形成与传播;三是法国的殖民统治在客观上促进了越南大众民族主义的兴起和越南共产党的诞生。

较早的对法国殖民统治的反抗运动以"文绅勤王运动"为代表。在越南,"文绅"指退休官员和在乡举人。1885年7月,主战派大臣尊室说(1835—1913)突袭法军营地,但次日即失败,这就是历史上的"顺化起义"。失败后,尊室说立即护送年仅14岁的咸宜帝阮福明逃出京城,并颁布勤王诏谕,得到中圻和北圻各省的忠君爱国官员和各界文士的响应,他们纷纷发起"勤王之师"来抗击法国侵略者,农民也群起加入,并成为抗法军队的主力。因其运动的领导者和起事后响应之人多为由乡村举人和在野官吏所组成的"文绅",所以该运动又被称为"文绅勤王运动"。这次勤王运动不仅使得全国各族人民联系在一起,还开启了在共同反抗外来侵略的过程中加强民族意识与建构的现代国家的历史进程。

在反叛法国殖民主义运动中越南民族国家意识得到迅速加强的代表人物如下:在政治思想上的重要代表人物是越南近代思想家潘佩珠;在经济发展上的是潘周桢;在早一些的外交活动中起作用的是潘清简;在群众抗法运动中起先锋作用的是前文提及的潘廷逢。我们不妨简单地将他们称之为"抗法四潘"。1862年,法国人占领西贡、美萩与永隆,潘清简代表阮氏王朝与法国人进行外交斡旋,答应割让嘉定与定祥给法国。第二年他又代表朝廷,提出将西贡、美萩、头顿作为法国的通商口岸,每年向法国纳贡,以宣布南部为法国保护地为条件,要求法国停止在越南的殖民地侵占活动,并将东南三省归还给越南王朝政府。但是,1864年该条约签订后法国殖民者继而毁约,并于1867年直接占领了潘清简的防区,悔恨不已、悲愤交加的潘清简自杀身亡。稍晚的潘廷逢是民众抗法运动的先锋与代表人物。他原先是嗣德帝的廷臣。1883年嗣德帝死后,他因公开反对嗣德帝侄子咸宜帝继位而被咸宜帝判处死罪。后他被改判贬谪,后又来到了民间社会开始领导越南人民抗法起义。1894年他发起了另一次反法斗争，失败后潘廷逢与其他反法革命义士一起退守义静省山区。1895年，法军3000人进攻山区，潘廷逢率起义军坚持对抗数月后，于年底因病亡故。

潘佩珠是1900年后越南新民族主义运动兴起时代的思想家与革命活动家。在他的身上，甚至印证了西方殖民主义者不知不觉中培养了"自己的掘墓人"的辩证法。他是现代越南抗法运动的杰出代表和最伟大的爱国主义者之一。在法国殖民者不断侵犯越南领土的时代他出身于一个贫苦学者之家，1900年考取举人时他已是坚定的民族主义者。三年后，他写出《琉球血泪新书》，诉说越南失去自由与独立的苦难。1904年他与其他革命同志一起，在彊柢亲王的支持下组织了维新会。次年，他把抵抗运动中心移到日本并与孙中山相见。1906年，他与彊柢亲王及越南改良主义抗法领袖潘周桢会晤。1908年日本政府与法国殖民政府达成谅解后，潘佩珠与彊柢亲王不得不离开日本而来到中国广州，并于1912年在广州组织了越南光复会，计划暗杀法国总督未果后，1914年到1917年他被监禁在广州。获释后，潘佩珠开始研究马克思列宁主义并重新开展反法运动。1925年，他再次在上海被法国密探绑架并解送河内，由于越南人民的抗议，法国殖民当局被迫释放潘佩珠，并以官职对他加以诱惑，潘佩珠拒绝了法国殖民者的诱惑后一直被软禁，直到1940年去世。这个著名的越南民族主义思想家还为越南留下了自传性的《狱中书》，以及著名的《越南亡国史》和《后陈逸史》。[1]

在经济与政治上，越南民族主义改革家潘周桢在争取民族独立的斗争中起了重要作用。这个自幼受家族军事训练的年轻人，青少年时期就参加抗击法国的运动，并钻研中国经书考取了举人；同时还认真阅读卢梭和孟德斯鸠的著作，是一个兼收并蓄中西文化的改革家，主张废除君主建立民治，学习西方科技振兴民族工商业。1906年，潘周桢前往日本与潘佩珠和彊柢亲王会晤，共商抗法大计。与潘佩珠等革命志士不同的是，他更加看重发展经济、振兴工业的方式，走上了以建立独立的国家

---

[1] 王民同：《越南民族民主革命的伟大先行者潘佩珠》，《云南师范大学》（哲学社会科学版）1992年第2期。

经济为基础的实业救国道路。潘周桢在考察了日本后，回国带头创办小型商业公司，鼓励开办地方工业和教化越南民众，强调越南要走向现代化。1908 年，潘周桢因在河内进行反殖民主义宣传而被捕，被判终身苦役并被监禁在昆仑岛。1911 年被释放后，他一度表达了与法国殖民政府合作进行现代化建设的愿望，并在法国人的资助下前往巴黎考察。其后，他因在第一次世界大战中有亲德并逃避兵役的倾向而再度在法国被俘，1924 年回到越南后很快就病逝了。越南社会各个阶层的人们一起为他举行了国葬。

在法国殖民政府统治的后期，越南民族主义运动最重要的代表人物，是在东西方寻求爱国主义路径，反复摸索后信奉马克思主义的胡志明。他本人及其领导的抗法、抗日、抗美组织，成为越南全民性民族解放运动的一面旗帜。他是马克思主义的杰出代表之一。胡志明原名阮必成，年轻时在西贡技术学院做实习生，后在法国轮船上做厨师，足迹遍布国外许多港口城市，第一次世界大战中侨居伦敦和法国，深感越南人所处的屈辱地位，才改名为"阮爱国"。[①] 1919 年他向凡尔赛和会提出越南人与法国人同等权利的要求，因此声名鹊起，后加入法国共产党并创办《流浪者》杂志。1923 年底胡志明前往莫斯科，并成为世界共产主义运动的重要代表人物之一。1925 年 5 月，胡志明在冠州成立了越南青年革命同志会。1929 年 6 月，"同志会"与一些共产主义组织合并为印度支那共产党。1930 年，胡志明建立了统一的越南共产党。

为了越南的独立运动和民族国家建构，他加强了与中国共产党的联系，以壮大声威、获取支持。1940 年法国在第二次世界大战中很快失败后，他同武元甲、范文同穿越中越边界，回国组织越南独立同盟。在日本统治越南的末期，他开始与美国合作。日本侵略者投降后，胡志明、武元甲一行进驻河内并宣布越南独立。但是，一个月后法国勒克莱尔率军在西贡登陆，控制了越南南方。1946 年双方签订《法越协定》，但几个月后法国舰艇就炮轰越南海防，长达八年的第一次印度支那战争开始。

[①] 梁志明、刘志强：《关于越南历史发展轨迹与特征的几点思考》，《东南亚研究》2016 年第 5 期。

1954年奠边府战役中法国殖民军大败，法国不得不在日内瓦和会上，承认了最后由八个国家的代表共同确立的越南南北两个政权的地理分界线，并同意在两年后通过选举组织越南的统一政府。

二 从南北分治到革新开放前的国家建构与民族整合

（一）1945年到1975年北越的国家建构与民族整合

1945年8月日本投降，胡志明及越南共产党领导了称之为"八月革命"的总起义，宣布越南独立并成立了越南民主共和国。根据《波茨坦公告》的规定：由英国军队解除南方的日军武装，中国军队解除北方的日军武装。但是，英国军队到达南方后，背信弃义地支持法国殖民者卷土重来，长达八年的第一次印度支那战争（1946—1954年）爆发。越南人民为争取真正的国家独立和民族自由，不得不继续进行数年的英勇斗争，终于在1954年5月的奠边府战役中大败法军，法国被迫于同年7月签订《关于恢复印度支那和平的日内瓦协议》，越南北方获得完全的解放，而南方却被信奉天主教、追随帝国主义的吴庭艳集团占据，于是双方人为地以北纬17度为临时分界线，划分了南北两个政权。[①]

越南独立之后，以胡志明为首的共产党掌权，在政治、经济、文化等方面颁布了相应的政策，尤其注重保护少数民族的权益，并对族际关系进行调整，以推进全民族的整合。1945年9月2日，胡志明在越南巴亭广场宣布了《独立宣言》。《独立宣言》的最后一句写道："越南享有自由和独立的权利，而且事实上已经成了一个自由和独立的国家。越南全民族坚决地用全部精力、生命和财产来维护这个自由、独立的权利！"[②] 政治整合是指国家把处于分离、分散、分裂状态的多元利益群体和各种社会政治力量整合进一个统一的政治体系，保持和实现政治系统良性有序运转的一个过程。这一时期越南的政治整合主要通过越南民主共和国国会颁布《1946年宪法》及《1959年宪法》等文件的方式进行。

《1946年宪法》第二章"公民的义务及权利"第八条写道："各少数

[①] Dennis J. Duncanson, "Vietnam as a Nation-State", *Modern Asian Studies*, Vol. 3, No. 2, 1969, pp. 117–129.

[②] 《胡志明选集》第2卷，越南外文出版社1962年版，第3—4页。

民族除享有充分的平等权利外,并可获得各方面的帮助和鼓励,方能尽速达到和全国人民相同的发展水平。"① 同时变法还规定:少数民族有权使用本民族语言在学校学习(第十五条);由相关法律规定少数民族聚居省市的少数民族议员比例(第二十四条)。②

在《1959年宪法》中则规定:"各民族有权保持或者改革本民族的风俗习惯,有权使用本民族的语言文字和发展民族文化。在少数民族聚居地可成立自治地方,为越南民主共和国不可分割的组成部分。"(宪法第三条)③ 可见,后者与前者的最大区别在于:此宪法对少数民族自治区的建立及其权限做出了细致而明确的规定。这也反映了自1959年开始到1975年,越南实行民族自治的情况。两部宪法不仅提出要保障少数民族的权利的要求,而且强调要在帮助少数民族发展的基础上,将少数民族纳入民族国家整合进程之中,同时,还鼓励少数民族人民参政议政。

当然,这一时期最重要的民族政策是民族区域自治制度的确立。在这个政策的指导下,越南政府成立了今在北太、宣光、高平、谅山、河江五省的越北自治区和在今莱州、山罗、奠边等地的西北自治区(也称泰苗自治区)。1955年5月7日,胡志明在《寄泰苗自治区同胞书》中指出:"根据我们党的建议,政府决定成立泰苗自治区。成立民族自治区的目的是:使各兄弟民族能逐步管理自己的各种事务,尽快地发展自己的经济和文化,以便在各方面都实现民族平等。"④ 自治区的建立,促进了北部地区的局势稳定,广泛地争取了各民族、各阶层的干部与居民的支持,对越南北方的民族整合起到了重要作用,为越南后期的南北统一奠定了重要的民族认同基础。

经济方面,越南首先在民主改革中废除领主、土司、朗道(芒族贵族头人)和地主等阶级的特权,把土地分配给无地农户,尤其是少数民族的无地农民。其次,政府倡导开展农业集体化运动。到20世纪60年代

---

① 范宏贵:《越南民族与民族问题》,广西人民出版社1999年版,第21页。
② 越南《1946年宪法》,转引自滕成达《越南当代民族问题和民族政策研究》,厦门大学出版社2017年版,第220页。
③ 越南《1959年宪法》,转引自滕成达《越南当代民族问题和民族政策研究》,厦门大学出版社2017年版,第221页。
④ 范宏贵:《越南民族与民族问题》,广西人民出版社1999年版,第27页。

初，少数民族地区基本上实现了农业合作化，有 75% 的农户参加了农业生产合作社，其中又有 20% 参加了高级合作社。与此同时，为解决山区少数民族刀耕火种、游耕游居的问题，越南共产党和国家还倡导发起了定耕定居运动。然而，正如越南共产党领导人在总结文章中所说："这不仅仅是一个生产运动，而且是一场全面彻底的革命运动，它涉及思想意识、风俗习惯和生活方式等许多方面，因此遇到许多困难。"所以，其结果总的来看收效不大。①

文化整合是不同文化互相吸收、融化、调和而趋于一体化的过程。事实上，它是不同文化在一个空间或者时间内重新排列组合，原来渊源不同、性质不同、目标不同的文化，为了适应社会的需要或者共同的目标，不断被修正，求同存异，渐渐融合组成一种新的文化体系的过程。②在文化整合的具体措施方面，早在越北根据地时，越南共产党和政府就建立了民族师范学校，专门招收少数民族学生，其学费、生活费全免，还向他们提供衣服食品和少量生活补贴。后来，越南政府又成立了民族干部学校。③ 在普及教育方面，越北政府开始在少数民族地区扫除文盲，提高少数民族学生入学率，胡志明亲临指导扫盲运动。他指出，这是全社会的工作，不识字的人有义务学习，识字的人有义务教学。④ 在语言政策方面，按照《1946 年宪法》的规定，在各少数民族地区，民族语言和文字与官方规定的普通话和文字同时并用。在越南的 54 个民族中，范宏贵教授认为只有 26 个少数民族有自己的文字。⑤ 这一政策使国家较好地保存了少数民族的语言与文化，对于越南文化多样性有重要意义。

总之，在 1945 年到 1975 年期间，越南民主共和国的民族政策无论在经济政策还是社会文化政策上都是切合实际的。由于越南正处于反法、抗日与抗美的救国时期，在外来侵略的威胁下，各民族的利益要服从于

---

① [越] 黄文矫：《党的民族政策实行五十年》，原载越南《共产杂志》1980 年第 2 期，译载广西《印度支那》1989 年第 2 期；转引自赵锦元、葛公尚等《当今世界的民族关系与民族问题》，广西师范大学出版社 1995 年版，第 322 页。
② 严庆：《民族整合的理念、格局与举措》，《政治学研究》2015 年第 1 期。
③ 范宏贵：《越南民族与民族问题》，广西民族出版社 1999 年版，第 25 页。
④ 潘金娥等：《越南革新与中越改革比较》，社会科学文献出版社 2015 年版，第 196 页。
⑤ 范宏贵：《越南民族与民族问题》，广西民族出版社 1999 年版，第 343 页。

祖国的统一大业，而越北政权也充分兼顾少数民族的利益。因此，越北民族矛盾和民族问题在这一时期并不突出。

（二）1945 年到 1975 年南越的国家建构与民族整合

1946 年，法国重新回到南越，继续对其推行殖民政策，并实行强制性的民族整合措施。法国试图效仿英国，将越南南方作为一个省份纳入法兰西联邦的范畴，并推举保大担任"傀儡皇帝"。但是，冷战开始后法国越来越多地接受美国的援助，越南南方渐渐被美国控制，它的经济发展开始受制于美国。1954—1963 年，吴庭艳担任南方"越南共和国"的独裁总统。1955 年 10 月，吴庭艳政府就南越政治体制问题举行公民投票，决定成立南越共和国，并以此组建了由美国扶持的南越共和国政府。在政治方面，为巩固独裁统治地位，吴庭艳采取了许多暴力手段：第一，在美国人威胁停止对法援助，使吴庭艳顺利夺取军权后，他剥夺了亲法派将领的军权；第二，吴庭艳政府残暴地用武力消灭信奉平川派、高台教、和好教的地方军阀，并把自己的亲属扶上高官显贵的位置。

在宗教与文化政策方面，吴庭艳政府更是实行亲天主教一边倒的政策，被在南越占压倒性多数的佛教徒群起攻之。他声称要进行土地改革，却从未付诸行动。当共产主义力量在整个越南不断增强时，吴庭艳政府加大对共产党人和亲共民众的迫害，同时借口"清共"监禁并杀害佛教徒。更可怕的是，吴庭艳政府代表南越地主贵族的利益，在湄公河三角洲推行"战略村计划"，引起各族人民的不满，顺化、西贡的佛教徒参加了反吴庭艳的示威游行。[①] 吴庭艳的暴政使美国只好放弃对他的支持政策，在 1963 年由杨文明等人发动的军事政变中，吴庭艳被刺身亡。

南越的自由市场经济期望与美国、加拿大、法国、西德、日本和泰国等非共产主义国家进行广泛的贸易往来。但是，1954 年至 1975 年间的南越经济日益依赖外援，特别是 20 世纪 60 年代后期直到西贡政府倒台时期更是如此。美国是南越最重要的援助方，它资助南越与军队发展相关的道路、桥梁、机场和港口的建设，并不惜形成国际收支中的巨额赤字而向南越政府提供货币支持。尽管如此，越南战争还是造成了巨大

---

① 梁英明：《东南亚史》，人民出版社 2010 年版，第 270 页。

的破坏，尤其是越北军队采用火箭（弹）袭击的手段，使越南的住宅和商业区、工业设施与道路、桥梁、铁路、机场等基础设施受到重创。美国也对北方进行广泛的空袭，轰炸疑似共产主义者的藏身之地。因此，北方很多财政资源和劳动力不得不转移。而越南南部人口稀少地区的经济活动有限，很大一部分原因是战时遭到破坏。[①] 除了战争的影响之外，在经济发展方面，在南北分治时期，南方与北方采取了不同的经济发展理念：北方的社会主义计划经济体制与南方的资本主义自由经济体制。

吴庭艳政府时期，南越经济建立在美国援助的基础上，因为冷战的需要，美对南越的援助中与军事工业相关的援助占比最大。南越经济发展受到美国操控，因为冷战中美国一直把南越看作其亚洲新月形地缘政治与军事中的对冲基地之一，力图将南越扶持为"反共前哨"。同时，美国也把南越看作它在第二次世界大战后过剩产品的销售市场。这一切导致了南越经济发展的畸形。吴庭艳政府仰美国政府之鼻息，致使本土的民族经济受到冲击。南越经济的畸形除了与十分依赖美国援助有关之外，也与南越成为"东南亚反共桥头堡"和美国倾销过剩农副产品密切相关。结果在美国撤离南越后，其经济体系面临崩溃的局面。

吴庭艳死后，阮文绍于1967年上台，在美国的帮助下，1970年3月阮文绍政府颁布"耕者有其田"的法令，规定地主占用土地的限额并推进"农业更新化"，向耕种者提供大量的小型农机与农药化肥。这在一定程度上促进了南越农业的发展，但其发展目的主要是为美国"战争越南化"服务，南越农业产品仍然需要一定数量的进口才能满足其需求。

总之，南越在吴庭艳、阮文绍统治时期，经济发展规划处于美国的控制之下，南越被视为"反共前哨军事基地"，成为美国倾销商品的消费品市场，其经济政策基本上与越南"军事化"以及将"印度支那战争越南化"相关，南越政府实施的具体措施在一定程度上对经济发展有客观的促进作用。但是，由于没有顾及南越各民族经济发展中遇到的实际问

---

① Ronald J. Cima (ed.), *Vietnam: A Country Study*, Washington, D. C.: Library of Congress, 1989, pp. 102 – 109.

题，没有考虑南越经济发展中的民族整合意向，所以南越政府在民族国家经济发展建构中起到的作用微乎其微。

第四节 南北统一后越南的国家建构与民族整合

一 1975—1986年的国家建构与族际关系调整

（一）1975—1986年的政治经济建构与民族整合

1975年4月30日，越南社会主义共和国成立，最终实现了越南真正的独立与统一。面对国内千疮百孔的经济与社会情况，以及长达30年的南北分治态势，越南共产党政府想尽快实现政治稳定和经济发展，以便使越南成为一个真正统一和发展的民族国家，以及建构符合全体人民利益的多元文化共存下的平等民族关系。但是，事与愿违的是，1975年南北合并后南方难民大批流亡，导致人力资本进一步流失。在这种复杂的局面下，越南政府的努力是：在政治层面废除民族区域自治制度。1975年越南南北统一，越南社会主义共和国建立后，越南的民族政策有了较大调整，其中最重要的变化就是废除民族区域自治。1976年，越南政府决定在行政区划方面，将小省合并为大省，同时撤销越北自治区和西北泰苗自治区。在《1980年宪法》中，删除了有关少数民族区域自治的提法与条文，目的是更好地使大杂居小聚居的各族人民在日常生活中相濡以沫，共同分享政治权力。

这一时期，在民族国家建构的经济整合方面，越南政府也实施了许多政策。1977年11月，越共中央下达关于"定耕定居""建设新经济区"和建立"合作社"三位一体的指示，在北方进一步扩大合作社的规模，在南方建设"农业生产集团"，在建设新经济区的同时加快少数民族地区的农业合作化进程并促使他们定耕定居。越南政府还颁布一系列旨在发展少数民族地区的农业、林业、工业和水利及建造交通设施的政策。同时，向少数民族地区大规模移民，将数百万平原地区的越族农民迁徙到山区、高原，通过建立"新经济区"来减轻红河三角洲和湄公河三角洲地区的人口压力，也使有文化、有知识的人口向山区流动，达到开发少数民族山区与高原的目的。越南政府还在越中边境大搞"边境净化"运动,迫使少数民族离开世代居住的家园而迁入"新经济区",同时派遣大批军警进驻少数民族地区,加强控制政治与社会。此外,在经济上,越南政府加强征收少数民族地区土特产品。但这些措施对民族团结并非完全有利,并且在一定程度上甚至会加深越族人口与少数民族人口之间的矛盾。①

1976年以后,越南经济整合的关键特征是对社会主义经济体制的集中规划,即为整个国家制定覆盖所有地区的详细的经济发展指导方针,越南统一后经济处于"向社会主义过渡时期"。该时期由三个阶段组成:(1) 1976年到1980年的第二个五年计划时期,旨在提高工业、农业和国民收入的年增长率,并力求整合不同经济制度下发展的南北经济,但此目标最终未实现;(2) 1981年到1990年的"社会主义工业化"前期和1991年到2005年的"社会主义工业化"后期,其中包括"第三个五年计划"(1981—1985时期),强调农业和工业的并行发展,还努力提高政府官员的经济管理能力;(3) 2006年到现今的第三阶段是过渡时期。总之,越南共产党的目标是建立统一的全国性社会主义经济体制。早在1976年12月召开的党的代表大会上,越共就确定了建设社会主义的路线。接下来的两次党代表大会分别于1982年3月和1986年12月举行,越共反复重申了这个长期目标,并批准了旨在指导每个具体阶段越南经济发展的五年计划。② 1982年到1986年,越南经济发展严重依赖于苏联和东欧的援助,每年得到的经济援助金额约为10亿美元,军事援助金额约为15亿美元。同期,越南对苏联的贸易占其总贸易额的60%以上,形成巨大的贸易逆差并产生债务。③ 1985年,越南政府废除配给制的价格、工资和货币的改革失败后,导致了高达774.7%的恶性通货膨胀,使越南成为现代历史上少数几个战后重建时期经历了急剧经济恶化的国家之一。因此,越南成为世界上最贫穷的十个国家之一,全国国民生产总值以及工农业

---

① 徐邵丽:《越南对外经济关系的发展与展望》,《亚太经济》1992年第1期。
② 李春霞:《冷战后越南的安全困境及其外交政策调整》,《亚太安全与海洋研究》2017年第1期。
③ 徐邵丽:《越南对外经济关系的发展与展望》,《亚太经济》1992年第1期。

生产都呈负增长趋势。①

(二) 1975—1986年的社会文化建构与民族整合

在社会文化整合方面，越南官方虽然公开承认国家内部民族问题的存在，但主要强调文化方面的民族问题，对于政治与经济等方面的民族问题与民族矛盾尽量淡化处理。前越南总理范文同，在关于《社会主义建设事业与少数民族文化问题》的讲话中指出："民族问题就是文化问题，不要在别的地方寻找民族问题，民族问题在于文化，在于文化生活色彩、文化活动和文化成就。"在教育方面，此阶段越南基本上扫除了文盲，各类学校学生入学率在提高。嘉莱、昆嵩等地少数民族学生达到七万，每个省都建设有基础学校和中学教育网络。②

总的来说，1976年南北统一后越南进入了社会主义共和国的建设时期，民族政策开始在全国范围内统一实施。1976年越共第四次代表大会的决议提出："党和国家的民族政策要彻底实现各民族之间的平等，创造条件消除少数民族和多数民族在经济和文化方面的发展差距。"③ 越共四大的政治报告还指出："使山区的发展赶上平原地区。执行党的民族政策，关键问题是加快民族地区经济和文化的发展。"④ 这个阶段民族地区社会生活有了积极的转变，民族地区的政治体系得以建立，让少数民族当家做主，少数民族干部培养计划使民族干部人数增加较快，他们成为了当地政治经济建设中的带头人。同时，越共还逐步加强少数民族地区基础设施的建设，引入先进的科学技术，发展少数民族地区教育事业，完善医疗和卫生体系等。这些都促进了少数民族地区的发展。

二 革新开放以来的国家建构与民族整合

1986年，越南发起了"政治和经济复兴运动"即"革新开放"运动，其目的在于通过推行改革与开放以促进越南从中央政府集权指导下

---

① Ronald J. Cima (ed.), *Vietnam: A Country Study*, Washington, D. C.: Library of Congress, 1989, pp. 150 – 153.

② 袁仕仑：《越南民族政策的一些情况》，《印度支那》1989年第2期。

③ ［越］越南第十届国会民委员会：《党和国家有关民族的政策和法律》，国家政治出版社2000年版，第171页。

④ 滕成达：《越南当代民族问题和民族政策研究》，厦门大学出版社2017年版，第215页。

的计划经济，向相对自由的社会主义市场经济的全面转型。

(一) 革新开放以来的政治体制改革与民族整合

政治方面的整合，《1992年宪法》第二条中提出，"越南社会主义共和国是人民的国家，由人民所组成，为了人民。一切国家权力属于以工人阶级与农民和知识分子联盟为基础的人民。"[①] 在这里，宪法首先强调了"人民"的重要作用，确定国家的政治基础是"以民为本"。在政治权力再分配的改革中，越南政治权力的中枢是"四驾马车"，即由越南共产党中央执行委员会总书记、越南国家主席、越南政府总理与越南国会主席，这四个人共同组成国家的执政核心，这使得越南的政治权力结构较此前而言相对分散。越南的南方与北方在自然地理、自然资源、地缘政治与地缘文化上存在差异性，南北方的意识形态以及发展理念和制度建设的差异也较大。此阶段，南方知识分子与政治家的思想较为激进与活跃。随着后来越南国家和党的高层干部中南方派比重的增多，越南的西方民主化倾向更加明显。[②]

尽管如此，《1992年宪法》第四条仍然规定：越南共产党是国家和社会的领导力量；党的所有组织和党员必须在宪法和法律范围内活动。也就是说，越南共产党对国家的领导要通过法律程序加以认可，这使得选举制度更加合法化。1986年12月，越南共产党第六次代表大会的政治报告指出：我们把"党领导，人民做主、国家管理"的关系确定为管理整个社会的机制。1990年6月越南共产党第七次代表大会提出以马克思列宁主义、胡志明思想为党的"思想基础和行动指南"。

在此前提下，越南政府鉴于1986年革新前越南主要仿效苏联的政治体制，存在严重的党政不分现象，因此便着手进行修宪。1992年国会通过修改后的《1992年宪法》。其中，第六条规定："人民通过国会和人民议会行使权利。国会和人民议会是代表人民的意志和愿望的机构，由人民选举产生并对人民负责。国会、人民议会以及其他国家机构，按照民主集中制的原则组织产生和发挥作用。"第七条规定："对国会和人民议

---

① [越]《越南社会主义共和国宪法》，1992年中文译本，第二条，第121页。
② 潘金娥：《越南政治权力结构特征探析》，《当代世界与社会主义》2017年第6期。

会的选举，按照全体平等、直接选举的原则以秘密投票的方式进行。当国会的代表或人民议会的代表不受人民的信任时，选举人或国会可以撤销国会代表的资格；选举人或人民议会可以撤销人民议会代表的资格。"① 此外，《1992年宪法》还明确规定在共产党领导的前提下，要提高国会、政府、祖国阵线和其他人民团体的地位和作用。

在选举方式改革方面，中央委员在全国代表大会上由差额选举产生，基层党委的领导干部采取直接选举的方式，同时允许党员干部自荐职岗，这样的选举方式增加了民主性、主动性和透明度。同时，越南共产党和政府还引进"质询制度"，即国会代表在理论上有权对国家主席及其他政府官员提出质询，以推进党内生活及政党决策的民主化，并通过电视转播来提高广大人民群众参政议政的热情。针对腐败问题，越南共产党一是加强党员干部思想教育，提高党员自身的思想水平和行为修养，使他们能够严格自律；二是通过越南国会颁布《预防和惩治腐败法》，加强反腐立法并设立反腐机构，重金悬赏对腐败分子进行检举的信息，并保护检举人的隐私与安全等，这样使越南共产党的监察体制得到了完善。

另外，越南政府对国会制度、行政制度、司法制度等也进行了改革。《1992年宪法》规定："国会是国家的最高立法机关。"② 1992年4月颁布《国会代表选举法》，规定国会代表由选民直接选举，这至少在理论上使选民可以直接表达自己的政治意愿。《国会代表选举法》还建立了女性代表名额配给制度，鼓励妇女参政议政，并对妇女进行与参选相关的培训，越南妇女在国会中代表所占的比例因此一度居亚洲首位。通过国会改革，国会在国家政治中的地位与处理重大问题的能力得以提高。

在行政改革方面，越南政府首先对行政程序进行改革。2000年，越南政府取消了145种许可证，简化了审批手续以提高审批效率。对于行政机构的设置，越南共产党首先对政府机构进行裁撤与合并，精简机构人员并加强行政人员素质教育，加强对干部选拔和考核力度，并对公务员实行财产登记制度。这些措施使得越南政府更加廉洁高效、民主透明，

---

① ［越］《越南社会主义共和国宪法》，1992年中文译本，第六条、第七条，第121页。
② ［越］《越南社会主义共和国宪法》，1992年中文译本，第八十三条，第1页。

行政人员也真正地为人民做实事、谋利益。在司法制度改革方面，1996年的越南共产党第八次代表大会提出，要建立社会主义法权国家。2011年越南政府发布《关于2005—2020年司法改革战略》，提出要改革诉讼程序制度，改变传统的审问制度并要体现自由争讼的原则，以确保司法制度和司法程序的民主性。同时要提高法官队伍的建设，减少冤假错案的出现，并鼓励大众媒体进行舆论监督。通过司法改革，人民权益在一定程度上容易获得法律保障，促进了社会安定，同时对腐败的治理又加强了各族人民对党和政府的认同感。

在《1992年宪法》及相关政府文件的指导的基础上，此阶段越南政府对政治体制进行了相对全面的改革。同时，越南政府也在同步开展民族整合工作。1986年12月在河内召开了越南共产党第六次代表大会，1129名代表中有115名是少数民族代表，占比为10%，基本等同于少数民族人口在总人口中的占比。此次大会的决议指出："正确贯彻阶级政策和民族政策，发展少数民族聚居区经济社会必须充分体现民族政策，在团结、平等、互助和当家做主的基础上加强各民族之间的联系；经济发展与社会发展相结合，推动生产发展，关心人民群众生活。反对大民族主义和狭隘民族主义的思想和行为。"[1] 这样，六大确立了"革新开放"政策中越南共产党把民族整合政策调整到侧重于发展经济之上的分解，且纠正了之前太过于强调阶级斗争的错误。

《1992年宪法》第五十四条还规定，"所有公民，不分民族、出身、性别、社会地位、信仰、宗教、教育程度、职业和居住期限，凡年满18岁者都有选举权，年满21岁者依法享有被选为国会和人民议会代表的权利。"[2] 这样的提法弱化了越南国民的民族属性在政治上的特殊作用，强调了各民族人民的一律平等与平权。另外，随着少数民族文化教育水平的提高，以及国家政策向少数民族的倾斜，少数民族出身的科技干部、知识分子队伍，在经济文化建设中也发挥着越来越重要的作用。在一些少数民族中，连妇女也在学习与掌握科学技术，主动加入少数民族干部

---

[1] 滕成达：《越南当代民族问题和民族政策研究》，厦门大学出版社2017年版，第216页。
[2] [越]《越南社会主义共和国宪法》，1992年中文译本，第五十四条，第122页。

队伍当中。对于加强少数民族干部的选拔和任用，2001年越南共产党第九次代表大会第六次会议指出：要从优秀的青年干部、工人、农民和对革命有功的家庭的子女中选拔少数民族干部，从而形成优秀的少数民族干部队伍，并提高少数民族干部的待遇水平。① 其实，早在1990年，越南政府就颁布了《关于发展山区社会经济的若干具体主张和政策决定》，要求对在山区、高原、海岛、边境和民族地区工作的干部，提供额外补助，使他们在贯彻和落实民族政策中发挥模范作用。②

（二）革新开放以来的经济制度改革与民族整合

在经历了20世纪70—80年代严重的经济危机后，越南政府在困境中对自己的经济政策有所审视并幡然醒悟。1986年"革新开放"后越南政府逐步进行经济体制改革，将政府规划与自由市场激励结合起来，鼓励建立包括外资企业在内的私营企业和吸引外国投资越南。

首先，在所有制问题上，越南政府允许越南国民经济中多种经济成分并存，共同发展、互相合作、良性竞争，并彻底废除了官僚集中包给制。这样，虽然国有经济和集体经济仍然是越南国民经济的坚实基础，但是私营经济和外资经济也会得到发展。其次，在分配问题上以按劳分配为主体，并按照其他要素通过社会福利制度进行再分配，国家通过法律政策等对经济分配制度进行管理、定向和调节，这样既能够保证经济发展的成果在分配上基本公平，也为经济的进一步发展创造原动力。③《1992年宪法》第十五条规定："国家通过对市场机制的调控来发展社会主义多种经济成分的市场经济。具有各种不同生产方式和经营方式的多种成分的经济结构，是以全民所有制和集体、个人所有制为基础的，其中，全民所有制和集体所有制是核心。"④ 这再次强调了越南继续发展多元化市场经济的决心。第十六条规定："国家的经济政策是建设一个人民生活繁荣的强国，通过解放一切生产力，使国家、集体、个人以及不同

---

① 胡琦：《越南革新开放以来的民族问题与民族政策研究》，博士学位论文，中央民族大学，2015年，第124页。
② 胡琦：《越南革新开放以来的民族问题与民族政策研究》，博士学位论文，中央民族大学，2015年，第125页。
③ ［越］《越南社会主义共和国宪法》，1992年中文译本，第二章：经济制度，第121页。
④ ［越］《越南社会主义共和国宪法》，1992年中文译本，第十五条，第121页。

形式的私人资本和国家资本等各种经济成分充分发挥其潜能,并加强原材料和技术领域的基础建设,扩大与国际市场的经济、科学和技术的合作与交流。"① 它强调了发展私有制经济的重要性和以"建设一个人民生活繁荣的强国"为导向的整合方式。

另外,越南一直强调国家对宏观经济发展的调控。2011年越南共产党第十一次代表大会的报告提出,国家对经济的管理机制是:"保证社会主义法权国家通过法律、机制、政策、战略、规划、计划以及其他经济来源来对经济进行管理和调控。"可以看出,越南共产党和国家加大了对经济的调控力度,而且这种调控是在国家法律的框架内进行的,以期实现越南建立社会主义法权国家的目标。但是,由于2008年全球经济危机的影响,2012年越南国有企业大量破产,通货膨胀率上升,越南共产党不得不再次启动新的改革经济的计划,继续使国有企业部分私有化。到2013年底,越南政府已将接近一半的国有企业私有化了,只保留了对公共服务部门和军事工业部门的控制。改革增强了民众对越南经济恢复与发展的信心,引起越南股市的大幅上涨。除此以外,由于越南已经将许多国有企业私有化,这也有助于减少腐败并提高经济增长效率。

在对少数民族地区的经济制度整合方面,"革新开放"以来越南政府侧重于减少少数民族地区的贫困人口以促进经济增长。党和政府给予少数民族地区特别优惠的政策,努力缩小这些地区和发达地区的差距,让少数民族人民切实感受到了经济的发展、社会的进步与自己民族的切身利益的实现,增强了少数民族人民对国家的认同与忠诚。② 经济方面的民族整合集中表现在:第一,进一步促进少数民族的定耕定居;第二,加强对少数民族地区的扶贫解困;第三,改善少数民族地区的基础设施。

1996年,越南政府颁布了《关于组织山区民族地区生产、加强基础设施建设和居民安置规划的指示》,提出要因地制宜地对少数民族人民进行定居安置。1997年,越南政府颁布《关于山区、高地建设乡定居点工程的规定》,规定在高山区、边境区和特别困难的民族地区建设500个定

---

① [越]《越南社会主义共和国宪法》,1992年中文译本,第十六条,第4页。
② 韦红等:《东南亚国家城市化与乡村发展研究》,高等教育出版社2016年版,第228页。

居点。① 政府通过重视少数民族地区定耕定居工作的开展，使少数民族地区人民有了安守故土的意识和相对固定的家居园地。这种做法还有利于边境地区的安全与稳固，发展少数民族地区的经济也有利于少数民族在转变生产方式的过程中，加深对越南政府民族政策的理解，也有利于他们与越南人口较多的民族的融合，实现对当代民族国家的认同。

在扶贫解困方面，1998年7月越南政府颁布了《发展特困边远山区社会经济规划》，确定了自1998年到2005年年均减少4%—5%的贫困人口的目标，并具体确定了1715个极贫乡作为重点扶贫对象。2001年12月越南政府批准《186号规定》，强调要推进越北山区六省的经济发展。2004年7月，越南总理潘文凯签署《134号规定》，指出长期定居在贫困地区的少数民族人口是政府应该一直帮扶的对象，还具体对其生产用地、宅基地、蓄水池等作了详细的规定。2006年越南政府颁布《2006—2010年关于发展特别困难边远山区社会经济的规划》，提出首要的任务是在这些地区发展生产、提高技能、转变少数民族传统的生产方式。通过这一系列扶贫脱困政策的实施，越南少数民族地区不仅能够实现自己的经济发展愿望，还能真正感受到国家政府的关怀，享受到国家民族整合政策的福利。

在改善和增设基础设施方面，越南政府仍然把工作重心放在少数民族地区，与此同时，也加强了对全国统一发展的建设。1998年越南政府签署了《135规划》，提出要修建通往各个中心乡镇的国家公路，以推动农村和边远地区市场经济的发展。2001年越南政府颁布了《关于边境口岸经济区政策的规定》，鼓励加强边境口岸经济区的基础设施建设，还通过减免关税等政策吸引外资外企来参与边境口岸的建设。2006年，越南政府在所颁布的《2006—2010年关于发展特别困难边远山区社会经济的规划》中也明确指出，要在基础设施的建设方面，使全国80%的村寨能够拥有与中心城镇联通的机动车道路，并使全国80%的村社能够通电用电。

---

① 胡琦：《越南革新开放以来的民族问题与民族政策研究》，博士学位论文，中央民族大学，2015年，第105页。

为了加强越南山区少数民族与平原地区的市场联系，实现少数民族地区自然资源、社会资源与人力资源的优化配置，越南政府颁布了一系列法令为少数民族地区提供优惠贷款服务。1998年政府颁布的《发展特别困难的边远、山区社会经济规划》指出，各商业银行应优先向《135规划》区域内的贫困人口提供优惠贷款，对特别贫困乡的农户在生产和生活上所需的商品提供价格补贴和运费补贴。1999年政府颁布了《关于促进农村农业发展银行信用政策的规定》，规定农村和农业发展所需款项由农业发展银行筹措，同时国家还拨付一定资金支持农村和农业发展，困难行业、贫困家庭在贷款时不必缴纳保障金。2001年颁布的《2001—2005年国家消饥减贫和就业问题的目标规划》指出，政府实行对贫困乡和贫困户的农业免税政策，在土地住宅和劳动用具等方面给予一定政策范围内的支持和资金帮扶。

在优化产业结构方面，1998年政府颁布了《关于1998—2001年国家扶贫目标计划》，政府提出国家鼓励发展农林渔业，政府将在行业发展和促进生产方面对农林牧渔的发展提供优惠政策和帮扶措施的内容。2001年政府通过的《2001—2005年国家消饥减贫和就业问题的目标规划》指出，要引导贫困人口找到合适的工作与经营方式，促进第三产业的发展。2001年12月政府又通过《186号规定》，指出要推动越南北方六省的基础性产业发展。在工业方面，大力发展与资源相关的加工工业，并注重对少数民族传统手工业的保护和传承；在农林业方面，使用良种、化肥以增加粮食产量，因地制宜，种植适合的经济作物；对于人口过密、耕地紧缺的地区，要求按照国家相关移民政策，有计划、有步骤地帮助愿意迁徙者转移到新定居地点并给予财政资助，搞好生活安排和民族团结工作；同时大力开展植树造林工作，禁止乱砍滥伐。[①] 为帮助少数民族发展经济，近年来越南政府确确实实地实行了一系列优惠政策：对贫困地区免收农业税和商品流通税，边境地区农村机动车免收养路费；中等收入以下的边民贷款不计利息等。

总之，"革新开放"以来，越南变化最大的还是经济的发展，"革新

---

① 郝文明主编：《中国周边国家民族状况与政策》，民族出版社2000年版，第510页。

开放"以后到现在的经济政策,使越南在国家经济建构方面取得了明显的成果。其经济政策在大政方针上符合越南国情,对越南经济整合起到了积极的推动作用,并且让越南经济保持不断增长的势头。过去的二十年中,越南在经历了经济的迅速整合和建设后,经济开始蓬勃发展。尽管如此,目前贫困问题仍然是国家发展经济中最主要的关注点。同时,在经济与社会发展方面的民族整合中,越南政府为促进少数民族地区发展,颁布了许多政策与法令,给予少数民族地区政策倾斜和经济优惠,这些政策涉及少数民族人民切身利益,他们在经济发展、社会进步的过程中体会到国家政策的利好,有利于加深他们对党和国家的感情,从而实现民族认同与国家认同的整合。

(三)"革新开放"以来的文化与社会建构和民族整合

在文化建构与整合方面,1998年越南共产党八届五中全会提出要"建设和发展具有浓厚民族特色的先进文化"。在1999年越南共产党九大又进一步提出,要维护民族文化特色,将发展文化同发展经济和党的建设联系起来,巩固民族国家的政治体系。2011年越南共产党十一大更进一步提出,继续建设具有浓厚民族特色的先进越南文化,保存和发扬美好的民族文化价值,同时吸收人类文化的精华,积极开展"全民团结建设文化生活"的运动,对文化遗产、历史遗迹进行修缮,以维护各民族文化共同体的记忆载体。[1]

首先,最重要的是继续加强雄王信仰,这样从民众的精神文化上进行国家认同的构建。基于雄王在越南国家文化认同中的重要地位,20世纪80—90年代,越南政府投入了巨大资金,他们创造和重建了位于福寿省羲岗乡义岭山上的雄庙博物馆、妪姬祖祠、貉龙君祠等建筑。[2] 如今,在以羲岗乡为中心的方圆1000多公顷内的地区已经形成了有一定规模的国家级雄王庙历史遗迹区。2001年越南政府颁布了第82/2001/ND-CP号决议,正式将祭拜雄王的节日定为仅次于国庆的越南民族大型节日,同

---

[1] 越南共产党:《越共十一大政治报告》,转引自潘金娥等《越南革新与中越改革比较》,社会科学文献出版社2015年版,第222页。

[2] 徐方宇:《雄王公祭与越南民族——国家认同的建构》,《东南亚南亚研究》2012年第3期。

时还规范了雄王公祭仪式的形式和规模,规定每逢末尾号为10和5的特殊年份,越南政府都将邀请领导人们参加雄王公祭进香活动。① 2007年,由越南国会通过的《关于全国劳动人民于祭雄祖日放假的提案》,将祭雄祖日作为法定假日补充进《越南劳动法》第七章第73条。② 至此意味着雄王公祭仪式在国家层面的合法化,标志着雄王公祭正式国家化,成为受国家法律支持的国家级祭礼。

2009年,越南文化、体育和旅游部颁布了《祭雄祖日(阴历三月初十)纪念雄王仪式的指导文件》。该文件指出,越南全国的各省和直辖市需在阴历三月初十举行由地方政府带领的祭祀或者纪念雄王的活动,同时对雄王祭祀活动的仪式进一步统一地加以规范。③ 这一重要文件的颁布,使2009年成为建设雄王公祭典仪的转折年,越南政府对于越南民族的雄王信仰,从理念到仪式都进行了又一次大规模地干预和规范,这是国家在打造规范的雄王信仰建设使之制度化的重要一步。此文件的出台,使雄王作为越南民族心目中的象征符号得到进一步深化和规制,并被纳入此前存在的雄王符号和信仰所建立起来的国家认同体系之中。④

其次,"革新开放"后,越南政府另一项重要的文化整合运动是以胡志明思想为指导而进行的社会主义思想整合。受到拉丁化越文的影响,越南人民的思想在近代发生了转变,越南改变了近两千年来语音与文字双轨并行的局面,这一改变引发民族思维的创新和变化,胡志明作为此阶段伟大的大众民族主义领袖而出现,推动着拉丁化越南语和越南民族解放事业的发展,引领着越南民族文化和民族独立精神的发展。

尤其是在越南社会主义文化构建中,胡志明思想强调的是"以民为本"的建国治国理念,这维系着当代越南人心中对社会主义价值体系的信心,切实呼应着越南宪法中社会主义政治制度的基础。另外,胡志明思想是对越南传统文化的继承与认可,他将道家思想、儒家学说和马克

---

① 越南政府:第82/2001/ND‒CP号关于国家仪式和接待外国客人仪式的决议。
② 越南政府:第24/TTr-CP号关于全国劳动人民祭雄祖日放假的提案。
③ 越南文化、体育和旅游部:第796/HD-BVHTTDL号关于祭雄祖日(阴历三月初十)纪念雄王仪式的指导文件。
④ 徐方宇:《雄王公祭与越南民族——国家认同的建构》,《东南亚南亚研究》2012年第3期。

思列宁主义相结合,来思考和领导当代越南的国家建构。所以,鉴于胡志明思想的重要历史地位及其民心所向、众望所归的情况,《1992年宪法》第四条明确规定:"越南共产党坚持马克思主义、列宁主义和胡志明思想,作为工人阶级的先锋队和工人阶级、劳动人民和全民族利益的忠诚代表,是担负领导国家和社会的力量。"① 以国家法典的形式再次确立了胡志明思想的领导地位。

此外,"多元融合"的思维方式也确立了越南民族价值观体系构建的重要途径。从古到今,越南文化思想建构中一直有一种多元文化的框架,从传统到现代的进化过程中"多元融合"的特点贯穿始终。如在宗教方面,历史上越南一直包容道、儒、佛三教并存,并且做到了三教和平共处、共同发展。当代越南政府一直坚持以胡志明思想体系为核心的民族共同价值取向来进行文化构建,并在建构过程中注重"多元化"。从这个角度来说,"革新开放"以来越南文化构建仍然秉持其独具的包容性和融合力,越南人总能找到一个最适合自己国家的角度来进行文化的融合和包容,进一步在国内多个民族中进行推广。②

在文化教育的构建方面,"革新开放"以来越南共产党和政府着重于推动全民族教育事业的发展,在1986年越共六大提出的革新路线中,有"教育培训是头等国策,在建设和保卫祖国的全部事业中起着关键作用,并要通过教育造就人才,为国家、为21世纪建设一支包括经营人才、管理人才、科技专家的知识分子队伍"的指示。③ 对于少数民族教育的发展,越南政府首先注重民族教育中的师资培训工作,重视对教师进行少数民族语言的培训。2005年出台的《教育法》第82条规定:"为提高少数民族地区的教育质量,国家将组织教师及相关教育工作者进行少数民族语言培训。并不断开展教育教学方法的交流会和研讨会,探索符合少数民族学生的教育教学方法。并提高民族教师的福利待遇,以鼓励优秀的教育管理人员支援少数民族地区教育事业发展。同时,在课程设置上,

---

① [越]《越南社会主义共和国宪法》,1992年中文译本,第四条。
② 详见杨健《交融与内聚:越南文化流变的多维透视》,中国社会科学出版社2017年版,第278—283页。
③ 潘金娥等:《越南革新与中越改革比较》,社会科学文献出版社2015年版,第198页。

因为少数民族学生更喜欢看到自己所属族群的历史及其对于国家的贡献，因此可在授课上做适当安排。"① 越南政府还对少数民族地区考生实行加分政策，使他们相对平等地享受高等教育的机会，并对少数民族大学生实行免收学费和发放补助金、奖学金和社会救济金的政策。

对"革新开放"以来的民族文化整合，首先，在语言文字的发展方面，1996年越共八大提出：保存和发展少数民族的语言和文字。在使用越文的同时，鼓励少数民族学生学习和使用本民族的语言文字。1997年2月越南教育部发布《指导推广少数民族语言文字的通知》，并将八种少数民族语言纳入中小学授课方案中，还组织学者编写了越语和少数民族语言的双语词典，使少数民族能够顺利阅读国家政策，加深对于国家政策的理解。更重要的是，双语学习是越南少数民族人口融入主流社会并成长为社会栋梁的基础。

其次，政府大力发展少数民族文化，许多报纸杂志经常刊载有关文章，并开辟出专栏介绍少数民族的优秀文化。广播电台和电视台也开播了少数民族语言频道。1992年越南社会科学出版社整理出版了《越南各少数民族文学全集》。1997年新建的河内民族博物馆落成。2001年4月，越南共产党九大上政府提出"主动融入国际和地区经济"的基本思想，同时也强调发展与"维护民族文化特色"。② 2006年4月越南共产党十大肯定了"文化、信息、新闻、体育等活动在一些方面有进步"，"新闻、电视、广播活动在内容方面得到革新，增加了规模，范围扩大到边远地区、少数民族地区和国外"。③ 为促进越南民族文化多样性的发展，2011年1月的05/2011/ND-CP法令，宣布各民族团体有互相尊重风俗与传统的义务，这为建设一种先进的充满民族认同的越南文化贡献了力量。④

---

① Rosalie Giacchino-Baker, "Educating Ethnic Minorities in Vietnam: Policies and Perspectives", *Kappa Delta Pi Record*, Vol. 43, Issue 4, pp. 168 – 173.
② 潘金娥等：《越南革新与中越改革比较》，社会科学文献出版社2015年版，第221页。
③ 潘金娥等：《越南革新与中越改革比较》，社会科学文献出版社2015年版，第221页。
④ Nguyen Thu Huong, "The Red Seedlings of the Central Highlands: Social Relatedness and Political Integration of Select Ethnic Minority Groups in Post-War Vietnam", in Philip Taylor (ed.), *Connected & Disconnected in Viet Nam: Remaking Relations in a Post-socialist Nation*, Acton, Australia: ANU Press, 2016, p. 175.

第二章　越南国家建构与民族整合

在医疗卫生方面，政府提倡：增加对山区医疗系统的投资，保障常用药和防治病药的充分供应；积极培训、培养医疗人员和实行适当鼓励山区医疗干部的政策，努力在一定时间内在各乡村或各个联乡配备足够的医疗干部；强调国家山区医疗系统要与越南红十字会基层组织相结合，以增强小乡村及其居民点民众的健康。早在1989年越南党中央政治局就发布了《第22号决议》，主张增加对山区医疗卫生事业的投资，保障常用药和预防疫苗的供给，积极培训山区医务工作者并给予适当的优惠政策，鼓励各种形式的医疗队伍成长。[1]

2001年越南政府又颁布了《186号规定》，其指出：要确保越南北方山地六省的乡中心镇地区70%的农民能喝上干净的饮用水。为此，越南社会劳动保障部发布的《1143号规定》对政府在医疗卫生方面的具体措施进行了规范：主张以省为单位设立贫困人口医疗基金，对边境一线边民家庭的中小学生实行免费医疗政策。2006年6月，越南政府总理发布《QD-TTG2006-153号决议》，批准了《越南2010医疗休系发展总体规划和到2020年的展望》。该《规划和展望》提出，要为少数民族选派和定向培养医护人员，鉴于越南的山区与平原、城市和农村的医疗卫生条件差距很大，导致少数民族人口与主体民族人口在健康水平上存在差异，近年京族人口的平均寿命为67岁，瑶族人口的平均寿命仅为50岁，而赫蒙族人只有40岁。所以，医疗经费、医疗设备、医护人员的投入都要向边远山区和少数民族地区倾斜，以保障越南全体公民享受国家共同体提供的平等帮助。[2]

总的来说，1986年12月在河内召开的越南共产党六大，标志着"革新开放"的开始和集中的计划经济体制向社会主义市场经济体制的转变，这个阶段属于越南当代国家建构的发展阶段，首要的中心任务是发展经济。这个转变带动了越南民族整合的发展，尤其是对越南的少数民族地区产生了深远的影响。因此，越南政府对少数民族的政策及其实施方式，都做了重大的调整，以便顺利实现新的发展思路下对少数民族进行的整

---

[1] 郝文明主编：《中国周边国家民族状况与政策》，民族出版社2000年版，第512页。
[2] 潘金娥等：《越南革新与中越改革比较》，社会科学文献出版社2015年版，第218页。

合。首先，越南政府保留了"平等、团结、互助、共同发展"的民族政策的基本原则，并把民族问题放在重要的战略地位。其次，为在经济发展过程中实现民族平等，越南共产党七大提出优先投入资金发展民族地区和山区的经济、建设基础设施和开展扶贫等工作的方针，大力加强中央对民族地区和山区的扶持力度。再次，实施针对特定地区或民族的具体政策，如对高棉族、西原地区和北部山区的具体政策，使民族发展政策进一步具体化和详细化，有更大的可行性和可操作性。最后，政府注重发展少数民族文化，提高少数民族的民族自尊、自信，尊重少数民族文化，培养民族认同，以完成国家建构。[1] 总之，这一阶段的民族整合政策成功地促进了少数民族地区的经济发展，推动了经济结构的调整。

---

[1] 滕成达：《越南当代民族问题和民族政策研究》，厦门大学出版社2017年版，第158—162页。

第三章 老挝民族国家建构

张 静

老挝也是一个多民族/族群国家。从语系语族来看，老挝的族群可以大致分为三类：操泰语的老龙人（Lao Loum）在平原或高地河谷种植湿稻；操南亚语系语言的老听人（Lao Theung）则在中等高度地区采用"刀耕火种"的方式进行种植；而操苗瑶语系语言或藏缅语系语言的老松人（Lao Soung），采用"刀耕火种"的方式进行耕种，并且只活动在老挝北部地区。[①] 根据老挝人口和住房普查指导委员会公布的《2005年人口和住房普查结果》，老挝共有49个族群（参见表3-1）。由表3-1不难看出，老族占老挝人口的比例超过一半（54.6%）。少数民族中，占比较多的是克木族（10.9%）和赫蒙/苗族（8.0%）。从语系语族的划分来看，老挝的老泰族群包括8个族群，孟—高棉族包括31个族群，汉藏语族包括8个族群，苗瑶语族则主要是赫蒙（苗）族和勉（瑶）族2个族群，[②] 共计49个族群。

表3-1　　老挝49个族群及其人口比例（按人口数排序）　　单位：人，%

	族群	人口	比例
1	老/佬（Lao）	3067005	54.6

---

① Martin Stuart-Fox, *Historical Dictionary of Laos* (3rd ed.), Lanham, Maryland: The Scarecrow Press, Inc., 2008, pp. ii – iii.

② 有关老挝4个语系语族具体情况的研究，参见周建新《东南亚各国的民族划分及相关问题思考》，《贵州民族研究》2018年第2期；有关2000年老挝中央建国阵线认定的包括4个语族49个民族名称的具体情况的研究，参见黄兴球《老挝族群论》，民族出版社2006年版，第235、236页。

续表

	族群	人口	比例
2	克木（Khmu）	613893	10.9
3	赫蒙/苗（Hmong）	451946	8.0
4	泰（Tai）	215254	3.8
5	普泰（Phoutai）	187391	3.3
6	泐/泰泐（Leu, Tai-Leu）	123054	2.2
7	卡当（Katang）	118276	2.1
8	玛龚（Makong）	117842	2.1
9	阿卡（Akha, Ko + Khir）	90698	1.6
10	日鲁/拉温（Yrue, Laven）	47175	0.8
11	隋/税（Suay）	42834	0.8
12	兴希里/普内（Singsily, Phunoy）	37447	0.7
13	达奥（Taoy）	32177	0.6
14	温/泰阮（Ngouan, Tai-Nyuan）	29442	0.5
15	达伶/达连（Triang, Taliang）	29134	0.5
16	瑶/优勉（Yao, Iu Mien）	27449	0.5
17	德里（Tri）	26680	0.5
18	朋/丰（Phong）	26314	0.5
19	布劳/拉威（Brao, Lavae）	22772	0.4
20	卡都（Katu）	22759	0.4
21	奥衣（Oy）	22458	0.4
22	巴莱/听（Pray, Thin）	21922	0.4
23	阿拉克（Alak）	21280	0.4
24	拉蔑/拉篾（Lamet）	19827	0.4
25	巴科（Pako）	16750	0.3
26	拉祜（Lahu, Musir + Kouy）	15238	0.3
27	泰钮（Tai-Neua）	14799	0.3
28	克良/聂 Kriang（Ngae）	12879	0.2
29	纳（Nyae）	10570	0.2
30	贺/霍（Ho, Haw）	10437	0.2
31	兴门（Xingmun）	8565	0.2
32	蔷（Cheng）	7559	0.1

续表

	族群	人口	比例
33	雅珲（Nyaheun）	6785	0.1
34	央（Yang）	6160	0.1
35	高棉（Khmer）	5825	0.1
36	都姆（Toum）	4458	0.1
37	赛克/些克（Sek, Xaek）	3733	0.1
38	叁刀（Samtao）	3533	0.1
39	西拉（Sila）	2939	0.1
40	毕（Bit）	1964	—
41	倮倮（Lolo）	1691	—
42	拉维（Lavae）	1193	—
43	色当（Sadang）	938	—
44	哈尼（Hanyi）	848	—
45	润（Nguan）	722	—
46	尔都（Oedou）	649	—
47	芒/蒙（Moy, Mon; Meuang）	534	—
48	登（Thaen）	514	—
49	卡里（Kari）	495	—
	其他	12532	0.2
	身份不详	54643	0.9
	总计	5621982	100.0

说明：本表中族群名称的翻译，参考了以下文献：周建新《东南亚各国的民族划分及相关问题思考》，《贵州民族研究》2018年第2期；周建新《中越中老跨国民族及其族群关系研究》，民族出版社2002年版，第120—121页；黄兴球《老挝族群论》，民族出版社2006年版，第235—236页。

资料来源：Lao People's Democratic Republic, *Results from the Population and Housing Census 2005*, Vientiane: Steering Committee for Census of Population and Housing, 2006。引自 Martin Stuart-Fox, *Historical Dictionary of Laos* (3rd ed.), Lanham, Maryland: The Scarecrow Press, Inc., 2008, pp. 409 - 410。

从性别来看，据老挝2015年的人口普查资料，老挝男女人口较为均衡，分别为3254770人与3237458人；而从宗教信仰来看，佛教教徒人口占总人口的比例最高，为64.7%，其次为无宗教信仰人口，占比为31.4%。有关老挝按性别和宗教进行分类的人口状况，参见表3-2。

表 3-2　　　　　　　按性别与宗教分类的老挝人口

宗教	人口 总数	男	女	比例（%）总计	男	女
总数	6492228	3254770	3237458	100.0	100.0	100.0
佛教徒	4201993	2097275	2104718	64.7	64.4	65.0
基督徒	112230	55827	56403	1.7	1.7	1.7
巴哈教徒	2122	1179	943	—	—	—
伊斯兰教徒	1605	856	749	—	—	—
其他	19901	11622	8279	0.3	0.4	0.3
无宗教信仰	2040365	1030472	1009893	31.4	31.7	31.2
不详	114012	57539	56473	1.8	1.8	1.7

资料来源：Lao Statistics Bureau，*Results of Population and Housing Census 2015*，Vientiane, Lao PDR：Lao Statistics Bureau, 2016, p. 123。

第一节　老挝民族国家建构的历史基础

在长期历史发展的过程中，老挝逐渐形成了以老族为主体、多民族并存的民族格局。14世纪澜沧王国建立以后，老挝地区出现了统一的国家政权。19世纪后期，老挝沦为法国的殖民地后开始向近代社会转型。在殖民主义和民族主义的双重影响下，老挝民族主义运动兴起。经过老挝人民顽强不懈的抗争，老挝取得了独立。不过，老挝国家的独立，并不意味着老挝民族国家建构与民族整合的完成。相反，这是一个开始。

一　老挝民族的起源与多民族格局的形成

老挝民族的形成实际上是境内各民族互相融合成为新民族——现代老挝人的过程。老族长期占据低地平原地带，在生产力相对发达的情况下，凭借强大的政治力量和文化实力，开始以武力来征服周边的民族地区。老挝的孟—高棉语族、泰语族、苗瑶语族以及包括后来迁入的华人群体与老族共同构成了老挝多民族并存的民族格局，他们各自的历史、文化成为老挝民族国家建构的重要基础。

老挝老族的形成经历了一个漫长的过程。老族并不是老挝的土著民族，他们的起源同泰语民族的迁入有着密切的联系。泰语民族进入老挝地区后，逐渐同化了当地说孟—高棉语的土著民族，并发展演变成为老挝的主体民族——老族。

老挝历史上曾被称为"哀牢"。后来"哀牢"一词逐渐演变，指生活在老挝北部地区的民族群体。大约在公元前600年至公元前300年间，大批高棉人开始向老挝地区移民。公元1世纪初，"哀牢"进入老挝后与当地土著民族融合发展。①

"哀牢"可能是最早的一支泰老族人，他们当中的一部分人进入老挝北部地区后，一直把"牢"或"老"作为他们的族称。随着说"原始泰语"的人不断迁徙到老挝，他们中的一部分人逐渐融入了居住在这一带叫作"老"的群体。② "牢"或"老"这个词的最初含义是人。③ 后来，"老"这个词又一度变成了具有高贵社会地位的人的称号。④

《南掌纪年》记载，老族首领坤博隆的长子坤罗率众与猛斯瓦国王坤干哼大战。坤罗胜利后，把坤干哼及其子孙逐走，建立了老族人的王国。⑤ 坤罗领导的老族人把土人逐入山区。土民被迫成为老族人的奴隶，变成了卡，国王坤干哼也被称为了卡干哼。⑥

法国学者勒·布朗格将"卡"描述为皮肤黝黑、鼻子挺直的野蛮人。"卡"人定居于山区生活。⑦ 后来"卡"（Kha）或"孔"（Khom）开始指那些说孟—高棉语的民族和其他山地民族。

公元10世纪至13世纪，泰语民族进入老挝后同说孟—高棉语的民族

---

① Vatthana Pholsena, *Minorities and the Construction of a Nation in Post-Socialist Laos*, Yorkshire: The University of Hull, Ph. D. Diss., 2001, p. 194.
② 何平：《泰国东北部地区老族的由来及其历史变迁》，《贵州民族研究》2011年第5期。
③ 何平：《傣泰民族的起源与演变新探》，社会科学文献出版社2015年版，第148页。
④ 何平：《哀牢族属再议》，《广西民族研究》2012年第3期。
⑤ ［泰］集·蒲米萨：《暹泰佬孔各族名称考》，黎道纲译，泰国 Duang Kamol 出版社1976年版，第105页。
⑥ 何平：《中南半岛民族的渊源与流变》，民族出版社2006年版，第233页。
⑦ Vatthana Pholsena, *Minorities and the Construction of a Nation in Post-Socialist Laos*, Yorkshire: The University of Hull, Ph. D. Diss., 2001, p. 90.

相互融合，初步形成了今天老挝的主体民族——老族。14世纪出现的澜沧王国应该就是现代老族形成的结果和标志。① 澜沧王国建立后，老族人的统治地位得到了进一步的强化。

老挝的苗族和瑶族大多是晚近时期迁入的。瑶族大多是在明永乐年间到民国时期由云南南部地区迁入老挝的。② 其中，分布在老挝中部和北部的瑶族，与当地其他少数民族和生活在坝区的老族人有贸易往来。

法国传教士（François-Marie Savina）神甫认为："东京（河内）所有的蒙/苗（Hmong/Miao）③ 居民均是从云南迁来的，而居住在老挝的那些苗族则是从东京迁去的。"④ 从越南迁入老挝的苗族，有的是先在越南落居若干年后再西迁老挝，有的则只是在越南短暂停留之后继续西迁老挝，有的仅仅只是经由越南迁入老挝。⑤

一般认为，老挝的苗族大致是在19世纪时进入老挝的。由于老挝苗族的来源不同，迁入时间不同，这就使得老挝苗族的支系众多而复杂。

老挝的华人和越南人则大多是在法国殖民时期迁入的。1937年，约有10200名越南人生活在万象，而生活在万象的老挝人仅有9000人。到了1943年，老挝的城市人口约有3/5是越南人，他们大多任职在老挝中低层的行政机构中。⑥ 老挝的华人群体，一般认为其有两个来源，一是来自中国的云南省，他们大多因为逃难迁入老挝，又被称为贺族人。⑦ 二是来自中国的福建、广东、浙江等沿海省份。1921年，老挝共有华侨6710人。⑧ 第二次世界大战后，迁往老挝的华侨人数大幅度增长。1954年老挝独立后，在老挝的华侨人数增至5万人左右。1973年老挝华侨人数在10

---

① 何平：《东南亚民族史》，云南大学出版社2012年版，第245—246页。
② 秦钦峙、赵维扬主编：《中南半岛民族》，云南人民出版社1990年版，第151页。
③ 注：不用"苗"而用"赫蒙"称呼这一族群。建国后，老挝政府在确定民族称谓时，将其称为"赫蒙族"。参见周建新《老挝的民族识别与划分及其未来发展》，《贵州民族研究》2001年第1期。为方便行文，书中将其一律称为苗族。
④ Jean Michaud, *Turbulent Times and Enduring Peoples: Mountain Minorities in the South-East Asian Massif*, Richmond: Curzon Press, 2000, pp. 30–31.
⑤ 秦钦峙、赵维扬主编：《中南半岛民族》，云南人民出版社1990年版，第114—115页。
⑥ Colin Long and Jonathan Sweet, "Globalization, Nationalism and World Heritage: Interpreting Luang Prabang", *South East Asia Research*, Vol. 14, No. 3, 2006, p. 462.
⑦ 何平、饶睿颖：《历史上迁移老挝的"云南人"》，《思想战线》2009年第4期。
⑧ 郭保刚：《老挝华侨概述》，《印支研究》1984年第3期。

万人左右。① 1975 年老挝人民民主共和国建立后，新政府对华侨华人的政策逐渐严苛，大批华人离开了老挝。

而那些一直生活在老挝地区的老族人，逐渐成为老挝的主体民族，他们的语言成为老挝的国语，他们的文化也成为老挝的主体文化。随着历史的演变和民族的迁徙融合，来到这里定居的藏缅语族、苗瑶语族，以及越南人和华侨华人与老族人共同形成了老挝多民族并存的民族格局。

二 法国殖民统治与老挝民族国家的形成（1893—1954 年）

1893 年法国和泰国签署了《曼谷条约》，确立了法国在老挝的殖民统治。法国对老挝边界的划分，初步奠定了老挝民族国家的疆域，客观上促进了现代老挝民族国家的出现。法国的殖民政策也在老挝的政治、经济、文化等领域产生了一系列连锁反应。由此发展起来的老挝民族主义运动，增强了老挝人民的国家认同感。在老挝民族主义运动的引导下，老挝取得了国家独立，建立了民族国家。

（一）法国殖民活动及其治理举措

1887 年以后，法国将越南和柬埔寨合并在一起，组成了法属"印度支那联邦"。为了扩大联邦影响，法国开始了吞并老挝的行动。

1893 年，法国入侵老挝，法暹战争爆发。10 月，暹罗战败，法暹双方签订了《曼谷条约》，规定：（1）暹罗割让湄公河东岸的老挝领土给法国；（2）划定湄公河西岸 25 公里地带为非军事区，东西两岸居民可以自由往返。②《曼谷条约》将老挝由泰国的属地变为了法国的殖民地。

1895 年，法国与中国清政府签订的《中法续议界务专条附章》将中国云南的猛乌、乌德划入了老挝版图，确定了中老边界。③ 1903 年，法国同暹罗再次协商，暹罗同意用达叻和肯塔换取尖竹汶，由此确定了泰国同老挝的边界。同年 4 月，英法两国签订协议，确定以湄南河为界线

---

① 庄国土：《略论二战以来老挝华人社会地位的变化》，《华侨华人历史研究》2004 年第 2 期。
② Martin Stuart-Fox, *A History of Laos*, New York: Cambridge University Press, 1997, p. 25.
③ 申旭：《老挝史》，云南大学出版社 1990 年版，第 229—230 页。

划分两国势力范围,湄南河以西为英国势力范围,以东则为法国的势力范围。①

法国先后通过与柬埔寨、暹罗、中国清政府签订的一系列边界条款,划定了法属时期老挝的势力范围,初步奠定了现代老挝国家的疆域版图。法国一直将老挝视为其印度支那体系的一部分。它们要求在老挝的殖民统治必须尽可能"廉价化"。同样,获取殖民利润也是一项重要任务。这种策略在法语中称为"mise en valeur",即"提升(殖民地)价值"。②该政策深刻影响了老挝的政治、经济和文化。

政治上,法国人主张维持老挝现有的行政机构设置。他们在老挝上层团体中找到合作者,实行"以老制老"的殖民政策。这部分群体在政治参与或改革方面基本没有要求或是要求很少,使得老挝的政治机构并没有得到实质性发展。③并且,法国一直将老挝视为越南的延伸地带。它们鼓励越南人向西移民进入老挝和柬埔寨,以便为殖民政府提供行政人员,为种植园和矿山提供劳动力。④法国在老挝设立的行政机构大多是出于服务印支体系的需要。它们并没有采取更多的措施来完善老挝的政治机构,其政治举措也没有起到促进老挝政治变革的作用。

经济上,法国视老挝为"殖民地中的殖民地"(a "colony of settlement")。它们寄希望于通过越南劳动力来开发老挝的资源,获得的殖民利益主要流向法国本土。⑤为此,法国人只采取了有限的措施来促进老挝的经济发展。它们在老挝强行推行单一经济作物种植制度,并将掠夺来的土地用于种植罂粟。当时上寮生产的鸦片占老挝总产量的90%。⑥出于开发自然资源的需要,它们还修建了可供运输的公路和铁路系统。另外,为了完善其他殖民基础设施的建设,当局规定年龄在18—60岁之间的老

---

① 申旭:《老挝史》,云南大学出版社1990年版,第229页。
② Vatthana Pholsena, *Minorities and the Construction of a Nation in Post-Socialist Laos*, Yorkshire: The University of Hull, Ph. D. Diss., 2001, p. 93.
③ Martin Stuart-Fox, *A History of Laos*, New York: Cambridge University Press, 1997, p. 20.
④ Vatthana Pholsena, *Minorities and the Construction of a Nation in Post-Socialist Laos*, Yorkshire: The University of Hull, Ph. D. Diss., 2001, p. 108.
⑤ Martin Stuart-Fox, "The French in Laos, 1887-1945", *Modern Asian Studies*, Vol. 29, No. 1, 1995, pp. 121-122.
⑥ 申旭、马树洪:《当代老挝》,四川人民出版社1992年版,第130页。

挝男性都要从事劳役活动。① 法国对老挝实行的经济政策，其本身不是为了发展老挝经济，自然不可能触及经济改革层面。相反，法国的过度剥削导致老挝在经济领域难以有新的建树。

文化上，老挝民众以前接受教育的主要场所是寺庙。法国占领老挝后，规定法语为唯一公文用语。1902—1905年，它们先后在老挝设立了两所成人学校，并由法国人和会讲法语的越南人担任教师。此时老挝教育系统尚未完全建立。1907—1925年，须获得完成小学前三年教育证书的考生，须前往河内、顺化、金边或西贡等地参加考试。② 需要指出的是，法国人并不重视老挝的文化教育事业，他们只通过保留传统寺庙教育来减少教育支出。但是，寺庙教育只能提供小学水平的简单的识字，讲授基本的佛教教义和进行道德教育。③

总体来说，法国的殖民教育措施间接限制了许多依靠寺庙来接受教育的群体，不利于老挝基础教育的发展。即使在大城市，老挝也没有建立起完整的高等教育体系。更为突出的是，法属时期老挝的教育制度并不健全，并大多缺乏深度且殖民教育色彩严重。

(二) 老挝民族主义运动的兴起与发展

格兰特·埃文斯认为，殖民主义显然促进了老挝民族主义运动的兴起。法国人一方面希望老挝能广泛地融入法属印度支那实体，鼓励发展老挝人的民族认同感；另一方面又忌惮"泛泰民族主义"（pan-Tai nationalism）④ 的影响，强调老挝同暹罗的区别，主张将老挝纳入由越南人主导的印度支那联合体中，结果招致了老挝上层统治者的不满。⑤ 这在客观上为老挝民族主义运动的兴起提供了契机。

---

① Martin Stuart-Fox, "The French in Laos, 1887–1945", *Modern Asian Studies*, Vol. 29, No. 1, 1995, p. 122.

② Mya Than and Joseph L. H. Tan (eds.), *Laos' Dilemmas and Options: The Challenge of Economic Transition in the 1990s*, New York: ST. Martin's Press, 1997, p. 155.

③ Martin Stuart-Fox, *A History of Laos*, New York: Cambridge University Press, 1997, p. 43.

④ "泛泰民族主义"是指20世纪早期在泰国兴起的"大泰族主义"，即泰国企图统一分布在东南亚地区的傣泰民族，主张将老挝、柬埔寨、越南西部、中国云南西南部、缅甸、印度东北部地区的泰人聚居区合并为一个泰人国家的思想。

⑤ Colin Long and Jonathan Sweet, "Globalization, Nationalism and World Heritage: Interpreting Luang Prabang", *South East Asia Research*, Vol. 14, No. 3, 2006, p. 462.

鉴于"泛泰民族主义"的传播，法国人有限地放松了对老挝的管控力度。1941年在印支总督让·克里克斯的支持下发展起来的"老挝复兴运动"（Lao Renovation Movement），成为老挝第一个真正意义上的民族主义运动。①

"老挝复兴运动"以老族文化为核心，以激发老挝人的民族身份认同和民族自豪感为主题，旨在重建老挝的文化和身份认同。在该运动的引领下，老挝人被赋予了共同的民族身份。这种身份是根据"老族"文化界定的，即"以纯粹的老族（Lao）为民族特征来同化其他少数民族"②。

"老挝复兴运动"由驻万象的法国公共教育主任查尔斯·罗切特、努伊·阿普海和卡泰·唐·萨索利特等人领导，以赞美老挝的文学、戏剧、音乐和舞蹈和歌颂老挝历史为内容，并以1941年1月发刊的《老挝人民日报》（*Lao Nyai*）为主要阵地。③ 日报内容涉及婚丧嫁娶、会议庆典、行政事务等大大小小各个方面。

1941年，老挝宣传处补充出版了一册名为 *Pathet Lao*（巴特寮）的杂志，主要面向老挝的上层人士。发展到后期，*Lao Nyai* 不仅是《老挝人民日报》的名称，它也代表着经常到各地进行民族复兴宣传的一类群体。他们主要参加以复兴老挝为主题的戏剧和演讲节目，并在老挝的多个地方成立了协会，即"老族社团"（"Cercles Lao"），作为当地老挝民族主义者的聚会场所。④ 之后，万象市和其他省相继成立了由青年和妇女群体组成的文化委员会，其目的在于宣传老挝文化，坚定老挝的文化自信。

可以看到，20世纪40年代出现的老挝民族主义运动，并不是一场具有广泛影响力的大众运动。相反，运动局限于老挝的中上层团体，并且

---

① Vatthana Pholsena, *Minorities and the Construction of a Nation in Post-Socialist Laos*, Yorkshire: The University of Hull, Ph. D. Diss., 2001, p. 111.

② Søren Ivarsson, *Creating Laos: The Making of a Lao Space between Indochina and Siam, 1860 – 1945*, Copenhagen S Denmark: NIAS Press, 2008, pp. 150 – 151.

③ Martin Stuart-Fox, *A History of Laos*, New York: Cambridge University Press, 1997, pp. 54 – 55.

④ Søren Ivarsson, *Creating Laos: The Making of a Lao Space between Indochina and Siam, 1860 – 1945*, Copenhagen Denmark: NIAS Press, 2008, pp. 152 – 153.

他们需要同法国维持合作关系，以此来对抗泰国的"泛泰宣传"及激发老挝人对老挝文化和民族认同的认识。① 运动在一定程度上促进了老挝民族意识的觉醒。不久之后，这些受过教育的老挝上层人士就要求建立一个独立的政治框架，即一个主权统一的老挝国家。②

1943年，老挝小资产阶级的代表人物温·萨纳尼空、坦塞耶西蒂色纳、马哈西拉·维拉冯等人决定成立"自由老挝"（Free Lao），即"伊沙拉"。③ 并决定以"伊沙拉"为组织，在老挝开展民族活动。日本投降后，老挝国内的形势发生了急剧变化。1945年，首相佩差拉指出："我们同越南的政策是不一样的，越南旨在彻底摆脱法国束缚，而我们则是在法国联盟框架中谋求独立。"④ 伊沙拉方面则表示要主动谋求老挝国家的独立。8月，经双方代表会晤协商后，琅勃拉邦方面表示，同意伊沙拉代表的要求。9月15日，佩差拉不顾国王西萨旺·冯的反对，在万象宣布，老挝不再是印度支那的一部分，这标志着老挝国家的出现。⑤

第二节　老挝内战时期的政治格局及其民族政策（1954—1975年）

历经殖民统治和抗法斗争的老挝，本应在国家独立后，开始民族国家建构的一系列尝试，但在美国势力的介入下，老挝随即卷入长达20多年的国内战争中。于内战时期成长起来的老挝人民党，以实现国家统一为目的，将全国民族统一划为三大类，借以整合国内的诸多民族。在吸收各民族的有生力量后，人民党开始了老挝民族民主革命斗争的历程。

---

① Martin Stuart-Fox, *A History of Laos*, New York: Cambridge University Press, 1997, pp. 16–17.
② Vatthana Pholsena, *Minorities and the Construction of a Nation in Post-Socialist Laos*, Yorkshire: The University of Hull, Ph. D. Diss., 2001, p. 112.
③ "伊沙拉"在老挝语中是"自由"之意。老挝伊沙拉阵线是老挝爱国阵线的前身，老挝人民民主共和国成立后，老挝建国阵线取代了老挝爱国阵线。
④ Colin Long and Jonathan Sweet, "Globalization, Nationalism and World Heritage: Interpreting Luang Prabang", *South East Asia Research*, Vol. 14, No. 3, 2006, p. 461.
⑤ Martin Stuart-Fox, "The French in Laos, 1887–1945", *Modern Asian Studies*, Vol. 29, No. 1, 1995, p. 138.

一 老挝内战时期的政治格局的形成和发展

日内瓦会议后,老挝国内形成了以梭发那·富马为首的王国政府和以苏发努冯为首的抵抗政府两大势力。双方的对峙人为地将老挝由北至南分成了西部和东部地区。王国政府控制的地区主要在低地平原地带,以老族人(Lao)居多。抵抗政府控制的东部和山区,则以非老族人(Non-Lao)居多。

(一)老挝政权分立局面的形成

日内瓦会议后,伊沙拉政府成员认为,老挝已经实现了独立,并宣布停止"自由老挝"运动,伊沙拉政府解体。流亡国外的伊沙拉成员陆续回到老挝,他们归国后,一部分任职于老挝王国政府,如梭发那·富马、披耶坎冒、卡代·敦萨索里特等,他们在后期成为王国政府的核心力量。另一部分成员像苏发努冯、凯山·丰威汉等人则继续坚持国内的反侵略斗争。

1950年8月,第一届老挝全国人民代表大会召开,会上组建了以苏发努冯为首的抗战政府。大会批准成立了老挝伊沙拉阵线。由苏发努冯领导的抗战政府预计将在未来25年内取得老挝革命的胜利。[①] 11月,老挝人民党决定组建新阵线"自由老挝"(Neo Lao Issara),即"新伊沙拉阵线"。新阵线在吸收各少数民族的武装游击力量后,成立了"老挝自由阵线部队"。新阵线提出的政治纲领为:呼吁老挝各民族平等,废除不平等的税收,统一各民族力量致力于反法斗争。[②] 该纲领首次提出将非老族人口(Non-Lao)纳入国内政治运动的进程中,是极具代表性的重要举措。

1954年,中国、苏联、美国、英国、法国、越南、老挝、柬埔寨等国家,开始了关于恢复印度支那和平问题的谈判。1954年7月20日,法军代表老挝皇家军队、越南/越盟代表寮国战斗部队[③]共同签署了《老挝停止敌对行动协定》。翌日,王国政府发表了两项声明:(1)老挝政府绝

[①] Martin Stuart-Fox, *A History of Laos*, New York: Cambridge University Press, 1997, p.78.
[②] Vatthana Pholsena, *Minorities and the Construction of a Nation in Post-Socialist Laos*, Yorkshire: The University of Hull, Ph. D. Diss., 2001, pp.114–115.
[③] 1962年改称为老挝人民解放军。

不奉行任何侵略政策，也不允许另一国利用其领土进行侵略，老挝也不会加入任何军事联盟；（2）王国政府将保障所有老挝公民的政治权利。[①]该声明的发表意味着向世界宣布，老挝是一个主权独立的国家。

当时王国政府和巴特寮的主要争端集中在对北部两省的控制权的问题上。巴特寮方面认为，丰沙里和桑怒两省应继续由巴特寮控制。王国政府则主张维持现有控制区的划分，提出目前主要的任务是重建老挝王国政府对北部两省的管辖权，以便依据现行的选举法在国内进行选举；然后，再考虑巴特寮的政治地位。巴特寮方面则希望王国政府拟定一份政治协议，保障其选举权，允许其拥有联合监督选举的政治权利。[②]

1954年9月，首相富马开始与苏发努冯会晤，就有关执行日内瓦协定的具体问题进行谈判。18日，王国政府国防大臣遇刺身亡，双方的和谈被迫宣告终止。之后，巴特寮积极扩张了自身的军事和政治实力。

政治上，1955年3月，老挝人民党[③]成立。1956年1月，老挝民族统一阵线大会在桑怒省召开，会上宣布成立"国民阵线组织"，决定将"老挝自由阵线"改组扩大为"老挝爱国阵线"，[④] 其行动纲领旨在联合老挝人民为反对殖民主义、争取民族独立解放而斗争，并主张将"老挝自由阵线部队"改为"寮国战斗部队"，即"巴特寮"。老挝人民党成立后，以公开党的身份积极领导国内的民族解放战争。

军事上，巴特寮以老挝人民党和民族主义革命的名义，训练部落民族青年，动员其投身到老挝民族民主革命事业的建设中去。巴特寮重视少数民族的忠诚度。当时寮国战斗部队中有3个独立的部门，分别负责老龙族、老松族和老听族的事务。三大民族在军队中都有自己的军队名称。如老挝语"Si Thoong"代表由老龙族组成的部队，"That Tou"指的是老松族人，"Thao Kong"指的是老听族人。[⑤] 1947年以后，老挝解放力量逐渐从西部转移到东部地区。1948年年底至1949年年初，他们在老挝

---

① Martin Stuart-Fox, *A History of Laos*, New York: Cambridge University Press, 1997, pp. 85 – 86.
② Martin Stuart-Fox, *A History of Laos*, New York: Cambridge University Press, 1997, p. 88.
③ 1972年以后老挝人民党改称为老挝人民革命党。
④ Martin Stuart-Fox, *A History of Laos*, New York: Cambridge University Press, 1997, pp. 93 – 94.
⑤ Vatthana Pholsena, *Minorities and the Construction of a Nation in Post-Socialist Laos*, Yorkshire: The University of Hull, Ph. D. Diss., 2001, p. 231.

东北部和中部地区设立了分区委员会，开展武装宣传活动。[1]

1952年以后，在丰沙里省、桑怒和川圹形成了以费丹·罗布里亚耀为主要领导人的解放区。波罗芬高原则变成了以西吞为首的解放根据地。至1961年两人控制的辖区相当于全老挝领土的2/3，他们拥有的武装力量在3500—8000人左右，其人员大多是山民出身。[2]

通过在政治和军事上的整顿，巴特寮的影响不断扩大。老挝人民党成立以后，巴特寮有了明确的政治领导，不再是单一的军事力量团体，而成为更具系统性的政党组织。尤其是在吸收各少数民族的武装力量后，其解放区规模和游击根据地迅速壮大，为后来巴特寮夺取全国政权打下了基础。

(二) 老挝人民党的政治整合举措

为了谋求国家统一，实现王国政府与巴特寮之间的和解，首相富马同巴特寮领袖苏发努冯多次商谈了联合事宜，为后来组建民族联合政府奠定了基础。

1957年11月，富马首相和苏发努冯亲王签署了《万象协定》，其规定：王国政府对内承认老挝爱国阵线，确定王国军队与巴特寮合并，宣布建立联合政府。19日，以富马为首的第一届联合政府成立，标志着老挝国内实现了短暂统一。

富马指出，政府的首要任务是，夺/拿回老挝在法国控制下的所有权，逐步实现老挝的完全独立。警察机关交由政府控制，着手拟定司法体制改革。1958年，宣布由政府成立国家海关总署。政府还在万象成立了新的教师培训学校，发展卫生服务事业，推广农业种植。在公共设施方面，政府加强了对国民议会大楼、中央邮局、道路等方面的建设。[3]

1958年第一届联合政府举行了包括爱国战线在内的补缺选举。5月的补缺选举中，爱国战线在21个竞选议席中共获得9个议席。[4] 选举结

---

[1] Vatthana Pholsena, *Minorities and the Construction of a Nation in Post-Socialist Laos*, Yorkshire: The University of Hull, Ph. D. Diss., 2001, pp. 115–116.

[2] [法] 杨沫丁：《老挝苗族的历史》，王伟民译，《东南亚纵横》1985年第2期。

[3] Martin Stuart-Fox, *A History of Laos*, New York: Cambridge University Press, 1997, pp. 76–77.

[4] Martin Stuart-Fox, *A History of Laos*, New York: Cambridge University Press, 1997, p. 102.

束后，巴特寮在国内的声望日渐增高。20世纪50年代，老挝在教育、卫生、农业和公共设施建设等方面都取得了一定成果。

1958年8月，以培·萨纳尼空为首的右派势力发动了政变，培·萨尼空新政府上台，第一届联合政府倒台。1959年12月，富米·诺萨万发动军事政变，推翻了培·萨纳尼空政府，双方的矛盾再度激化。1960年文翁·纳占巴塞和富米·诺萨万等人占领万象后，宣布成立新的临时政府，老挝进入了文翁政府统治时期。

在国际社会干涉下，1961年5月老挝实现停火。在日内瓦扩大会议上，老挝的中立地位得到重申，并再次要求老挝组建全国性的民族团结联合政府。1962年6月，在秉持中立主义的原则下，老挝第二届联合政府成立，由梭发那·富马任首相，政府中的多数职务皆由中立派人士担任。

虽然老挝成立了新的民族联合政府，但第二次联合政府是有名无实的组合体，各派力量、意见不一，导致政府的相关工作无法顺利开展，因而不可能从本质上改变国内混乱的政治局势。1964年第二届联合政府任期结束后，老挝内战全面爆发。

1973年2月，老挝爱国阵线同万象王国政府签署了《关于在老挝恢复和平和实现民族和睦的协定》，其规定：从2月22日中午起停战，停止美国对老挝的轰炸。1974年4月6日，经过爱国战线和王国政府的多次会谈，成立了以苏发努冯为主席的民族政治联合委员会，以富马为首相的民族联合政府，老挝第三次联合政府成立。

老挝第三次联合政府是20年来王国政府同爱国战线在梭发那·富马的中立主义影响下，双方组阁第三次形成的一个混合政府。尽管他们在政治中的若干问题上存有分歧，但双方合作的意义重大。[①] 第三次联合政府成立后，老挝完全处于老挝人民党的控制之下。

二 老挝内战时期的民族问题与民族政策

为了争取国家解放和民族独立，老挝人民党把团结全国各民族、吸收

---

① Mac Alister Brown and Joseph J. Zasloff, "Laos 1974: Coalition Government Shoots the Rapids", *Asian Survey*, Vol. 15, No. 2, 1975, p. 174.

少数民族的力量视为夺取和巩固政权的重要手段。同时为了整合国内的民族，老挝人民党统一把国内的民族划归为三大支系，即老龙族、老听族和老松族，将此作为消除民族隔阂，实现多民族国家融合的重要途径。

(一) 老挝民族问题的产生及发展

内战期间，美国扶持以王宝为首的苗族分裂势力，支持王国政府同巴特寮的武装斗争。巴特寮则吸收了另一部分选择革命的苗族和其他少数民族的武装进行抗美解放战争。老挝苗族被人为地分为两个派系，追随巴特寮干革命的苗族称为"赫蒙"，追随美国扶持的反动分子王宝集团的自称"苗"。[①] 这一时期，苗族问题同国内政治斗争、抗美解放斗争交织在一起，成为老挝内战时期突出的民族问题。

1961年，美国人选中了熟悉山区地形的苗族人作为训练对象，采取"以苗治苗"的策略，打击巴特寮所在的解放山区。他们将训练好的队伍交给了苗族军官王宝指挥，并以美国开发署的名义为其提供军用物资，将指挥中心设在川圹龙镇。苗族军队从1962年起开始投入使用，至1964年由原来的3000人已经发展到15000人，并分别部署在上下寮的5个地带和48个战区。[②] 以王宝为首的苗族分裂武装和以巴特寮为首的少数民族武装的对立，加深了老挝民族冲突的局面。

1970年以后，老挝的国内战争进入尾声。1973年爱国战线同王国政府签署了《关于在老挝恢复实现民族和睦的协定》，其规定：美国停止对老挝的轰炸，撤出相关军队和情报人员。失去物资供给的苗族军队逐步瓦解。巴特寮则置停火协定于不顾，加紧镇压苗族分裂军民。

内战结束后跟随王宝的反政府武装苗族，一部分流亡泰国、美国、澳大利亚等国家。流亡国外的王宝分裂势力在外国力量的帮助下，继续介入老挝国内苗、瑶等民族的冲突之中，扩充反政府组织，策划武装活动。

另一部分留在国内的苗族，为了躲避巴特寮的清洗，大多选择逃到深山老林里居住。此外，残存的"特种部队"也加紧活动，他们串通当地苗、瑶头领，组建了"老挝天神党"，继续在老挝北部发展组织。其

[①] 周建新：《老挝的民族识别与划分及其未来发展》，《贵州民族研究》2001年第1期。
[②] 金珍：《老挝苗族问题研究：由来、发展及前景》，硕士学位论文，云南大学，2009年，第12页。

中，隐藏在川圹平原东南部、毗比亚山里的苗族人数最多，他们挖出埋藏的枪支，重新组织起抵抗运动。①

针对这一情况，老挝政府通过动用军事武力、烧毁苗族人的村寨、投放化学雾剂等手段来摧毁苗族人的抵抗行动。选择走出丛林向政府投降的苗族人，大多被送往"集中营"进行再教育。而以王宝为首的境外苗族分裂势力，则极大地影响着国内的民族团结进程，并成为老挝建国后亟待解决的问题。

（二）老挝人民党的民族政策及其影响

内战时期老挝人民党采取的民族政策是有其特殊背景的。克莱夫·克里斯蒂认为，老挝党必须承认在老挝独立"民族"（nationalities）中建立一个国家实体的困难程度。② 战争改变了他们传统的社会角色和政治地位，并将这些边缘化的少数民族群体卷进老挝社会化和政治化的进程之中。③

伯纳德·福尔指出，很大程度上，老挝共产主义运动似乎不是以低地老挝人（Lao）为主体，而是以许多少数民族为基础，如泰族、瑶族、卡人等。④ 鉴于此，这一阶段老挝人民党的民族政策主要服务于老挝的民族解放，因而在实施过程中带有强烈的意识形态色彩。

政治层面，老挝人民党采取了"平等主义"（The egalitarian policy）的民族政策，即在经济、社会、政治领域主张各民族一律平等，以此获得山地少数民族对巴特寮的忠诚和支持。⑤

1949年1月，凯山·丰威汉在伊沙拉阵线成立的大会上宣布，将苗族改为老松族、卡族改为老听族，确立了老挝民族"三分法"的划分原则。1955年，凯山在《政治报告》中首次提出，执行民族平等团结政策，

---

① 金珍：《老挝苗族问题研究：由来、发展及前景》，硕士学位论文，云南大学，2009年，第16—17页。

② Vatthana Pholsena, *Minorities and the Construction of a Nation in Post-Socialist Laos*, Yorkshire: The University of Hull, Ph. D. Diss., 2001, pp. 123 – 124.

③ Vatthana Pholsena, *Minorities and the Construction of a Nation in Post-Socialist Laos*, Yorkshire: The University of Hull, Ph. D. Diss., 2001, p. 37.

④ Vatthana Pholsena, *Minorities and the Construction of a Nation in Post-Socialist Laos*, Yorkshire: The University of Hull, Ph. D. Diss., 2001, p. 117.

⑤ Vatthana Pholsena, *Minorities and the Construction of a Nation in Post-Socialist Laos*, Yorkshire: The University of Hull, Ph. D. Diss., 2001, pp. 154 – 155.

主张消除由封建主义和殖民主义在各民族之间制造的分裂和仇恨，提倡尊重各民族的文化习俗。①

老挝人民党吸取历史教训，构建了一个包容性的民族革命团体。他们提倡所有参与过老挝解放战争的人，都是民族英雄，他们的贡献应当得到承认和奖励。这点在西吞·库马丹（老听族）和费丹·罗布里亚耀（赫蒙族）两人身上已得到证明。在1950年8月召开的会议上，西吞·库马丹和费丹·罗布里亚耀被列为无职务部长，其任务是动员各自的少数民族群体。在此之前，从来没有老听族和老松族人被授予过官衔，并且民族平等也未曾上升到国家政治层面。②

老挝人民党通过支持少数民族首领参加革命斗争的方式，发挥少数民族首领在其所属民族中的领导作用，从而进一步扩大老挝人民党的政治影响。

思想层面，一方面，老挝人民党试图重新定义老挝民族的认同基础，他们与低地保守民族主义者不同，巴特寮依赖山地少数民族的支持。③ 他们使用少数民族语言进行无线电广播，宣传动员地方革命。具体措施为，将党员干部派往山区，并在各地建立起委员会，修建学校和医院，发展卫生事业，向民众普及识字教育，改进农业生产方式，招募村民建立"村庄自卫队"等。④ 老挝人民党深深扎根于民族地区，积极宣传民族平等思想以及改善山区生活条件的做法，为后来巴特寮争取山区民族支持打下了基础。

另一方面，老挝人民党采取了以扫盲教育和教育体制改革并行的文教举措，由政府组织对群众进行大规模的扫盲教育。1962年，为建立起具有"老挝特色"的教育制度，政府决定实行国民教育改革，主要有两个目标：一是整合学校教育体制，以适应老挝经济发展的需要；二是以教育改革为导向，强调教育能力与实际工作的联系，灵活利用教育同佛

---

① 陶红：《关于老挝的民族问题》，《东南亚纵横》2004年第3期。
② Martin Stuart-Fox, *A History of Laos*, New York: Cambridge University Press, 1997, pp. 78 – 80.
③ Vatthana Pholsena, *Minorities and the Construction of a Nation in Post-Socialist Laos*, Yorkshire: The University of Hull, Ph. D. Diss., 2001, p. 123.
④ Martin Stuart-Fox, *A History of Laos*, New York: Cambridge University Press, 1997, pp. 81 – 82.

教的关系。① 具体措施为：规定老挝语为教学用语；在各地建立农村社区教育中心，普及成人基础教育；重新修订六年制课程教育目标和教学大纲；增加教学实践课程。② 老挝教育改革后，受教育人数明显增加。截至1975年，老挝的小学教育系统中有430所学校，6000名教师，240000名学生。在老挝的70所初高中学校里，初中学生人数仅为8400人，高中生仅有2800人。③ 从1962年国民教育改革至1975年，老挝的教育发展仍未达到预期目标。这一时期，老挝偏重小学教育体系，中等教育发展不足，高等教育体系缺位等问题始终存在。

可以看到，在国内战争和外国势力双重因素的干涉下，老挝人民党采取吸收和同化少数民族的政策，主要是为了消除山地少数民族同低地老族之间的隔阂，以整合全国武装力量，取得解放战争的胜利。

实践证明，由于实行了符合老挝国情的民族政策，老挝人民党领导的革命运动得到了民族武装的大力支持。在吸收各民族的武装力量后，老挝人民党的革命队伍迅速壮大，并成功夺取了政权。但是，老挝人民党通过模糊民族差别的方式，强行将国内复杂的不同民族支系统划为一个民族，企图借此实现老挝多民族国家的统一。然而，这种"名义上的民族统一"的实践忽视了民族间的差异性，为今后老挝的民族识别工作带来了一定困难。

第三节 凯山·丰威汉时期的老挝民族国家建构（1975—1990年）

1975年老挝人民民主共和国成立后，老挝人民革命党面临的问题是更大范围内的老挝民族国家认同建设。作为一个遵循越南共产主义（即

---

① Mya Than and Joseph L. H. Tan (eds.), *Laos' Dilemmas and Options: The Challenge of Economic Transition in the 1990s*, New York: ST. Martin's Press, 1997, p.156.

② Joel M. Halpern and Marilyn Clark Tinsman, "Education and Nation-Building in Laos", *Comparative Education Review*, Vol.10, No.3, 1966, pp.503–505.

③ Mya Than and Joseph L. H. Tan (eds.), *Laos' Dilemmas and Options: The Challenge of Economic Transition in the 1990s*, New York: ST. Martin's Press, 1997, pp.156–157.

马克思列宁主义）意识形态路线的社会主义运动，新政府（凯山政府）拥有完全不同的意识形态框架，这比它之前老挝的传统主义和保守的政府更具有优势。事实上，老挝共产党人认为他们的最终目标是在新社会中创造"社会主义的人"，而这需要克服老挝普遍存在的与族裔问题有关的所有困难。[①] 此时的老挝国家建构和民族团结必须携手并进，在凯山·丰威汉的带领下，老挝人民革命党以马克思列宁主义作为老挝民族国家建构的指导思想，开始了老挝民族国家建构的一系列尝试。

一 凯山·丰威汉时期老挝的国家建构

1975年12月，老挝第二次全国人民代表大会召开，大会通过了政治报告提出的"老挝前进路线"，任命凯山·丰威汉为老挝人民民主共和国总理。老挝人民革命党开始由革命党向执政党过渡。为整合其余党派力量，政府以"再教育"为主要手段，构建起以老挝人民革命党为核心的政党体系。此阶段，凯山·丰威汉政府以马克思列宁主义作为老挝国家建构的主要方向，规定了老挝国家今后的总路线、总方针和总任务，提出老挝将以"三次革命"为主要途径，逐步实现老挝社会主义。

（一）构建起以老挝人民革命党为核心的单一执政党体系

老挝人民革命党取得政权后，把全国人民分成了三大派："革命派"，指全体共产党员，他们从事革命直至夺取了政权；"附骥派"，指那些留下来为新政权工作的旧职人员；"爬行派"，指那些离开职位的旧职人员，他们过去为旧政权工作，后来因种种原因离职。新政府将"附骥派"全部迁往农村，把"爬行派"先送到学习班，然后送去"反省中心"。[②] 具体采取了以下措施：

首先，清除原有的各种政党团体。1975年8月，政府下令取缔各地的政治团体和其他的政党组织，并将不合格的政党成员送往再教育中心。除老挝人民革命党外，再教育学习班分为3种类型：一是短期学习班，适用于老挝人民革命党对干部群众的正常教育，开设地点往往在本单位

[①] Vatthana Pholsena, *Minorities and the Construction of a Nation in Post-Socialist Laos*, Yorkshire: The University of Hull, Ph. D. Diss., 2001, pp. 9 – 10.

[②] 蔡文枞编译：《共和国初期的老挝》，《东南亚研究》1987年第4期。

或是附近地方；二是长期学习班，适用于存在多方面严重问题或是在某一问题上需要进行长期教育的人；三是远处学习班，即"反省中心"，这类学习班主要接收的是其他政党党员、对党不忠诚或对党的决议和政策有抵触思想的人。

其次，对于掌握过主要权力的高阶人员，采取先接纳、后清除的手段。高级官员被送到"反省中心"，进行政治再教育。留下来的低级官员则要求参加以批评旧政府的不良风气、了解新政府的政策理念为主要内容的政治会议。

最后，对于人数众多、中层以下的旧职人员，政府采取了初期接纳、后期再教育的手段，并以决议的形式提出了再教育的内容。老挝党先后颁布了四次决议。① 决议主要围绕歌颂老挝革命、严守老挝人民革命党的纪律、热爱老挝人民革命党和党的领袖、爱国教育等内容展开。通过上诉举措，政府进一步清除了残存的旧政府政党团体，并将完成再教育学习内容的人吸收进老挝党内，壮大了党员规模，实现了老挝人民革命党由革命党向执政党的转变。

1975年12月，在万象召开的老挝全国人民代表大会，标志着政权从君主立宪制向共和制的转变，确定了老挝未来的政治、社会和经济发展的方向。对于老挝人民革命党来说，大会确认了党的"富有远见"的领导，使老挝在"三十年斗争"中取得了胜利。这次大会还标志着革命的民族民主阶段的结束，以及将带来向社会主义过渡的无产阶级专政的开始。因此，这既是老挝人民革命党的党的领导人和出席大会的代表自我祝贺的时刻，也是献身老挝未来的任务的时刻。② 之后，新政府以老挝人民革命党为领导核心，在凯山·丰威汉的带领下，开始了老挝民族国家建构的探索实践。

《老挝人民民主共和国政府施政纲领》指出，要建设一个"和平、独立、民主、统一、繁荣和社会进步"的新老挝，并提出了保卫祖国和建设社会主义的"两大战略"。1982年4月，老挝人民革命党第三次全国代

---

① 参见蔡文枞编译《共和国初期的老挝》，《东南亚研究》1987年第4期。
② Martin Stuart-Fox, *A History of Laos*, New York: Cambridge University Press, 1997, p.168.

表大会指出，老挝可以通过"三次革命"，以"不经历资本主义发展阶段，逐步实现社会主义"。

凯山·丰威汉认为，"三次革命"包括生产关系革命、科学技术革命和思想文化革命：（1）生产关系变革是首要因素，是老挝社会主义经济的基础；（2）科学技术是关键，它提供了必要的技术支持，以绕开资本主义，创造一个现代老挝工业经济；（3）要转变人们的思想观念，形成全老挝人民共同建设社会主义的思潮。[1]

"两大战略"和"三次革命"是凯山·丰威汉时期老挝国家建设的重点。该时期老挝的国家建设以《老挝人民民主共和国政府施政纲领》为核心文件，并涉及国家社会主义政治结构、经济建设、文化教育、社会关系等一系列理论和实践问题，这也是老挝国家建构的主要方向。

（二）凯山·丰威汉时期老挝的政治整合举措

凯山·丰威汉指出："作为一个将马列主义创造性地运用于老挝社会实际的马列主义执政党，老挝人民革命党带领老挝人民取得了民主革命的胜利，建立并巩固了无产阶级革命政权。"[2] 之后，老挝政府着力于实现老挝社会主义改造，逐步建成老挝社会主义国家，使其政治建设服务于老挝国家建构。

政权建设方面，1976年1月，由老挝最高人民议会起草了新宪法，组成了以西宋喷·洛万赛为首的宪法起草委员会。11月，老挝人民革命党举行了政府选举。该选举规定所有满18岁以上的人员必须参加，以无记名方式进行投票。在村一级，由人民委员会接管了村长的职位，区一级选举产生的人民行政委员会将取代区级干部和区级政府。各级委员会将以老挝人民革命党为核心，共同行使监督职能。[3]

1979年2月，《老挝新阵线宪章》指出："老挝阵线已随着革命形式改变。"1950年8月成立的伊沙拉阵线，在于团结全国人民反对殖民主

---

[1] Martin Stuart-Fox, *A History of Laos*, New York: Cambridge University Press, 1997, p. 169.
[2] 云南省社会科学院东南亚研究所：《老挝问题资料选编：1975—1986》（上），成都军区政治联络部1987年版，第212页。
[3] Martin Stuart-Fox, *A History of Laos*, New York: Cambridge University Press, 1997, pp. 163-164.

义。1956年1月组建的老挝爱国阵线，是以寻求老挝民族解放斗争为目的。进入社会主义时期，为了"进一步加强民族团结"，将一切政治势力，各阶层、各民族、宗教信仰、知识分子、爱国主义和社会主义力量团结起来。① 政府宣布成立了老挝建国阵线。

其中，建国阵线建立的章程第17条规定：建国阵线致力于团结各民族之间关系，重视多民族团结。建国阵线（制定）的行动纲领第七点阐述了同一主题：政府必须保障少数民族地区的安全，加强对少数民族干部和知识分子的培养，保护少数民族的宗教习俗和信仰。②

老挝政府主张进一步扩大人民民主选举的权利。1983年3月，老挝妇女联盟举行了首次全国代表大会，会上听取了凯山·丰威汉宣扬妇女解放对建设社会主义事业的重要性。同年4月，老挝人民革命青年联盟大会召开，联盟由245名代表组成，声称拥有115000名成员。老挝革命青年被鼓励将自己视为投身进行老挝"二次革命"建设的"突击队"。③

1988年4月，老挝最高人民议会选举开始，按三阶段进行。第一阶段是在1988年6月26日举行县级人民议会选举，共有4462人参选，选出了2410席。第二阶段是在11月20日举行省级人民议会选举，选出了651席。第三阶段是在1989年3月26日，有121人参选，选出了最高人民议会的79席代表，其中65席是人民革命党员，14席为非人民革命党员。有66人为低地老挝人，有女性5人。④

意识形态方面，老挝政府注重处理好社会主义意识形态与宗教的关系，主张宗教为老挝社会主义服务。新政府要求僧侣们宣讲布道，宣传老挝人民革命党的方针政策，积极支持老挝国家的发展计划。

20世纪80年代以后，佛教仍然服务于老挝人民革命党建设社会主义的长期目标。格兰特将这种现象称为"老挝国家重新佛教化"（A Re-Buddhification of the Lao state）。这是老挝人民革命党在建设共产主义

---

① Mac Alister Brown and Joseph J. Zasloff, "Laos 1979: Caught in Vietnam's Wake", *Asian Survey*, Vol. 20, No. 2, 1980, p. 110.
② Martin Stuart-Fox, "Laos: The Vietnamese Connection", in Leo Suryadinata and staff (eds.), *Southeast Asian Affairs 1980*, Singapore: Institute of Southeast Asian Studies, 1980, p. 207.
③ Martin Stuart-Fox, *A History of Laos*, New York: Cambridge University Press, 1997, p. 187.
④ 陈鸿瑜：《寮国史》，台北：台湾商务出版社2017年版，第166页。

社会受阻的情况下，重新寻求新的合法化意识形态的行为。他认为，随着老挝社会主义意识形态建设进入关键时期，佛教将重新在老挝占据重要地位。[1]

佛教徒领袖马哈·坎坦·泰布阿里指出："老挝和佛教不能分开。老挝社会正发生着激烈的变化，佛教僧侣应同新政权一起消除旧社会的痕迹，建设一个崭新、光明的社会。"随后，政府宣布：禁止除老挝佛教徒联合协会以外的其他佛教派别，老挝佛教协会将捍卫全体老挝人民的风俗习惯和宗教道德习俗，消除旧政权遗留的封建迷信和其他社会弊病。富米·冯维希就这一做法指出："与禁止佛教僧伽参与政治的旧政权相反，新政权积极鼓励佛教同老挝社会主义相适应。"[2]

这一阶段，老挝人民革命党出台了一系列的政治整合举措，着重宣传老挝人民革命党的方针政策。同时，政府提出了将佛教教义与社会主义相结合的做法，强调佛教与社会主义目标的一致性以及两者的相同性。[3] 在具体实践过程中，老挝人民革命党以佛教僧伽为纽带，提高了全体老挝人的政治整合程度。

二 凯山·丰威汉时期老挝的民族建构

很大程度上，老挝民族民主革命的成功，归功于内战时期巴特寮和山地少数民族的积极参与。因而将全国少数民族整合进以老族为核心的社会共同体中，一直是老挝人民革命党民族建构的主要方向。凯山·丰威汉时期，为了尽快团结全国各族人民共同建设老挝社会主义事业，老挝民族"三分法"的界定方式得到了进一步强化。

（一）"老挝化"的强制性民族融合政策（1975—1990年）

老挝是一个多民族国家，情况复杂。老挝人民革命党在建设社会主义政权时，所面对的如何缩小区域差距、弥合民族裂痕、构建起民众统

---

[1] Vatthana Pholsena, *Minorities and the Construction of a Nation in Post-Socialist Laos*, Yorkshire: The University of Hull, Ph. D. Diss., 2001, p. 74.

[2] Grant Evans, *The Politics of Ritual and Remembrance: Laos since 1975*, Chiang Mai: Silkworm Books, 1998, p. 61.

[3] 孟宪霞：《社会主义国家处理宗教问题的经验教训》，博士学位论文，山东大学，2012年，第123页。

一的国家意识等问题都是极具挑战性的。

在1981年召开的老挝民族大会上,凯山·丰威汉指出:"民族有四个标准,即:共同的语言、共同的领土、共同的经济和共同的心理。"丰威汉提出的"民族"概念显然受到了斯大林关于民族思想的影响。他结合老挝的实际,采用"共同的语言和共同的心理",并另增加了"老挝民族起源和迁移"① 来作为老挝民族的识别方式。

在老挝语语境中,"老"("Lao")这个术语既有民族概念,也有国家观念。老挝民族志中记载,"老"是指具有特定民族特征的一个民族群体。内战以后"老"一词成了老挝所有民族的统称,即将语言、习俗和文化差异较大的民族群体糅合成一个民族,冠以"老"字统称,如我们熟知的老龙族、老听族、老松族。而"老"的适用范围也逐渐扩大到"老"文化是老挝各民族共同拥有的范畴,"老"文化在后期演变为各民族文化的精华,老族语言和文字也成为各民族的标准语言和文字。②

对于老挝的民族数量,老挝政府一开始并没有掌握具体的数字。一份官方文件连续提到了200个、177个、150个、131个,多达820个甚至850个民族。不幸的是,它没有具体说明任何日期,但据格兰特·埃文斯(Grant Evans)的说法,820个自称族群的数量是1983—1985年人口普查的结果。直到1985年,老挝人民革命党才批准了国内有47个民族的官方估计数。然而,即使在1985年人口普查结果公布之后,(有关老挝民族数量的)审议仍在继续进行。③

为了团结全国各族人民共同建设老挝社会主义事业,政府制定了"迁居再安置"(Chatsan asib khongti)政策,并成为老挝民族整合的重要组成部分。

1994年,在老挝政府制定的"焦点"(Focus Sites)计划中,我们可

---

① Vatthana Pholsena, *Minorities and the Construction of a Nation in Post-Socialist Laos*, Yorkshire: The University of Hull, Ph. D. Diss., 2001, pp. 136 – 138.

② Vatthana Pholsena, *Minorities and the Construction of a Nation in Post-Socialist Laos*, Yorkshire: The University of Hull, Ph. D. Diss., 2001, pp. 153 – 154.

③ Vatthana Pholsena, *Minorities and the Construction of a Nation in Post-Socialist Laos*, Yorkshire: The University of Hull, Ph. D. Diss., 2001, p. 140.

以了解到"迁居再安置"政策的主要内容。"迁居再安置"的老挝语为"Chatsan asib khongti"。"Chatsan"意为"管理","asib"意为"职业","khongti"是指"一个特定的地方"。其主要目标是促进山地村民在低地建立永久性的定居点。政府强调,外界所称的"再安置"政策并没有确切地表达出"Chatsan asib khongti"的意思。老挝语中,"Chatsan asib khongti"意为"稳定的、可持续性的农业适居地"。老挝人民革命党指出,我们的意图并不是要迁移人口,而是要提高山地人民的生活水平,帮助那些难以维持生计的山地人口,让他们放弃传统的刀耕火种的耕植方式。而"迁居再安置"是解决山地"流动家庭"（unsettled families）,使山地人民参与老挝国家建设和民族融合的重要举措。[1]

随后,老挝政府开始在全国范围内推行"迁居再安置"政策。政府鼓励山区民族迁移到海拔较低的坝区生活。对于迁入低地的民族,由政府出资给他们分配水田,划定农业用地,让他们种植水稻等农作物。通过分配土地和分区耕种的模式,政府支持山区经济由粗放型农业向集约型农业转变。[2]

迁居再安置中的安置情况也是多样的。1996年,法国人类学家伊夫·古德诺带领5名研究员,展开了一项对安置地区的调研。调查覆盖老挝6个省份,囊括22个地区和67个流散村庄,约有1000个家庭接受了采访。古德诺指出,迁居再安置作为老挝政府去领土化进程中的组成部分,与其说是人口迁移政策,不如说是为了将山地少数民族永久固定在低地的定居政策。[3]

古德诺认为,很难判断山地民族是否属于自愿搬迁,这即使在同一村庄也存在分歧。并且,再安置政策显然带有一定的老族意识形态,即将山地少数民族融入老族文化。这种方式也成为山地少数民族被"老化"

---

[1] Vatthana Pholsena, *Minorities and the Construction of a Nation in Post-Socialist Laos*, Yorkshire: The University of Hull, Ph. D. Diss., 2001, pp. 159–160.

[2] Jean-Christophe Castella, Cornelia Hett and Guillaume Lestrelin et al., "Effects of Landscape Segregation on Livelihood Vulnerability: Moving from Extensive Shifting Cultivation to Rotational Agriculture and Natural Forests in Northern Laos", *Human Ecology*, Vol. 41, No. 1, 2013, p. 63.

[3] Vatthana Pholsena, *Minorities and the Construction of a Nation in Post-Socialist Laos*, Yorkshire: The University of Hull, Ph. D. Diss., 2001, pp. 157–158.

的另一种手段。① 即便如此,迁居再安置仍然作为老挝民族整合进程中的重要手段而得到政府的推行。

但是,迁居再安置政策也存在不少弊端。1975 年后,为保护山地森林,老挝政府试图迫使山地人民放弃习惯的轮耕农业,转而采用低地的定居湿稻种植方法。然而,强行将山地人民重新定居到疟疾肆虐的低地,这对山地人民的生活方式和身心健康都造成了毁灭性的打击。据联合国进行的一项研究估计,在政府进行重新安置后的头三年内,一些村庄的山地人的死亡率高达 30%。② 随着政府再安置政策的缩紧,一部分拒绝迁居的山地苗人大多选择流亡他国,老挝人口流散的现象变得十分明显。

总的来说,老挝人民革命党的迁居再安置政策,在一定程度上带动了民族间的交往和融合,弱化了山地民族对自身的身份认同。但在具体迁居过程中,政府没有对山地人民进行细致的思想工作,加上政府承诺的援助资金没有到位,游离在安置边缘的山民又重新回到山区,增加了他们对再安置政策的不满情绪,由此引发新一轮的民族冲突也是不难理解的。

(二) 凯山·丰威汉时期的文教政策

新政府上台后,老挝人民革命党逐渐意识到教育在民族国家建构中的重要作用。政府认为,可以通过教育逐渐建立起民众共有的国家认同。③ 为此,老挝人民革命党和政府对教育给予了极大重视。

这一时期,老挝人民革命党的文教政策有两个侧重点。一是 1975—1985 年以宣传爱国教育、歌颂民族精神、抵制封建文化和消除旧政权影响为目的。二是 1985—1990 年提倡建立老挝社会主义新文化,主要以教育改革为切入点,主张在全社会范围内培养新一代的老挝社会主义人才。

1975—1985 年,老挝人民革命党的文教政策主要是改变国内教育水

---

① Vatthana Pholsena, *Minorities and the Construction of a Nation in Post-Socialist Laos*, Yorkshire: The University of Hull, Ph. D. Diss., 2001, pp. 161 – 162.

② Carl H. Landé, "Ethnic Conflict, Ethnic Accommodation, and Nation-Building in Southeast Asia", *Studies in Comparative International Development*, Vol. 33, Issue 4, 1999, p. 91.

③ Mya Than and Joseph L. H. Tan (eds.), *Laos' Dilemmas and Options: The Challenge of Economic Transition in the 1990s*, New York: ST. Martin's Press, 1997, p. 154.

平参差不齐的现状,并以扫盲运动和爱国教育为手段,将扩大成人教育作为国内教育的落脚点。老挝教育的发展有两个关键目标:(1)向大众普及基础教育,以小学教育为切入点,将老挝教育纳入国有化范畴。(2)在第一个五年计划(1981—1985)中,特别强调了扫除文盲教育的重要性,完善中小学教育设施和扩展职业教育。①

1975年老挝国民议会提出:(1)使用老挝语作为通用语和行政语言;(2)除诗歌、历史文献外,停止使用皇室语言进行日常记录和通信。废除皇室语言是老挝政府试图进行语言平等主义改革的标志,像"sadet"(王子)或"tan"(先生)这样的词被"sahay"(同志)取代。② 同时,将老龙族语言和改革后的老龙族文字,作为老挝人民民主共和国的普通话和官方文字。

另外,老挝政府发起了扩大民众基础识字率的扫盲运动,并将扫盲运动同成人教育的目标联系起来,提出了发展成人教育和非正规教育的计划。

非正规教育的内容包括:(1)减少失学人口,教授与就业相关的基本技能;(2)宣传老挝的国家发展政策,提供健康知识教育。成人教育方案主要是为政府机构人员开设的。非正规成人教育部分是面向少数民族学生的。其中,海外培训一直是老挝教育系统的重要组成部分。政府每年派遣100名政府人员前往国外接受教育培训。1984—1985年,有超过1000名老挝人在国外学习。③

1975—1985年,老挝的初高中教育体系得到了发展,但学校教育仍然以老挝民族主义精神的培养为目的,来向学生灌输新政权的意识形态。并且,新政府的再教育政策,也间接导致了许多教师离开老挝,老挝的教学质量也随之下降。

1985—1990年,政府主张建立老挝社会主义新文化。通过对马列思想的宣传教育,老挝政府逐步确立起马克思列宁主义在老挝各民族政

---

① Mya Than and Joseph L. H. Tan (eds.), *Laos' Dilemmas and Options: The Challenge of Economic Transition in the 1990s*, New York: ST. Martin's Press, 1997, p. 157.

② Grant Evans, *The Politics of Ritual and Remembrance: Laos since 1975*, Chiang Mai: Silkworm Books, 1998, pp. 12–13.

③ Mya Than and Joseph L. H. Tan (eds.), *Laos' Dilemmas and Options: The Challenge of Economic Transition in the 1990s*, New York: ST. Martin's Press, 1997, pp. 165–166.

治生活和精神生活中的主导地位，开始培养新一代的老挝社会主义人才。

1986年，在新经济背景下，政府制定了新的教育目标：（1）把教育发展与社会经济发展相联系；（2）把科学作为教育的生产力；（3）培训干部从事科学技术、经济和文化活动；（4）加大教育投入，完善山区教育的体系。[1]

职业教育学校主要招收中专以下的毕业生，开设专门的教学课程培训中级技术人员。高等技术课程主要面向部委和省政府高级技术人员开放。1989年，老挝共有25所职业学校，在校生总数约2500人。除了职业学校，老挝还有28所技术学校和7所高等技术学校，技术学校为学生提供1.5—3年不等的课程教育。7所高等技术学校由不同部委开办，学习时间1.5—5年不等。1988—1989年，老挝总入学人数超过1000人。[2]

老挝在高等教育方面也取得了一定进展。政府建立了1所医学院和3所研究学院，3所研究学院分别是教育学研究所、医科研究院和国家理工学院，合称IUP。[3] 这3所研究学院兼具研究和大学功能，学院可以授予学生学士学位。研究学院成立以来，一直为老挝社会输送人才。

过去20年里，尽管老挝取得了很大进步，但目前仍是亚洲人力资源开发水平最低的国家之一。单从数字来看，老挝在扩大教育设施和招生方面取得了令人瞩目的成就，特别是在1975—1980年间。1976—1985年，学校、学生和教师的数量分别增加了77%、69%和83%。小学入学率增加了50%以上，中学入学率增加了近200%。就入学率而言，小学入学率从1975年的68%增至1983—1984年的85%，而中学入学率则从5%增至14%。同期，学校数量增加了77%，教师人数增加了80%以上。尽管取得了这些令人印象深刻的进步，但目前老挝的成人识字率估计男性为50%，女性为35%。相比之下，1975年老挝的成人总识字率为

---

[1] Mya Than and Joseph L. H. Tan (eds.), *Laos' Dilemmas and Options: The Challenge of Economic Transition in the 1990s*, New York: ST. Martin's Press, 1997, pp. 159-160.

[2] Mya Than and Joseph L. H. Tan (eds.), *Laos' Dilemmas and Options: The Challenge of Economic Transition in the 1990s*, New York: ST. Martin's Press, 1997, pp. 162-163.

[3] Mya Than and Joseph L. H. Tan (eds.), *Laos' Dilemmas and Options: The Challenge of Economic Transition in the 1990s*, New York: ST. Martin's Press, 1997, pp. 163-164.

33%，1985年为45%。① 但这一时期，老挝教育水平参差不齐。许多学校的教学设备短缺，不能满足基本教学和学习的需求。教学方法落后致使学科建设不完善，教学知识理论化、缺乏实用性等问题也是存在的。

可以看到，教育事业"老挝化"仍然是老挝民族建构的重要方向之一。以老族文化为核心的教育模式仍然是将各民族纳入老挝社会共同体的重要途径。但是，老挝高等教育起步晚，发展缓慢。今后老挝人民革命党和政府势必要在教育方面投入更多的关心。

三 凯山·丰威汉时期老挝民族国家建构的成效

在1975—1990年老挝人民革命党建设社会主义事业这一时期，老挝人民革命党顺利实现了老挝由革命时期向社会主义时期的过渡。这一过程中，政府着重变革生产关系，忽视了国内的政权建设和经济发展。无论是执政党的政策宣传，还是"再教育"方面，老挝人民革命党都主张在意识形态方面培养新一代的马克思列宁主义思想接班人，以适应老挝新的社会制度。② 在此期间，老挝人民革命党和政府采取了"迁居再安置"的民族整合政策，在一定程度上造成了国内民族关系紧张的局面。

建国后，老挝人民革命党和政府试图重塑老挝人民对过去历史的认识，从而建立起新的现代化老挝国家。但老挝的民主政权建设不完善、民族识别不清晰等因素都深刻影响了老挝国家建构的整体水平。

首先，老挝的国家机构职能尚未明确，法制体系尚未建成。在长达17年的非制宪时期，政府始终未能按照宪法建立起由人民普选产生的正式立法机构，制定出符合老挝国情的宪法。与此同时，为了保障国家机构的正常运作，由老挝最高人民议会代行国家机构的职能，但最高人民议会的职权并不明确。实际上，政府和最高人民法院的组成人员均由老挝人民革命党的秘书处决定，而最高人民议会只是负责履行批准手续。③

其次，老挝人民革命党的民主政权建设备受争议。老挝人民民主共

---

① Mya Than and Joseph L. H. Tan (eds.), *Laos' Dilemmas and Options: The Challenge of Economic Transition in the 1990s*, New York: ST. Martin's Press, 1997, p. 161.
② Martin Stuart-Fox, *A History of Laos*, New York: Cambridge University Press, 1997, p. 194.
③ 郝勇、黄勇等编著：《老挝概论》，世界图书出版公司2012年版，第198页。

和国成立10周年的政府报告，对于前政权政治犯人的处理缄口不言。1985—1986年，国际特赦组织就老挝北部和南部"再教育中心"的问题指出，大约有6000—7000名政治犯人仍然受到人身限制，他们身处的"再教育营"生活环境恶劣、食品供应有限、缺乏基本医疗设施、疾病肆虐等问题严重。[1]其中，被关在"第一号再教育营"的人则一直没有被释放且无一人生还。[2]一直到1986年，老挝政府才宣布关停所有的"再教育中心"。许多政治犯陆续被分配到建筑工地，拘押政犯的部门也从国防部转移到内政部门。

此外，老挝政府出台的"迁居再安置"的民族整合措施，又以对山地苗人的整合最为激进，由此引发了新一轮的民族冲突。

对山地苗族来说，政府采取的迁居再安置政策不够完善，导致一部分苗族拒绝迁居，他们重新逃回山区，或是流亡泰国。1975—1985年，约有35万老挝人越过湄公河逃到泰国境内，然后移徙到第三国。1990年，估计有1000—2000名低地老挝人和4000—5000名高地人非法进入泰国。[3]大批苗人游离在泰老边境的难民营中，其民族权益得不到保障，民族身份也得不到承认，民族认同感于是缺失。

另外，以王宝为首的境外分裂势力，加紧了与国内苗族残部的联系，增加了老挝政府进行民族整合的难度。1975—1990年，因民族冲突引发的流血事件时有发生。1990年，老挝反政府民族组织声称，他们已在沙耶武里建立了反政府组织，组建了老挝联合解放阵线（the United Lao Liberation Front）。这些反政府"亲民主"分子和北部政府军发生了武装冲突，约有40人丧命于政府的镇压行动。涉案人员达1500多名，主要涉事者是苗族人。[4]苗族频繁的反政府活动，也显示出他们和老族有着不同的民族认同。

不难看出，凯山·丰威汉时期老挝民族整合进程缓慢的根本原因在于，老挝的民族识别工作仍处在探索阶段和"三分法"民族识别方式的

---

[1] Martin Stuart-Fox, *A History of Laos*, New York: Cambridge University Press, 1997, p. 194.
[2] 陈鸿瑜：《寮国史》，台北：台湾商务出版社2017年版，第159页。
[3] 陈鸿瑜：《寮国史》，台北：台湾商务出版社2017年版，第170页。
[4] Geoffrey C. Gunn, "Laos in 1990: Winds of Change", *Asian Survey*, Vol. 31, No. 1, 1990, p. 89.

进一步强化的过程中。问题集中体现在，政府在推进民族整合过程中带有的强迫同化色彩。老挝人民革命党和政府继续沿用解放战争时期的"民族平等主义"政策。加上国内建设社会主义的需要，"民族平等主义"政策成为老挝人民革命党维持各民族团结的基本意识形态[①]，却未考虑到该政策是战时条件下，老挝人民革命党为取得解放战争胜利而提出的战略需求。这一阶段老挝的民族整合进程缓慢，未达到实际成效，已显示出"三分法"的民族划分方式不再适用于当前老挝国家发展的具体实际。

总体而言，老挝人民革命党和政府愿意给予少数民族平等的政治地位，使其参与老挝的国家管理和建设，这足以显示出老挝人民革命党进行民族整合的决心。虽然政府采取的"老挝化"的强制性整合政策，在一定程度上造成了国内民族关系紧张的局面，但在总体上提高了国内民族的整合程度，强化了各民族以老族为核心的民族认同感。凯山·丰威汉时期的老挝政权建设和民族整合都需要进一步的完善，这也预示着进入全面革新阶段后，老挝民族整合过程中存在的复杂性和困难性。

第四节　全面革新以来老挝的民族国家建构（1991年至今）

1991年宪法确定了老挝人民民主共和国的国体和政体，标志着老挝民族国家建构进入新的历史时期。老挝人民革命党提出"有原则的全面革新"政策后，政府以凯山·丰威汉思想作为老挝民族国家建构的指导核心，宣布在政治、经济上实行全面革新开放。之后，政府以完善老挝民主建设、发展民族经济为主要目标，开始了全面革新阶段老挝民族国家建构的实践探索。

一　全面革新以来老挝的国家建构

1991年以后，社会主义在老挝除了代表计划经济和社会文化转型，

[①] Vatthana Pholsena, *Minorities and the Construction of a Nation in Post-Socialist Laos*, Yorkshire: The University of Hull, Ph. D. Diss., 2001, pp. 154–155.

在政治上还代表：老挝对外对内都宣称是一党制国家，今后老挝人民革命党也将继续发挥其独有的领导作用。① 1991 年 3 月，老挝人民革命党第五次代表大会召开，会上指出，老挝正处于建设和发展人民民主制度、逐步走上社会主义的阶段。8 月，政府颁布了新宪法，宪法的出台为老挝的国家建构提供了基本方向。

（一）宪法视角下老挝的国家建构设想

1991 年 8 月，老挝最高人民议会第二届六次会议通过了老挝建国以来的第一部宪法《老挝人民民主共和国宪法》。宪法共 10 章 80 条，内容涉及老挝的政治体制、社会经济体系、公民的基本权利和义务、行政机关、司法制度和修宪等具体内容。老挝人民革命党以 1991 年宪法为建构框架，构建了一套上至中央下至地方的管理体系。

从中央机构上看，宪法规定：老挝是"老挝人民革命党领导下的人民民主国家"，老挝人民革命党是老挝政党体系的核心。从民主集中制的原则来看，老挝仍然是马克思列宁主义原则下的"人民民主"国家，由老挝人民革命党代表"多数老挝人民"行使人民民主专政的权力，领导全体老挝人民。② 宪法以建构和完善国民议会政体，确保人民当家做主为主要目标。宪法指出：老挝人民民主共和国是人民民主的国家，一切权力属于人民。

宪法第 56 条和第 58 条规定，政府是国家行政机关，政府由总理、副总理、部长、部级委员会主任组成。③ 宪法还确定了国家的司法机关是人民法院。老挝的人民检察机关由人民检察长公署，省、直辖市、县人民检察院和军事检察院组成。④ 此外，宪法还对公民的基本权利和义务、语言、国徽、国旗和首都等做了具体说明。

从地方机构上看，老挝人民民主共和国下设省、直辖市、县和村，省设省长、副省长，直辖市设市长、副市长，县设县长、副县长等。宪

---

① Grant Evans, *The Politics of Ritual and Remembrance: Laos since 1975*, Chiang Mai: Silkworm Books, 1998, p. 2.
② Martin Stuart-Fox, *A History of Laos*, New York: Cambridge University Press, 1997, pp. 201 – 202.
③ 蔡文枞编译：《老挝人民民主共和国宪法》，《东南亚研究》1992 年第 6 期。
④ 蔡文枞编译：《老挝人民民主共和国宪法》，《东南亚研究》1992 年第 6 期。

法对各级地方政府的行政职权进行了细化规定。行政划分上，政府将全国划分为16个省和1个直辖市，下辖共有142个县、10912个行政村。

从法律层面看，2003年老挝第五届国会第三次会议决定对《老挝人民民主共和国宪法》进行修正，新修订的宪法共11章98条。2015年10月，老挝国会通过了第二次宪法修正案。政府还在宪法框架下颁布了一系列法规，包括政府决议、政令和地方法令等通知。据统计，2016—2018年老挝通过的新法律和修订的法律共有50项。① 政府还陆续颁布并修订完善了《领导干部责任制度》《党员禁令》《反腐败法》等一系列党内规章制度，推动了国家的法律体系建设。

全面革新以来，老挝人民革命党坚持马克思列宁主义、凯山·丰威汉思想，以1991年宪法作为老挝国家建构的主要方向。人民革命党和政府在立法的具体实践过程中，结合老挝的具体国情对其不断进行调整和补充，完善了国家法制体系，推动了老挝的社会主义国家建设。

（二）全面革新以来老挝的政治整合举措

目前，老挝亟须深化政治建设，以推进政治体制改革为目标，进一步提高国内各民族的政治整合程度。人民革命党领导下的政治体制改革成为老挝人民革命党在新时期进行政治整合的主要手段。

1991年老挝人民革命党五大重申坚持"有原则的全面革新路线"。强调"有原则"，就是要以马克思列宁主义为思想理论基础，充分认识老挝的基本国情，革新但不偏离社会主义道路；"全面"就是革新不仅要经济革新，还要扩大对外交流与合作。②

其中，由老挝人民革命党负责从中央各部抽调干部组成基层督导组，分片负责相关省、县、村三级党代会的工作，指导当地党委总结相关的工作经验以及处理存在的问题，协助当地制定经济社会发展计划。③ 老挝人民革命党在全国3420个基层组织中深入开展了"政治强、会领导的党支部"运动，有308个党支部获"坚强党支部"称号。④ 老挝人民革命党

---

① 卫彦雄：《老挝：2018年回顾与2019年展望》，《东南亚纵横》2019年第1期。
② 方文：《老挝人民革命党第十次全国代表大会述评》，《学术探索》2016年第3期。
③ 云鹤、云松：《老挝2004年形势与2005年前瞻》，《东南亚纵横》2005年第4期。
④ 云鹤、云松：《老挝2002年回顾与2003年前瞻》，《东南亚纵横》2003年第3期。

重视同基层的联系，使党的路线方针政策深入地方，提高了农村、城镇等基层地区的政治整合程度。

老挝人民革命党将马克思列宁主义思想运用于本国实践，形成了凯山·丰威汉思想体系，实现了马克思主义老挝化。

2015年，朱马里·赛雅颂总书记在老挝人民革命党成立60周年的庆典上，对凯山·丰威汉思想的基本内容进行了界定："1986年以来，出于对形势的敏锐观察和对国情的了解，以及有选择地研究借鉴外国经验，凯山·丰威汉把革命理论运用到我国的具体情况中，并据此确定正确的路线和提出富于创造性的革命方法。"①

2016年3月，老挝人民革命党第十次全国代表大会首次将凯山·丰威汉思想与马克思列宁主义并列作为老挝人民革命党的思想理论基础，奠定了凯山·丰威汉思想在老挝人民革命党中的重要地位。凯山·丰威汉思想是老挝人民革命党将马克思列宁主义与本国国情相结合的初步成果。

"有原则革新"以来，老挝人民革命党主张把佛教教义融入党的政治路线中。在1995年6月的会议上，老挝政府认为，佛教僧伽是"老挝文化自豪感的领袖"，僧侣在传统上是老挝知识和文化的保护者。② 佛教徒哈坦·提波布阿里认为"佛教与老挝国家不可分割，僧侣同老挝人民是分不开的"，并提出："僧伽和革命不是对立的关系。思想方式的转变是革命，思维斗争也是革命。"③ 哈坦巧妙地将佛教关于寻求真理的内容与共产主义革命的观点交织在一起，弱化佛教的政治色彩。④ 此外，老挝佛教徒联合会主席普拉·阿贾恩也敦促老挝僧侣团体能够起到"引领老挝文化复兴、确保老挝文化得到长足发展"的积极作用。⑤

---

① 吴彬康等主编：《八十年代世界共产党代表大会重要文件选编》，中国广播电视出版社1989年版，第280页。
② Grant Evans, *The Politics of Ritual and Remembrance: Laos since 1975*, Chiang Mai: Silkworm Books, 1998, p. 67.
③ Grant Evans, *The Politics of Ritual and Remembrance: Laos since 1975*, Chiang Mai: Silkworm Books, 1998, p. 66.
④ Grant Evans, *The Politics of Ritual and Remembrance: Laos since 1975*, Chiang Mai: Silkworm Books, 1998, p. 66.
⑤ Grant Evans, *The Politics of Ritual and Remembrance: Laos since 1975*, Chiang Mai: Silkworm Books, 1998, p. 67.

全面革新以来，老挝政府以佛教和僧伽为纽带，引导佛教与老挝社会制度相适应，提高了全体老挝人的政治整合程度。

二　全面革新以来老挝的民族建构

一直以来，凝聚全国各民族的力量都是老挝民族建构的重要组成部分。老挝人民革命党和政府依据各民族发展实际，完成了本国的民族识别工作，为制定民族政策提供了新方向。革新以来老挝政府进一步强调发展民族经济的重要性，借以提高老挝各民族的整合水平。

（一）1991年以来老挝人民革命党的民族政策

长期以来，老挝政府对本国民族的划分不清晰，导致民族识别工作难以顺利开展。1999年，老挝建国阵线民族研究部主任西苏克·科曼将凯山·丰威汉思想中关于"国家和民族"的定义运用于老挝实际，明确指出了"族群"（Ethnic group）、"国族/民族"（Nation）、"民族/国民"（Nationality）之间的区别。"族群"（Ethnic group）的老挝语为"son phaw"，指历史造就的以共同语言起源为基础的、反映共同文化和思想精神的民族群体。"国族/民族"（Nation）的老挝语为"sansat"，指在法律基础上属于同一国家的人或团体。尽管他们生活在不同的地方，有着不同的文化，但他们有着共同的历史命运，愿意接受同一法律的约束。"民族/国民"（Nationality）的老挝语为"sat/sonsat"或"son phaw nyai"（"民族类别/范畴"或"大族群"），民族是不以人类愿望和统治阶层的意识为转移的，它是社会经济相互影响的结果。民族的真正含义是在共同的语言、领土、生活、思想和文化基础上产生的。[①]

1999年5月，老挝建国阵线民族研究部决定进行为期4个月的全国民族人口调查，并成立了以西苏克为首的调查小组。他们将老挝分为5个主要的地理区域。每个小组在各省停留1个月的时间。这次调查初步统计到全国共有55个民族。[②]

---

① Vatthana Pholsena, *Minorities and the Construction of a Nation in Post-Socialist Laos*, Yorkshire: The University of Hull, Ph. D. Diss., 2001, pp. 151–152.

② Vatthana Pholsena, *Minorities and the Construction of a Nation in Post-Socialist Laos*, Yorkshire: The University of Hull, Ph. D. Diss., 2001, p. 141.

调研报告显示,"老挝总人口为4574848人,其中24084人没有明确的民族族属,而有10201人没有出现在官方统计的47个民族中。"调研数据送到老挝中央后,受到了不少质疑。有人指出该报告没有涉及自己的民族,也有人不满意报告中提出的自己的民族的称谓。事实上,这次调研只是简单收集了老挝各省的人口普查数据,较少涉及民族学领域。调研小组中,除了其中两名成员外,其他成员几乎不具备民族学和人类学背景。① 在西苏克进行人口调研之后,老挝的民族识别工作仍在继续。

2000年8月13—14日,在老挝建国阵线会议举行期间,政府决定以西苏克·科曼编写的《全国各民族研究的参考文献标准手册》,作为2000年老挝人口普查的官方指南。建国战线将老挝民族分属为四大类别:老泰民族,包含8个支系;孟-高棉民族,包括32个支系;汉藏民族,包括7个支系;苗瑶民族,包括2个支系。

2008年11月六届国会六次会议上,老挝政府对全国49个民族的称谓作了法律界定,明确将各民族统一称呼为"老挝民族",取消"老龙、老听和老松"三大民族的提法。老挝政府明确规定,老挝民族由49个民族组成,分属老泰语族系、孟—高棉语族系、汉藏语族系和苗瑶语族系。

老泰语族系有8个民族,老族和泰傣族群是老挝的主体民族。根据1995年的人口普查,老族人口为240万人,占全国人口的52.5%。② 老族人口集中分布在以万象为中心,北起琅勃拉邦,南至占巴塞沿着湄公河左岸的长条地带,而在北部、东北、南部边境地区则相对稀少。③

泰傣族群,包括普泰族、泰族、傣泐族、元族、仰族、色族、泰讷族。普泰族没有语言文字,主要生活在甘蒙省的农波、玛哈赛、波拉帕等地。据1993年老挝语言机构统计,普泰族有128000人。但在2000年,老挝建国阵线将其定义为单独的民族之后,据估算,纯粹的普泰族只有约15000人。④

---

① Vatthana Pholsena, *Minorities and the Construction of a Nation in Post-Socialist Laos*, Yorkshire: The University of Hull, Ph. D. Diss. , 2001, pp. 141 – 142.
② 郝勇、黄勇等主编:《老挝概论》,世界图书出版广东有限公司2012年版,第66页。
③ 黄兴球:《老挝族群论》,民族出版社2006年版,第3页。
④ 王子萌:《老挝泰老族群的来源与演变及现今分布格局的形成》,硕士学位论文,云南大学,2014年,第39页。

孟—高棉语族系有 32 个民族，由克木族群、嘎都族群、巴朗季族群、巴纳利高棉族群、怀地族群 5 个族群组成。汉藏语族系包括藏缅语族，由兴西里族、阿卡族、拉祜族、西拉族、哈尼族、倮倮族、贺族 7 个民族构成。苗瑶语民族包括苗族和瑶族。老挝的苗族主要分布在老挝北部，往南到波里坎塞省一带，人口约 315465 人。[1]

值得肯定的是，老挝人民革命党和政府能够从实际出发，依据本国的具体国情，完成本国的民族识别工作，为以后开展民族工作打下了良好的基础。

(二) 全面革新以来的文教措施

全面革新以来，老挝政府把教育列为国家发展的优先目标，实行了初、中等教育全国"同步发展计划"[2]。政府推动教育事业均衡发展，提高了老挝全体人民的文化水平。

其中，教师培训制度一直是老挝教育体系的重要组成部分。政府要求小学教师在完成六年教学任务后，要在教师培训中心参加为期几周甚至一年或一年以上的中等教师培训课程，才能教授高等教育课程。据统计，每年老挝的毕业生中约有 125 人在完成教师培训课程后，才有资格进入大学或其他政府机构任职。[3]

教师培训制度提高了全国人民的基本识字率，但弊端也很大。培训过程中，培训生的辍学率很高。[4] 并且教师的学历普遍不高，缺乏基本的学术素养。培训制度的不完善也间接导致了老挝整体教育水平的低下。

老挝在初等教育方面的发展水平也有了明显提高。政府制定了 1990—2000 年老挝教育部门的战略规划，主要目标是提高全国教学质量，强调基础教育的重要性，以保证后续进入高等教育的人才的质量。[5]

---

[1] 郝勇、黄勇等主编：《老挝概论》，世界图书出版广东有限公司 2012 年版，第 80—81 页。

[2] 方文：《老挝人民革命党第十次全国代表大会述评》，《学术探索》2016 年第 3 期。

[3] Joel M. Halpern and Marilyn Clark Tinsman, "Education and Nation-Building in Laos", *Comparative Education Review*, Vol. 10, No. 3, 1966, p. 504.

[4] Mya Than and Joseph L. H. Tan (eds.), *Laos' Dilemmas and Options: The Challenge of Economic Transition in the 1990s*, New York: ST. Martin's Press, 1997, pp. 177–178.

[5] Mya Than and Joseph L. H. Tan (eds.), *Laos' Dilemmas and Options: The Challenge of Economic Transition in the 1990s*, New York: ST. Martin's Press, 1997, p. 157.

1990年，老挝在全国教育会议上提出一些针对教育工作的主要建议，这些建议随后在1991年召开的老挝第五次党代表大会上得到批准：（1）到2000年普及全国小学教育，提高小学教育质量；（2）改革教学课程，确保教学课程的相关性；（3）改善各地的教学环境和设施；（4）改进教师培训质量和工作条件；（5）为偏远地区的少数民族提供教育。[1] 1990年，老挝制定了到2000年的教育部门战略，优先提高教育质量、教育规划和教育管理的效率。在数量上，该教育战略的目标是普及小学教育（六岁儿童全部进入小学），将小学毕业率从目前的30%提高到60%以上，而将初中毕业率从52%提高到70%。到2000年的目标是小学招生目标为715000人，初中招生120000人，高中招生42000人。该战略要求通过开发小学和初中教育课程及整合国家教师培训体系来实现质量的提高，呼吁通过提供职业激励、加薪和定期支付工资来改善教师的工作条件，从而实现质量的提高。[2]

另外，为解决民族地区的教育问题，1992年老挝政府颁布了由凯山·丰威汉签发的《新时代党中央关于少数民族事务的决议》。其中，涉及民族地区教育相关内容如下：应扩大正规的小学教育体系，以保证所有学龄儿童都能上学。决议中的政策要求恢复解放战争时期在山区建立的"青年民族学校"，但要注重质量。此外，决议还强调少数民族儿童与低地和城市的其他儿童一样，享有同等的受教育权。针对边远地区的少数民族，（决议）呼吁制定详细的教师培训计划和落实政策所需人员的政策。[3]

1975—1992年，老挝初级中学的数量增加了9倍，初中入学率增长近2倍，高中学校从11所增加到111所，高中生人数从2517人增加到31891人。学前教育和小学师范学院的数量从15所增加到30所，教师培训学院的数量也从7所增加到21所。除此之外，老挝其他形式的教育规

---

[1] Mya Than and Joseph L. H. Tan (eds.), *Laos' Dilemmas and Options: The Challenge of Economic Transition in the 1990s*, New York: ST. Martin's Press, 1997, p. 160.

[2] Mya Than and Joseph L. H. Tan (eds.), *Laos' Dilemmas and Options: The Challenge of Economic Transition in the 1990s*, New York: ST. Martin's Press, 1997, pp. 160 – 161.

[3] N. J. Enfield, "Languages as Historical Documents: The Endangered Archive in Laos", *South East Asia Research*, Vol. 14, No. 3, 2006, p. 484.

模也在扩大。职业学校的学生从 1038 人增加至 2472 人,技工学校的在校生从 755 人增加到 5265 人。1996 年老挝国立大学成立,首批招生人数超过 8000 人,如今在校学生人数已将近 27000 人。[①]

但目前老挝的教育机构臃肿,教育系统内各部门之间的权责不清,这对教育工作和教学效率产生了较为明显的不利影响。加之经济发展迟缓,导致财政收入难以流向教育部门,教育资源有限,进而影响了教学设施的建设。老挝的教育发展仍有待提高,但面临着很多问题/困难。并且,老挝各省人口分布不均,各地教育水平发展情况不一,这也决定了老挝教育发展的复杂性。

三 全面革新以来老挝民族国家建构的成效

全面革新以来,老挝政府以完善民主建设和发展民族经济为主要目标。在具体实践过程中,老挝逐渐形成了以凯山·丰威汉思想为核心的老挝特色社会主义理论体系,走出了一条适合老挝的社会主义道路。老挝人民革命党依据各民族发展实际,完成了老挝的民族识别工作。在坚持民族平等、尊重少数民族文化差异的情况下,老挝的民族整合程度不断提高。

首先,这反映在老挝人民参政议政的权利得到显著扩大,民主权利进一步得到保障。2009 年 4 月 29 日,老挝总理波松·布帕万公布了一项法令,允许老挝公民建立合法的非政府组织,扩大了民众的基本权利。9 月,老挝政府批准了《公民权利和政治权利国际公约》《联合国反腐败公约》和《残疾人权利公约》3 项条约。同时政府决定在地方一级推进权力下放,完善问责制度,并引进电子政务系统。2009 年 6 月 22 日至 7 月 9 日,老挝第六届国会中的第七次常务会议召开。会上,通邢·塔马冯指出:政府在处理社会问题和执法问题方面的能力有待大力加强。会议期间,参会人员对许多公共组织在财务管理方面存在的违规问题,以及缺乏有效针对"贪腐国家财产"的人员的财务问责和措施表示担忧。此外,

---

① Bertil Lintner, "LAOS: At the Crossroads", in Daljit Singh and Tin Maung Maung Than (eds.), *Southeast Asian Affairs 2008*, Singapore: Institute of Southeast Asian Studies, 2008, p. 182.

政府还将继续推进地方一级的行政改革和农村减贫计划。① 2010 年，政府放慢了长期以来的权力下放计划的实行。不过，到 2015 年组建地方议会似乎仍是一个设想。为了让地方官员负起责任，老挝政府还提议加强省级国民议会办公室的职能。②

其次，凯山·丰威汉关于老挝民族理论的思想，仍然深刻影响着老挝国家建构进程。特别是他在 1981 年编写的《老挝国家各民族团结根源详述》这一宣传册，成为老挝人口普查、民族志研究及各类民族著作的思想基础。现将部分内容摘录如下：

"在一些不发达的国家仍然存在着不稳定的部落（Tribe）群体和社会。他们之间有血缘关系，存在婚俗仪式，信仰万物有灵。随着生产发展和社会分工明确，不同地方的部落群体逐渐融合扩大，产生新的经济生产方式。此时，传统部落开始瓦解，出现新的人类社会，这就是族群（Ethnic group）。"③

每个族群都有自己的语言，但各地区的族群语言也不尽相同。在这样的情况下，他们之间的经济和文化交流是有限的。某些国家的某些族群在语言、心理、经济、领土区域等方面，可以做到和睦相处，从而形成"民族"（Nations）。在抵抗殖民侵略的过程中，他们团结起来，共同反对殖民主义，争取国家解放和民族独立，进而发展成为统一的民族国家。④ 老挝亦是如此，这种民族情感成为老挝新国家的黏合剂。各民族对独立和自由的追求，促进了老挝民族的出现。⑤

虽然凯山·丰威汉关于老挝民族的理论带有一定的主观主义和现代主义色彩，但这一理论，经过老挝人民革命党人的不断补充和实践，已

---

① Kristina Jönsson, "Laos in 2009: Recession and Southeast Asian Games", *Asian Survey*, Vol. 50, No. 1, 2010, pp. 241-242.

② William Case, "Laos in 2010: Political Stasis, Rabid Development and Regional Counter-Weighting", *Asian Survey*, Vol. 51, No. 1, 2011, p. 203.

③ Vatthana Pholsena, *Minorities and the Construction of a Nation in Post-Socialist Laos*, Yorkshire: The University of Hull, Ph. D. Diss., 2001, p. 146.

④ Vatthana Pholsena, *Minorities and the Construction of a Nation in Post-Socialist Laos*, Yorkshire: The University of Hull, Ph. D. Diss., 2001, pp. 150-151.

⑤ Vatthana Pholsena, *Minorities and the Construction of a Nation in Post-Socialist Laos*, Yorkshire: The University of Hull, Ph. D. Diss., 2001, pp. 150-151.

成为现今老挝民族研究的重要参考。凯山·丰威汉民族思想的提出，对于指导今后老挝的民族整合实践具有极为重要的理论意义。

另外，全面革新以来，老挝人民革命党也致力于发展民族经济，改善少数民族的生活条件。针对国内的民族问题，老挝政府制定了一系列整合措施，妥善处理好了历史遗留的民族问题。

一方面，政府重视少数民族在国家政治事务中的参与程度，采取在各级政府机构人员中保持一定的少数民族比例的办法来保障其对政府事务的参与。老挝党中央委员会决定在少数民族地区建立基层党组织，对部落首领、姓氏头人进行政治培训，从而使他们能够更好地发挥民族团结的示范作用。目前，老挝通过采取培养少数民族干部，扩大少数民族的参政面，以及在党和政府的领导机构中保持少数民族干部的一定比例等办法将少数民族引入主流社会。在老挝党和政府机构中，少数民族干部约占20%，而在少数民族地区的基层组织和地方行政机构中，少数民族干部则占主导地位。[1]

2002年2月24日，老挝举行国民议会选举，166名老挝人民革命党员角逐109个议会席位。此次选举增加了10个席位，候选人的平均年龄下降了10岁，即降至51岁，20%的候选人为女性，大学毕业生比例为34%。官方数据显示，老挝共有250万合格选民，投票率高达99.23%。[2]

另一方面，老挝人民革命党和政府多次强调民族工作对国家统一的重要意义。政府应大力弘扬民族优秀文化传统。老挝少数民族的语言种类丰富，口语化程度较高。如在苗族聚居区，仍然有人将非官方的少数民族语言应用在半官方（semi-official）的场合。以前的苗族语言保留了传统的罗马音标，且被广泛应用在公共场所，有些甚至出现在农村发展和医疗卫生计划书中。《新时期党中央关于少数民族事务的决议》规定：对于曾在老挝解放区使用的少数民族语言，授权相关机构加紧对少数民族书面语言进行研究，以尽快将其纳入老挝语言体

---

[1] 翟坤：《老挝民族宗教概况》，《国际资料信息》2003年第9期。

[2] Carlyle A. Thayer, "Laos in 2002: Regime Maintenance through Political Stability", *Asian Survey*, Vol. 43, No. 1, 2003, pp. 120–121.

系当中。① 政府还在苗族聚居区推广使用老族的语言文字,建立起以老族文化为主的教育体系,培养出新一代的苗族人。

现今老挝人民对于民族认同的重要性的认识日渐凸显,以往涉及老挝现代历史的著作中,大多数学者都认为老挝不是一个"真正的民族国家"。研究老挝政治史的阿瑟·多曼在谈及老挝历史时认为,老挝与其说是一个民族,不如说是一个"部落"的联合体。②

总体而言,老挝人民革命党历经多年努力,在政治制度、经济建设和社会发展方面都取得了不错的成绩。但老挝民族整合的水平还有待提高。现阶段老挝政府还需在不断完善政治制度建设的同时,通过活跃经济来带动社会发展,从而进一步提高老挝民族的整合程度。

---

① N. J. Enfield, "Languages as Historical Documents: The Endangered Archive in Laos", *South East Asia Research*, Vol. 14, No. 3, 2006, pp. 483–484.
② Grant Evans, *The Politics of Ritual and Remembrance: Laos since 1975*, Chiang Mai: Silkworm Books, 1998, p. 10.

第四章　柬埔寨民族国家建构

宋云龙

以高棉族为主的多族群共存的多元民族结构和占主导地位的佛教文化是柬埔寨进行独立后民族国家建构的重要基础。近代以来，随着民族国家概念的传播和柬埔寨精英分子的推动，柬埔寨建立民族国家所需的领土、主权、制度体系等要素日趋完备。最终，在民族主义的引导下，柬埔寨获得了民族解放和主权独立，建立了民族国家，开始了民族国家建构的历史进程。

第一节　柬埔寨民族国家建构的历史基础及其多族群格局的形成

柬埔寨的高棉族、山地高棉人、占族、泰老族以及越人和华人等几大族群在长期的发展和交融过程中，形成了多族群并存的局面。他们各自的历史、文化共同构成了柬埔寨独立后民族国家建构的基础。根据柬埔寨国家统计研究所（The National Institute of Statistics）提供的2013年的人口普查资料，佛教是绝大多数柬埔寨人的信仰。相关情况，参见表4-1。

表4-1　按宗教、居住地域和自然区域分列的柬埔寨人口构成状况（2013年）

居住地域和自然区域	2013年人口比例（%）			
	佛教徒	穆斯林	基督教徒	其他
柬埔寨	97.9	1.1	0.5	0.6
城镇	98.0	0.8	1.1	0.0

续表

居住地域和自然区域	2013 年人口比例（%）			
	佛教徒	穆斯林	基督教徒	其他
农村	97.9	1.2	0.3	0.7
平原地区	98.6	0.8	0.5	0.0
洞里萨湖地区	98.7	1.0	0.3	0.0
沿海地区	96.0	3.1	0.8	0.1
高原和山区	93.7	1.1	0.6	4.7

资料来源：The National Institute of Statistics, *Cambodia Inter-censal Population Survey 2013* (*Final Result*), Phnom Penh, Cambodia: Ministry of Planning, 2013, p. 22。

一 高棉族的起源与发展及其认同

高棉人是柬埔寨的主体民族，是孟—高棉语民族中的一支。孟—高棉人的先民发源于中国，与中国古籍中所提到的分布在江汉之间的"濮"的族群有很密切的联系，他们在更早的时候有个共同的祖先。其中，一部分因楚国兼并扩张而迁徙到西南地区和中南半岛的"濮人"与当地土著融合发展后成为高棉人的祖先。[1] 大约在公元前 5 世纪到公元前 4 世纪的时候，高棉人的祖先就已经生活在今天的柬埔寨了。[2]

公元 1 世纪，早期高棉人的一支建立了柬埔寨早期国家扶南。[3] 此后，扶南及其后的继任国家经历了长达一千多年的选择、吸收印度文化因素的"印度化"过程。这奠定了柬埔寨传统政治、文化的基础，形成了高棉人的神王观念。婆罗门教主神湿婆神的力量通过君王及其祭祀仪式传递到世人和土地之中，成为柬埔寨社会凝聚力的重要来源。[4] 耶输跋摩迁都吴哥后，以吴哥为中心的高棉帝国崛起。迁都后，"生活在以今天柬埔寨为中心的这一地区的诸多说早期高棉语的民族乃至一些其他族群，经过进一步融合，形成了以真腊—高棉语言和文化为基础的我们今天所

---

[1] 何平：《中南半岛民族的渊源与流变》，民族出版社 2006 年版，第 68—85 页。
[2] Ian Mabbett and David Chandler, *The Khmers*, Oxford and Cambridge: Blackwell, 1995, p. 57.
[3] 何平：《中南半岛民族的渊源与流变》，民族出版社 2006 年版，第 81、89 页。
[4] [美] 大卫·钱德勒：《柬埔寨史》（第四版），许亮译，中国大百科全书出版社 2013 年版，第 23 页。

见到的现代高棉人。"① 而该时期广泛存在的碑铭说明，"柬埔寨（Kambuja-desa）不仅作为一种理想，还作为一个概念正在获得承认"。② 此时吴哥帝国的核心区域及其内部各个民族构成了柬埔寨民族国家建构的基础。

13世纪以后的柬埔寨逐渐衰落，但佛教等高棉文化维系高棉人社会运转和情感的作用并未发生改变，且高棉人的民族特质也并未因其势力的衰落而丧失。殖民地时期，法国和泰国于1907年签订条约，高棉人收回了暹粒、诗流枫、马德望等代表柬埔寨文化起源的地区。同时，法国人发掘和展示吴哥遗迹的过程无意地给高棉人重新塑造其民族认同创造了条件。吴哥遗迹被赋予了"共同体身份认同及自身延续的象征符号"③。佛教知识分子和上层精英将吴哥遗迹转化为高棉人集体回忆和民族认同的符号象征并以此重构了高棉人的认同象征。此后，以吴哥窟为代表的认同象征逐渐展现在反殖民斗争的旗帜上、柬埔寨的国旗上或重大纪念活动中④，来激发高棉人的民族自豪感和认同感。

二 柬埔寨其他族群的由来、发展与认同

柬埔寨除高棉族外，还有山地高棉人（Khmer Loeu）、占族人、泰老族人以及越人和华人等族群。山地高棉人与高棉人拥有共同的祖先，山地高棉人和高棉人与"濮"有直接关系，今天云南和中南半岛地区的孟—高棉语诸民族大概是从唐宋时期逐渐分化形成的。⑤ 山地高棉人根据口耳相传的传说和万物有灵的宗教信仰认识和传承本族历史。山地族群与高棉人存在朝贡与庇护的关系，山地人需按照其专长特点向高棉人进贡物品。他们也被作为奴隶来向高棉人提供服务。桂人（Kui）在冶铁、制造

---

① 何平：《东南亚民族史》，云南大学出版社2012年版，第104页。
② [美]大卫·钱德勒：《柬埔寨史》（第四版），许亮译，中国大百科全书出版社2013年版，第45页。
③ Penny Edwards, *Cambodge: The Cultivation of a Nation, 1860 – 1945*, Honolulu: University of Hawaii Press, 2007, p. 27.
④ [美]本尼迪克特·安德森：《想象的共同体：民族主义的起源与散布》，吴叡人译，上海人民出版社2016年版，第176—177页。
⑤ 何平：《东南亚民族史》，云南大学出版社2012年版，第116页。

武器方面具有优势，他们在吴哥帝国的铁器发展与应用方面发挥了很大的作用，桂人群体还流传着他们帮助高棉人建造吴哥窟的传说。[1] 山地高棉人奴隶化的过程"很可能是柬埔寨社会长期自我构筑的发展之路，也是高棉人逐渐将'野蛮人'吸收和同化的过程"。[2] 殖民地时期，山地人随着法国人殖民统治的加强开始了高棉化的"内部殖民化"的过程，他们开始被高棉人纳入柬埔寨的国家行政体系当中。

占人是柬埔寨的第二大族群，在族属上属于南岛语族群。占族是由先后移入印度支那的原始马来人和广义马来人的先民混合而成的，[3] 并经历了一个印度化的过程。随着1471年越人攻陷占婆王国的都城，占人的土地被蚕食，占人开始了向东南亚各地迁徙的浪潮。迁徙到柬埔寨的占人成为当地的穆斯林少数族群。高棉人想利用占人的力量来保卫柬埔寨王室或利用他们的商贸网络在东南亚各地进行贸易，因而对他们持欢迎的态度。在马来人和占人的协助下，安赞国王登上了王位，他还娶了一个马来人为妻并皈依伊斯兰教，改名为易卜拉欣。[4] 安赞在位期间，伊斯兰教广为传播，占人和马来人在宫廷内任职，有广泛的权力。占人在柬埔寨宫廷中的影响一直持续到法国人建立殖民统治的前夕。[5] 20世纪初期，法国人在尝试将占人认定为"外国人"但失败后便承认了占人是柬埔寨的少数民族群体，他们的身份地位问题得到解决。[6] 另外，占人因与高棉人的宗教信仰不同而没有把自己的孩子送到法国人的学校，他们因此脱离了柬埔寨的主流社会，成为相对独立的族群。

华人、越人以及泰老人的主体部分在柬埔寨的殖民时期不断移入柬

---

[1] Peter Swift, "Changing Ethnic Identities among the Kuy in Cambodia: Assimilation, Reassertion and the Making of Indigenous Identity", *Asia Pacific Viewpoint*, Vol. 54, No. 3, 2013, pp. 296-308.

[2] [美] 大卫·钱德勒:《柬埔寨史》（第四版），许亮译，中国大百科全书出版社2013年版，第84页。

[3] 何平:《中南半岛民族的渊源与流变》，民族出版社2006年版，第44—46页。

[4] [英] D. G. E. 霍尔:《东南亚史》，中山大学东南亚历史研究所译，商务印书馆1982年版，第520页。

[5] Ben Kiernan, *The Pol Pot Regime: Race, Power and Genocide in Cambodia under the Khmer Rouge 1975-1979* (2nd ed.), New Haven and London: Yale University Press, 2002, p. 254.

[6] Kok-Thay Eng, *From the Khmer Rouge to Hambali: Cham Identities in a Global Age*, Ph. D. Diss., Newark Rutgers: The State University of New Jersey, 2016, pp. 123-126.

埔寨。柬埔寨的华人群体在20世纪以前主要以男性为主，他们永久定居在柬埔寨并与当地女子通婚，融入主流社会。① 土生华人或者混血华人虽然被看作是外国人，但也享受特权。土生华人如果在服饰和生活习俗上完全改从瑶族（高棉人），他们就可以被认为是不折不扣的柬王臣民；但如果想保留华人身份，他就必须在法律上隶属于一位华人头目（甲必丹）的管辖。华人可以免除其对柬王的无偿性劳役。② 到19世纪60年代时，柬埔寨的华人数量达到了10多万人，到20世纪20年代的时候，华人已经占了金边总人口的一半，若将越人也考虑在内，高棉人就成了当地的少数族群。③ 华人大都从事商业经营活动，如倒卖大米、水果蔬菜或是在农村地区经营商店。④

19世纪30年代以前，很少有越南人在柬埔寨定居。法国在柬埔寨建立殖民统治后，因劳动力和管理人员短缺，鼓励越南人移民柬埔寨。但越南人进入柬埔寨后不主动融入柬埔寨主流社会的态度和其在殖民政府中的优势地位引起了高棉人的反感和敌视。泰族人主要分布在柬埔寨的戈公、班迭棉吉、马德望等省，老族人主要分布在上丁和腊塔纳基里省等边疆地区，他们是在近代频繁变动的疆域中形成的跨境族群，并因远离高棉人的社会而保留了其语言、风俗等民族特性。

三 法国的殖民统治与柬埔寨民族国家要素的渐趋完备

法国通过1856年和1884年两次法柬条约确定了对柬埔寨的殖民统治。从民族国家建构的角度来看，法国的殖民统治在客观上促进了柬埔寨民族国家要素的出现和发展。构成柬埔寨民族国家要素的主权观念、版图边界、政治理念、族群结构等在殖民地时期被重新塑造定型。

---

① Penny Edwards, *Ethnic Chinese in Cambodia: Interdisciplinary Research on Ethnic Groups in Cambodia*, Phnom Penh: Center for Advanced Study, 1996, p. 128.
② 李恩涵：《东南亚华人史》，东方出版社2015年版，第499页。
③ Joachim Schliesinger, *Ethnic Groups of Cambodia*, Vol. 3: *Profile of the Austro-Thai and Sinitic-Speaking Peoples*, Bangkok: White Lotus, 2011, p. 199.
④ Joachim Schliesinger, *Ethnic Groups of Cambodia*, Vol. 3: *Profile of the Austro-Thai and Sinitic-Speaking Peoples*, Bangkok: White Lotus, 2011, p. 193.

第四章　柬埔寨民族国家建构

(一) 柬埔寨民族国家要素的出现

在沦为殖民地前，柬埔寨人并没有现代民族国家疆界的概念，但1907年法暹条约的签订改变了柬埔寨人以自然为界的疆域观念，也改变了柬埔寨的空间观念。民族—国家的观念在很大程度上就是通过这一新形式的话语力量发挥作用的，于是领土意识主导的空间行为方式遂开始打破村落 (Srok) 之间的封闭性，村落的含义也转变为国家的含义。① 法国人还在20世纪初迫使泰国归还原本属于柬埔寨的马德望、暹粒等地，为高棉人重寻族群认同提供了基础。当法国国会在1949年5月21日通过决议宣布，将有60万人居住的下柬埔寨及湄公河三角洲地区划归越南统属后②，柬埔寨民族国家的疆域空间被最终固定和确认。另外，小说与报纸"这两种形式为'重现'民族这个想象的共同体，提供了技术上的手段"。③ 1936年由巴真 (Pach Chhoeun) 和辛瓦 (Sim Var) 创办的民族主义报刊《那加拉瓦塔》(*Nagara Vata*) "给予了柬埔寨精英一次自我对话和使用本民族语言看世界的机会"④。

在法国殖民统治的过程中，越来越多的地方开始仿照法国的行政体系管理本地事务且雇佣柬埔寨人参与其中，这为柬埔寨独立后的政治运作积累了经验。第二次世界大战后，根据1946年协定，柬埔寨很快就仿照西方建立起了一套议会民主制政体。柬埔寨出现了由尤特维翁亲王 (Sisowath Yuthevong) 领导的民主党⑤ (Krom Pracheathipodei) 和诺罗敦·诺伦德 (Nornideth) 领导的自由党 (Kanaq Sereipheap)。民主党用

---

① 孙建楠：《权力欲望中的主权想象——试论1863年〈法柬条约〉的历史意义》，《南洋问题研究》2011年第4期。
② 王民同：《东南亚史纲》，云南大学出版社1994年版，第358页。
③ [美] 本尼迪克特·安德森：《想象的共同体：民族主义的起源与散布》，吴叡人译，上海人民出版社2016年版，第23页。
④ [美] 大卫·钱德勒：《柬埔寨史》（第四版），许亮译，中国大百科全书出版社2013年版，第196页。
⑤ 民主党的主要支持者是受巴真、山玉成等民主思想影响的人以及佛教中的大宗派、年轻公务员、伊沙拉运动的支持者和知识分子。民主党希望建立法国式的民主并通过和谈的方式实现国家的独立，他们的目标是用精英服务国王和人民。参见 David P. Chandler, *The Tragedy of Cambodian History: Politics, War and Revolution since 1945*, New Haven and London: Yale University Press, 1991, pp. 30, 37–39；[美] 大卫·钱德勒《柬埔寨史》（第四版），许亮译，中国大百科全书出版社2013年版，第208页。

"精英服务国王和人民"来概括组织的目标①,主张柬埔寨的"独立、民主与现代化","在法兰西联邦内保持君主立宪制"②。

在1946年的选举中,民主党派赢得了国民议会的50个席位,民主党赢得了14个席位,独立候选人获得了3个席位。③ 民主党在1947年制定了柬埔寨第一部现代意义上的国家大法,确立了柬埔寨的立宪君主制体制。④ 该宪法规定了公民的权利和自由以及限制了王权,对削弱法国的殖民统治和君主专制的权威以及奠定柬埔寨的民族国家制度体制有重要意义。

另外,法国殖民者在建立种植园、发展种植业和雇佣当地山地高棉人的过程中改变了山地与柬埔寨主流社会相隔绝的状态。法国人还在这里推行货币,到1892年山地高棉人逐渐开始在生活中使用货币。⑤ 殖民者也通过教育、宗教以及移民等"高棉化"手段力图教化山地高棉人,将他们纳入国家管理体制内。⑥ 这时,山地高棉人虽受到了外来文化的影响,缩小了与外界的差距,但其族群身份和传统生活方式并未受到严重冲击。

柬埔寨的越人和华人在族群认同上出现了新的变化。20世纪初期到70年代,金边街区的族群色彩日渐明显。⑦ 第二次世界大战前,柬埔寨的

---

① David P. Chandler, *The Tragedy of Cambodian History: Politics, War and Revolution since 1945*, New Haven and London: Yale University Press, 1991, p. 30.

② John Tully, *A Short History of Cambodia: From Empire to Survival*, Crow's Nest, N. S. W: Allen & Unwin, 2005, p. 114.

③ David P. Chandler, *The Tragedy of Cambodian History: Politics, War and Revolution since 1945*, New Haven and London: Yale University Press, 1991, p. 31.

④ 1947年宪法规定了柬埔寨是君主立宪制政体,政府的构成及其职权如下。其一,国王是柬埔寨的最高元首和军队的总司令,拥有包括颁布宪法、解散国民议会、任命官员等一系列权力。其二,王国议会和国民议会组成柬埔寨的上下两院。下议院通过普选产生,任期四年,有立法权。王国议会拥有审查国民议会的提案和向政府提供建议的权力。参见王民同《东南亚史纲》,云南大学出版社1994年版,第359页。

⑤ Joachim Schliesinger, *Ethnic Groups of Cambodia, Vol. 1: Introduction and Overview*, Bangkok: White Lotus, 2011, p. 120.

⑥ Stefan Ehrentraut, *Challenging Khmer Citizenship: Minorities, the State and the International Community in Cambodia*, Ph. D. Diss., Potsdam: Potsdam University, 2013, pp. 35 – 37.

⑦ [美]大卫·钱德勒:《柬埔寨史》(第四版),许亮译,中国大百科全书出版社2013年版,第192—193页。

华人规模达到了30万人①,"富有的华揼(高棉与华人)混血者中越来越多的人认同中国文化,但较为穷苦的混血者则仍然尽其可能地认同揼族社会。"② 华人与高棉女性一直保持着很好的通婚率,与华人男性结婚可以让高棉女性及家人获得更好的社会、经济地位和保障。中柬混血后代的地位和威望超过了高棉人,甚至超过了法柬混血人。③ 越人的数量也有显著的变化,1860年柬埔寨有4452名越人,但到了1936年却达到了191000人。越人虽然与高棉人通婚,但他们极力保持自己的族群身份而不融入于柬埔寨社会的主流。④ 越人在文化习俗上的独特性以及法国"以越治柬"政策的影响使得越南人在柬埔寨独立后很难融入柬埔寨主流社会。

(二)柬埔寨的民族主义运动与主权独立

民族主义及其规则虽然是东南亚现代历史发展的内在动力⑤,但柬埔寨的民族主义运动在"1939年前是微弱和未聚焦的,大部分高棉人对法国人的统治既不关心也没有非常反对"⑥。总之,第二次世界大战结束前,柬埔寨的民族主义处于萌芽状态,呈现为与殖民者合作的方式。

第二次世界大战结束前夕,日本策动兵变宣布柬埔寨"独立",促使柬埔寨民族主义的觉醒,民族主义运动转向要求国家独立的质变。1945年8月底,山玉成(Son Ngoc Thanh)发动了一场由3万多人参与的民族主义游行,数十万人参与并要求独立的公投,希望法国人能给予柬埔寨独立。据称,有54.147万人投票支持独立,仅有两票表示反对。⑦ 之后,

---

① David P. Chandler, *A History of Cambodia* (4th ed.), Boulder, Colorado: Westview Press, 2008, p. 195.
② 李恩涵:《东南亚华人史》,东方出版社2015年版,第500页。
③ Joachim Schliesinger, *Ethnic Groups of Cambodia*, Vol.1: *Introduction and Overview*, Bangkok: White Lotus, 2011, pp. 200–201.
④ Joachim Schliesinger, *Ethnic Groups of Cambodia*, Vol.2: *Profile of Austro-Asiatic Speaking People*, Bangkok: White Lotus, 2011, p. 259.
⑤ Norman G. Owen (ed.), *The Emergence of Modern Southeast Asia: A New History*, Honolulu: University of Hawaii Press, 2005, p. 252.
⑥ John Tully, *A Short History of Cambodia: From Empire to Survival*, Crow's Nest, N.S.W: Allen & Unwin, 2005, pp. 102–103. 澳大利亚学者米尔顿·奥斯本也持同样观点。他认为,这一时期柬埔寨的传统统治阶级成员与殖民国家之间的利益联盟采取行动阻止了民族主义活动的发展。参见[澳]米尔顿·奥斯本《东南亚史》,郭继光译,商务印书馆2012年版,第124页。
⑦ [美]大卫·钱德勒:《柬埔寨史》(第四版),许亮译,中国大百科全书出版社2013年版,第205页。

不管是高棉伊沙拉或是民主党等政党还是以西哈努克为代表的王室都力图通过自己的方式争取国家的独立。法国迫于柬国内民族主义运动的压力于 1946 年与柬埔寨签署了临时协定，柬埔寨获得了有限的独立，法国在柬埔寨统治的淡化已是不争的事实。法国于 1949 年与西哈努克签署了被称为"50%的独立"的条约。[①] 20 世纪 50 年代以后在金边、马德望等城市爆发的要求独立的游行或罢工不断增加，这说明法国人对柬埔寨的控制力仍不断在下降。1952 年年初，法国人估计已有 2/3 的地区不在金边的控制、管辖之内，柬埔寨共产党与越盟控制了柬埔寨 1/6 的土地。[②]

柬埔寨各阶层发展的不充分使柬埔寨的民族主义运动缺少号召力和凝聚力，从而没有从根本上扭转反殖民斗争的局势。同时，柬埔寨各阶层特别是中下层人民的王权思想根深蒂固，不可能通过以反对西哈努克为代表的皇室的方式来煽动民族主义情绪，提供民族主义运动的动力。因而，西哈努克很容易地弥补了柬埔寨民族主义运动过程中领导者的缺位。1953 年，柬埔寨在西哈努克领导的"王家十字军运动"中获得独立。柬埔寨 1953 年的独立标志着法国在柬长达 90 年的殖民统治的结束，也意味着为柬埔寨各族人民提供民族认同和政治效忠的民族国家的建立，更标志着柬埔寨民族国家建构的开始。

第二节　西哈努克时期柬埔寨的民族国家建构

柬埔寨独立后面临着民族国家建构的重任。西哈努克充分发掘柬埔寨的传统政治文化和佛教因素，提出了"佛教社会主义"，以此作为指导柬埔寨民族国家建构的思想。在具体实践手段上，西哈努克借助人民社会同盟进行政治整合和秩序重建。这既为国内新兴的社会力量提供了

[①] [美] 大卫·钱德勒：《柬埔寨史》（第四版），许亮译，中国大百科全书出版社 2013 年版，第 211 页。

[②] [美] 大卫·钱德勒：《柬埔寨史》（第四版），许亮译，中国大百科全书出版社 2013 年版，第 215—219 页。

参政途径，实现了对其的容纳、团结甚至是转化，也提高了其对国家认同的水平。同时，西哈努克还利用经济、文教等政策归化或是将少数族群纳入以高棉族为核心的社会体系之中，增强他们的凝聚力和认同感。西哈努克时期"高棉化"的族群和教育政策是其民族国家建构中主要的价值取向。

一　西哈努克时期的国家建构

"佛教社会主义"是西哈努克时期柬埔寨民族国家建构的意识形态和重要指导思想。西哈努克认识到佛教在维系人民情感和凝聚社会力量的作用后，积极汲取柬埔寨传统佛教和政治传统中的养分，借助佛教教义和社会主义的某些做法创造并培育为柬埔寨各个阶层所接受的共同情感，来构建集体文化认同，提升国家认同。

（一）"佛教社会主义"的构想与提出

柬埔寨是一个传统的佛教国家，佛教僧侣主宰着至少90%以上的柬埔寨人的思想，佛教加君主制就等于这个国家。[1] 因而，西哈努克强调"假如有一种宗教能激励一个国家走向现代化的话，这种宗教大概就是佛教了"[2]。西哈努克想借助佛教在人民中的重要影响力，创造出让各族接受的共同情感，来增强统治的合法性。

西哈努克认为，在"佛教社会主义"的指导和人民社会同盟的领导下，柬埔寨会建立一个真正民主的、平等的社会主义的柬埔寨，恢复过去的伟绩。[3] 在政治上就是，利用"佛教社会主义"中所宣称的"仁爱""慈悲"等观念将各个族群凝聚在一起，也能把国内左右两派政治力量统一到人民社会同盟之内，把人民社会同盟塑造成一个包容左右两派的容器而非政治组织。"佛教社会主义"还意味着为消除柬埔寨社会上的落后、不公正的状态而奋斗。为众生和穷人的利益，政府将以非暴力的手

---

[1] ［柬］诺罗敦·西哈努克著，［澳］W.G.贝却敌整理：《西哈努克回忆录——我同中央情报局的斗争》，王俊铭译，商务印书馆1979年版，第82、177页。

[2] ［柬］诺罗敦·西哈努克：《西哈努克回忆录——甜蜜与辛酸的回忆》，晨光等译，黑龙江人民出版社1987年版，第306页。

[3] ［柬］诺罗敦·西哈努克著，［澳］W.G.贝却敌整理：《西哈努克回忆录——我同中央情报局的斗争》，王俊铭译，商务印书馆1979年版，第173页。

段剥夺有产者的财产。① 这也意味着，国家资本将作为私人投资的补充而存在，国家有监督的权力和充分的权威。同时，还要借鉴社会主义国家的做法，把能源、交通、矿产等关键经济部门国有化，其他部门则施行混合制的经济形式。②"佛教社会主义"对于人民而言就是"能为反对社会上落后的不公正的状态，为提高人民的生活水平，使人们在和睦的有爱气氛中过着幸福、愉快的生活而斗争"。③ 最终，"佛教社会主义"会为柬埔寨民族培养出为柬民族的意识形态而战的可靠的、得力的战士，也会创造出一个人人都"善良、节欲、真诚、温和、大公无私、利他主义、平等待人以及善恶分明"的全面行善的民族。④

柬埔寨作为一个历史传承悠久、佛教文化深厚的国家，在现代化的转型中保持其历史文化的连续性具有重要意义。因此，西哈努克"在新旧文化资源和社会资源中寻求某种积极的中介，并从文化意义上肯定传统资源在走向现代化进程中的积极价值"。⑤ "佛教社会主义"实现了国王与宗教、国家的结合，柬埔寨能够依托传统宗教文化资源保持民族国家发展的连续性，提高国内民族政治、文化等方面的整合效度，有利于提升各族群的国家认同感。

（二）西哈努克时期柬埔寨的政治整合

如何重建国内政治秩序，增强政治制度的稳定性、包容性以及权威性成为西哈努克进行政治整合的重点。西哈努克在20世纪50年代面临的状况是，他行使权力的能力被敌对的国民议会限制，也被各种各样的叛乱集团损害。⑥ 仿照法国建立的议会制民主并不适应柬埔寨的实际情况，

---

① ［柬］诺罗敦·西哈努克著，［澳］W.G.贝却敌整理：《西哈努克回忆录——我同中央情报局的斗争》，王俊铭译，商务印书馆1979年版，第302页。
② Margaret Slocomb, "The Nature and Role of Ideology in the Modern Cambodian State", *Journal of Southeast Asian Studies*, Vol. 37, No. 3, 2006, pp. 375–395.
③ 杨木：《西哈努克国王》，四川人民出版社1997年版，第61—62页。
④ ［柬］诺罗敦·西哈努克：《西哈努克回忆录——甜蜜与辛酸的回忆》，晨光等译，黑龙江人民出版社1987年版，第306页。
⑤ 赵海英：《现代化进程中东南亚国家建构研究——基于族际整合视角》，中国政法大学出版社2016年版，第162页。
⑥ Ian Harris, *Cambodian Buddhism: History and Practice*, Honolulu: University of Hawaii Press, 2005, p. 145.

柬埔寨"几乎堕落到了接近无政府状态的典型"[①]。为了在柬埔寨创造一种民主的、创造性的有机体,西哈努克借助其"独立之父"的威望,利用各种手段打压国内反对派。西哈努克放弃王位后组建了人民社会同盟,并参与了1955年的大选。西哈努克获胜标志着他及其领导的人民社会同盟成为主导柬埔寨民族国家建构的主要力量。到了1958年前后,西哈努克基本完成了对其他党派的整合与吸纳。1947年宪法规定的多党制被人民社会同盟一党主导取代。20世纪60年代,左派分子代表乔森潘(Khieu Samphan)、符宁(Hu Nim)和胡荣(Hou Yuon)也加入议会中。

同时,为了减少国民议会的掣肘、增强人民社会同盟的力量,西哈努克还在1957年宣布将人民社会同盟代表大会作为国家的决策机构,国民议会降格为讨论、批准和执行同盟代表大会决议的工具。此外,西哈努克主导修改了宪法,赋予各阶层妇女选举权和担任乡长等公职的资格。这一时期柬埔寨出现了一位女部长童世英(Tong Siv Eng)和三位女性高级官员。虽然她们都是高级官员和西哈努克政府人士的妻子[②],但这已走在了东南亚其他国家的前列。苏拉马里特国王去世后,西哈努克推动修改宪法,取消了王位继承并亲自担任国家元首。[③] 西哈努克成功地将国家元首和政党主席的权力收入囊中,柬埔寨成功地完成了从君主立宪到元首制的政治转型。

为使各族群更好地实现对柬埔寨国家的认同,人民社会同盟在第四次大会上并未因高棉族占人口的绝大多数和柬埔寨在历史上又长期称为高棉的客观情况而改动柬埔寨的国名,仍决定将国名称为柬埔寨。[④] 西哈努克还在20世纪60年代依照不同的地理因素制定了一个民族分类方案。这一方案依据地理、宗教的不同,重新划分族群,并冠之高棉的称号,

---

[①] [柬]诺罗敦·西哈努克著,[澳]W. G. 贝却敌整理:《西哈努克回忆录——我同中央情报局的斗争》,王俊铭译,商务印书馆1979年版,第170页。

[②] Trudy Jacobsen, *Lost Goddesses*: *The Denial of Female Power in Cambodia History*, Copenhagen: NIAS Press, 2008, p. 185.

[③] 修改后的宪法规定,如若不能依照现行宪法推选国王或者摄政委员会时,在国民议会议长的召集和主持下,两院联合主席议会可根据人民所表达的意思,"把国家元首的权力授予给全民投票特地选出的著名人物"。参见王士录《当代柬埔寨》,四川人民出版社1994年版,第121页。

[④] 易君、建青:《柬埔寨·老挝》,世界知识出版社1957年版,第7页。

缩小他们与高棉人之间的差距,创造出高棉一致的情感。① 同时,柬埔寨先后于1952年和1962年在山地族群聚居的东北地区设立了腊塔纳基里省和蒙达基里省,加强对他们的管理。在山地族群聚居区内,柬埔寨政府还引入现代行政管理体制,用行政手段加强对山地族群村落的控制和管理。但是,对于少数族群而言,他们的政治地位没有得到明显改善,一些主张也没有得到回应。20世纪60年代柬埔寨国会中没有占人议员②,更不要说那些处于社会边缘和边疆地带的山地高棉人和受到高棉人歧视的越人。少数族群的政治诉求和想法不受到重视,不能被充分表达出来。

二 西哈努克时期柬埔寨的民族建构

柬埔寨独立后,其内部各个族群之间依然界限明显,民族的异质化程度较高。西哈努克采取了发展少数族群经济以及颁布归化法令等措施来增进他们的国家认同感,提高他们融入主流社会的程度,从整体上提高各族群的同质化水平。

(一)"高棉化"取向下的族群整合

经济手段是柬埔寨促进少数族群"高棉化",加强少数族群与主流社会联系的主要措施。如加强山地高棉人居住地的基础设施建设,建立橡胶园,鼓励他们到橡胶园打工或迁居新址,鼓励高棉人迁居到高棉卢乌人居住的地区等。很多山地高棉人开始与其他族群混住的同时也改变了之前刀耕火种的生产生活方式。为了更好地丰富东北部等边疆地区人口的多样性,柬埔寨政府还给予向山地人聚居地区移民的高棉人两头耕牛、一头奶牛、一辆手推车和一些用于盖房子的材料等作为奖励。③ 在生产生活方面,柬政府鼓励高棉卢乌人学习高棉人的农业生产方式、衣着、语言和宗教信仰等,鼓励他们放弃不文明的生活方式。也有很多高棉卢乌

---

① 这一方案将居住在山地的居民称为"高棉卢乌"(Khmer loeu,也称为"山地高棉人"),把生活在越南湄公河三角洲的高棉人称为"低地高棉人"(Khmer Krom,也称"高棉克罗姆人"),将"占人"称为"高棉伊斯兰人"。
② Ben Kiernan, *The Pol Pot Regime: Race, Power and Genocide in Cambodia under the Khmer Rouge 1975–1979* (2th ed.), New Haven and London: Yale University Press, 2002, p. 257.
③ Joachim Schliesinger, *Ethnic Groups of Cambodia*, Vol. 1: Introduction and Overview, Bangkok: White Lotus, 2011, p. 259.

人被重新安置,他们定居在江边,学习种植水稻,改变他们之前刀耕火种的农业生产方式。① 这其中也有一些强制性措施,如老族人的语言在20世纪60年代被禁止使用,说老族人的语言会被罚款。②

西哈努克还试图利用经济、法律等手段将移民团体归化入以高棉族为主的柬埔寨主流社会,促使外侨入籍以完成身份转变。1954年制定的归化法案,允许那些在柬埔寨居住满5年或2年(出生在柬埔寨或与柬埔寨人结婚)、充分了解高棉语言并拥有良好品德的移民申请入籍。③ 但在1959年的国籍法修正案中,柬埔寨政府更倾向于从生活方式、习俗方面归化外来移民,明确要求入籍者能流利地说高棉语,充分同化于柬埔寨的习俗、道德和传统之中。④ 对出生于1954年以后的儿童而言,只要他们的父母中有一个是柬埔寨人,或其父母中的一个也出生在柬埔寨就可授予这些儿童柬埔寨国籍。该规定有效排除了多数华人、越人入籍的情况。⑤ 此外,柬埔寨政府还从经济手段上促使那些对柬埔寨经济有巨大影响力的外侨入籍。1956年西哈努克政府颁布了法令,禁止外侨从事柬的18种职业⑥,通过经济手段来促使更多移民者入籍,完成政治身份的转化。

对于华人而言,西哈努克也并未采取强制华人入籍的措施,"华人更多的是保持侨民的身份"。华人能继续保持他们此前的经济社会地位,此时70%的商店是由华人经营的,80%的对外贸易业务由华侨掌握,在金

---

① Joachim Schliesinger, *Ethnic Groups of Cambodia*, Vol.1: *Introduction and Overview*, Bangkok: White Lotus, 2011, p.155.

② Ian G. Baird, "Different Views of History: Shades of Irredentism along the Laos-Cambodia Border", *Journal of Southeast Asian Studies*, Vol.41, No.2, 2010, pp.187 – 213.

③ Ramses Amer, "Ethnic Vietnamese in Cambodia: A Minority at Risk?", *Contemporary Southeast Asia*, Vol.16, No.2, 1994, pp.210 – 238.

④ Stefan Ehrentraut, "Perpetually Temporary: Citizenship and Ethnic Vietnamese in Cambodia", *Ethnic and Racial Studies*, Vol.34, No.5, 2011, pp.779 – 798.

⑤ Stefan Ehrentraut, "Perpetually Temporary: Citizenship and Ethnic Vietnamese in Cambodia", *Ethnic and Racial Studies*, Vol.34, No.5, 2011, pp.779 – 798.

⑥ 这18种职业为:税务人员、船上与海港的领港员、情报人员与私人侦探、移民局职员、开设职业介绍所、小押商、军火商、无线电机器或零件的制造商、印刷商、理发业(店主或店员)、贷款者、内河航行驾驶员、金银首饰工匠、经营或驾驶汽车者、码头工人、林业经营者、五谷商人、盐商。参见华侨志编纂委员会《柬埔寨华侨志》,台北:华侨志编纂委员会1959年版,第111页。

边的华人掌握了金边三分之二的店铺。① 对越人而言，情况则有所不同。因政治因素的阻碍，越人入籍之路异常艰难。在1963年的一次国会讨论中，国会全体人员同意在原则上不会授予越南人柬埔寨国籍，因为他们是不可同化的；同时，柬政府还出台了一项针对越人的规定，任何入籍的外国人若不尊重柬埔寨的传统都可取消其公民权。②

(二) 归化与融合的文教政策

西哈努克时期"通过共同语言纽带把居民联系在一起，使之获得一种确定的身份特征"③是该时期柬埔寨进行国内文化整合，推行归化、融合的文教政策的主要方式。西哈努克对原有的殖民地教育体系进行"柬埔寨化改革"，创造了有利于形成统一的国家意识的教育系统。西哈努克时期，柬埔寨制定了"鼓励学习民族文化，以高棉语为教学用语，学校教育要与生产劳动相结合"的教育方针。④ 同时，柬政府还进行柬埔寨化的教育改革，将高棉语作为首要教学语言，法语为第二教学用语，调整它们的教学时间，提供高棉语的课本和教学材料，增加柬埔寨独立的历史知识的教授。柬埔寨政府还任命代表国家的教师，使"学校成为负责知识的代替机构，教师成为乡村中的权威"⑤，推行"确定的柬埔寨历史"的教育。即在历史教育中强调"西哈努克作为民族主义之父的荣耀和王家十字军运动的重要性"，而有关民主党、《那加拉瓦塔》以及伊沙拉运动在独立中的作用却只字不提。正是在这种"捏造""发明"历史的过程中，柬政府极大地增进了柬埔寨人民，特别是青少年一代内部的凝聚力，也促进了年青一代共同历史和文化的形成。

此外，西哈努克还制定了促进少数族群和外来移民融合的教育政策。在"鼓励学习民族文化，以高棉语为教学用语"的教育方针指导下，柬埔寨政府发起了"公民行动计划"，想在蒙多基里、腊塔纳基里

---

① 庄国土：《二战以来柬埔寨华人社会地位的变化》，《南洋问题研究》2004年第3期。
② William E. Willmott, *The Chinese in Cambodia*, Vancouver, Publications Centre: University of British Columbia, 1967, p.35.
③ 王建娥：《族际政治：20世纪的理论与实践》，社会科学文献出版社2011年版，第68页。
④ 傅岩松、胡伟庆：《柬埔寨研究》，军事谊文出版社2004年版，第227页。
⑤ David M. Ayers, *Anatomy of a Crisis: Education, Development and the State in Cambodia, 1953–1998*, Honolulu: University of Hawaii Press, 2000, p.41.

等省的高棉卢乌人聚居区建立学校，教授他们学习高棉文字，让他们更好地融入柬埔寨主流社会。[1] 西哈努克政府为了促使华人学习高棉语，从1956年到1958年相继颁布有关华侨学校的法令，出台相关政策限制华校的发展。其中，1957年柬政府颁布的《柬埔寨王国第NS二〇一号法令》规定，外侨学校只允许招收外籍学生，学生还需通过规定的柬文考试。1958年柬埔寨政府规定禁止使用中国的教科书，学校教育也不得涉及政治。[2] 这些措施对普及少数民族的识字教育，引导少数族群在文化和心理上更快地融入高棉人社会发挥了重要作用，推动了柬埔寨民族国家建构的进程。

三 西哈努克时期民族国家建构的成效

在"佛教社会主义"的指导下，西哈努克初步建立了为柬埔寨各族人民所认可的"政治屋顶"和"利益保障"体系。朗诺政变说明，西哈努克所建构的体系抗风险能力和稳定性不足，西哈努克带有"高棉化"价值取向的民族和文教政策在一定程度上促进了族群间的融合与交流，其间虽有冲突与不协调的声音出现，但并没有影响柬埔寨族群交往、融合的大趋势，柬人民的民族认同感进一步提升。

（一）政治格局由"均势平衡"走向混乱

西哈努克在人民社会同盟体制下的绝对权威是柬埔寨独立初期经济发展、政治秩序稳定的重要保障，这也是柬埔寨独立初期政治秩序的主要特征。具体表现在，西哈努克居于各政治力量中间，调和各个党派之间的关系，保持均势平衡。如1955年、1958年、1962年以及1966年进入国会的议员都是人民社会同盟的成员，其他政治组织因西哈努克打压而解散或是被迫加入人民社会同盟。1966年前的国会议员选举结果都必须经过西哈努克的确认，他也会亲自挑选人民社会同盟各个区域的候选人。换言之，"人民社会同盟和与之相联系的政治机构仅仅是加强了柬埔寨传统的政治文化。在这里，权力和统治者的地位是高尚的，政治反对派

---

[1] 王士录：《当代柬埔寨》，四川人民出版社1994年版，第46页。
[2] 廖小健：《柬埔寨华侨华人政策的发展变化》，《东南亚研究》1996年第6期。

不被认可,被统治者的愿望被忽略。"[1] 但随着柬埔寨外部局势的恶化和柬埔寨自身经济政策的失误,西哈努克统治下的柬埔寨的政治格局出现变动,经济增速出现摇摆不定的情况,西哈努克的控制能力开始下降。在经济方面,柬政府执行的国有化措施的不当和农民贫困问题长期得不到解决等问题出现,加之越南战争对柬埔寨经济的破坏,使原本就脆弱的柬埔寨经济蒙上了更深的阴影。

美国等西方国家在投资、援助柬埔寨的过程中培养了以朗诺为代表的亲美军人力量。在1966年的议会选举中,右派势力占据了绝对优势,右翼分子和保守派占了82席,即近75%的席位。[2] 西哈努克代表的政治力量与代表商业精英和新兴议会力量的右派的冲突开始显现。1967年政府强制执行固定粮食收购价格的政策引发了三洛地区(Sanlaut)农民的不满,进而爆发了武装暴乱。"三洛事件"之后,西哈努克开始打压左派,重新启用右派保守势力,希望他们能创造奇迹挽救国家经济。乔森潘、胡荣等左派代表在20世纪60年代后期逃入丛林,加入柬共反政府队伍中。20世纪60年代中后期,柬共以东北和西北地区为根据地发动对西哈努克的武装起义,1970年前夕他们已经控制了柬埔寨1/5的土地。[3] 政治平衡格局被打破、国内武装叛乱再次出现和经济倒退、大国势力的干预等因素的共同作用下,朗诺等人发动政变推翻了西哈努克的统治。朗诺政变意味着西哈努克并没有将人民社会同盟真正塑造成柬民族国家建构的有力领导,制度建设也存在偏差和不足,也标志着西哈努克建构民族国家的终止和失败。

(二)高棉一体化与相对和谐的族群关系

在西哈努克的努力下,柬埔寨各族群被初步整合到以高棉族为主的柬埔寨社会之中,柬埔寨族群的一体化程度得到初步提高。同时,高棉人的生活方式、语言、传统在山地高棉人聚居地区的推广,冲击了山地

---

[1] David M. Ayers, *Anatomy of a Crisis: Education, Development and the State in Cambodia, 1953–1998*, Honolulu: University of Hawaii Press, 2000, p. 34.

[2] Donald Kirk, "Cambodia's Economic Crisis", *Asian Survey*, Vol. 11, No. 3, 1971, pp. 238–255.

[3] [美] 大卫·钱德勒:《柬埔寨史》(第四版),许亮译,中国大百科全书出版社2013年版,第240页。

人的文化习俗和他们传统的管理村寨的方式。

高棉人在政府的鼓励下开始迁往东北部地区居住。其中，大约有600个高棉家庭移居到东北高山地区，作为奖励，政府给每家送了两头水牛、两头奶牛及其他一些生活所需的物品。[1] 山地人虽然有按照传统习惯法解决争端、处理内部事务的传统，但随着国家法律的不断推广，他们更倾向于按照正式法律的判决来处理这些问题。[2] 在少数族群地区推广教育使那些没有书写系统的族群有了可以记述本民族历史的文字，也有利于他们更好地认识本民族的历史文化。随着民族交流逐渐增多，加莱人（Jarai）等少数族群越来越多地穿着高棉人的纱笼、衬衫等服饰，高棉人的生活方式、文化观念开始被少数族群接受。[3]

对于山地族群而言，他们乐于接受"高棉卢乌人"的称呼，来替代"普侬"（Phnong）这种带有蔑视性的称谓。[4] 在1961年的调查中，华侨华人与当地人通婚的比例在金边为10%，而在暹粒省则为25%。[5] 但华人参与政治活动的行为被严格限制。1958年，柬政府下令关闭中华理事会，限制华人从事与经济无关的社会活动。[6] 占人除了在宗教信仰上与高棉人信仰的佛教相异之外，在生活方式上与高棉人是相同的，高棉伊斯兰和高棉之间的关系似乎不受偏见或歧视的影响。占人与高棉人的关系与其少数民族与高棉人的关系相类似，他们的关系是平行的。[7]

柬埔寨越人的情况则微妙了许多。20世纪60年代西哈努克宣称，"没有一个安南人会和平地入睡，直到成功将柬埔寨消灭，让我们经历奴

---

[1] 田霞：《柬埔寨民族国家建构与民族整合进程研究》，硕士学位论文，云南大学，2016年，第34页。

[2] Joachim Schliesinger, *Ethnic Groups of Cambodia*, Vol. 1: *Introduction and Overview*, Bangkok: White Lotus, 2011, p. 159.

[3] Joachim Schliesinger, *Ethnic Groups of Cambodia*, Vol. 3: *Profile of the Austro-Thai-and Sinitic-Speaking Peoples*, Bangkok: White Lotus, 2011, p. 38.

[4] Ian G. Baird, "'Indigenous Peoples' and Land: Comparing Communal Land Titling and Its Implications in Cambodia and Laos", *Asia Pacific Viewpoint*, Vol. 54, No. 3, 2013, p. 270.

[5] 王士录：《当代柬埔寨》，四川人民出版社1994年版，第55页。

[6] 庄国土：《二战以来柬埔寨华人社会地位的变化》，《南洋问题研究》2004年第3期。

[7] William E. Willmott, *The Chinese in Cambodia*, Vancouver: University of British Columbia, 1967, p. 33.

隶制阶段",因此,他"宣扬必须不惜一切保护高棉民族的信条"。① 为了不被攻击或歧视,越裔女生只能穿着那些不易辨别身份的服饰,她们在学校中尽可能不穿戴带有明显越南特点的衣帽。②

西哈努克在进行族群整合的过程中,特别是执行"用国家意识替换他们独特的族群意识"的目标时遭到了少数族群的反抗,甚至还酿成了武装冲突。③ 高棉语学校要穿统一校服、男女同座以及用高棉语授课的要求使得很多占人把孩子送到穆斯林学校就读。据估计,能够将孩子送往高棉语学校就读的占人不到50%。④ 那些到橡胶园工作的山地高棉人也开始因为工作时间的延长、工作环境的恶劣等问题产生了抵触情绪。当地政府经常以少数族群与柬埔寨共产党联合为名逮捕和杀害山地高棉人,或是破坏他们聚居的地区。在腊塔纳基里省,军队对各个部落的袭击不断升级,有2200多名山地高棉人在这个过程中被杀。⑤ 这加剧了山地高棉人对政府的不满,有很多山地高棉人(如布劳人)积极加入柬埔寨共产党的游击队。这样的状况对柬埔寨民族国家建构过程中的民族整合造成了一定的阻碍,柬国内的民族关系渐趋紧张。

第三节 大动荡时期柬埔寨的民族国家建构(1970—1991年)

1970年朗诺政变至1991年《巴黎协定》签署期间,既是柬埔寨的"大动荡时期",也是其民族国家建构的"逆行期"。不论是朗诺、波尔布

---

① Jennifer S. Berman, "No Place Like Home: Anti-Vietnamese Discrimination and Nationality in Cambodia", *California Law Review*, Vol. 84, No. 3, 1996, p. 829.

② William E. Willmott, *The Chinese in Cambodia*, Vancouver: University of British Columbia, 1967, p. 35.

③ Joachim Schliesinger, *Ethnic Groups of Cambodia*, Vol. 1: Introduction and Overview, Bangkok: White Lotus, 2011, p. 155.

④ Joachim Schliesinger, *Ethnic Groups of Cambodia*, Vol. 3: Profile of the Austro-Thai and Sinitic-Speaking Peoples, Bangkok: White Lotus, 2011, p. 28.

⑤ Joachim Schliesinger, *Ethnic Groups of Cambodia*, Vol. 1: Introduction and Overview, Bangkok: White Lotus, 2001, p. 134.

特（Pol Pot），还是韩桑林（Heng Samrin），他们提出的民族国家建构方案都与柬埔寨的实际相违背，其简单粗暴的手段造成了社会动荡、政治分裂、族群关系紧张和认同感缺失等消极后果，严重阻碍了柬埔寨民族国家建构的进程。

一 大动荡时期柬埔寨的国家建构

大动荡时期，不论是朗诺还是波尔布特等人都未能让柬埔寨摆脱动荡、混乱的"泥潭"，建立起为人民认同的政治制度和行之有效的政治秩序。

（一）大动荡时期柬埔寨的国家建构思想

1970 年的朗诺政变"是一场柬埔寨精英阶层为改变国家困境但因执政理念不同而爆发的一场冲突"[①]。朗诺等人建立高棉共和国后提出了"新高棉主义"（Neo-Khmerisme），以期建立一个孟—高棉帝国，恢复柬埔寨吴哥王朝时期的辉煌。朗诺认为，"新高棉主义"定义下的柬埔寨将是一个现代化国家，高棉人民的社会经济、文化和科学都会有和其他发达国家一样的前景。但是，朗诺的"新高棉主义"充斥着强烈的"大高棉族主义"的情绪。一方面，这表现在朗诺宣称的高棉种族的优秀特质上，高棉人是英雄的后裔，勇于斗争，永远不会在敌人之前倒下。[②] 另一方面，朗诺的"大高棉族主义"集中表现为对越人等族群的排斥和迫害。

朗诺建立的腐朽无能的共和政体很快被柬埔寨共产党所建立的民柬政权取代。柬埔寨共产党在 1975 年 2 月 14 日举行的第二届国民大会中宣称："柬埔寨民族统一战线和柬埔寨民族团结政府将建设一个人民吃得饱、穿得好、拥有家庭、享受医疗和教育的繁荣的柬埔寨。"[③] 这一目标在 1976 年颁布的民柬宪法中被深化为"将柬埔寨建成一个具有真正幸福、平等、正义和民主，没有穷人和富人，没有剥削阶级和被剥削阶级

[①] 张侃:《1970 年柬埔寨朗诺政变原因分析》，硕士学位论文，广西师范大学，2015 年，第 56 页。

[②] Margaret Slocomb, "The Nature and Role of Ideology in the Modern Cambodian State", *Journal of Southeast Asian Studies*, Vol. 37, No. 3, 2006, pp. 375–395.

[③] 成都军区政治联络部、云南省社科院东南亚研究所:《柬埔寨问题资料选编（上）》，成都军区政治部联络部 1987 年版，第 18—20 页。

的社会"。① 然而，民柬政府在执行具体的政治整合与族群整合的过程中背离了既定的方向，更加倾向于其制定的"八点计划"②，试图用简单、粗暴、极端的方法建立一个高棉人定义下的高棉国家。

在越南的扶植下，韩桑林等人建立了社会主义性质的柬埔寨人民共和国（又称"金边政权"）。越南顾问和共和国政府认为，城市居民先前吃过红色高棉的"集体化"政策的苦，对后来亲越的"金边政权"的"社会主义"将会不再抱有幻想，他们将被反共产主义的方案吸引。③ 因而，高棉人民革命党（金边政权的执政党）把"捍卫民族独立和在柬埔寨逐步建设社会主义"作为其宗旨④，推行温和而非激进的手段来实现社会主义目标。"金边政权"在教育方面提出，要培养与柬埔寨人民共和国社会主义建设相符合的知识分子以及增强他们对社会主义的认同和对革命目标的支持。1981 年，柬埔寨人民共和国宪法规定：柬埔寨将由一个"民主国家"逐渐走向"社会主义"；高棉人民革命党一党专政，"是领导共和国整个革命任务的直接力量"；国家将推行"生活在柬埔寨民族共同体中的各族群团结、平等的政策"。⑤ 随着国内外形势的变化，"金边政权"修改了宪法，放弃了共产主义的指导思想及目标。

（二）大动荡时期柬埔寨的政治整合

朗诺政变后，柬埔寨废除了君主立宪制，仿照美国建立了共和体制的高棉共和国，并于 1972 年颁布了宪法。为了获得统治的合法性，高棉共和国对西哈努克进行了缺席审判。然而，对于很多地方的普通民众而言，朗诺政变使他们震惊，也颠覆了他们的世界观，农民们很快被西哈

---

① 王民同：《东南亚史纲》，云南大学出版社 1994 年版，第 484 页。
② 即：(1) 疏散城市居民到农村；(2) 废除市场；(3) 废止朗诺政权的货币流通体系并使用革命时期印制的货币；(4) 僧人还俗并从事农业生产；(5) 从高级干部开始处决朗诺政权的干部；(6) 在全国建立高级合作社并配备公共食堂；(7) 驱逐国内所有越人；(8) 派遣军队到边境，特别是柬越边境。参见 John Tully, *A Short History of Cambodia*: *From Empire to Survival*, Crow's Nest, N. S. W: Allen & Unwin, 2005, p. 178。
③ Evan Gottesman, *Cambodia after the Khmer Rouge*: *Inside the Politics of Nation Building*, New Haven and London: Yale University Press, 2002, p. 77.
④ 王忠田：《柬埔寨人民革命党章程》，《东南亚研究》1991 年第 2 期。
⑤ Sorpong Peou, *Intervention and Change in Cambodia*: *Towards Democracy?*, Singapore: Institute of Southeast Asian Studies, 2000, p. 64.

努克的深情呼唤吸引,加入反抗朗诺集团的斗争中。① 柬埔寨共产党在与西哈努克联合之际走向公开,日渐壮大。

共和体制并未获得普遍认可,朗诺集团也没有采取有效措施来应对国内的抗议和柬共的武装斗争。高棉共和国的经济呈现出"一切经济活动都以服务战争、巩固朗诺—施里玛达政权为出发点"②的特征。高棉共和国的整合能力和对国内各地的掌控能力不断减弱。"叛乱分子"对柬埔寨控制的加强是这一时期的主题,在金边被炸毁之前,柬埔寨政府所能控制的范围几乎可以从金边的城市边界来定义。③ 1972年虽然有96%的选区赞同制定宪法,但这其中40%以上的选民不在高棉共和国的控制区内居住。④

1975年4月17日,柬埔寨共产党进驻金边,建立了民主柬埔寨。波尔布特为柬埔寨勾勒出了人民代表大会制度和公有制经济体制的基本框架。柬共认为:"家庭生活、个人主义和人民思想深处对封建制度的偏爱,同封建制度本身都是阻碍革命的拦路石"⑤。只有彻底打破柬埔寨旧有的一切才能建立新柬埔寨。于是,民柬政府重新划分了行政区。⑥ 同时,各个城镇的居民被疏散到乡村,让他们在乡村接受革命教育和从事农业生产活动。经济上,民柬政府废除了市场、交易活动,实行全盘集体化、国有化,私人财产不被承认。个人在被统计性别、年龄和婚姻状况的基础上被编入"政社合一"的合作社从事农业生产。家庭被合作社替代,夫妻分离,孩子也被迫与亲人分开,送往育婴中心或者青少年团体协会、合作社。此外,为了肃清和清洗党内的"蛀虫""病菌",净化

---

① David P. Chandler, *The Tragedy of Cambodian History: Politics, War and Revolution since 1945*, New Haven and London: Yale University Press, 1991, pp. 201–202.

② 王士录:《当代柬埔寨经济》,云南大学出版社1999年版,第60页。

③ David M. Ayers, *Anatomy of A Crisis: Education, Development and the State in Cambodia, 1953–1998*, Honolulu: University of Hawaii Press, 2000, pp. 68–69.

④ 民柬时期,柬埔寨由7个大区(phumipheak)和桔井省的特别区以及磅逊港(Kompong Som)自治区组成,这之下再划分为29个小的行政区并冠以不同的数字代称而非沿用之前的名称。

⑤ [美]大卫·钱德勒:《柬埔寨史》(第四版),许亮译,中国大百科全书出版社2013年版,第248页。

⑥ David P. Chandler, *The Tragedy of Cambodian History: Politics, War and Revolution since 1945*, New Haven and London: Yale University Press, 1991, p. 267.

党组织，波尔布特先后进行了9次大规模清洗，许多党内领导人或者"失踪"，或者被处决。党内清洗严重削弱了柬共的内部凝聚力，党员叛逃事件越来越多。最终，韩桑林（Heng Samrin）、谢辛、洪森等"叛逃者"在越南的支持下组建"柬埔寨救国民族团结阵线"，在1978年12月推翻了民主柬埔寨政府，建立了柬埔寨人民共和国。

越南入侵柬埔寨造成了柬埔寨独立后政治势力的第二次分化组合。柬埔寨在政治上形成了"金边政权"和民主柬埔寨联合政府分裂、对峙的局面。① 金边政权在审判红色高棉主要成员的过程中，改写了部分历史真相，将波尔布特和英萨利的统治行为描述为种族灭绝的行为，民主柬埔寨的罪行是法西斯式的也是极端反动的，而不是激进的共产主义。② 他们以此塑造了自身在国内统治的合法性，实现了身份的转变。

"金边政权"举行了全国大选，制定了宪法，确定了人民主权的原则与人民代表大会制度。③ 宪法规定高棉人民革命党掌控国家权力，不允许出现反对派。为了弥补越南的入侵造成的柬埔寨基层管理的权力真空，柬埔寨政府在1979年初发起"人民运动"（群众建立国家权威运动）计划，允许基层政府自主选择当地的领导者。团结阵线（KUFNS）宣称，"所有波尔布特政权的行政、秘密警察"等组织都将被废除，所有地方都要建立"人民自我管理委员会"进行自我管理。④ 为了加强对国内的控制，"金边政权对内严格控制，使举行私人会议、散发传单、拒绝接受政府职位、批评政府的行为容易被贴上'革命的叛国者'的标签"。⑤ 金边

---

① 1982年6月22日，西哈努克、宋双（Son Sann）和民柬政府（红色高棉）三方力量在马来西亚首都吉隆坡举行会晤，签署了《民主柬埔寨联合政府成立宣言》，三方共同组成民主柬埔寨联合政府（Coalition Government of Democratic Kampuchea, CGDK）。其中，西哈努克任民主柬埔寨联合政府主席，乔森潘任副主席，宋双就任联合政府总理；红色高棉领导的民柬国民军有大约35000人，西哈努克和宋双分别有5000—7000人和1.5万人左右的兵力。

② Evan Gottesman, *Cambodia after the Khmer Rouge: Inside the Politics of Nation Building*, New Haven and London: Yale University Press, 2002, p. 65.

③ Sorpong Peou, *Intervention and Change in Cambodia: Towards Democracy?* Singapore: Institute of Southeast Asian Studies, 2000, p. 63.

④ Justus M. van der Kroef, "From 'Democratic Kampuchea' to 'People's Republic'", *Asian Survey*, Vol. 19, No. 8, 1979, pp. 731–750.

⑤ John Tully, *A Short History of Cambodia: From Empire to Survival*, Crow's Nest NSW: Allen & Unwin, 2005, p. 208.

政权和民柬政权各自巩固着自己的统治，他们互有攻伐，但没有哪一方能够消灭对方，双方处于胶着状态。最终，他们在国外力量的干预下签署了和平协定，走向了和解。

二 大动荡时期柬埔寨的民族建构

建立高棉民族国家是朗诺和波尔布特的民族国家建构目标，但这一目标逐渐走向了极端化，这表现为相关政策中对除高棉族以外的其他族群强烈的同化色彩及其运用的暴力手段。他们试图消除国内其他族群在文化、服饰、语言等方面的标志性特点，把除高棉人的各族群塑造成与高棉人身份相同的人。

（一）"大高棉主义"取向下的族群整合

朗诺建立高棉共和国后，丝毫不掩饰他想让柬恢复吴哥时期的繁盛，统一分布在各地的孟—高棉人、建立孟—高棉帝国的梦想。[1] 朗诺在讨论新宪法时试图重新定义柬埔寨人为高棉祖先的后人，即拥有高棉血统、传统、文化和语言以及出生在这片领土之上的人才能被认定为高棉人。[2] 虽然，占人和山地高棉人既不信仰佛教也无高棉人的特点，但他们依然被划归为柬埔寨人。华人和越族则被排除在柬埔寨人之外，遭到朗诺政权的驱逐和谋杀。朗诺政变后前半年内大约有10万越南人遭到驱逐。在金边内以族群为标准划分为不同的区域。大约有2.3万名越南人生活在严格的控制之下，从早上8点到11点，他们每天只允许有3个小时的自由活动时间。[3] 越人还被禁止在公共场合说越语，或受雇于国有、私人企业。华人也有类似的遭遇。朗诺认为，华人污染了高棉种族的纯洁性。宣传共产主义，代表华人身份的华校、报刊等被当局关停。[4] "朗诺政府

---

[1] Joachim Schliesinger, *Ethnic Group of Cambodia*, Vol. 1: *Introduction and Overview*, Bangkok: White Lotus, 2011, p. 68.

[2] Stefan Ehrentrau, "Perpetually Temporary: Citizenship and Ethnic Vietnamese in Cambodia", *Ethnic & Racial Studies*, Vol. 34, No. 5, 2011, pp. 779–798.

[3] Matthew Jagel, *Son Ngoc Thanh, the United States, and the Transformation of Cambodia*, Ph. D. Diss., Illinois: Northern Illinois University, 2015, p. 215.

[4] Penny Edwards, *Ethnic Chinese in Cambodia: Interdisciplinary Research on Ethnic Groups in Cambodia: Final Draft Reports*, Phnom Penh: Center for Advanced Study, 1996, p. 138.

还发给华裔特殊的身份证件并向他们收取特殊税。"①

民柬政府所执行的强制性的族群整合措施和建立无差别的民族、身份认同的实质是想建立"(只有)一个民族(nation)和一种语言(高棉语)的高棉民族国家"②。波尔布特把所有的少数民族都简单划归为高棉人,强制包括少数族群在内的全体居民迁居到不同的地区,让各族群人混居在不同的合作社。柬埔寨各族群"没有族群身份,所有人都穿一样的衣服,说相同的话(高棉语),取一个革命的名字(类似高棉族的名字)",成为民主柬埔寨政府统治期间各族群的主要特征。③

占族人被禁止说占语和信仰伊斯兰教,民柬政府不允许他们开展宗教活动,要求他们改变传统的伊斯兰教价值观念,使之与高棉社会主义相适应。柬埔寨华人虽在革命前主动融入高棉人,但仍被看作是资产阶级而受到不同程度的迫害,本·科尔楠大约有225000名华人因各种原因在民柬时期死亡。④ 民柬建立后的5个月内,大约有15万越人被驱逐回越南,而这其中滞留柬的被谋杀。⑤ 红色高棉早在取得内战胜利前就对其所控制的东北部地区实行强制同化政策。他们在东北地区建立合作社,把当地居民从家庭和社区中分离出来,编入不同的生产队。此外,柬共还强行改变山地高棉人的生产生活方式和传统习俗,让山地居民种植水稻,没收他们的私有财产,处死那些不遵守规定的山地人。⑥ 在这种情况下,柬埔寨的族群整合更像一个形式上的高棉民族国家。

"金边政权"建立后,指出"少数族群被看成柬埔寨民族不可分割的一部分,应将他们纳入国家主流"。"金边政权"的目的是"把少数民族

---

① Sambath Chan, *The Chinese Minority in Cambodia: Identity Construction and Contestation*, Master Thesis, Concordia: Concordia University, 2005, p. 53.

② David Ablin, *The Cambodian Agony* (1st ed.), London & New York: Routledge, 1987, p. 127.

③ Farina So, *An Oral History of Cham Muslim Women in Cambodia under the Khmer Rouge (KR) Regime*, Ph. D. Diss., Columbus: Ohio University, 2010, p. 105.

④ Ben Kiernan, "Kampuchea's Ethnic Chinese under Pol Pot: A Case of Systematic Social Discrimination", *Journal of Contemporary Asia*, Vol. 16, No. 1, 1986, pp. 18 - 29.

⑤ Badas Goshal, Jae H. Ku and David R. Hawk, *Minorities in Cambodia*, London: Minority Rights Group, 1995, p. 21.

⑥ Stefan Ehrentraut, *Challenging Khmer Citizenship: Minorities, the State and the International Community in Cambodia*, Ph. D. Diss., Potsdam: Potsdam University, 2013, p. 54.

部落人改造成为现代柬埔寨人"①。"金边政权"在宪法中确立了各民族一律平等的原则,各民族有权保持自己的文化、语言和文字,并有权在法院中使用他们的语言。② 金边政府还提高山地人担任公共事务职位的比例。1981年和1986年,在柬埔寨人民革命党第四次、第五次代表大会上,分别有42名和40名少数民族代表出席会议,分别占与会人数的25.9%和16%。③ 这一时期,东北四省的领导人都是布劳人,在蒙多基里省有20%的公务员职位都分配给了墨侬人。④ 占人也和山地族群一样获得了良好的待遇,占人被任命到政府部门中任职,伊斯兰教与佛教都获得了国家的认可。

地缘政治是影响该时期族群政策的重要因素。"金边政府"在1983年颁布法令强调,"允许在柬埔寨的前越南居民迅速定居,过上正常生活,1979年之后的新移入者进入柬埔寨则需要通过正常移民程序"。⑤ 据估计,20世纪80年代约有30万越南人生活在柬埔寨,这包括1970年前的移民者和1980年后的新入移民。⑥

而在此时,居住在柬埔寨的华人却遭受到了前所未有的偏见和歧视。柬埔寨人民革命党在1983年颁布实施了"351政策"。华人一时间成为"二等公民",成为被歧视的对象。有的华人希望借助与高棉人通婚来避免被贴上"351标签",但高棉人此时也拒绝与华人通婚。⑦ 这项政策被取消后,很多华人都选择与中柬混血人(Sino-Cambodia)或华人通婚,而不再与"纯高棉人"结婚。

(二) 大动荡时期柬埔寨各政权的文教举措

朗诺政府时期,柬刚刚起步的教育事业受到了战乱的全面冲击,教

---

① 王士录:《当代柬埔寨》,四川人民出版社1994年版,第47页。
② Michael Vickery, *Kampuchea: Politics, Economics and Society*, London: Frances Pinter, 1986, p. 165.
③ Michael Vickery, *Kampuchea: Politics, Economics and Society*, London: Frances Pinter, 1986, pp. 64, 79.
④ Stefan Ehrentraut, *Challenging Khmer Citizenship: Minorities, the State and the International Community in Cambodia*, Ph. D. Diss., Potsdam: Potsdam University, 2013, p. 57.
⑤ Stefan Ehrentraut, "Perpetually Temporary: Citizenship and Ethnic Vietnamese in Cambodia", *Ethnic and Racial Studies*, Vol. 34, No. 5, 2011, pp. 779 – 798.
⑥ David P. Chandler, *A History of Cambodia*, Chiang Mai: Silkworm Books, 1993, p. 273.
⑦ Sambath Chan, *The Chinese Minority in Cambodia: Identity Construction and Contestation*, Master Thesis, Montreal: Concordia University, 2005, pp. 61 – 63.

育工作陷入全面瘫痪状态，西哈努克时期建立起来的教育体系被全部破坏。政变发生当天，朗诺就下令关闭柬埔寨境内所有的华文学校，华人从此被剥夺了接受华文教育的权利。柬共执政前在很多地方执行了严格的"民主革命"，很多寺院被摧毁，僧人被禁止祈祷或者被迫还俗。到1973年初，除了在9月和新年里为死去的祖先做功德传统仪式之外，佛教的其他仪式受到严格限制。佛教的节日数量减少到每年两个，而穆斯林的节日则被完全禁止。[1] 民柬政府建立后，柬共废除了高棉人传统的佛教信仰。柬共认为，佛教是一种剥削性的宗教，是必须清除的封建主义残留，[2] 他们让"寺院里的僧人还俗，从事水稻生产工作"。[3] 山地高棉人也被禁止说本民族的语言或者信仰他们的宗教。占族的宗教领袖被杀害，伊斯兰教经典《古兰经》被烧毁，清真寺也被破坏。此外，占族女性还被强迫改变生活习惯，做属于占族禁忌的事情，如养猪、吃猪肉等。民柬执政期间，有90%的学校建筑被损毁，图书馆被清空、书籍被焚毁，几乎所有的实验设备都被砸毁。教职工和学生也被当作是封建主义、资本主义机构的产物和柬埔寨新社会的障碍而遭到迫害，或是被杀或是失踪。[4]

人民革命党在执政后废除了民柬消灭佛教的政策，采取复兴、联合并控制佛教的政策。韩桑林在1982年第一届佛教僧侣大会上宣称，"柬埔寨佛教是与民主原则和谐一致的宗教，它将永远持续下去"，[5] 在1989年宪法中，佛教再次成为国教，国家允许合法的宗教活动存在。据估计，1985—1989年的僧侣人数为7250人，但到了1990年，这个数字已经上升到16400人，其中有6500人是新晋人员。[6] 占族信仰的伊斯兰

---

[1] Ben Kiernan, *How Pol Pot Came to Power: A History of Communism in Kampuchea, 1930 – 1975*, London: The Thetford Press Limited, 1985, p. 377.

[2] Ian Harris, *Buddhism under Pol Pot Regime*, Phnom Penh: Documentation Center of Cambodia, 2007, pp. 1 – 30.

[3] John Tully, *A Short History of Cambodia: From Empire to Survival*, Crow's Nest NSW: Allen & Unwin, 2005, p. 178.

[4] Thomas Clayton, "Building the New Cambodia: Educational Destruction and Construction under the Khmer Rouge, 1975 – 1979", *History of Education Quarterly*, Vol. 38, No. 1, 1998, pp. 1 – 16.

[5] Ian Harris, *Cambodian Buddhism: History and Practice*, Honolulu: University of Hawaii Press, 2005, p. 198.

[6] Ian Harris, *Cambodian Buddhism: History and Practice*, Honolulu: University of Hawaii Press, 2005, p. 200.

第四章　柬埔寨民族国家建构

教也得到有限的恢复，到20世纪80年代中期，清真寺的数量恢复到了1975年以前的水平，但是很多传统的伊斯兰教的职位没有被恢复，神职人员还很缺乏。教育方面，越南当局在柬埔寨强制推行教育越南化和文化霸权主义，培养支持越南当局的民众和知识分子。柬教育被深深打上了"越南化"的烙印，柬政府以越语为必修课，宣扬奴化思想，紧抓儿童教育工作。[1] 柬学校还需进行思想政治教育，讲述柬埔寨和印度支那的解放以及柬越两国团结奋斗的历史，中学以上会讲授1970年以前被忽略的革命运动和左翼抗法斗争的历史，皇室的历史则被排除在外。

三　大动荡时期民族国家建构的成效

大动荡时期，柬各政权所采取的民族国家建构的措施不尽相同，但却不同程度地显示出了"大高棉族主义"的特点。政权更迭、战乱不断以及经济崩溃、文化断裂是该时期柬政治整合失败的显著表现。另外，这还表现在，少数族群身份的迷失和对柬埔寨认同的缺失，族群关系张力明显。不可否认的是，大动荡时期柬政府强制同化的措施也在一定程度上打破了族群间的界限，促进了柬国内族群的往来了解、提高了柬国内族群的同质化水平，提高了国内族群的一体化程度。

（一）国家建构停滞不前

高棉共和国时期，国内政治非常混乱且内部争斗不断，内阁政府一共更换了9次[2]，成为低效、无能、贪腐的代表。1972年年底，高棉共和国仅控制着金边、部分省会城市和马德望省的大部分地区。朗诺发动政变前的承诺，"柬埔寨社会将是一个没有剥削、贫富差距的国家，人人都是这个国家负责人的一员和国家的掌控者"，成为空中楼阁。[3] 在1975财年上半年，国际开发署准备了7250万美元的资金为高棉共和国提供食物，其中有100万美元用于了免费发放，其他都流入了黑市或被政府人员中饱

---

[1] 傅岩松、胡伟庆：《柬埔寨研究》，军事谊文出版社2004年版，第228页。
[2] Margaret Slocomb, "The Nature and Role of Ideology in the Modern Cambodian State", *Journal of Southeast Asian Studies*, Vol. 37, No. 3, 2006, pp. 375–395.
[3] Justin Corfoeld, *Khmer Stand up: A History of the Cambodia Government 1970–1975*, Melbourne: Monash Asia Institute, 1994, p. 162.

私囊。① 朗诺政府时期，柬埔寨有大约 75 万名难民流入金边和其他主要省会城市。② 1974 年，金边爆发了严重的饥荒，儿童、青少年甚至成人出现了严重的营养不良和贫血的情况。根据一项对 345 个儿童进行的为期 4 个月的跟踪调查，他们中有 12% 的人因营养不良而死亡。③ 此时的柬埔寨共产党借助与西哈努克的联合逐渐完成了从"革命党"到"执政党"的转变，并于 1975 年 4 月取得了内战的胜利。

波尔布特制定的"乌托邦式"的目标和采取的极端措施撕裂了柬埔寨社会。据本·科尔南估计，在疏散城市人口过程中的死亡率大约是 0.53%（200 万人中有 1.06 万人死亡）。④ 家庭关系被彻底改变，每隔 2—3 个月人们才有一次与妻儿团聚的机会。柬共还把家庭看作是压迫和剥削妇女的象征。柬妇女在"男女平等"的号召下从家庭中"解放"，从事与男性同等强度的工作。柬共清除党内"罪恶的病菌"和保持党的纯洁性的行为导致 1978 年东部大区发生了反对波尔布特的兵变，1978 年 3 月，柬埔寨公开宣称要消灭越南人，号召实现"1∶30"（1 个柬埔寨人消灭 30 个越南人）的口号，越南邻近东部大区的居民被以"柬身越头"的理由杀害。⑤ 波尔布特不合实际的经济举措和政策导致了农业产量的下降，国内经济崩溃。1978 年年底，越南扶植柬国内的反对力量推翻了波尔布特的统治。柬埔寨再次陷入了分裂局面。

"金边政权"在 1978 年 12 月 2 日的宣言中承诺恢复被波尔布特政权摧毁的国民经济，建立"既有计划又有市场、适合社会发展需求的经济"。⑥ 波尔布特时期的合作社制度、公共食堂被取消，就政府主导的"团结

---

① George C. Hildebrand and Gareth Porter, *Cambodia*: *Starvation and Revolution*, New York and London: Monthly Review Press, 1976, pp. 33 – 36.

② David P. Chandler, *The Tragedy of Cambodian History*: *Politics*, *War and Revolution since 1945*, New Haven and London: Yale University Press, 1991, p. 229.

③ George C. Hildebrand and Gareth Porter, *Cambodia*: *Starvation and Revolution*, New York and London: Monthly Review Press, 1976, p. 28.

④ Ben Kiernan, *The Pol Pot Regime*: *Race*, *Power and Genocide in Cambodia under the Khmer Rouge 1975 – 1979* (2th ed.), New Haven and London: Yale University Press, 2002, p. 48.

⑤ 张锡镇：《西哈努克家族》，社会科学文献出版社 1996 年版，第 252—253 页。

⑥ 成都军区政治部联络部、云南省社科院东南亚研究所：《柬埔寨问题资料选编（上）》，成都军区政治部联络部 1987 年版，第 129 页。

组织"（Krom Samaki）在各地建立。① 1989 年 1 月 7 日，韩桑林政权颁布法令取消了 20 世纪 80 年代初期政府实行的商业经营中政府占有 30%—40% 股权的规定，允许柬埔寨公民和华侨华人以私人身份自由经商，允许原来在柬埔寨居住的华侨华人重返金边定居经商。② "金边政权"在 1989 年修改了宪法，正式承认国营经济、公私合营经济、集体经济、家庭经济和私人经济的合法地位，并提出"支持并积极引导集体经济、家庭经济和私人经济向有利于国家和人民生活的方向发展"③的政策。最终，"金边政权"从计划经济转向了市场经济，放弃了社会主义目标。

（二）族群整合的失范

朗诺与波尔布特时期的民族国家建设构想是建立在同化基础之上。朗诺在不同场合宣称国内越人的危险性，他说"越人准备系统地摧毁我们的社会经济结构和文明，越人不是简单地让我们屈从于他们，而是改变我们的生活方式、思维习惯和废除宗教信仰"，同时还发起歧视越人的运动，散播对越人的仇恨和担忧，抵制越人的商品，他还在制定新宪法时主张"只允许种族纯正的高棉人被视为柬埔寨公民"。④ 华人的学校、报刊和语言等带有明显身份特征的标志被禁止，但是朗诺政府对华文的禁令在农村地区和其控制薄弱的地方未得到很好地执行，华裔很多时候都抓住法律的漏洞秘密地组织起来学习汉语。山地高棉人虽然被认定为是高棉人定义下的柬埔寨人，但他们的村庄、部落也同样受到朗诺部队的侵扰和美国飞机的轰炸，他们只能加入红色高棉的游击队或者逃向越南和老挝。

波尔布特的极端整合措施最大限度上打破了柬埔寨的族群界限和族群

---

① 在理论上，"团结组织"由大约 15 个农户组成的生产责任小组就地安排以合作或集体耕作为基础进行农业生产。每个小组依据土地质量的不同约可获 10—15 公顷土地的使用权。产品在参加该小组的农户中进行分配，分配数量则以各户为耕作这些土地所提供的人力和畜力为依据。参见李繁《柬埔寨近况》，《东南亚研究》1985 年第 3 期。
② 庄国土：《二战以来柬埔寨华人社会地位的变化》，《南洋问题研究》2004 年第 3 期。
③ 甄中兴、成锡忠、王忠田：《韩桑林政权宪法》，《东南亚研究》1990 年第 2 期。
④ Jennifer S. Berman, "No Place Like Home: Anti-Vietnamese Discrimination and Nationality in Cambodia", *California Law Review*, Vol. 84, No. 3, 1996, p. 830.

内部的结构,"也在很大程度上造就了今天柬埔寨语言文化的同质性"①。但更重要的是,他对少数族群族群文化和身份的破坏和由此带来的消极影响。民柬政府建立前,红色高棉在推行集体化和合作社的过程中消灭了农村中的商业体系和网络,这让以商贸为生的华人失去了原有的阶级身份,而他们"又脱离了城市的华人组织中心,可能同化于高棉文化而失去自己的民族身份,变成了柬埔寨的高棉农民"。② 这在一定意义上促进了华人群体同高棉人的融合。对于占族妇女而言,"她们被迫宣布放弃亲人、情感以及关心她们的家庭生活和与男性的关系,她们完全奉献给革命组织安卡(Angkar)"。③ 面对保持传统、坚守价值标准与求得生存的矛盾,一些穆斯林妇女为她们的新生婴儿悄悄地举行伊斯兰仪式,并给他/她们起了穆斯林的名字。④ 一些占族女性为了避免被歧视或被逮捕,她们将头发剪短或者把名字改成柬埔寨名,在各个场合穿柬埔寨人的衣服,行为举止表现得像柬埔寨人。⑤ 戈仕玛地区(Kroch Chhmar)的占族人因柬共的极端整合方式而发动叛乱和起义。

"金边政权"建立后,因进入柬埔寨的越南僧侣和柬埔寨信奉的传统佛教在教派上有所差别,所以很多柬佛教徒抵制他们。⑥ 20 世纪 80 年代中后期,柬政府对佛教的管控进一步宽松,取消了普通人不得出家为僧的限制,并将佛教定为国教,佛教逐渐复兴。金边政府时期的民族关系有所好转。1984 年"金边政权"强调,要消灭文盲,少数民族语言将受到尊重,每个部落都可以保留、使用和发展自己的文字和语言。⑦ 同时,谢辛(Chea Sim)在一次会议上宣称,人民共和国各方面的稳步恢复和

---

① Stefan Ehrentraut, *Challenging Khmer Citizenship: Minorities, the State and the International Community in Cambodia*, Ph. D. Diss., Potsdam: Potsdam University, 2013, p. 54.
② William E. Willmott, "The Chinese in Cambodia", *Journal of Southeast Asian Studies*, Vol. 12, No. 1, 1981, pp. 38–45.
③ Farina So, *An Oral History of Cham Muslim Women in Cambodia under the Khmer Rouge (KR) Regime*, Ph. D. Diss., Columbus: Ohio University, 2010, p. 67.
④ Farina So, *An Oral History of Cham Muslim Women in Cambodia under the Khmer Rouge (KR) Regime*, Ph. D. Diss., Columbus: Ohio University, 2010, p. 86.
⑤ Elizabeth Becker, *When the War Was over: The Voices of Cambodia's Revolution and Its People* (1st ed.), New: Simon & Schuster, 1986, pp. 262–263.
⑥ 傅岩松、胡伟庆:《柬埔寨研究》,军事谊文出版社2004年版,第51页。
⑦ 王士录:《当代柬埔寨》,四川人民出版社1994年版,第47页。

国际名誉的提高与占族的参与有着很大的关系。[①] 与此同时，金边政府一直鼓励那些迁移到低地平原地区的山地高棉少数民族留下继续在此生活。到20世纪80年代中后期以后，金边政府改变了歧视华人的政策，开始放宽对华人的限制和管辖，到《巴黎协定》签署前，华人在柬埔寨再次获得了庆祝华人节日和信仰宗教的权利。总之，一方面，这一时期的民族政策促进了山地高棉人与主流社会的融合；另一方面，华人、越人与高棉民族关系的紧张，不利于移民团体的整合。

第四节　柬埔寨和平进程以来的民族国家建构（1991年至今）

《巴黎协定》的签署及1993年举行的全国大选表明，柬埔寨再次走向了和平与稳定。这一时期柬埔寨在"民族、宗教、国王"口号的指引下，从教育、宗教及民族政策等多维度整合国内族群。其间，越人问题、山地族群的权利保障问题等成为柬埔寨王国政府需要面对和解决的棘手问题。新时期，柬埔寨民族国家建构取得了较大的成就，但也依旧面临着严峻的挑战，其建构水平仍有待进一步提高。

一　1991年以来柬埔寨的国家建构

柬埔寨于1993年进行了全国大选，建立了柬埔寨王国，开始了第二柬埔寨王朝统治时期。[②] 柬埔寨在"民族、宗教、国王"的口号指导下实行了一系列的国家建构措施。柬埔寨的各个政党被整合在"君主立宪制、自由民主多党制"的制度框架内。历届政府也制定了合理的经济发展计划，重建了被战乱破坏殆尽的经济体系。

（一）宪法与法律视角下的建构设想

"民族国家的核心是通过一套完整的制度促成了民族对国家的认

[①] Kok-Thay Eng, *From the Khmer Rouge to Hambali: Cham Identities in a Global Age*, Ph. D. Diss., Newark Rutgers: The State University of New Jersey, 2016, p. 218.

[②] 邢和平：《第二柬埔寨王朝十年政治总结》，《东南亚纵横》2003年第3期。

· 209 ·

同。"① 柬埔寨自1991年以来制定了多部法律，从法理和制度层面规定各族群的效忠和认同的对象。这期间，《巴黎协定》②《柬埔寨王国宪法》③及《柬埔寨王国国民议会选举法》④和《柬埔寨王国政党法》⑤等法律法规先后制定、出台，奠定了柬埔寨政治运行的规则和政治整合的框架，为建构提供方向。《巴黎协定》奠定了柬埔寨多党自由、选举政治的基础，其核心是"在柬埔寨建立一个以多元主义为核心的自由民主制度"。《巴黎协定》中有关选举的附件明确规定，"柬埔寨人口根据比例代表制进行选举，候选人由各个政党提名。"⑥

从历届政府的执政理念和治理措施来看，柬埔寨历届政府的国家建构目标以发展经济、减少贫困为核心，同时注重和照顾少数民族各方面的发展。第一届政府成立伊始，西哈努克国王就指出，"新政府当前的首要任务就是解决人民的吃饭问题，安定民心，并在此基础上逐步提高人民的生活水准，全面开展柬埔寨经济的重建，医治战争创伤，从而全面振兴柬埔寨社会、经济和文化，缩小同周边邻国的差距。"⑦ 21世纪以来，柬埔寨政府先后提出"三角战略"⑧和"四角战略"⑨的施政目标。随后的两届政府在此基础上对柬埔寨的经济社会发展加以巩固和完善，革除弊政、肃贪反腐、推动政府的良性治理成为柬政府施政的主要特点。

---

① 周平：《民族国家与国族建设》，《政治学研究》2010年第3期。

② Sorpong Peou, *Intervention and Change in Cambodia: Towards Democracy?* Singapore: Institute of Southeast Asian Studies, 2000, p. 457.

③ 满忠和：《柬埔寨王国宪法》，《东南亚纵横》1994年第2期。

④ Sorpong Peou, *Intervention and Change in Cambodia: Towards Democracy?* Singapore: Institute of Southeast Asian Studies, 2000, pp. 493 – 520；傅岩松、胡伟庆：《柬埔寨研究》，军事谊文出版社2004年版，第283—324页。

⑤ 顾佳赟：《柬埔寨王国政党法》，《南洋资料译丛》2017年第2期。

⑥ Sorpong Peou, *Intervention and Change in Cambodia: Towards Democracy?* Singapore: Institute of Southeast Asian Studies, 2000, pp. 439 – 465.

⑦ 王士录：《当代柬埔寨经济》，云南大学出版社1999年版，第77页。

⑧ 即柬埔寨社会长期发展的三大目标：一是维护国家与人民的和平、稳定和安全；二是柬埔寨融入国际社会，并与国际金融机构实现关系正常化；三是使柬埔寨坚定不移地走改革开放的道路。王士录主编：《2000年东南亚发展报告》，云南省社会科学院东南亚研究所2001年版，第297—298页。

⑨ 朱津辉：《柬埔寨四角战略研究》，硕士学位论文，厦门大学，2018年。

(二) 1991 年以来柬埔寨的政治整合

民主制的不断完善和多元自由民主原则下的政党博弈，是 1991 年以来柬埔寨政治整合的总体特征。这一时期，柬埔寨经历了从多党鼎立到人民党一党独大的变化，也表现出君主立宪制原则的强化与国王力量衰落的特点。柬埔寨也在实践中不断地调整、完善柬埔寨的政治制度，建构起能够统合所有党派的制度设计。柬王国前三届大选的结果表明，并没有哪一个政党能够单独获得宪法规定的单独组阁 2/3 的议席数，因而前三届政府都是采取两党建立联合政府的方式来组阁建立政府，设立联合大臣。2004 年，国民议会可以通过一次性投票的方式获得国民议会领导层的人选和是否批准新政府。2006 年议会对选举进行改革，规定政党"50%＋1"位议员的同意即可组建政府。① 除此之外，柬埔寨还进行了地方选举改革，从 2002 年开始每五年进行一次乡分区理事会选举活动（简称乡选），将权力下放。迄今为止，柬埔寨已经进行了四次乡选。在历次选举和执政的过程中，人民党也借其执政党的地位，不断改善人民，特别是农村、偏远地区人民的生活条件，来扩大影响力。人民党在历届大选和地方选举中的地位不断提高，逐渐形成了一党主导的局面。

1993 年大选后，红色高棉问题成为挑战现政府合法性的因素和严重影响柬埔寨民族国家稳定的不确定性因素。另外，政党政治基础的薄弱也对柬埔寨的政治整合提出了不小的挑战。1998 年，红色高棉的覆灭、人民党在党争过程中优势地位的显现以及新国王诺罗敦·西哈莫尼登基这三个有利因素的出现，促使柬埔寨的政治整合走向正轨，人民党在柬埔寨的政治整合过程中占据了主导。

二 1991 年以来柬埔寨的民族建构

1991 年以后，柬埔寨采取了相对温和的族群整合措施。新宪法中，可以说，只有认可了"高棉公民"的概念，才能获得柬埔寨的公民权。柬埔寨王国政府还制定文教政策引导和培育各民族共同价值和观念的形成，让他们逐渐形成一种超越族群的国家认同和对国家的归属感。在这

---

① 杨晓强、庄国土：《东盟发展报告 (2014)》，社会科学文献出版社 2014 年版，第 112 页。

个过程中,少数族群的权利和文化保障成为需要解决的问题。柬人对越人的迫害和暴力手段的使用使得越人游离于柬埔寨主流社会之外,给社会埋下了不稳定的、动荡的隐患。

(一)"高棉化"倾向的族群整合的回归

柬埔寨王国政府并未在1993年宪法中提出有关山地高棉人身份的明确规定,但在2001年的土地法中承认山地高棉人(高棉卢乌人)的原住民(Indigenous People)身份。① 随着基础设施的改善和边疆地区开发力度的加大,山地高棉少数民族与外界的交往逐渐增多,东北部地区人口出现多元化的倾向。越来越多的山地高棉女孩穿着现代样式的衣服,男性也穿衬衫和牛仔裤。作为土著居民的加莱人,在与高棉人的交往过程中开始从事商业,有的加莱人还开起了商店。② 少数族群需要处理好发展经济与族群文化丢失、身份缺失的冲突。很多山地人认为,"说高棉语会赋予人民权利,使他们有更好的生活质量;而说母语则是原始性和落后性的一种表现"。③ 还有一部分少数族群因其语言丢失而产生了严重的认同和身份危机。有很多的库衣族人(Kuy)在接受了"原住民"概念并重新认同库衣族的身份后,却因对本族语言的不熟悉而不被认定为库衣族。④

越人问题一直是柬埔寨独立后必须面对的族群问题。柬开始和平进程后,越南人并不被视为柬埔寨人,他们在柬埔寨的权利和地位仍旧备受争议。⑤ 柬政府甚至还计划将所有的越族人遣返回国,不同意授予他们柬国籍,在柬埔寨人眼里,这会使越南人继续对他们进行殖民。⑥ 越人也在此

---

① Ian G. Baird, "'Indigenous Peoples' and Land: Comparing Communal Land Titling and Its Implications in Cambodia and Laos", *Asia Pacific Viewpoint*, Vol. 54, No. 3, 2013, pp. 269 – 281.

② Joachim Schliesinger, *Ethnic Groups of Cambodia*, Vol. 3: *Profile of the Austro-Thai and Sinitic-Speaking Peoples*, Bangkok: White Lotus, 2011, p. 41.

③ Ryerson Christie, "Millennium Development Goals (MDGs) and Indigenous Peoples' Literacy in Cambodia: Erosion of Sovereignty?", *Nations & Nationalism*, Vol. 21, No. 2, 2015, pp. 250 – 269.

④ Peter Swift, "Changing Ethnic Identities among the Kuy in Cambodia: Assimilation, Reassertion and the Making of Indigenous Identity", *Asia Pacific Viewpoint*, Vol. 54, No. 3, 2013, pp. 296 – 308.

⑤ Ramses Amer, "Cambodia's Ethnic Vietnamese: Minority Rights and Domestic Politics", *Asian Journal of Social Science*, Vol. 34, No. 3, 2006, pp. 388 – 409.

⑥ Jennifer S. Berman, "No Place Like Home: Anti-Vietnamese Discrimination and Nationality in Cambodia", *California Law Review*, Vol. 84, No. 3, 1996, p. 826.

时成为政治斗争的牺牲品。红色高棉在退出和平进程之后,对越人的迫害并未受到其他政治势力的谴责,相反这种反越情绪也被拉那烈、宋先甚至西哈努克利用。他们认为,越人应当回到越南去或者将他们关在集中营内以防止他们投票。① 整个20世纪90年代,不断发生越人遭到袭击、谋杀的事件。在1990年到1996年间,柬发生了多次对越人和越人村庄的袭击,其中一些是残余的红色高棉军队发动的,还有的是一些高棉人在受到政党鼓吹越南将再次殖民柬埔寨的言论的影响下发动的对越人的侵袭。② 在2003年前的历次大选中,越人成为被袭击和歧视的对象,针对越人的袭击或者暴力活动时有发生。甚至在第三届大选的过程中,仍旧有30%的投票者认为,越人无柬埔寨公民权,不能投票。③ 最终,在两国政府的谈判和互动下,两国政府同意将在柬埔寨生活的越人看作是柬的外国侨民。④

柬埔寨的占人和华人在公民权的获得,还有融入主流社会上并没有受到很大阻碍。在高棉人看来,红色高棉时期的经历塑造了一个超越种族的共同的"我们",它让柬埔寨更可能成为一个多元的"我们"。华人和占人因这段共同的经历成为"我们"中的一部分,而越人逃离民主柬埔寨政权的行为被看作是不忠诚的表现,是与高棉人主导的主流社会的疏远。⑤ 与此同时,华人社区也开始通过重建学校和庙宇的方式来重构文化认同。二十多年的战乱让华校教育产生巨大的代际鸿沟,他们必须通过重建学校的方式予以弥补。在华文教师看来,他们被过去痛苦的记忆激励,他们有责任保护他们语言文化的繁荣。

---

① Jennifer S. Berman, "No Place Like Home: Anti-Vietnamese Discrimination and Nationality in Cambodia", *California Law Review*, Vol. 84, No. 3, 1996, pp. 839 – 840.
② Joachim Schliesinger, *Ethnic Groups of Cambodia*, Vol. 2: *Profile of Austro-Asiatic Speaking People*, Bangkok: White Lotus, 2011, p. 262.
③ Stefan Ehrentraut, "Perpetually Temporary: Citizenship and Ethnic Vietnamese in Cambodia", *Ethnic & Racial Studies*, Vol. 34, No. 5, 2011, pp. 779 – 798.
④ Ramses Amer, "Cambodia's Ethnic Vietnamese: Minority Rights and Domestic Politics", *Asian Journal of Social Science*, Vol. 34, No. 3, 2006, pp. 388 – 409.
⑤ Stefan Ehrentraut, "Perpetually Temporary: Citizenship and Ethnic Vietnamese in Cambodia", *Ethnic & Racial Studies*, Vol. 34, No. 5, 2011, pp. 779 – 798.

（二）教育事业的再次"高棉化"与佛教政治化倾向

"国家和政府有责任对传统教育体制进行改革，通过教育、文化、语言上的改革来照顾和弥补少数族群以及弱势群体的不足。"①柬埔寨王国政府制定了一系列促进少数民族教育事业发展的政策。柬埔寨《教育法》明确指出，柬政府通过提供受教育的机会来"促进学习者习得、热爱和保护国家认同及文化与语言，从而发展国家的人力资源"②。柬埔寨王国政府在《2003—2015年全民教育规划》中提出，正规基础教育的目标是："确保到2015年，所有儿童，尤其是女童、处境不利的儿童和少数民族儿童，均有机会进入学校并完成免费、义务的优质初等教育。到2005年消除中小学内的性别差异，并到2015年实现性别平等，重视确保女童完全平等地接受并完成优质基础教育。"③柬埔寨教育规划指出，从2009年到2014年，学生高棉文学课程的达标率从32%提高到了70%。④

同时，为了解决因贫困、性别及地域等造成的教育不平等的问题，柬埔寨政府还针对辍学不到3年的学生以及处于偏远地区、少数民族和边境地区的弱势群体扩大了非正式教育项目。⑤在一些非政府组织的帮助下，柬埔寨东北部的腊塔纳基里省（Ratanakiri）的土著民族第一次有了自己本民族的语言和字母表。截至2008年，已有405种书籍以腊塔纳基里的四种语言（Brao Ombaa, Kavet, Krung and Tampuan）出版。⑥此外，柬进入和平进程后，柬埔寨一度消失的华文教育也开始恢复起来。据柬埔寨华人理事会统计，在1999年，柬埔寨的华文学校达到69所，在校人数（包括高棉族学生）为5万人；到2008年柬埔寨的华校数量已达

---

① 张寅：《多元文化背景下的民族国家建构》，云南人民出版社2014年版，第163页。
② 王喜娟等编译：《柬埔寨高等教育政策法规》，广西师范大学出版社2014年版，第2页。
③ 《2003—2015年全民教育规划》，王喜娟等编译《柬埔寨高等教育政策法规》，广西师范大学出版社2014年版，第148页。
④ 柬埔寨教育、青年与体育部：《2009—2013年教育战略规划》，王喜娟等编译《柬埔寨高等教育政策法规》，广西师范大学出版社2014年版，第67页。
⑤ 柬埔寨教育、青年与体育部：《2006—2010年教育战略规划》，王喜娟等编译《柬埔寨高等教育政策法规》，广西师范大学出版社2014年版，第38页。
⑥ Marilyn J. Gregerson, "Learning to Read in Ratanakiri: A Case Study from Northeastern Cambodia", *International Journal of Bilingual Education and Bilingualism*, Vol. 12, No. 4, 2009, p. 446.

到80多所，有5.6万在校学生。①

20世纪90年代以后，柬埔寨的佛教和伊斯兰教再次迎来新的发展契机。据柬埔寨宗教事务部统计，（2013年）柬埔寨共有穆斯林约46万人，清真寺439所，礼拜堂475间，学校304所。②该时期，佛教在一系列政治事件中发挥越来越重要的作用。在90年代初，洪森就因修缮佛教寺院的极高热情而增加了人民党受欢迎的程度，也从反面削弱了僧侣对其他反对派的支持。佛教徒也在1993年大选中获得了历史上的首次投票权。③2002年，柬埔寨成功举办了第三届世界佛教大会。此次大会被看作是柬埔寨佛教走出战争阴霾，实现全面复兴的重要标志。④

三 1991年以来柬埔寨民族国家建构的成效

20世纪90年代以来，柬埔寨在民族国家建构上取得的成就和存在的问题同时并存。成就一方面表现为，柬民主政治和参与机制的不断完善和减贫与发展经济等目标的实现。另一方面表现在因教育的扩展和高棉化的民族政策，少数族群向主流社会的融入度不断提高和双方差距的不断缩小。此外，尊重、保护原住民的文化传统和情感是柬埔寨民族国家建构中需要关注的问题。

（一）国家建构水平仍旧较低

从参政议政方面来看，柬埔寨妇女参政议政程度逐渐提高（详见表4-2）。在1993年第一次大选中，柬埔寨女性候选人的占比只有5%，⑤政治参与程度非常之低。2002年3月，洪森在三八妇女节上表示，政府决心加强对妇女的教育和培训，提高妇女的地位和能力，让妇女有更多的机会参与政治活动和国家建设。⑥到2008年，女性参政不足的状况得到有效改善，在国民议会中女性的比例为16.3%；到2013年，女性在国

---

① 卢光盛等：《柬埔寨》（第三版），社会科学文献出版社2014年版，第291页。
② 钟楠主编：《柬埔寨文化概论》，世界图书出版社2014年版，第126页。
③ Elizabeth J. Harris, *Cambodian Buddhism: History and Practice*, Honolulu: University of Hawaii Press, 2008, p. 204.
④ 钟楠主编：《柬埔寨文化概论》，世界图书出版社2014年版，第112页。
⑤ 范若兰：《东南亚女性政治的参与》，社会科学文献出版社2015年版，第287页。
⑥ 李晨阳等：《柬埔寨》，社会科学文献出版社2010年版，第342页。

民议会中的占比达到20.3%。社区中女性顾问的比例从2002年的8.7%上升到2007年的14.64%，女性进一步融入社会。① 华人群体在参政方面也出现了积极变化。虽然他们尚未在政治层面上表达华人族群的政治和社会诉求，但据说在目前由人民党和奉辛比克党组成的内阁中，有华人血统者占内阁人数的一半以上。② 然而少数族群政党没有机会获得国会议席，在地方选举中，他们的利益也很少有得到表达的机会。③

表4-2　柬埔寨妇女在议会中的席位占比变化（1993—2016年）

年份	1993	1998	2003	2007	2008	2013
国民议会席位（个）	5	10	12	24	20	25
占比（%）	4.1	8.2	9.76	19.5	16.3	20.3

资料来源：世界银行，网址：http://www.theglobaleconomy.com/compare-countries/。

从宪法的角度来讲，柬埔寨虽实行行政、立法、司法三权分立的体制，但在实际运作中并未真正做到分立。柬埔寨自由公平选举机构曾指出："地方政府、执法机构、司法制度和军人似乎都要受执政党控制。"④ 通观柬埔寨的历次大选或重要时刻，总是充斥着暴力、动乱或者冲突。执政党通过其对国家资源的占有的优势，不断打压或限制其他政党参与政治的同时也利用其掌控的力量塑造有利于自身的正面形象。2007年柬机构开展了一项登记审计，在3850个调查对象中，有11.2%的合法选民不在登记表中。在核查名单和人的过程中，选举登记审计机构还发现2006年的登记早已过时，其中只有77.3%的名字是有效的。在2008年，一项由同机构进行的审计表明，一些注册表的有效性得到了提高，但大量不存在的选民或者已经去世的选民仍在名单上。⑤ 总

---

① The Ministry of Planning, *2007 Annual Ministerial Review of The High-Level Segment of Ecosoc: Progress in Achieving Cambodia Millennium Development Goals: Challenges and Opportunities*, Phnom Penh: The Ministry of Planning, 2007, p. 4.
② 庄国土：《二战以来柬埔寨华人社会地位的变化》，《南洋问题研究》2004年第3期。
③ Stefan Ehrentraut, *Challenging Khmer Citizenship: Minorities, the State and the International Community in Cambodia*, Ph. D. Diss., Potsdam: Potsdam University, 2013, p. 43.
④ 许梅：《柬埔寨多党民主政治的困境》，《当代亚太》2004年第4期。
⑤ 秦硕：《柬埔寨选举制度改革研究》，硕士学位论文，广西民族大学，2015年，第22页。

之，柬埔寨的民主化进程仅处于起步阶段，经济落后和传统的威权政治风格依旧存在且有加强的趋势，这在很大程度上制约了柬国家建构的深入开展。

在社会保障与公民教育方面，柬埔寨虽然颁布了《土地法》，但这并未能很好地保障山地人的权益。在土著人居住的地区，《土地法》的执行情况很不均衡，土著人的失地率并没有因《土地法》的颁布而有所改变。在土地权确认的过程中，柬埔寨王国政府也没有给土著人提供一个过渡性的保护措施，以防止他们在土地登记注册前被驱逐。[1] 在教育方面，据测算，年龄在25岁及以上的女性中，有43%的人没有受过教育或仅有小学文化，而男性则是20%。只有0.4%的女性和1.8%的男性完成了初中教育。成年人（15岁以上）的识字率，女性为60%，男性为80%。2004年，5—24岁的人口中大约有370万人（约占5—24岁人口的55%）登记入学进入正式的教育系统，而这一比例在1999年为46%。2004年，劳动力市场20—29岁的人中只有17%的人完成了初级教育（lower secondary school）。[2] 因此，柬埔寨王国政府仍需做出更大的努力来改变国家教育严重不足的严峻形势。

（二）民族关系相对和谐与少数族群融入民族社会的融入度不断提高

柬埔寨社会的发展需要各民族的共同努力，反越宣传和迫害越人则会阻碍这种努力，越人的存在也弥补了高棉人在各行各业的缺位。随着柬越两国关系的升温，柬埔寨的政治精英也逐渐放弃对袭击、打压越人的支持。最近十年，越人的处境明显得到改善。生活在柬埔寨的很多越南裔"船民"的身份问题以及社会融入度是目前越人在柬埔寨面临的主要问题。越南与柬埔寨在历史、文化上的隔阂以及越人在柬埔寨社会经济地位中较低的地位都成为阻碍高棉人与越人通婚的主要因素。占族信仰伊斯兰教，也很少与越人通婚。这种外部环境的排斥从反方向加深了

---

[1] Ian G. Baird, "'Indigenous People' and Land: Comparing Communal Land Titling and Its Implication in Cambodia", *Asia Pacific Viewpoint*, Vol. 54, No. 3, 2013, pp. 269–281.

[2] The National Institute of Statistics (NIS), *Cambodia Socioeconomic Survey 2004*, Phnom Penh: The Ministry of Planning, Government of Cambodia, 2004. 网址：http://nis.gov.kh/index.php/en/14-cses/39-cses-2004-report。

越人内部的联系和与外部的隔阂。

20世纪90年代以后,柬埔寨政府取消了对华人在各方面的限制,柬埔寨华裔对华人族群身份的认同度不断提高。在身份认同上,81.6%的柬埔寨华裔新生代认为自己是"柬埔寨华人",仅有8.3%的柬埔寨华裔新生代认同"柬埔寨人"的身份,7.3%的柬新生代认为自己的身份是"华人"。他们在政治上认同柬埔寨但也坚守华人的身份。① 相比于1996年30万人左右的华人数量②,目前只有6000多人把汉语作为第一语言而被划归为华人,大部分华人因母语的变化而被划归到高棉人群体之中。柬埔寨华人再次有权利庆祝华人的节日。这时,华人往往将寺庙建在高棉人的佛教寺院内,而在20世纪90年代之前这是不可能发生的。③ 很多高棉人将自己的孩子送到华文学校学习华文,他们认为接受华文教育会让其子女从中受益。而华校毕业证不被认可的限制也在1998年被废止。相比于1970年以前,华人现在也认识到了学习高棉语的好处。④ 而华人也在近几次人口统计中被看作是少数族群。

山地高棉人在融入主流社会的同时也逐渐认识到,保留土著人身份和融入高棉社会得到经济利益,两者都具有不可替代的重要作用。他们还在扩大与主流社会交往的同时开始回归传统、保持他们的文化特质并将其世代传递。根据柬埔寨国际合作(International Cooperation Cambodia ICC)的报告,自1998年到2007年这十年间,有3874名腊塔纳基里省的少数民族成员通过非正式的方式完成了母语和部分高棉语的学习项目,其中有1566名女性和2308名男性。⑤ 但这对于东北部地区和其他偏远地区的少数民族来说是不够的,王国政府还需要在师资力量、教学水平等

---

① 代帆、刘菲:《柬埔寨华裔新生代的认同及对华认知》,《八桂侨刊》2015年第4期。

② Penny Edwards, *Ethnic Chinese in Cambodia: Interdisciplinary Research on Ethnic Groups in Cambodia: Final Draft Reports*, Phnom Penh: Center for Advanced Study, 1996, p. 109.

③ Sambath Chan, *The Chinese Minority in Cambodia: Identity Construction and Contestation*, Master Thesis, Concordia: Concordia University, 2005, p. 72.

④ Sambath Chan, *The Chinese Minority in Cambodia: Identity Construction and Contestation*, Master Thesis, Concordia: Concordia University, 2005, pp. 72 – 75.

⑤ Marilyn J. Gregerson, "Learning to Read in Ratanakiri: A Case Study from Northeastern Cambodia", *International Journal of Bilingual Education and Bilingualism*, Vol. 12, No. 4, 2009, pp. 429 – 477.

方面做出进一步的努力。

宗教方面,佛教僧侣选举权的获得让僧侣集团政治化并产生了分裂。很多上层僧侣认为,佛教应该远离政治,反对年轻僧侣参与投票。1998年大选的结果造成了桑兰西党大规模的游行示威,6天后大约300名佛教僧侣发起了游行示威活动。在这个过程中,他们高举反对洪森的宣传海报和纪念失踪僧侣的花圈。他们认为,既然他们有选举权就有表达自己意见的权利。柬政府则认为,佛教僧人参与暴力活动违反了佛教教义的规定。[①] 如何处理宗教与政治的关系成为左右柬国家民主政治发展的重要议题,若处理不当则会成为阻碍民族国家建设的潜在因素。

---

① Elizabeth J. Harris, *Cambodian Buddhism: History and Practice*, Honolulu: University of Hawaii Press, 2008, pp. 216 – 217.

第五章 缅甸民族国家建构与民族整合

左 娅

第一节 以缅族王朝为核心的国家的形成与整合

从地理上看，东南亚可以分为半岛地区和海岛地区。缅甸是东南亚半岛地区的一个重要国家，位于中南半岛西北，南北狭长，东面紧靠泰国，南面迎着广阔的安达曼海，西面濒临孟加拉湾，并与印度和巴基斯坦相邻，东北与西北部和中国接壤。缅甸的领土面积仅次于印尼，是东南亚面积第二大的国家。历史上，缅甸曾经历了几个重要的大转折时期：殖民前的缅人王朝时期、1885 年后的英属缅甸时期和 1948 年终获独立后至今这段时期。刚独立的缅甸面临着内外交困的艰难环境：政治矛盾、民族矛盾、经济矛盾等各种社会矛盾一起爆发，刚完成国家独立的缅甸旋即坠入了旷日持久的内战深渊。直至今日，缅甸依然面临着严峻的国家整合难题。

一 缅甸的主要民族及其分布概述

历史上，缅甸的主要民族是操缅语的缅族先民或原始缅族。最晚从公元 9 世纪起，缅族的势力就以蒲甘为中心发展起来。在公元 11 世纪之前，蒲甘附近的皎克西地区就已成为缅族的粮仓。[1] 在南部沿海，生活着孟族人的祖先。在公元第一个千年中期，孟族人就已经在勃生、伊江三

---

[1] 何平：《东南亚民族史》，云南大学出版社 2012 年版，第 181 页。

角洲、土瓦建立了繁荣的定居地。① 在北部和东北部的广大地区，一些傣掸民族的部落可能已在当地日渐崛起。② 在绝大部分的时间里，掸人是处于一种独立或半独立的状况，虽然受蒲甘王朝的影响，并与之建立了联系，但并未受其直接控制。③ 而西部的阿拉干（若开）仍然是独立的国家。另外，在缅甸的中部和南部还生活着克伦人的先民。

缅甸是一个多民族国家。今天，缅甸人（或诸民族）的语言主要有四种语系：藏缅语系、泰—卡岱语系、南亚语系和南岛语系。④ 20 世纪 80 年代以来，按缅甸官方的说法，"缅甸有 135 个民族"。这种说法源于 1983 年缅甸进行人口调查时划定的民族表。根据这种划分，缅甸境内的民族被分为 8 个支系，各支再分若干种，共计 135 个民族。⑤ 缅甸问题专家贺圣达与李晨阳认为，以语言语系分类的话，缅甸的民族可以分别归入三大语系、五大语族：汉藏语系的藏缅语族、壮侗（或侗泰）语族和苗瑶语族，南岛语系的马来语族，南亚语系的孟—高棉语族。若基于此方法进行分析，那么，缅甸共有 50 多个民族。其中，属于汉藏语系藏缅语族的民族有 32 个，侗语族泰语支的民族约有 10 个，苗瑶语族的民族有 2 个，南亚语系孟—高棉语族的民族有 5 个，南岛语系马来语族的民族有 2 个。⑥ 有关缅甸各民族人口的状况，参见表 5-1。

表 5-1　　　　　　　　2001 年缅甸各民族人口（估计数）

民族	人口（万人）	民族	人口（万人）
藏缅语族	4084—4504	苗瑶语族	2
缅族	3330—3750	苗族	1

---

① Ashley South, *Mon Nationalism and Civil War in Burma: The Golden Sheldrake*, New York: Routledge, 2003, p.57.
② 何平：《东南亚民族史》，云南大学出版社 2012 年版，第 181 页。
③ 赵永胜：《缅甸掸人及其分布格局的演变》，《贵州民族研究》2015 年第 5 期。
④ Michael Aung-Thwin and Maitrii Aung-Thwin, *A History of Myanmar since Ancient Times: Traditions and Transformations*, London: Reaktion Books, 2012, p.44.
⑤ 有关缅甸 8 大支系 135 个民族的详细情况，参见贺圣达、李晨阳《缅甸民族的种类和各民族现有人口》，《广西民族大学学报》（哲学社会科学版）2007 年第 1 期。
⑥ 贺圣达、李晨阳：《缅甸民族的种类和各民族现有人口》，《广西民族大学学报》（哲学社会科学版）2007 年第 1 期。

续表

民族	人口（万人）	民族	人口（万人）
若开族	150	瑶族	1
克伦族	450—500	侗台语族	487—537
克耶族	25	掸族	450—500
克钦族	150	山泰族	25
钦族	150	老族	2
那伽族	10	达努族	10
傈僳族	15	孟—高棉语族	157
阿卡族	10	孟族	100
拉祜族	15	佤族	30
怒族	5	崩龙族	20
阿昌族	4	山岛族（布朗族）	5
阿细族	数万	达脑族	2
马鲁族	数万	南岛语族	—
拉什族	数万	马来人	3
萨克族	数万	塞隆人	1
卡杜族	数万	华人	80
塔曼族	数万	印、巴、孟加拉移民	30
米佐族	数万	其他未统计的民族	76

资料来源：贺圣达、李晨阳：《缅甸民族的种类和各民族现有人口》，《广西民族大学学报》（哲学社会科学版）2007年第1期。

二 缅族王朝时期的缅甸整合

（一）蒲甘王朝的统一与分裂

《琉璃宫史》[①]称，缅甸的历史可追溯至骠人时期，骠人之后，才有了缅族人的君王。G. E. 哈威（G. E. Harvey）在《缅甸史》中称骠人时期的缅甸便有了城镇，人口混杂，各方移民都有在此居住者。上座部佛教已然传入缅甸。佛教、婆罗门教、拜物教等都在此地各行其是。沿海

---

① 《琉璃宫史》，全称《琉璃宫大王统史》，是在1829年缅甸贡榜王朝君主孟既的主持下撰写的缅文编年史书。全书共分三卷，参考了缅甸历代史籍碑铭档案、佛教经典和诗文，记述了缅甸自远古时期到1754年孟人结束良渊王统治之间的历史。

第五章 缅甸民族国家建构与民族整合

地区一直以来都是货物的集散地。[①] 居住在中部蒲甘地区的缅族，不仅拥有皎克西的粮食产地，还开发了水利灌溉体系，保证了定居人口数量的增加，逐渐形成了多个较大的缅族聚居地，缅族逐渐完成了从城邦到一体化王朝的发展。迈克尔·昂敦（Michael Aung-Thwin）和梅特瑞·昂敦（Maitrii Aung-Thwin）认为，蒲甘王朝的开国国王——阿奴律陀的爷爷和父亲已有意要对蒲甘王朝进行整合。[②] 在阿奴律陀时期，他整合了军队，通过战争扩大了蒲甘王朝的疆域。王朝最大时期的疆域北达掸邦南部，南到直通，西面包括了阿拉干（若开）的一部分[③]；为了防止掸人入侵，他沿着伊江北部建立了43个哨卡以稳固边界，并用上座部佛教来统一民众的思想意识。王朝第二任王位继承人江喜陀采用多元并包的做法来统治国家：他在宣扬佛教的同时，也容忍了原始崇拜的存在；他让孟人官员在朝廷任职，并吸收了孟人的文字和宫廷仪式；他保留了更早期的骠人文化，并将其融汇到缅族文化中去。"综合"一词常被用来形容这一时期蒲甘王朝的文化发展。[④]

但作为缅甸历史上第一个统一的封建国家，蒲甘王朝存在很多问题。首先，为了获得佛教界的支持，国王将大量免税土地赠予寺院，导致大部分权力和财富也随之转移给了僧侣，加上宫廷王位传承问题造成的权力斗争，使得王室不断走向衰微。其次，国王的权力管控范围非常有限，不能长期对边疆实施有效管控，掸人、孟族人、若开族人等都尝试过脱离蒲甘王朝的控制，建立独立王国。在经济方面，蒲甘王朝试图对下缅甸的区域贸易进行垄断，这引起了高棉人、印度人、阿拉伯人以及马来人等往来商人的不满。在阿隆悉都统治期间，下缅甸处于"无政府"和"叛乱"状态。这表明当地出现了势力强大的统治者，并意欲摆脱蒲甘的控制而谋求独立。[⑤]

[①] [英] G. E. 哈威：《缅甸史》，姚梓良译，商务印书馆1948年版，第30—35页。
[②] Michael Aung-Thwin and Maitrii Aung-Thwin, *A History of Myanmar since Ancient Times: Traditions and Transformations*, London: Reaktion Books, 2012, p. 80.
[③] 贺圣达：《缅甸史》，人民出版社1992年版，第38页。
[④] [新西兰] 尼古拉斯·塔林主编：《剑桥东南亚史Ⅰ》，贺圣达、陈明华、俞亚克等译，云南人民出版社2003年版，第136页。
[⑤] [新西兰] 尼古拉斯·塔林主编：《剑桥东南亚史Ⅰ》，贺圣达、陈明华、俞亚克等译，云南人民出版社2003年版，第206页。

（二）短暂的多元化社会

蒲甘王朝结束后，社会的无序状态让各族群获得了独立发展的良机，下缅甸的区域贸易也因此重新充满了活力与机遇。16世纪，新航路的发现和开辟促成了下缅甸的空前繁荣。[①] 大量外国人涌入下缅甸，推动了当地的城镇化发展。外来移民还带来了不同的宗教信仰、生活方式，以及生产技术等。其中一些人逐渐在东南亚定居，与当地人通婚生子，融入其中。

经济的发展减轻了国王们对僧侣的依赖程度，安东尼·瑞德发现在17世纪20年代下缅甸已经出现了货币。货币的流通改变了国王向佛教捐赠的方式，国王们将蒲甘王朝时期的赠地改成捐赠货币，降低了佛教寺院获得土地的机会，减少了僧侣集团对王权造成的威胁，佛教界被牢牢置于王权掌控之下。

在1555年前后，东吁王朝的国王们开始加强中央集权，整合缅甸社会。他隆王在全国范围内进行了缅甸历史上第一次对全国人口数量和经济状况的调查；他还把王族的封地都限制在国都范围内，向各行政区派遣行政官员进行统治；并鼓励居住在山区的少数民族迁入内地。[②] 这一时期缅甸还出现了缅文的《摩奴法典》，统一了度量衡，改革了税制等。

在16世纪，东南亚人开始向外国人购买枪支，并怂恿或迫使造枪者留在他们的国土上仿造这些新武器。佐藤圭四郎认为，东吁王室的近卫队中收编了葡萄牙冒险者后，缅甸拥有了火器，别人都不能与其匹敌了。[③] 火器的使用提升了东吁王朝的战斗力，但东吁王朝的统一基础是武力，而不是完备的行政组织，多元社会的发展总是会威胁到国王们的控制力；伊斯兰教在阿拉干地区一直持续发展，下缅甸的外国人持续干涉当地事务。国王们过于依赖火器开疆拓土，与中国明朝和泰国阿瑜陀耶王朝都发生了战争。孟族人瞅准时机，凭借葡萄牙和法国的武器和雇佣

[①] ［日］佐藤圭四郎：《缅甸历史地理》，潘明智、张清江译，《南洋学会专刊之四：东南亚历史地理译丛》，南洋学会，1989年，第18页。

[②] 贺圣达：《缅甸史》，人民出版社1992年版，第110—112页。

[③] ［日］佐藤圭四郎：《缅甸历史地理》，潘明智、张清江译，《南洋学会专刊之四：东南亚历史地理译丛》，南洋学会，1989年，第19页。

兵成功反击，控制了整个下缅甸和上缅甸的干旱核心地区。但瑞波的缅族领袖雍笈牙很快控制住了局面，并建立了缅族的最后一个封建统一王朝——贡榜王朝。

（三）贡榜王朝的统一与分裂

雍笈牙统一缅甸后，采取了一系列措施来重建被战火摧毁的国家：他招揽流民，重建兵农一体的阿赫木旦组织；恢复部分奴隶自由人的身份；要求每个政府官员每个月都要呈交一份报告；恢复皎克西地区的粮仓作用；他继续扮演佛教捍卫者和保护人的角色，保障归顺者的生命和财产安全等。[1] 贡榜王朝的国王们始终没有放松对佛教界的控制，僧侣们参与政务的权力被严格限制，只在教育领域继续扮演着垄断者和传播者的角色。贡榜王朝时期，王朝的中央集权和对下缅甸的控制都在进一步加强；货币税收和工资体系都慢慢走向成熟；国王们把政权、商业和武器紧紧捆绑在一起。最终，贡榜王朝在国王孟云统治时期国力达到了顶峰。缅甸成为当时东南亚幅员最为辽阔的强大封建国家。[2] 维克多·李伯曼（Victor Liberman）认为，贡榜王朝在内部控制和外部扩张上都超越了前面的东吁王朝。[3]

在经济方面，日渐保守的贡榜王朝开始逐渐回归农业经济。李伯曼认为，缅人王朝在贸易时代并没有享受太多海上贸易带来的红利，反而是在贸易时代开始走下坡路时有了一些发展。到1830年，干旱地区种植的水稻达到100万公顷。[4]

但王朝在继承问题上的矛盾始终得不到解决，下缅甸的离心力始终存在，海上贸易通道的丧失影响了先进武器的获得，国王们失去了向外拓展的能力，王朝政权也因此变得越发保守。邻居印度现在成为英国殖民贸易体系中最重要的一环。但缺乏边界概念的国王们并没有意识到印度对英国的重要性，他们始终把向外扩张势力范围视为维持统治的重要

---

[1] 贺圣达：《缅甸史》，人民出版社1992年版，第161—163页。
[2] 贺圣达、李晨阳：《缅甸》，社会科学文献出版社2009年版，第170页。
[3] Victor Lieberman, *Strange Parallels*, Vol.1: *Integration on the Mainland Southeast Asia in Global Context, c. 800 – 1830*, New York: Cambridge University Press, 2003, p.185.
[4] ［新西兰］尼古拉斯·塔林主编：《剑桥东南亚史Ⅰ》，贺圣达、陈明华、俞亚克等译，云南人民出版社2003年版，第580页。

手段之一，而对区域划分有明确概念的英国人则无法理解贡榜王朝的统治者声称对阿萨姆、曼尼普尔和若开拥有至高无上的权力的同时，又不管辖这些地区的居民行为的做法。① 在各种因素的作用下，英缅双方先后在1824年、1852年和1885年进行了三次战争，最终英国吞并了缅甸。

第二节 以多元化社会为基础的英属缅甸的构建与整合

英国在统治上严格划分族群、强化各族群之间的差异性，采取"分而治之"的管理手段，殖民政府从中获得了一些族群的忠诚和支持，在贡榜王朝时期，一些英国外交官曾出使缅甸，他们对缅甸朝廷的负面印象成为日后殖民政府对英属缅甸进行规划和建构的依据之一。

一 英国殖民政府的多元化社会构建

在第二次英缅战争之后，英国殖民政府于1862年将若开、丹那沙林及勃固三个地区统一成"下缅甸"，并派驻行政长官，由印度总督负责统辖，这也就是现代缅甸本部的雏形。英国驻印度总督于1886年元旦正式宣布将缅甸并入英属印度，作为英属印度的一个省。

在全面占领缅甸后，英国人开始削弱缅族王权和教权在当地的影响力：流放锡袍王和不设僧王，行政中心也从上缅甸搬迁至下缅甸的仰光。在缅甸本部，英式的国家行政管理体系得到推广：殖民政府设立了省督、专区长官及县长等。传统的小村寨扩大成村庄，而以村庄为行政管理单位的模式被固定下来。②

殖民政府的职位主要由英国人担任，人数不足则由印度官员来补充。在军队中任职的官员几乎都是印度人。大量的印度人接管了缅甸生活中的方方面面。在法律方面，殖民政府将很多法律法规从印度法

---

① [澳] 米尔顿·奥斯本：《东南亚史》，郭继光译，商务印书馆2012年版，第62页。
② [英] D. G. E. 霍尔：《东南亚史》，中山大学东南亚历史研究所译，商务印书馆1982年版，第830页。

律中直接编译过来,这样的做法不仅省时省力,还能与英属印度政府保持一致。

殖民政府将除缅族本部之外的地区划为山区,并将居住在那里的居民与本部的缅族严格区分开来,对他们采取了帮扶政策,以换取这些少数民族对殖民统治的支持。祝湘辉认为,英国在掸邦保留了封建制度,利用土司实施统治的同时也进行了一些渐进的政治改革,试图让掸邦有限度地参与到缅甸本部的现代国家制度改革进程中去。[1] 虽然掸邦土司获得了相对独立的管理权,但殖民政府仍向掸邦派驻副专员,土司还要签署殖民政府颁发的委任状。实质上,土司也成为殖民政府管理体系中的低级公务员。[2] 克耶族保持了形式上的独立,殖民政府只是派遣专员对其实行监督和管理。克伦族积极参与缅甸行政制度的改革,成为缅甸本部政治舞台上的一股不可忽视的力量。[3] 1935年,英国政府颁布了《缅甸政府组织法》,规定掸人、钦人、克钦人等山区少数民族的聚居地被划为"特区",由英国总督直接管辖。[4] 在这些特区里,传统政治制度和社会结构被保留下来,西方传教士们则被鼓励进入这些地区进行传教工作和开展教育。由于山区环境相对孤立和封闭,外界对这些地方的影响很少,在有意识的影响下,山区少数民族有了族群观念、参政意识以及民族自豪感,少数民族精英逐渐产生并成为当地的权力核心。

下缅甸曾经不甚发达的稻米种植业在此时开始迅猛发展起来。殖民政府取消了缅甸王朝时期对大米出口和自由贸易的一切限制,下缅甸开设了银行,发行了纸币,居民和外来人口得到了承租土地的机会,下缅甸的土地私有权得以确立,农民开荒的积极性得到提高;同时,大量的移民前往下缅甸做劳工;印度高利贷资本在下缅甸的活动也得到了殖民政府的支持。[5] 在这一系列政策的扶持下,下缅甸的稻米产业成为英属缅甸

---

[1] 祝湘辉:《英国殖民初期缅甸山区行政制度研究》,《东南亚南亚研究》2010年第2期。
[2] 祝湘辉:《山区少数民族与现代缅甸联邦的建立》,广东世界图书出版公司2010年版,第45页。
[3] 祝湘辉:《英国殖民初期缅甸山区行政制度研究》,《东南亚南亚研究》2010年第2期。
[4] 何跃:《论二战后英国对缅甸山区民族的分治政策》,《世界民族》2005年第6期。
[5] 郑宗玲:《殖民统治时期缅甸稻米产业的发展及影响》,硕士学位论文,云南师范大学,2005年,第8页。

的经济支柱，缅甸也因此成为大英帝国世界殖民体系中的一个重要组成部分。稻米产业的联动作用带动了其他行业的发展，吸引了大量的劳动力。

本地人感受到了外来人口增加所带来的社会变化，这些变化改变了他们曾经的生活环境，他们对此有点无所适从。而离开家乡到陌生城市打拼的外来者有同样的不适，他们亟须融入并改造所处的社会，让它成为家乡生活的一个缩影。新、老居民之间的互动促进了下缅甸社会的发展，但同时，社会转变带给居民的是一种疏离感，这个社会兼容了不同的族群，却没有将不同族群所拥有的文化、宗教、习俗等一切身份构成要素融合起来。曾经的殖民官员约翰·希德纳姆·弗尼瓦尔（J. S. Furnivall）把缅甸社会描述为"多元化社会"（plural society）。正是这种概念化的总结为殖民时期民族政治社群自觉地分离或平行提供了精神依据。[1]在这样的思想指导下，殖民政府有意让缅甸社会向多元化方向发展。

虽然殖民政府的管理打造出了现代缅甸国家的雏形，但是，殖民政府的这些做法改变了缅甸王朝时期的社会状况和发展路线。在缅甸未来的规划上，伊恩·霍利迪（Ian Holliday）认为，殖民政府想将缅甸整合成为以缅族为核心，以少数民族为外围的拼凑而成的一个政治单元体。[2]正是这样的构想拉大了缅甸本部与山区的差距，造成了缅族与少数民族的隔阂，而下缅甸的经济发展又导致上、下缅甸发展失衡。

二 英国殖民政府的国家整合的危机

殖民政府对缅甸的改造导致缅甸各地发展不均衡，种族积怨加深，暴力冲突不断。流放国王、不设僧王的做法动摇了缅族文化的根基和社会体系。英国人垄断政府高层职位和在军中排斥缅族的做法减少了缅族参与政治活动的机会，削弱了缅族的政治影响力。但是，殖民政府将村庄作为行政管理单位，将若开、勃固、丹那沙林统一成缅甸本部，并在世俗学校推广缅语的做法，在一定程度上加快了缅甸本部的整合。

---

[1] Ashley South, *Ethnic Politics in Burma: State of Conflict*, New York: Taylor and Francis, 2008, p. 12.

[2] Ian Holliday, *Burma Redux: Global Justice and the Quest for Political Reform in Myanmar*, Hong Kong: Hong Kong University Press, 2011, p. 28.

对于山区少数民族来说，虽然少数民族精英部分参与了本部的行政管理，但由于"分而治之"的管理手段，传统乡村的封建社会制度几乎被完整保留下来，现代国家行政管理的概念和运作方式并未进入这些地区。阿什利·苏斯认为，"边疆地区因为被限制在一个很小的范围内，因此当地民众未能形成一个缅甸的整体观念，而只是在一小部分有共同语言背景的人群中形成认同"[1]，殖民政府为英属缅甸划定外部边界的同时，也在其内部精确地划定出各族群聚居地的边界，导致各民族之间界限分明，民族差异越发加大。[2] 缅甸的族群认同产生了强烈的排他性和浓厚的地域色彩。

在经济方面，缅甸从此进入全球经济体系，成为出口稻米、柚木、宝石和矿藏等资源的东南亚重要国家之一。相关产业也发展起来，移民的到来，既增加了劳动力，也丰富了缅甸的社会文化生活。正如 B. R. 汤姆林森（B. R. Tomilinson）所说，"对于出口贸易而言，初级农产品、工资水平和生产力等经济要素之间的联系非常薄弱，那些为出口贸易而服务的土地对众多的生产者来说，影响甚微。"[3] 因此，即使是在下缅甸的稻米产业呈井喷式发展的时期，缅甸农民也未能富裕起来。单一的经济发展模式使缅甸在欧洲爆发经济危机时经济遭受重创，小型碾米厂倒闭，缅甸农民纷纷破产。这种以出口为导向的农业引发了缅甸社会和政治的动荡。殖民政府直接引入印度法律的做法虽然便利了管理，但李洋、胡万庆认为，"这种司法制度的实施，与缅甸社会传统司法体系相脱节，严重破坏了缅甸原有的法律。"[4] 依此律法，印度齐智人得到了保障，而缅甸农民则受到了严重的经济剥削，最终导致双方的矛盾不时演变成暴力冲突。

---

[1] Ashley South, *Ethnic Politics in Burma: State of Conflict*, New York: Taylor and Francis, 2008, p. 10.

[2] Stephen L. Keck, *British Burma in the New Century: 1895 – 1918*, New York: Palgrave Macmillan, 2015, p. 39.

[3] Andrew Porter, *The Oxford History of the British Empire*, Vol. III: *The Nineteen Century*, Oxford: Oxford University Press, 2001, p. 65.

[4] 李洋、胡万庆：《论英国对缅甸殖民统治政策及其演变》，《宜宾学院学报》2006 年第 1 期。

在文化方面，殖民政府推行多元文化。山区少数民族有了自己的文字、文化和历史，有了教授自己语言的学校。但是阿什利·苏斯提到："因为西式教育和基督教联合起来，因此，传统上的边缘化群体在这样的改革下进入了新社会，而传统上占统治地位的缅族主体则对这一体系采取躲避态度。"① 殖民教育改变了当地教育的宗旨，学校教育的目的在于满足殖民者的需求：培养有读写能力的低级公务员。② 殖民教育推动着缅甸社会的转型，打压了曾经的佛教教育正统。在下缅甸拥有长期历史的孟族文化也同样受到了致命打击。阿什利·苏斯提到，在英国殖民统治时期，孟族的文化和语言受到了严重打击。在殖民者离去后，伊江三角洲或勃固几乎没有会说孟语的人了。③

三 国家分裂与缅甸独立

正如黛布·J. 希尔（Deb J. Hill）所指出的："资本主义的社会关系是建立在相互敌对的基础上，而非建立在互相认可与实质性的社会交往之中，由此资本主义确立了一个分裂的社会"。④

在谢尔比·塔克（Shelby Tucker）看来，缅甸爆发内战的大部分条件早在20世纪初就已经具备了。⑤ 缅族作为缅甸最大的族群，在殖民体系中并没有获得相应的地位，他们曾经的历史地位和文化传统也从方方面面被抹去了。与此同时，被他们看作是附庸的少数族群却成为这一体系的受益者。谢尔比·塔克称，这些少数民族被缅族视为是不忠的通敌者。⑥

1906年，"我缅人协会"成立，它因批评欧洲人不尊重缅族的宗教习

---

① Ashley South, *Ethnic Politics in Burma: State of Conflict*, New York: Taylor and Francis, 2008, p. 12.
② Philip G. Altbach and Gail P. Kelly, *Education and Colonialism*, New York: Longman Inc., 1978, p. 2.
③ Ashley South, *Ethnic Politics in Burma: State of Conflict*, New York: Taylor and Francis, 2008, p. 10.
④ Peter Mayo (ed.), *Gramsci and Educational Thought*, Chichester, West Sussex: Wiley-Blackwell, 2010, p. 13.
⑤ Shelby Tucker, *Burma: The Curse of Independence*, London: Pluto Press, 2001, p. 33.
⑥ Shelby Tucker, *Burma: The Curse of Independence*, London: Pluto Press, 2001, p. 33.

俗，穿鞋进入佛塔的行为而登上政治舞台。1920年，缅甸本地精英将多个爱国组织联合起来，成立了缅甸协会总理事会（GCBA）。[1] 在这一组织的领导下，缅甸民众开展了有组织的施压活动。1923年，在理事会成员和民众的努力下，英国同意"蒙太古—切姆斯福德改革"（Montagu-Chelmsford Reforms）适用于缅甸，将有限的权力交给了缅甸政府。为了确保依据蒙太古—切姆斯福德改革而设立的立法委员会不受缅族人的控制，英国人对委员会的103个席位做了分配：将其中的21个席位留给了欧洲人、盎格鲁—缅族人、克伦人和印度人，又拿出24个席位供总督分配。而英国给予自治政府的权力也仅在农、林、教育、健康和市政工程等方面，且英国总督还有否决权。[2]

英国的这一做法激起了缅族的愤怒，在1930—1932年间，缅甸爆发了萨耶山领导的农民起义。1931年11月，12名缅族人与2名印度人、2名克伦人、2名华人、2名掸人、2名英印混血人和2名英人，一起召开了缅甸圆桌会议，商讨印缅分治问题。1935年8月，英国批准了《1935年缅甸政府组织法》，宣布从1937年4月1日起，印缅分治，缅甸成为英国直属的殖民地。但缅甸并没有因此而获得社会安定和经济发展，缅族的利益没有得到提升或保障，在英国的殖民统治下，缅族依然是受压迫民族。

日本发动太平洋战争后，于1941—1942年间，迅速控制了整个东南亚。欧洲人的溃败以及日本人"大东亚共荣圈"和"亚洲人的亚洲"的宣传，极大地激发了东南亚人的民族主义热情。与英国人相反，日本人大力扶持被英国人压制太久的缅族和佛教界，成立了一个形式上的缅族文职机构，由著名的老民族主义者巴莫来领导。[3] 此外，日本人还煽动缅族与定居在缅甸的印度人、华人，以及受英国人支持的克伦人、克钦人及钦人等少数民族之间的敌对情绪，故意挑起民族主义冲突。日本人以"解放者"的名义为缅族提供军事援助，在日本人的帮助下，缅甸独立军

---

[1] Angelene Naw, *Aung San and the Struggle for Burmese Independence*, Chiang Mai: Silkworm Books, 2001, pp. 15 – 16.
[2] Shelby Tucker, *Burma: The Curse of Independence*, London: Pluto Press, 2001, p. 67.
[3] ［澳］米尔顿·奥斯本：《东南亚史》，郭继光译，商务印书馆2012年版，第138页。

成立。由于缅族的支持，独立军的人数在日本占领时期稳步增加。

受殖民政府"分而治之"政策的影响，克伦人始终对英国人保持忠诚，因此他们受到了独立军的仇视。马丁·史密斯（Martin Smith）认为："英人继续招募少数民族中的克钦人、克伦人和钦人的武装，同时日本人训练出来的缅甸国防军仍然占据着缅甸，① 参战的阵营主要是按族群来划分的。这些状况开始在政治运动中显现出来。更不好的是，对于那些政治信念和信仰大相径庭的年轻人来说，这段战争经历将让他们领悟到武装斗争在接下来的政治巨变中的潜能。"②

但日本的军事政权及其所扶植的本地政府在被殖民地共同执事，也常常会在政策和执行方面产生矛盾冲突。③ 日本人将自己塑造为"解放者"，但是他们言不副实的做法引起了越来越多缅族的不满。昂山等人与盟军总司令路易斯·蒙巴顿勋爵有了合作意向，驱逐在缅甸的日本人成为双方合作的基础与目标。

在第二次世界大战接近尾声时，英国开始考虑缅甸的未来。第二次世界大战为缅甸带去了随手可得的武器，使得英国对缅甸的控制变得非常脆弱。丘吉尔虽不愿看到大英帝国解体，但印度独立已成定局，而缅甸也会紧随其后。④ 虽然缅甸的发展趋势是走向独立，但英方希望这一独立是在英联邦范围内的自治。爱丽丝·索纳（Alice Thorner）提到英国在1945年公开的缅甸白皮书中，表达了英国希望缅甸在英联邦内建立自治政府的意愿，但在自治政府成立之前，英国还需完全占领缅甸不超过六年，以帮助它恢复重建。掸人、钦人、克钦人、北部和东部的克伦人如果没有明确表示出他们要加入缅甸联邦的话，他们便不是新缅甸的一部分。齐智人将重返缅甸，他们在战时的损失将由英国贷款进行赔偿，以

---

① 在日本人的协助下，昂山等人于1941年12月17日成立"缅甸独立义勇军"，又称"缅甸独立军"。在1942年7月27日，日本将缅甸独立义勇军改名为"缅甸国防军"。

② Martin Smith, *Burma: Insurgency and the Politics of Ethnicity* (2nd ed.), London: Zed Books, 1999, p. 64.

③ John Bastin and Harry J. Benda, *A History of Modern Southeast Asia: Colonialism, Nationalism and Decolonization* (2nd ed.), Sydney: Prentice-Hall of Australia Pty. Ltd., 1977, p. 111.

④ David I. Steinberg, *Burma/Myanmar: What Everyone Needs to Know*, New York: Oxford University Press, 2010, p. 41.

缅甸的税收为保障。① 此时，这份白皮书中的计划已经不是缅族精英所追求的目标。他们要求完全脱离英联邦而获得彻底独立。昂山提出："我们要恢复缅甸人民的缅甸，而不是英国人的缅甸。"②

缅族与山区少数民族之间的分歧和不信任感也在加深。为了迫使英国人尽快退出缅甸，昂山等人采取了谈判与发动暴乱相结合的手段。在第二次世界大战中忠于盟军的山区少数民族则希望英国能够兑现承诺，维护他们的利益。作为第三方的英国，一方面担心一旦缅族完全获得政治权力后，少数民族的利益便无法保证；另一方面他们也知道缅族独立建国的决心。

1946 年，英国边区主管 H. N. C. 史蒂文森曾提议将钦族特别区、克钦邦、掸邦、克伦尼邦和克伦邦整合起来，组成一个统一的山区联盟，他的提议受到以缅族为主的反法西斯人民自由联盟的反对，但少数民族的代表却非常拥护。③ 昂山急迫地想要独立，而英国政府也必须马上选出中意的扶植对象，于是双方便开始谈判。很快，1947 年 1 月 27 日签订了《昂山—艾德礼协定》，协议达成了处理边境地区民族问题的四点共识。此协议除了昂山签字以外，缅甸代表团成员德钦巴盛和吴素却拒绝签字，德钦索和坦顿回国后公然抨击了合约。④ 但在达成共识后，昂山与英方加快了推进少数民族代表签署《彬龙协议》的工作。昂山和丁图前往山区进行游说、谈判和协商，对山区少数民族许下了一些承诺，其中包括"缅族获得一张缅元，山区少数民族也将获得一张缅元"的著名承诺。最终在 1947 年 2 月 9—12 日，掸邦土司、钦人和克钦人与英国政府代表和昂山在掸邦彬龙镇举行会议，共同签署了《彬龙协议》。彬龙会议主要讨论的并不是国家整合的问题，而是各少数民族在和缅族讨论独立后他们

---

① Alice Thorner, "British 'Blue Print' for Burma", *Far Eastern Survey*, Vol. 14, No. 10, 1945, p. 126.

② [苏] В. Ф. 瓦西里耶夫：《缅甸史纲》，中山大学历史系东南亚历史研究室、外语系编译组合译，商务印书馆1975年版，第594页。

③ Lian H. Sakhong, *In Search of Chin Identity: A Study in Religion, Politics, and Ethnic Identity in Burma*, Copenhagen: NIAS Press, 2003, p. 209.

④ 严赛、苍铭：《彬龙会议前后缅甸政府对边境地区民族问题的处理》，《中央民族大学学报》（哲学社会科学版）2015年第5期。

的自治身份和地位的问题，以及他们所享受的权利的问题。克伦人、若开人、孟人没有签字，但他们的抵制也未获得英方的支持。

《彬龙协议》并未能让缅甸在脱离英国统治后，成为真正意义上的统一国家。早在英国于缅甸实施"双头政治"之时，是否与英国合作便已导致缅族民族主义人士内部产生了分歧。[①]《昂山—艾德礼协定》加剧了缅族内部的派系之争，因此，《彬龙协议》也只能流于形式，昂山的承诺也就不可能得到所有缅族代表的认可。1947年7月19日，昂山和其他6名部长同时遭到暗杀。昂山的逝世极大地影响了《彬龙协议》的落实，虽然在1948年1月4日，缅甸宣布脱离英联邦独立，但《彬龙协议》中所承诺的团结少数民族的内容已然难以实现。更为严重的是，根据《彬龙协议》，缅甸在1947年9月24日制定了缅甸首部宪法，并在1948年1月4日开始实施。这部宪法的第六章专门拟定了退出联邦的法律条文。条文第201条规定，依照宪法，每个邦都有退出联邦的权利。第202条规定了各邦必须在十年后才能申请退出联邦，而且必须要有超过三分之二的当地邦议会委员的同意才能退出。[②] 虽然宪法对退出联邦设置了多重限制，但是这一法案在法律上承认了各邦拥有退出联邦的权利，它不仅在各邦领导人心里埋下了分裂的种子，也在缅族领导人心中留下了对国家将遭遇分裂命运的担忧。《彬龙协议》落实的困境与宪法承认的"分离权"为缅甸今后的国家整合带来了无穷的后患。

第三节　以缅族中央集权为目标的国家构建与整合

一　以民主和佛教为整合手段的吴努政府（1948—1961年）

昂山逝世后，吴努接替昂山成为缅甸独立后的首任总理。缅甸独立前缅族内部就已产生了分裂，而山区少数民族担忧缅族内部的分裂将影

[①] Angelene Naw, *Aung San and the Struggle for Burmese Independence*, Chiang Mai: Silkworm Books, 2001, p. 17.

[②] Foreign Office, *The Constitution of the Union of Burma 1947*, Rangoon: Constituent Assembly of Burma, 1947, p. 50.

响《彬龙协议》的履行，故纷纷拿起了武器，准备捍卫自己的权利。

吴努上任之初有心延续《彬龙协议》所体现的团结精神。1947年缅甸颁布了《缅甸联邦宪法》，宣布缅甸实行议会民主制。据此，缅甸将成立议会作为最高立法机关和权力机关，同时设立民族院和人民院。民族院将设立的125个席位中的62席给了缅甸本部，其余63个席位留给了少数民族邦和钦族特别区。[1] 米尔顿·奥斯本（Milton Osborne）认为，吴努在政策上是倾向于涵盖缅甸种族的多样性的。[2] 伊恩·霍利迪认为，缅甸民主政府初期所做的工作是有成效的。在1947年、1951—1952年、1956年和1960年大选都较为公平地顺利举行，国会和政府都组建起来了，国家官僚体系获得重建，司法部也孕育而生。[3] 缅甸的经济状况也在逐步恢复中。1952年，缅甸政府制订了国家经济发展的八年计划，这也被称为吴努的"乐土项目"。他试图将独立的缅甸打造成一个工业化的福利国家。此计划实施后，缅甸的基础设施建设、农业和工业的发展，都有了一定的进步。

虽然吴努政府的努力在政治和经济方面为缅甸带来了暂时的稳定，但也有两大棘手的问题在威胁着新生的民主政府。一是缅族内部的派系斗争。在缅甸共产党退出缅甸反法西斯人民自由联盟后，这一核心政党便分裂为吴努领导的廉洁派和军方支持的稳固派。分裂导致吴努政府及其议会民主制面临危机。二是山区少数民族的分离运动。未参与签署《彬龙协议》的克伦族、孟族等各自成立了武装组织，反对政府。若开邦的若开穆斯林以及克钦的武装力量也同样在进行反叛活动，少数民族武装集团的势力在不断壮大。

吴努得不到军方和少数民族的支持，于是他将更多希望投向佛教界，期望佛教界的支持能让他获得宗教上的个人魅力。为了能在大选中获得佛教民众的支持，他曾在1960年出家当了七周的和尚。在赢得大选后，他又于1961年定佛教为国教。吴努的做法直接将缅甸的宗教事务卷入分

---

[1] 钟贵峰：《缅甸吴努政府时期的族际关系治理析论》，《云南行政学院学报》2016年第2期。

[2] [澳]米尔顿·奥斯本：《东南亚史》，郭继光译，商务印书馆2012年版，第191页。

[3] Ian Holliday, *Burma Redux: Global Justice and the Quest for Political Reform in Myanmar*, Hong Kong: Hong Kong University Press, 2011, p. 43.

离运动中，反而将缅甸的国内问题复杂化。此外，他开始要求从 1952 年起，推行国有化政策，把掸邦的邦权移交给军队，在联邦问题上差别对待少数民族，缩小克伦邦的土地面积；并强制要求在学校和政府部门使用缅语等。[1] 吴努的做法引起激进的少数民族民族主义领袖们的不满，到 1962 年初，缅甸境内已有克伦族、克钦族、掸族、孟族四股较大的反政府民族武装。[2]

在经济上，殖民政府单一的稻米出口经济结构在独立后不能得到立即调整。从 1950 年开始，稻米价格大跌让政府无钱支持"乐土项目"，吴努政府为了捍卫刚建立起来的民主政府耗尽了政府积蓄。

吴努政府的政策转变加深了少数民族对缅族政府的不信任感，双方之间形成敌对态势；而缅族政府内部的分裂不仅降低了政府的工作效率和成效，还折损了政府的公信度。很显然，吴努政府已经无法建立一个充满凝聚力的国家和政府，此时的缅甸急需一个新的社会力量来消除国家分裂威胁，重新凝聚民心。在缅族内部，最稳固又最具有凝聚力的权力集团便是国防军。正如伊恩·霍利迪引用《泰晤士报》一位记者的话说的那样："只有某种形式的独裁统治，无论是某个人还是某一政党，才能够让缅甸恢复秩序并维持下去。"[3]

从 20 世纪 50 年代中期开始，国防军开启了一次真正意义上的大爆炸式的机构建设。到了 50 年代末，军队领导人已经建造了许多重要的军事设施，为军人开设专门的服务，制订了组织政策。[4] 玛丽·P. 卡拉汉（Mary P. Callahan）认为："在后殖民主义和冷战时期，国防军建设的模式化为缅甸领土整合和国家构建提供了制度基础。"[5]

奈温在 1962 年发动军人政变并取得了胜利。有学者认为奈温是民族

---

[1] Nehginpao Kipgen, "Political Change in Burma: Transition from Democracy to Military Dictatorship (1948 -62)", *Economic and Political Weekly*, Vol. 46, No. 20, 2011, p. 51.

[2] 陈真波：《独立以来缅甸民族关系研究》，吉林人民出版社 2014 年版，第 135 页。

[3] Ian Holliday, *Burma Redux: Global Justice and the Quest for Political Reform in Myanmar*, Hong Kong: Hong Kong University Press, 2011, p. 41.

[4] Mary P. Callahan, *Making Enemies: War and State Building in Burma*, Ithaca and London: Cornell University Press, 2003, p. 176.

[5] Mary P. Callahan, *Making Enemies: War and State Building in Burma*, Ithaca and London: Cornell University Press, 2003, p. 179.

主义者，他发动军人政变是因为吴努政府向少数民族武装的示好将威胁到国家的完整。也有学者称文官政府当时已不能重建法律和恢复秩序，而只有军队可以将缅甸重新带入正轨。无论如何，从这场政变被普遍描述为"一场不流血的政变"可以看出，军政一体化的国家体制在缅族内部得到了认可。

二 以中央集权和缅甸式社会主义为整合手段的奈温政府（1962—1987年）

在奈温政府时期，缅甸的军事机构成为国家本身，军官成为国家的建设者。捍卫国家完整和建立军人政府成为奈温政府的执政目标。

在政治上，奈温政府实行严格的中央集权制，设立了由高级军官组成的缅甸联邦革命委员会，以此作为国家的最高立法机关和行政机关。奈温废除了佛教的国教地位，把政权和教权严格分开。1962年一本名为《缅甸社会主义道路》的小册子出版发行。同年7月，缅甸社会主义纲领党正式成立[1]，吴奈温任主席。随着1964年3月《民族团结保障法》的颁布，缅甸社会主义纲领党成为了全国唯一的合法政治组织。[2] 为了明确自己的政治路线和目标，奈温组织成立了由高级军官组成的联邦革命委员会。为了整合意识形态、统一民众思想，奈温政府还颁布了相关指导性文件，以此作为国家的政治指导思想，为缅甸式社会主义发展道路提供理论指导。

在少数民族事务上，奈温政府也采取了严格做法来管控少数民族地区的事务。1974年奈温政府颁布了新宪法，废除了1947年宪法中关于邦—地区自治的原则和邦联结构，取消了少数民族拥有立法机构和自治权的权力。他逮捕了在仰光开会的掸邦和克耶邦土司和其他领导人，在少数民族地区采取秘密抓捕少数民族首领的方式来稳定那些地区的局势。

在经济上，奈温提出要在缅甸建立社会主义经济制度。根据1962年

---

[1] David I. Steinberg, *Burma/Myanmar: What Everyone Needs to Know*, New York: Oxford University Press, 2010, p.63.

[2] Tin Maung Maung Than, *State Dominance in Myanmar: The Political Economy of Industrialization*, Singapore: Institute of Southeast Asian Studies, 2007, p.112.

颁布的《缅甸社会主义道路》，缅甸开始禁止私人资本。昂敦父子认为，"奈温以缅甸式社会主义道路为指导思想的经济政策把缅甸农民与国家紧密联系起来。"① 正如西泽信善所说，奈温政府国有化政策的打击目标主要是由英国人、印度人和华侨等把持的非农业部门，这些人因此不得不大批迁移回原籍。②

在文化生活上，奈温政府还是采取积极的手段来缓和民族关系。昂敦父子认为："奈温政府希望塑造一种超越民族的国家认同感。政府成立了国家发展研究院，以符号、表演和艺术等形式构建缅甸国家形象和概念，并将培养出来的学员派往少数民族地区传播这些文化，以此来加强民众的国家观念。"③

虽然奈温政府对吴努政府的许多政策和做法进行了修正，但其中的一些过激做法也激起了民众的愤怒。奈温政府打造军事集团的行为引发了民众的抗议，仰光大学的学生上街游行，政府随即开始镇压，有数十名学生丧生。同年，学生示威游行再次爆发，于是革命委员会关闭了所有大学。受到镇压的学生纷纷逃往各少数民族邦，加入那里的武装集团，少数民族武装组织的队伍迅速壮大。

少数民族武装的存在以及不合作的态度让奈温政府得以推行军事化手段来整合国家。奈温颁布了著名的"四断"政策。在奈温政府军事化打击下，缅共和克伦武装遭受重创，几乎被清除。

虽然奈温政府采取了有意缓解民族矛盾的文化政策，但由于少数民族保持独特性的诉求始终被政府看作是分裂国家的行为，因此，在文化政策的推行方式上，奈温政府始终采取了强制同化的手段。虽然佛教的国教地位被废除了，但奈温政府依然重视佛教的发展。第一届僧伽净化集会得到了政府的支持。国家僧团大导师委员会成立，佛教事务变得官方化、规范化。

奈温政府的政治、文化政策未能赢得少数民族的拥护，"四断"政策

---

① Michael Aung-Thwin and Maitrii Aung-Thwin, *A History of Myanmar since Ancient Times: Traditions and Transformations*, London: Reaktion Books, 2012, p. 254.

② [日] 西泽信善：《奈温统治时期的经济开发政策及其后果——1962—74 年缅甸经济停滞的原因分析》，汪慕恒译，《南洋资料译丛》1986 年第 2 期。

③ Michael Aung-Thwin and Maitrii Aung-Thwin, *A History of Myanmar since Ancient Times: Traditions and Transformations*, London: Reaktion Books, 2012, p. 252.

第五章　缅甸民族国家建构与民族整合

更激发了民众的不满，而且失败的经济政策最终导致了奈温政府的垮台。

在奈温执政时期，政府的工作重心是在政治上，因此，政府的经济政策也是以政治利益为导向的。吴努时期国家分裂的威胁和缅甸的被殖民历史极大地影响了奈温对待权力的认识与态度。大卫·I. 斯坦伯格（David I. Steinberg）认为："奈温的个性不仅影响了缅甸的政治氛围，也影响了缅甸的经济发展，一种层级式的恐惧弥漫在政治和经济决策中，有效毁掉了纲领党在1971年提出的经济改革。"① 在1963年，《国有化法》实施后，约有15000家私人公司被国有化，缅甸的农业也实行了集体化，印度和中国侨民受到排挤和驱逐，西方援助被拒之门外。奈温政府在1982年废除了1948年的《缅甸联邦入籍法》，颁布了新的《缅甸公民法》，实行更加严格的移民管控制度。于是，缅甸的一些外来移民及其后裔无法成为拥有全部政治权利的缅甸公民。

应该说奈温政府的土地政策确实帮助缅甸农民摆脱了土地流入印度齐智人之手的悲惨局面，但大力排挤外资的政策也导致了缅甸经济因缺少资金投入而停滞。受此影响，作为缅甸经济支柱产业的大米出口也明显下降。其原因除了政府收购粮价过低导致无法按计划收购到足够的大米外，还在于全国民主统一战线的成员——克伦族左派武装以三角洲稻米产区为根据地，与缅共和孟族独立武装一起，成为"缅甸式社会主义"的大米生产和政府大米收购的重大障碍。②

在奈温政府遭遇大米收购和出口危机的同时，少数民族反政府武装所控制的山区却正在开展着兴旺的边境贸易。少数民族居住的山区拥有丰富的自然资源，处于经济崩溃边缘的奈温政府是不可能对少数民族产生吸引力和向心力的，于是通过武装集团来控制资源、掌控边境走私贸易便成为少数民族武装集团的生存之道。为了对抗少数民族武装集团，奈温鼓励地方民兵组织的发展。但由于这些地方民兵组织是自给自足的，为了维持生计，他们在当地大量制毒贩毒，形成了完整的产业链，其头

---

① David I. Steinberg, "Democracy, Power, and the Economy in Myanmar: Donor Dilemmas", *Asian Survey*, Vol. 31, No. 8, 1991, p. 733.

② [日]桐生稔：《"缅甸式社会主义"的结构和局限》，郭梁译，汪慕恒校，《南洋资料译丛》1978年第1期。

领则逐渐成为武装集团的首领。帕特里克·米汉（Patrick Meehan）认为，奈温的这一政策是失败的。这些地方民兵组织与当地武装叛乱集团保持着友好关系，毒品贸易都经过这些叛乱集团控制的地区。而政府为了防止这些组织与逐渐兴起的亲民主联盟结盟，便通过以经济利益换取政治利益的方法与这些组织签订协议，让他们承诺帮助政府打击那些与政府为敌的人，而这种模式在今后很长一段时间内都发挥着作用。[1]

黑市贸易、森林开发、矿藏开采、制毒贩毒和以政治利益为名要挟政府以获得经济自由等成为反政府武装和地方民兵组织的重要资金来源，是他们长期存在的生命线。奈温政府经济管理能力的公信力逐渐丧失。最终，在1985年，奈温政府先后几次废除了面值不等的缅币，导致了社会的大动荡。

第四节 以"有纪律的民主"为指导思想的国家构建与整合

一 新军人政府时期的国家整合（1988—2010年）

1988年初，一场斗殴事件引发了仰光学生游行，市民随后加入游行队伍之中，军队在镇压示威人群时造成了民众的伤亡。此事一经传出，国际社会一片哗然。当年6月，又因大米价格持续走高而引发民众的不满，学生、市民再次走上街头游行抗议。这一次，民众开始要求实行多党制和民主化。社会动荡一直持续到7月份，最终，奈温被迫提出辞职。继奈温之后新上任的盛伦不但没有采取积极手段来缓解国内矛盾，反而采用了更强硬的军事手段，引起了民众更大的愤慨。盛伦之后，文人官员吴貌貌博士被任命为国家总统和纲领党主席，他承诺在3个月内组织多党选举。在奈温下台后，缅甸的政治空间突然开阔了，那些曾被压制住的矛盾一起爆发，一些曾被边缘化的个人或团体得到了政治发展的机

---

[1] Patrick Meehan, "Drugs, Insurgency and State-Building in Burma: Why the Drugs Trade Is Central to Burma's Changing Political Order", *Journal of Southeast Asian Studies*, Vol. 42, No. 3, 2011, p. 382.

遇，其中便包括在 1988 年 8 月 28 日成立的缅甸联邦学生联合总会、1988 年 9 月 24 日成立的缅甸全国民主联盟和一直以来在边区活动的少数民族武装组织和缅共武装。这些如雨后春笋般出现的团体使缅甸的政治局势更加复杂。

吴貌貌博士释放了被关押的反对派，并取消了军管制，但这些做法并没平息社会动荡。伊恩·霍利迪（Ian Holliday）认为："这些做法反而造成了更大的社会动荡，而军队的目的便是制造独裁和无政府两种状态来让民众选择其一。"① 在局势混乱的情况下，军方再一次采用高压手段获得了权力。莫妮克·斯基德莫尔（Monique Skidmore）认为，军方从两个方面制造了缅甸民众的心理状况：一方面是制造"他者"，民众需要保持高度的戒备来防范国家随时可能遭受的威胁；另一方面是展示军队的光荣历史和先进性。② "8888"事件不仅没有撼动缅甸军方的统治地位，相反，在混乱的局势下，军方的重要性反而被凸显出来。但为了应对局势的变化，军方也做出了相应的调整和改变。

1988 年 9 月 18 日，缅甸社会主义纲领党和刚组建的文职政府解散，缅军总参谋长苏貌将军重新组建新的军事政府，命名为"国家法律和秩序恢复委员会"，国防军将领苏貌、丹瑞、钦纽、貌埃和丁乌成为实权派领袖。面对更为复杂的政治局面，苏貌将军领导的国家法律和秩序恢复委员会开始吸取吴努政府和奈温政府的教训，尝试在军队的领导下发展民主制度，即让缅甸成为"有纪律的民主国家"，以此来重新整合整个缅甸。

（一）新军人政府对"有纪律的民主"制度的构建

在国家法律和秩序恢复委员会成立后，军人集团开始设计一套由军方掌控的民主制度，引导缅甸从直接的军事管理向文职政府过渡。

在政治上，新军人政府废除了缅甸社会主义纲领党作为唯一合法政党的规定。新军人政府颁布了《缅甸政党注册法》，并成立了多党制民主大选委员会及其地方分会来进行政党登记和筹备大选的工作。许多前军

---

① Ian Holliday, *Burma Redux: Global Justice and the Quest for Political Reform in Myanmar*, Hong Kong: Hong Kong University Press, 2011, p. 57.
② Monique Skidmore, "Darker than Midnight: Fear, Vulnerability and Terror Making in Urban Burma (Myanmar)", *American Ethnologist*, Vol. 30, No. 1, 2003, p. 8.

官、前官僚、律师、记者、活动人士和学生联合起来，组成了一个新的政党——缅甸全国民主联盟。很快，民盟和其他一些组织起来的政党都纷纷获得批准，成为合法政党。2004年5月，国民大会得以恢复，制宪进程重启。在2005年和2006年国民大会都顺利召开，与会代表探讨了新宪法的细节。① 2007年9月，国民大会明确了新宪法的制宪原则，同年10月18日，军政府成立了宪法起草委员会，2008年5月10日缅甸举行宪法公投，15日政府宣布新宪法通过并正式实施。② 根据宪法，军政府又成立了议会。在确保军队即使在分权状况下也能处于统领地位后，军政府便有限度地让各反对组织参与到他们已设定好的政治活动框架中来。

在此框架下，缓解与少数民族的矛盾冲突便成为军政府的工作重心之一。委员会在1988年9月将1974年宪法中对缅甸国名的称呼"缅甸联邦社会主义共和国"改为"缅甸联邦"，以体现缅甸多民族国家的特点和民族团结。③ 1989年5月，"边境与少数民族地区发展中央委员会"和"边境与少数民族地区发展工作委员会"成立，丹瑞和钦纽分别任这两个委员会的主席。④ 1993年1月，政府召开了国民大会，由700多名代表组成的宪法起草委员会，吸收了各少数民族的代表，并邀请了缅北地区的9支少数民族武装派代表参加大会。⑤ 1995年4月7日，缅甸军政府宣布成立那加、达努、勃欧、崩龙、果敢及佤族6个少数民族自治地区，区域覆盖的少数民族人口有100万。1997年11月，"缅甸联邦恢复法律与秩序委员会"改为"国家和平与发展委员会"，由丹瑞担任主席。

丹瑞上任后，继续将少数民族停火问题纳入军政府的政治治理框架中，而少数民族精英对于政府出让部分政治权力的意向也表示出了兴趣，因为此次转变对他们来说是少数民族武装通过政治途径获得合法身份的

---

① 范宏伟、肖君拥：《缅甸新宪法（2008）与缅甸民主宪政前景》，《太平洋学报》2008年第8期。
② 范宏伟、肖君拥：《缅甸新宪法（2008）与缅甸民主宪政前景》，《太平洋学报》2008年第8期。
③ 贺圣达：《缅甸：军人执政的20年（1988—2008）的政治发展及趋势》，《东南亚纵横》2008年第8期。
④ 陈真波：《独立以来缅甸民族关系研究》，吉林人民出版社2014年版，第220页。
⑤ 陈真波：《独立以来缅甸民族关系研究》，吉林人民出版社2014年版，第220页。

一个契机。克伦民族联盟前领导人波米亚称："这一次没有先决条件，所以我们想用政治方式解决我们的问题。"①而克钦独立组织主席玛兰·布郎·森（Maran Brang Seng）认为："对于克钦独立组织来说，最重要的就是在体制改变下，克钦独立组织成为合法政党。"②至此，武力不再是解决缅族和少数民族矛盾冲突的唯一手段，政治对话成为双方加强沟通的新途径。到20世纪90年代末期，大规模的武装反对组织中只剩四个未与政府实现停火，分别是克伦民族联盟、克伦尼邦国家进步党、钦邦国民阵线和掸邦军。③

在2010年的大选中，缅甸有3000万选民登记注册，有37个政党和众多的独立候选人参与竞争，至少有180名反政府代表是20年来首次参加议会活动。在巴拉达斯·戈沙尔（Baladas Ghoshal）看来，"即使2010年的选举不是自由和公平的，但它无疑为恢复合法的政治活动和讨论提供了机会，这在过去半个世纪的大部分时间里是不可能的。"④

在经济方面，新军人政府上台后便废除了奈温的"缅甸社会主义"经济制度，开始实施对外开放政策。政府在1988年11月30日颁布了《缅甸联邦外国投资法》，同年12月7日颁布了《国外投资法实施细则》。⑤根据上述法律，缅甸政府确立了缅甸的经济政策要以市场为导向，要建立市场导向型经济体制，除了部分关系国家安全和管理的重要企业外，其他国营企业将改制为私营企业。

少数民族所居住的边境地区曾是黑市贸易和毒品贸易的集中地。新

---

① Martin Smith, "Ethnic Participation and National Reconciliation in Myanmar: Challenges in a Transitional Landscape", in Trevor Wilson (ed.), *Myanmar's Long Road to National Reconciliation*, Singapore: Institute of Southeast Asian Studies, 2006, p. 41.

② Martin Smith, "Ethnic Participation and National Reconciliation in Myanmar: Challenges in a Transitional Landscape", in Trevor Wilson (ed.), *Myanmar's Long Road to National Reconciliation*, Singapore: Institute of Southeast Asian Studies, 2006, p. 51.

③ Martin Smith, "Ethnic Participation and National Reconciliation in Myanmar: Challenges in a Transitional Landscape", in Trevor Wilson (ed.), *Myanmar's Long Road to National Reconciliation*, Singapore: Institute of Southeast Asian Studies, 2006, p. 53.

④ Baladas Ghoshal, "Democratic Transition in Myanmar: Challenges Ahead", *India Quarterly: A Journal of International Affairs*, Vol. 69, Issue 2, 2013, p. 119.

⑤ 贺圣达：《新军人集团执政以来缅甸的经济改革和经济发展（1988—2008）》，《南洋问题研究》2009年第3期。

军人政府上台后，意欲改变奈温的政治与经济政策，不再对地方民兵组织有所依靠，因此对于这两类贸易进行了坚决打击。丹瑞执政期间，曾规划出克钦邦、钦邦、掸邦、克伦邦、若开邦及实皆省和丹那沙林省等18个"特别区"，实施边境发展计划，推行特殊优惠政策。[1] 新军人政府还开放了同邻国的边境贸易，改善了与印度、中国和泰国等邻国的外交关系，密切了各方的外交往来。1997年7月23日，缅甸正式成为东盟成员国。随着实现与政府停火的少数民族反叛武装越来越多，缅甸国内的社会局势逐渐好转。

随着经济发展重新步入了正轨，缅甸的文教事业也有了资金支持。政府在少数民族地区的基础教育、职业教育和妇女教育等方面都投入了资金。培养高层次少数民族人才的少数民族大学和各类就业训练班相继开设。在2004年，新军人政府撤销了旧的安全和情报部门，允许公民社会、基层组织和民间智库的发展，通信与交通逐步发展，签证也逐步放开，民众获得国内和国际信息的机会增加，政府对媒体的管理和审查制度也没有以前那么严格了。[2]

在新军人政府的领导下，缅甸各个方面的发展都有条不紊地进行。2003年8月，时任总理钦纽提出了"七步走民主路线图"，为缅甸未来民主发展的道路和步骤提出了明确的规划和时间，为缅甸的国家整合提供了明确的政治保障。

虽然新军人政府在各个方面都做出改革来推进政治的民主化，但军方始终掌握着民主化改革的主导权，因此，改革的力度和进度始终是有限的。另外，在民主化改革的过程中，各利益集团内部的分化重组也影响了改革的进程。

（二）新军人政府进行国家整合的困境

1990年5月，新军人政府举行了缅甸全国大选，民盟赢得了绝对胜利，但新军人政府拒绝交出权力并宣布民盟为非法组织，并将昂山素季长期软禁。2003年，在钦纽提出实现民主的"七步走路线图"后，2004

---

[1] 王全珍：《丹瑞执政四年来的缅甸政局》，《亚非纵横》1996年第1期。
[2] Kendra Schreiner, "Nation Building and Nationalism in Myanmar: From Military Rule to Democratic Opening", *University of Saskatchewan Undergraduate Research Journal*, Vol. 3, Issue 2, 2017, p. 3.

年 5 月,政府组织召开由 28 个停火组织的 1000 多名代表参加的国民大会,但民盟和少数民族联合民族联盟(UNA of ethnic minorities)拒绝参加此次大会。[1] 伊恩·霍利迪认为,虽然军官们得以维持国防军的统治地位,但始终无法将整个国家整合起来。[2] 因此为进一步进行国家整合,在保证军队统治地位不变的前提下,新军人政府开始制定新宪法和改变国家治理模式。

新军人政府制定的 2008 年宪法保障了军方的政治领导权力。宪法规定在联邦议会中,上院和下院共 664 个席位,其中 116 个席位留给了军队。国防军总司令提名的军职人员把控着国防、安全与内政和边境事务部这几个重要部门。新军人政府还颁布了 5 部与政党和选举相关的法律文件,有力地限制了参加选举的政党及他们推荐的候选人。新宪法的制定没有反对党和少数民族政党的参与,加之诸多的限制条件,因此 2008 年宪法一直受到民盟和少数民族武装组织的抵制。由于拒绝参加选举,民盟再次成为非法政党。

同样难以引入政治框架的还有在 1988 年民主运动中起带头作用的学生组织。缅甸联邦学生联合总会处境艰难,政府关闭大学后,又把大学从城市中心迁移到郊区,并让学生分散居住,让学生直到 2000 年 6 月才复课。[3] 在高压政策下,逃到边境地区的学生代表在克伦民族联盟基地组织成立了"全缅学生民主阵线",在边境地区与少数民族武装一起从事反对军政府的活动。[4]

而此时缅甸的经济也受到了政治局势的影响。在民盟及昂山素季受到压制后,西方媒体对该事予以报道,欧洲国家及美国对此进行了强烈抗议以示支持。美国批评了缅甸政府的政治政策,欧盟向联合国施压,要求联合国人权委员会出面处理缅甸事务。在 2003 年昂山素季被软禁后,美国和欧盟等多个国家和国际组织发起了对缅甸的新一轮制裁。美国政

---

[1] B. M. Jain, "Dynamics of Political Transition in Myanmar", *Indian Journal of Asian Affairs*, Vol. 19, No. 2, 2006, p. 7.

[2] Ian Holliday, *Burma Redux: Global Justice and the Quest for Political Reform in Myanmar*, Hong Kong: Hong Kong University Press, 2011, pp. 60–61.

[3] 李晨阳、陈茵:《影响缅甸民主化进程的主要政治势力》,《当代亚太》2006 年第 4 期。

[4] 陈真波:《独立以来缅甸民族关系研究》,吉林人民出版社 2014 年版,第 211 页。

府禁止一切从缅甸进口的商品,冻结了军政府成员在美国银行持有的财产和金融资产。①

此外,在军方设定的三权分立的政治框架下,军人集团内部的派系分化和斗争也激烈起来。钦纽在2003年成为缅甸总理后继续落实签署停火协议的政策;在对待昂山素季及民盟方面,他表现出和解态度,愿意让昂山素季及其党派参与到民族和解事务中来。但这与当时仍然大权在握的强硬派领袖丹瑞的态度相左,于是,在2004年10月,钦纽被捕,由梭温将军接任他的职务。在钦纽被捕后,丹瑞又命令废除军事情报局,数百名军事情报官员被逮捕和审问,军事情报部门被解散,超过30000名初级军官和士兵被开除,一些高级军官被允许退休。②

二 吴登盛政府时期的国家整合(2011—2015年)

军政府的政治体制改革加剧了国家军队内部的权力斗争,但同时也创造出了更多的机遇。在上层军官不断洗牌的过程中,中下层军官得到了迅速提升的机会。出身于平民家庭的吴登盛在1997年担任了缅甸国防军三角军区司令,2003年成为了国家和平与发展委员会第二秘书长,次年成为第一秘书长,2007年成为缅甸政府总理。在2010年举行的大选中,退伍军人组成了"联邦巩固与发展党"来参与大选。少数民族中的掸族、若开族、钦族、克钦族、克伦族等都组建了政党参加大选,而民盟依然选择抵制大选。虽然有质疑此次大选存在舞弊的声音,但有军方支持的巩发党还是以绝对优势赢得了大选,从军人转为文职官员的吴登盛成为新一任缅甸总统。

(一)吴登盛政府加快推行"有纪律的民主"制度

在政治方面,丁貌貌丹(Tin Maung Maung Than)将吴登盛政府称为改革派政府。③ 政权三分稍微减少了一点吴登盛政府的民主化改革的阻

---

① Kyaw Yin Hlaing, "Myanmar in 2003: Frustration and Despair?", *Asian Survey*, Vol. 44, No. 1, 2004, p. 90.

② 转引自 Larry Jagan, *Burma's Military: Purges and Coups Prevent Progress Towards Reconciliation*, Singapore: institute of Southeast Asian Studies, 2006, p. 30。

③ Tin Maung Maung Than, "Myanmar in 2013: At the Halfway Mark", *Asian Survey*, Vol. 54, No. 1, 2014, p. 22.

力，这突出表现在 2011 年 8 月 19 日，吴登盛与缅甸最大的反对党的领袖昂山素季会面，表达了欢迎民盟参与缅甸民主化进程的意愿。在内阁中，吴登盛任命了两名分别来自全国民主力量党和掸邦民族民主党的成员担任内阁成员。[①] 选举法中"被判入狱者不得参加政党"的条款也被取消，民盟因此得以登记成为合法政党。2012 年 4 月 1 日的议会补选中，民盟赢得了 45 个席位中的 43 个席位，从而顺利进入议会。吴登盛政府还进行大赦，释放了 300 多名政治犯。对流亡人士，政府也发出呼吁，建议他们回归建设祖国。政府对媒体的控制也减少了，一些关于娱乐、健康、儿童以及商业等方面的新闻被允许自由报道了。[②] 国外的一些社交网站也逐步放开，2012 年 8 月 20 日，缅甸政府宣传部宣布取消新闻审查。[③]

政府在对待少数民族武装的问题上采取了同样的态度。2011 年 8 月，吴登盛公开呼吁所有民地武组织参与和平谈判，并成立了两个和平谈判小组，负责与主要少数民族武装组织进行会谈。2012 年 5 月政府又成立了联邦和平中央委员会和联邦和平工作委员会，总统吴登盛和副总统赛茂康分别担任这两个部门的主席。[④] 在 2012 年 3 月 1 日的议会演讲中，吴登盛明确提出了基于"彬龙会议"精神实现民族和解的三步走路线图。孔鹏认为，吴登盛政府并不期望在首个任期内就彻底解决民族和解这一难题，而是采取务实的态度，先实现停火，通过对话建立互信，以经济社会发展促进民族问题的解决，以此为巩发党积累执政功绩，提振巩发党选情。[⑤]

2012 年，缅甸政府颁布新的《缅甸外国投资法》，通过法律保障国外投资者所享有的政策性优惠，同时也承认他们享有与缅甸本国企业法人同样的法人地位。政府重新组建了缅甸投资与公司管理局，鼓励制成品

[①] Tin Maung Maung Than, "Myanmar in 2013: At the Halfway Mark", *Asian Survey*, Vol. 54, No. 1, 2014, p. 22.
[②] Moe Thuzar, "Myanmar: No Turning Back", *Southeast Asian Affairs 2012*, 2012, p. 205.
[③] 何桂全:《缅甸吴登盛政府改革评析》,《国际问题研究》2012 年第 6 期。
[④] 何桂全:《缅甸吴登盛政府改革评析》,《国际问题研究》2012 年第 6 期。
[⑤] 孔鹏:《2011 年以来缅甸两届民选政府民族和解政策比较》,祝湘辉、孔鹏、杨祥章《缅甸国情报告 (2016)》,社会科学文献出版社 2017 年版,第 175 页。

或半制成品出口，对出口企业给予关税优惠待遇，并减少一般进出口货物通关所需的时间、费用和文件数量。① 这一系列政策让缅甸的外资投资额快速上升。外资进入促进了缅甸基础行业的发展。在文教卫生事业上，由于政府废除了出版物审查制度，因此，新闻媒体的自由度提高了。2013 年，政府宣布官方报纸《新光报》和《镜报》允许私人参股，读者可以自由投稿。② 随着经济形势的好转，缅甸政府在教育方面能够投入的资金也越来越多，2010—2011 财年，政府的教育投入占缅甸 GDP 的 0.7%，而到了 2013—2014 财年，政府的教育投入上升到 2.1%。③ 与缅甸有贸易往来的一些国家、组织或企业也在教育方面对缅甸给予资助。在那些与政府签订了停火协议并确实停火的少数民族地区，学校又恢复了运转。2012 年，政府允许公立学校利用课外时间教授少数民族的语言。

（二）吴登盛政府的国家整合困境

虽然吴登盛领导的文职政府进行了多方面、大力度的改革，但一些长期扎根于缅甸的问题和矛盾依然难以解决。

在政治上，虽然吴登盛政府的改革得到了军方的默许，但军方和议会仍然享有很大的权力。吴登盛政府向民盟表示出了诚意和善意，但民盟的修宪目标将彻底改变军方的政治框架，损害军方的政治权益。民盟和西方国家始终以"民主"为武器向吴登盛政府和缅甸军方发难的做法难以减轻军方对民盟的敌意。民盟的参与让军方的权力制衡体系出现动荡。马可·比恩特（Marco Bünte）认为，昂山素季的加入导致吴登盛与吴瑞曼联盟的破裂，而军方对巩发党内部的权力斗争和政治秩序的转变感到不满。④ 同时，缅北战事再起也反映出吴登盛与军方的分歧。

---

① 薛紫臣、谢闻歌：《缅甸国际直接投资环境分析》，《现代国际关系》2015 年第 6 期。
② 李晨阳、祝湘辉：《缅甸：2012—2013 年回顾与展望》，《东南亚纵横》2013 年第 3 期。
③ MOE (March 2014). CESR Phase-2 Report (Draft). 转引自 Ministry of Education, *National EFA Review Report: Myanmar*, Naypyidaw: The Government of the Republic of the Union of Myanmar, 2014, p. 3.
④ Marco Bünte, "Perilous Presidentialism or Precarious Powersharing? Hybrid Regime Dynamics in Myanmar", *Contemporary Politics*, Vol. 24, Issue 3, 2018, p. 9.

少数民族武装问题同样得不到彻底解决。2011年3月,缅甸政府军与北掸邦军交火,6月又与克钦独立军开战。最终,2013年5月底,克钦独立军与政府军在联合国代表、中国代表的见证下,于密支那举行了会谈,达成了七项共识,暂时平息了武装冲突。① 但2015年果敢特区前主席彭家声又高调复出与政府军对抗,武装冲突再起波澜。

少数民族武装组织为了扩大政治影响力,并为在与政府进行谈判时占据优势地位,同时防止民盟进一步扩大群众基础,也纷纷开始谋求联合。民地武组织成立联盟对于采取分化瓦解、逐一攻破手段来达成停火协议的吴登盛政府来说,又是新的难题。

在民主化进程中,曾经受到压制的宗教问题也开始发酵。在吴登盛政府时期,佛教徒和穆斯林教徒之间的冲突就愈演愈烈。2011年6月,若开邦若开族与罗兴伽人之间发生了冲突,继而引发骚乱。吴登盛总统宣布若开邦进入紧急状态,并派遣军队前往若开平定冲突。2013年,政府专门成立了一个若开邦和平稳定发展中央委员会来确保若开邦居民的生命安全和地区稳定。但同年,在缅甸中部及东部一些城市又爆发了这类暴力冲突,佛教种族主义团体"969运动"孕育而生。在极端佛教民族主义僧侣的鼓动下,佛教徒与穆斯林人之间的仇恨不断激化,双方的暴力行为持续发生。

吴登盛政府在教育方面的改革同样遭遇了挫折。在2014年政府即将颁布的新教育法中虽然承认学校有自主教学的权利,但其中的第36条规定只有依照本法和其他有关教育法开办的法律学校,才有权颁发结业证书、学位证书或文凭,符合法律规定的学校官员才有权颁发政府认可的学历、学位证书。第43条规定缅语或英语或是缅英双语是教学用语。如有需要,在基础教育阶段少数民族语言将能与缅语一起作为教学用语。② 此方案中的这些条例引发了民众对教育法的争议。2015年10月,100多名教师在曼德勒发起绿色彩带抗议活动,反对军官进入教育

---

① 张党琼:《缅甸经济发展道路之我见》,《东南亚南亚研究》2013年第3期。
② International Labour Organization (ILO), *National Education Law: Myanmar* (2014, *Parliamentary Law No. 41*) 1376, New Moon of Thadingyut 7th day, Sep. 30, 2014. 网址:http://www.ilo.org/dyn/natlex/natlex4.detail?p_lang=en&p_isn=100493&p_count=3&p_classification=09。

体系任职。①

三 民盟政府时期的国家整合（2016年至今）

吴登盛政府的改革赢得了民众、民盟、部分民地武组织和国际社会的肯定和好评，军方也默许了这些变革，但民众期望的还是缅甸政坛的真正变革。2015年11月8日，缅甸全国大选举行。昂山素季领导的民盟一举赢得了缅甸联邦议会的过半议席。在省级议会、少数民族地区和农村地区中，民盟同样获得了压倒性胜利。大选结果获得了巩发党以及政府总统吴登盛的承认，巩发党平稳让渡了权力。2016年3月15日，联邦议会举行例会，选举产生了新一届国家总统和副总统。最后，民盟议员吴廷觉当选总统，军方推举的候选人孟族人吴敏瑞为第一副总统，民盟钦族议员亨利班提育当选为第二副总统。② 民盟的上台被视为是缅甸民主化进程中的一个重要里程碑。

（一）民盟政府推行的全面包容性政策

民盟上台后采取了比较务实的做法，虽然民盟为昂山素季特别设立了国务资政一职，但在随后的工作中，她和民盟并没有贸然挑战2008年宪法，挑起与军方的直接冲突，而是提出了全面包容的政策，试图通过民族和解来整合缅甸，削弱军方的政治影响力。

在政治方面，民盟政府提出多元化和全面包容政策，拓宽了前任政府以及军方所推行的民主化的范围。在政府领导方面，议会两院的正副议长一共4人，其中有3人都是少数民族。民盟还增设了民族事务部以体现新政府对民族事务的重视。在各部门领导人选方面，除了军方必须占有3个部长的席位外，民盟将剩下15席中的2席给了巩发党成员，还有7席给了7位独立人士，而民盟只有6人出任部长。在完成确定领导班子人选的工作后，民盟政府便开始进行政府部门的改革。吴登盛政府时期的36个政府部门被精简至21个。这一精简工作将为民盟政府减轻财政负担，提高工作效率，

---

① 祝湘辉、孔鹏、杨祥章：《缅甸国情报告（2016）》，社会科学文献出版社2017年版，第7页。
② 祝湘辉、孔鹏、杨祥章：《缅甸国情报告（2017）》，社会科学文献出版社2017年版，第12页。

对于那些效率低下、存在隐患的机构和制度民盟政府也有所取消和废除。①

由于民盟没有军权,因此,树立法律和制度的权威性对民盟政府来说非常重要。2016年2月,"法律草案委员会""国际关系委员会""少数民族事务和实现国内和平委员会"等多个委员会相继组建,这些委员会的设立让政府工作精细化,让一些曾经被忽视的工作得到重视,相关问题能够得到及时解决。②

在民族和解方面,民盟政府组建或革新了一系列的机构,包括组建联邦级停火联合监督委员会、成立21世纪彬龙会议筹备委员会、民族和解与和平中心、联邦和平委员会顾问团等,并重组了联邦和平对话委员会。与前任政府采用"以打促谈"的方式迫使民地武组织的领导人签订停火协议不同,民盟政府强调以政治谈判为途径来解决争议,通过政治协商来达成和解。

为了能让21世纪彬龙大会顺利召开,昂山素季与民族联合联邦委员会代表,就和平进程与联邦制度等议题进行了会谈和讨论③,并坚持不设先决条件,把所有少数民族组织都纳入对话机制,包括那些还在和政府军交战的民地武组织。在大会即将召开之前,筹委会主席丁谬温称21世纪彬龙会议将实行全面包容的原则。

少数民族武装组织对民盟牵头的这个会议也给予了热烈的回应。在第一届21世纪彬龙会议召开的前夕,有17个民族武装组织出席了在克钦迈扎央举行的"民族武装革命组织峰会"。此外,8个签署《全国停火协议》的民地武组织组成了"和平进程领导小组",多次就政府与少数民族的对话以及共同实施有关全国性停火协议的议题进行会谈。④

民盟政府深化民主制度的改革和全面包容的民族政策增强了外资企业和机构对缅甸投资的信心。2016年4月22日,昂山素季邀请驻缅的外国使节在内比都外交部会议大厅进行会谈,并向各国大使介绍缅甸的外

---

① [缅]吴觉温:《2016年总结及2017年展望——评民盟执政一周年》,孟姿君编译,《南洋资料译丛》2017年第4期。
② 廖亚辉、秦羽:《缅甸:2016年回顾与2017年展望》,《东南亚纵横》2017年第2期。
③ 廖亚辉、秦羽:《缅甸:2016年回顾与2017年展望》,《东南亚纵横》2017年第2期。
④ 王孟兴:《缅甸民盟政府的国家治理及面临的挑战》,《东南亚研究》2017年第2期。

交方针。民盟上台之初，外界普遍认为民盟的执政有赖于西方国家的援手，因此，在执政后民盟所采取的政策有可能全面倒向西方国家。但国务资政昂山素季的访华之旅打消了中国对缅甸投资的顾虑。2016年10月7日，美国总统奥巴马宣布解除对缅甸的制裁，也为外商在缅甸投资注入了一针"强心剂"。[①] 世界银行、亚洲发展银行和亚投行都投入资金资助缅甸，帮助缅甸进行基础工程建设。在这些资金的注入下，2016年缅甸的工业、能源、旅游业、矿业、农业、养殖业、房地产及其他服务性行业等十个领域都有较大起色。2018年，民盟政府鼓励外资向房地产、旅游、交通、能源、通信和农业倾斜，缅甸的电力、运输、通信、经济特区建设以及城市供水等基础设施建设项目以及成衣制造这类劳动密集型产业都得到国外企业的投资和技术支持。

在文教卫生事业方面，民盟政府始终把教育的发展作为工作中心的一部分。在孟邦等无战事地区，政府与少数民族学校联合办学，学生可以接受多语言的教育，教育经历也为官方所认可。许多少数民族学校的教师在2018年获得了与政府公办教师一起参加教师培训的机会。2018年8月，缅甸少数民族事务部向政府谏言，希望在公办学校推行多语种教育，同时承认那些民族学校的办学资格。2018年4月20日，缅甸投资委员会宣布批准国内外投资者在缅甸开办私立学校。

（二）民盟政府国家整合的困境

从吴登盛政府开始，随着缅甸民主化进程的深入，民粹主义也开始抬头。从民盟胜选开始便有学者提出，虽然胜选已是大势所趋，但很多选民对于民盟及昂山素季的施政纲领、执政经验和执政能力并不了解，仅仅是出于对昂山素季个人的崇拜便把选票投给了民盟。胜选后，民盟越过宪法专为昂山素季设立了国务资政一职，她成为凌驾于总统之上的、民盟政府的实际权力掌控者。于是，从民盟主政开始，新政府的执政能力和民众口碑都与昂山素季的个人魅力相联系，但以她如今的高龄和执政经历来说，这并不利于民盟政府和政党的发展。李罗南（Ronan Lee）

---

① 郑国富：《民盟执政缅甸外资发展的新特征、新趋势及中国的应对策略》，《学术探索》2017年第6期。

认为，在民盟内部领导阶层主要是以昂山素季为首的高龄保守派人士，他们与党内年轻党员之间的代沟较大，而民盟内部的骨干力量很多是军政府政治迫害和国家高等教育缺失的受害者。这些状况都极大地影响了民盟的执政能力。[1]

民粹主义崛起的同时裹挟着宗教民族主义的发展，引发了缅甸国内佛教信徒与穆斯林之间的冲突。其实，从2012年开始，若开邦境内就发生了穆斯林与佛教信徒之间的冲突事件。2013年间，此类骚乱事件发生约30起，涉及地区包括勃固、曼德勒、仰光、掸、若开、实皆等省份。[2]

吴登盛政府后期对罗兴伽人身份的处理激化了若开邦的民族矛盾，在民盟政府执政后，这一矛盾又被定性为内政问题，军方始终将若开邦的民族问题处理权掌控在手中。在骚乱发生后，大批罗兴伽人逃入孟加拉国境内成为难民，导致孟加拉国边境局势动荡。西方媒体对此进行了报道，指责军方的做法以及昂山素季选择沉默的态度。在国内，昂山素季和民盟同样处境艰难：僧侣和市民举行集会支持军方的做法，抗议外界对缅甸政府的指责。2017年8月，军方议员在国会上提议将若开恐怖组织定为"孟加拉恐怖组织"，缅甸和平进程领导小组和勃欧民族解放组织领袖都表示支持政府将"救世军"定为恐怖组织。在外界压力和国内民意的裹挟下，昂山素季最终选择顺应国内民意支持军方的立场和做法。但昂山素季的选择导致民盟政府受到了来自西方社会的强大压力：西方国家、伊斯兰世界和联合国纷纷向缅甸政府施压，指控缅甸政府和军方对罗兴伽人进行"种族清洗"，要求缅甸立即停止迫害罗兴伽人。

在经济方面，若开邦的局势虽然稳定下来，但冲突后的重建工作需要大量的人力、物力和财力支出。民盟政府自执政以来缅甸的外贸逆差攀升，政府的财政赤字居高不下。从2017年初开始，缅币贬值速度加快，通货膨胀形势严峻。外资的投入主要集中在通信业、房地产业和旅游业等这些收效快、回报高的领域，而农业却无人问津。民盟政府现在的出

---

[1] Ronan Lee, "A Politician, Not an Icon: Aung San Suu Kyi's Silence on Myanmar's Muslim Rohingya", *Islam and Christian-Muslim Relations*, Vol. 25, Issue 3, 2014, p. 329.

[2] 熊丽英、张林：《"罗兴伽人"问题与缅甸政府的治理困境》，《东南亚南亚研究》2016年第3期。

口产品主要为天然气和农产品等初级产品,缺少高附加值的加工产品的出口,国际贸易逆差局面难以扭转。为了应对贸易逆差,民盟政府采取了增加税收和提高部分人群收入的做法,但这一做法将进一步扩大贫富差距,使得贫困人口的生活更加艰难。

  民族和解工作也开始停滞不前。在罗兴伽人事件中,缅甸民众认为自己的国家在国际上受到了不公正对待,并对政府的软弱表示失望,对军方的强硬态度则予以支持。虽然民盟政府开始同意逐步接纳部分合格的罗兴伽难民回国,但却拒绝给予这些罗兴伽人公民身份。民盟的态度和做法影响了民地武组织对21世纪彬龙会议的看法:虽然21世纪彬龙会议的主导方是民盟政府,但从罗兴伽人事件中可以看出,民盟政府对军方缺少有效的约束力,为了避免与军方发生直接冲突,民盟在某些时候不得不舍弃某些群体的利益,以维护和军方的关系。2016年,在北方四支民地武与军方的冲突事件中,民盟政府就未对军方的行动提出异议。

  民盟和军方的关系从最初的对抗开始向合作转变,马可·比恩特认为,军队和民盟政府之间达成了一种不稳定的权力分享的默契。[1] 宋清润、张添认为,民盟执政后,之前军人主导的"一元权力中心"的政治构架发生了变化,出现了"文官领政、文军共治"的局面,缅甸的政治格局转为民盟与军人并立的"二元权力"格局。他们认为,民盟政府与军人"合作与斗争并存,斗而不破"。"二元权力架构"总体上是稳定的。[2] 貌昂妙(Maung Aung Myoe)认为,民盟在和平谈判上很大程度是在走巩发党的老路。[3] 刘务和刘家俊认为,民盟的"包容性"政策也涵盖了对军方和巩发党的包容。[4]

---

[1] Marco Bünte, "Perilous Presidentialism or Precarious Powersharing? Hybrid Regime Dynamics in Myanmar", *Contemporary Politics*, Vol. 24, Issue 3, 2018, p. 13.

[2] 宋清润、张添:《民盟执政后的缅甸政治发展与挑战》,《当代世界》2018年第7期。

[3] Maung Aung Myoe, "Partnership in Politics: The Tatmadaw and the NLD in Myanamr since 2016", in Justine Chambers, Gerard McCarthy, Nicholas Farrelly, Chit Win eds., *Myanmar Transformed? People, Places and Politics*, Singapore: ISEAS Publishing, 2018, p. 209.

[4] Wu Liu and Jiajun Liu, "Myanmar's Situation under NLD Governance and China-Myanmar Co-construction OBOR", in Wang Rong and Cuiping Zhu (eds.), *Annual Report on the Development of the Indian Ocean Region (2017): The Belt and Road Initiative and South Asia*, Singapore: Springer, 2017, p. 311.

第五章　缅甸民族国家建构与民族整合

由于民盟和军方的关系开始发生微妙的转变，曾经试图通过推进民族和解来联合少数民族武装达成修宪目标的民盟便难以在民族和解问题上有太大的作为。实际上，经过罗兴伽人事件后，军队的声誉在国内不断提高，在缅甸政坛的地位也更加难以撼动。曹云华认为，尽管军人从政治舞台的前台退到后台，但军人在缅甸国家政治生活中的地位与作用仍是不可忽视的。①

当然，在罗兴伽人事件中，昂山素季与民盟也并非完全被军方和外界舆论缚住手脚。祝湘辉提到，一些国际组织和国家的制裁措施迫使军方做出了回应。一些对罗兴伽人事件负有直接责任的高级军官遭到撤职，5月22日国防部第三特战局局长昂觉佐"因身体健康原因"辞职。② 在军方以这些决定向国际社会做交代的同时，缅甸政府也采取了一系列措施来缓解国际压力，包括昂山素季向东盟外长汇报若开邦地区的最新进展，并成立了8个调查委员会等。③ 这些情况都表明军队在回应国际舆论的攻击和重塑军队的形象等方面仍然十分需要民盟政府的出面帮助和支持。为了维持双方的合作共赢，军队不得不向民盟政府做出让步。

民盟态度或立场的改变，一定程度上使得各民地武降低了对昂山素季及其领导的民盟党的信任程度。④ 克伦、克钦、果敢、德昂等少数民族都担忧如果放下武器，他们便有可能被边缘化，而民盟政府并不会为他们的利益发声。

罗兴伽人事件也反映出，民盟政府在通过多元文化教育和包容教育来消除宗教的排他言行和族群中心主义的工作成效是非常有限的。虽然政府努力维持对教育和医疗等领域的财政支出，但受军方及国内外形势的影响，国防预算仍然占财政支出预算的大头。而精英们将更多的精力投入争夺政治权力、地位以及派系斗争上面，对实际的民生问题了解甚少。在缅甸的多个冲突地区，政府与当地民众，尤其是少数民族社区之

---

① 曹云华：《论当前东南亚局势》，《东南亚研究》2017年第2期。
② 祝湘辉：《"保护的责任"中的非军事干预新模式——以缅甸若开邦罗兴亚人危机为例》，《南亚研究》2019年第1期。
③ 祝湘辉：《"保护的责任"中的非军事干预新模式——以缅甸若开邦罗兴亚人危机为例》，《南亚研究》2019年第1期。
④ 阳举伟、左娅：《缅甸族群冲突与族群和解进程探究》，《东南亚研究》2018年第4期。

间缺乏足够的相互理解和信任。因此，双方在种族、政治和宗教方面的分歧很难得以解决。

在缅甸这个以佛教徒为主体的社会中，民盟政府彻底民主化的主张也得不到支持。从吴登盛政府开始，缅甸社会的紧张程度有所下降，媒体自由、言论自由都在逐步放开，曾经在军政府时期强力压制的民族矛盾和宗教纷争重新出现。一些激进的佛教民族主义团体和僧侣极端分子利用佛教在缅甸广泛的社会基础和政治影响力来左右政府的政策，政党精英们为了赢得更多的选票和民心而向这些团体妥协，导致佛教民族主义对缅甸政治的影响力越来越大。虽然目前在缅甸国内占主流的还是温和派僧侣，佛教极端势力仍相对比较弱小，但利用佛教加强缅族内部的团结和推行"大缅族主义"却仍然是缅甸整个社会的主流思潮。[1]

---

[1] 宋少军:《缅甸佛教民族主义的产生、发展及其实质——兼论对当代缅甸政治转型的影响》,《南亚研究》2017年第1期。

第六章　新加坡民族国家建构

李　猛

第一节　新加坡民族国家建构的历史基础

新加坡是一个由华人、马来人和印度人等不同族群构成的多族群国家。新加坡以三大族群为主的族群结构源起于英国的殖民统治。英殖民时期三大族群的身份归属大多是对其母国或本族群的认同，而并没有所谓的新加坡认同。第二次世界大战时期，日本对新加坡的侵略与统治激起了新加坡民族主义的出现，三大族群的新加坡认同感开始积聚。这为后来的新加坡自治乃至独立创造了条件，也为日后新加坡民族国家的建构奠定了基础。

一　新加坡诸族的起源与早期历史

（一）新加坡华人的历史

华人作为新加坡最大的族群，是在历史发展中逐渐从中国迁移而来的。秦汉时期，岭南地区的开发促进了中国与东南亚地区的往来。《汉书》记载："自日南障塞、徐闻、合浦船行可五月，有都元国……自夫甘都卢国船行可二月余，有黄支国，民俗略与珠崖相类……有译长，属黄门，与应募者俱入海市明珠、璧流离、奇石异物，赍黄金杂缯而往。所至国皆禀食为耦，蛮夷贾船，转送致之。亦利交易，剽杀人。又苦逢风波溺死，不者数年来还。大珠至围二寸以下……"[①]《史记》记载："南

[①]　（东汉）班固撰，（唐）颜师古注：《汉书》，中华书局1962年版，第1671页。

则巴蜀……南御滇僰，僰僮。西近邛笮，笮马、旄牛。然四塞，栈道千里，无所不通。"① 随着中国与东南亚贸易往来的频繁，一些因季风错过返乡的中国人滞留在东南亚，在当时被称作"住蕃"。更有甚者，"住蕃虽十年不归"。②

在东汉班固的《汉书》的记载中所提到的皮宗可能是有关新加坡的最早的记录。《汉书》记载，"自黄支（印度）船行可八月，到皮宗。"而公元 3 世纪，三国时期吴国使臣康泰所记的"蒲罗中国"似乎是关于新加坡更为准确的记载。《太平御览》载："吴时康泰为中郎，表上《扶南土俗》：拘利正东行，极崎头，海边有居人，人皆有尾五六寸，名蒲罗中国，其俗食人。"③ 另外，《新唐书》中所记录的"罗越国"似乎也指新加坡。《新唐书》载："自欢州西南三日行……又南至小海，其南罗越国，又南至大海。"④ 又载："罗越者，北距海五千里，西南哥谷罗，商贾往来所凑集，俗与堕罗钵底同。岁乘舶至广州，州必以闻。"⑤ 到 14 世纪，中国有关新加坡的记录变得更加准确。元代航海家汪大渊所著的《岛夷志略》一书记载，"（暹国）近年以七十余艘来侵单马锡，攻打城池，一月不下。"⑥ 其中，单马锡就是指今天的新加坡。另外，汪大渊所记录的"龙牙门"从地理方位上讲也属于今天的新加坡。此后，明代费信的《星槎胜览》，明代马欢的《瀛涯胜览》也有关于"龙牙门"的记载。

应该说，中国与新加坡交往已久。但是，有关华人居住于新加坡的记录最早见于元代汪大渊的《岛夷志略》一书。该书"龙牙门"部分称"男女兼中国人居之"。⑦ 不过，虽然新加坡很早就有华人居住，但华人发展成为新加坡的第一大族群，还要等到英国殖民新加坡以后。

（二）新加坡的马来人与印度人

今天居住在新加坡的现代马来人从语系上讲属于南岛语系（又称马

---

① （汉）司马迁撰：《史记》卷一二九《货殖列传》，中华书局1982年版，第3261—3262页。
② 庄国土：《华侨华人与中国的关系》，广东高等教育出版社2001年版，第24页。
③ （北宋）李昉等撰：《太平御览》卷七八七，中华书局1960年版，第3485页。
④ （北宋）欧阳修、宋祁撰：《新唐书》卷四三下，中华书局1975年版，第1152—1153页。
⑤ （北宋）欧阳修、宋祁撰：《新唐书》卷二三二下，中华书局1975年版，第6306页。
⑥ （元）汪大渊：《岛夷志略》，中华书局1981年校注本，第155页。
⑦ （元）汪大渊著，苏继庼校释：《岛夷志略校释》，中华书局1981年版，第213页。

来—波利尼西亚语系）。南岛语族群属南方蒙古人种，该人种很有可能是蒙古人种与黑色人种混血形成的。① 根据考证，南方蒙古人种很有可能是在中国大陆，特别是中国大陆的南方地区形成的。南岛语民族是从该群体中最早分化出来的族群。② 南岛语族即广义的马来人。广义的马来人又分为两类：一是第一批迁入东南亚的"原始马来人"，他们具有明显的黑色人种的体质特征，并为东南亚地区带来了新石器文化。二是第二批迁入东南亚的"新马来人"，他们为东南亚地区带来了新的青铜文化。③

从族群迁徙的角度看，"原始马来人"是在从中国的西南地区移入东南亚地区的过程中，不断与当地的黑色土著群体融合而形成的族群。"新马来人"则可能是"原始马来人"同残存的黑色人种再度混合形成的群体。他们形成的区域依然是中国的南方地区，特别是东南沿海地区。而今天广泛分布于新马地区的现代马来人，实际上是由"原始马来人"和"新马来人"与当时分布在东南亚各地的黑色人种进一步融合后形成的。④ 因此，今天居住在新加坡的马来人并非这一地区的原住民。

相比于新加坡的原始马来人和马来人而言，华人和印度人作为后迁入的族群，其历史要稍晚一些。印度人作为新加坡的第三大族群，其与马来地区的交流可能比中国还要早。公元前2世纪以后，随着印度孔雀王朝的衰落，"大草原上游牧部落的兴起切断了印度人与黄金来源地之间的联系"。因此，一些历史学家认为，"为寻找'黄金地'，印度商人开始乘船驶入东南亚水域"。⑤ 此后，在马来地区陆续出现了一些印度化的国家，如狼牙修（郎加斯迦）、丹马令、塔科拉等。⑥ 7世纪中叶，受印度文化影响的室利佛逝王国兴起，其昌盛时，统一了大巽他群岛和马来半岛的大部分地区，新加坡一带也隶属其管辖。此后，随着马六甲王国的

---

① 何平：《东南亚民族史》，云南大学出版社2012年版，第11页。
② 何平：《东南亚民族史》，云南大学出版社2012年版，第31—32页。
③ 何平：《东南亚民族史》，云南大学出版社2012年版，第45页。
④ 何平：《东南亚民族史》，云南大学出版社2012年版，第45、50—51页。
⑤ [新西兰]尼古拉斯·塔林主编：《剑桥东南亚史Ⅰ》，贺圣达、陈明华、俞亚克等译，云南人民出版社2003年版，第153—154页。
⑥ [法]G. 赛代斯：《东南亚的印度化国家》，蔡华、杨保筠译，商务印书馆2008年版，第74—75页。

兴起以及马来半岛的伊斯兰化，马来地区的印度穆斯林逐渐取代了过去的印度教徒。16—18世纪，随着葡萄牙人和荷兰人的相继入侵，马六甲王国的贸易主导权逐渐转移到了欧洲人手中，在马六甲的印度商人受到了严重的冲击。不过，这一时期有许多印度人开始在马六甲地区定居。①据统计，到1641年底，马六甲有穆斯林印度人和信奉印度教的印度人共547人。②只是，印度人发展成为新加坡仅次于华人、马来人的第三大民族，依然是在英国殖民时期以后。

总而言之，到1819年1月英国殖民者来到新加坡之前，新加坡岛上总共有居民大约1000人。其中，绝大多数居民为原始马来人，包括500名左右的奥朗加浪人、200名奥朗谢勒塔人、150名奥朗格兰人以及在岌巴港一带居住的部分奥朗劳特人。除这些居民外，还各有20—30名跟随天猛公的马来、华人随员在此居住。③

可以说，新加坡的历史虽然在过去被广泛认为开始于英国殖民统治时期，但在新加坡这块土地上，早有原始的黑色人种和经迁徙、融合的马来人的存在。他们创造着自己的文明，并被中国的史书记录。

二 英国殖民统治与新加坡族群结构的定型

（一）英国的殖民统治

16世纪初，葡萄牙闯入马来世界，并于1511年占领了马六甲。马六甲王国的遗民在1536年建立了柔佛王国，新加坡隶属之。1819年，英国不列颠东印度公司官员托马斯·斯坦福·莱佛士占领了新加坡并开始实施管辖。1824年，英国东印度公司通过《克劳弗德条约》和《伦敦条约》将新加坡纳入其殖民势力的范围。1826年，英国将新加坡、槟榔屿以及马六甲合并组成新的海峡殖民管区。

此后一段时间，英殖民者以一种最精简的官僚体系管理着新加坡。

---

① 罗圣荣：《马来西亚的印度人及其历史变迁研究》，博士学位论文，云南大学，2009年，第16—20页。

② [英]理查德·温斯泰德：《马来亚史》（上册），姚梓良译，商务印书馆1974年版，第228页。

③ [英]康斯坦丝·玛丽·藤布尔：《新加坡史》，欧阳敏译，东方出版中心2013年版，第10页。

第六章　新加坡民族国家建构

1830年，东印度公司取消了海峡殖民地的建制，使其成为孟加拉的下属辖区。新加坡的高级行政管理职员仅保留了两位，其他在职人员的薪水也被大幅削减。① 不过，此时新加坡的经济有了一定的发展，人口数量已经有了明显的增长。1824—1868年，新加坡的贸易额增长了近4倍。② 1824—1871年，新加坡的人口数量增长了近8倍，即从1824年的10683人增长到1871年的96087人。③

对新加坡各族群，英殖民当局采取了"分而治之"的方式。在英殖民统治下，华人集中居住于牛车水地区，印度人集中居住于石龙岗路，马来人集中居住于吉兰士乃和莱士路地区。④ 同时，殖民政府在每个族群中安排了一个领头人——"甲必丹"，用以调解族群冲突，实现对各族群的管理。1826年，司法宪章体系取代了传统的甲必丹制度。只是，新体系并不能有效地管理新加坡社会。于是，殖民当局开始谋求与各族群中有威望的人物合作，让其协助管理。在各族群中，华人因其影响力与自我组织管理的能力受到了殖民当局的青睐。英国统治者启用著名华人领袖陈笃生、陈金生、佘有进和胡亚基等来协助政府进行管理。⑤ 亨利·圣乔治·沃德出任海峡殖民地首任总督后，进一步完善了新加坡的官僚体系。殖民当局建立了新的行政会议。总督作为行政会议的最高首脑，不受立法会议的强制约束，对所有法案拥有赞成和否决权。同时，立法会议也得到了进一步的完善，非官方和亚裔议员的数量有所增长。⑥

与政治体系完善并行的是经济的快速发展。在1873年到1913年间，新加坡的贸易额扩展到了原来的8倍。冶炼业、种植业在这一时期开始

---

① ［英］康斯坦丝·玛丽·藤布尔：《新加坡史》，欧阳敏译，东方出版中心2013年版，第51页。
② C. M. Turnbull, *A History of Singapore: 1819-1988*, New York: Oxford University Press, 1989, p.78.
③ ［新加坡］苏瑞福：《新加坡人口研究》，薛学了、王艳等译，厦门大学出版社2009年版，第10页。
④ 李志东：《新加坡国家认同研究（1965—2000）》，中国人民大学出版社2014年版，第27页。
⑤ ［英］康斯坦丝·玛丽·藤布尔：《新加坡史》，欧阳敏译，东方出版中心2013年版，第79—80页。
⑥ ［英］康斯坦丝·玛丽·藤布尔：《新加坡史》，欧阳敏译，东方出版中心2013年版，第110页。

兴起，并逐渐发展成为新加坡的重要产业。各国银行在新加坡相继开设，稳定的汇率体系得到确立。大量的国外企业在新加坡拓展业务，许多新公司不断在新加坡成立。数以万计的移民涌入新加坡，大量的基础设施得以在这一时期建立。①

第一次世界大战结束后，新加坡的政治经济结构进一步完善。1926年，新加坡的立法会议的规模进一步扩大。虽然欧洲人在其中依然占有绝对优势，但华人、马来人和印度人得以保留了代表席位。② 在经济上，由于国际上对锡、橡胶、石油等资源的持续需要，殖民当局加大了对马来半岛地区的开发。1923年新柔长堤修通，使得新加坡得以以公路和铁路的方式与马来半岛连接起来，大量的移民也在这一时期涌入新加坡谋求发展。③

经济发展导致新加坡族群间产生了经济差异。华人分为不同的方言群体。不同的方言群体和帮派垄断着不同的行业。与华人相比，印度人和马来人在人口数量上较少，且贫富差距较大。其中，大多数印度低等种姓人从事着基础的劳动工作，而高等种姓阶层则处于社会的上层。马来人大多从事非农业的劳动工作。只有约30%的马来人从事渔业和农业，70%的马来人从事着工业、服务业或者在政府供职。④

英国殖民者对新加坡采取的分而治之的管理方式给三大族群划上了一条人为且有形的地理界线。各民族生活在各自的区域，并保存了各自的传统。而三大民族各自经济职能与经济地位的差异，则是为三大民族划上了一条自然且无形的经济界限。在英国殖民统治时期，三大民族更多的是对本族群的自我认同，而没有共同的新加坡认同。

（二）新加坡族群结构的定型

在英国的殖民统治下，新加坡的族群结构发生了巨大的变化。从开埠以来，经济建设的需要促使殖民者采取了积极的移民政策，大量移民纷纷涌入新加坡，新加坡的族群分布逐渐发生了改变。

---

① ［英］康斯坦丝·玛丽·藤布尔：《新加坡史》，欧阳敏译，东方出版中心2013年版，第124—133页。
② 乔印伟：《论新加坡民族国家创建的基础》，《安徽史学》2009年第2期。
③ ［英］康斯坦丝·玛丽·藤布尔：《新加坡史》，欧阳敏译，东方出版中心2013年版，第174页。
④ 乔印伟：《论新加坡民族国家创建的基础》，《安徽史学》2009年第2期。

从19世纪新加坡开埠以后,虽然当时的清政府反对海外移民,但依然有数以千计的华人来到了新加坡。到1836年前后,华人已经成为新加坡人口数量最大的群体。1860年后,移民新加坡的华人进一步增加。为了规范管理,1877年3月23日,新加坡殖民当局制定了《华人移民条例》。根据条例,签署了正式合同的华人移民可以受到法律保护。基于这项条例,到19世纪80年代,约有20%以上的华人从自由移民变为了契约移民。殖民当局的契约体制遭到了华人的反对。1914年,殖民当局颁布了《劳工合同条例》,并于同年6月废除了契约华工移民制度。①

进入20世纪后,新加坡的人口逐渐趋于饱和。受1929—1933年经济危机的影响,殖民当局对于移民的需求相对减少而开始采取了限制移民的政策。1928年,殖民当局颁布了《移民入境限制条例》,限制男性华人非熟练工的涌入。1933年,殖民当局又以《外国人法令》②取代了《移民入境限制条例》,以征收登陆费的形式继续限制华人移民。相关法令的实施很大程度上限制了华人移民的涌入。据统计,1930年新加坡华人移民的数量为24.2万人,但到了1933年,则只有不到2.8万人。③

从身份归属来看,这一时期新加坡华人的身份认同主要有两个层面:一是对中国的国家认同;二是方言群体认同。新加坡华人可以分为福建人、潮州人、广府人、客家人和海南人五大方言群体。④其中值得注意的是,新加坡本土出生的海峡华人已经成为新加坡的第四大华人社群,占比约11%。方言群体的不同,使得新加坡境内出现了不同的华人会馆以及帮会,给未来新加坡政府整合华人群体带来了较大的挑战。

印度移民大多也是以自由移民或契约劳工的身份来到新加坡的。他们大多是南印度的泰米尔人。1910年12月,殖民当局废除了印度契约殖

---

① [新加坡]苏瑞福:《新加坡人口研究》,薛学了、王艳等译,厦门大学出版社2009年版,第59页。
② 实际上,《外国人法令》主要针对的就是华人移民,因为当时新加坡除华人外的主要外来群体只有印度人,而印度人在当时作为大英帝国的属民,并不受该法律影响。
③ [英]康斯坦丝·玛丽·藤布尔:《新加坡史》,欧阳敏译,东方出版中心2013年版,第182—183页;[新加坡]苏瑞福:《新加坡人口研究》,薛学了、王艳等译,厦门大学出版社2009年版,第59页。
④ 李恩涵:《东南亚华人史》,东方出版社2015年版,第9—12页。

民体制。20世纪初，殖民政府通过了《1907年泰米尔移民基金条例》，并成立了相关的管理机构，以吸引印度人的移民。但到了1938年，印度方面开始限制非技术劳动人员移民新加坡，新加坡的印度移民也自此骤减。①

相较于华人和印度人，马来人是新加坡地区的先住民。英国殖民新加坡后，殖民政府并没有设立专门的机构来推进马来人的移民工作。但在这一时期，在新加坡居住的原始马来人逐渐与其他地区的马来人融合，形成了现代新加坡的马来族群。

20世纪30年代，新加坡移民政策的变革使得新加坡摆脱了以移民增长为主的人口增长模式。1921—1931年，新加坡的人口自然增长量首次成为正数。1931—1947年，新加坡的净移民增长量进一步提升，占到了人口增长总量的46.8%。1947—1957年，新加坡人口的自然增长量已经超过了净移民人数，占总人口增长量的77.9%。② 新加坡本土出生的居民逐渐成为人口构成的主要部分，族群结构也因此定型。

三　新加坡的民族主义运动与新加坡的自治

（一）日本的统治与新加坡民族主义的兴起

新加坡的民族主义兴起于日本殖民统治的时期。③ 日本占据新加坡前，英国统治下的新加坡的各大族群的身份归属依然是母国认同或是本族群认同，没有所谓的新加坡的国家认同。但是，第二次世界大战时期日本对新加坡的侵略和占领，却将新加坡人的民族主义意识激发了出来。

第二次世界大战初期，面对日本对新加坡的侵略野心，英国统治者没有提高警惕。正当新加坡的殖民当局以及报纸都大肆宣传新加坡经济建设的成就以及和平的前景之际，日本的侵略行动打破了这一迷梦。不仅如此，日本入侵之际，拥有军事优势的英军选择了投降，让新加坡人

---

① ［新加坡］苏瑞福：《新加坡人口研究》，薛学了、王艳等译，厦门大学出版社2009年版，第60—61页。
② ［新加坡］苏瑞福：《新加坡人口研究》，薛学了、王艳等译，厦门大学出版社2009年版，第12、16页。
③ 关于新加坡民族主义缘起的界定，可见李晔《论新加坡民族主义的形成与界说》，《东北师大学报》（哲学社会科学版）1998年第2期；胡若雨《试论民族主义与新加坡的政治发展》，《世界民族》2013年第2期。

对英国倍感失望。

日本占领新加坡后，将新加坡的名字改为昭南，试图以"大东亚共荣圈"的理念同化新加坡诸族群。日本人强调"大东亚共荣圈"将实现公正的新秩序，它所遵循的道路可以让各个族群都能得到自由的发展。[①] 但与宣传的理念不同的是，日本占领新加坡后，对新加坡的三大族群实际上采取了区别对待的方式。对于华人，日军施以残酷的高压统治。在日本占领新加坡初期的"肃清"运动中，众多的华人遭到日军屠杀。此后，日军又以"奉纳金"的形式对华人不断进行经济剥夺。对于马来人，日本专注于拉拢其上层势力，通过设立苏丹代表会议的常设机构来维持统治。对于印度人，日本主要利用其反英情绪，来笼络他们加入所谓的"印度国民军"。

日本对新加坡三大族群的"区别对待"加剧了新加坡的族群分化，其言行不一的行为也引起了新加坡各族群的不满。第二次世界大战结束后，日军撤出新加坡，但新加坡人觉醒的民族意识却在新加坡生根发芽。正如李光耀所言："他们曾使我以及我那一代人，决心要为自由而斗争，要解除奴隶性的支配和外国统治。"[②]

（二）李光耀登上政治舞台与新加坡的自治

1945年日本战败后，英国人重返新加坡。但是，两次大战后的新加坡的民族意识日渐觉醒，涌现出了一批为新加坡的自治乃至独立奔走不已的人士，李光耀就是其中之一。在他们的推动下，新加坡开始走向独立自主的"默迪卡"（马来语，意思为"独立自由"）之路。

1946年，李光耀前往英国伦敦经济学院进行学习。在伦敦经济学院，从拉斯基教授那里所学习到的社会主义理论，使得李光耀对马克思主义思想和社会主义建国理论产生了巨大兴趣。[③] 这段经历使得他在日后新加坡的民族国家建构中自诩为一个民主社会主义者，并将许多与社会主义

[①] [英]康斯坦丝·玛丽·藤布尔：《新加坡史》，欧阳敏译，东方出版中心2013年版，第254、259页。

[②] 张永和：《李光耀传》，花城出版社1993年版，第139页。

[③] [新加坡]李光耀：《风雨独立路——李光耀回忆录（1923—1965）》，外文出版社1998年版，第118—120页。

相关的理念融入了新加坡民族国家的国家建构与民族整合中。

在伦敦经济学院学习一年后，李光耀转学到剑桥大学攻读法律。在学习法律期间，李光耀开始怀疑英国人是否真的会本着新马人民的利益来治理新加坡。在李光耀看来，这种思想的转变不仅是受族群歧视而产生的，它还与不公平的社会制度和阶层差异有关。[①] 这些认识，对其日后在新加坡的国家建构中强调公平施政产生了影响。也正是在这一时期，李光耀加入了剑桥大学的工党俱乐部，并开始积极地参与和新马地区相关的政治活动。

在李光耀赴英求学期间，新加坡也正发生着变化。1946年1月，英国发表《马来亚的新加坡——关于未来的宪法的声明》，结束了在新加坡的军事管制，新加坡从而正式摆脱了作为海峡殖民地的地位。3月27日，根据英国女王的敕令，新加坡正式成立了立法议会和市政局。4月1日，殖民地当局宣布在新加坡结束军政统治，恢复正常的宪政。1947年，英国政府以"宪政改革"为名，决定在新加坡筹备立法会议员的选举。7月3日，英国政府颁布立法议会法令（Legislative Council Elections Ordinance 1947），宣布将于1948年3月举行立法会选举。新法令执行后，新加坡行政议会一分为二为行政议会和立法议会，总督的权力进一步受到了限制。

英国在新加坡进行宪政改革时，李光耀开始以律师的身份接触政治生活。在新加坡，李光耀给进步党的策划人黎觉担任选举代理人，开始了解新加坡的选举制度。作为一场新加坡全区的大选，选民往往是由受过英文教育的海峡本土华人和英籍印度人充当的。而这样的选举产生的结果在李光耀看来是脱离现实的。1952年的邮差罢工事件是李光耀崛起于政治舞台上的重要标志。在这次事件中，李光耀以邮电制服职工联合会的谈判代表身份受到了公众的关注。更为重要的是，在这次事件中，他与拉惹勒南建立了深厚的友谊。作为日后人民行动党的重要成员和新加坡建国后政府的核心成员，拉惹勒南为李光耀的政治生涯提供了巨大

[①] ［新加坡］李光耀：《风雨独立路——李光耀回忆录（1923—1965）》，外文出版社1998年版，第128—130页。

帮助。

虽然英国从1947年开始便以"宪政改革"为名义在新加坡进行改革，但其成效远未能满足新加坡人民的要求。于是，1953年殖民当局委任由乔治·伦德领导的委员会对新加坡的宪政结构进行调查。1954年2月，英国发表了《伦德制宪调查报告》。根据制宪委员会的建议，新加坡选民的分区将通过区域划分，而不是通过族群来划分，[1] 这在一定程度上为日后新加坡的选区制度奠定了基础。同年，李光耀所领导的新加坡人民行动党正式成立。该党主张结束殖民统治，建立一个包括马来亚联合邦和新加坡的独立的马来亚民族国家。[2] 从人民行动党的主张可以看出，李光耀早期并没有提出新加坡独立建国的民族国家建构主张，而是提倡以联邦制的形式，建构大马来亚民族国家。

1955年2月8日，英国女王正式批准了《伦德宪法》。随后，殖民当局宣布1955年2月28日为立法会选举提名日。4月2日，殖民当局按照《伦德宪法》的规定在新加坡举行了第一次大选。大卫·马绍尔领导的劳工阵线与巫统、马华公会组成了联合政府。[3] 李光耀代表的人民行动党获得了丹戎巴葛地区的最高选票。但选举并没有从根本上触动英国对新加坡的统治，政府的权力仍然掌握在英国总督和官方委任的议员手中。

在新加坡寻求自治之际，马来亚在东姑·拉赫曼的领导下也在追求独立。根据拉赫曼在1956年2月6日与英国达成的协议，到1957年8月31日，马来亚联合邦将实现完全独立。马来亚的独立使新加坡陷入了孤立的境地。根据之前的构想，新加坡将作为马来亚的一部分实现独立。但英国人试图将新加坡作为一个永久的没有独立权的自治地区。针对这一情况，马绍尔决定将争取自治权的目标改为争取独立。1956年3月12日，在人民行动党的支持下，马绍尔发起了"独立周"运动，号召人们的支持。该运动得到了新加坡人的强烈响应，至活动结束，约有167295

---

[1] [英] 康斯坦丝·玛丽·藤布尔：《新加坡史》，欧阳敏译，东方出版中心2013年版，第325—326页。

[2] Alex Josey, *Lee Kuan Yew: The Crucial Years*, Singapore: Times Books International, 1980, pp. 13–14.

[3] 毕世鸿编著：《新加坡概论》，世界图书出版广东有限公司2012年版，第37页。

人参与了活动。4月5日，马绍尔提出了赴英进行宪制谈判的要点："争取在英联邦内独立，与任何英联邦内的其他自治领一样，要求完全立法的自由权，取消立法议会中的官方议员，中止总督的否决权。"[①] 不过，在4月23日的谈判中，英国不同意新加坡独立的提案，马绍尔因而引咎辞职。

1956年6月6日，接替马绍尔的林永福继续与英国就新加坡独立一事进行谈判。林永福改变了马绍尔时期的策略，在政治上极力讨好英国人，主张新加坡拥有内政及商贸的权力，但英国可保有对新加坡的外交、国防及立法的权力。1957年3月11日，林永福和李光耀等率领代表团前往伦敦就制宪问题进行谈判。经过长达一个月的谈判，双方最终达成了《关于新加坡自治谈判的报告书》。根据协议，新加坡收回立法方面的部分权力，但新加坡的宪法的修正以及外交、国防权力依然掌握在英国人手中。

1958年5月28日，新加坡代表和英方在伦敦正式签署协议。1959年5月1日，英国方面批准了《新加坡自治邦法案》。5月30日，自治的新加坡举行了第一次大选，人民行动党获得了多数席位。6月5日，新加坡自治邦政府成立，李光耀出任新加坡自治邦政府的首席部长。

第二节　李光耀时期新加坡的民族国家建构

1959年新加坡获得自治权后，李光耀试图在马来西亚国家的框架下，实现新加坡的国家建构。然而严重的族群矛盾以及马来西亚的执政党派与人民行动党的理念的冲突，最终导致了新、马分离。"新、马分治"宣告了李光耀将新加坡作为马来西亚国家联邦成员的建构计划的失败，也促使他开始寻找属于新加坡自己的民族国家建构之路。在此基础上，李光耀坚持用"多元一体化"的方式建立"新加坡人的新加坡"。

---

① 庞卫东：《新马分离与合并研究：1945—1965》，博士学位论文，厦门大学，2009年，第92—93页。

第六章　新加坡民族国家建构

一　新加坡民族国家建构道路的选择

（一）自治时期新加坡民族国家建构的选择

1959年6月5日，新加坡自治邦政府成立。李光耀上台执政后便极力主张实现新、马合并。此时李光耀对于新加坡的定位是将它作为马来社会的一员，作为马来西亚国家的一部分，来实现其自身的发展。从国家建构上讲，李光耀此时的目标是建立一个联邦制国家，而非单一制国家。李光耀提出这一选择，是其对新加坡地缘环境认知的结果。李光耀认为，严重的族群冲突和对马来亚地区的经济依赖使得新加坡需要也必须加入马来人的世界中去，在马来人国家的框架之下去进行国家建构以及民族整合。

1963年9月16日，由马来亚、新加坡、沙巴和沙捞越构成的联邦制国家马来西亚成立。对于外界有关马来西亚是否能够长久维持的质疑，李光耀给出了积极的回答。在他看来，马来西亚作为一个民族国家必然会成功，因为它是建立在马来西亚各族群互相包容且利益均衡的前提下的，并将为这一前提进行奋斗。[1]

但是，现实是残酷的。马来西亚的族群问题是李光耀所不能解决的。1964年7月21日，新加坡的马来人和华人发生了严重的冲突，是为巫华暴乱。该事件导致23人死亡，454人受伤。[2] 该事件不仅暴露了马来西亚地区华人与马来人尖锐的族群矛盾，也被后人认为是新、马分家的导火索。

1965年8月9日，新加坡宣布脱离马来西亚独立建国。独立后的新加坡该何去何从？李光耀必须找到新加坡民族国家的建构之道。

（二）李光耀多元国家建构观的提出

1965年8月9日，新加坡宣布独立建国。当日，李光耀宣誓："从今天，本年8月的第9日起，新加坡将永远是一个建立在自由与正义基础上的民主、独立的主权国家，并在一个更公正、更平等的社会里，永恒地

---

[1] Alex Josey, *Lee Kuan Yew: The Crucial Years*, Singapore: Times Books International, 1980, pp. 173－176.

[2] 梁永佳、阿嘎佐诗：《在种族与国族之间：新加坡多元种族主义政策》，《西北民族研究》2013年第2期。

谋求人民的安宁和幸福。"① 然而，新加坡独立建国后，李光耀在构建新加坡民族国家时却面临着许多困境。

其一是安全问题。在未来英国退出后，新加坡将缺乏足够的国防力量，这对于一个处在马来人国家围绕的以华人为主体的国家来说是极其危险的。其二是糟糕的经济状况。新加坡独立伊始，经济衰败，失业率高，经济发展极不平衡。这些问题严重影响新加坡的稳定，制约着新加坡的发展。其三是国内严重的族群矛盾。新加坡人口占绝大多数的华人，在国内的政治、经济、文化等各个方面处于优势地位。而马来人多数社会地位较低，这与他们的较高的自我优越感之间产生了矛盾，导致了严重的心理不平衡，这促使他们把其较低的社会地位归罪于外来的华人。当时的族群矛盾十分尖锐。继1964年7月21日爆发的巫华暴乱后，同年的9月2日，芽笼地区又爆发了马来人与华人的冲突。该事件再一次表明，即使新马分治，新加坡国内的族群问题，尤其是马来人和华人的矛盾问题依旧十分尖锐。因此，在李光耀看来，"种族暴乱的惨痛经历，促使新加坡更加坚定地下决心建设一个平等对待所有公民，不分种族、语言和宗教的多元种族社会"。② 但是，就连李光耀自己也承认："怎么盖房子、怎么修理引擎、怎么写书，都有专著教导。但是从没见过有这样的一本书，教人如何把一群来自中国、英属印度和荷属东印度群岛的不同移民塑造成一个民族国家。"③

表6-1 李光耀执政时期新加坡三大族群的人口及其比例（1947—1980年）

年份	华人人数（人）/占比（%）	马来人人数（人）/占比（%）	印度人人数（人）/占比（%）	其他族群（人）/占比（%）	总人数（人）/占比（%）
1947	729473 (77.8)	113803 (12.1)	71927 (7.7)	22941 (2.4)	938144 (100.0)

---

① [英]亚力克斯·乔西:《李光耀》，安徽大学外语系、上海人民出版社编译室译，上海人民出版社1976年版，第250页。
② [新加坡]李光耀:《经济腾飞路——李光耀回忆录（1965—2000）》，外文出版社2001年版，第7—8、256页；李克、郭江妮:《一生家国：李光耀传奇》，台海出版社2016年版，第145页。
③ [新加坡]李光耀:《经济腾飞路——李光耀回忆录（1965—2000）》，外文出版社2001年版，第3页。

第六章　新加坡民族国家建构

续表

年份	华人人数（人）/占比（%）	马来人人数（人）/占比（%）	印度人人数（人）/占比（%）	其他族群（人）/占比（%）	总人数（人）/占比（%）
1957	1090596（75.4）	197059（13.6）	129510（9.0）	28764（2.0）	1445929（100.0）
1970	1579866（76.2）	311379（15.0）	145169（7.0）	38093（1.8）	2074507（100.0）
1980	1856237（76.9）	351508（14.6）	154632（6.4）	51568（2.1）	2413945（100.0）

资料来源：[新加坡] 苏瑞福：《新加坡人口研究》，薛学了、王艳等译，厦门大学出版社2009年版，第29页。

面对错综复杂的形势，李光耀必须采取一种在不刺激附近马来国家的基础上，既能缓和国内族群矛盾，又能实现国家经济稳定发展的政策。于是，"多元一体"的施政方针应运而生。从民族国家建构的角度讲，强调多元，即承认新加坡是一个多族群国家，政府将基于这一事实进行国家建构。强调一体，即确定了未来新加坡国家建构的发展方向，那就是建构"国家民族"，实现国内全部民众对新加坡人的认同以及对新加坡国家的认同。新加坡总统优素福在1965年12月8日的演说中向民众阐述了未来新加坡对国家建构的大体目标，即建立一个使"原住民和英国殖民时期的移民"满意的"多种族、多语言、多宗教"的包容性社会。[1]

"多元一体"政策所要解决的核心问题是国内各族群的民族矛盾，在新加坡的诸多族群关系中，尤以协调马来人与华人的关系为重。故李光耀政府所采取的很多国家政策其实是在保持马来人和华人之间的平衡。为了协调好华人与马来人的关系，宪法专门对马来人的特殊地位予以保障。新加坡政府承认马来人的特殊地位，并将在此认识的基础上行使职权的相关理念纳入宪法之中。[2]

为了将新加坡建设成为一个多元一体化的国家，李光耀政府在执政初期就大力向民众推广国家民族——"新加坡人"的概念。新加坡宪法

---

[1] 刘稚：《新加坡的民族政策与民族关系》，《世界民族》2000年第4期。
[2] *Constitution of the Republic of Singapore*，网址：https://www.wipo.int/wipolex/zh/text.jsp?file_id=188428。

有关公民资格的条文中明确规定公民"应有一种称为'新加坡人'的身份"。① 从民族国家建构的角度看,李光耀提出的"新加坡人"这一概念具有以下几点特征:(1)新加坡人的公民身份,即"出身、成长或居住在新加坡";(2)对新加坡人的新加坡作为一个多元文化国家的认识与认同,即"愿意保持多元种族的社会";(3)新加坡人共同的文化价值观,即"宽宏大量、乐于助人和向前看";(4)这一点,也是最终的目标——国家认同,即"时刻准备为之贡献出自己的生命"。②

总之,1965年新加坡独立后,李光耀调整了民族国家建构的目标及其理念,将"马来西亚的新加坡"的联邦制国家建构构想,转变成为"新加坡人的新加坡"的单一制国家建构理念。同时,他又基于新加坡的内外环境,确立了新加坡多元一体的民族建构理念与整合方针,从而为其在任内对新加坡民族国家建构的实践奠定了基调。

二 李光耀时期新加坡的国家建构与民族整合

(一)李光耀时期新加坡的国家建构

作为民族国家建构的一部分,国家建构主要指"现代国家政治制度体系"的确立。新加坡独立后,政府制定并完善了以宪法为核心的法律体系。1965—1980年,新加坡宪法主要包括三个基本部分,即《新加坡共和国宪法》《新加坡共和国独立法》《马来西亚宪法》中适用于新加坡的部分。1980年3月31日,新加坡出版了《新加坡共和国宪法》重印本,并将三部分融为一体。

宪法规定新加坡是议会共和制国家。"新加坡的立法权授予由总统、国会组成的立法机关。"③ 国会是新加坡共和国的最高立法机关。"新加坡的行政权属于总统,该职权由总统、内阁或经内阁授权的部长依本宪法的规定行使。""立法机关可以通过法律将行政职权赋予其

---

① *Constitution of the Republic of Singapore*, 网址:https://www.wipo.int/wipolex/zh/text.jsp?file_id=188428。

② Alex Josey, *Lee Kuan Yew: The Crucial Years*, Singapore: Times Books International, 1980, pp. 457–459.

③ *Constitution of the Republic of Singapore*, 网址:https://www.wipo.int/wipolex/zh/text.jsp?file_id=188428。

他人员。"① 但在李光耀执政时期，总统并没有实际的权力。直到1991年元首制度改革后，总统的权力才得到一定程度的增强。

在选举制度上，李光耀执政时期的新加坡在一定程度上借鉴了英国的议会民主制度。同时，李光耀在选举制度上还保留了一些东亚政治的独有因素，这造就了新加坡独特的选区选举系统。在新加坡，选举采取的是单选区（也被称作小选区）制度。根据该制度，每个选区只能选举出一名代表来代表选区投票。在选区内部，则通过"相对多数"的方式选举出地区代表。基于这样的选举制度，李光耀所领导的人民行动党在1968—1980年的4次国会选举中以绝对优势获得大选胜利。

在建国之初，人民行动党在选举制度中一家独大的现象可以被理解为一种为了稳定而采取的必要方式。但是，随着新加坡政治民主化的不断发展，民众要求对选举制度进行改革的呼声也越来越大。于是，在1984年7月26日，新加坡国会通过了非选区议员制度的改革方案。该方案规定，如果在大选中没有任何反对党候选人当选议员，那么，选举官可以根据得票率提选出3—6名非选区议员。② 作为结果，在1984年和1986年的国会大选上，其他政党得以获得两个和一个席位。不过，虽然非选区议员享有和其他单选区议员同等的权力，但他们并没有宪法修正与总统罢免的权力。实际上，这意味着在由哪个党派治理国家的核心问题上，李光耀所领导的人民行动党依旧掌握着不容置喙的绝对权力。

这一换汤不换药的改革自然遭到其他政党的反对。在李光耀卸任总理的前夕，新加坡国会又于1990年通过了官委议员制的改革方案，即在民选议员之外，另增设6席不从属于任何政党的、由国会议员组成的特别遴选委员会提名的官委议员。③ 但实际上，官委议员制改革依然是治标不治本，原因一是官委议员同非选区议员一样，在权力上受到了极大的限制，二是从官委议员的产生方式来看，官委议员的提名实际上还是由在议会占绝对多数席位的人民行动党决定的，其提名的官委议员的作用

---

① *Constitution of the Republic of Singapore*，网址：https：//www.wipo.int/wipolex/zh/text.jsp?file_id=188428。
② 王瑞贺编著：《新加坡国会》，华夏出版社2002年版，第60—68页。
③ 王瑞贺编著：《新加坡国会》，华夏出版社2002年版，第60—68页。

也就可以想象。

在行政体系上，根据宪法的规定，新加坡的"国家行政权力属于总统，但最高执行机构为内阁，内阁总理为首脑"。① 在此基础上，内阁总理下设有第一、第二副总理，内阁下设国防、律政、外交、国家发展、教育、环境、通信和信息、民政、财政、劳工、社区发展、贸易和工业以及卫生共13个部门。其中，于1985年成立的由前社会事务部与社区发展和管理事务厅合并而成的社区发展部对新加坡的民族整合具有重要意义。该部门的职责主要是为了协调基层机构，从而使其构成一个完整的网络，提升社区精神和社会凝聚力。②

在司法体系上，由于新加坡没有地方政府，因此，宪法上并没有做出地方与中央法院的区分，而是结合实际情况，明确了最高法院和初级法院的权力和关系，即"司法权授予最高法院及其下属的初级法院"。③ 其中，最高法院的首席法官和其他法官由总统根据总理的建议任命。但是，总理必须就他向最高法院提出的建议征求首席法官的意见。下级法院的法官是根据首席法官的建议由总统任命的。司法部长由总统根据总理的建议从有资格成为最高法院法官的人士中任命。法官只有在行为不端或丧失行为能力的情况下才会被免职，且这种情况必须由一个独立的法庭确认。总检察长在副检察长的协助下，担当政府的主要法律顾问，并负责草拟所有法例。④

在基层组织建设上，李光耀政府于1960年成立了人民协会。该组织负有组织与推广基层活动、帮助社区领袖和促进新加坡人的社区精神与社会凝聚力三大职责。此后该组织不断地发展壮大，并衍生出了民众联络所管理委员会、公民咨询委员会、社区紧急应策与参与委员会、居民

---

① *Constitution of the Republic of Singapore*，网址：https://www.wipo.int/wipolex/zh/text.jsp?file_id=188428。
② Barbara L. LePoer（ed.），*Singapore: A Country Study*，Washington, D. C.: Federal Research Division, Library of Congress, 1991, p. 191.
③ *Constitution of the Republic of Singapore*，网址：https://www.wipo.int/wipolex/zh/text.jsp?file_id=188428。
④ *Constitution of the Republic of Singapore*，网址：https://www.wipo.int/wipolex/zh/text.jsp?file_id=188428。

委员会、邻里委员会、社区体育俱乐部和少年网络俱乐部 7 个部门。[①] 这些部门在人民协会的统筹下紧密联系，成为总理公署与人民之间的一座桥梁，为新加坡民族建构中对民众的社会整合提供了平台。

总之，结合《新加坡共和国宪法》以及李光耀政府在构建新加坡政治体系的实践上来看，新加坡建立了以人民行动党为核心的威权政治体系，这虽然在很大程度上限制了新加坡政治民主化的进程，受到了许多其他党派和部分民众的诟病，但总体而言，威权体制的建立，为新加坡提供了一个稳定的政治环境，也减少了李光耀政府在民族国家建构中的施政阻力。从这一点看，李光耀所建立的威权政治体制在当时的历史条件下是具有积极意义的。

（二）李光耀时期新加坡的民族建构

作为民族国家建构的一部分，民族建构的内容主要是"族际关系协调与族际政治整合"。[②] 实际上就是国家政权通过对不同的族群进行政治、经济、文化等不同方面的整合，使各族群产生统一的国家认同。

在政治层面上，李光耀政府通过选举制度、政府人事制度和基层组织建设等来实现各族群的整合，以便建构一个大家所共同认可的"新加坡民族"。在选举制度上，李光耀于 1982 年提出了集选区选举制度。该制度主要是为了解决在选举中非华人族群国会议员的比例逐年下降的问题。1988 年 5 月 18 日，新加坡国会通过了《新加坡共和国宪法》与《国会选举法》修正案，正式确立了集选区制度。根据该制度的规定，一部分单选区被合并为若干集选区。在集选区内，参与选举的必须是同一政党的三名代表，且这三名代表中必须有一人为马来人或其他非华人族群。同时根据该制度的规定，五分之三的集选区必须是马来集选区。[③] 集选区制度改革，是李光耀强化马来人的特殊地位，协调马华关系的重要体现。

在政府的人事制度上，李光耀政府坚持着力强化少数族群的比例，

[①] ［新加坡］林志佳：《简介新加坡人民协会：历史与功能》，吕元礼、陈家喜主编《新加坡研究（2013 卷）》，社会科学文献出版社 2014 年版，第 210—221 页。

[②] 于春洋：《现代民族国家建构：理论、历史与现实》，中国社会科学出版社 2016 年版，第 81 页。

[③] 顾长永：《东南亚政府与政治》，台北：五南图书出版公司 1996 年版，第 142—143 页。

弱化华人比例的多元一体方针。根据统计，在1977年新加坡政府公务员的各族群占比中，华人族群占总数的70%，马来族占20%，印度族占约10%。但是，从人口数量上来讲，华人公务员在政府中的占比比华人人口的总数在新加坡人口总数中的比例低约10%。① 在新加坡政府内部的高级官员中，少数族群也占有相当的席位。在新加坡12位正部级官员中，马来人和印度人一般会占到其中的四分之一。② 在总统、人民行动党副主席和国会副议长等相对缺乏实权但具有重要象征意义的职位上，也经常出现少数族群当选的情况。可以说，政府以身作则，贯彻落实多元族群政策，为各族群的融合提供了表率。

在基层组织建设上，李光耀政府主要通过1960年成立的人民协会和遍布于全国各基层社区的民众联络所来促进各族群间的融合。新加坡政府在民众联络所管理委员会下设马来人活动执行委员会和印度人活动执行委员会，用以协助对少数族群的管理。③ 通过这些基层组织，各族群民众可以积极参与到社会的各项活动当中去。在政府合理的引导与帮助下，各族群之间增进了交流，从而可以实现更好的融合。

在经济层面上，新加坡独立建国后的经济情况十分严峻。新马分治导致新加坡的国内市场变小，而1966年英军的撤离更是使得新加坡丧失了20%的经济收入来源。④ 为了快速恢复国内经济，稳定国内秩序，李光耀政府希望通过大量引进国外投资的方式，快速发展国内经济。在李光耀看来，新加坡缺乏国内市场和天然资源，因此新加坡要创造出一个能让投资者感到有利可图的景象，以通过外资来弥补国内经济增长动力的匮乏。⑤

---

① 毕世鸿：《多元、平等与和谐：新加坡族群政策评析》，《东南亚南亚研究》2009年第1期。

② 毕世鸿：《多元、平等与和谐：新加坡族群政策评析》，《东南亚南亚研究》2009年第1期。

③ [新加坡] 林志佳：《简介新加坡人民协会：历史与功能》，吕元礼、陈家喜主编《新加坡研究（2013卷）》，社会科学文献出版社2014年版，第210—221页。

④ 转引自张大利《李光耀执政时期新加坡经济发展的原动力探析》，硕士学位论文，贵州师范大学，2007年，第8页。

⑤ [新加坡] 李光耀：《经济腾飞路——李光耀回忆录（1965—2000）》，外文出版社2001年版，第61页。

第六章 新加坡民族国家建构

新马分裂所带来的不仅是新加坡经济上的困境，它也使得人民行动党需要向新加坡人民解释其在政治上存在的必要性。由此，以新加坡经济上的生存危机和政治存在为核心的"生存意识形态"便成为新加坡民族国家建构中经济整合领域的核心思想。这一思想为新加坡的民族建构提供了一套全新的社会态度和内部信仰，而这一套全新的思想则具体体现为人民为"国家利益"做出的自我牺牲。李光耀有意识地将人民行动党的政治地位与国家经济发展上面临的生存危机绑在一起，让新加坡人通过将对经济发展的认同上升为对人民行动党以及新的民族国家的认同，以实现民族整合。

作为对这一理念的实践，1965年末，新加坡职工总会、新加坡制造商协会和新加坡雇主联合会联合起来批准了《工业进步宪章》。根据宪章的规定，上至政府，下至工人，都必须共同努力，争取不断提高所有企业的生产力和产出。此后，《经济扩展（豁免所得税）法案》、《就业法案》和《劳资关系法案》等法案相继出台，都体现了"为了集体利益而牺牲自我，经济问题高于阶级利益"的理念。[①]

在文化层面上，意识宣传与国民教育成为李光耀整合各族群的重要方式。以李光耀为首的国家领导人多次在各种时期、各种场合发表其对族群问题、国家意识等与民族建构相关的内容的讲话或文章。例如，李光耀多次向新加坡人强调，新加坡是一个多元族群国家，但它不是某个族群的国家，而是一个新加坡人的国家，是所有有公民权的新加坡人的国家。[②] 李光耀还特别强调新加坡人要树立民族意识。他指出，新加坡人要具有一种民族意识，那就是新加坡人是新加坡的主人，而不是祖先留到这里的赚钱工具。

除了政府有意识地进行文化引领外，新加坡还通过国语的确定来强化马来人的特殊地位。根据宪法的相关规定，马来语是新加坡唯一的国语。同时，为了整合华人族群，李光耀开始推广讲华语（汉语普通话）

[①] Garry Rodan, *The Political Economy of Singapore's Industrialization: National State and International Capital*, New York: St. Martin's Press, 1989, p.91.

[②] ［新加坡］李光耀：《李光耀回忆录：我一生的挑战——新加坡双语之路》，译林出版社2013年版，第31页。

的运动。讲华语运动实际上是一种在民族建构的基础上对华人族群进行整合的行为。虽然为了实现国家的民族建构,新加坡刻意将本国内部的族群笼统地分为 CMIO (Chinese, Malays, Indians, others) 四类,从而有意识地淡化了三大族群内部更为细化的族群划分。但是,强制的族群划分并不能真正消除三大族群内部的差异,其中尤以人口占绝对优势的华人最为明显。在新加坡,华人分为六大族群,而这六大族群实际上是按方言组来划分的。因此,推广讲华语运动能够消弭华人内部族群之间的差异,从而有利于建构出统一的华人族群,进而实现整个新加坡民族的建构。

因此,早在1967年,新加坡政府便成立了华文街名标准化委员会,以提供及传播官方华文街路地方译名。[1] 华文街名标准化委员会的责任是统一各地街、路的译名,这与日后推广的讲华语运动相呼应,目的在于通过潜移默化的方式消除华人内部因方言的不同所造成的天然分化。1979年,新加坡正式推行讲华语运动。在李光耀看来,讲华语运动不仅是消弭华人间内部分化的政策,它也是保存和传播传统文化价值观,加强华人族群对国家认同的重要手段。[2]

新加坡的语言政策明显地体现了李光耀多元一体的民族建构理念。在新加坡,英语、马来语、华语(普通话)和泰米尔语都属于官方语言。它仿佛在向世界宣布,新加坡是一个多族群国家,每个族群都是平等的,但新加坡又是一个新加坡人的国家,各族群在这个城市中都能找到自己的归属,那就是作为民族国家的新加坡。

表6-2　　　　　新加坡家庭最常使用的语言(2000年)

家庭类型	语言使用频率(%)				
	汉语方言	英语	马来语	华语(普通话)	泰米尔语
华人	30.7	23.9	—	45.1	—
马来人	—	7.9	91.6	—	—
印度人	—	35.6	—	—	42.9

---

[1] 林雨欣、崔峰:《国家认同视角下的新加坡街路译名研究》,《上海翻译》2017年第1期。
[2] [新加坡]李光耀:《李光耀回忆录:我一生的挑战——新加坡双语之路》,译林出版社2013年版,第121、124页。

续表

家庭类型	语言使用频率（%）				
	汉语方言	英语	马来语	华语（普通话）	泰米尔语
其他族群	—	68.5	—	—	—

资料来源：Antonio L. Rappa and Lionel Wee, *Language Policy and Modernity in Southeast Asia: Malaysia, the Philippines, Singapore and Thailand*, New York: Springer, 2006, p. 83。

此外，政府还制定了以双语教育为核心的教育政策。双语教育的核心在于确定英语作为通用语言的地位，用李光耀的话讲就是"以英语为谋生工具，通过母语保留文化价值观"。[1] 在新加坡，英语是受众最广、最容易推行的语言。同时，由于它是前殖民政府所用的语言，并不属于其他三大族群的语言，所以推广英语加本族群语言的双语教育并不至于引起各族群的强烈反响。[2] 只是，新加坡的双语政策也并不是完美的。根据学者柯受田的看法，双语政策的副作用会导致非华人族群不断意识到他们是少数族群，而这种意识将会导致他们的持续不安。[3]

在宗教政策层面上，李光耀也本着多元一体的整合理念，确立了新加坡的宗教准则。首先，在新加坡不设国教，用李光耀的说法就是"一切宗教都可以自由地兴旺发达"。其次，实行宗教与政治分离，让其脱离政治，仅作为文化的一部分发展。最后，通过法律的手段规范、维护新加坡各宗教事务的和谐发展。对此，新加坡于1989年底出台了《维持宗教和谐白皮书》，来保障宗教的发展。[4]

在社会层面上，李光耀政府积极推行组屋政策，强制设立组屋区内各族群的居住比例，以实现各族群之间的交流与融合。[5] 组屋政策最早可追溯至1960年新加坡政府颁布的《住房与发展法令》。在李光耀看来，

---

[1] ［新加坡］李光耀：《李光耀回忆录：我一生的挑战——新加坡双语之路》，译林出版社2013年版，第30页。

[2] 钱伟：《试析菲律宾和新加坡的"多官方语言"现象及语言政策》，《东南亚研究》2015年第3期。

[3] 洪镰德：《评析新加坡多元族群的和睦相处》，《北京大学学报》（哲学社会科学版）1992年第5期。

[4] 王学风：《新加坡宗教和谐的原因探析》，《东南亚纵横》2005年第9期。

[5] 关于新加坡组屋政策的相关内容及研究，参见高永久、张金国《民族学视野下的"新加坡经验"及其启示——以组屋"族群比例"政策为中心》，《广西民族研究》2016年第1期；宋培军、张秋霞《居者有其屋：二战后新加坡组屋政策探析》，《世界历史》2016年第2期。

在新加坡这个缺乏历史文化基础的国家，要想使每个公民和国家紧密联系在一起，就要建立一个"居者有其屋"的社会。① 因此早在1963年，李光耀便开始执行组屋政策。新加坡独立以后，政府进一步发展和完善了组屋政策。1989年，新加坡政府通过了名为"族群融合政策"的族群合居计划。根据该计划，政府拆散了原来的族群聚集地，改以抽签的方式，重新划分各族群的住房。在重新划分的组屋中，政府又明确规定了组屋区内各族群的居住比例。按照比例，在各组屋区内，华人的比例不得超过84%，马来族群的比例不得超过22%，印度和欧亚及其他族群的比例不得超过12%，此后在新的组屋以及对旧组屋的转售中，该比例也必须保持一致。通过这样的方式，李光耀政府在稳定社会的同时，也进一步地践行了其民族建构的理念。

三 李光耀时期新加坡民族国家建构的成效

（一）政治制度体系的完善与经济的高速发展

李光耀时期，随着政治民主化程度的不断深化，新加坡以选举制度、元首制度、代议制度、司法制度和政党制度等为主要组成部分的政治制度体系不断强化与完善。同时，新加坡的经济取得了快速的发展，人民生活的水平逐年提高。根据统计，从1965年新加坡独立开始，至1990年李光耀卸任新加坡总理，这期间，新加坡经济的年增长率基本保持在两位数，其人均国民生产总值也从1960年的1329.6新元提高到了1990年的21725新元②，失业率在1991年时仅为1.9%（见表6-3）。

表6-3　　　　　　　　新加坡社会经济发展状况

年份	1970	1979	1987	1991	1995	1998	2000
人口（千人）	2074	2362	2612	2762	3014	3920	4020
人均国民生产总值（新元）	2798	8292	16538	22130	39340	43752	44037

---

① ［新加坡］李光耀：《经济腾飞路——李光耀回忆录（1965—2000）》，外文出版社2001年版，第102—103页。

② 有关李光耀执政时期新加坡的经济增长趋势（1960—1990年），参见朱之鑫主编《国际统计年鉴》，中国统计出版社2002年版。

续表

年份	1970	1979	1987	1991	1995	1998	2000
预期寿命（岁）	67	70	73	74	74.2	—	77.7
婴儿死亡率（‰）	20.5	13.2	7.4	5.5	4.0	—	2.9
失业率（%）	6.0	3.4	4.7	1.9	—	3.2	4.4
从业人口平均周工资（新元）	75.6	142.8	357	—	—	—	759
在校大学生人数（人）	13700	20700	47446	60405	—	—	—

资料来源：李志东：《新加坡国家认同研究（1965—2000）》，中国人民大学出版社2014年版，第133页。

新加坡健全的政治体系使得新加坡人对新加坡产生了一种政治上的制度认同，而经济的高速发展又提升了新加坡人对于国家制度的自豪感，提高了对国家的认同程度，这对于新加坡民族国家的建构起到了积极的推动作用。

（二）多元和谐的民族关系

李光耀执政时期，新加坡在民族国家建构中取得了很大的成绩。早在1969年进行的一项调查就表明，新加坡人的"新加坡人心态"已基本形成。绝大多数人已经改变了其母国认同的身份归属，转而认为自己为新加坡公民。[1] 在1970年针对新加坡各族群国家认同指数的调查中，三大族群已经基本有了新加坡人以及新加坡国家的意识，且超过半数的居民对这个新生国家的国家符号、象征抱有好感，约80%的新加坡人愿意或者非常愿意为国家献出生命。

此外，根据新加坡学者赵善光所提出的"民族和谐指数"概念，从族际间的友谊程度、族际间的社会依赖和信任度、国内公民对族际关系的看法及其对族际通婚的看法四个方面也能证明新加坡的民族国家建构的成效。

从新加坡族际间的友谊程度可以看出，新加坡三大族群的外族朋友1969—1989年20年间基本都有明显增长。虽然印度人拥有的马来人朋友下降了1个百分点，但其比例依旧高达90%，不能说明印度人

---

[1] 李路曲：《比较视野下新加坡的国家构建》，《山东大学学报》（哲学社会科学版）2014年第1期。

对马来人的认同感有所下降。同时，数据也表明，虽然新加坡族际间的友谊程度有所提升，但三大族群的表现却不一样。马来人的认同度最高，其在1989年所拥有的华人和印度人朋友均高达90%以上。印度人长时间保持着对马来人的高度认同感，1969—1989年，其拥有的马来人朋友的比例一直保持在90%以上。而华人对其他族群的认同感相对较低，这可能与华人传统的生活习惯与行为方式有关（见表6-4）。

表6-4　　　　　　　　　新加坡族际间的友谊程度

		1969年	1989年
华人拥有	马来人朋友	42%	57%
	印度人朋友	60%	67%
马来人拥有	华人朋友	85%	92%
	印度人朋友	72%	93%
印度人拥有	华人朋友	42%	60%
	马来人朋友	91%	90%

资料来源：洪镰德：《评析新加坡多元族群的和睦相处》，《北京大学学报》（哲学社会科学版）1992年第5期。

从新加坡公民对族际通婚的看法（1989年）的统计数据可以看出，马来人即使是在强烈的宗教要求下，其赞同与他族通婚的比例依然比华人和印度人高。而华人依旧为三者中比例最低的族群。这也从一定程度上解释了表6-4中1969—1989年所有马来人、华人和印度人所拥有的其他族群朋友的比率（见表6-5）。

表6-5　　　　　　　新加坡公民对族际通婚的看法（1989年）

是否赞成通婚的态度	华人	马来人	印度人
华人赞成（通婚）	—	47%	45%
马来人（对方必须改信或本身为伊斯兰教）赞成（通婚）	62%	—	58%
印度人赞成（通婚）	58%	57%	—

资料来源：洪镰德：《评析新加坡多元族群的和睦相处》，《北京大学学报》（哲学社会科学版）1992年第5期。

从族际间的社会依赖和信任度及国内公民对族际关系的看法这两个方面统计的数据来看，三大族群都表现出高度的一致。绝大多数公民也深信,未来5年中,新加坡将继续保持和谐的族群关系。[①]

虽然李光耀时期新加坡的民族国家建构取得了相当的成效,但其依然存在许多问题。从很多调查结果来看,就族群关系而言,在表面看似和谐的族群关系中,却有一个问题不得不去重视,那就是新加坡主体族群华人的自我认同以及归属感。因为华人虽然是新加坡的主体族群,但从新加坡建国伊始就把马来族放在原住民的位置,把华人定义为"客人"。在一些学者看来,新加坡的"这种类似'逆向歧视'的生存策略导致了华族文化的'自我抑制'"。[②] 这种差别式的族群政策导致作为新加坡主体族群的华人的文化缺失,而这种占社会主体的华人文化的彷徨,也导致了新加坡缺乏一种能代表国家、体现民族的主体文化。

第三节　1990年后新加坡的民族国家建构

1990年,李光耀辞去总理职位。相比于李光耀执政年代,此时的新加坡已经在民族国家建构上取得了很大的成绩,"多元一体""新加坡人"等概念已经被国内各族人民接受。不过,随着民族国家的发展,此时的新加坡在政治、经济、文化上也都面临着国家现代化所带来的挑战。政治民主化、经济改革、文化传承等各个方面的变化都对新任的政府提出了要求,也促使着新政府进行改革。

一　1990年后新加坡民族国家建构的挑战与建构目标

(一)1990年后新加坡民族国家建构的挑战

李光耀辞职之时,新加坡已经发生了巨大的改变。当时国际形势的重大改变与国内环境的变化给新加坡新的领导人带来了更大的挑战。

在政治领域,越来越多的新加坡人寻求享有更广泛的政治参与度,

[①] 洪镰德:《评析新加坡多元族群的和睦相处》,《北京大学学报》(哲学社会科学版)1992年第5期。
[②] 陈光裕:《从儒家伦理到认同替代:新加坡价值整合的得失与借鉴——兼论一种经验事实的建构及其意义》,《理论与改革》2016年第2期。

越来越多的人敢于对政府提出自己的反对意见。新加坡的在野党也纷纷表达自己的不满。这些都对人民行动党的执政造成了挑战,其中1984年人民行动党在静山集选区的落败对其造成了极大的触动,因为这标志着可能在未来的某一天,人民行动党有可能丧失执政党的地位。

在经济领域,从1980—1982年的经济危机开始,新加坡就开始进行国内经济的转型。但1997年金融危机爆发后,新加坡的经济遭到了重大打击。国内失业率的年年增长也给新加坡带来了极大的社会压力。

在文化领域,对于传统文化传承的要求,以及面对21世纪新兴文化的入侵,都促使着传统的共同价值观的转变。

总而言之,这些变化也给继任的吴作栋内阁以及李显龙内阁带来了巨大的挑战。同时,这些挑战也促使着吴作栋和李显龙不得不对新加坡民族国家的建构目标进行调整,以顺应新时代的国家发展。

(二)1990年后新加坡的国家建构的目标

在李光耀时期,新加坡在国家建构与民族整合上取得了巨大成效。但是,各族群在新时代都有着自己独特的价值观与国家观。尤其是对于最大族群的华人群体来说,新的国家观的提出对传统的华人文化造成了冲击,而偏向马来人的族群政策也引起了华人的不满。政府急需一种能够整合各个族群的文化价值体系,来作为民族国家建构新的目标。

1991年1月,吴作栋刚上台时新加坡政府就发布了《共同价值白皮书》,确定了五大共享价值观:(1)国家高于共同体,社会高于个人;(2)家庭是社会的基本单位;(3)共同体支持并尊重个人;(4)以协商取代冲突;(5)族群与宗教和谐。[1] 新加坡尝试从各族群中提取出他们所共同认同的价值观,以塑造新的国族价值观。

总的来看,新加坡的共同价值观是在汲取儒家传统文化的基础上,与新加坡各族群的普遍价值观相结合的产物。它对于重塑华人信仰,整合国内的民族国家认同具有重要意义。而在确立了以国家利益为核心的

---

[1] 转引自梁永佳、阿嘎佐诗《在种族与国族之间:新加坡多元种族主义政策》,《西北民族研究》2013年第2期。

共同价值观后，吴作栋和李显龙政府又开始着手对新加坡的政治、经济、文化等方面开展新一轮的国家建构与民族整合。

二 1990 年后新加坡的国家建构与民族建构

（一）1990 年后新加坡的国家建构

在吴作栋和李显龙执政时期，新加坡在民族国家建构的政治层面上更多的是面对政治现代化所带来的挑战，即政治民主化对新加坡国内政治结构改革的要求。

首先，选举体制的调整。早在李光耀执政末期，新加坡政府就向国会和社会各界发布了《宪法修正白皮书》，以改革选举体制。吴作栋时期，新加坡国会于 1992 年提出了民选总统法案，对总统选举的流程以及任期做出了调整。根据法案，从 1993 年起，总统的选举方式将由国会选举改为由选民直接选举。同时，总统每届任职期限由四年改为六年。[①] 李显龙时期，新加坡国会于 2010 年 4 月 26 日通过宪法修正案，扩大了非选区议员的人数。根据法案，非选区议员中反对党的最少席位从最多六席改为最少三席、最多九席。同时，修正案将政府委派的官委议员制度固定为永久制度，将单选区从九个增加为十二个。[②]

其次，国家元首制度的调整。根据 1991 年 1 月的宪法修正案，总统不再是虚有其位的国家元首，而是具有一定实际权力的国家元首。这些变化具体表现如下。（1）实现了民选总统，即总统由人民直接选举产生，从而牵制了总理的权力，防止公共权力的滥用。（2）总统的职权除了 1991 年以前宪法中所列出的之外，又增加了一些自由裁量的权力。如监督管理新加坡的金融资产和国家储备金，批准和否决政府的常年财政预算案，决定是否批准公共服务的重要职位的任命等。1994 年的宪法修正案规定建立一个由最高法院的三名法官组成的特别法庭，就有关宪法的问题向总统提出意见，使总统有权预防因政府提出了错误法案而引起的宪法危机。1996 年宪法修正案再次对总统的默许权做了规定，即总统在

[①] 杨临宏：《东南亚国家宪政制度》，云南大学出版社 2014 年版，第 197 页。
[②] 杨临宏：《东南亚国家宪政制度》，云南大学出版社 2014 年版，第 197 页。

收到提交他批准的法案后如果 30 日内不做任何表示，法案即被认为已经获得批准。①

最后，改革地方行政区划与管理。2001 年 11 月，吴作栋政府将全国划分为 5 个社区，各设 1 名市长。5 名市长均为议员，其级别相当于政务次长。另外，设立 5 个社区发展理事会，负责管理当地的社会服务、福利、医疗卫生和体育事务。在国会中，政府则放宽了原先的管制原则，允许人民行动党的后座议员自由发言和投票，而不再强求党内一致。不过在国家关键事项上，如安全、宪法和预算等方面，这一原则仍然有效。②

作为民族国家建构的重要环节，新形势下新加坡的经济整合的一个明显特点就是政府主导。地理上，作为一个小的全球性城市国家，新加坡政府更容易地有政治能力和传统去使用战略性资源，包括移民法、教育—劳动市场规划、教育基础设施的提供、最大化经济合作的法律框架。因此，政府一直是人才战略中的主体和行动计划的推动者，而"人力资源开发对经济发展极为关键"的长期意识成为奠定新加坡独特成功模式的元素之一。③ 在这样的经济政策下，21 世纪以来新加坡的 GDP 依然保持了整体较高的增长趋势，在新加坡经济整合方面取得了一定的成果。

（二）1990 年后新加坡的民族整合

新政府继承了李光耀时期国家对人民进行意识形态引领的政策。新加坡的国家领导层、政府组织，都在不同场合展现了新加坡坚持对民族国家建构的期许。在新形势下，新加坡文化更趋多元化。其中也有很多冲击新加坡传统价值观的不良因素，造成了不好的社会现象的出现。如拜金主义盛行和年轻人社会公德感的丧失等。这些问题实际上降低了新加坡人对于国家的认同感。而多种文化的交融也使得政府越来越担心会丧失本国的文化和特点。因此，新加坡政府提出了"亚洲价值观""共同价值观"等理念。其中，传统儒家思想文化的复苏，更是新加坡渴求实

---

① 杨临宏：《东南亚国家宪政制度》，云南大学出版社 2014 年版，第 207 页。
② ［英］康斯坦丝·玛丽·藤布尔：《新加坡史》，欧阳敏译，东方出版中心 2013 年版，第 489—490 页。
③ AA-had M. Osman-Gani, "Human Capital Development in Singapore: An Analysis of National Polily Perpectives", *Advances in Developing Human Resources*, Vol. 6, No. 3, 2004, p. 285.

现文化认同的表现。

李光耀执政时期,新加坡采取了保护马来人特殊地位的政策。但随着时代的变迁,马来人所得到的特殊待遇越来越让其他族群尤其是华人群体感到不满。而本意是照顾马来人的特殊政策,实际上也给马来人带来了困扰。免服兵役、免除高等教育的学费以及伊斯兰宗教学校享有特权等政策,虽然给马来人带来了实际利益,但也导致了马来人陷入了孤立状态。面对这一矛盾,新加坡政府采取了较为稳妥的改革方式。1985年,国民兵役制实行的范围扩展到针对包括马来人在内的所有男性公民。1990年,所有马来学生自动享有的高等教育学费免除待遇,被政府仅给贫困学生发放助学金的新政策所取代。[1]

在宗教事务上,新政府主张政教分离,各宗教信仰之间互相包容。2003年7月20日,新加坡政府发表了《宗教和谐声明》,鼓励民众在种族和谐日这一天朗诵此声明。2013年4月6日,新加坡和谐中心和回教理事会联合主办了首届"筑桥研讨会",文化、社区及青年部代部长黄循财在会议演讲中指出:"新加坡几十年来所享有的社会和谐和各族群之间的和平关系与各宗教领袖强烈的献身精神和积极的维护密不可分,跨宗教和谐要随着社会的发展一直持续下去,筑桥研讨会将成为促进宗教对话、搭建跨族群和跨宗教桥梁的重要渠道。"[2]

此外,新加坡政府还积极发挥以人民协会为首的基层组织的作用。2009年,人协确定了新的政治使命,即建立社群,联系社区,以实现"一个民族、一个新加坡"的愿景。而人协下的各个组织中,于1997年成立的社区发展理事会可谓最有代表性。该组织在2001年重新规划为中区社理会、东北区社理会、西北区社理会、东南区和西南区社理会,其宗旨就是帮助国人塑造更团结、更能互相关怀的自助社会。[3]

---

[1] [英]康斯坦丝·玛丽·藤布尔:《新加坡史》,欧阳敏译,东方出版中心2013年版,第490页。

[2] 转引自范磊《新加坡族群多层治理结构研究》,博士学位论文,山东大学,2014年,第187页。

[3] [新加坡]林志佳:《简介新加坡人民协会:历史与功能》,吕元礼、陈家喜主编《新加坡研究(2013卷)》,社会科学文献出版社2014年版,第210—221页。

三 1990年后新加坡民族国家建构的成效

（一）国家体制的完善与制度认同的差异

1990年李光耀离任后，吴作栋和李显龙两任政府针对国民越来越高的民主化呼声进行了政治体制改革。通过两届政府的努力，新加坡的国家体制在民主化的进展方面取得了一定的成绩。

但在国家体制的认同上，各族群却依然存在一定的差异。根据相关研究的结果，三大族群中，华人对政治的关注度最高，但其对政府施政的认可度最低。印度人对政治的关注度最低，但其对政府的施政表现最为认可。马来人则是介于两者之间。

在对民主政治、强人政治以及专家决策这三种治国理念的态度的调查中，三大族群都倾向于民主政治。但是在对强人政治以及专家决策的态度上，马来人和印度人的反对程度比华人更加强烈。尤其是马来人，其对专家决策治国的理念最为反对。

在对政治请愿、政治抵制、游行示威的政治行为的调查中，三大族群总的态度差异并不大。印度人比华人更热衷于参与政治请愿和游行示威，马来人比华人更热衷于参与游行示威的政治诉求活动。在政治抵制活动上，三大族群态度的差异并不明显。

在对经济政策和政府责任态度的调查中，华人认为政府应当缩小收入差距，扩大商业和工业企业的私有化，个人应该为自己承担更多的责任。但马来人和印度人则完全相反，他们认为政府应当扩大收入差距以作为鼓励个人努力工作的激励因素，扩大商业和工业企业的国有化，政府应当为个人承担更多的责任。

总体来看，新加坡三大族群对国家政治体制的总基调是一致的，即强调国家政治的民主化进程。但在对经济体制的认同态度上，华人和其他两大族群存在分歧。同时，华人对政治的参与度与他们的政策满意度之间的巨大反差也反映出新加坡在建构多元民族社会的进程中，倾向性的族群政策与国内的族群差异的现实之间的矛盾。

（二）族群融合程度的加深与国家—社会认同的差异

吴作栋和李显龙时期，新加坡族群间的融合程度进一步加深。到

1998年，新加坡跨族群的结婚率首次突破了个位数，为10.8%。此后，跨族群的结婚数与结婚率一直呈上升趋势。到2017年，新加坡跨族群的结婚数为6225对，所占比例高达22.1%（见表6-6）。

但是，在国家认同和社会认同上，新加坡各族群间依然存在较大的差异。在国家认同的调查中，马来人的族群认同感最为强烈，印度人则更倾向于国民认同。在国家自豪感上，印度人的自豪感最强，而作为新加坡人口数量最多的华人群体，其国家自豪感却最低。[①]

在对社会认同的调查中，三大族群也表现出明显的差异。其中，在对社会现状的调查中，相较于华人，马来人和印度人更倾向认为新加坡是平等的、高税收高福利的社会。但在国家管理方式上，马来人则更倾向于认同新加坡是个人自主的社会。而在对社会期望的调查中，相较于华人，马来人和印度人更倾向希望新加坡是高税收高福利的社会。但在国家管理的方式上，印度人更加倾向希望新加坡是政府管理型社会。

表6-6　新加坡跨族群的结婚数和结婚率（1991—2017年）　单位：对，%

年份	数量	比率	年份	数量	比率
1991	1913	7.6	2005	3424	14.9
1992	1976	7.6	2006	3644	15.4
1993	2031	8.0	2007	3939	16.4
1994	2169	8.8	2008	4112	16.7
1995	2250	9.0	2009	4792	18.4
1996	2272	9.4	2010	4928	20.2
1997	2290	8.9	2011	5388	19.8
1998	2496	10.8	2012	5794	20.7
1999	2706	10.5	2013	5495	20.9
2000	2724	12.1	2014	5793	20.4
2001	2814	12.6	2015	6095	21.5
2002	2842	12.1	2016	6024	21.5
2003	2515	11.4	2017	6225	22.1

---

① 孔建勋等：《多民族国家的民族政策与族群态度——新加坡、马来西亚与泰国实证研究》，中国社会科学出版社2010年版，第160—172页。

续表

年份	数量	比率	年份	数量	比率
2004	2763	12.4			

资料来源：1991—2005 年数据来源：[新加坡] 苏瑞福：《新加坡人口研究》，薛学了、王艳等译，厦门大学出版社 2009 年版，第 122 页；2006—2011 年数据来源：Department of Statistics, Ministry of Trade & Industry, *Republic of Singapore*: *Yearbook of Statistics Singapore*, 2012；2012—2017 年数据来源：Department of Statistics, Ministry of Trade & Industry, *Republic of Singapore*: *Yearbook of Statistics Singapore*, 2018. 网址：https://www.singstat.gov.sg/publications/reference/yearbook-of-statistics-singapore。

第七章 马来西亚民族国家建构

蒋炳庆

当今之"马来西亚"作为一个政治地理概念,出现并被普遍接受的时间比较晚。历史上,包括现在的马来西亚半岛和新加坡在内的很大一片区域被称为"马来亚"。1957年马来亚摆脱英国殖民统治获得独立。1963年与新加坡、沙巴和沙捞越合并之前,现在的西部马来西亚中的11个州统称"马来亚联合邦"。1963年马来亚联合邦、新加坡、沙捞越与沙巴共同组成"马来西亚联邦"。这也就是今日"马来西亚"的由来。1965年新加坡从马来西亚联邦分离出去,马来西亚现在的版图定型。1957年8月31日独立的马来西亚是一个由马来人、华人和印度人等多个不同民族构成的多民族国家。马来西亚的各族群之间既有和平的交往,也有过流血的冲突,上演着一幕幕族群交融的历史大剧。马来西亚相较其他东南亚国家而言,民族国家建构总体上显得比较平稳,除了"5·13"事件外没有大的动荡。不过,马来西亚的民族国家建构整体上还有很长的路要走,一个公认的"马来西亚民族"还需要很长的时间来塑造。

第一节 马来西亚民族国家建构的基础

马来西亚是一个由多民族构成的国家。第二次世界大战前马来西亚各民族间联系密切,民族构成日渐固定下来,英国的殖民统治使马来西亚的现有领土的构成大体确定,加之马来西亚的国家体制和政治体制模式得到培育以及族群政治的发展等,这都为日后马来西亚的民族国家建构创造了条件。

一 第二次世界大战结束前马来族认同的形塑

马来族是马来西亚第一大族群,一般被认为是能够讲马来语、遵守马来习俗和信伊斯兰教的人。马来人的这些特性是在漫长的历史发展过程中形成的。19世纪末20世纪初,随着民族主义思潮的勃兴,马来人作为一个整体的认识日渐强化,现代意义上的马来族逐渐形成。

(一) 现代马来人的起源

现代马来人是经过长时间的演变而来的。马来人的祖先是在旧石器时代晚期或者新石器时代迁入马来半岛的。[①] 从人种学的角度,现代马来人属于蒙古利亚南方人种。蒙古利亚南方人种是黄色人种和黑色人种混血而成的。旧石器时代晚期或者新石器时代,黄色人种开始逐渐向中国南部和东南部乃至东南亚的黑色人种地区扩散,并与之相碰撞和融合,形成了蒙古利亚南方人种。蒙古利亚南方人种在历史演变过程中逐步形成了不同的语言集群。南岛语系群体就是其中之一。从语言分类上来说,南岛语系又可以称之为马来—波利尼西亚语系。这一语系的族群主要分布于印度尼西亚、马来西亚、菲律宾等地。因为在印度尼西亚和马来西亚操这一语系的民族和人数众多,故在东南亚地区很多不同的民族又被泛称为"马来人"或者"印度尼西亚人"[②]。

这些操南岛语系的人是先后分两批从中国南部地区逐渐迁往马来半岛的。最初的一批南岛语人从中国南部地区经中南半岛南下马来半岛,与当地黑色人种融合,发展成"原始马来人"[③]。另一批南岛语人通过海路,可能经中国东南沿海地区进入台湾,再从台湾进入菲律宾,经菲律宾进入印度尼西亚,再从印度尼西亚进入马来半岛。由于这些人的社会发展程度、物质和文化水平比较高,是黄色人种与已经具有黑色和黄色

---

① 蒋炳庆:《马来西亚民族国家建构研究(1957—2003)》,社会科学文献出版社2022年版,第99页。
② 何平:《东南亚民族史》,云南大学出版社2012年版,第32页。
③ 何平:《东南亚民族史》,云南大学出版社2012年版,第49页。

人种混合特征的人融合而成,故称"新马来人"①。

所以,现代马来人应该是"原始马来人"与"新马来人"在与当地黑色人种融合,以及相互之间同化和融合的基础上形成的。②

(二) 马来人的伊斯兰化

马来西亚位于印度洋和太平洋交界的核心位置,自古以来便是连接东西方海上贸易的枢纽,同时也是多种文化的汇集地。在此环境下,马来人通过不断吸收各地优秀的文化,来推动自身的发展。近代以来,马来人开始信奉伊斯兰教,并以伊斯兰教教义来规范自己的行为习惯,伊斯兰教逐渐成为其不可或缺的文化要素。

早在公元前200年古代印度就与马来西亚有着贸易往来,这使得印度文化对马来半岛及其附近海岛的文化产生了相当大的影响。1—6世纪,受印度文化影响颇深的扶南王国长期统治着马来半岛,这使得印度文化和宗教对马来半岛影响很深。不过,受地理环境的限制,这一时期印度文化对马来半岛的直接影响范围有限。7—8世纪,马来半岛被信仰大乘佛教的室利佛逝控制,这强化了印度文化对马来半岛的直接影响。室利佛逝宣扬忠于君主、不背叛君主的理念,这不仅被之后的马六甲王国,甚至还被后来的马来统治者推崇备至。

随着室利佛逝的衰落,吉打、丁加奴、霹雳等其他的马来半岛邦国相继摆脱了它的控制,马来半岛北部的一部分在泰国的势力强盛时沦为它的附庸,马来半岛一度陷入了混乱、分裂状态,直至15世纪初拜里迷苏刺建立马六甲王国为止。最初,马六甲是作为室利佛逝继承者的姿态出现的,它当时似乎会印度化,因其在宗教上信奉大乘佛教,然而在建国不久后国王就开始改信伊斯兰教。自马六甲王国后,马来半岛的马来人开始与伊斯兰教紧紧地联系在一起。

(三) 马来人认同的强化

"共同或者相似的身体特征,真实或者虚构的祖先和血缘,共同的语言、文字或者宗教是一个族群形成的基础性条件,同时也是族群认同建

---

① 何平:《东南亚民族史》,云南大学出版社2012年版,第50—51页。
② 蒋炳庆:《马来西亚民族国家建构研究(1957—2003)》,社会科学文献出版社2022年版,第100—101页。

构的基础性条件。"[①] 马六甲王国统治期间，统治者虽控制了马来半岛、苏门答腊岛部分地区，并设立了相对完善的管理机制，为形成马来人认同提供了一定机遇，但其对地区的整体控制力较弱，未能形成高度的中央集权，以致马六甲王国灭亡后，在王族世系观念的引导下，柔佛、亚齐等邦国为争当公认的马来世界的领袖进行了一系列的较量，从而导致16—18世纪的马来亚处于分崩离析、诸邦并立的状态。到19世纪末20世纪初，在经历了英国等国相继的殖民控制后，在共同的宗教引领及近代民族主义思潮的影响下，马来人才逐渐形成了文化认同与领土结合而成的现代认同。

英国对马来亚的殖民始于18世纪末期。为了满足维持殖民统治的需要，英国在马来亚地区推行有限的现代教育，期望培养一定数量的、忠于殖民统治的马来人下层官吏和技术人员。虽然英国人向马来人提供基础性教育的目的只是培养他们具有从事某一职业的技能，但这批知识分子通过接受西方教育，以及在欧洲各地游学或游历的过程中受到一些新式理念的影响，他们回国后便开始着手强调马来人的特性和原住民身份，将突出"马来亚是马来人的国家"作为核心，并将西方的自由、民主、平等理念运用到马来亚的国家建设中。

20世纪初，在这批知识分子的不断努力下，以复兴伊斯兰教为主的马来民族主义风潮开始兴起，并建立起诸如马来人协会这类的维护马来人权益的组织，这将马来人的文化认同提升到一个新的高度。因此，在面对第二次世界大战后英国殖民者组建马来亚联盟的企图时，马来人才能迅速行动，团结一致，迫使英国人放弃这一计划，并在第二次世界大战后的独立过程中"主导马来西亚国家构建的方向"。[②]

二 第二次世界大战结束前马来西亚华族的认同

华人是马来西亚的第二大族群。第二次世界大战结束前，马来西亚的华人虽然在文化认同上呈现多样性，但他们基本都以中国作为自己的

[①] 蒋炳庆：《马来西亚民族国家建构研究（1957—2003）》，社会科学文献出版社2022年版，第107页。

[②] 蒋炳庆：《马来西亚民族国家建构研究（1957—2003）》，社会科学文献出版社2022年版，第113页。

认同对象。某种程度上来说，这使得他们在第二次世界大战后被动地参与到马来西亚的独立历程中，而且在有关未来国家的国体和政体设计的方面，也未能有效地参与其中，故未能在国家建构中求得与自己人口比例相对等的政治地位。

（一）从古代到两次鸦片战争时期马来西亚的华人移民

中国和马来西亚有着悠久的交往历史。马六甲王国时期出现了华人移居马来半岛的记载。但从总体上看，中国沿海居民迁居马来西亚的人数有限。直到清朝末年，移居马来亚的华人才开始逐渐增多，并形成规模。两次鸦片战争前，马六甲和槟榔屿成为马来半岛华人移民相对较多的地区。

1641年，马六甲地区有300—400名华人。至1824年英国人建立海峡殖民地之时该地华人有2741人，之后人数迅速上升，1860年已达到10039人（具体统计见表7-1）。随着英国对马来半岛其余地区的占领，马六甲的贸易港口地位逐步下降，导致华人迁居于此的数量也逐渐减少，所以该地后期的华人人数的增幅较小。

表7-1　　　　　　1641—1860年马六甲华人人数统计　　　　单位：人

年份	1641	1678	1680	1687	1688	1750	1766
人数	300--400	426	351	270	293	2161	1390
年份	1817	1824	1826	1827	1829	1834	1836
人数	1006	2741	4478	4510	5000	4143	13749
年份	1840	1842	1849	1852	1860		
人数	17704	6882	29988	10000	10039		

资料来源：蒋炳庆：《马来西亚民族国家建构研究（1957—2003）》，社会科学文献出版社2022年版，第115—116页。

槟榔屿是英国在马来半岛最早占据的殖民地。1641—1860年，得益于当时统治槟榔屿的莱特实行的自由贸易政策，槟榔屿（含威利斯省）得到相当程度的开发，使得华人移入该地的人数的增幅相对比较大（具体见表7-2）。1819年英国人莱弗士占领新加坡时华人不足100人，到1860年升至50043人。[①] 至于马来半岛的其他地区，虽也有华人定居，但

---

① 蒋炳庆：《马来西亚民族国家建构研究（1957—2003）》，社会科学文献出版社2022年版，第118页。

数量依旧较少，如彭亨 1850 年仅有约 5000 名华人，柔佛 1860 年有 1.5 万名华人。

表 7-2　　　　1788—1860 年槟榔屿华人人数统计　　　　单位：人

年份	1788	1794	1812	1818	1820	1830	1833
人数	400	3000	7558	7858	8595	8963	11010
年份	1840	1842	1851	1860			
人数	8715	9715	24188	36222			

资料来源：蒋炳庆：《马来西亚民族国家建构研究（1957—2003）》，社会科学文献出版社 2022 年版，第 117 页。

（二）两次鸦片战争后马来西亚的华人移民

第二次鸦片战争结束后，新加坡逐渐成为华人迁入的主要区域之一。第一次鸦片战争爆发时，新加坡的华人有 17179 人，后来因为华人移入速度的不断加快，1931 年新加坡的华人数量已占其总人口的 74%，超越了本地人口的数量。[①] 此时的槟榔屿的华人移民数量也有上升趋势。除马六甲、槟榔屿和新加坡外，19 世纪中叶以来，在马来半岛的其他地区，华人数量也呈现出不断增加的趋势。以霹雳州的拿律锡矿区为例，1824 年华人约有 200 人，但到 1874 年已经增至 4000 人，1890 年更是增加到了 9 万人。[②] 19 世纪末至 20 世纪初期，雪兰莪、彭亨、森美兰等产矿重区也呈现华人人数逐年激增的情况（见表 7-3）。

表 7-3　　　1871—1931 年新加坡、马来西亚华人移民人数统计　　　单位：人

年份\地区	1871	1881	1891	1901	1911	1921	1931
新加坡	54572	86766	121098	164041	219577	317491	421821
槟榔屿	36561	67354	86988	97471	110206	113234	169985
马六甲	13482	19741	18161	19468	36094	45853	65302
霹雳	—	—	95277	151192	219435	227602	332584

---

① Raymond L. M. Lee, "The Transformation of Race Relations in Malaysia: From Ethnic Discourse to National Imagery, 1993-2003", *African and Asian Studies*, Vol. 3, Issue 2, 2004, p. 120.

② Jin Ai Mary Anne Tan, "Characterisation and Confirmation of Rare Beta-thalassaemia Mutations in the Malay, Chinese and Indian Ethnic Groups in Malaysia", *Pathology*, Vol. 38, Issue 5, 2006, p. 439.

第七章　马来西亚民族国家建构

续表

年份 地区	1871	1881	1891	1901	1911	1921	1931
雪兰莪	—	—	50844	109598	151172	170726	241496
森美兰	—	—	15391	32931	40843	65219	92371
彭亨	—	—	—	3241	8695	24287	34254	52291
柔佛	—	—	—	—	63547	97376	215257
吉打	—	—	—	—	33746	59476	78415
吉兰丹	—	—	—	—	9844	12875	17612
丁加奴	—	—	—	—	4169	7325	13360
玻璃市	—	—	—	—	1627	3602	6500
沙巴	—	—	7156	12282	27801	39256	50056
沙捞越	—	—	—	—	—	—	—

资料来源：蒋炳庆：《马来西亚民族国家建构研究（1957—2003）》，社会科学文献出版社2022年版，第119—120页。

婆罗洲的沙巴和沙捞越在19世纪初开始有华人移居，且人数增加较为明显。沙捞越虽因1857年发生"石隆门华工事件"华人数量大为减少，但在查尔斯·布洛克掌权并采取怀柔政策后，沙捞越的华人人数开始恢复上升趋势（见表7-4）。

表7-4　　1841—1947年沙捞越华人的人口增长情况　　单位：人，%

年份	人数	增加人数	增长率
1841	1000	—	—
1857	4000	3000	300
1877	4947	947	23.7
1897	7000	2053	41.5
1909	45000	38000	542.9
1939	123626	78626	174.7
1947	145158	21532	17.4

资料来源：蒋炳庆：《马来西亚民族国家建构研究（1957—2003）》，社会科学文献出版社2022年版，第123页。

经过两次鸦片战争后的持续移民，第二次世界大战前马来西亚的华人在总人数上已超越了自称为原住民的马来人。据统计，1941年，整个英属马来亚总人口为550.0731万人，其中华人有237.799万人，占总人口的43.2%，而当时马来人的人数则占总人数的41.2%，这基本上奠定了战后马来亚的族群结构。①

（三）1945年前华人的族群认同

第二次世界大战前，马来半岛的华人已成为一个庞大的社会群体，华人的认同从早期的血缘、地缘、亲缘以及业缘认同逐渐演变为对共同的华人身份的认同。

第二次鸦片战争以前，马来西亚华人的内部形成的是一种以方言群体认同为主导的亚层次认同，并在此基础上形成了如帮派和秘密会社等各种层次的认同，不存在较为一体化认同的华人归属感。第二次鸦片战争后，华人的身份认同才逐渐形成。他们均自认为或者相互认为是"华人"，并将中国作为自己效忠的对象，愿意为中国的革命和独立献身。②

然而，华人在身份认同下催生的把中国作为效忠对象的一些活动，刺激了马来半岛的马来人和英国人，他们把华人当作外来者和不忠于马来西亚的对象，不断地开展一些排华运动。马来人对华人一直存有强烈的不信任感，这在影响两族关系的同时也阻碍了未来马来亚（马来西亚）民族国家的建构。

三 第二次世界大战结束前印度族的发展与族群认同

印度人是现今马来西亚的第三大族群。早在公元前后就有印度商人和僧侣在此定居。不过，英国殖民马来亚后，印度人才开始向该地大规模移民。第二次世界大战结束前，由于受不同的宗教、语言和风俗习惯等方面的制约，印度人之间没有形成一个统一的印度人认同。③

（一）第二次世界大战结束前马来西亚的印度移民

印度人到马来半岛的定居时间一直缺少详细的资料和人数统计，到

---

① 蒋炳庆：《马来西亚民族国家建构研究（1957—2003）》，社会科学文献出版社2022年版，第125—126页。
② 蒋炳庆：《马来西亚民族国家建构研究（1957—2003）》，社会科学文献出版社2022年版，第124页。
③ 蒋炳庆：《马来西亚民族国家建构研究（1957—2003）》，社会科学文献出版社2022年版，第130页。

1641年居住在马六甲的印度人有574名,当地的印度人并不多见。① 19世纪初,为开发马来亚并维持殖民统治,英国所需要的劳工数量不断上升,这催生了印度人大量向海外移民。1833年印度人移居马来亚的人数已达15000人,主要负责各种经济作物的种植工作。② 英国殖民者主要通过罪犯服刑、监工招募、资助招引和契约移民等方式引进印度劳工。其中,契约移民是最主要的形式之一(具体见表7-5)。英国殖民者引入的印度移民人数从1911年的267145人增加到第二次世界大战后(即1947年)的602447人,马来亚的印度人占1947年马来亚人口总数的10.3%。③

表7-5　　　1880—1910年马来亚印度契约移民的数量统计　　　单位:人

年份	1880	1881	1882	1883	1884	1885	1886	1887	1888
人数	1298	1038	1661	1626	1716	1691	2992	5046	5001
年份	1889	1890	1891	1892	1893	1894	1895	1896	1897
人数	2921	3132	3736	2051	2343	1801	1637	2810	2732
年份	1898	1899	1900	1901	1902	1903	1904	1905	1906
人数	3413	5078	8694	3965	2736	506	2783	5542	3674
年份	1907	1908	1909	1910					
人数	5499	5456	4119	2523					

资料来源:蒋炳庆:《马来西亚民族国家建构研究(1957—2003)》,社会科学文献出版社2022年版,第71页。

(二)印度人的族群认同

第二次世界大战前,马来西亚的印度人尚未形成统一的认同,他们总体还处于通过宗教、语言以及种姓等因素联结的亚层次认同中,认为马来亚只是暂居之地,而非自己的国家。这一方面是由于英国在殖民时期引入马来亚的印度人分属于不同的地区,加之印度种姓制度的严格界限,不同地区、种姓的人互相交往较少,难以形成共同认知;另一方面

---

① 罗圣荣:《马来西亚的印度人及其历史变迁》,中国社会科学出版社2015年版,第36—37页。
② Jan Stark, "Indian Muslims in Malaysia: Images of Shifting Identities in the Multi-ethnic State", *Journal of Muslim Minority Affairs*, Vol. 26, Issue 3, 2006, p. 383.
③ 有关印度在马来亚的移民推算人数,参见罗圣荣《马来西亚的印度人及其历史变迁》,中国社会科学出版社2015年版,第65页。

则是因为宗教信仰的多样，各宗教教徒均有各自的生活圈子和社交范围，生活交叉较少。由于马来西亚的印度人的整体认同尚未形成，以及他们对马来西亚的认同缺失，导致他们对第二次世界大战后马来西亚的形势发展缺乏敏感认知，特别表现在马来西亚的民族国家建构中未能团结一致，来及时争取相应的权利。

四 英国殖民统治的遗产

英国的殖民统治在很大程度上塑造了未来马来西亚的政治版图、政治理念、社会结构和族群结构，它在这几个方面承担了破坏和建设的双重使命。

（一）当代马来西亚国家疆域的确定

虽然马来半岛上曾存在过各式各样的王国或邦国，但它们都未能控制马来西亚现有的全部领土。[①] 现在马来西亚国家的领土范围是在英国殖民统治时期，经过一系列的殖民争夺而逐渐划定形成的。

莱特占领槟榔屿拉开了英国殖民统治马来亚的序幕。其后，英国在1824年同荷兰签订了《伦敦条约》，将马六甲正式划归英国统治，并将马来半岛纳入英国的势力范围，这为现在马来西亚和印度尼西亚两国之间的边界划分奠定了基础。[②] 1826年，英国将马六甲、槟榔屿、威利斯省和新加坡合并为海峡殖民地。此后，英国利用马来半岛上各邦国之间的斗争和邦国内部的斗争及它们与暹罗长期的博弈，逐步将彭亨、雪兰莪、霹雳、森美兰合并为马来联邦，丁加奴、吉打、玻璃市、吉兰丹和柔佛合并为马来西亚属邦进行管辖、统治。

英国对东马的控制始于1841年。该年，詹姆士·布鲁克因协助文莱苏丹镇压叛乱而侵占了今日沙捞越的一块土地。此后，布鲁克及其后继者不断扩张，逐步完全占有了今日的整个沙捞越。沙巴则是英国殖民者先后通过与文莱、西班牙和荷兰殖民者等签订了相关条约建立的殖民统

---

① 蒋炳庆：《马来西亚民族国家建构研究（1957—2003）》，社会科学文献出版社2022年版，第136—137页。

② Charles Hirschman, "The Making of Race in Colonial Malaya: Political Economy and Racial Ideology", *Sociological Forum*, Vol. 1, No. 2, 1986, p. 335.

治。1891年,英国与荷兰就北婆罗洲的边界划分问题进行商讨确定后,沙巴的统治区域基本确定了下来。

经过多年的殖民统治,英国基本控制了现今马来西亚的所有领土,这为第二次世界大战后英国主导下的马来亚联邦和马来西亚联邦的建立奠定了疆域基础。[①]

(二) 当代马来西亚族群结构的形成

为大力开发马来西亚,以扩大殖民利益,英国在马来西亚大量引进华人和印度人,并形成了现在马来族、华族和印度族三大族群的鼎立状态。

虽然马来人、华人和印度人三大族群的语言、宗教和风俗习惯不同,但英国出于管理殖民地的需要,不愿意主动去推动三大族群之间的融合发展,而更愿意采取"分而治之"的政策来统治他们。这在很大程度上使三大族群摆脱了强制同化的困境,在英国统治期间保存了自己的文化和族群特质。然而,在马来西亚独立后,马来西亚政府试图通过马来文化来整合华人、印度人等其他族群,遭到了其他族群的强烈抵制,进而族群间的矛盾也不可避免地凸显出来,并持续影响着马来西亚的民族整合进程。

(三) 现代政治制度的引入与现代精英的培育

在强化殖民地管理的过程中,英国人将西方的政治制度引入马来亚,为独立后的马来西亚政治制度的建立打下了基础。

海峡殖民地建立后,西方一些先进的政治制度和民主自由的思想逐渐被引入该地区。英国在该地设立了西方式的组织机构,如行政会议和立法议会等。虽然在殖民统治期间这些机构并未有效发挥作用,但马来西亚的精英们通过了解其运作程序为战后马来西亚的独立及君主立宪体制的选择积累了经验。英国还在马来西亚推广现代教育,培养自己所需的公务员队伍。三大族群的成员通过接受相似的英文教育,加深了彼此间的交流和联系,并在交流中逐渐形成相同或相近的价值观和世界观,而且英国在无形中培养了一批善于联系族群间感情的精英分子,他们逐步成长为日后领导马来西亚独立的力量,这为各族群的"协商立国"奠定了基础。

[①] 蒋炳庆:《马来西亚民族国家建构研究(1957—2003)》,社会科学文献出版社2022年版,第138页。

第二节　马来西亚民族国家建构的肇始

第二次世界大战后，马来西亚的民族解放运动日益高涨。不过，英国不但没有放弃对马来亚的殖民统治，反而企图以"马来亚联盟计划"在该地建立起由英国直接控制的政府，以巩固其在东南亚的殖民统治。该计划遭到了马来人有组织的抵制，并被迫调整为"马来亚联邦计划"。最终，在马来贵族和知识精英们的努力下，马来亚于1957年独立。只是，马来亚在独立初期（1957—1969年），其民族国家建构仍处于探索阶段，特别是在政治制度的选择、领土范围的确定、宪法的起草以及族群关系等方面仍未摆脱英国的影响。

一　"马来亚联盟计划"与"马来亚联邦计划"

（一）"马来亚联盟计划"的由来

太平洋战争爆发后，日本占领了马来亚。在战争中，英国坚信能够取得最后的胜利，所以很早就谋划着在战争结束后继续统治马来亚。

1942年，时任英国殖民部副秘书长常务助理的金特在一份备忘录中向英国政府建议战后要改变殖民统治的方式，即用施以经济压力等间接统治的方式，来取代对马来诸邦的直接管理。[①] 1943年，英国殖民部提出战后用迫使苏丹签订新的条约或者协议的方式，将马来亚的直接控制权转至英国，并将新加坡单独设为皇家殖民地。不过，"马来亚联盟计划"直到第二次世界大战结束，英国恢复对马来亚的统治后才首次被提及。英国提出要建立一个制宪的马来亚联盟，只要将马来亚视为自己的祖国的人都可以享有公民权利。1945年12月，英国政府派人与马来亚诸邦统治者签订新约。1946年1月22日，英国工党政府正式对外公布了"马来亚联盟计划"。[②]

[①] Charles Hirschman, "The Making of Race in Colonial Malaya: Political Economy and Racial Ideology", *Sociological Forum*, Vol. 1, No. 2, 1986, p. 340.

[②] 蒋炳庆：《马来西亚民族国家建构研究（1957—2003）》，社会科学文献出版社2022年版，第149页。

第七章　马来西亚民族国家建构

"马来亚联盟计划"表明英国决定将相关地区联合组成马来亚联盟，由英国对其直接管辖，并施行统一的立法和政策。该计划规定了获得公民权的人的范围：(1)任何在该计划实施之前在马来亚联盟或新加坡出生的人；(2)年满18周岁，而且在1942年2月15日前的15年中，在马来亚联盟或者新加坡居住满10年的人；(3)在"马来亚联盟计划"实施的当天或者实施之后在马来亚联盟或者新加坡出生的人；(4)在"马来亚联盟计划"实施时或之后，在马来亚联盟或者新加坡出生时，其父亲已是马来亚联盟公民的人；(5)满足前两条且年龄不满18岁的人。[1] 该计划主张给予华人和印度人与马来人相同的公民权。

(二)"马来亚联邦计划"的实施

1946年1月英国政府公布的"马来亚联盟计划"中按照出生地原则授予公民权的方案，对于华人和印度人来说较为有利。比如对马来西亚的华人来说，1946年有62%的华人可以自动转为公民，37.5%的华人移民可以通过相关申请归化为公民。[2] 但总体上来看，非马来人对"马来亚联盟计划"的态度都较为冷淡。与之相比的是，整个马来人社会对该计划的强烈反对。有人认为"马来亚联盟计划"中将公民权给予在经济上处于优势地位的非马来人，不仅剥夺了马来人的特权，还可能使马来人沦为二等公民。[3] 出于各种考虑，众多马来人加入了反对"马来亚联盟计划"的大潮之中，其中以拿督翁为领导的"马来民族统一机构"(即巫统)在反对计划的整个过程中发挥了至关重要的领导作用，并为其日后的政治领导地位奠定了基础。[4]

面对马来人声势浩大的反对，英国人不得不做出一些让步。1946年8—11月，英国人与苏丹和巫统的代表不断接触，秘密协商完成了新的方

---

[1] 蒋炳庆：《马来西亚民族国家建构研究(1957—2003)》，社会科学文献出版社2022年版，第150页。

[2] [新加坡]崔贵强：《新马华人国家认同的转向(1945—1949)》，厦门大学出版社1989年版，第155—156页。

[3] Ishak bin Tadin, "Dato Onn and Malay Nationalism 1946-1951", *Journal of Southeast Asian History*, Vol. 1, Issue 1, 1960, pp. 56-88.

[4] 蒋炳庆：《马来西亚民族国家建构研究(1957—2003)》，社会科学文献出版社2022年版，第155页。

案。新方案中"马来亚联邦"取代了"马来亚联盟",而且英国改派最高专员代替总督,苏丹们在各邦的统治权力得以恢复,马来人的特权也得以确认,只是马来亚联邦公民权的取得被限制得更加严格。由于新方案中存在明显偏袒马来族的倾向,华人各地总商会虽对此强烈抗议,但在1948年2月1日,英国政府还是宣布成立马来亚联邦。

马来亚联邦的建立使得巫统逐渐成为马来亚独立斗争过程中的主导力量,而且他们在与英国人进行谈判时积极地将其建国目标和构想贯彻到具体的实践中。马来西亚的华人和印度人仍处在国家认同的转折期。因他们未能及时调整心态和转变国家认同,以及他们没有积极参与到争取权益的斗争中去,这导致他们日后在争取自身权益的斗争中处于不利地位。

二 马来西亚族群政治的形成与"马来亚联邦"的独立

马来亚联邦建立后,英国虽以各种借口不放权,但在马来亚民族解放运动日益高涨的形势下,也不得不在政治上表现出开放的姿态。在这一过程中,经过多次角逐,巫统、马华公会、印度人国大党分别成为代表马来人、华人及印度人利益的最大政党,影响至今的族群政治开始出现。在争取马来亚独立的过程中,三大政党通过协商讨论共同组建了政治联盟,并且在1955年马来亚联邦立法议会选举中取得了胜利,这迫使英国人最终同意尽早让马来亚独立,马来亚联邦宪法也得以出台。这部巩固和突出马来人特权的宪法的出台,更多地体现了马来人的马来亚民族国家构建的设想,而华人和印度人所要追求的多元化社会构想则被忽视或受到了阻碍,这在一定程度上制约了马来亚民族国家建构的进程。

(一)马来西亚族群政治的确立

马来亚联邦成立后,各族群因遭受的经历不同,自身对国家的认同也逐渐发生了转变,并以组建政党的方式积极参与争取国家未来独立的各项议程,马来亚族群政治初步形成。出于对未来的国家发展和族群利益的考量,马来人、华人和印度人在独立过程中对未来马来亚(马来西亚)的民族国家构建提出了自身的构想。

第七章　马来西亚民族国家建构

马来亚联邦成立后，马来亚华人的国家认同发生了转变，即逐渐由中国认同向马来亚认同转变，而且其思想意识也由"落叶归根"逐步转变为"落地生根"。这时，马华公会应时而生。成立之初，马华公会虽将自身定义为救助在英国紧急状态下备受苦难的华人和销售彩票筹集援助资金的福利组织，但其领导人一开始就对马来亚的形势有着比较明确的认知。他们认为，在不放弃自己文化特性的基础上，华人应积极争取马来亚联邦的公民权，主动放弃中国国籍，以打消英国政府和马来人对华人的顾虑，实现马来亚各族群间的交流和融合发展。因其奉行温和路线，马华公会被英国政府视为可以被接受的政党。

马来人对争取自治乃至独立是否需要团结其他族群产生了分歧。巫统的创立者拿督翁认为，要实现马来亚独立斗争的胜利，必须把马来亚联邦所有族群的力量团结起来，所以他提议应把巫统大门敞开，允许其他各族群的精英们加入进来。然而，这一主张遭到了巫统内部的强烈反对，之后拿督翁离开巫统另组新党，巫统主席由东姑·拉赫曼接任。巫统在拉赫曼的领导下继续坚持以维护马来人的利益为核心的原则，并努力将其打造成马来亚最大最强的马来人政党，以获取马来人的广泛支持。同时，拉赫曼也并不是一味地排斥其他族群的政党，他也认同实现马来亚的完全独立还需要其他族群政党的支持与合作，所以马来亚的马华公会和印度人国大党的一些精英们就成了拉赫曼积极拉拢的对象。

第二次世界大战后，马来亚的印度人和华人一样，对马来亚的认同较低。1946年，印度独立运动的领袖尼赫鲁访问马来亚，极大地激发了马来亚印度人的政治热情，他们开始积极筹建自己的政党。1946年8月，马来亚印度人的精英们组建了马来亚印度人国大党。在马来亚印度人国大党成立初期，其群众基础十分薄弱，由于他们在争取公民权问题上的表现不佳，这使得一些马来亚印度人认为国大党并不是完全代表自己利益的政治团体。[1]

英国人在政治领域的开放姿态使得三大政党得以集聚在一起组建政

---

[1] 罗圣荣：《马来西亚的印度人及其历史变迁》，中国社会科学出版社2015年版，第125—126页。

治联盟。在1952年吉隆坡市议会选举的过程中，巫统和马华公会在首次合作中分别获得了9个和6个席位。[①] 其后1953年巫统和马华公会正式结为政治联盟，并开始呼吁进行联邦立法议会的选举。印度人国大党于1955年2月14日宣布加入政治联盟。至此，马来亚三大族群的最大政党正式联合起来组建成马华印三党联盟，这不仅进一步增加了马来亚三大族群的合作基础，而且还加快了马来亚取得独立斗争胜利的步伐。

1955年7月27日，马来亚联邦举行了立法议会选举。在此次选举中，马华印三党联盟获得了52个议员名额中的51个。此次大选结束后，以拉赫曼为首的政党联盟开始组建新的内阁，这标志着马来亚争取独立斗争的进程迈入了一个崭新的阶段。

(二) 马来亚联邦宪法与马来亚独立

1955年，马来亚立法会议选举结束后，以拉赫曼为首的政党联盟开始组建新的内阁。拉赫曼在其就职演说中提出了马来亚未来的发展目标，即3年内自治、4年内独立的目标。同年8月，拉赫曼在与英国殖民大臣会晤时，再次阐明了关于马来亚独立的计划。1956年1月，拉赫曼政府、马来亚各邦苏丹议会同英国政府在伦敦签订了相关协议，英国承诺会让马来亚在英殖民帝国内部尽快取得独立和自治的地位。1956年3月，英国政府专门成立了以李特为首的调查团前往马来亚，主要任务是协助马来亚起草独立法案，并为调查团制定了指导原则，这也是在马来亚独立前英国政府做出的最后努力。[②]

按照英国政府的指示，李特调查团从6月到11月共召开了180次会议，总共收到马来亚各类团体和个人的备忘录共3131份，结合其中的内容拟就了马来亚宪法草案，并于1957年2月21对外公布（具体内容如表7-6所示）。此宪法草案很重视马来亚各族群提出的一些建议，涉及的范围较广，具体包括公民权、马来人特权、语言、教育和

---

① Amy L. Freedman, "The Effect of Government Policy and Institutions on Chinese Overseas Acculturation: The Case of Malaysia", *Modern Asian Studies*, Vol. 35, Issue 2, 2001, p. 430.

② Jomo Kwame Sundaram, "Malaysia's New Economic Policy and National Unity", *Third World Quarterly*, Vol. 11, Issue 4, 1989, p. 52.

宗教等问题。

表 7-6　　　　　　　　李特调查团相关建议内容一览①

项目	具体建议
公民权	(1) 在马来亚独立后出生的人可自然成为公民；(2) 在马来亚独立以前，在马来亚出生的人，如果提出申请成为马来亚公民，在其申请的前 7 年中有 5 年居住在马来亚且懂得马来语，就可登记成为公民，如果独立后 1 年内提出申请可免除语言考试；(3) 如果在独立日居住在马来亚的人，在其申请成为公民前的 12 年里有 8 年居住在马来亚且懂得马来语，可登记成为公民，如果申请者年龄为 45 岁以上且在独立后 1 年内申请的人，可以免除语言考试；(4) 如果申请者在申请公民前，其居住在马来亚已达到 12 年，可归化为公民；(5) 如果在英联邦内的人，可以拥有双重国籍，但必须效忠于所居住的国家。
马来人特权	马来人在"保留地"、政府职位的"固打制"、获取从事商业许可证或执照以及奖学金等方面的优先权继续实行 15 年，在此期间以上的优先权内容不得增加，15 年后由国会讨论是否继续保持。
语言	(1) 马来语为马来亚联邦的国语；(2) 未来 10 年内联邦官方语言为英语，超过期限后由国会决定是否继续保持；(3) 废除议员候选人的语言资格审查，如果不懂马来语或英语的议员可在 10 年内使用自己的母语致辞，但议会主席除外。
教育	教育要体现公平性，特别是教育津贴的补助不应有歧视，不论是何种族群的公民，不应该被拒绝就读于政府所维持的任何教育机构。
宗教	调查团成员中有一人认为应将伊斯兰教设立为国教，其他人则反驳没必要。

草案公布后，马来亚各族群间以及各族群内部对它的反应不一，其中马来人对该草案的反对声势最高。无论是各邦苏丹，还是巫统及有识民众，他们都认为在保留马来人的特权方面不应有时间限制，他们在马来语为马来亚联邦国语以及伊斯兰教为国教等方面的认识比较一致。华人对该宪法草案整体上感到比较满意。草案中的公民权条件大为放宽，有利于华人获得公民权来进一步取得选举权，通过政治参与维护华人利益。关于马来人特权、国籍以及宗教等相关问题，马来亚华人秉承"国家第一、政党第二、华人第三"的原则②，认为在保证与巫统联盟关系的稳定和维护精英们的利益的情况下，这些都是可以忍受的。

---

① 蒋炳庆：《马来西亚民族国家建构研究——基于东姑拉赫曼到马哈蒂尔时期族群利益博弈的视角》，博士学位论文，云南大学，2017 年，第 94 页。
② Jomo Kwame Sundaram, "Malaysia's New Economic Policy and National Unity", *Third World Quarterly*, Vol. 11, Issue 4, 1989, p. 52.

该宪法草案公布不久后，拉赫曼就前往伦敦与英国政府进行深入交涉。1957年6月3日，英国政府公布了新宪法。新宪法对公民权问题的有关规定进行了修改，即将马来人的特权时限由15年改为了永久性特权，而且规定马来文为唯一的官方语文，伊斯兰教也被确立为国教。新宪法中的很多规定实质上都在维护马来人的权益，它是一部确立马来人支配主权的宪法。而且这种以宪法的形式保留马来亚族群不平等的事实的做法，为今后马来亚民族国家的建构埋下了很大的隐患。根据新宪法和事前的协商，1957年8月31日，马来亚将宣布独立。

三 马来西亚民族国家的初步建构

从1957年8月31日马来亚正式宣布独立，到1965年8月9日新加坡脱离马来西亚联邦，马来西亚国家才最终形成。拉赫曼执政期间，虽然采取了较为温和的国家整合方式，让非马来人逐步适应在族群政治的游戏规则内争取和维护他们的自身权益，但不稳定的族群关系难以持久地保持平衡，族群政治的博弈最终引发了"5·13事件"。[①]

（一）马来西亚疆域的最终形成

马来西亚国家现今的疆域版图的最终确立经历了一些波折。从单独的马来亚联邦，到1963年马来亚联邦与新加坡、沙巴（合并前叫北婆罗洲）和沙捞越联合组成了马来西亚联邦，再到1965年8月9日新加坡退出后自立门户，马来西亚现在的版图才最终形成。

在1948年马来亚联邦成立时，出于自身的战略考量，英国和巫统都未曾想将新加坡并入马来亚。然而，到了1961年5月27日，拉赫曼却首次提出了要把马来亚联邦和新加坡、文莱、沙巴、沙捞越联合起来的提议。英国政府对于拉赫曼政府的建议表示赞同，并与之发表了联合声明，宣称马来西亚联邦的提议是可行的，并愿意尊重三地民众的意愿（文莱不认同拉赫曼的建议）。当时新加坡领导人李光耀对此联合声明也表示赞同，并积极主动与拉赫曼一起联络其他地区的领导人，共同商

[①] 蒋炳庆：《马来西亚民族国家建构研究（1957—2003）》，社会科学文献出版社2022年版，第176页。

讨联合事项。1961年8月，拉赫曼和李光耀共同草拟了合并的协议，即保持新加坡自由港的地位，且马来亚同意新加坡在联邦议院的代表仅限于15个名额。该协议为马来亚和新加坡的合并扫清了障碍。1962年8月，在英国政府的积极推动下，马来亚、沙巴和沙捞越的代表们共同协商，只用了4个月的时间就完成了马来亚对沙巴、沙捞越合并后的宪法保证条款，加快了合并的进程。1963年9月16日，马来西亚联邦正式建立。[①]

最初，新加坡对与马来亚联合是持积极态度的。拉赫曼政府也认为与新加坡的联合符合自己的政治和经济利益。但是，马来西亚联邦成立后，双方执政党之间的矛盾开始显现出来，尤其是关于马来人和非马来人之间的权利平等的享有问题，多次引发了两党之间的政治冲突，加上1963年和1964年新加坡发生的族群冲突事件，导致拉赫曼政府最终决定同意新加坡退出联邦。1965年8月9日，新加坡正式宣布退出马来西亚联邦。

从民族国家建构的疆域角度看，新加坡的独立使得马来西亚的疆域最终定型。从马来西亚的族群结构来看，新马分家充分保障了马来人的族群优势。这使得马来人精英们可以凭借这一优势，出台一系列维护马来人权益的政策，以期使得马来人的主导权益永久化。

（二）拉赫曼政府时期马来西亚民族国家建构的努力

拉赫曼执政期间，在注重维系与马华和印度人国大党之间的联盟，营造族群关系和谐的局面外，并未放松按照马来人的观念建构马来西亚民族国家的努力。

在政治方面，拉赫曼突出巫统的主导地位，在保证巫统牢牢掌握政权的条件下巩固马华印三党的政治联盟。从一开始，马华、印度人国大党在与巫统的结盟合作中都是有所让步的，彼此间的地位并未有过真正的平等。例如，在1959年马来亚联邦独立后的第一届大选前，新任马华总会长林苍佑曾表示，因华人对联邦教育的马来化十分不满，巫统应

[①] ［美］芭芭拉·沃森·安达娅、伦纳德·安达娅：《马来西亚史》，黄秋迪译，中国大百科全书出版社2010年版，第337—338页。

在联盟竞选宣言中要对如何实施联邦的教育政策做出全面检讨,而且马华在联盟选举中要有40个候选人名额。① 但结果以林苍佑的妥协而告终。此后,为了削弱华人选票的重要性,巫统积极推动宪法修正案来重新划分选区,导致马华的地位逐渐下降。

在文化教育方面,马来亚联邦大力推行以马来文化和马来语为主导的一体化的教育模式。1955年发布的《拉萨报告书》中指出,马来亚联邦要建立一个以马来语为主要教学媒介的教育制度。在《拉萨报告书》的指引下,政府出台了相关教育法令,规定政府所举办的所有公共考试只能用马来文或英文。② 1959年发布的《达立报告书》规定,以马来语、英语、华语和泰米尔语为媒介的国民或国民型小学均可以享受政府补贴,但仅有以马来语和英语为媒介的国民中学才可以享有政府津贴,而以华语或者泰米尔语为媒介的独立中学则不能享受政府津贴。③

在经济方面,拉赫曼政府实施自由开放的经济政策。在马来亚的经济发展中,华人起着举足轻重的作用,华人积极利用优惠的经济政策从事各种商品贸易活动,并不断壮大了起来,而多数马来人仍从事着传统的职业。随着华人与马来人经济收入差距的拉大,马来人把矛头指向了不作为的经济政策。再加上其他种种原因,使得马来人的排华情绪不断聚集,并最终在1969年5月13日爆发了出来,酿成了冲突流血事件。

第三节 "新经济政策"背景下的马来西亚民族国家建构

从1957年独立到1969年"5·13事件"发生的这一段时间是马来亚(马来西亚)民族国家建构的初始阶段。在这段时间,马来西亚的民族国

---

① Donald L. Horiwitz, "Incentives and Behaviour in the Ethnic Politics of Sri Lanka and Malaysia", *Third World Quarterly*, Vol. 11, No. 4, 1989, p. 20.

② 曹淑瑶:《国家建构与民族认同:马来西亚华文大专院校之探讨(1965—2005)》,厦门大学出版社2010年版,第27—28页。

③ Donald L. Horiwitz, "Incentives and Behaviour in the Ethnic Politics of Sri Lanka and Malaysia", *Third World Quarterly*, Vol. 11, No. 4, 1989, p. 25.

家建构进程较为缓慢，虽然在维持三大族群对国家认同的方面取得了一定成效，但拉赫曼政府为了加快民族融合的步伐而实行的同化政策，不仅没有取得成效，反而加剧了族群间的矛盾冲突。在族群政治的运作下，马来西亚的族群关系逐步恶化，最终导致了"5·13事件"的爆发。巫统领导的政府以此事件为契机促使马来人在政治、经济、文化和教育等方面进一步强化优势。当1990年马哈蒂尔宣布"新经济政策"结束时，马来西亚已实实在在变成了马来人占优势的国家。[1]

一 "5·13事件"的起因、过程及影响

（一）"5·13事件"的缘由

"5·13事件"的发生有着深层次的经济和政治原因，而1969年的大选则是其直接的导火索。

首先，"5·13事件"的发生有着经济诱因。建国后，拉赫曼政府一直将经济增长和消除族群间的经济差距作为自己的目标，着重对马来人占多数的农村加强基础设施建设和农业扶持，并在工商业对马来人采取特殊扶植和保护措施，促使这一时期马来人的城镇化率从1931年的8.6%上升至1970年的27.4%，其就业率及就业结构也有了一定的提高和优化。[2] 但马来人的整体经济收入水平仍低于华人和印度人，而且其贫困人口数量也远高于华人和印度人（见表7-7、表7-8）。拉赫曼政府没能实现马来人快速改善经济地位的愿望，这为马来人与华人两族群间发生矛盾和冲突埋下了隐患。

表7-7　　1957—1970年马来西亚三大族群月均收入情况　　单位：林吉特

年份	马来人	华人	印度人
1957	139	300	237
1967	163	349	260

---

[1] 蒋炳庆：《马来西亚民族国家建构研究（1957—2003）》，社会科学文献出版社2022年版，第189页。

[2] Jomo Kwame Sundaram, "Malaysia's New Economic Policy and National Unity", *Third World Quarterly*, Vol. 11, Issue 4, 1989, p. 55.

续表

年份	马来人	华人	印度人
1970	177	399	310

资料来源：蒋炳庆：《马来西亚民族国家建构研究（1957—2003）》，社会科学文献出版社 2022 年版，第 195 页。

表 7-8　1970 年西马来西亚的贫困人口与三大族群分布

	户数（千人）	贫困户数（千人）	贫困户数占族群户数的百分比（%）	贫困户数占三族群总贫困户数的百分比（%）
马来人	901.5	584.2	64.8	74.6
华人	525.2	136.3	26.0	17.4
印度人	160.5	62.9	39.2	8

资料来源：蒋炳庆：《马来西亚民族国家建构研究（1957—2003）》，社会科学文献出版社 2022 年版，第 195 页。

其次，族群政治的发展是"5·13事件"的催化剂。马来西亚多元化的族群结构是其族群政治发展的土壤，而族群问题是马来亚独立后各党在大选中常用来获得支持的法宝。在1969年大选前，反对党的力量相对较弱，而联盟在推动马来亚的民族融合发展中的表现较为突出，所以广大民众对其较为信赖，联盟在1959年和1964年两次大选中都取得了不错的成绩。然而，1964年大选后，广大民众开始对联盟在政治、经济等方面的政策表示不满，而反对党则借此机会壮大自己的力量。对于马来亚华人来说，在华基（以华人为基础的政党）反对党存在的情况下，很多人出于警告或是打垮马华的考虑，开始心属反对党。所以，在1969年的大选前，反对党积极拉拢各族群力量，准备向联盟发起挑战。同时，联盟党和反对党为了获取更多民众的支持，纷纷将族群问题当作批判的武器，致使各族群间的矛盾不断激化，最终酿成了大规模的流血冲突事件。

最后，1969年大选是"5·13事件"的直接导火索。大选期间，各个政党均积极派出阵容强大的候选人队伍，争夺国会和州的议席。从当时的选举形势来看，反对党泛马伊斯兰教党和马来亚人民社会主义党把巫统视为主要的竞争对手，而人民进步党、民政党以及民主行动党则把马华看作主要的竞争对象。结果是联盟虽获得了国会的104个席位中的66席，但相比之前两次，优势已大打折扣。马华参选的33人中仅当选了13人，不及半数。反对党除在国会议席中斩获37席，在州议席的选举中也取得了不俗成绩。民政党更是在槟榔屿州获得了 16 个席位,足以组成州议会,对联盟造成威胁。①

从选举结果来看,以华人为主的三个反对党大选成绩表现不俗,共获得了 25 个国会议席,几乎是马华所获席位的两倍,这促使华人和印度人认为能够通过选票影响政治,推进多元化、多族群的马来西亚的建构。而对于马来人和巫统来说,这一次失利让马来人极为忧惧有一天其他族群会通过选票上台执政,危及自身的特权。"5·13 事件"就是在族群关系日渐僵化的氛围下发生的。

(二)"5·13 事件"的过程与影响

1969 年大选结束后,反对党特别是华基反对党的支持者们大肆庆祝,连续几天在吉隆坡举行所谓的"胜利游行"。在这过程中,他们难免将族群情绪表现出来,甚至做出了要求雪兰莪州州长哈伦搬出官邸,在马来人居住区故意喊出刺激性的口号和做出羞辱性的动作等行为。② 而巫统及其支持者认为,这是在故意羞辱和挑衅马来人。对此,巫统党内部分人为了打击反对党的气焰,号召千余人组织了"反游行"活动,并声明如果遭到反对党及其支持者的阻挠,可以对其暴力还击,这进一步加剧了各族群间的紧张局势。但华基反对党的支持者们并未觉察到危机的逼近,仍继续在哈伦宅邸游行示威,终于在 5 月 13 日与蓄势待发的马来人产生了暴力冲突。

5 月 13 日,吉隆坡等地出现了打砸抢以及暴力冲突事件后拉赫曼政府立即派出大量军警维持秩序,并宣布 24 小时戒严,以防止事态进一步扩大。5 月 15 日,拉赫曼政府又宣布国家进入紧急状态。经过多次强制的干预,5 月 17 日相关冲突基本被镇压下去。

虽然"5·13 事件"持续时间较短,但它造成了大量人员的伤亡和财产损失,甚至对马来西亚未来的发展造成了深远影响。据统计,此次事件及后续冲突,共造成 196 人死亡,367 人受伤,37 人失踪,其中华人死

---

① Amy L. Freedman, "The Effect of Government Policy and Institutions on Chinese Overseas Acculturation: The Case of Malaysia", *Modern Asian Studies*, Vol. 35, Issue 2, 2001, p. 421.
② M. Shamsul Haque, "The Role of the State in Managing Ethnic Tensions in Malaysia: A Critical Discourse", *American Behavioral Scientist*, Vol. 47, Issue 3, 2003, p. 240.

伤人数最多，达413人。① 此次族群冲突中华人的损失较大，华人的许多商店遭到抢劫和打砸，许多房屋也被焚烧破坏。其中，至少有753间房屋被烧毁，211辆汽车被毁，6000余人无家可归。②

但这次冲突事件所带来的深远影响是民族国家构建策略的改变。巫统和马来人反思"5·13事件"后认为，事件发生的根本原因是马来人因政治地位和经济地位的不匹配而产生了不满情绪。故拉赫曼温和的路线无以为继。"5·13事件"后，拉扎克代替拉赫曼主导政府，开始在政治、经济和文教等领域大刀阔斧地进行调整和改革，试图通过马来人的政治优势来促进马来人经济实力的提升，努力让其政治地位和经济地位相匹配。

二 "5·13事件"后马来西亚民族国家的建构

（一）拉赫曼时代的终结

"5·13事件"之后，拉赫曼实行了一系列措施，及时缓和了马来西亚的族群矛盾，但其党内地位遭到了巫统内部激进派的挑战，加之他年事已高，故拉赫曼于1970年宣布退休，并以和平的方式实现了权力过渡。在此之前，为稳定局势和缓和国内民族矛盾，他实行了如下措施。

首先，组建新的机构，以缓和族群间的矛盾。5月15日，拉赫曼着手组建新的内阁和宣布成立全国行动理事会，并下设州、县级行动理事会。全国行动理事会以拉扎克为首，其中包括1名华人（马华会长陈修信）、1名印度人和7名马来人。③ 在局势被基本控制住之后，拉赫曼又成立了全国亲善理事会和国民亲善委员会，以确保"5·13事件"不再重演。④

其次，钳制巫统内部的激进势力。"5·13事件"后，以后来当选为

---

① 具体在事件中死伤、失踪的人数及参与闹事被捕的人数及族群情况，参见［马来西亚］谢诗坚《马来西亚华人政治思潮演变》，槟城：友达企业有限公司1984年版，第155—156页。
② M. Shamsul Haque, "The Role of the State in Managing Ethnic Tensions in Malaysia: A Critical Discourse", *American Behavioral Scientist*, Vol. 47, Issue 3, 2003, p. 246.
③ Jomo Kwame Sundaram, "Malaysia's New Economic Policy and National Unity", *Third World Quarterly*, Vol. 11, Issue 4, 1989, p. 55.
④ Shamsul Amri Baharuddin, "The Transformation of Southeast Asia: International Perspectives on Decolonization", *Contemporary Southeast Asia: A Journal of International and Strategic Affairs*, Vol. 26, No. 1, 2004, pp. 190–192.

马来西亚总理的马哈蒂尔为代表的巫统内部激进派不断挑战拉赫曼的权威，煽动族群情绪要其下台。对此，巫统开除了马哈蒂尔，并查禁其信件和其他文件，并防止其他激进分子采取激化形势的行动，这有助于实现巫统内部最高权力的和平过渡。

再次，出台和修改相关法令，维护秩序。"5·13 事件"后，拉赫曼政府修改了 1948 年颁布的《煽动法令》，规定马来语的国语地位和马来人的特权等不可被质疑和批评，如有违者，将受到严惩。① 此后，这部分修订内容又在拉扎克政府时期成为宪法修正条文的一部分，并被列为不得讨论的"敏感问题"。此番修改，有效限制了各党派借族群问题来煽动族群情绪以达到政治目的的做法。

最后，出台"国家原则"。1970 年 8 月 31 日，马来西亚最高元首颁布了"国家原则"。其中包括五个目标：维护民主的生活方式，确保以自由的方式处理国家多元的文化传统，构建一个公平和共享国家财富的社会，加强全民的大团结和建立一个科学现代化的社会。还包括五个原则：信奉上苍、忠于最高元首和国家、维护宪法、遵守法律和培养德行。② 从"国家原则"的内容可以看出，拉赫曼政府希望通过统一思想来促进马来西亚各族群间的亲善，并致力于培养公民的忠君和爱国情感。

拉赫曼政府在"5·13 事件"后采取的这些措施，总体上对马来西亚的国内局势起到了稳定作用，暂时缓和了族群间尖锐的冲突。在宣布解除戒严状态和恢复国会后，拉赫曼于 9 月 21 日正式辞职，9 月 22 日拉扎克就任总理，拉赫曼执政时代画上了句号。

（二）马来人优势的强化与马来西亚民族国家建构

"5·13 事件"的爆发打破了拉赫曼政府所认为的族群关系和谐的认知，致使其后的拉扎克政府在吸取事件的教训后，及时调整了未来的政治、经济和文教政策，将维护族群团结和国家安定作为主要目标，开启了马来西亚民族国家建构的"新经济政策时代"。

---

① 蒋炳庆：《马来西亚民族国家建构研究——基于东姑拉赫曼到马哈蒂尔时期族群利益博弈的视角》，博士学位论文，云南大学，2017 年，第 156 页。
② ［马来西亚］谢诗坚：《马来西亚华人政治思潮演变》，槟城：友达企业有限公司 1984 年版，第 168 页。

首先，构筑"国阵"，形成新的族群政治模式。扎克拉上台执政后，着手缓和各族群间的矛盾，将各族群政党纳入共同协商的制度框架之中。对于一些敏感问题，各族群可派代表私下协商解决，避免不必要的误会或冲突。

拉扎克对其他反对政党的收编始于 1970 年 6 月恢复受"5·13 事件"影响的沙捞越和沙巴地区的选举。在沙捞越 48 个州议席的选举中，沙捞越人民联合党、沙捞越国民党、沙捞越土著党、沙华公会和沙捞越保守党均未获得过半席数，不能自己组织州政府。鉴于此，拉扎克积极撮合马来人为主的土著党和华人为主的联党共同组成联合政府，没多久又把人联党拉了进来。其后，拉扎克又进行其收编工作的第二步，在槟榔屿州与民政党组织联合政府，进而将民政党拉进联盟。在 1969 年大选的过程中，民政党在国会取得 8 个席位，在州议会选举中取得 26 个席位，且在槟榔屿州夺得 16 个席位，组成了州政府。然而这一时期民政党内部却发生了党争，这为民政党与巫统的合作提供了条件，1972 年拉扎克和民政党领导人林苍佑宣布组成联合政府。

鉴于以上结盟的成功，在顺利收编马来人反对党——泛马伊斯兰教党后，拉扎克于 1972 年正式提出了"国民阵线"的概念，以拉拢更多的政党加入"国民阵线"中，积极商讨、解决大家共同面临的问题。1974 年 6 月 1 日，巫统、马华、印度人国大党、人民进步党、民政党、沙捞越人联党、沙捞越联盟、沙捞越土著党和沙巴联盟 9 个政党组成"国阵"并正式注册，取代了诞生于 1955 年的三党联盟。

组建"国阵"，可以有效减少政党间的纷争和加强巫统的地位。此后，1974 年大选，国会中"国阵"获得了 154 个席位中的 135 个席位，1978 年、1982 年、1986 年的大选"国阵"也都获得了三分之二的席位。同时，为了巩固马来人的地位，在 1958—1985 年马来西亚共修宪 29 次，其中 1969 年进行了 18 次修宪。[①] 从拉扎克建立"国阵"的效果来看，在坚持马来语的国语地位、维护马来人特权以及以伊斯兰教为国教的前提

---

① 孙振玉：《马来西亚的马来人与华人及其关系研究》，甘肃民族出版社 2008 年版，第 153—154 页。

下,通过以"国阵"为平台将各族群政党拉拢进来,满足各族群政党的要求和缓和彼此间的矛盾,以达到各族群间和平相处的目的,这对实现国家稳定和加快马来西亚民族国家构建的进程有着积极作用。

其次,出台"新经济政策",巩固马来人的经济地位。拉扎克上任后,希望通过政府的扶持政策来促进马来人工商业经济的发展。实际上,早在1969年7月拉扎克就提出了"新经济政策初步方案",以推动马来西亚经济的发展。拉扎克担任首相后,继续努力推动该政策的实施。1971年,"新经济政策"正式出台。

"新经济政策"期望通过马来西亚政府的强力介入,打破以往既有的按族群划分的经济结构,让马来人逐渐取得与其政治权势相当的经济权势。因此,"新经济政策"实际上具有两个理想目标:一是消灭贫困,强调在经济发展的基础上用20年的努力,消灭全体马来西亚人的贫困状况,即到1990年马来西亚的人均国民生产总值能够从1970年的1142马元增长至3129马元,失业率从7.8%下降至3.2%,贫困户数比重由49.3%下降至16.7%,其中农村的贫困户从58.7%下降至23%;二是社会重组,即通过政府对经济的大力干预,将国外占支配地位的各行业和各部门的资本结构进行根本改造,大力提升马来人在公司股份中的占比,到1990年实现占比30%以上,同时调整马来人在各个产业部门的就业结构,从根本上改变马来西亚社会经济结构不平衡和贫富差距较大的局面,并将马来西亚创建成为一个工业国家。[①]

在具体实施过程中,一方面,马来西亚政府增加了对农村的基础设施投资,并扩大农村的土地开发,为贫困马来人提供更多资金、技术支持的同时重新安置农村人口,吸引马来人向城市转移劳动力,提升农业人口的生活水平;另一方面,巫统政府通过积极收购或者合并等方式,来消解外国资本对相关公司的控制权,进而使马来人拥有的企业控股权有显著的增加,同时,政府大量兴办国营企业,并在适当的时机由政府委派马来人员或马来人资本家进行私有化管理。此外,巫统主导的政府

---

① 林若雩:《马哈迪主政下的马来西亚:国家与社会关系(1981—2001)》,台北:韦伯文化事业出版社2001年版,第39—40页。

还通过一定的行政手段，改变马来人的就业结构，以增加其经济收入和提高其经济地位。同时，巫统政府还着重加强对马来人的教育水平和劳动技艺的提升，使之有条件从事各种技术工作和熟练劳动，鼓励更多的马来人从传统的农业领域向工商业领域进军。

另外，马来西亚的三大产业发展都发生了重大变化，第一产业持续发展，而第二、第三产业的比重也有很大提升，特别是就业人口数量不断增加。而且，就业人口分布状况也有了明显的改善。这些从基本上打破了殖民地时期遗留下来的经济结构。

虽然"新经济政策"在实施过程中坚持"马来人优先"的原则，实现了提升马来人的经济地位和维护社会稳定的目标，但马来西亚的领导者对马来西亚是一个多族群国家一直都有着明确的意识，也能够适当地调整内容，创造机会来满足非马来人的利益诉求，这极大地缓和了各族群间的矛盾。

最后，巫统政府力图通过推行"国家文化"来同化其他族群。巫统政府一直试图打造一种以马来文化为核心的统一的国家文化，以推动各族群间的融合发展，进而实现民族国家的构建。1971年8月16—20日在马来亚大学召开的"国家文化大会"提出了构成国家文化的三个概念：（1）马来西亚的国家文化以本地区原住民的文化为核心；（2）文化上的整合是维护各族群间和谐和国民团结的重要出路，其他文化元素只有符合第一和第三条才会被考虑接受为国家元素；（3）伊斯兰教是塑造国家文化的重要元素。[①] 在这次大会的推动下，巫统主导的政府出台了一系列举措来推动"国家文化"的发展，这对推动马来文化的研究、艺术演出水平的提升等发挥了积极作用。但是，巫统政府并未完全接受这次大会对国家文化概念的界定，在1976年2月，奥恩首相发表观点认为，有价值和优秀的外来文化可以被融入国家文化之中。

华人和印度人等对"马来人的国家文化"深感忧虑，并认为这完全是将华人文化和印度人文化排除在马来西亚国家文化之外，这与宪法规

[①] 蒋炳庆：《马来西亚民族国家建构研究（1957—2003）》，社会科学文献出版社2022年版，第233页。

定的华人和印度人等可以自由发展自己的文化相背离。1983年，为表达自身强烈的不满，华人社团组织要求华人文化要得到公平对待和实现多元文化的共存，所以草拟了国家文化备忘录。[①] 而印度人也采取了相应的措施，以维护本族群的文化利益。尽管印度人因人口规模小、内部分化较大，其抗争力度有限，但他们通过联合华人一起建立反对阵营，这对维护本族群的文化特色和信仰也起到了积极作用。

巫统政府试图通过政治手段来打造一种以马来人文化为主的国家文化，遭到了马来西亚除马来人外的其他族群的强烈反对，这可能会进一步激化族群间矛盾。很显然，巫统政府的国家文化政策的实施困难重重，并没有取得像"新经济政策"那样显著的成效。

第四节 马哈蒂尔"小开放"背景下马来西亚的民族国家建构

"5·13事件"后的20年，巫统主导的政府通过塑造"国民阵线"，推行"新经济政策"，基本上或者很大程度上实现了"扶助马来人"的目标。但其"国家文化政策"未能实现同化其他族群文化的构想，反而激化了三大族群间的矛盾，不利于民族国家的构建。因此，1990年，马哈蒂尔宣告"新经济政策"结束，随之提出了"2020愿景"，在政治、经济、文教、族群政策方面做出了一些调整，并以此推出了一系列包容性和开放性的政策，进而于1990年至今在马来西亚形成了一种"小开放"的局面。

一 "小开放"政策出台的背景

对于马哈蒂尔领导下的巫统政府采取"小开放"政策的动因，马来西亚的华人中间存在"协商决定论"和"压力决定论"两种截然对立的

[①] Amy L. Freedman, "The Effect of Government Policy and Institutions on Chinese Overseas Acculturation: The Case of Malaysia", *Modern Asian Studies*, Vol. 35, Issue 2, 2001, p. 415.

观点。① 除此之外，丘光耀提出了"历史合力论"，即突出强调了马来西亚的民主进步力量对巫统的同化政策的不断抵制为马哈蒂尔调整政策创造了客观条件。② 不过，解读马哈蒂尔政府调整政策的原因需要从当时马来西亚国内的政治、经济和文教状况和当时的国际局势等多个方面入手。

（一）适应族群政治发展状况的需要

华人政治新形势的出现和巫统内部的权力斗争使得马哈蒂尔及其领导的巫统认为有必要采取开放政策。

华人社团（如董总、教总以及其他华人社团）是马来西亚华人社会一支重要的领导力量。以董总和教总为代表的华团，一直是马来西亚华人抵制政府文教同化政策的中坚力量，他们曾积极与马华公会共同应对《1972年教育修正法案》《1979年教育报告书》和"3M"制之争（3M指的是阅读、书写和算术）给华文教育带来的冲击。但因后来华团与马华在华教上的分歧越来越大，双方最终还是分道扬镳。为此，董总和教总认识到作为压力集团，他们仅依靠马华这样的代表性政党并没有多大作用，要真正改变华教的境地，有必要在国会拥有自己的代表。此后，董总和教总一方面积极推动在朝政党（马华和民政）、在野政党（民主行动党）和民间力量（华团）的"三结合"，另一方面还积极支持一些华教人士加入与自己的文教政策主张相近的政党，努力通过参与大选对政府决策施加影响。1990年大选中，华团人士加入反对党影响"国阵"取得不到三分之二席位的举措虽未奏效，但这确实让"国阵"减少了席位的获得，这使马哈蒂尔认识到有必要针对华人社会的要求，在不触动马来人特权的前提下，给予其适当的满足，使巫统主导的政府能获得华人选民的支持。

在华团开始强势介入政治之际，巫统内部的分裂，"四六精神党"的建立，以及其与泛马伊斯兰教党结成同一阵线，也是马哈蒂尔实行"小

---

① "协商决定论"以马华公会为代表，认为"小开放"政策的出台和"小开放局面"的形成，固然是马哈蒂尔及巫统的审时度势，但也是马华积极协商的结果。"压力决定论"则以民主行动党为代表，认为马哈蒂尔认真检讨建国政策是马来亚人民通过实际行动（选票）向之施压的结果。

② 具体的论述，参见［马来西亚］丘光耀《第三条道路——马来西亚华人政治选择批判》，雪兰莪：地球村网络有限公司1997年版，第82—94页。

开放"政策的动机。自1981年奥恩辞职后,巫统内部便已出现了以新首相马哈蒂尔、副首相幕沙希淡和东姑·拉沙里三人为领导的不同派系。1986年大选前,幕沙希淡就辞去了副首相职务,公开向马哈蒂尔发起了挑战。大选结束后,幕沙希淡又与东姑·拉沙里联合,来对抗马哈蒂尔,争夺巫统最高领导人的职位,但并未成功。此后,东姑·拉沙里派系向法院求助,希望法院内部选举的结果无效,在法院判决巫统为非法组织后,马哈蒂尔不得不利用自身威望,带领巫统的大部分人又成立了"新巫统"。由于马哈蒂尔和东姑·拉沙里两派的争斗,东姑·拉沙里的支持者日渐减少,东姑·拉沙里出走巫统,另立"四六精神党",以示与马哈蒂尔领导的"新巫统"一较高下。为了能够在1990年即将到来的大选中有所成就,四六精神党先后与泛马伊斯兰教党和哈民党组成了伊斯兰教徒团结阵线,继而与民主行动党、人民党等组建了反对党联盟的人民阵线。虽然1990年大选马哈蒂尔领导的巫统保住了国会议席三分之二的多数席位,但马来人三分天下("新巫统"、四六精神党和泛马伊斯兰教党)的情形,使得巫统难以再声称自己是唯一代表马来人利益的政党。

(二) 化解族群关系潜在性危机的考虑

"5·13事件"后,国民的团结和国家的稳定是巫统主导的政府追求的重要目标。经过"新经济政策",马来人、华人、印度人三族之间自殖民地以来就存在的经济结构不协调和发展不平衡得到了相当的缓和。虽然华人能容忍在经济上辅助马来人的优先发展,但随着《1972年教育修正法案》《1979年教育报告书》和政府"3M制"的出台,华人在同化式的文教政策面前则采取了不间断的抗拒和抗争。其中以在1987年"华小高职事件"及政府随后开展的"茅草行动"中的表现最为明显。

"华小高职事件"是由政府在1987年9月开学前突击任命一些不懂华语的人到华校的重要行政岗位上工作而引起的。这一系列任命,严重引发了整个华人社会抗议政府试图改变华小性质的运动。政府本来打算改弦更张,但却遭到了马来人激进分子的阻挠,要求政府绝对不能向华人让步,并指斥华人的要求是种族主义,局势又一度陷入紧张。其后,马哈蒂尔政府以族群关系紧张为由展开"茅草行动",对在朝、在野的政党领袖、华教人士进行了大规模的抓捕,并查封了英文的《星报》、华文的《星洲日报》和马来文的《祖国日报》。①

"华小高职事件"虽然因为马哈蒂尔政府断然采取"茅草行动"而未能酿成大规模的族群冲突,但也显示了马来西亚族群关系的脆弱。因此,在由"新经济政策"向"国家发展政策"转变的情势下,马哈蒂尔主导的巫统觉得有必要采取一定的措施来消除族群冲突的根源。这也是20世纪90年代以来马哈蒂尔政府实行"小开放"政策的考虑之一。②

(三) 国际政治、经济环境大变动的推动

东欧剧变和苏联解体后的东亚和国际环境的变化,为以经济发展来助推族群关系的缓和与维护社会的稳定的马哈蒂尔政府创造了历史的契机。

对于马哈蒂尔政府来说,适应国际环境,采取与之配套的"小开放"政策,不仅有助于缓和族群关系,而且也有助于调动在经济上依然发挥重要作用的华人的积极性,使他们克服二等公民的心理,积极投身马来西亚的经济发展中来,对国家发展做出自己的贡献。同时,积极推动中马关系的发展,鼓励马来西亚的华人商人和企业家到中国投资,也都是这一层的考虑。

二 "小开放"政策与马来西亚民族国家的建构

马哈蒂尔在1991年2月28日提出了"2020愿景"这一指导性的纲领。按照规划,马来西亚政府将用30年③的时间把马来西亚打造成为一个工业化国家,并在这一过程中实现九大目标:"(1) 构建一个各族群团结、具有共同目标的马来西亚,国家和平、领土完整、族群融合、生活和谐,塑造一个忠于国家和为国献身的马来西亚民族;(2) 建立一个自由、稳固、有自信及勇于面对困难挑战的马来西亚,国民对国家有信心,并对它的成就、克服厄运的毅力感到自豪;(3) 塑造一个成熟的民主社

---

① 胡春艳:《抗争与妥协:马来西亚华社对华族母语教育政策制定的影响》,暨南大学出版社2012年版,第160页。
② 蒋炳庆:《马来西亚民族国家建构研究——基于东姑拉赫曼到马哈蒂尔时期族群利益博弈的视角》,博士学位论文,云南大学,2017年,第138页。
③ 现在看来,马来西亚离"愿景"似乎还有很长的路要走。

会，以及通过协商达成协议；以社群为取向的马来西亚民主模式，并以此能够作为许多发展中国家的楷模；（4）建立一个公民宗教意识和道德意识高的社会；（5）建立一个自由、宽容的社会；（6）打造一个科技化水平高、创新能力强的社会；（7）建立一个充满爱心的社会及塑造爱心文化，摒弃自私自利的心态，建立一个懂得回馈的家庭制度；（8）确立一个经济公正的社会；（9）建立一个繁荣的社会，在经济上具备高度的竞争力，且稳健、有弹性和适应力。"[①] 这一蓝图较之"新经济政策"时期突出马来人至上、马来人优先的"土著主义"对华人和印度人其他少数族群更有吸引力。因此，以"2020愿景"的提出为转折点，马来西亚民族国家建构的策略和手段进入了一个微调的时代。

（一）"马来西亚民族"概念的提出与族群政策的微调

独立以来，马来西亚的民族建构一直是通过政治、经济、文化和教育等同化举措来极力打造一个马来人的国家。但马来西亚是一个多族群国家，虽然马来人是其中最大的族群，但华人和印度人都有着自己悠久的历史文化，并保留了比较完善的文化传承机制。在这样的族群结构下，推行强制的同化政策只会适得其反。认识到这一点后，马哈蒂尔政府开始公开承认马来西亚是一个多族群、多宗教、多文化和多语言的多元社会的事实，并在民族建构的策略上做出了一定的调整。

1991年，马哈蒂尔在"2020愿景"中提出了"马来西亚民族"的概念。与以往强调同化不同，"以前，马来西亚民族这个概念是要人们变成百分百的马来人，才能成为马来西亚人。现在我们接受的这个概念是，这是一个多族群的国家。我们要的是修桥，而不是彻底拆除阻隔我们的障碍。我们不打算让所有的华人改信伊斯兰教。我告诉我们的穆斯林人民——你们不要试图迫使他们改信"。[②] 此后为了向世人证明自己承认马来西亚是多族群和多元文化社会的事实，以及建构多族群和谐的"马来

[①] Md Nasrudin Md Akhir, Keum Hyun Kim Chung-Sok Suh, "Structure and Agency in the Malaysian Government's Policies for Economic Development", *The Economic and Labour Relations Review*, Vol. 24, Issue. 4, 2013, p. 455.

[②] Amy L. Freedman, "The Effect of Government Policy and Institutions on Chinese Overseas Acculturation: The Case of Malaysia", *Modern Asian Studies*, Vol. 35, Issue 2, 2001, p. 420.

西亚民族"的决心，马哈蒂尔及巫统的其他高级成员不时做出一些姿态，表示对华人或印度人文化的赞赏。

虽然，这一切只是一些较为浅显的表态/作态，但在经历了建国后的一次次的压迫与抗争后，特别是经历了"新经济政策"时期的压抑之后，马哈蒂尔提出的"马来西亚民族"概念对消除华人和印度人心中的压抑与不快起到了不小的作用。但作为一个维护马来人特权的巫统领袖，马哈蒂尔政府还提出了"新马来人"的概念，并将其置于"马来西亚民族"的中心地位（这实质上否认了"马来西亚民族"中各族群的平等地位）。① 由此可见，马哈蒂尔政府的"马来西亚民族"的口号与现实还存有差距。

(二) 推出"国家发展政策"

"国家发展政策"是对"新经济政策"进行反思和总结的结果。1990年7月30日，马来西亚国会通过马来西亚第二个远景规划和第六个大马计划，标志着"国家发展政策"的出台。"国家发展政策"是对"新经济政策"的扬弃，继承了"新经济政策"中消除贫困和社会重组的两大目标，重点也依旧是落到马来人身上。不过，就其推进的策略和手段而言，"国家发展政策"更加温和，并修订了一些被华人和印度人视为具有限制性和排斥性的政策和立法，更加注重推进马来人和其他族群的经济合作。例如，对1975年实施的《工业调整法》的调整，将"资本凡是超过10万马元，就业人数超过25人的制造业就需要在贸易和工业部申请制造业许可证，并且必须给予'土著'至少30%的股份，同时留下不少于50%的就业岗位给马来人"调整为"资本少于250万马元，雇员不多于75人的企业可以不遵守该法令"。这使得95%以上的华人中小企业得以不遵守该法，有利于这些企业自主扩大发展空间，推进马华经济合作。② 此外，就华人而言，马哈蒂尔政府还着力推动中马

---

① T. N. Harper, "New Malays, New Malaysians: Nationalism, Society and History", in Daljit Singh and Liak Teng Kiat (eds.), *Southeast Asian Affairs 1996*, Singapore: Institute of Southeast Asian Studies, 1996, pp. 238–255.

② Jomo Kwame Sundaram, "Malaysia's New Economic Policy and National Unity", *Third World Quarterly*, Vol. 11, Issue 4, 1989, p. 52.

关系发展，并鼓励马来西亚华人到中国投资，并由巫统领导人出面为华人说项，避免了马来人中激进分子攻击（华人）不爱国的现象的发生。

总体上，"国家发展政策"取得的成果还是比较突出的。就消灭贫困而言，"国家发展政策"的目标是将贫困率由1990年的16.5%减少到2000年的7.2%，但1997年马来西亚的贫困率就下降到6.1%，提前完成了指标。就业结构重组方面，马来人除在农业领域依然占优势外，在其他行业也有很大的发展（见表7-9）。在以往华人占优势的教师、护士职业和经营管理人员领域，马来人数量也得到了明显的增长。企业股权重组方面，马来人在2000年占到了19.1%，有所下降，但这主要是马哈蒂尔政府大规模引进外资的结果。[1]

表7-9　　　1990—2000年马来西亚三大族群就业行业人数比率　　　单位：%

年份 行业	1990			1995			2000		
	马来人	华人	印度人	马来人	华人	印度人	马来人	华人	印度人
农、林、牧、渔业	67.9	14.5	7.6	62.1	12.3	6.5	61.6	11.1	6.1
矿业	51.9	32.7	9.2	58.4	20.9	11.5	57.5	20.9	10.2
制造业	46.4	37.9	11.0	50.6	30.9	11.8	49.1	30.1	11.4
建筑业	34.9	51.4	5.8	38.3	42.7	5.0	37.9	38.5	4.7
供电、供气、供水	70.2	10.0	17.0	73.9	9.4	11.3	71.2	11.6	11.5
运输、储藏和通信	49.0	30.8	14.9	53.3	29.9	12.2	55.8	28.5	12.0
批发、零售、宾馆和饭店	34.5	53.5	6.8	36.8	50.8	6.4	38.3	48.7	6.7
金融、保险、房地产和商业服务	41.1	46.8	9.9	45.3	42.5	9.6	45.3	41.2	9.9
其他服务业	64.7	23.9	7.7	65.3	21.7	7.2	63.6	21.6	7.1

资料来源：蒋炳庆：《马来西亚民族国家建构研究（1957—2003）》，社会科学文献出版社2022年版，第260页。

---

[1] 蒋炳庆：《马来西亚民族国家建构研究（1957—2003）》，社会科学文献出版社2022年版，第259页。

（三）推行相对宽容的文化与教育政策

针对建国以来由巫统主导的力图在文化和教育方面推行的马来同化政策，以华人为主的少数族群都进行了不同程度的抗争。随着"2020愿景"的提出，为扭转国内马来人与非马来人在文化认同上的僵持局面，马哈蒂尔政府开始对文教政策进行一定限度的调整。在承认马来西亚是一个多族群、多文化的多元社会的现实下，马来西亚政府使得相关政策更具包容性，以此获取非马来人的支持。最具包容性的具体事例莫过于在1996年调整《1961年教育法令》的部分内容及允许开设华文私立学院。《1961年教育法令》中的第21条B款"教育部长在认为适当的时候可以将国民型小学改为国民小学"，一直被华人视为莫大的隐患，以董总和教总为首的华教社团一直希望政府修改相关法令，并将该条款去除。在"2020愿景"公布后，这一条款终在《1996年教育法令》中被删除，这让华教工作者如释重负。

允许私人兴办私立学院也是"小开放"政策的一个重要体现。马来西亚独立后，非马来人，特别是华人一直致力于创建完善的教育体系。鉴于马来西亚华文中学大量存在的情况，以及华人继续深造的困难，一直以来，马来西亚的华人都希望能有一所华文大学。虽然董总和教总从1967年底就已开始为成立大学而呼吁，但大学创办的过程困难重重，一直没能如愿。然而，随着"小开放时代"的到来，华社趁机提出了申办大学。20世纪90年代，南方学院、新世纪学院、韩江国际学院相继获得批准，原马华兴办的拉曼学院也升格为大学，即拉曼大学，使得马来西亚华人完成了从小学到高中再到学院的比较完备的教育体系建设。

（四）略微缓和的政治氛围

在1990年马哈蒂尔宣布"新经济政策"结束之后，马来西亚政府在政治方面采取了一些调整措施，这当中以削弱马来西亚王室的特权和整合华人社团的例子最为突出。

马来西亚施行的是和英国相仿的君主立宪制，虽名义上君主都是"虚君"，但事实上马来西亚的君主却有着宪法规定的特权，诸如享有立法、行政、司法和任命总理等一系列政府军政大员的权力，且享有不受任何法院诉讼的至高特权，这与提倡人人平等的法治社会要求相违背，

第七章　马来西亚民族国家建构

马来西亚各族群民众也越来越难以容忍苏丹们各类特权的存在。早在20世纪80年代初期，马哈蒂尔就曾发起过一次针对最高元首和苏丹们的宪法修正运动，提出"如果议案已经提交给了最高元首而15天内没有得到答复，将被看作是赞成这一议案，该议案将成为法律""最高元首拥有的宣布国家进入紧急状态的权力交由总理行使"等内容。但由于时机不成熟，再加上缺乏广泛的群众基础，这些提议在遭到最高元首和苏丹们的反对后便不了了之了。1992年，借由柔佛苏丹的儿子在比赛中失利而将对方守门员痛打一顿和批评柔佛队的教练受到苏丹的怒斥并被扇耳光这两件事，马哈蒂尔充分利用传媒的力量获取民众的支持，趁机向议会提出了宪法修正案，要求取消苏丹的豁免权和部分特赦权，1993年2月此次修宪获得成功。此次修宪向马来西亚华人等少数族群民众展示了一幅马来人的特权也可能被改变的图景，提升了马哈蒂尔政府的凝聚力。

华人社团也是马哈蒂尔政治调整的目标之一。面对巫统主导的马来西亚政府在文教方面的排挤和同化政策，马华、民政党、民主行动党的表现一直难以让民众满意。对此，由马来西亚13个州的中华大会堂和董总、教总结成的"十五华团"就成了团结华人争取权益的领导团体。在"新经济政策"实施期间，马来西亚13个州的中华大会堂一直希望能够向政府申请注册一个统一的名称，以便更加团结和统一行动，却一直遭到政府的拒绝。1991年10月，为了显示自己的开明，马哈蒂尔政府同意已经申请了9年之久的"马来西亚中华大会堂联合会"（简称堂联，后改为华总）的注册申请。[1] 这一举措的目的不仅在于让一部分华人感到马哈蒂尔政府态度的变化，更重要的是它无形中分化了整个华团的团结。正如拉扎克收编其他在野党一样，马哈蒂尔政府比较成功地收编了一个重要的华人社团。

在过去的20多年里，马哈蒂尔政府及后几任政府，基于调整族群关系、维护国民团结和国家安定的考虑，采取了一系列相对包容的方针和政策，形成了一个"小开放"时代。就目前的形势来看，若这一开放和

---

[1] Amy L. Freedman, "The Effect of Government Policy and Institutions on Chinese Overseas Acculturation: The Case of Malaysia", *Modern Asian Studies*, Vol. 35, Issue 2, 2001, p. 422.

包容的政策在日后能够维持下去，并最终真正成为文化多元主义所倡导的民族国家建构路径，必将对维护马来西亚的国家稳定，整合马来西亚族群关系起到十分重要的作用。但"小开放"并不标志着巫统主导的政府已经放弃了对"一种语言、一种语文、一个国家和一个民族"及维护马来人特权的目标的追求，当下马来西亚政府所遵循的依然是一种同化、一体化的民族国家建构路径，在目前马来西亚相对稳定的局面下也依然存在族群冲突的隐患。

第八章　印尼民族国家建构与民族整合

李　猛

第一节　印尼民族国家建构的历史基础

印尼可以分为大巽他群岛、小巽他群岛和摩鹿加群岛三个部分。其中，大巽他群岛包括苏门答腊、爪哇、加里曼丹和苏拉威西等岛屿；小巽他群岛包括巴厘、龙目、松巴瓦、松巴、弗洛勒斯、梭罗尔、阿罗尔、帝汶等岛屿；摩鹿加群岛包括哈尔玛黑拉、西兰姆和帝汶以东的诸多岛屿。广阔而又分散的领土致使印尼族群众多，印尼古代所经历的"印度化"和"伊斯兰化"又为现代印尼诸族群留下了共同的历史记忆与独特的文化基础。荷兰殖民统治时期，印尼地区的多族群格局得以奠定。荷兰统治者留下的政治、经济、文化、社会等遗产也为印尼建构现代民族国家奠定了基础。

一　印尼民族的起源与发展

（一）印尼主要族群的渊源

印尼地区很早就有了人类活动的足迹。1890—1892年，荷兰学者杜布哇在中爪哇地区梭罗河畔的特里尼尔村陆续发现了一些古人类的残骸，并将其命名为"爪哇人"。从考古学的时间划分来说，"爪哇人"属于旧石器时代的直立人。

从族群起源上看，现代的绝大多数印尼人属于南岛语族群。南岛语族群即广义的马来人。广义的马来人又分为两类。第一类是第一批迁入的"原始马来人",他们具有明显的黑色人种的体质特征,并为东南亚地区带来了高度发展的新石器文化。第二类是第二批迁入的"新马来人",他们为东南亚地区带来了青铜文化。而今天广泛分布于印尼地区的南岛语族群,实际上是由"原始马来人"和"新马来人"与当时分布在东南亚各地的黑色人种进一步融合后形成的。① 先后来到印尼地区的南岛语族群由于地理上的隔绝,在以后的发展中形成了诸多新的族群或支系。国内学者认为,在印尼分布着 90 多个族群②,而国外学者则认为印尼存在60—70 个族群。③ 更有人认为在印尼存在 366 个族群。④ 从这不难看出印尼地区族群构成的复杂性。

"沿海马来人"(也叫"廖马来人")是苏门答腊岛的主体族群。"沿海马来人"的语言与马来半岛上的马来人的语言最为接近,很可能他们就是从马来半岛迁徙而来的马来人分支。公元 5 世纪中叶苏门答腊岛上的古国干陀利,7 世纪建立的古国末罗瑜以及后来强盛的室利佛逝帝国,其建立者和主体族群应该也是当时在苏门答腊东南沿海生活的沿海马来人。除沿海马来人外,苏门答腊岛上操南岛语的族群还包括亚齐人、加约—阿拉斯人、巴塔克人、米南加保人、利奥—马来人、雷江—兰朋人、库部人、尼亚斯人、门塔威人和恩家诺人 10 支。其中,亚齐人和米南加保人影响较大。根据中国史籍的记载,公元 5 世纪在苏门答腊岛北部出现的"婆利国"就在今天的亚齐一带。14 世纪中叶,阿拉伯人伊本·拔都塔提到的位于苏门答腊岛帕西一带的伊斯兰国家也是亚齐人所建立的。从 16 世纪起,亚齐人的政治中心转到了今天的亚齐河一带,从 1507 年至 20 世纪初年,他们在此建立了许多信奉伊斯兰教的苏丹国。⑤ 早在公元12 世纪时,米南加保人就已在他们今天居住的地区活动。同时,他们

---

① 何平:《东南亚民族史》,云南大学出版社 2012 年版,第 45—51 页。

② 郝时远、赵锦元主编:《世界民族与文化(亚非篇)》,中央民族大学出版社 1995 年版,第 238 页。

③ Frank M. Lebar (ed.), *Ethnic Group of Insular Southeast Asia*, Vol. I, New Haven: Human Relations Area Files Press, 1972, p. 12.

④ Peter Bellwood, *Prehistory of the Indo-Malaysian Archipelago*, Sydney: Academic Press, 1985, p. 103.

⑤ Frank M. Lebar (ed.), *Ethnic Group of Insular Southeast Asia*, Vol. I, New Haven: Human Relations Area Files Press, 1972, pp. 13–16.

也与外界保持着积极的联系。14 世纪时，他们与爪哇岛上的满者伯夷王室保持联系。在 16 世纪，他们与马六甲王国有着密切的贸易关系，并在亚齐人的影响下信奉了伊斯兰教。①

在爪哇岛上，操南岛语的族群中人数最多的是爪哇人。"爪哇"一词源于梵语的"yawa"，意为"大麦"。根据中国史籍，有关爪哇最早而且较为准确的记载应该是《旧唐书》和《新唐书》中所记的诃陵国。据国内学者考证，该国位于爪哇的中部地区。②从国内外的史料来看，爪哇族群是随着爪哇地区一些小王国的建立和爪哇这个名称的出现而形成的，时间大致是在公元 8—11 世纪。此后，爪哇人又相继建立了谏义里、满者伯夷等王国。尤其是满者伯夷王国的兴盛，使得爪哇人发展成为现代印尼人数最多的族群。

除爪哇人以外，在爪哇岛西部，还存在巽他人。巽他人自称"Urang Sunda"，今天的印尼语拼写为"Orang Sunda"。根据一些学者的考证，巽他人早在印度文明影响爪哇岛之前，就在该地建立了一些小的王国。到 16 世纪时，巽他人聚集的班坦地区成为印尼西部的重要城市。③

在爪哇岛东部的巴厘岛上，巴厘人是该岛的主体族群。该族群早期（8—11 世纪）受印度文化影响较深，之后形成了独特的带有印度教色彩的文化，但到 20 世纪，巴厘人却成为广泛信仰伊斯兰教的群体。④

在苏拉威西岛上，望加锡人和武吉斯人影响最大。其中，望加锡人主要分布在西里伯斯岛南部延伸出去的一个叫望加锡半岛的最南端；武吉斯人则分布在稍微偏北的地区。在古代历史上，望加锡人和武吉斯人分别建立了果瓦和博尼两个因从事商业贸易而闻名的王国。⑤

除了在印尼本土繁衍的诸多族群外，华人和印度人等其他外来族群

---

① Frank M. Lebar (ed.), *Ethnic Group of Insular Southeast Asia*, Vol. 1, New Haven: Human Relations Area Files Press, 1972, pp. 23 – 24.
② 陈序经：《扶南史初探》，自印本，第 268 页。
③ Frank M. Lebar (ed.), *Ethnic Group of Insular Southeast Asia*, Vol. 1, New Haven: Human Relations Area Files Press, 1972, p. 54.
④ Frank M. Lebar (ed.), *Ethnic Group of Insular Southeast Asia*, Vol. 1, New Haven: Human Relations Area Files Press, 1972, p. 60.
⑤ Frank M. Lebar (ed.), *Ethnic Group of Insular Southeast Asia*, Vol. 1, New Haven: Human Relations Area Files Press, 1972, pp. 143 – 144.

也在历史发展过程中逐渐迁居印尼地区。不过华人和印度人真正成为印尼地区的重要族群,还是在近代西方殖民者征服印尼以后的事情。

(二)印尼的"印度化"与"伊斯兰化"

从公元3世纪到16世纪的这一段历史时期,印尼地区陆续出现了许多深受印度文化影响的国家。在16世纪伊斯兰教统治印尼地区以前,印度文化与"印度化国家"给现代印尼民族国家的建构留下了相当的共同的历史记忆与文化基础。

公元后,印尼地区陆续出现了叶调国、毗骞国、诸薄国及斯调国等古代国家。在这些古国中,真正有碑铭可以作为印证的印尼古代早期王国只有加里曼丹东部的古戴王国和西爪哇的达鲁玛王国两个国家。这两个国家出现的时间大约在3—6世纪,都深受印度文化的影响。[①] 公元6世纪,在中爪哇地区出现了一个名为诃陵的古代王国,该国信仰婆罗门教。7世纪中叶后,在中爪哇地区还出现了葛都、墨棠、散查亚等王朝前后相继的前马达兰王国。与此同时,在苏门答腊的东南地区,室利佛逝王国兴起。从国名来看,室利佛逝取自梵文"Sir Vijaya",意为"光荣胜利",其国家也深受印度文化的影响。[②] 到8世纪初,室利佛逝基本统一了大巽他群岛和马来半岛的大部分地区。8世纪中后期,室利佛逝通过与爪哇地区的夏连特拉王室联姻,使王国走向鼎盛,其势力范围向东扩展至爪哇中部地区。10世纪,室利佛逝王国逐渐衰落,直到15世纪,最终为满者伯夷所灭。

满者伯夷王国的存在为今天印尼民族国家的建构奠定了重要的历史基础。其一,统一的领土为广大生活在这一地区的人们,尤其是爪哇地区的人民提供了共同的国土记忆。其二,满者伯夷在文化上超越了印度文化的束缚,涌现出许多具有本族文化的内容。例如在文学艺术上,许多文学作品的内容更多取材于本地区的历史与社会,而不再是对印度史诗的模仿。[③]

[①] 梁志明等:《东南亚古代史:上古至16世纪初》,北京大学出版社2013年版,第188页。

[②] 梁志明等:《东南亚古代史:上古至16世纪初》,北京大学出版社2013年版,第201页。

[③] 梁志明等:《东南亚古代史:上古至16世纪初》,北京大学出版社2013年版,第477页。

第八章 印尼民族国家建构与民族整合

满者伯夷王国在哈奄·武禄统治时期达到鼎盛。哈奄·武禄死后，国家陷入持续的王族内战之中。中央对地方的控制力日益减弱，地方王国先后独立，满者伯夷逐渐走向衰亡。1518年，满者伯夷王国为淡目王国所灭。

在满者伯夷王国衰落的同时，信仰伊斯兰教的伊斯兰国家马六甲王国逐渐崛起。由于马六甲王国拥有对马六甲海峡的实际控制权，其在国际贸易上的地理位置具有得天独厚的优势。这使得马六甲王国成为了印尼地区的贸易大国。马六甲国家的影响最终使马来语变成了该区域的通用语，印尼和马来西亚的国家语言都以这种通用语为基础。[1] 今天，马来语依然是印尼的通用语言，这对于整合印尼各族群，建构现代民族国家具有重要意义。

随着马六甲王国的崛起，伊斯兰教在印尼得到了更快的传播。第一个印尼本土的穆斯林社区大约于13世纪末出现在苏门答腊岛的巴塞王国。苏门答腊一位王室的后裔摩罗悉楼接受了阿拉伯商人谢赫·伊斯迈尔和来自南印度的苏丹穆罕默德的传教，建立起信奉伊斯兰教的须文答喇—巴赛王国。[2] 伊斯兰教传入东南亚地区后，逐渐取代了佛教或印度教，成为群岛地区国家的主要信仰。到18世纪，东南亚海岛地区的国家大多已实现"伊斯兰化"，伊斯兰教已成为这些地区族群的宗教信仰。印尼的"伊斯兰化"与前期的"印度化"一样，对现代印尼的民族国家建构有深远的意义。一方面，印尼的"伊斯兰化"为这一地区的许多族群奠定了共同的宗教信仰。这种宗教信仰的纽带，有助于团结各族群去塑造一个共同的国家。同时，这种宗教基础也对日后印尼在争取族群独立时产生了积极的作用。另一方面，伊斯兰教的教义，又与现代印尼世俗国家建构的理念存在矛盾，这一矛盾日后也成为印尼族群分离主义运动的重要源头之一，为印尼民族国家的建构带来了不小的麻烦。

---

[1] ［澳］史蒂文·德拉克雷：《印度尼西亚史》，郭子林译，商务印书馆2009年版，第22页。
[2] 梁志明等：《东南亚古代史：上古至16世纪初》，北京大学出版社2013年版，第509—510页。

二 荷兰的殖民统治与印尼多族群格局的奠定

1511年,葡萄牙人攻占了马六甲,使其成为西方殖民者在东南亚建立的第一块殖民地。①1512年,葡萄牙人在安汶建立了基地,并开始侵入马鲁古群岛,从而揭开了西方殖民者入侵印尼的序幕。1596年,由荷兰远方公司派出的一支远征队在霍特曼的率领下到达了爪哇的万丹。此后,荷兰的各个贸易公司纷纷派遣远征队前往印尼。为了与英国东印度公司竞争,荷兰的各贸易公司相继联合起来。1602年,在荷兰商业财务大臣的同意下,荷兰东印度公司成立。至此,荷兰开始了对印尼长达3个世纪的殖民掠夺与统治。

(一)荷兰在印尼的殖民统治及影响

1602—1799年是荷兰东印度公司统治印尼的时期。从1602年到17世纪中叶,这一时期,荷兰东印度公司充当了一个商业掠夺机构的角色,其主要目的是排除竞争对手,谋求商业垄断权。因此,这一时期,荷兰东印度公司对海外领土的侵占更多的也只是为了满足商业方面的需求。②从17世纪中叶起至1799年,荷兰东印度公司逐渐从商业掠夺机构转变为殖民地统治机构。荷兰东印度公司所采取的殖民政策不仅没有挽救其在商业竞争上的劣势,反而大大增加了公司的财政负担。最终由于债台高筑,荷兰东印度公司于1799年宣布解散。荷兰政府接管了荷兰东印度公司的管理权。此后,印尼殖民地还一度受到了法国和英国的管制,拿破仑战争后,英国将印尼殖民地的管理权交还给荷兰。

重新管理印尼殖民地的荷兰政府采取了范·登·波什提出的强迫种植制度,并于1830年在印尼颁布法令推行该制度。强迫种植制度的主要内容包括以下三点:第一,殖民当局同农民定约,划出五分之一(实际上该比例常是三分之一,甚至是二分之一)的稻田种植欧洲市场上所需要的经济作物;第二,无地农民每年无偿服劳役66天,从事生产活动;

---

① 余定邦:《东南亚近代史》,贵州人民出版社2003年版,第6页。
② 廖大珂:《试论荷兰东印度公司从商业掠夺机构到殖民地统治机构的演变》,《南洋问题》1987年第4期。

第八章　印尼民族国家建构与民族整合

第三，工作由当地村长进行指导，欧洲籍官员进行监督。①残酷的强迫种植制度一方面遭到了印尼当地人民的强烈反抗，另一方面也遭到崛起的荷兰工业资产阶级的激烈反对。因此，到19世纪60年代，强迫种植制度逐渐被废弃了。

强迫种植制度被逐渐废除后，1870年，荷兰议会通过了《印尼土地法》，为私人资本在印尼的发展打开了大门。该法规定："一切不能证明其所有权的土地皆属国家所有。"②同时，《印尼土地法》还规定外国人可以向殖民政府租借土地，租期长达75年。外国人也可以向当地的土地持有者租借土地，租期长达5—20年。③《印尼土地法》的实施，实际上是通过限制土地的强买强卖，来保证土地用来种植大规模经济作物的时间。1880年，荷兰殖民政府又颁布了《苦力法令》。根据该法令，达成契约的劳动力通常要劳作10年甚至更长的时间才可以回家。该法令有力地确保了种植园能够拥有大量的廉价劳动力。1901年，荷兰又在殖民地上推行所谓的"伦理政策"。伦理政策主要旨在缓解印尼激烈的社会矛盾。其中，伦理政策中对教育事业的规定，使得越来越多的印尼人受到了高等教育，并初次接受了民族主义的理念。

荷兰人对印尼地区的殖民统治在一定程度上为今天印尼民族国家的建构创造了条件。首先，无论是荷兰东印度公司，还是荷兰殖民当局，为了殖民统治的需要，不断地向印尼地区的各个岛屿扩张，并将这些岛屿纳入自身的控制之下，这为现代印尼民族国家确定了领土范围。并且，为了有效地管理广袤且分散的土地，荷兰侵略者将现代官僚制度、现代法律和司法体系引入了印尼，而这一切都为未来印尼的政治体系结构提供了模板。

其次，在经济领域，早期的种植园经济逐步发展并壮大。与之相对应的是，财政制度、商业制度也相继出现。同时，为了经济上的需要，

---

① 黄焕宗：《荷兰殖民者在印度尼西亚的殖民政策与演变（1602—1942）》，《南洋问题研究》1988年第2期。
② ［澳］梅·加·李克莱弗斯：《印度尼西亚历史》，周南京译，商务印书馆1998年版，第174页。
③ ［澳］梅·加·李克莱弗斯：《印度尼西亚史》，周南京译，商务印书馆1998年版，第174页。

铁路、公路、港口等基础设施也在印尼陆续兴建。现代印尼的诸族群也多了一条经济联系的纽带。

再次，荷兰的殖民统治使得印尼的社会发生了巨大的变化。通过1897年的村庄合并政策，爪哇岛的村庄相继合并，村庄数量在几十年内减少了40%，从而极大地加速了印尼都市化的进程。[①] 另外，越来越多的印尼人离开了他们的土地，开始从事非农业工作。人口的流动和从事的生产领域的变化，一方面使得更大的社会流动和族群交往得以出现，另一方面也改变了印尼的社会结构。根据统计，到1930年为止，超过30%的受雇佣者在非农业领域工作。[②]

最后，荷兰的殖民统治促使印尼民族主义的兴起。荷兰统治者为了便于统治与缓和矛盾所推行的地方分权和教育改革，使得民族主义在印尼得以生根发芽，继而发展为相关组织的产生。这些组织或相关人物的出现使得民族主义思想在印尼得以广泛传播，为日后印尼族群的国家建构奠定了思想基础。

（二）荷兰统治时期的族群政策与印尼多族群格局的确立

中国与印尼的交往古来有之，在很早就有华人移居印尼。从6世纪到16世纪来到印尼的华人，多在苏门答腊岛东部和爪哇北岸一带生活。荷兰殖民统治期间，印尼的华人则日益集中到爪哇岛上。同时，随着大量华人移民的涌入，华人群体的内部也产生了不同的习俗差异，并由此形成了土生华人和新客华人两大社会群体。其中，土生华人在印尼被称为Peranakan（土生），他们一般是指与当地妇女结婚的华人的后代。土生华人一般不讲华语，而是讲当地方言（马来语）。[③] 新客华人一般指保留了中国的生活方式与习惯的华人。在血统上，他们都是纯正的华人。在国家认同上，他们一般都是认同母国中国。不过，土生华人和新客华人并不是互相孤立的，他们在不同的历史时期的身份也经常出现着转变。例如，在20世纪初期，随着华人民族主义思潮的不断发展，许多土生华

---

① ［澳］史蒂文·德拉克雷：《印度尼西亚史》，郭子林译，商务印书馆2009年版，第47页。
② ［澳］史蒂文·德拉克雷：《印度尼西亚史》，郭子林译，商务印书馆2009年版，第47页。
③ ［新加坡］廖健裕：《爪哇土生华人政治》，李学民、陈巽华译，中国友谊出版社1986年版，第9—10页。

人开始认同中国，并重新"汉化"/"华化"。而在印尼独立建国后，由于族群国家建构的需要，越来越多的新客华人开始融入印尼社会，并实现"土生化"。① 而到了苏哈托时期，由于政府对华人的迫害和不公平的对待，又有许多华人开始转而认同中国，从而出现了华人社群的"再华化"。

到20世纪初期，其他各岛屿的华人也陆续增多，他们因与爪哇岛的华人群体有很大差异，故被称为外岛华人。在外岛地区，华人主要集中居住在苏门答腊岛东岸、苏门答腊岛南端的邦加与勿里洞、廖内群岛以及西加里曼丹等四个地区。外岛华人多来自中国，多是劳工、小农、小商人、工匠。②

表8-1　　　　　　　华人移民荷属东印度（印尼）数额

年份	荷印（印尼）总人口	华人总人口（占荷印总人口的比例）	华人在爪哇、马杜拉人口（占华人总数的比例）	华人在外岛人口（占华人总数的比例）
1800	—	约100000	—	—
1860	12514000人	221000（1.8%）	149424（67.6%）	72014（32.6%）
1880	19541000人	344000（1.8%）	206931（60.2%）	136862（39.8%）
1890	23609000人	461000（2.0%）	242000（52.5%）	219000（47.5%）
1900	28386000人	537000（1.9%）	277265（51.6%）	160051（29.8%）
1905	37348000人	536000（1.4%）	295000（55.0%）	268000（50.0%）
1920	48300000人	809000（1.7%）	383614（47.4%）	425425（52.6%）
1930	59138000人	1233000（2.1%）	582431（47.2%）	650783（52.8%）

资料来源：李恩涵：《东南亚华人史》，东方出版社2015年版，第220页。

为了有效地管理日益壮大的华人群体，荷兰殖民当局对华人与当地土著采取了分而治之的政策。在商业方面，荷兰人赋予华人商业中介的角色，并给予华人适当的商业特权。在社会方面，荷兰人通过严格的区划管理来对华人进行管控。1837年，荷兰当局规定在爪哇的华人仅限居住于都市区，1870年禁止华人拥有土地所有权。而限制华人居住区域的

---

① 曹云华、李皖南等：《民主改革时期的印度尼西亚华人》，暨南大学出版社2014年版，第3—5页。
② 曹云华、李皖南等：《民主改革时期的印度尼西亚华人》，暨南大学出版社2014年版，第5页。

住宅区规则直到 1916 年才取消，限制华人行动的通行证规则一直实行到 1926 年才结束。[①]

荷兰殖民当局对华人的商业中介角色的定位在一定程度上使得印尼人视华人为荷兰人的爪牙。严格的区划规定和土地管理限制了华人与印尼其他族群的交流，从而更加剧了华人与印尼其他族群的疏离感。这些不利因素为日后印尼历次的排华运动埋下了伏笔。

爪哇地区的快速发展使得爪哇人的人口数量得到进一步的增长，逐渐成为印尼人口数量最多的族群。巽他人、马都拉人和马来人成为人口数量仅次于爪哇人的三大族群。此外，巴塔克人、马杜拉人、巴达维人、米南加保人、布吉人、巴厘人、亚齐人和华人等其他族群虽人数较少，但也在不同地区有着较大的影响。

总之，印尼作为一个国土广袤而分散、族群繁多而不同的多族群国家，其民族国家建构的条件是通过长期的历史发展而逐渐具备的。最终，以爪哇人为核心，其他族群并存的族群结构在印尼确定了下来，成为印尼民族国家建构的族群基础。

第二节　印尼的民族主义运动与民族国家的建立

进入 20 世纪以后，印尼的民族主义运动逐渐兴起。在印尼，各类意识形态发生着激烈的碰撞，并最终融入了统一的"印度尼西亚"（印尼）的旗帜之内。1945 年，印尼宣告独立。1950 年，荷兰势力彻底离开印尼，统一的印尼开始走上民族国家建构之路。

一　印尼民族主义的兴起与"印度尼西亚"概念的确立

（一）印尼主要的民族主义组织及其思想主张

巴达维亚的印尼医学学生建立的"至善社"可以说是印尼最早的民族主义组织。此后，一系列具有民族主义色彩的组织相继建立。

[①] 李恩涵：《东南亚华人史》，东方出版社 2015 年版，第 220 页。

第二次世界大战前印尼兴起的民族主义组织可分为三类：第一类是具有伊斯兰教色彩的组织，包括1912年成立的伊斯兰联盟（回教联盟）、1912年成立的穆罕马蒂亚（穆哈迈德之路）和1926年成立的教士复兴会等。其中，以伊斯兰联盟影响最大。第二类是具有社会主义色彩的组织，包括1911年成立的东印度群岛党（1913年被取缔）和1914年成立的东印度群岛社会民主协会。第三类是没有明确思想倾向的民族主义组织，包括1914年成立的巴巽丹协会、1918年成立的青年爪哇、1918年成立的苏门答腊联盟、1918年成立的青年米纳哈萨、1920年成立的安汶联盟、1923年成立的巴达维亚联合会和1925年成立的爪哇天主教政治联合会等。此外，印尼还存在一些既不倾向于伊斯兰教，也不倾向于社会主义的民族主义者，被称之为"世俗民族主义者"，他们提倡建立独立的和宗教中立的印尼国家。[1] 其中，最具代表性的人物就是苏加诺。

1926年，苏加诺在《民族主义、伊斯兰教和马克思主义》一文中指出："目前印尼人民运动有着三股内在的精神动力，民族主义、伊斯兰教和马克思主义"。苏加诺通过对三种思想的分析，认为在印尼沦为殖民地的前提下，三者相互敌对是毫无意义的，只有三者统一起来，形成一种单一的、强大的、势不可当的浪潮才是正道。只有这样，"自由的印度尼西亚"这一梦想才有可能实现。[2] 苏加诺所提出的主张，一方面为印尼民族主义运动提供了一条切实可行的路线；另一方面这样一种以世俗国家至上的建国理念也为日后苏加诺"建国五基"的提出奠定了基础。

（二）"印度尼西亚"概念的提出与发展

"印度尼西亚"一词作为印尼民族国家建构的重要内容——国家的名称，其概念来源最早可追溯至20世纪初期。

乔治·萨缪尔是最早提出这一概念的学者，他将"印尼"定义为一个人类学的术语，用以形容占据着东印度群岛的各族群。1917年，一位名为

---

[1] ［澳］史蒂文·德拉克雷：《印度尼西亚史》，郭子林译，商务印书馆2009年版，第61页。
[2] Soekarno (au.), Karel H. Warouw and Peter D. Weldon (trs.), *Nationalism, Islam and Marxism*, Ithaca: Cornell University Press, 1970, p. 36.

R. M. S. Suryoputro 的印尼人首次在公开场合使用了"印尼"这一概念。① 1922 年,"印尼"一词首次被用于表达政治意识。这一年,东印度群岛协会的主要领导人穆哈迈德·哈塔将东印度群岛社会民主协会更名为"印尼协会"。② 在 1926 年召开的全国代表大会上,"印尼"一词被正式宣布为国家认同和国民身份的象征。③ 此后,越来越多的政治团体接受了"印尼"这一概念。1927 年 7 月 4 日,苏加诺等成立"印尼联盟",后改为"印尼民族党"。1927 年末,印尼民族党又与伊斯兰联盟党、至善社、泗水研究会和主要的地方主义基督教组织一起组成了印尼民族政治团体协会。1928 年 10 月,在第二届印尼青年大会上,"印尼"这一词被严格确定下来。大会通过了一个重要的宣誓:"一个国家,印尼;一个祖国,印尼;一种语言,印尼语"。④ 至此,印尼民族国家建构中最核心的概念——"印尼"终于被确定下来。此后,"印尼"继续作为印尼各地区组织所公认的概念,成为凝聚印尼人的凝固剂。1935 年,至善社、苏门答腊联盟、马都拉联盟等具有地区代表性的团体组织再次团结在"印尼"的旗帜下,组成了大印尼党。1939 年,印尼主要的民族主义团体组成印度尼西亚同盟,他们以共同的旗帜、语言、歌曲作为凝聚同盟的方式。"印尼"作为民族国家的标志被进一步强化。

总之,在印尼民族主义思想兴起、发展的时期,共同的国家民族、共同的国家语言、共同的国家名称,以及共同的国家歌曲⑤相继出现。印尼民族国家的雏形得到了基本确立。

二 印尼的民族主义运动与印尼的独立建国

(一)印尼的民族主义运动与印尼的独立

1926 年印尼共产党领导了武装起义和 1927 年伊斯兰联盟党对殖民当

---

① R. E. Elson, *The Idea of Indonesia: A History*, Cambridge and New York: Cambridge University Press, 2008, p. 23.
② [澳] 史蒂文·德拉克雷:《印度尼西亚史》,郭子林译,商务印书馆 2009 年版,第 65 页。
③ Daniel C. Bottomley, *A Nation that is Religious: Indonesia, the Ahmadiyah and The State' Sara Echoes*, Ph. D. Diss., Newark, Delaware: The University of Delaware, 2014, p. 25.
④ [澳] 史蒂文·德拉克雷:《印度尼西亚史》,郭子林译,商务印书馆 2009 年版,第 65 页。
⑤ 这一时期创作的歌曲《伟大的印度尼西亚》成为后来印尼独立后的国歌。

第八章　印尼民族国家建构与民族整合

局实行不合作政策后,荷兰当局开始对印尼的民族主义势力进行严厉的镇压。直到第二次世界大战前夕,几乎所有的民族主义领袖都被荷兰当局拘留、放逐或者恐吓过。对于印尼的民族主义者来说,印尼的独立之路似乎还有很长的路要走,但第二次世界大战的爆发却加速了这一进程。

1942年,日本占领荷属东印度,印尼转而被日本统治。在一些印尼民族主义者看来,日本的占领是一个争取国家独立的契机。在日本占领期间,印尼的一些民族主义者也开始接触日本,印尼试图通过日本的帮助,谋求国家的独立。而在这些人中就包括了苏加诺与哈塔。随着战争形势越来越不利,日本人不得不同意苏加诺等建立民众组织的要求。1944年1月,爪哇奉公会建立。该组织通过现存的自上至下直到村一级的政府机构来组织民众,年满14岁的人就可以加入。① 日本的原意是通过该组织动员印尼人民加入战争,但实际上,这一组织却成为苏加诺等宣传民族主义的工具。他们将大量的民族主义者安置在政府机构里,这为日后苏加诺等在日本人离开后掌握国家权力奠定了基础。1944年9月,日本公开允诺印尼独立。1945年3月,日本宣布成立印尼独立筹备工作调查委员会。6月,委员会起草了临时宪法。8月7日,日本人又建立了印尼独立准备委员会,准备准许印尼独立。不过,在印尼还未正式宣布独立之际,日本在8月15日即宣布投降。8月17日,苏加诺宣布印尼独立,并在雅加达迅速地建立了中央政府。至此,印尼在名义上获得了独立。

(二) 印尼民族国家地位的确立

虽然印尼于1945年8月17日宣布独立,但这一声明并未获得国际社会的认可。第二次世界大战结束后,1946年1月,荷兰重新占领了雅加达,印尼共和国中央政府被迫迁往日惹。3月13日,印尼总理沙里尔同荷兰代表范·穆克展开谈判。在谈判中,印尼政府被迫做出妥协,将共和国事实上的主权仅限于爪哇、马都拉和苏门答腊,承认荷兰对其他地区的主权,并表示与荷兰共同努力创建置于荷兰—印尼联邦之内的联邦制印尼。② 11月15日,印尼共和国与荷兰达成《林芽椰蒂协

---

① [澳] 史蒂文·德拉克雷:《印度尼西亚史》,郭子林译,商务印书馆2009年版,第72页。
② [澳] 梅·加·李克莱弗斯:《印度尼西亚历史》,周南京译,商务印书馆1998年版,第303页。

定》。荷兰承认印尼共和国在爪哇、马都拉和苏门答腊地区的主权，而印尼则加入由荷兰领导的联邦共和国。① 此后，荷兰开始积极推行其联邦政策。1946年12月，东印尼西亚邦建立，1947年12月东苏门答腊邦建立，1948年9月南苏门答腊邦建立。直到1949年，荷兰共在印尼建立了15个邦国。

荷兰试图建立联邦的解决方案遭到了印尼反对派的抵制。为有效地推行联邦政策，荷兰当局于1947年7月20日向印尼共和国发动了第一次"警察行动"。共和国在爪哇、马都拉和苏门答腊所控制的重要地区被占领，统治范围被缩减到中爪哇一带。在联合国的调停下，双方在1948年1月17日签订了《伦维尔协定》。第一次"警察行动"并未达成荷兰人的目的，反而更加激起了印尼民族主义者的强烈反抗。1948年12月18日，荷兰借口平定各地叛乱，发动了第二次"警察行动"，并攻占了共和国首都日惹。印尼共和国的主要领袖苏加诺、哈塔、萨赫利尔等都被逮捕。

虽然荷兰在军事上取得了胜利，但印尼人民的反抗并没有停止，国际舆论也越来越支持印尼。1949年4月，美国对荷兰施加压力，要求荷兰与印尼共和国达成协议，否则将取消马歇尔计划内对荷兰提供的大量援助。1949年11月，荷兰政府与印尼共和国政府签订了《圆桌会议协定》。根据协议，荷印双方达成和解，成立"印尼联邦共和国"，原印尼共和国作为邦国加入联邦，且与荷兰建立平等关系。1949年12月27日，荷兰正式将除巴布亚外的印尼政权交接给了印尼联邦共和国。

印尼联邦共和国虽然正式成立，但这种联邦体制仅仅是暂时的，印尼共和国掌握联邦的绝大多数人口和军队的核心。联邦政府的首脑人物又是以苏加诺、哈塔等为首的民族主义者。因此，仅仅在印尼联邦共和国成立的几个月后，在1950年5月19日，印尼共和国便通过与其他邦国的谈判，正式脱离了联邦，组建了统一的印尼共和国，实行单一制的国家形式。至此，印尼实现了真正的民族独立。

---

① 《东南亚历史词典》编辑委员会编：《东南亚历史词典》，上海辞书出版社1995年版，第260页。

三 印尼民族国家建构的目标构想

（一）"潘查希拉"的确立与发展

"潘查希拉"原文为"Pancasila"，由"panca"（五）和"sila"（基础）两个梵文词组成。所谓"潘查希拉"，实际上是苏加诺在融合爪哇文化中已有的价值观、世界观与当时亚洲几个新兴的独立国家的领导人的理论和思想后提出的印尼建国的五项基本原则。[①] 1945年6月1日，苏加诺在印尼独立筹备调查委员会大会上做了题为《潘查希拉的诞生》的演讲，明确提出了"民族主义""国际主义（或人道）""协商制或民主""社会繁荣"和"信仰神道"这一"建国五基"。[②] "建国五基"是苏加诺基于对当时的社会条件的分析提出的。苏加诺等认识到："伊斯兰教民族主义者代表了一个重要的社会群体，这是不容忽视的。没有这个群体的同意，宪法和任何以此宪法为基础的政府都是不合法的。建立一个以伊斯兰教为基础的国家，是伊斯兰教民族主义者不能放弃的基本原则性观点；但对世俗民族主义者来说，这同样是不能接受的立场。"[③] 所以，为了弱化世俗民族主义者和伊斯兰教民族主义者的矛盾，尽快实现国家的独立，苏加诺在对"建国五基"的表述上做了模糊处理。苏加诺用"互助合作"这样一种过程和手段模糊了将"社会繁荣"作为目标的明确性。[④] 苏加诺提出的"建国五基"，在某种意义上是"对西方实践进行批判的，基于所谓的和谐与妥协的本土价值观"。[⑤]

不过，"建国五基"的提出并没有完全实现伊斯兰教民族主义者对印尼民族国家建构的愿景。作为妥协的结果，1945年6月22日，双方达成了被称为《雅加达宪章》的草案，该草案则将以序言的形式载入宪法。相较于之前的文本，《雅加达宪章》做出了三个重大的让步：第一，也是

[①] 朱刚琴：《潘查希拉的提出及其文化根源》，《东南亚研究》2008年第2期。
[②] ［印尼］苏加诺著，世界知识社编辑：《苏加诺演讲集》，世界知识社1956年版，第1—23页。
[③] ［澳］史蒂文·德拉克雷：《印度尼西亚史》，郭子林译，商务印书馆2009年版，第74页。
[④] 王子昌：《国家哲学还是个人哲学？——对印尼建国五基的文本解读》，《东南亚纵横》2003年第12期。
[⑤] Daniel S. Lev and Ruth McVey (eds.), *Making Indonesia: Essays on Modern Indonesia in Honor of George Mc T. Kahin*, Ithaca, New York: Cornell Southeast Asia Program, 1996, p. 18.

最重要的一点是宪法草案中要规定总统必须为穆斯林;第二,在"建国五基"的表述中,"信仰神道"在序位上从最后一条变成了第一条;第三,信仰一神,穆斯林有义务实施伊斯兰法律。《雅加达宪章》的最后一点实际上具有比较大的模糊性:第一,并未明确说明未来印尼是否要强迫一切穆斯林遵守伊斯兰教教规①;第二,在宪章中,用印尼语写的七个(模糊)语句插在了"神"/"主"一词的后面。② 该内容的模糊性遭到了许多穆斯林的反对。因此作为妥协,在独立筹备调查委员会第二次会议上,才有了第一条规定总统为穆斯林的内容。

总之,对于印尼民族国家建构的目标构想而言,"建国五基"最终通过《雅加达宪章》的妥协被确认下来。不过,这并不意味着印尼民族国家建构目标构想的最终确立。在苏加诺、苏哈托以及后苏哈托时代的各领导人中,印尼民族国家建构的目标构想一直发生着变化,而作为国家建构构想核心的"潘查希拉",在不同的时期也有不同的特色。

(二) 不同时期印尼民族国家建构的目标构想的发展变化

印尼民族国家的建构之路基本上可以分为议会民主制时期(1950—1959年)、"有领导的民主"时期(1959—1966年)、"新秩序"时期(1966—1998年)及民主改革时期(1998年至今)四个时期。从领导人的执政时间来看,也可以大体分为苏加诺时期(1950—1966年)、苏哈托时期(1966—1998年)以及后苏哈托时期(1998年至今)。

在苏加诺执政时期,印尼民族国家政治整合的主要目标表现在统一国家行政管理上。在议会民主制阶段,通过颁布临时宪法,设置国家政权机构,划分国家行政区划,印尼的国家行政管理体系得以确立。但是,这一时期,印尼政府在政治上也面临着相当大的挑战。激烈的政党冲突严重威胁到共和国的稳定。联邦制留下的遗产,导致中央与地方不时发生冲突。因此,在后期的"有领导的民主"时期,政治整合旨在强化国家行政管理。通过"纳沙贡"内阁的成立,中央政府的权力得到了极大的强化。国家宪法重新恢复为《1945年宪法》,"潘查希拉"

---

① 林德荣:《是"伊斯兰教"还是"潘查希拉"——印尼国家指导思想的定位》,《厦门大学学报》(哲学社会科学版)1999年第2期。

② [澳]史蒂文·德拉克雷:《印度尼西亚史》,郭子林译,商务印书馆2009年版,第75页。

重新被列为立国原则。在经济层面上，苏加诺时期政府旨在建立以民族经济为核心的经济体制。在议会民主制阶段，政府的主要精力集中在恢复经济生产、发展民族经济上。而到了"有领导的民主"时期，以民族经济为核心的经济体制开始极端化，政府开始没收外国资本，通过"堡垒政策"限制华人经济。在文化层面上，政府主要的整合目标是实现印尼民族的一体化。以"印尼"为核心的民族精神成了凝聚各民族团结的主要象征。

在苏哈托执政时期，印尼民族国家的政治整合主要是确立威权统治。通过政党制度改革，苏哈托领导的专业集团党的统治得以确立。同时军人权力也得到强化，通过行政区划的改革，军人势力对国家的统治从中央贯彻到地方。在经济领域，政府一改苏加诺时期抵制外资的政策，积极地发展对外贸易，吸引外资，调整产业结构。在文化领域，苏哈托政府贯彻苏加诺时期强调的"潘查希拉"的立国原则，充分利用伊斯兰教在印尼的影响。在民族整合领域，苏哈托政府通过高压手段与移民政策对各族群进行强制整合，对地方运动予以坚决打击。

在后苏哈托时期，印尼民族国家建构的主要目标放在了政治整合和经济恢复之上。通过政治方面的改革，印尼再次回到了民主政治，军人势力受到削弱。同时，各届政府积极推行地区分权政策，努力缓和族群矛盾，促进地方发展。在经济上，政府也开始重视中央与地方的财政分配问题，努力改善各族群的生活。总体而言，后苏哈托时期，印尼的民族国家建构目标依然处于不断摸索与调整之中。

第三节 苏加诺时期的印尼民族国家建构

1950年，印尼共和国与其他邦国联合组成了单一制的印尼共和国，从而开始了民族国家建构之路。在苏加诺时期，印尼国家发展经历了议会民主制时期（1950—1959年）和"有领导的民主"时期（1959—1966年）两个阶段。在这两个时期，印尼在民族国家建构中取得了一定的成就，但同时也暴露出来了许多问题。

一　议会民主制时期印尼的民族国家建构与民族整合

（一）民族国家建构的环境

1950年《印尼共和国临时宪法》规定，印尼共和国是单一制国家，国家主权属于人民，由政府和国会共同行使。同时，为了照顾少数族群的利益，宪法规定每30万人至少选举产生9名华裔、6名欧裔和2名阿拉伯裔议员，若选出的议员未达到最低人数要求，政府将增补少数族裔议员。同时，临时宪法实行国会内阁制，内阁由国会中的多数党派联合组成，内阁直接向国会负责，国会有权迫使内阁和部长辞职。①

在议会民主制时期，印尼的民族国家建构主要面临宗教冲突、族群矛盾和意识形态的分歧等问题。宗教冲突主要表现在穆斯林与非穆斯林之间的矛盾和穆斯林内部的矛盾。所谓穆斯林与非穆斯林之间的矛盾主要是穆斯林教徒与基督教徒之间的矛盾。印尼独立后，基督教徒作为"特权集团"享有较多的政治、经济和社会权利，这引起了穆斯林的不满，导致了穆斯林政党与基督教政党之间的矛盾。穆斯林内部的矛盾主要体现在以宗教调和主义为特征的穆斯林与正统穆斯林之间的分歧以及传统穆斯林与现代穆斯林之间的分歧。

受各类问题影响，议会民主制时期印尼出现了四种基于不同意识形态的政党势力。其一是以印尼民族党为代表的世俗民族主义势力，主张"建国五基"，建立世俗国家；其二是以穆斯林现代派的马斯友美党和穆斯林传统派的伊斯兰教师联合会（伊教联）为代表的伊斯兰势力；其三是以印尼共产党和印尼社会党为代表的社会主义势力；其四是以印尼天主教党和印尼基督党为代表的基督教徒势力。议会民主制时期，实际上是印尼各政党相互争夺国家权力的时期。这一时期，绝大多数的印尼政党都依赖构成各自的支持的基础的原始忠诚，这种忠诚往往是基于宗教和族群关系的。②虽然这种情况对印尼的民主政治发展有很大的推动作用，但是这种互相斗争的情况也导致了内阁更迭频繁，极大地降低了政

---

① 唐慧等编著：《印度尼西亚概论》，世界图书出版广东有限公司2012年版，第204页。
② ［澳］史蒂文·德拉克雷：《印度尼西亚史》，郭子林译，商务印书馆2009年版，第91页。

府的行政效率,严重制约了印尼的民族国家建构进程。

表8-2　　　　　印尼议会民主制时期历代内阁及所属党派

时间	内阁	所属党派
1950.9—1951.3	纳席尔内阁	马斯友美党
1951.4—1952.2	苏基曼内阁	马斯友美党
1952.4—1953.6	韦洛坡内阁	印尼民族党
1953.7—1955.7	阿里·沙斯特罗阿米佐约内阁	印尼民族党
1955.8—1956.2	布尔哈努丁·哈拉哈普内阁	马斯友美党
1956.3—1957.3	阿里·沙斯特罗阿米佐约内阁	印尼民族党
1957.4—1959.7	朱安达内阁	无党派

资料来源：笔者自制。

族群矛盾主要体现为地方分离主义的发展。印尼是一个由众多岛屿组成的国家,其中爪哇地区爪哇人具有的政治、经济地位十分突出,这也引起了外岛族群的不满。不过,国家的主要财政收入来自外岛。作为国家的中心,爪哇的领土面积仅为共和国领土总面积的7%,但爪哇人口却占到共和国人口总数的65%。大量的政治资源和经济资源实质上被爪哇人占据。这引起了部分地方势力的不满。由卡尔苏托维里约在西爪哇领导的伊斯兰教国运动是最早出现的地方分离叛乱。直到1962年,叛乱才被平息。此外,还有1950年4月在东印尼安汶地区发生的马鲁古共和国叛乱和1953年9月19日爆发的由伊斯兰教宗教领袖达乌德领导的亚齐叛乱。

(二)议会民主制时期的国家建构与民族整合

尽管面临着很多挑战,但在这一时期印尼政府还是在政治、经济、文化等方面采取了许多积极的整合措施。

在政治方面,早在印尼联邦制下的印尼共和国时期,印尼政府就尝试建立单一的国家结构形式和统一的行政区划。政府规定："经由法律,将印尼的领土划分为大、小区域,并适当考虑政府制度的审议原则和特殊领土的世袭权利。"[1] 印尼政府根据1945年宪法第一号法令,成立了地

---

[1] *The 1945 Constitution of the Republic of Indonesia*,网址：http://www.wipo.int/edocs/lex-docs/laws/en/id/id048en.pdf。

方民族委员会，该委员会后又并入地方居民代表委员会，成为地方行政机构的基础。1948年，印尼共和国又颁布第22号法令，制定了地方分权的原则，设计了地方行政的体系。①

1950年印尼共和国成立后，印尼政府进一步将行政体系推广到全国。在共和国西部，地方行政体系根据《1948年第22号法案》，分为六个等级制的行政单位。中央政府根据新成立的地方议会的建议名单任命地方行政长官，他们负责地方的内部事务和行使中央政府委派的权力。②

在共和国东部，政府也试图通过《1948年第22号法案》进行管理。中央政府以地方缺乏行政能力为由取消了由地方议会选举地方行政长官的规则，转而采用直接任命的方式，并根据地方政党力量的对比来分配地方议会的席位。③ 中央政府掌控财政收入，地方政府不得不依靠中央政府的拨款。尽管在印尼政府中有大量非爪哇人任职，但越来越多的非爪哇人将共和国的行政体系视为"以爪哇为中心、爪哇人占主导的体系"。④ 大多地区，尤其是东部地区开始抵制第22号法令的实施。印尼政府向全国推广的分权模式宣告失败。

作为解决方案，1950年6月15日，政府在东印尼邦颁布了第44号法令，对行政法和立法秩序进行了变革，设置了三级地方行政机构。⑤ 1956年，中央政府又同意亚齐单独设省的要求，并于1959年宣布给予亚齐以特别行政区的地位。作为财政方面的解决措施，印尼政府于1956年颁布了财政平衡法令，规定了中央与地方财政收入的分配方案。⑥ 在外岛叛乱期间，印尼政府颁布了《1957年第1号法令》，作为对有关地区政府

---

① 黄云静、张胜华：《国家·发展·公平：东南亚国家的比较研究》，中国社会科学出版社2016年版，第146页。

② Jacques Bertrand, *Nationalism and Ethnic Conflict in Indonesia*, Cambridge: Cambridge University Press, 2004, pp. 189–190.

③ Jacques Bertrand, *Nationalism and Ethnic Conflict in Indonesia*, Cambridge: Cambridge University Press, 2004, p. 190.

④ Howard Federspiel, *Islam and Ideology in the Emerging Indonesian State: The Persatuan Islam (Persis), 1923 to 1957*, Boston: Koln Brill, 2001, pp. 204–205.

⑤ Jacques Bertrand, *Nationalism and Ethnic Conflict in Indonesia*, Cambridge: Cambridge University Press, 2004, p. 190.

⑥ 黄云静、张胜华：《国家·发展·公平：东南亚国家的比较研究》，中国社会科学出版社2016年版，第147页。

的《1948年第22号法案》的修订。1959年7月5日总统令的实质内容是恢复《1945年宪法》,指出《1957年第1号法令》失效,因该法令引用了《1950年临时宪法》。在苏加诺宣布实行"有领导的民主"制后,印尼颁布了关于地区政府原则的《1965年第18号法令》,以取代《1957年第1号法令》。尽管《1957年第1号法令》包含了地区政府的形式和职能,但并未解释中央与地区政府之间的权力关系。①

在经济上,《1945年宪法》规定:(1)经济应以家庭为基础组织起来;(2)对国家重要、影响人民生活的生产部门,由国家控制;(3)土地、水和自然财富,应由国家控制,以使人民利益最大化。② 其中,第(1)条规定强调了家庭作为经济的基础,第(2)条和第(3)条强调了国家对于经济关键部门和国家自然财富的绝对控制权。这些规定,为苏加诺时期印尼进行经济国有化的经济整合提供了法理依据。

印尼共和国通过没收、接管、赎买外资等方式来建立国有企业。1945—1949年,政府共没收了总值约3300万美元的德国、意大利、日本等国企业的资产。随后,在1949—1957年,政府又接收了总值达3.36亿美元的荷印殖民政府"移交"资产以及爪哇银行,并通过赎买的方式,收购了西爪哇荷资煤气公司、巴达维亚荷兰电车和公共汽车公司、鹰记航空公司等外资企业的股票。③ 在将外资企业转化为国有企业的同时,政府又大力扶持和发展私营经济和土著经济。1950年,印尼政府开始推行"堡垒政策",优先把进口许可证和进口信贷分配给土著进口商。

在文化上,为了调和文化差异,新政府在国旗、国徽、国歌等国家基本标志上采用了能激起各族共同历史记忆的标志。《1945年宪法》规定,"印尼的国旗采用红白双色旗"。④ 红白旗来源于满者伯夷王国,红色

---

① Emir Chairullah, *Indonesia's Failure in Papua: The Role of Elites in Designing, Implementing and Undermining Special Autonomy*, Oxon and New York: Routledge, 2022, p.39.
② *The 1945 Constitution of the Republic of Indonesia*, 网址:http://www.wipo.int/edocs/lex-docs/laws/en/id/id048en.pdf.
③ 陈永贵:《苏加诺时期印尼经济政策的特点及历史原因分析》,《三门峡职业技术学院学报》2009年第3期。
④ *The 1945 Constitution of the Republic of Indonesia*, 网址:http://www.wipo.int/edocs/lex-docs/laws/en/id/id048en.pdf.

象征勇敢，白色象征纯洁。在印尼民族革命时期，该旗帜是反抗荷兰统治的鲜明象征，具有重要的民族主义色彩。除国旗外，印尼的国徽也于1950年正式确立。印尼国徽的主体要素是一只金色的神鹰，神鹰为印尼神话毗湿奴神的坐骑。鹰尾部的八根羽毛和双翅上各有的十七根羽毛，合起来象征了印尼的独立日——8月17日。鹰身上的盾牌分为五部分，代表着印尼的"建国五基"的思想，其中金星在正中，体现了"信仰神道"在"建国五基"中的独特地位。在下方，神鹰用鹰爪抓着一条飘带，飘带上有一行古代爪哇文字：Bhinneka Tunggal Ika，意为"殊途同归"。国旗、国徽作为团结各族的重要象征，其选择受到了苏加诺的高度重视，其本人对国徽亲自进行了修改，而国旗则由其夫人法玛瓦蒂亲手制作完成。印尼的国歌为《大印尼》，于1928年10月28日在第二次印尼青年代表大会上使用，在印尼独立斗争时期发挥了巨大的作用，成为团结各族群的重要精神支柱。

此外，为了加强各族群的联系，政府并未将人口占大多数的爪哇人使用的爪哇语作为国语，而是采用了更加具有普遍意义的印尼语作为国语。《1945年宪法》规定"印尼的国语为印尼语"。[①]《1950年临时宪法》则再次强调了这一规定。印尼语成为印尼共和国单一且唯一的官方语言，适用于各个领域。印尼第一代现代民族主义者决心不再让自己被（殖民者）"分而治之"，因而很早便看到了对"国语"的需要。马来语是一种有着数百年历史的岛际通用语言，选作国语非常理想。爪哇血统的印尼民族主义者除了认识到爪哇语（存在）的"困难"之外，他们还具有足够的远见和慷慨，未将对其母语的主张强加于印尼的其他民族语言群体。[②] 印尼政府也强调"实行各族群平等、团结、互助的政策。严禁一切歧视、分裂族群的行为。各族群有权使用本族群的语言、文字，保持自己的族群特色和族群风俗，保持和发扬本族

---

① *The 1945 Constitution of the Republic of Indonesia*，网址：http://www.wipo.int/edocs/lexdocs/laws/en/id/id048en.pdf。

② Benedict R. O'G. Anderson, *Language and Power: Exploring Political Cultures in Indonesia*, Ithaca, N. Y. and London: Cornell University Press, 1990, p. 199.

群的优良传统"①。

在教育上,印尼政府强调了教育的全民性和民族性。《1945年宪法》规定:"每个公民都有受教育的权利;政府应当建立和施行依法管理的民族教育制度。"② 1950年的《学校教育及教学基本法》规定:"所有儿童,年满6岁就有权在学校受教育;年满8岁就有义务在学校受教育。"同时,法令还强调了教育的民族性:"教育和教学要以印尼共和国宪法中的建国五基原则及民族文化为基础。"③ 总之,议会民主制时期,印尼共和国政府在政治、经济、文化等领域做出了许多具有历史意义的努力。不过,国家内部政党斗争的问题严重地威胁到共和国的稳定,这也引起了总统苏加诺的强烈不满。1956年3月,苏加诺在新国会上发表讲话,首次提出了"有领导的民主"这一设想。1959年,苏加诺发布总统令,宣布恢复《1945年宪法》,从而开始了"有领导的民主"的时期。

二 "有领导的民主"时期印尼的民族国家建构与民族整合

(一)制宪会议的斗争及"有领导的民主"的确立

宪法是一个国家的根本大法。早在印尼宣布独立后的第二天,即1945年8月18日,由苏加诺、哈塔等领导的印尼独立准备委员会就通过了印尼共和国的第一部宪法——《1945年宪法》。不过在荷兰殖民者重返印尼地区后,这部宪法实质上并未得到有效的实施。1945—1949年,联邦政府出台了《印尼联邦共和国宪法》和《印尼共和国临时宪法》两部具有妥协性质的宪法。1950年印尼共和国成立后,于当年颁布了新的临时宪法。1956年,印尼废除与荷兰的《圆桌会议协定》,并于11月10日在万隆召开了制宪会议。不过,由于会议上各党派之间的矛盾,制宪工作并未完成。1959年,苏加诺提议用《1945年宪法》取代《印尼共和国临时宪法》,遭到了制宪会议的否决。7月5日,在印尼武装部队的支持下,苏加诺下令解散制宪会议,重新恢复《1945年宪法》。

---

① 米良:《东盟国家宪政制度研究》,云南大学出版社2006年版,第252页。
② *The 1945 Constitution of the Republic of Indonesia*,网址:http://www.wipo.int/edocs/lexdocs/laws/en/id/id048en.pdf。
③ 黄元焕等:《印尼教育》,广东高等教育出版社1989年版,第64—65页。

1956—1959年，印尼宪法制定的曲折历程其实反映了议会民主制时期，各党派对于民族国家建构所持有的不同理念。其中，最大的理念冲突是伊斯兰教在国家中的地位。因为在1945年8月印尼宣布独立后，政府公布的宪法草案里并没有将《雅加达宪章》加入序言中，宪法中也并没有印尼总统必须是穆斯林的相关规定。所以在1959年的制宪会议中，伊斯兰教政党联盟（包括伊斯兰教联盟、伊斯兰教师联合会、马斯友美党和白尔蒂伊斯兰教党）强烈反对苏加诺以《1945年宪法》替代临时宪法作为印尼永久宪法的提案，而是主张将1945年的《雅加达宪章》加入宪法的序言中。因此，在制宪会议的三次表决中，第一次表决结果为269票反对，169票赞成。第二次表决结果为264票反对，204票赞成。第三次表决中263票反对，203票赞成。① 投票结果迫使以苏加诺为首的执政者采取强制方式推行其民族国家建构的政策。1959年7月5日，在印尼武装部队的支持下，苏加诺下令解散制宪会议，重新恢复《1945年宪法》，同时宣布《印尼共和国临时宪法》失效。

"有领导的民主"是苏加诺于1957年提出的主张，其主要内容有两点：一是成立互助合作政府，二是组织民族委员会。② "有领导的民主"可以归纳解释为四点内容：第一，有领导的民主是一种将各个方面意识形态整合到一起的民主；第二，有领导的民主是不局限于政治，而是涉及国家各个领域的民主；第三，有领导的民主承认思想言论上的自由，但这种自由必须受到国家的限制；第四，有领导的民主是手段而不是目的，它强调的是一种过程。从苏加诺关于"有领导的民主"的表述可以看出，实行"有领导的民主"的主要目的是恢复他的实权地位，他不甘心位居于那种象征性的领袖地位。③ 到1961年，苏加诺的个人权力达到了顶峰。

（二）"有领导的民主"时期印尼的国家建构与民族整合

"有领导的民主"时期，苏加诺重新恢复《1945年宪法》。根据宪法

---

① ［澳］J. D. 莱格：《苏加诺政治传记》，上海外国语学院英语系翻译组译，上海人民出版社1977年版，第315页。

② ［澳］J. D. 莱格：《苏加诺政治传记》，上海外国语学院英语系翻译组译，上海人民出版社1977年版，第291—292页。

③ 张锡镇：《浅析苏加诺的"有领导的民主"》，《国际政治研究》1989年第4期。

第八章 印尼民族国家建构与民族整合

规定，印尼是一个单一制共和国，实行总统内阁制；总统是国家元首，又是最高行政首脑和武装部队最高司令；总统由人民协商会议选出，总统及其领导下的内阁只对人民协商会议负责而不对国会负责，国会无权推翻总统；内阁成员均由总统任免，协助总统工作；最高评议院是总统的咨询机构，对总统无任何约束力。①

在族群问题领域，苏加诺一直主张各族群平等团结的国家方针，主张建设统一的印尼民族。苏加诺强调："全体公民，不论是爪哇人、巽他人、米南加保人、米娜哈沙人、巴达克人、布吉斯人……不论部族、种族或者其祖先是否为原住民，都必须团结。"② 1963年3月，苏加诺明确指出，土生华人为印尼诸部族之一。③ 1963年7月，在苏加诺的要求下，民族委员会成立。该组织由总统领导，与内阁同级。在苏加诺看来，"一个同民族委员会携手工作的互助内阁将成为连接政府和我们社会各种力量的巨大而牢固的桥梁。"④

对于少数族群地方的叛乱活动，苏加诺采取了坚决镇压的立场，全面镇压了分裂共和国的活动。而对于政党间的意识形态的矛盾，他则采取了相较温和的手段，通过游说的方式，让传统穆斯林、名义穆斯林、基督教徒和共产主义者等势力在政府中占有一席之地，从而接受"有领导的民主"。⑤

在经济领域，苏加诺继续加快建构国家经济的进程。1957—1963年，印尼政府在收复西伊里安的斗争中就接管了总值达12.5亿美元的荷资企业。⑥ 苏加诺还倡导计划经济。在"有领导的民主"时期，苏加诺先后颁布了包括"五年建设计划（1956—1960）""三年大米自给计划（1960—1962）"和"八年建设计划（1961—1968）"等经济计划。

---

① 唐慧等编著：《印度尼西亚概论》，世界图书出版广东有限公司2012年版，第205页。
② 杨启光：《二战后印尼原住民的印尼民族观》，《东南亚研究》1990年第4期。
③ 杨启光：《二战后印尼原住民的印尼民族观》，《东南亚研究》1990年第4期。
④ Herbert Feith and Lance Castles (eds.), *Indonesian Political Thinking: 1945–1965*, Ithaca, N.Y. and London: Cornell University Press, 1970, p.89.
⑤ 韦红：《东南亚五国民族问题研究》，民族出版社2003年版，第232页。
⑥ 陈永贵：《苏加诺时期印尼经济政策的特点及历史原因分析》，《三门峡职业技术学院学报》2009年第3期。

在文化领域，苏加诺尝试将其主张的"潘查希拉"理念贯彻到社会文化领域的方方面面。1965年，苏加诺颁布第145号总统令。根据法令，印尼的教育目标主要是培养对建设印尼社会、物质与精神的正义和繁荣负责的印尼国家公民。印尼公民以"潘查希拉"为灵魂，即至高无上的神道；公正和文明的人道；印度尼西亚的统一；协商和代表之下的民主；实现社会的正义与繁荣。①

在教育领域，政府尝试将伊斯兰教整合进国家的世俗教育中。"有领导的民主"时期，印尼政府建立了区别于传统的伊斯兰学校的新型教学机构——马德拉萨。马德拉萨作为苏加诺在文化整合进程中将传统伊斯兰教与国家世俗化进行融合的产物，其在教学中通常侧重于教授印尼语与其他世俗课程，阿拉伯语和其他宗教课程一般不会超过总课时的40%。同时，传统的伊斯兰教学校也发生了变革。以东爪哇著名的伊斯兰教学校"贡多"为代表，伊斯兰教学校在增加世俗课程的同时，也保留了一套完整的宗教教育体系，从而得到了印尼许多地区人民的认同。②

三 苏加诺时期印尼民族国家建构的成效

（一）成就与问题并存的民族国家建构

从政治领域看，苏加诺确立了印尼建立世俗民族国家的道路。苏加诺以"潘查希拉"为核心的立国方针，一方面把伊斯兰教控制在国家政治稳定所能容忍的范围之内，另一方面这也有利于非伊斯兰教信仰族群对印尼世俗国家的认同。苏加诺通过推动民主政治从"多党议会民主"到"有领导的民主"的转向来促进族际的政治整合，从而减少了"多党议会民主给印尼带来的政治分裂风险"。③

不过，印尼中央政府过于急躁的行为，不仅没有尊重印尼各地区的历史和族群的差异，还在很大程度上使得许多地区和族群将印尼这个多族群国家视作以爪哇人为中心，爪哇人占主导的国家。这种看法，在很

---

① 唐慧等编著：《印度尼西亚概论》，世界图书出版广东有限公司2012年版，第180页。
② 施雪琴：《印尼伊斯兰教育中的政治因素》，《当代亚太》2007年第1期。
③ 李斌：《独立模式对建国初期政治发展的影响：印度尼西亚与马来西亚的比较》，《东南亚研究》2001年第4期。

大程度上滋生了印尼民族分离主义的情绪，其最终的结果就是印尼民族分离主义运动的频发。

从经济领域看，印尼政府实行积极扶持土著私营经济的政策，给予了民族私营经济各种优先权。同时，印尼政府实行具有"社会主义"色彩的经济政策，如在农村推广合作社发展，实施计划经济等。不过，从整体上看，这一时期印尼的经济发展并不是很好：1953—1959年印尼经济的年平均增长率仅为3.2%，1961—1965年则降为1%；1965—1966年，印尼工厂的开工率只有20%；政府的财政赤字高达15656亿盾，外债高达23.58亿美元；年人均国民收入仅为90美元；通货膨胀率高达650%。[1]

从文化领域看，苏加诺尝试通过"潘查希拉"的理念融合各族群，通过"印尼"来塑造统一的印尼民族。"潘查希拉"被后来印尼的历届领导人遵从，逐渐发展成为名副其实的民族国家建构观。不过，在"有领导的民主"时期，随着苏加诺个人权力的逐渐强大，其文化整合政策越来越有个人崇拜的倾向，大量的苏加诺雕像被建立，歌颂苏加诺的口号也不断出现。这对于塑造共同的"潘查希拉"的价值观来说实际上是一个严重的打击。

（二）国家政治结构的失序

在苏加诺时期，印尼国内政治结构的失序一直是制约印尼民族国家建构的重要原因。"有领导的民主"时期，苏加诺建构的以军队和共产党为核心的平衡体系，实际上是将议会民主制时期多党斗争的情况变成了两极对立。苏加诺的平衡策略虽成功一时，但最终以失败告终。

苏加诺执政后期，随着印尼经济发展的逐渐恶化，苏加诺个人的威望急剧下降。印尼共产党与军队的斗争也愈演愈烈，印尼的政治结构陷入失序的状态。1965年9月，总统府警卫团的一位营长翁东中校获悉"将领委员会"将发动政变，于是带领部属在9月30日凌晨先发制人，对策划反苏加诺的"将领委员会"采取了军事措施，逮捕了6名将军并占领了印尼广播电台、中央电信大楼和位于雅加达附近的一个空军基地。政变结束后，接着就组建了包括印尼共在内的各界"革命委员会"来代

---

[1] 唐慧等编著：《印度尼西亚概论》，世界图书出版广东有限公司2012年版，第250页。

替政府内阁。"9·30事件"后，苏哈托开始运用各种手段逐渐掌握国家大权。1966年3月11日，苏哈托逼迫苏加诺交出了总统大权，苏加诺的统治至此结束。

第四节　苏哈托时期及民主化时期印尼民族国家建构进程

1965年"9·30事件"后，苏哈托掌握了印尼的国家政权，并由此开始了其长达32年的执政生涯。苏哈托执政时期，印尼经济取得了飞速发展，国家趋于稳定。1997年经济危机爆发后，苏哈托下台，印尼进入了新的民主化时期。在民主化时期，政府针对苏哈托时期的种种弊政进行改革，并取得了显著成效。不过，印尼依然存在许多族群问题与社会矛盾。印尼的民族国家建构之路依然任重道远。

一　苏哈托时期印尼民族国家建构进程

（一）苏哈托"新秩序"体制的确立

"9·30事件"后，在军人势力的支持下，苏哈托确立了其"新秩序"体制，印尼由此进入苏哈托时代。

苏哈托"新秩序"体制之所以为"新"，主要有如下三个方面的体现。其一，军队是新体制的权力基础。20世纪50年代末期，纳苏蒂安将军就认为军队应被定义为一个"社会—政治团体"，它既是武装力量，也是社会政治力量，军人有权参与国家的重大决策。[①] 在苏哈托时期，这一理论被进一步完善并用于实践，军队开始全面干政。

其二，以"有限政党制度"为核心的"潘查希拉民主制"。苏哈托通过对政党制度的改革，迫使印尼的众多党派解散或重组。苏哈托上台后，成立了以军人为主体的专业集团党。[②] 1967年，政府颁布了《简化政党

[①] 陈松涛：《论苏哈托与军队关系的变化》，《南洋问题研究》2004年第1期。
[②] 实际上，苏哈托认为专业集团党是一个"超党派政治组织"，故该党自成立起一直自称为社会政治组织。直到1999年3月7日，该组织才正式宣布成为政党。

条例》，印尼政党从"有领导的民主"时期的九大政党缩减、合并为三大政党，其中两个即为以伊斯兰教为基础的建设团结党和强调世俗主义的印尼民主党。党派的强制合并，使建设团结党和印尼民主党内的成员变得复杂。这种复杂情况往往会使两党陷入内斗，从而无法对专业集团党形成统一的挑战。① 同时，苏哈托将各党派活动的范围限制于县级行政区域，从而削弱其他势力在农村地区的影响，以减少专业集团党在选举时受到的阻力。苏哈托规定各党派必须以"潘查希拉"作为唯一的指导思想。它使得苏哈托领导的专业集团党一党独大，牢牢地把握了国家政权。②

其三，对外完全倒向以美国为首的西方阵营。苏哈托时期，政府一改苏加诺时期对社会主义势力的亲和态度，断绝了与中国的外交关系。同时，印尼结束与马来西亚的对抗关系，重新加入了以美国为主导的政治经济体系，大量接受外资和援助，发展国内经济。

（二）"新秩序"时期印尼的民族国家建构与民族整合

在政治领域，军人作为新政权的支柱开始参与到国家的各项政治事务中。在中央，军人在1966年的人民协商议会中占据了近五分之一的席位。而在新成立的内阁中，军人也占据了近半数的职位，且均为国防安全部、内政部和经济部门等重要部门。③ 在地方，苏哈托将军队划分为多个层级的指挥系统，以加强军队对省级及以下地区的渗透力。④ 根据统计，20世纪70年代末，有超过三分之二的省级长官为军人或军人任命；在区一级，56%的官员为军人。⑤

苏哈托时期，政府重新划分了地方行政区域。1974年，印尼政府颁布"区域自治基本法"重新划分地方行政区域。地方政府被划分为省、

---

① 黄云静、张胜华：《国家·发展·公平：东南亚国家的比较研究》，中国社会科学出版社2016年版，第151—152页。

② ［澳］史蒂文·德拉克雷：《印度尼西亚史》，郭子林译，商务印书馆2009年版，第117—119页。

③ 尤洪波：《试论苏哈托对印尼的威权统治》，《东南亚纵横》2003年第4期。

④ Jacques Bertrand, *Nationalism and Ethnic Conflict in Indonesia*, Cambridge: Cambridge University Press, 2004, p. 192.

⑤ 黄云静、张胜华：《国家·发展·公平：东南亚国家的比较研究》，中国社会科学出版社2016年版，第151页。

区/市、次区、乡村四个层级。① 对应新的行政划分，军队也被划分为区域军事指挥部、紧急军事指挥部、区级军事指挥部和次区级军事指挥部四个层级的指挥体系。② 1979年，政府又通过"乡村法"，在全国各大乡村建立基于爪哇传统乡村管理模式的一套标准行政机构，并同时将其纳入地方体系之中。③ 同时，苏哈托还建立并完善了各级政府的行政机构，明确了中央与地方的权力关系。在省一级，设立省长及省人民立法议会。3—5名省长候选人经由省级议会推举后，再经内政部长提交给总统，最终由总统确定人选。省立法议会作为建议机构与省长合作处理省级立法以及预算工作。省长下设有评议局，就省内事务向省长提供建议。在区一级，行政首脑由内政部长根据区级人民立法议会的建议名单任命。在次区级和乡村，行政首脑由上级行政首脑任命。同时，在各级地方均设置由"国家发展计划局"监督管理的"发展计划局"，负责向行政首脑建议发展计划及协调地区事务。④

通过行政体系的改革，印尼的行政体系确立了"总统—内政部长—省长"和"内政部长—区级行政首脑—次区级行政首脑—乡村行政首脑"的层级管理方式。地方行政长官的任命权实际上被集中于总统和中央政府手中。同时通过设立由中央控制的军队区划和发展计划局，将地方安全和财政分配权力牢牢掌控住。印尼政府的制度化水平大大提高，中央集权化程度大大加深。对于地区民族分离主义运动，如1971年"巴布亚独立组织"领导的"巴布亚独立"和1976年哈桑·迪罗领导的自由亚齐运动等，苏哈托政府都给予了严厉镇压。

在经济领域，苏哈托上台后首先通过对财政体制、银行体制和外贸体制的经济整合，抑制了国内的通货膨胀，稳定了国内的经济秩

---

① 黄云静、张胜华：《国家·发展·公平：东南亚国家的比较研究》，中国社会科学出版社2016年版，第151页。

② Jacques Bertrand, *Nationalism and Ethnic Conflict in Indonesia*, Cambridge: Cambridge University Press, 2004, p. 192.

③ 黄云静、张胜华：《国家·发展·公平：东南亚国家的比较研究》，中国社会科学出版社2016年版，第150—151页。

④ Colin MacAndrews, *Central Government and Local Development in Indonesia*, New York: Oxford University Press, 1986, pp. 21 – 24.

序。在财政体制上,苏哈托接受了被称为"技术统治论者"的建议,采取了强有力的正统经济命令①,通过平衡预算政策增收节支以保障政府的收支平衡。在银行体制上,苏哈托政府建立了科学的银行体制,在确保中央银行的独立性和监管职能的同时,通过提高利率鼓励储蓄,以遏制通货膨胀。②

在外贸体制领域,政府简化了多重汇率制度,减少了贸易限制,积极鼓励外国对印尼国内的石油、矿业等领域进行投资。1967年1月10日,印尼政府颁布了《印尼共和国1967年外资法》,明确了外商投资的投资领域,即除"国计民生的领域"外的其他领域。对于外国投资,给予企业头五年免税,第六到第十年减税等优惠措施。③1968年7月3日,印尼政府又颁布了《印尼共和国1968年内资法》,一改苏加诺时期对外企直接没收的手段,通过明确企业的经营期限,陆续收回国内产业。根据规定,贸易领域和工业领域的经营期限截止至1977年12月31日,其他领域按政府的具体规定,在10—30年内终止运营。④苏哈托在外贸体制改革中采取的积极态度得到了国际上的认可,国外投资陆续涌向印尼。苏哈托的经济改革取得了巨大成效,印尼的通货膨胀率从1967年底的120%下降到1969年的9.9%。⑤

从1969年4月至苏哈托下台前,印尼政府共制定、推行了六个五年计划。第一个五年计划(1969年4月—1974年3月)和第二个五年计划(1974年4月—1979年3月)的重点放在了农业领域。20世纪70年代,国际油价骤增,印尼也从石油的开采中获得了巨大利润。因此在第三个五年计划(1979年4月—1984年3月)里,印尼政府在提高粮食产量的同时,也将重点放在改善人民的生活、教育、社会分配等方面。20世纪80年代,随着石油、天然气价格的下跌,印尼政府在第四个五年计划(1984年4月—1989年3月)里加强了对国内经济产业结构的调整,开

---

① [澳]史蒂文·德拉克雷:《印度尼西亚史》,郭子林译,商务印书馆2009年版,第122页。
② 唐慧等编著:《印度尼西亚概论》,世界图书出版广东有限公司2012年版,第251页。
③ 杨眉:《印度尼西亚共和国经济贸易法律选编》,中国法制出版社2006年版,第15页。
④ 杨眉:《印度尼西亚共和国经济贸易法律选编》,中国法制出版社2006年版,第20—21页。
⑤ 唐慧等编著:《印度尼西亚概论》,世界图书出版广东有限公司2012年版,第251页。

始将从依赖石油、天然气的原料出口产业转型为以出口导向为主的制造产业。在第五个五年计划（1989年4月—1994年3月）中，印尼政府继续贯彻落实发展制造业的政策，同时又进一步改善国内社会的分配现状。第六个五年计划（1994年4月—1999年3月）原定于重点拓展对外贸易，发展旅游产业，但由于1997年金融危机导致的印尼国内政治经济的动荡，第六个五年计划并未得到有效实施。①

苏哈托试图通过移民政策，对少数民族地区进行强制的民族整合。1965年，印尼政府确立了每年迁移150万人的移民政策。从1969年的第一个五年计划起，印尼政府在每个五年计划中，均有相关的移民政策。总体来看，印尼的移民政策有三个特点：其一是移民的路线主要是从爪哇地区迁移到需要经济建设的外岛地区；其二是移民的规模受经济波动的影响，移民数量随着经济的发展而扩大，随着经济的衰退而减少；其三是迁移的族群主要为爪哇人。②

同时，苏哈托还尝试减少爪哇与其他外岛地区、东部与西部的经济差异和族群矛盾。从20世纪70年代中期开始，印尼政府开始投入大量资金开发东部和外岛的落后地区，大量基础设施，如公路和桥梁等得以相继修建。外岛与东部地区丰富的矿藏资源与森林资源也得到大幅开发。同时，在外贸上，印尼政府也给予这些地区优惠。1970年8月7日，政府颁布了《印尼共和国1967年外资法》修正案。根据修正案规定，凡投资爪哇省以外地区生产领域的外资企业，可以在原有两年免征企业税的基础上延长一年。③

在文化领域，苏哈托主张统一意识形态，禁止发表可能引发族群冲突的各种言论。政府强化了"潘查希拉"在意识形态领域的主导地位，许多涉及族群、宗教、种族和阶级的问题都不被允许公开讨论。国家的统一被视为至高无上，大多数地方运动也被视为民族分离主义运动。④

---

① 唐慧等编著：《印度尼西亚概论》，世界图书出版广东有限公司2012年版，第251—253页。
② 沈燕清：《从国内移民计划看印尼地区间种族冲突》，《东南亚南亚研究》2011年第3期。
③ 杨眉：《印度尼西亚共和国经济贸易法律选编》，中国法制出版社2006年版，第18页。
④ 韦红：《东南亚五国民族问题研究》，民族出版社2003年版，第240—241页。

第八章　印尼民族国家建构与民族整合

苏哈托沿用了苏加诺时期通过教育培养国民民族性的手段。在1966年通过的《关于宗教、教育及文化问题》的第27号决议中，明确规定了"教育的基础是国家哲学建国五基原则"。在1973年、1978年和1983年的人民协商会议中，印尼政府又对这一原则进行重申并加以完善。此外，政府还首次将教育目标与教育基础融合在一起。根据1973年人民协商会议通过的4号决议规定："教育方面的建设是建立在建国五基原则和国家哲学的基础上，其目的是为了造就这样的印尼公民，即具有……的印尼人。"①

同时，苏哈托政府进一步对伊斯兰教育进行整合。首先，苏哈托削弱了伊斯兰教师联合会在宗教部的地位和影响，进而剥夺了伊斯兰教师联合会对伊斯兰学校的管辖权。其次，推行伊斯兰教育的世俗化改革。通过教育人员的调任，重用伊斯兰现代主义者，从而使伊斯兰学校教育被进一步纳入中央的管控之中。到1989年，印尼政府颁布了第2号教育法案，正式规定教育与文化部接管多所伊斯兰学校。最后，进一步开展伊斯兰学校中的世俗教育，培养现代化人才。通过对各级学校课题体系的改革，学校教育中的世俗化课程以及符合世俗国家需要的现代伊斯兰教教学明显增多。②

二　后苏哈托时期印尼的民族国家建构与民族整合

（一）哈比比政府的民主政治改革

1998年5月21日，苏哈托辞去总统职位，其32年的威权统治宣告结束。随着苏哈托的下台，印尼国内被压制的政治、经济、族群问题相继爆发，社会各界要求政府对国家体制进行改革的呼声日益高涨。因此，在这种形势下，新上任的哈比比总统开启了印尼的民主改革进程。

在政治领域，哈比比对苏哈托时期的政党制度和中央与地方的行政体制进行了改革。1998年5月22日，新上任的总统哈比比宣布成立一个由36名部长组成的"建设内阁"。在新内阁下，建设团结党和印尼民主

---

① 黄元焕等：《印尼教育》，广东高等教育出版社1989年版，第65—67页。
② 施雪琴：《印尼伊斯兰教育中的政治因素》，《当代亚太》2007年第1期。

党两个在野党的成员也得以参政,这表明了新政府进行政党改革的决心。1998年底,哈比比宣布解除党禁,允许成立任何党派。人民参政的意愿被释放出来,300多个政党如雨后春笋般涌出。在印尼的1999年大选中,有48个政党参与选举,2004年大选中,有24个政党参与竞争。由此,苏哈托时期"一党控制下的三党体制"被新的政党制度取代。[1]

随着政党制度的改革,哈比比也着手对印尼中央和地方的权力体制进行改革。在中央,哈比比通过任命"七人小组",广泛征求社会意见,修改国会和人协组织法。通过取消过去国会议长和人协主席由一人兼任的制度,改由各级机构自选的方式,印尼的中央体制逐渐向真正的两院制过渡。明确了人协作为国家最高权力机构的地位,规范、限制总统的权力,明确了总统隶属于人协之下,且总统的任期不得超过两届(每届五年)。国会、最高法院作为与总统同等地位的国家机关,对总统的权力形成了制衡,以防再次出现总统专权的现象。[2] 在军队,以维兰托为首的军人势力也在哈比比的领导下进行了军队权力的自我修正。根据针对军队的《ABRI新模式》的规定,军队将与文官分享权力,从"政治的前台"脱离出来,实现从"控制者"到"影响者"的角色转变。从实际情况来看,虽然军人并未丧失对印尼政治的影响力,但其在议会、政党、社会治安方面的影响力确实受到了较大的削弱。[3]

在地方领域,哈比比在保留苏哈托时期中央政府的绝对权力外,对地方采取了积极的分权与自治改革。1999年5月,哈比比政府通过第22号法令《地方自治法》,明确了中央与地方的权力划分和地方政府的权力职能。根据该法案,中央政府除保有国防、外交、司法、财政(货币、国家项目、财政均等化、国标)和宗教事务上的权力外,新成立的自治区将享有其他权力,而部分地区需要履行的职能也被明确规定。[4] 在人事任命上,不同于苏哈托时期自上而下的层级任命方式,在新体系下,省

---

[1] 温北炎、郑一省:《后苏哈托时代的印度尼西亚》,世界知识出版社2006年版,第22—24页。
[2] 温北炎、郑一省:《后苏哈托时代的印度尼西亚》,世界知识出版社2006年版,第26页。
[3] 刘相骏、皮军:《后苏哈托时代印尼军队的改革》,《南洋问题研究》2008年第1期。
[4] Jacques Bertrand, *Nationalism and Ethnic Conflict in Indonesia*, Cambridge: Cambridge University Press, 2004, pp. 201 – 202.

长的任命方式不再是总统根据省立法议会的建议任命,而是总统在省立法会议选举省长后进行批准。同样,省以下的地方行政长官的任命也不再由上级政府决定,而是直接交给地方的立法会议。除此之外,地方人民立法会议在地方法律的制定、财政预算上也被中央赋予了更大的自主权。在地方财政上,通过第25号法令《中央、地方财政均衡法》的颁布,中央政府给予了地方更大的财政自主权。① 虽然地方政府依然需要中央政府的财政支持,但地方政府的财政收入相比于苏哈托时期已经有了明显改善。

在族群问题领域,1998年9月哈比比签署总统令,下令停止使用"原住民"和"非原住民"的称呼,废除种族歧视条例。针对华人的问题,哈比比规定华语和其他外语享有同样的地位,并在1999年发布命令,允许在校学生选修华语。面对地方的民族运动,哈比比也采取了比较温和的态度。针对东帝汶独立的要求,哈比比认可了东帝汶进行公投的决定。在亚齐问题上,哈比比对亚齐人权问题进行了调查和安抚。同时在1999年8月,哈比比还通过了针对亚齐的第44号法令,给予亚齐宗教、文化、教育的自主权力。

在经济上,哈比比政府将重点放在对金融行业的整合上。具体来讲,包括通过裁减合并银行整顿银行业,出台相关法令,大量接受国际援助三个方面。尤其是在经济法律层面上,通过《中央银行法》和《商业银行法》的颁布,哈比比政府加快了国企私有化的改革,同时促进了印尼中小企业的发展。法令也加大了印尼央行对各金融机构的监管力度,维护了民族国家在经济上的主导权力。

作为苏哈托下台后的过渡政府,哈比比政府在政治上做出了诸多努力,并成功地开启了新时期印尼民主改革的序幕。1999年10月,瓦希德在选举中战胜梅加瓦蒂,当选印尼总统,成为后苏哈托时期真正意义上的第一位民主选举的总统。②

---

① 黄云静、张胜华:《国家·发展·公平:东南亚国家的比较研究》,中国社会科学出版社2016年版,第159—160页。

② 在选举中,虽然梅加瓦蒂领导的民主斗争党赢得了更多的选票,但根据当时的印尼宪法规定,总统不由选民直接选举,而是由人民协商会议选举产生。瓦希德总统的当选实际上也是民主议会斗争的结果。

(二) 民主改革时期印尼的国家建构与民族整合

1999年10月,瓦希德上台执政。瓦希德内阁进一步完善了哈比比时期的改革方案。首先,瓦希德成立了"民族团结内阁",用以贯彻其民族整合的决心;其次,通过对选举制度、法律体系的改革,推行了直接选举制度,进一步推进印尼民主化的进程;最后,对军人势力进行削弱,通过对军队领导权的分化,进一步强化了国家的权力。瓦希德进一步完善哈比比政府的地方分权方案,通过颁布2000年第25号《中央、地方财政均衡法》,进一步明确了中央与地方在财政税收方面的事权与利益。[①] 2000年3月28日,瓦希德在雅加达召开了"中央集权制与联邦制"研讨会。会上,瓦希德对专家所提出的保留中央集权,但接受一些联邦制的因素的看法表示了肯定。在此思想下,瓦希德积极同地方各界人士进行对话,允许地方自治。[②] 2001年1月1日,瓦希德政府开始实行地方分权计划。但随着7月瓦希德被弹劾下台,该计划宣告失败。在族群问题上,瓦希德认为"所有印尼公民,不分种族、宗教和文化都是平等的"[③]。因此,在其执政时期,印尼政府重新审查了过去歧视华人的法规,并废除了许多针对华人的不公平的法令。华人的生活和地位有了极大改善。在经济上,瓦希德在推进经济改革的同时,重点对国民社会保障领域进行改革。通过建立社会保障体系、修订劳工法等方式,努力提高国民的生活水平。[④]

2001年8月,梅加瓦蒂上台。作为苏加诺的女儿,梅加瓦蒂继承了父亲关于国家建构的理念。她吸纳无党派人士进入内阁,组建了"互助合作内阁"。在2002年8月提出的修正《四五宪法》的第四次修正案中,法律再一次对总统的选举与权力作了明确规定。首先,在总统直选的基础上,规定了总统的连任次数以及任期年限;其次,明确总统与国会的权力关系;再次,进一步对军队进行改革,通过人事安排,进一步弱化

---

① 黄云静、张胜华:《国家·发展·公平:东南亚国家的比较研究》,中国社会科学出版社2016年版,第160—161页。
② 韦红:《东南亚五国民族问题研究》,民族出版社2003年版,第243页。
③ 黄昆章:《印尼总统瓦希德的民族和解政策》,《现代国际关系》2000年第12期。
④ 温北炎、郑一省:《后苏哈托时代的印度尼西亚》,世界知识出版社2006年版,第115—116页。

军人的权力，强化国家权力；最后，放开言论自由，进一步扩大民主化。梅加瓦蒂并不赞成瓦希德的联邦改革制度，而是主张在统一的印尼的前提下进行分权。2001年，印尼政府颁布了《巴布亚省特别自治法令》，给予巴布亚省更大的自主权，并将上议院席位平均分配给土著群体、宗教团体和妇女权益组织。2002年1月1日，印尼政府同意在亚齐实行《伊斯兰教法》，这是印尼建国以来政府第一次同意单独省份实行《伊斯兰教法》。① 在经济上，梅加瓦蒂成立了由经济学家和内阁成员构成的领导班子。与前几任政府不同，梅加瓦蒂开始有意识地提高民族经济水平，通过发行国债来筹措经费，而不再通过向国外借贷来发展基础建设事业。同时，印尼政府还提高官员和军人的经济待遇，来培养国家的上层建筑人员对国家的经济认同。②

2004年10月4日，印尼历史上首位直选总统苏西洛上台。苏西洛同梅加瓦蒂一样，兼顾各方的利益，组建了"团结内阁"。作为一个强调族群团结的政府，苏西洛政府于2006年通过了《亚齐自治法》，从而实现了与亚齐地区的政治和解。从2004年10月到2014年10月，苏西洛执政长达10年。苏西洛政府作为民主改革化时期的政府，能保持长期的稳定，这与其经济上取得的成就是密不可分的。总的来看，苏西洛政府采取了发展计划经济以及大力引进外资的方式。一方面，通过制定"五年建设计划"进一步发展民族经济；另一方面，与梅加瓦蒂不同，苏西洛大力引进外资，通过简化审批程序，提高外资投资比例，进一步发展国家经济。此外，苏西洛加强了对爪哇岛以外地区的经济建设，通过设立六大经济走廊（苏门答腊经济走廊、爪哇经济走廊、加里曼丹经济走廊、苏拉威西经济走廊、巴厘努沙登加拉经济走廊和巴布亚经济走廊），进一步通过经济建设强化民族国家的内部凝聚力。③ 在文化领域，苏西洛政府在全国推行九年义务教育。对于爪哇岛外相对落后的地区，苏西洛也加

---

① 黄云静、张胜华：《国家·发展·公平：东南亚国家的比较研究》，中国社会科学出版社2016年版，第161—162页。
② 温北炎、郑一省：《后苏哈托时代的印度尼西亚》，世界知识出版社2006年版，第117页。
③ 林梅、柯文君：《苏西洛总统执政10年的印尼经济发展及新政府的挑战》，《南洋问题研究》2014年第4期。

大了教育普及的力度。通过"流动学习车"的方式，政府在边远地区有效地推行了国家教育，保证了在国家内部教育的普及，进而强化了印尼民族国家建构中的文化整合。①

2014年7月22日，佐科当选印尼总统。佐科上台之前就组建了"五人过渡小组"，该小组为提高政府的行政效率，重组、合并和撤除了一些政府部门。他用"猎头小组"对潜在的部长人选进行筛选，此外他还发起了一个创新性的在线调查，征集公众意见，了解他们青睐的关键部门的候选人。佐科在2014年10月上台之后，在政治上遇到的就是"府会之争"。印尼威权体制的转型并不彻底，他虽然赢得了总统选举的胜利，但当时支持他的"辉煌联盟"在国会中是少数党联盟，政府与国会的关系并不融洽。在佐科采取恰当的策略后，联盟执政的基础越来越稳固，国民使命党和福利公正党加入了"辉煌联盟"。由于印尼经济形势总体表现不佳，印尼盾汇率和雅加达综合股指持续下滑等原因②，在2015年8月12日，佐科宣布调整内阁，对总统办公厅、经济统筹部长、海洋统筹部长、贸易部长和内阁秘书进行了更换，并希望借此能够提高人们对市场的信心，推动印尼经济的发展。

佐科以经济外交促进经济发展，试图发展海洋经济，把印尼打造成海洋强国。由此，佐科采取了以下措施：实施"海上高速公路战略"，重点发展海上互联互通，带动海陆空和通信等基础设施建设；维护和管理好海洋资源，保护海洋环境以及维护人民的福祉；制定优惠政策，鼓励造船、海洋旅游等海洋产业的发展；发展海洋外交，借区域优势增强话语权。③佐科政府所采取的这一切措施都是为了印尼各族群的社会发展，建立一个团结的、政治上有尊严、经济上富足的多元文化国家，让印尼成为全球文明的枢纽。佐科政府还严厉打击腐败，崇尚节俭，把节省下来的政府开支用来建设基础设施；整顿能源行业，削减国内能源补贴，减少政府的财政预算。自佐科2014年上台后，印尼政府一直把减贫扶困

---

① 唐慧等编著：《印度尼西亚概论》，世界图书出版广东有限公司2012年版，第197页。
② 李皖南、刘呈祥：《印尼佐科维政府执政绩效初评》，《东南亚研究》2016年第2期。
③ 吴崇伯：《印尼新总统佐科的海洋强国梦及其海洋经济发展战略试析》，《南洋问题研究》2015年第4期。

当作施政的重点之一,但印尼下层人民的贫困状况并没有得到显著改善。从2015年9月9日到2016年2月12日,印尼政府为了应对经济的下滑,促进国内各地经济的平衡发展,在这段时间共采用了10期刺激经济政策的配套措施,包括简政放权、金融外汇管理、增加人民币营业贷款、制定新劳工薪资制度、资产重估优惠、建立8个经济特区、简化投资手续等。①

三 苏哈托时期及"后苏哈托时期"印尼民族国家建构的成效

(一)苏哈托时期印尼民族国家建构的成效

苏哈托时期,印尼的民族国家建构主要是在威权政治体制下进行的。苏哈托通过各领域的整合手段,试图将国内各民族打造成具有统一国家思想观("潘查希拉")的国家民族。

在政治领域,苏哈托针对苏加诺时期存在的政党问题、行政区划问题和爪哇与外岛冲突的问题进行了重要改革。最终,通过政治整合,苏哈托政权在政治、军事上实际上确立了"总统—专业集团党—军人"的威权体制。虽然苏哈托在强化中央政府的权力上取得了巨大成就,但随着后期苏哈托本人权力的膨胀和个人的腐化,政治整合从强化中央政府的权力异化成了个人独裁。1983年,苏哈托为了维护个人权力,强迫人民协商会议通过了关于宪法修订的方案,规定"任何意欲修改宪法的行动,需事先以公民投票的方式获得多数公民的同意"。② 宪法的修正实际上宣告了苏哈托的独裁。

在经济领域,印尼经济的增长率在"新秩序"时期虽有波动,但通常保持在6%—6.8%的发展状态。同时,国家经济结构发生了重大变化。国民生产总值(GNP)当中的农业比例从"新秩序"开始时的50%以上下降到20世纪90年代早期的19%。③ 尽管农业仍提供了大约50%的工作岗位,但农业在经济结构中的占比已经从1961年的73%下降到1980—

---

① 李皖南、刘呈祥:《印尼佐科维政府执政绩效初评》,《东南亚研究》2016年第2期。
② 唐慧等编著:《印度尼西亚概论》,世界图书出版广东有限公司2012年版,第205页。
③ Hal Hill, *The Indonesian Economy since 1966*, Cambridge: Cambridge University Press, 1996, p.5.

1990 年的 34.1%。同时，印尼的工业占比从 11% 上升到 40%，制造业从不到 8% 上升到 21%。① 随着经济的增长，人民生活标准显著提高，人均日常卡路里摄入量从 1816 上升到 2605。爪哇岛内十分贫困的人口在爪哇岛的人口占比从 61% 下降到 10%，爪哇岛外的贫困人口在岛外人口的占比从 52% 下降到 7%。②

在文化领域，通过发展教育，印尼适龄儿童的入学率大大提高。根据统计，截至 1994 年，印尼在校小学生人数占适龄儿童总数的 93.5%，初中生占 53%。此外，印尼高等院校的学生数量也大大增加。相比 1969 年的 15.6 万人，2000 年印尼大学生人数增至 220 万人，占高中应届毕业生总数的 10.5%。各类学校总数由 1969 年的 6000 所增至 18 万所。③

在民族整合领域，苏哈托试图通过强制认同的手段来整合各个族群，"大爪哇主义"的倾向明显。在财政分配上，1969—1985 年，中央分配给地方的财政支出仅占国家预算的 15% 左右。④ 外岛地区与少数族群在经济发展中的付出与收益严重失衡。1967—1982 年，尽管自 1976 年以来，印尼政府试图让各地都能更为平均地发展，并越来越重视外岛的发展，但近半数以上的批准投资项目都集中在爪哇地区。来自家庭支出数据的证据表明，在 20 世纪 70 年代，爪哇城市中的不平等现象有所增加，尤其是在雅加达。亦有证据表明，农村地区的贫富差距也在扩大，因为绿色革命技术使富裕农民的受益多于穷人，穷人无力承担投资或涉及的风险。中央政府在农村的更多参与有助于提高特权阶层的地位，同样导致了农村社会中贫富差距的扩大。⑤ 到 1995 年，印尼的贫困指数平均为 11.3，但雅加达的贫困指数极低（仅为 2.5），其他非爪哇地区的贫困指数均高

---

① Hal Hill, *The Indonesian Economy since 1966*, Cambridge: Cambridge University Press, 1996, p. 22.
② Hal Hill, *The Indonesian Economy since 1966*, Cambridge: Cambridge University Press, 1996, p. 5.
③ 梁敏和：《印尼教育简史、现状及面临的问题》，《东南亚研究》2003 年第 1 期。
④ John Ravenhill, *Nationalism and Ethnic Conflict in Indonesia*, Cambridge: Cambridge University Press, 2004, p. 196.
⑤ Christine Drake, *National Integration in Indonesia: Patterns and Policies*, Hawaii: University of Hawaii Press, 2019, pp. 161 – 166.

于平均水平。①

（二）后苏哈托时期印尼民族国家建构的成效

苏哈托下台后，通过历任总统的改革，印尼在政治整合上取得了很大成就。第一，通过宪法及相关法律的修订，完善了国家的选举体系，明确了政府机构的职能；第二，通过军队改革，加强了中央对军队的管控，削弱了军队对国家各个方面的影响力；第三，协调了中央与地方的关系。通过颁布一系列的地区治理法令以及地区自治法令，地方自治得到真正的落实，地区族群的矛盾得以缓和。

在经济上，尤其是在苏西洛执政的10年间，印尼的国民生产总值增长率达到5.3%，并成为世界第16大经济体。2012年印尼的人均GDP达到3606元，失业率从2005年最高的11.2%下降到6.1%，失业率大为降低。贫困人口从2004年的3610万人下降到2013年的2807万人。印尼的贫困率从2009年的14.15%下降到2014年的11.37%。② 同时，得益于地方分权措施的有力执行，地方的财政收入也不断增加。

在文化上，随着教育的不断发展和完善，印尼人民的人文发展指数也得到不断提高。根据统计，印尼人文发展指数从1990年的0.531上升到2014年的0.684。居民的预期受教育年限和受教育平均年限显著增长。③

不过，印尼在长期建设中积累的诸多问题却并未得到完全解决。第一，军人势力依然保持着一定的影响力，尤其是在佐科当政后，为了寻求军队的支持，使得军队的影响力有所增强。第二，地方分权计划有些矫枉过正。民主改革时期，印尼政府推行的地区分权计划原意是缓和族群矛盾，改善地区人民的生活，但在实际执行中，由于地方官员的能力良莠不齐，部分地方的建设反而愈加糟糕。同时，由于地方分权给地方带来的巨大的利益诱惑，来自地方上的70%的提案都是要求自治，这严重危害到统一民族国家的稳定与统一。第三，从苏加诺时期以来，长期

---

① 戴万平：《印尼族群政治研究》，博士学位论文，中山大学，2003年，第158页。
② 林梅、柯文君：《苏西洛总统执政10年的印尼经济发展及新政府的挑战》，《南洋问题研究》2014年第4期。
③ 温北炎、郑一省：《后苏哈托时代的印度尼西亚》，世界知识出版社2006年版，第168页。

困扰政府的腐败问题仍未得到解决，部分领导人也因腐败传言而黯淡下台，而地方的贪污则更是危害到中央推行的分权措施。总之。在"后苏哈托时代"，印尼民族国家建构的模式与方针依然处于不断地摸索与改革之中。

第九章　菲律宾民族国家建构与民族整合

段宜宏

第一节　菲律宾民族国家的形成与历史发展

过去，受航海技术等因素的影响，加上菲律宾较为特殊的地理位置，菲律宾群岛与周围地区的交流很少，经济社会发展落后于东南亚其他国家。到西班牙殖民前，受伊斯兰教的影响，位于菲律宾南部的苏禄、棉兰老地区率先建立了一些穆斯林政权，而菲律宾北部地区则依然处于"巴朗盖"式的原始公社向阶级社会过渡的阶段，没有形成统一的政权和信仰，更谈不上民族国家及民族国家意识的产生。"巴朗盖"是古代菲律宾社会的基本社会组织，每一个"巴朗盖"由30户至100户组成。这也是现代菲律宾地方自治最基础单位的由来。西班牙人统治时期，今天菲律宾民族国家的疆域的基础得以奠定，这一基础在美国殖民时期得以确认和不断巩固。

菲律宾的"民族建构"（nation-building）历史的惊人之处在于它的"典范性"。作为东南亚第一个向西班牙发动反殖民的民族解放战争的国家，与任何邻国相比，它都拥有更久的"民族建构"经验。在美帝国主义统治的独特"教导"下，菲律宾得以成为该地区最早的"民族建构"实验室之一。20世纪初期，美国殖民者在菲律宾殖民地进行国家建构的遗产（特别是选举权、大众初等教育和基础设施建设的引入）建立了政治的概念和实际参数，独立后的菲律宾政治的概念和实际参数得以确定。而且，正如彼得·W.斯坦利（Peter W. Stanley）所言："在真正意义上，在本世纪（即20世纪）的前10年里，菲律宾政府中的美国人将自己视为致力于建立现代国家的基础。"①

根据菲律宾统计局（Philippine Statistics Authority，PSA）在2010年统计的数字，他加禄人（Tagalog）、米沙鄢人（Bisasay/Binisaya）、宿务人（Cebuano）、伊洛卡诺人/伊洛加诺人（Ilocano）、希利盖农人/伊隆戈人（Hiligaynon/Ilonggo）、比科尔人（Bikol/Bicol）、瓦雷人（Waray）七个族裔的人口所占菲律宾全国人口的比例之和为73.81%。有关菲律宾主要族裔的数量及其所占比例的情况，如表9-1所示。

表9-1 菲律宾按族裔和性别划分的家庭人口数量及其比例（2010年）

族裔	男	女	男女总数	男女总数占总人口比例（%）
菲律宾人	46458988	45638990	92097978	100.00
他加禄人	11165880	11346209	22512089	24.44
米沙鄢人	5280242	5259574	10539816	11.44
宿务人	4631036	4494601	9125637	9.91
伊洛卡诺人/伊洛加诺人	4104500	3970036	8074536	8.77
希利盖农人/伊隆戈人	3938276	3835379	7773655	8.44
比科尔人	3209816	3089467	6299283	6.84
瓦雷人	1868128	1792517	3660645	3.97
其他外国族裔	39941	23076	63017	0.07
未说明	3113	3337	6450	0.01
其他的地方族裔	12218056	11824794	24042850	26.11

说明：因分析需要，笔者增添了男女总数占总人口比例（%）一列。
资料来源：Philippine Statistics Authority, *2018 Philippine Statistical Yearbook*, Quezon City: Philippine Statistics Authority (PSA), 2018, pp. 1-25。

从语言来看，在菲律宾境内依然活跃的语言超过100种，其中绝大多数为"土著语言"，且主要是南岛语系的语言。有学者将这100多种语言归为八大语系家族，包含他加禄语、宿务语、伊洛卡诺语、希利盖农语、比科尔语、瓦雷语、卡潘盘甘语及邦阿西楠语等，讲这些语言的人口占

---

① Caroline S. Hau, "Rethinking History and 'Nation-Building' in the Philippines", in Wang Gungwu (ed.), *Nation-Building: Five Southeast Asian Histories*, Singapore: Institute of Southeast Asian Studies, 2005, p. 43.

了菲律宾总人口的85%。不过，语言家族究竟要如何分类其实存有若干分歧，如在菲律宾的官方分类中，就有米沙鄢语类别的存在，但这一分类却不在一些学者的分类之中存在。这些大语言家族主要分布在低地平原地区，经过数百年的西方殖民统治，多数人口在宗教上已经改宗基督教，他们深受西方文化的影响。因此，与其他语言族群相比，这些大族群除了语言差异之外，在宗教和其他文化层面其实已颇为相近，可被统称为"菲律宾的主流族群"。

据菲律宾统计局2000年和2010年的统计数字，菲律宾穆斯林的占比由4.39%上升到5.49%。有关2000年和2010年菲律宾和棉兰老岛按主要族群划分的总人口状况，参见表9-2。而据菲律宾统计局2015年的统计数据，在信仰宗教的菲律宾人口中，罗马天主教（包括天主教灵恩派）信徒人数最多，为80304061人，占宗教信仰人口总数（100979303人）的79.53%；其次是伊斯兰教信徒，信徒人数为6064744人，占宗教信仰人口总数的6.01%。[①]

表9-2 菲律宾和棉兰老岛按主要族群划分的总人口（2000年和2010年）

族群	2000年		2010年	
	人口数（人）	比例（%）	人口数（人）	比例（%）
菲律宾	69168155	100.0	91012285	100.0
穆斯林	3036228	4.39	4998559	5.49
土著非穆斯林	5641657	8.16	7792792	8.56
非穆斯林/非土著	60490270	87.45	78220933	85.95
棉兰老岛	16111584	100.0	21455483	100.0
穆斯林	2905761	18.0	4716222	22.0
土著非穆斯林	1918522	11.9	3201321	14.9
非穆斯林/非土著	11287301	70.1	13537939	63.1

说明：表中的数字未包括未说明/报告其族群和/或分析中使用的其他变量的数字。这些样本数字分别占菲律宾国家和棉兰老岛总人口的10%和2%左右。

资料来源：Celia M. Reyes, Christian D. Mina and Ronina D. Asis, "Inequality of Opportunities among Ethnic Groups in the Philippines", *World Institute for Development Economics Research*（*WIDER*）*Working Paper*, No. 154, 2017, p. 15。

[①] 相关的具体数字，参见 Philippine Statistics Authority, *2018 Philippine Statistical Yearbook*, Quezon City: Philippine Statistics Authority (PSA), 2018, pp. 1-24。

一　菲律宾的民族起源

（一）菲律宾民族来源

古代的菲律宾民族来源主要有两个，一是尼格利陀人，即矮黑人，属于尼格罗—澳大利亚人种的尼格罗类型。尼格利陀人在距今约2万年前进入菲律宾。后来，在后续到来的马来人的压力下，他们逐渐进入山林，部分成为狩猎者，部分成为用森林产品进行交换的采集者。在长时间的交流融合中，大多数尼格利陀人学会了农耕，并接受了邻近的耕作者使用的南岛语系语言。按照融合程度的高低，尼格利陀人分别形成了今天的阿埃塔人（Aeta）、阿格塔人（Agta）和今天山地民族的祖先。

二是马来人，属亚洲人种马来类型，其语言属于南岛语系。按目前被国际学术界接受的南岛语系的发源和传播的"出台湾假说"，最早从公元前5000年开始，南岛语系民族陆续从中国南方经过台湾岛，继而到达菲律宾。[1] 马来人带着先进的农耕技术，占据了菲律宾群岛的平原地区，逐渐形成了现在平原地区的主体民族——他加禄人（Tagalog）、比萨扬人（Visaya）等。[2]

（二）伊斯兰教的传入

菲律宾南部的一些大督利用伊斯兰教的影响，在"巴朗盖"社会的基础上，初步建立起了政权。到16世纪以前，在苏禄、棉兰老岛上都分别建立了苏丹国。[3] 同时期，在伊斯兰教的影响下，菲律宾南部的11个小部族的生活习俗也渐趋一致，为摩洛认同的形成奠定了基础。[4] 伊斯兰教的传入，给菲律宾带来了一神信仰、政教合一的封建性政治制度和以《古兰经》为根本的法律制度，对菲律宾南部社会的发展起到了巨大的推动作用。这表现在：第一，加速了菲律宾南部的国家化、封建化的进程；第二，加速了菲律宾南部宗教——民族共同体的

---

[1] 阳阳等：《菲律宾文化概论》，世界图书出版公司2014年版，第44页。
[2] 彭慧：《菲律宾的山地民族及其"土著化"问题》，《世界民族》2013年第4期。
[3] 贺圣达：《东南亚伊斯兰教与当代政治》，中国书籍出版社2010年版，第126页。
[4] 何平：《东南亚民族史》，云南大学出版社2012年版，第72页。

形成。①

二 西班牙殖民统治及菲律宾民族国家疆域的初步确立

(一) 西班牙殖民统治及天主教的传播

1. 天主教在菲律宾中北部的广泛传播

使菲律宾人天主教化是西班牙人殖民化菲律宾的主要目标之一。② 西班牙人由此造就了政教合一的菲律宾殖民政府。天主教会是随着西班牙远征队一起踏上菲律宾的土地的。黎牙实比占领宿务后，当即划拨土地给奥古斯丁会建立教堂和修道院。教会很快就在靠近棉兰老岛的比萨扬群岛中部的宿务设立了奥古斯丁会菲律宾省。③ 在西班牙近300年的殖民过程中，教会共派出近6000名传教士，建立了651个教区和小的居民点。随着信奉天主教菲律宾人的不断增加，菲律宾基督教徒从1591年的66.7万人增加到1899年的近659.9万人。④

2. 西班牙殖民当局对菲律宾南部的征服

西班牙殖民者在菲律宾中北部站稳脚跟后，在多种因素的刺激下，很快就发起了对菲律宾南部摩洛人的入侵战争（"摩洛战争"）。整个战争大致可以分为三个阶段：第一阶段，从1578年到1663年，南部穆斯林顽强抵抗西班牙人的进攻，西班牙殖民者最终不得不放弃经营多年的三宝颜。第二阶段，从1718年到1762年，西班牙人再次侵略穆斯林地区，双方处于僵持状态。第三阶段主要发生在19世纪，欧洲列强都试图占领菲律宾南部。西班牙人依托现代化的海军，攻占了棉兰老岛和苏禄群岛两岛的大部分城镇，穆斯林苏丹及大部分民众退入内地。随着西班牙在菲律宾殖民统治的结束，摩洛战争也就结束了，而西班牙殖民者并未成功达到其全面控制摩洛人的目的。换言之，西班牙殖民者从未完全控制过

---

① 贺圣达：《东南亚历史重大问题研究　东南亚历史和文化：从原始社会到19世纪初（下册）》，云南人民出版社2015年版，第129—130页。
② Kathleen Nadeau, *The History of the Philippines*, Westport, CT: Greenwood Press, 2008, p. 33.
③ 施雪琴：《西班牙天主教在菲律宾：殖民扩张与宗教调适》，博士学位论文，厦门大学，2004年，第68页。
④ ［菲］格雷戈里奥·F.赛义德：《菲律宾共和国：历史、政府与文明》，吴世昌译，商务印书馆1979年版，第303页。

棉兰老岛和苏禄群岛，故穆斯林的"国家建设"（Muslim state building）得以进行。①

（二）西班牙殖民统治对菲律宾历史发展的影响

西班牙在菲律宾的殖民统治深刻影响了当代菲律宾领域疆域的形成。

政治上，西班牙殖民者主要依靠扶持各地的菲律宾"巴朗盖"首领及帮助天主教传教士建立教区以协助其统治。在长期的历史进程中，菲律宾特有的"庇护"制逐渐形成了，特别是在西班牙殖民后期，菲律宾逐渐融入世界经济，菲律宾各地形成了为数不多的政治家族。这些政治家族通过婚姻、宗教等关系获得了强大的政治、经济实力，进而影响菲律宾政治的发展。②

经济上，西班牙殖民者将大庄园制度移植到了菲律宾。殖民当局把大片掠夺来的土地连同土地上的居民，按照西班牙母国的模式赏赐给有功的军官、殖民官吏和教会。这样，就把菲律宾原来以村社成员共同拥有土地的方式转变为西班牙殖民者、统治者集中拥有土地的方式。③ 土地高度集中一方面产生了大量无地农民，致使贫困问题长期困扰着菲律宾；另一方面则在统治阶层内部造就了一种带有封建色彩的家族势力。这种势力一旦把持政坛，就会实施家族式统治，对国家财富进行疯狂的掠夺。④

文化上，西班牙的殖民统治成功地让绝大多数菲律宾人成为天主教徒，而南部则继续保持伊斯兰信仰，这就造成了菲律宾南北群体文化的两极化。

三 美国的殖民统治与日本的军事占领及其影响

（一）美国殖民时期的菲律宾

1. 美国直接统治时期

1898年底，美西签订了《巴黎条约》，西班牙把菲律宾割让给美国，

---

① Patricio N. Abinales and Donna J. Amoroso, *State and Society in the Philippines*, Lanham: Rowman & Littlefield Publishers, Inc., 2005, p. 69.

② Kathleen Nadeau, *The History of the Philippines*, Westport, CT: Greenwood Press, 2008, p. 30.

③ 覃主元等：《战后东南亚经济史（1945—2005）》，民族出版社2007年版，第266页。

④ 覃主元等：《战后东南亚经济史（1945—2005）》，民族出版社2007年版，第266页。

第九章　菲律宾民族国家建构与民族整合

美国随即以武力征服了菲律宾群岛，刚刚建立的菲律宾第一共和国也随之灭亡。在美国殖民主义时期，棉兰老岛整个岛屿才被正式纳入菲律宾的疆域之内。[①] 美国以武力征服菲律宾共和国后，建立了以塔夫脱为总督的殖民文治政府。

2. 菲律宾自治政府时期

1934 年 7 月 30 日，在马尼拉召开的宪法会议选出了 202 名代表。1935 年 2 月，宪法会议通过了 10 年过渡时期的宪法。1935 年 5 月，该宪法经菲律宾全民投票赞成并经美国罗斯福总统批准，允许菲律宾人建立由菲律宾人自己管理的政府，从而实现菲律宾的自治。自治 10 年以后，美国将允许菲律宾独立。宪法规定：菲律宾的行政权属于总统，正、副总统由选民直接选举产生，任期 6 年；立法权属于一院制的立法会议；司法权属于最高法院和地方法院。[②]

自治宪法通过后，经过选举，奎松、奥斯敏纳当选为正、副总统。1935 年 11 月 5 日，菲律宾正式成立了以奎松为总统的自治政府，菲律宾民族国家得到进一步巩固和发展。自治政府设有 9 个行政部门，自治政府中所有的主要职务，从各部部长到总统，都由菲律宾人担任。[③] 成立之初的自治政府，共有文职人员 21000 名，其中除 300 名美国人外，全部都是菲律宾人。留下的少数美国人，大多是教师。1941 年，根据修改的宪法，奎松和奥斯敏纳再次当选正、副总统。

（1）自治政府的文化政策

教育上，自治政府成立了"国家教育委员会"。通过教育改革，去除了殖民时期"美化""同化"菲律宾的教科书。自治政府采用菲律宾人所著的新教科书代替之前美国的课本。自治政府重视研究菲律宾本国的历史，发扬菲律宾民族文化，注重爱国主义教育，强调通过学习菲律宾历史上的英雄人物等方式来培养菲律宾人的民族主义精神。

---

① P. N. Abinales, "Mindanao in the Politics of the Philippine Nation-State: A Brief Sketch", *Philippine Political Science Journal*, Vol. 17, Issue 33 – 36, 1992, p. 124.
② 唐睿：《体制性吸纳与二战后东亚国家政治转型——韩国、新加坡和菲律宾的比较分析》，博士学位论文，复旦大学，2013 年，第 155 页。
③ 郭雷庆：《聚居型多民族国家民主转型进程中的民族分离问题研究——以我国周边五国为例》，博士学位论文，山东大学，2017 年，第 193 页。

自治政府还采取举措，促进菲律宾国语的形成。菲律宾政府成立了"国语学会"并开展相关研究，最终确定他加禄语作为菲律宾语的基础。"国语学会"的研究成果早在1937年就被自治政府以行政命令的形式颁布。1940年，自治政府宣布将菲律宾语作为国语，并将在菲律宾取得独立后成为菲律宾的正式语言。

（2）自治政府的经济政策

经济上，1935年12月，自治政府通过了第2号法令，创建了"国家经济委员会"。该机构的主要任务是要在经济和财政问题上向政府提供建议，主要方面包括促进工业、农业的发展，农作物和产品的多样化，税收改革等，并要制定一个经济计划。奎松政府成立了菲律宾国家信贷机构以及许多国家企业，以促进菲律宾民族经济各项生产的发展。

（二）美国殖民统治对菲律宾的影响

政治上，美国经过近50年的殖民统治，为菲律宾带来了美国式的三权分立、自由选举的政治制度，并将菲律宾南部有效纳入了殖民政府的管辖范围之内，客观上奠定了独立后菲律宾民族国家的政治整合基础。美国殖民当局的"菲化"政策，使得殖民当局主要依托菲律宾天主教徒与南部穆斯林上层对南部地区进行统治，南部穆斯林群众长期不能进入菲律宾南部殖民政府当中，他们的利益诉求也得不到反映，更不可能得到保障。

经济上，一方面，由于美国长期在菲律宾推行经济自由政策，大量的美国资本涌入菲律宾，菲律宾成为美国经济的附庸，使其在经济上不得不依赖于美国，美国强大的资本垄断了菲律宾的民族经济。另一方面，为缓解菲律宾北部的经济压力，美国殖民政府开始让菲律宾人口向南部穆斯林地区大量移民，移民对当地土地等资源的占有，极大地损害了没有现代产权制度保障的南部穆斯林的利益。普遍的经济利益受损，加上宗教文化的差异，极大地扩大了南部穆斯林与天主教移民之间冲突的范围，使得南部的冲突具有了群体性特征。

文化上，美国殖民当局在菲律宾推行英语教育，在摩洛人地区也引入了现代化的学校。然而，学校教学内容并没有为穆斯林群体有所改变，仍沿袭北部灌输天主教文化的内容。这类学校的出现，反而催生了穆斯林宗教学校的出现，穆斯林宗教学校的出现和发展不断强化了穆斯林的族群意识。大量的天主教徒移民在穆斯林社区周边出现,在两相对比之下,使得南部穆斯林的群体意识不断被激发,最终让两种不同的宗教信仰成为南北两大群体分野的标志。

(三) 日本占领时期的菲律宾

1. 日本占领下的菲律宾

1942年1月3日,日本进入了马尼拉,宣布美国对菲律宾的殖民占领已经结束,并声称日本远征菲律宾的目的是把菲律宾人从美国的统治下"解放"出来,让菲律宾人建立一个"菲律宾人的菲律宾",成为"大东亚共荣圈"的一员。

政治上,1942年1月23日,日军占领当局在与原菲律宾自治政府官员进行洽商并取得其支持后,责成菲律宾组织中央行政政府——"行政委员会"。行政委员会的委员担任各部部长,各部部长服从行政委员会主席的领导。日本占领当局通过设置在各部的日本顾问以及若干助理顾问来控制菲律宾。

经济上,为服务日本的战争需求,日本把菲律宾过去的农业种植结构快速调整为适应日本需求的结构。由于日本纺织业的发展对棉花有大量的需求,日本便大量减少菲律宾的甘蔗和烟草的种植,扩种棉花和亚麻。因此,甘蔗和烟草的种植面积大大缩减,糖和烟的产量随之大大降低。

表9-3　　　　　日本占领时期菲律宾农业种植相关数据统计

	1940年	1944年
甘蔗种植面积(公顷)	223000	3900
糖产量(小吨)	1150000	150000
烟草产量(磅)	76000000	22000000

资料来源:金应熙主编:《菲律宾史》,河南大学出版社1990年版,第583页。

文化上,日本占领当局充分利用菲律宾人对独立的追求、对美国的反感,借机开展泛亚主义宣传,声称他们的目的是要把菲律宾人从美国的统治和压迫下解放出来,强调菲律宾和日本是"同种族兄弟",以争取菲律宾支持日本的战争。为此,早在1942年初,日本占领当局就向菲律宾发出命令,规定了菲律宾教育须遵循的原则,要求普及日语,逐渐停止使用英语。

2. 日本的占领对菲律宾民族主义的影响

日本的占领进一步打破了菲律宾由于长期的殖民历史所造成的封闭，让菲律宾人感受到了菲律宾属于亚洲。日本占领期间，他加禄语被广泛使用，加之菲律宾政府对菲律宾语的不断宣扬，一定程度上促进了菲律宾民族主义的成长。[①]

日本占领菲律宾后，对菲律宾的教育政策进行了调整。一方面，极力去除美国对菲律宾的文化影响；另一方面，为配合日本的宣传需要，日本占领当局允许菲律宾人去学习菲律宾自己的历史、文化，让菲律宾人以"东方人"的心态去重新定位菲律宾。日本占领下的傀儡政府总统劳拉认为，要重新塑造菲律宾人就需要极力鼓吹和提倡菲律宾的民族主义。为此，在日本占领时期，劳拉总统通过将他加禄语作为办公用语，巩固了菲律宾语作为菲律宾民族语言的地位。[②]

第二节　菲律宾民族主义的兴起与菲律宾民族国家的构建目标

19世纪末期，菲律宾的经济融入了世界经济体系之中，得到了快速发展，菲律宾的民族主义也在经济增长的同时不断成长。海外菲律宾人发起的"宣传运动"带动了"卡蒂普南"组织的建立，菲律宾独立从思想走向行动，菲律宾的民族独立运动也在这一过程中发展起来。眼看菲律宾即将实现独立，而独立被取代西班牙而来的美国殖民统治所打断，使得菲律宾民族主义的发展进入新的阶段。

美国殖民者征服了全菲律宾，实现了菲律宾历史上的第一次统一。政治上，美国殖民者依托菲律宾天主教徒和穆斯林上层进行统治；经济上，美国殖民者通过大量移民，推动南部地区的开发与发展；文化上，

[①] David P. Chandler et al., *In Search of Southeast Asia: A Modern History*, Sydney, N. S. W.: Allen & Unwin, 1971, p. 431.

[②] Teodoro A. Agoncillo, *Histoty of the Filipino People*, Quezon: R. P. Garcia Publishing, 1984, pp. 410–411.

美国殖民者通过设立现代化的学校等一系列举措开始"文明同化"南部的穆斯林。美国采取的措施给独立后的菲民族国家建设留下了深刻的殖民印记。通过教育同化穆斯林的整合政策也被独立后的菲律宾政府一直沿用。

一 菲律宾民族主义的兴起与多民族国家格局的初步形成

(一) 菲律宾民族意识的产生

19世纪上半叶,随着墨西哥的独立,菲律宾与墨西哥之间的大帆船贸易不得不终止。为了维持在菲律宾殖民地的统治,西班牙与菲律宾建立了直接的经济、政治联系,因此菲律宾在经济、政治上都结束了昔日与世隔绝的状态,西方资产阶级自由民主的新思潮也传到了菲律宾,尤其是西班牙国内的革命和拉丁美洲殖民地争取独立的斗争,有力地促进了菲律宾民族意识的形成。菲律宾的新型知识分子随着民族资产阶级的形成而涌现出来,菲律宾的民族意识依托他们持续发展,菲律宾的民族意识从一开始产生就汇集了菲律宾各阶级的不满和反抗。[1] 至19世纪末,"卡蒂普南"的诞生,将菲律宾的民族意识从思想层面推向了行动层面,开创了菲律宾民族解放运动的新局面。

(二) 教区菲化运动与菲律宾民族意识的不断增长

在菲律宾改革运动中,教区菲化运动由于涉及面广、影响较大而引起人们的关注。菲律宾牧师是菲律宾居民中受教育程度较高的人,受益于菲律宾经济的发展和教育的改革。到19世纪中叶,菲律宾出现了一个人数众多的牧师阶层,数量大大超过了西班牙教士。然而,人数上占少数的西班牙教士一直把持着菲律宾的教区,菲律宾牧师被禁止担任教区要职。

菲律宾牧师进行争取管理教区权力,维护自己利益的斗争,虽然只是作为教士的菲律宾人群体的斗争,但斗争的矛头其实就是针对菲律宾人与西班牙人之间的不平等,这开创了菲律宾民族主义运动的先河。这

---

[1] 余虹姗:《政治视角下菲律宾新闻业的历史变迁研究》,硕士学位论文,暨南大学,2014年,第14页。

一和平改革运动虽然难以达到目的，但这一反抗民族歧视和民族压迫的斗争获得了菲律宾各阶层的同情和支持，标志着菲律宾民族意识的增长。

（三）宣传运动与菲律宾人民的觉醒

菲律宾民族主义思想在宣传运动中不断发展。在西班牙本土开展的"宣传运动"，不仅统一了菲律宾侨居者的思想，还促进了菲律宾国内民族知识分子的民族觉醒，唤起了他们的反抗精神。宣传运动中最著名的人物是何塞·黎萨，他通过注释《菲律宾群岛志》，撰写大量的文章，描述了菲律宾在西班牙殖民之前的辉煌过去，以此激发菲律宾人对菲律宾的热爱，从而鼓励菲律宾人投入为菲律宾的发展而奋斗的浪潮中。黎萨的文中指出古代菲律宾的物质文明、精神文明都已经很发达，正是西班牙的殖民统治毁灭了菲律宾的文化。在黎萨的著作里，民族意识不仅是对人民不幸的认识，而且还被强调作为一种为共同幸福而团结奋斗的精神，这对菲律宾后来的民族解放事业产生了重大影响，他的观点后来被"卡蒂普南"接受并加以发挥。

（四）"卡蒂普南"与菲律宾民族独立运动的兴起

宣传运动失败后不久，安德烈斯、博尼法西奥在马尼拉秘密建立了革命组织"卡蒂普南"（"民族儿女最尊贵协会"，首字母所写 KKK）。"卡蒂普南"明确以武力革命实现独立，在政治和社会观点上，基本上继承了"宣传运动"的观点。"卡蒂普南"的组织结构具有政府机构的性质，它的最高领导机构是最高委员会，叫作"卡塔斯桑塔·桑贡尼安"，第一届最高委员会成立于 1892 年 8 月。到革命前夕，共产生过 5 届最高委员会。1895 年 1 月，"卡蒂普南"召开了第三届最高委员会会议，为了加强"卡蒂普南"的领导和准备起义，会议任命博尼法西奥担任主席。此后，"卡蒂普南"的工作有了很大的起色。直到 1896 年 8 月 19 日，西班牙当局才确信"卡蒂普南"的存在。[1]

1896 年 8 月，巴林塔瓦克山之战的爆发，打响了反西的第一枪，揭

---

[1] Renato Constantino, *A History of the Philippines: From the Spanish Colonization to the Second World War*, New York and London: Monthly Review Press, 1975, p. 169.

开了1896年反西革命的序幕。革命从马尼拉发端，席卷了中吕宋和吕宋西南部及北部，革命浪潮扩展到民都洛和班乃，以及棉兰老岛的北部。1898年，美西战争爆发，在美国军队的支持下，阿吉纳尔多回到菲律宾组织革命者起来反抗西班牙。很快，阿吉纳尔多的军队就发展到1.2万余人。在美国和菲律宾革命者的进攻下，西班牙殖民者陷入走投无路的境地。6月12日，阿吉纳尔多在甲米地的卡维特发表独立宣言，宣布菲律宾从西班牙统治下解放出来，向全世界宣告了菲律宾的独立。

二 菲律宾多民族国家格局的奠定

（一）菲律宾华人社区的形成

中国与菲律宾地理位置较为接近，有利于中菲贸易的开展。据菲律宾的考古发现推断，中菲贸易早在晚唐时期即已开始。到了宋代，中菲贸易在中文史料中已有记载。[1] 据史料记载，16世纪70年代以后，菲律宾已有中国侨民，初期的华人多是商人，他们到菲律宾经商后"久居不返，至长子孙"。[2] 据学者考证，早在明朝初期，菲律宾就已经有中国侨民。[3] 据史料记载，西班牙占领菲律宾前的1571年，有华人150人居住在马尼拉，从事中菲贸易活动。[4]

西班牙殖民菲律宾以后，由于菲律宾殖民当局的粮食与生活必需品供应的现实需要，以及维系西班牙殖民菲律宾的大帆船贸易的商品需求，西班牙殖民当局积极鼓励中菲之间的贸易。因此，中国与菲律宾之间的贸易往来迅速增长，华人移居菲律宾的人数也随之急剧攀升。中菲之间的贸易商船从1574年的3艘，已增至1584年的25—30艘，居住在菲律宾的华人也从1571年的150人增长到1586年的四五千人。1588年，居住在菲律宾的华人增至1万人，至1596年更是增加到了2.4万人。在这些华人当中，除了商人以外，还有各种手工业的工匠和店员等。华人在马尼拉逐渐形成了以商业和手工业为主的华人社区。

---

[1] 黄滋生、何思兵：《菲律宾华侨史》，广东高等教育出版社1987年版，第4—5页。
[2] 《明史》卷323《外国四》，中华书局1974年版，第8370页。
[3] 黄滋生、何思兵：《菲律宾华侨史》，广东高等教育出版社1987年版，第15页。
[4] 黄滋生、何思兵：《菲律宾华侨史》，广东高等教育出版社1987年版，第16页。

美国占领菲律宾后，殖民当局很快就将在美国本土实施的对华人移民的歧视法案用于菲律宾，尽其所能地限制和排斥华人进入菲律宾。在这一系列法律的限制下，菲律宾华人从1903年的41035人，到1918年，仅增加了2767人，达到43802人。20世纪20—30年代，由于中国国内军阀混战、政局不稳及日军侵华等因素的影响，华人通过合法与非法等多种途径移居菲律宾，移居的人数不断增加。随着菲律宾华人在中国境内的配偶来到菲律宾，以及在菲华人之间的婚姻，使得在菲律宾出生的华人人口也有了增长。1918年以后，华人人口迅速增长。到1935年，华人人口为110500人，1939年，华人人口达到117487人。除了最北部的巴坦省，菲其余省份都有或大或小的华侨社区。

直到1940年，菲律宾自治政府意识到华人对于发展菲律宾经济的重要性，才制定了放宽华人移民的法律，取代之前美国殖民政府限制华人移民的法律。

随着华人数量的增加，华人团体组织也在菲律宾华人社区中发展起来。从1900年至日军占领菲律宾之前的41年间，华人建立了商会、工会、同乡会和宗亲会，以及地区性侨团、慈善组织、互助组织、青年团体、文化团体等多种组织，尤其以遍及各地的大小商会为多数。其中，1904年成立的马尼拉中华商会影响较大。中华商会在维护华人利益，发展华人商务等方面做了许多工作。

（二）菲律宾的山地民族

"山地少数民族（Minority Up Landers）是指生活在内陆山区、人口较少和主要从事狩猎、采集、捕鱼及简单农业的民族。"[①] 山地少数民族在菲律宾有60余个，包括阿埃塔人、伊富高人、比兰人、苏巴农人、邦都人、坎卡奈人、布基农人和纳巴洛伊人等。

他们是最早到达菲律宾的尼格利陀人与后续迁入菲律宾的马来人逐步融合形成的土著民族。主要从事原始的种植、采集生活。西班牙殖民时期，山地民族未被纳入殖民政府的有效统治，长期处于边缘地位。1889年，西班牙殖民者出台的《森林法规最后决议》，将所谓的不信仰天

[①] 包茂红：《菲律宾的民族问题》，《世界民族》2004年第5期。

主教的山地民族"异教徒"从事的轮耕、采集定位为非法，否定山地民族的土地权、生存权，将其划入"原始野蛮"的"山地民族"集团。

1902年，美国殖民当局制定了《土地登记法》，推行土地私有权，要求耕种土地的民族向法院申领地契。1903年，美国殖民当局又出台了《公共土地法案》，将山地民族轮耕的大批家族共有地划为"公共土地"。山地民族的利益在土地申领过程中受到严重侵害，使得世代居住在自己土地上的山地民族不能进入自己的地方。由此，山地民族问题由简单的政治融入原因转变为经济问题。

三 菲律宾民族国家的构建目标

事实上，并没有明确的文本规定或阐述菲律宾民族国家的国家构建目标，因此，我们只能从菲律宾宪法、历任领导人的思想及菲律宾政府所采取的民族国家构建政策和措施等来描述菲律宾民族国家的构建目标。

（一）菲律宾民族国家的政治整合目标

政治上，由于美国式的自由、民主思想的传播，1899年宪法、1935年自治领宪法、1987年宪法始终坚持美国式的三权分立思想，并且从1935年宪法开始明确了总统、议员选举等有关规定。1899年宪法即确立了政教分离的原则。因此，自由、民主、政教分离是菲律宾追求的理想政治目标，菲通过自由选举建立的政府来实现自由、民主。在1987年宪法颁布以前，菲宪法中并没有明确针对少数民族政治权利的特殊规定，可以看出，菲律宾政府试图通过实行单一的民主体制来实现对菲律宾民族国家的整合。

（二）菲律宾民族国家的经济整合目标

经济上，在菲律宾1899年宪法及1935年自治宪法中，没有专门章节涉及菲律宾民族经济的内容。1987年宪法第十九条规定："国家应发展一种由菲律宾人有效控制的、自力更生和独立的国民经济。"这一规定明确反映了菲律宾人对独立的民族经济发展的追求。在此之前的一系列的"菲化"案中，都透漏出菲律宾人对发展民族经济的强烈要求。

由于殖民统治的影响，土地问题一直是菲律宾经济、社会发展所面临的重大问题。1987年宪法第二十一条规定:"国家促进农村的综合发展和土地改革。"虽然宪法有了明确规定,但历届政府由于政治、经济、社会、文化等多个方面因素的影响,这一目标离最终实现仍有较大差距。

(三) 菲律宾民族国家的文化整合目标

文化上,菲律宾一直在发展作为菲律宾民族国家的语言——菲律宾语。1937年自治政府的奎松总统宣布,以他加禄语作为菲律宾语的基础。1959年,菲律宾政府通过第7号教育部令,把菲律宾语确定为国语。1973年宪法将菲律宾语作为国家的通用语言。1987年宪法确定了以他加禄语为基础的菲律宾语作为国语。

菲律宾民族主义的培养是菲律宾民族国家构建菲律宾民族主义的重要途径。1987年宪法第十七条规定:"国家给予教育、科技、艺术、文化和体育以优先的地位,以培养人民的爱国主义和民族主义,加速社会进步,促进全人类的解放和发展。"由于殖民前的菲律宾并没有产生实质性国家政权,政权在菲律宾的历史论述中,菲律宾将宣传运动的主要人物黎萨作为国父,把对黎萨及其著作的研究作为培养菲律宾民族主义和爱国主义的重要推手。

宗教信仰上,1899年宪法第三章第五条规定:"国家认识到各宗教之间的平等地位,实行宗教自由政策,实行政教分离。"这一原则在后续的宪法中都得到了类似的体现。

第三节 独立后至马科斯时期菲律宾民族国家的构建与民族整合

将穆斯林菲律宾人整合进入菲律宾民族国家的斗争,是在不断变化的历史环境下进行谈判和重新定义权力关系的尝试。[1] 菲律宾独立以后,前两任总统罗哈斯、季里诺主要忙于战后经济的恢复,在民族国家建

---

[1] Michael Hawkins, "Muslim Integration in the Philippines: A Historiographical Survey", *Asia-Pacific Social Science Review*, Vol. 8, No. 1, 2008, p. 29.

构及民族整合上没有采取什么具体的行动。自马格赛赛总统开始,菲律宾政府将投诚的胡克叛乱分子安置到菲律宾南部的穆斯林地区,鼓励北部的天主教徒移居南部。这一举措一方面激发了穆斯林的族群意识,另一方面移民与穆斯林之间不断累积的矛盾,最终引发了南部的动乱。到了马科斯执政(1965—1986)时期,菲律宾政府不仅没有去化解这些矛盾,反而希望通过军事管制实现菲律宾南部的和平。而南部穆斯林为了维护自己的权利,采取了武装反叛的方式与菲律宾政府进行对抗。

一 独立后菲律宾民族国家的政治整合

(一)菲律宾的政治体制与菲律宾民族政治的初步整合

1. 菲律宾政治的特点

独立后的菲律宾在最初的 26 年里,"实行美国人主持制定的宪法,美国式两党制,美国式的总统制,定期的议会和总统选举,以及第三世界最充分的新闻和言论自由"。[①] 战后菲律宾政治的特点是趋同性,强调国家整合,实行美式三权分立的统治体制。"从理论上说,民主能够促成民族国家的整合……在民族国家形成之后,民主化过程的确有助于民族之间矛盾的缓和。"[②] 因为在理论上,民主体制可以选拔社会各民族、各阶层的政治人才到政府任职,通过制定代表各阶层人民利益的政策,使得政府成为各民族人民的代表,从而起到民族整合的效果。

2. 战后菲律宾的民族整合

战后初期,为了有效实行国家整合政策,在南部穆斯林人口较多的地区,菲政府大多指派穆斯林上层人物与天主教徒官员分享政治权力。即便是接受天主教徒移民较多的拉瑙、哥达巴都等省份的省长都由穆斯林担任,与政府委派的天主教徒官员共同掌管地方事务。穆斯林与天主教徒官员共同执掌政府事务,使得两个群体的上层人物有了最直接的接触与了解,从一定程度上来说,这缓和了两个群体的关系。[③] 不过,在基

[①] 张锡镇:《当代东南亚政治》,广西人民出版社 1994 年版,第 205 页。
[②] 郑永年:《民主,中国如何选择》,浙江人民出版社 2015 年版,第 75 页。
[③] 彭慧:《论菲律宾穆斯林群体的性质和影响》,《东南亚研究》2007 年第 4 期。

层政府机构中，由于穆斯林文化教育水平的滞后，大多数基层政府机构的职位都由天主教徒担任。在具体执行政令时，基层的天主教徒官员往往透过"摩洛形象"的有色眼镜看待穆斯林。① 穆斯林的问题无法通过正常途径解决，往往诉诸暴力，结果反过来加深了天主教徒对穆斯林的仇恨与歧视，恶化了两个群体的关系。② 再者，菲律宾的政治特色是权力集中于中央部门，受上级指派的天主教徒官员与本地的穆斯林官员发生矛盾后，双方往往煽动两个群体的对立，挑起冲突，从而达到自己的目的。第二次世界大战后，在南方省份这样的例子屡见不鲜。其中，北拉瑙省为推选宪法大会的代表而产生的暴力冲突就集中反映了两个群体上层之间的政治斗争，并导致该省陷入仇杀的混乱之中。③

为拉拢南部穆斯林，罗哈斯总统任命了3名穆斯林担任苏禄、哥达巴都和拉瑙的省长，也有一些穆斯林成为国会议员。④ 菲律宾南部的实权主要由天主教官员掌握，穆斯林最多只是充当办事员。⑤

大致而言，马科斯政权对南方"骚乱"带来的问题的反应有4个维度：针对南部穆斯林的合理需求给予积极回应；对于"摩洛民族解放阵线"的力量通过抹黑给予分裂；针对国际社会和谈呼吁给予积极回应，与"摩洛民族解放阵线"展开谈判；针对"摩洛民族解放阵线"的叛乱坚决打击。具体表现如下：（1）马科斯政权将动乱归因于穆斯林菲律宾人的相对被剥削感，并试图通过社会和经济发展计划，以及对摩洛民族主义的宗教和文化的要求的有限让步来缓解这种状况；（2）考虑到穆斯林人口内部的意识形态和种族/地区差异以及南部一些非穆斯林菲律宾人的不安全感，马科斯政权试图抹黑"摩洛民族解放阵线"，并否认摩洛民族主义情绪的力量；（3）在国际伊斯兰社会的压力下，马科斯总统已（在有限范围内）与"摩洛民族解放阵线"就解决摩洛民族主义的要求问题

---

① 彭慧：《论菲律宾穆斯林群体的性质和影响》，《东南亚研究》2007年第4期。
② 彭慧：《论菲律宾穆斯林群体的性质和影响》，《东南亚研究》2007年第4期。
③ 彭慧：《论菲律宾穆斯林群体的性质和影响》，《东南亚研究》2007年第4期。
④ 陈衍德、彭慧：《菲律宾现代化进程中摩洛人的处境与反抗（1946—1986）》，《南洋问题研究》2007年第1期。
⑤ 陈衍德、彭慧、高金明等：《全球化进程中的东南亚民族问题研究——以少数民族的边缘化和分离主义运动为中心》，厦门大学出版社2008年版，第218页。

进行了谈判；(4) 最后，也许是最大且最持久的影响，马科斯政权通过军事行动对摩洛的异议做出了反应。①

1954年，菲律宾参议院成立研究摩洛问题的专门委员会，根据该委员会的调查，菲律宾政府认为，摩洛问题的症结在于菲律宾的穆斯林没有对菲律宾国家的归属感。为此，政府成立了"国家整合委员会"（Commission on National Integration）。② 该委员会于1957年颁布了1888号法令，正式制定了"整合政策"，"其主要目的'是以更快、更全面的方式来实现非基督教徒菲律宾人及弱势文化集团在经济、社会、意识形态及政治上的进步；使这些弱势文化集团真正、全面、永久地融入国家政治实体……'"③

3. 矛盾的激化

土地问题一直困扰着菲律宾经济的发展，主要是土地问题在北部的中吕宋，地区人口稠密，阶级矛盾尖锐，斗争激烈。而南部的棉兰老岛等地区，由于该地历史上持续不断的战争等原因，经济落后，人口相对稀少。因此，马科斯政府沿袭前任马卡帕加尔的土地改革政策，一方面向南部迁移大量的农民，另一方面出台土地置换政策，鼓励地主用人口稠密地区的土地换取棉兰老岛所谓的"公有地"。④

1903—1975年，从棉兰老岛摩洛人和非摩洛人人口及其所占比例的变化情况来看，摩洛人口所占比例整体出现了明显下降，而非摩洛人口所占比例则出现了明显上升。正如罗宾·科恩所指出的"族裔差异源自各种各样的强制性移民。"⑤ 换言之，从人口结构来看，棉兰老岛的摩洛人从主体民族变为了少数民族。

---

① R. J. May, "Muslim and Tribal Filipinos", in R. J. May and Francisco Nemenzo (eds.), *The Philippines after Marcos*, New York: St. Martin's Press, 1985, pp. 113–117.
② 陈衍德、彭慧：《菲律宾现代化进程中摩洛人的处境与反抗（1946—1986）》，《南洋问题研究》2007年第1期。
③ 陈衍德、彭慧：《菲律宾现代化进程中摩洛人的处境与反抗（1946—1986）》，《南洋问题研究》2007年第1期。
④ 陈衍德、彭慧：《菲律宾现代化进程中摩洛人的处境与反抗（1946—1986）》，《南洋问题研究》2007年第1期。
⑤ [英] 爱德华·莫迪默、罗伯特·法恩：《人民·民族·国家——族性与民族主义的含义》，刘泓、黄海慧译，中央民族大学出版社2009年版，第23页。

表9-4　　　　棉兰老岛摩洛人与非摩洛人人口估计

(1903—1980年)　　　　　　单位：人，%

年份	棉兰老岛人口	摩洛人口 数量	摩洛人口 占比	非摩洛人口 数量	非摩洛人口 占比
1903	327741	250000	76	77741	24
1913	518698	324816	63	193882	37
1918	723655	358968	50	364687	50
1939	2244421	755189	34	1489232	66
1948	2943324	933101	32	2010223	68
1960	5686027	1321060	23	4364967	77
1970	7963932	1669708	21	6294224	79
1975	9146995	1798911	20	7348084	80
1980	10905243	2504332	23	8400911	77

资料来源：引自 W. K. Che Man, *Muslim Separatism*: *The Moros of Southern Philippines and the Malays of Southern Thailand*, Quezon City: Ateneo de Manila University Press, 1990, p. 25。

(二) 摩洛反抗组织的出现与壮大

1968年4月，在科雷吉多岛发生了"雅必达"事件，有30余名穆斯林士兵被枪杀或失踪。[1] 事件的发生使得本来已对政府满怀不满的南部穆斯林社会更加愤怒。5月，哥达巴都省前省长尤德托戈·马达兰（Udtog Matalan）建立了"穆斯林独立运动"，后改名为"棉兰老独立运动"，宣布该组织的宗旨是要建立一个"棉兰老和苏禄伊斯兰共和国"。[2] "……这是菲律宾独立后摩洛人首次表示要从这个国家分离出去，说明摩洛人的斗争诉求发生了根本的变化。"[3] 此后一段时间，"伊斯兰互助会""摩洛民族解放组织"等纷纷建立[4]，南部人民的反抗意识成长起来。1969年，"摩洛民族解放阵线"（Moro National Liberation Front，MNLF）成立，

---

[1] 金应熙主编：《菲律宾史》，河南大学出版社1990年版，第760页。
[2] 张静：《后冷战时期菲律宾穆斯林分离运动研究》，硕士学位论文，厦门大学，2007年，第10页。
[3] 陈衍德、彭慧、高金明等：《全球化进程中的东南亚民族问题研究——以少数民族的边缘化和分离主义运动为中心》，厦门大学出版社2008年版，第222页。
[4] 陈衍德、彭慧：《菲律宾现代化进程中摩洛人的处境与反抗（1946—1986）》，《南洋问题研究》2007年第1期。

其主要领导人是努尔·密苏阿里（Nur Misuari）与哈希姆·萨尔玛特（Hashim Salamat），主要由青年激进分子领导，其所要建立的并不是伊斯兰教国而是世俗的"摩洛国家"。"摩洛民族解放阵线"成立后，就以摩洛人民代言人的名义出现在国际舞台上，来争取伊斯兰世界的支持。其间，摩洛人与南下的移民围绕土地爆发的冲突不断升级，大规模的械斗时有发生，产生了严重的伤亡，南部地区的经济更加混乱。

随着菲律宾国内形势发生了新的变化，摩洛反抗运动也趋于回落，南部的局势再次进入胶着状态。

二 独立后菲律宾民族国家的经济整合

正如此前学者研究所指出的："民族国家的形成，有利于资本主义统一市场的形成和经济发展；而民主又有利于经济发展的好处扩散到不同社会阶层。"[1] 良好的经济发展，能够在经济发展的一体化过程中有效实现民族的整合，如果遇到经济危机或其他经济恶化的情况，就会导致利益受损害的民族、阶级挑战国家的权威性。

（一）工商业方面的经济整合

1. 战后菲律宾的经济整合基础

战后，菲律宾虽然获得了独立，却不得不面对战争对其经济造成的摧残，菲律宾只有依靠美国的经济实力来恢复和发展经济。由于战前美国在菲律宾推行了经济自由贸易体系，菲律宾经济早已成为世界经济的一部分。菲律宾的主要传统产品椰子、糖、烟草和马尼拉麻，约有90%出口到美国，美国资本垄断和扼制了菲律宾民族经济的发展。

独立前期，菲律宾经济发展经历了三个阶段：一是在殖民地经济模式的基础上对初级产品出口经济的恢复和重建；二是始于20世纪50年代的进口替代工业化的发展；三是20世纪60年代之后从进口替代工业化转变为面向出口的工业化。进口替代政策导致外资大量涌入，加之美菲之间经济协定的影响，战后的菲律宾成为以美国为首的国际资本的投资场所。在美国资本的强大压力下，菲律宾经济的发展成果一直没有同广大

---

[1] 郑永年：《民主，中国如何选择》，浙江人民出版社2015年版，第75页。

菲律宾人分享，菲律宾政府也没有能力去改变美菲经济格局。

2. 菲化运动

自1946年至1961年的15年间，"菲化运动"不仅是菲律宾国家主义最为具体的表现，也是菲律宾经济政策的主流。尽管华人参与菲律宾外贸的份额相当可观，但在"菲化运动"中，华人所占的份额稳步下降，从1948年的30.6%下降至1957年的13.2%。①菲律宾执政者试图强行推动"菲化运动"，让菲律宾人自己掌控经济大权。虽然"菲化运动"针对菲律宾的全部外侨，然而华侨占外侨90%以上的比例，这使得华人受到的冲击最为严重。②其间，菲律宾国会每年通过"菲化法案"，意图消除占有经济优越地位的外侨对菲律宾经济的控制力来转移经济矛盾。因此，独立后的菲律宾政府颁布了一系列旨在打击华人经济势力的歧视性法令，严格限制和排斥华人的经济活动，通过立法推行经济民族主义。20世纪50—60年代初，菲律宾的反华经济立法源于4个"发展"的融合：菲律宾对华人的文化偏见、菲律宾民族主义、菲律宾与中国之间的政治关系，以及菲律宾华人的显著经济地位。所有这些"发展"都起源于西班牙殖民统治菲律宾的时期（1565—1898年）。③

3. 马科斯时期菲对南部的经济整合

马科斯执政后，面对国内不景气的经济状况，在20世纪60—70年代采取了一系列刺激面向出口的工业发展的政策措施，力图发展出口导向型经济。这些政策主要有1967年颁布的《投资激励法》，1968年的《外国投资管理方案》，1970年的《出口激励方案》。菲政府根据1972年第66号总统令设立了第一个出口加工区——巴丹出口加工区。这些政策的转变是政府的经济发展战略从进口替代到出口导向的转变。④在马科斯执政期间，菲律宾经济的发展一直未能摆脱进口替代的发展模式，但这一

---

① Sheldon Appleton, "Overseas Chinese and Economic Nationalization in the Philippines", *The Journal of Asian Studies*, Vol. 19, No. 2, 1960, p. 152.

② [菲] 陈烈甫：《菲律宾的资源经济与菲化政策》，台北：正中书局印行1969年版，第205页。

③ Edgar Wickberg, "Early Chinese Economic Influence in the Philippines, 1850–1898", *Pacific Affairs*, Vol. 35, No. 3, 1962, p. 275.

④ 覃主元等：《战后东南亚经济史（1945—2005）》，民族出版社2007年版，第272页。

时期菲律宾的国民经济保持了一段时间的高增长。①

在菲律宾南部的穆斯林地区，资源丰富，土地辽阔，在菲政府对外资的引导之下，外资迅速进入该地区，使得菲律宾南部很快就卷入了世界经济体系之中。美国和日本在殖民地时期就开始进入棉兰老，菲律宾独立以后，美日两国的资本很快就返回该地区，重点投资在采矿、木材加工、香蕉种植等行业。20世纪60年代末期，外资企业在棉兰老征用了217万公顷土地。到1977年，棉兰老近一半的土地被征用。也在这一时期，棉兰老等地的出口加工企业蓬勃发展起来，南部各省也成为主要的出口省份和国家税收的主要来源地之一。1977年，菲律宾出口总值的25%来自棉兰老，全国20个较大规模的盈利项目有14个位于棉兰老。

(二) 土地问题长期得不到有效解决

土地问题一直是困扰菲律宾经济发展的重要问题。西班牙长期的殖民统治，造成了菲律宾土地高度集中的现象，美国统治时期这一现象并没有得到改变。土地高度集中使得菲律宾产生了大量无地农民，致使贫困问题长期不能得到解决，而且还在统治阶层内造就了一种带有封建色彩的家族势力。这些家族势力长期把持政权，实施家族式的统治并阻碍政府进行有效的土地改革。②

虽然经过多次土地改革，但菲律宾土地占有和贫困的状况并没有得到有效改变，在某些方面反而持续恶化。没有自己的土地，必须租种地主土地的农民，在1948年是37.4%，1956年是48%，1961年为50%。到20世纪80年代末，农户中约有72%是无地或接近无地的（其中包括要把收入的25%—90%拿出来付租金的佃农）。③民族工业发展的滞后和持久的贫困问题导致了大量贫困农民向南部穆斯林地区移民，不断激化了南部穆斯林与政府、北部天主教徒之间的矛盾。

(三) 菲律宾政府对山地民族的经济整合

经济上，由于山地民族居住地拥有丰富的森林资源，菲律宾政府试

---

① 陈明华编著：《当代菲律宾经济》，云南大学出版社1999年版，第13—14页。
② 覃主元等：《战后东南亚经济史（1945—2005）》，民族出版社2007年版，第266页。
③ 包茂红：《森林与发展：菲律宾森林滥伐研究（1946—1995）》，中国环境科学出版社2008年版，第73页。

图将山地民族整合进入全国性的经济开发过程中,然而,在开发过程中,真正应该享有权益的山地民族却被排除在外。资源虽然开发了,居住在此的山地民族反而为此付出了被赶出世居地的代价。因为,菲律宾政府以保护森林资源为名,强迫山地居民迁移,以实现"文明化"定居。

马科斯执政期间,部落社群的边缘化现象进一步加剧。大规模的、由政府支持的公司企业和开发项目的入侵,大大加剧了低地定居者对菲律宾部落土地的持续侵害;相关的政府机构并没有保护部落菲律宾人的利益,而是经常使用镇压的手段。在部落人民的投诉中,提到最多的机构是土地局、林业局以及地方政府和社区发展部。[1]

三 独立后菲律宾民族国家的文化整合

(一)菲律宾的教育体制与教育政策

1. 语言政策

1946年,菲律宾独立以后,菲律宾的教育基本沿袭美国式的教育体制,政教分离,教育由教育文化体育部统一主管。为了适应独立后经济发展的需要,弘扬菲律宾的民族传统文化,菲律宾政府进行了一系列的教育改革,包括:修订课本,积极推广菲律宾语,要求各学校拟好菲律宾语的普及工作;兴办乡村学校;实行义务初等教育。[2]

语言政策上,菲律宾政府把推广菲律宾语作为民族国家构建的重要举措。1937年,自治政府的奎松总统宣布以地处菲律宾经济发展中心地带的他加禄人的他加禄语作为菲律宾语的基础。菲独立以后,1959年,根据第7号教育部令,菲政府把菲律宾语确定为国语。1973年,宪法将菲律宾语作为国家的通用语言。马科斯政府还要求学校教学必须以菲律宾语作为教学用语,不允许使用各地方言作为教学用语。[3]

独立后,由于菲律宾缺乏菲律宾语教师,大多数地区沿袭了殖民地时期的传统,学校教育仍使用英语、地方方言。加之教育经费不足,各

---

[1] R. J. May, "Muslim and Tribal Filipinos", in R. J. May and Francisco Nemenzo (eds.), *The Philippines after Marcos*, New York: St. Martin's Press, 1985, pp. 125-126.
[2] 马燕冰、黄莹:《列国志·菲律宾》,社会科学文献出版社2007年版,第292—293页。
[3] Kazuya Yamamoto, "Nation-Building and Integration Policy in the Philippines", *Journal of Peace Research*, Vol. 44, No. 2, 2007, p. 205.

级学校学生辍学的情况较为严重。20世纪70年代后，为了推进菲律宾的民族整合，促进菲律宾语的推广使用，菲律宾政府积极推动菲律宾语作为教学语言。由于长期以来英语的普及推广，加之英语是国际化的语言，有利于菲律宾人接触世界先进科技，由此，菲律宾语并不能替代英语的使用，故菲律宾语和英语成为菲律宾通用的两种教学语言。同时，为了照顾棉兰老穆斯林地区的宗教、文化习惯，在穆斯林地区可以使用阿拉伯语作为教学语言。在菲律宾的高等院校中，有关菲律宾历史文化类的课程都要求使用菲律宾语，科技类课程则普遍使用英语作为教学语言。70年代后期，由于西班牙语群体的要求，西班牙语也被作为教学语言使用。多语种并存的情况，严重影响了菲律宾语作为菲律宾国语的推广普及程度。

2. 民族主义与教育推广

在民族主义的培养上，1956年，在菲律宾民族主义政治家雷克托（Claro M. Recto）等的推动下，菲律宾国会通过了《共和国1425号法案》，要求全国学校尤其是高等学校必须开设关于黎萨的课程，并加强对他的生平和思想实践的研究。[1] 这一法案重启了菲律宾民族主义史学的研究，也是菲政府加强爱国主义教育的举措。

由于殖民统治的影响，独立后的菲律宾政府继承了西班牙、美国殖民者的殖民式社会进化论，认为原始部落、南部信仰伊斯兰教的穆斯林都是"落后民族"，亟须"文明化"。因此，菲政府对他们难免采取了强迫同化政策。战后，菲律宾文化的特点主要是要求"意识形态和宗教文化的同一"。因此，在文化上，菲律宾政府沿袭殖民地时期对南部穆斯林的"同化"政策，以法令形式出台了"整合政策"，力图在文化上抹去摩洛人的特征，将其整合进入菲律宾的天主教主体文化之中。[2] 因此，菲政府主要是向南部穆斯林传播天主教、灌输西方文化，通过西式教育同化穆斯林，以促进摩洛人"文化上的进步"。到20世纪70年代初，菲律宾

---

[1] 包茂红：《菲律宾史研究中的殖民史学、民族主义史学和后殖民史学》，包茂红、李一平、薄文泽主编《东南亚历史文化研究论集》，厦门大学出版社2014年版，第632页。

[2] 陈衍德、彭慧、高金明等：《全球化进程中的东南亚民族问题研究——以少数民族的边缘化和分离主义运动为中心》，厦门大学出版社2008年版，第216页。

政府通过教育政策促进整合的工作还没有完成,因为通过统一的教育政策和课程实现整合的努力即使在实际上没有加剧民族宗教的差异,但也没有改变这种差异。实际上,在 1971 年接受调查的穆斯林中,有超过 65% 的人认为自己是穆斯林,而不是菲律宾人,而且绝大多数人对政府的教育持消极看法。许多人继续反对整合,而赞成在国内外进行伊斯兰教育。虽然也有许多人接受了西式教育,但他们却将学习到的成果用于抵制菲政府对他们的整合上。①

(二) 对华人与山地民族的文化整合

1. 华人的文化整合

日本占领菲律宾前,菲律宾政府对华侨教育未予干涉。日占时期,菲的华侨学校全部被关闭。到 1966 年,菲律宾的华侨教育形成了从小学到大学的完整体系。菲化后的华校增加了菲律宾新宪法规定的课程,每天举行升降菲律宾国旗的仪式,唱菲律宾国歌,以增强学生对菲律宾的认同感。菲化华校法令的直接结果是华校不能聘请到高质量的华语教师,华语课程的减少和菲律宾语课程的增加,这使得华校对菲律宾华人学生的吸引力骤然下降。因此,在 1973—1974 年,虽然菲律宾注册的学生数大幅增加,但华文学校却减少了 10% 的学生。

2. 山地民族的文化整合

自菲律宾独立以后,直至马科斯政府下台时,山地民族社会经济的发展长期被排斥在外,逐渐被孤立起来。1957 年,菲律宾政府颁布 1888 号法令,主要内容是通过对山地居民的完全"菲律宾化""基督化"来实现民族融合。这也符合菲律宾政府对非平原民族一贯的文化、经济的完全同化与整合的政策。② 后来,菲律宾政府成立了"国家整合委员会"。1969 年,"国家整合委员会"确定了 36 个非穆斯林文化社群,其中 19 个位于吕宋岛,17 个位于米沙鄢和棉兰老岛。③ 尽管采取了这些整合措施,

---

① Jeffrey Ayala Milligan, "Islamic Education in The Philippines", in Holger Daun and Reza Arjmand (eds.), *Handbook of Islamic Education*, Cham: Springer, 2018, p. 787.
② 彭慧:《菲律宾的山地民族及其"土著化"问题》,《世界民族》2013 年第 4 期。
③ R. J. May, "Ethnicity in the Philippines", in Colin Mackerras (ed.), *Ethnicity in Asia*, London and New York: RoutledgeCurzon, 2003, p. 139.

但菲律宾还是没有取得整合的预期效果。

四 独立后菲律宾民族国家的社会整合

(一) 北部移民及其所产生的问题

独立后的菲律宾政府,延续了殖民地时期的移民政策,通过大量天主教移民与菲律宾南部穆斯林的混居,达成人口(比例)的均质化,促进菲律宾社会的融合。"族群差异在各族群经济、文化频繁,互相杂居的情况下,可以得到一定程度的缓解;但是,在各族群分而聚之,相互隔绝的情况下,人们无法了解其他族群的感情、思想、价值观、生活方式等,则会使这种族群差异更加明显,由此产生的问题将加重多元族群社会的异质性。所以,建立共同的价值观体系,不断促进不同族群之间的交流与合作,可以有效地扼制族群之间发生冲突的可能性,这有利于多元族群和谐局面的形成。"[1]

在社会整合层面,天主教徒与穆斯林的通婚状况可以作为衡量菲律宾族群融合程度的重要指标。根据20世纪70年代学者的调查,大部分中老年的穆斯林和天主教徒都不赞成与异教徒通婚。[2] 不过,在现实当中,人们在选择伴侣时,多从实际角度来考虑婚姻的价值,对于穆斯林男人来说,娶天主教徒的妻子可以提升他在社交、事业上的发展空间。因此,在穆斯林社会里,仍有相当多的异教徒通婚家庭。第二次世界大战后,这在天主教徒移民社区的穆斯林上层非常流行,哥达巴都当地曾有40多个显赫家庭与天主教家庭联姻。在某些情况下,男方会与摩洛妻子离婚;并且,在少数情况下,著名的拿督既有基督教妻子又有摩洛妻子,但仍让她们分开居住。[3] 对于下层穆斯林家庭来说,社会经济地位的低下使得他们很难与天主教徒联姻。因此,这种跨宗教婚姻大多局限于上层社会。而且,相对而言,跨宗教婚姻,由于事前双方经过慎重的考虑和相当的磨合,

---

[1] 吕元礼、刘歆等:《问政李光耀:新加坡如何有效治理?》,天津人民出版社2015年版,第157页。

[2] 陈衍德主编:《多民族共存与民族分离运动——东南亚民族关系的两个侧面》,厦门大学出版社2009年版,第166页。

[3] Chester L. Hunt, "Moslem and Christian in the Philippines", *Pacific Affairs*, Vol. 28, No. 4, 1955, p. 347.

婚后的婚姻状况更为稳定。①

（二）华人的社会融合

菲律宾宪法以血统而不是出生地确定国籍，因此，许多在菲律宾出生的华侨并不拥有菲律宾国籍。虽然菲律宾对入籍条件、程序等的规定比较严苛，但在菲律宾愈演愈烈的菲化运动的压力下，为了求得平等生存的权利，申请入籍的华侨还是不断增多。申请人数从1946年到1948年平均每年的154人，上升到1957年至1960年的平均每年905人。直到1975年，马科斯总统在中菲建交前夕，才发布了270号行政命令，放宽华人归化入籍的条件，简化手续，大幅度降低申请费用，促成了大批华人集体归化入籍。根据菲律宾宪法，入籍的华人享有与其他公民一样的平等社会地位和政治权利。② 据估计，到21世纪初，菲华人中的菲籍公民已经超过90%，外籍华人仅为3—4万人。③

第四节 "后马科斯时代"的菲律宾民族国家构建与民族整合

菲律宾当代历史是生产"菲律宾"的产物也是生产过程的记录。④ 长期以来，"民族建构"项目被证明是建立在脆弱的基础上的，如果这个基础不是可疑的。即使是最痴迷的民族建构者，也总是对失败的真正可能性保持清醒。但是，这并不是暗示对"民族建构"项目难以处理的脆弱性的反驳或否定项目本身，而是表明"民族建构"项目的脆弱性在于民族主义者的思想和行动，在于事实上的政治和历史的可能性条件。正是"民族建构"项目的这种未完成性/不可完成性——"民族"总是被造就、

---

① 陈衍德主编：《多民族共存与民族分离运动——东南亚民族关系的两个侧面》，厦门大学出版社2009年版，第166—167页。
② 张应龙：《二战后东南亚华人公民权地位与人权问题：原因、实质与影响》，陈鸿瑜主编《海外华人之公民地位与人权》，台北：华侨协会总会2014年版，第337页。
③ 参见黄滋生、何思兵《菲律宾华侨史》，广东高等教育出版社2009年版，第590—591页。
④ Caroline S. Hau, "Rethinking History and 'Nation-Building' in the Philippines", in Wang Gungwu (ed.), Nation-Building: Five Southeast Asian Histories, Singapore: Institute of Southeast Asian Studies, 2005, p. 40.

第九章 菲律宾民族国家建构与民族整合

未被造就和重新造就的事实,使得我们永远无法谈论"历史"的终结,政治的终结。正是所谓的"菲律宾革命"的这种"未完成性"为菲律宾提供了机会,并将每一次危机转化为机会,赋予了菲律宾国家未来的可能性。[1]

1986年的"二月风暴"结束了马科斯的统治,菲律宾进入了重新民主化阶段,菲律宾民族国家构建进入了后马科斯时期。菲律宾政府开始正视南部的穆斯林反抗组织,并与之和谈,在后马科斯时期菲政府成立了自治区,试图借此满足少数民族的自治要求。由于自治区的覆盖范围及权力离南部穆斯林的要求仍有较大距离,因此,菲政府虽然成立了自治区,但仍有反抗势力不断出现,反抗势力对政府所提出的要求也越来越高。经济上,菲政府更加注重菲律宾南部及山地民族地区的经济发展。然而,由于菲律宾自身的民族经济实力不强,加之国际资本的冲击,致使菲律宾的经济发展能力有限,而穆斯林地区的经济发展能力更是有限。由于文化教育水平的影响,穆斯林从经济发展中受益的人仅仅是少数,大多数穆斯林仍处于贫困之中,这也是菲律宾社会治安恶化和恐怖活动、勒索绑架、贩毒严重等频发的原因。文化上,菲政府开始尊重穆斯林文化,对穆斯林的文化发展给予大力关注与支持。然而,穆斯林政教合一的传统与菲律宾政府的世俗化原则存在冲突,加之长期以来天主教文化对伊斯兰教文化的歧视,菲律宾天主教—伊斯兰教文化二元对立的局面依然存在。

一 "后马科斯时代"的菲律宾民族国家政治整合

(一)棉兰老穆斯林自治区的成立

阿基诺夫人政府成立后,立即废除了马科斯时期的《1973年宪法》,颁布了临时自由宪章,并着手制定新宪法。1987年2月,新宪法获得了高票通过。由于新政府夹在左右两翼反对派之间,极为软弱,右翼极有可能借助南部反叛运动以武力夺取政权,为了新政府的稳定和菲律宾的

---

[1] Caroline S. Hau, "Rethinking History and 'Nation-Building' in the Philippines", in Wang Gungwu (ed.), *Nation-Building: Five Southeast Asian Histories*, Singapore: Institute of Southeast Asian Studies, 2005, p. 60.

和平。阿基诺夫人任职以后，认识到伊斯兰国家会议组织（Organization of Islamic Conference，OIC）在菲律宾南部摩洛人中的影响力后，很快就与该组织取得了联系，争取其在摩洛问题上采取中立态度。此外，政府还向菲律宾南部穆斯林反政府武装"摩洛民族解放阵线"提出停火谈判建议。之后，阿基诺夫人对"摩洛民族解放阵线"基地进行了历史性的访问，双方就重启和谈、停止军事对抗等问题达成一致。然而，阿基诺夫人政府受制于民主体制，采取了行政手段给予摩洛人自治权，试图通过修改宪法、公投等民主程序使其过渡到自治阶段。[①] 这样一来，成立自治区的过程不仅耗时，而且自治区成立与否还取决于投票结果。由于穆斯林在南部省份已沦为少数，这使得自治区的成立本身也存在问题，因此，面对可以预见投票结果不利于南部穆斯林的公投，密苏阿里始终反对举行。

阿基诺夫人政府组织建立了"和平委员会""棉兰老共建小组""棉兰老地区咨询委员会""服务与行动计划"等一系列组织，对南部摩洛人自治问题进行了全国性调查和前期准备。1989年8月，菲律宾参众两院根据"棉兰老地区咨询委员会"上年提交的最后报告书，通过了《棉兰老穆斯林自治基本法》（共和国法令第6734号，RA6734）。[②] 然而，基本法本身存在诸多缺陷：一是自治政府权力有限，沦为中央政府的执行机构，引起摩洛人上层的不满；二是法令中缺乏穆斯林自主权和社会公正的内容，大部分摩洛人对此感到失望；三是根据法令建立的机构除了过于庞大、职能重叠，还发生了贪腐腐化的现象，使得一些计划实际上停止了运作。

1989年11月，菲南部13省就自治问题举行了公投。虽然菲律宾政府投入了大量的财力、人力，但这些投入并没有产生预期的效果。密苏阿里强烈反对《棉兰老穆斯林自治基本法》和公投，称阿基诺夫人的自治计划是"伪自治，是用来误导世界舆论和引诱摩洛自由斗士掉进军方所设置的陷阱"。[③] 而公投的结果也仅有南拉瑙、马巾达瑙、苏禄和塔威

[①] 张静：《后冷战时期菲律宾穆斯林分离运动研究》，硕士学位论文，厦门大学，2007年，第17—18页。

[②] 张静：《后冷战时期菲律宾穆斯林分离运动研究》，硕士学位论文，厦门大学，2007年，第17页。

[③] 陈衍德、彭慧、高金明等：《全球化进程中的东南亚民族问题研究——以少数民族的边缘化和分离主义运动为中心》，厦门大学出版社2008年版，第228页。

—塔威4个省通过投票加入穆斯林自治区，因为只有这4个省份的穆斯林在人数上占有优势。由于密苏阿里从始至终反对公投，也拒绝承认由公投而产生的棉兰老穆斯林自治区，坚持根据《的黎波里协定》实行自治，战斗再次爆发。[1] 阿基诺夫人政府不顾"摩洛民族解放阵线"的反对，执意在该4省开展地方政府和相关部门公职人员的选举。然而，"摩洛民族解放阵线"并不承认选举结果，摩洛地区的和平进程又陷入僵局。

到1990年，菲律宾出现了"穆斯林自由突击队"，该组织源于阿富汗塔利班的一个分支。1993年，该组织更名为"阿布萨耶夫"，参加者多为各大学的穆斯林学生。该组织从建立起，就打出了"建立伊斯兰教国"的口号，到处制造恐怖事件。20世纪90年代后，特别是进入21世纪后，"阿布萨耶夫"组织因其行为的极端性与轰动性，引起了国际社会的关注和担忧。

1992年，拉莫斯当选菲律宾总统。拉莫斯就任后，既显示出民主作风，又采取强硬措施，稳定了菲律宾的政治局面。拉莫斯就任后，立即与"摩洛民族解放阵线"恢复和谈，从1993年10月开始，经过47个月的谈判，双方最终秘密签订了4个协定。最终，在印尼和伊斯兰国家会议组织的斡旋下，菲政府于1996年9月与"摩洛民族解放阵线"签署了和平协议，成立棉兰老穆斯林自治区，由密苏阿里担任主席。菲政府和"摩洛民族解放阵线"希望在实施这个和平协议的过程中，他们将能够吸引和赢得菲律宾南部绝大多数穆斯林或摩洛人——包括领袖、成员和仍在为分裂而战的摩洛叛乱组织的支持者，该协议希望最终将为菲律宾南部实现公正和持久的和平铺平道路。[2] 协议赋予自治区政府较大的权限，只要不是全国性的事务，自治区政府都可以自行制定法律，这基本上满足了"摩洛民族解放阵线"的要求。1996年底，菲律宾政府设立的"菲

---

[1] Merliza M. Makinano and Alfredo Lubang, "Disarmament, Demobilization and Reintegration: The Mindanao Experience", *Prepared for the International Security Research and Outreach Programme International Security Bureau*, Canada: Department of Foreign Affairs and International Trade, 2001, p. 11.

[2] Nathan Gilbert Quimpo, "Options in the Pursuit of a Just, Comprehensive, and Stable Peace in the Southern Philippines", *Asian Survey*, Vol. 41, No. 2, 2001, p. 271.

南和平发展理事会"开始运作①，密苏阿里担任主席。至此，与政府对抗多年的"摩洛民族解放阵线"组织从与政府在体制外的对抗走入体制内的磨合。②

(二) 和平与战乱的交替出现

自治区成立后，拉莫斯政府采取了逐一突破的方式来迫使各个反抗组织分别接受和平协议，"摩洛伊斯兰解放阵线"（MILF）组织在一开始并不为拉莫斯政府所关注，而是在1996年和平协议签订之后菲政府才跟"摩洛伊斯兰解放阵线"有所接触。但是，"摩洛伊斯兰解放阵线"自视为比"摩洛民族解放阵线"更革命、更彻底的组织，因此，即便其与政府进行的和谈取得成功，也不可能加入密苏阿里主导的棉兰老穆斯林自治区。③ 而"阿布萨耶夫"根本不与政府接触，到处制造恐怖事件。这就注定了拉莫斯的和平计划只能取得有限的成功。

另外，"摩洛民族解放阵线"自与政府签订协议后，许多成员认为密苏阿里背叛了穆斯林的事业，转身加入了"摩洛伊斯兰解放阵线"。加之政府承诺的经济援助由于各种原因一直不能到位，大批穆斯林贫民加入了"摩洛伊斯兰解放阵线"，使得"摩洛伊斯兰解放阵线"的势力不断壮大，并持续反抗政府。拉莫斯于1997年7月向"摩洛伊斯兰解放阵线"营地发动空袭，试图迫使其达成停止敌对行动的协议。④ 不久，双方又重开战端，直至拉莫斯卸任，情况仍然没有改变。

1999年10月，东帝汶的独立，激起了"摩洛伊斯兰解放阵线"的野心，于是在他们与政府的和谈中提出了建立独立的伊斯兰国家的主张，菲律宾政府对此不能接受，双方战事又起。在菲政府和"摩洛伊斯兰解放阵线"部队多次违反1997年7月的停火协议后，埃斯特拉达

---

① 张静：《后冷战时期菲律宾穆斯林分离运动研究》，硕士学位论文，厦门大学，2007年，第22页。
② 陈衍德、彭慧、高金明等：《全球化进程中的东南亚民族问题研究——以少数民族的边缘化和分离主义运动为中心》，厦门大学出版社2008年版，第230页。
③ 张静：《后冷战时期菲律宾穆斯林分离运动研究》，硕士学位论文，厦门大学，2007年，第23页。
④ 张静：《后冷战时期菲律宾穆斯林分离运动研究》，硕士学位论文，厦门大学，2007年，第23页。

于 2000 年 3 月宣布发动对"摩洛伊斯兰解放阵线"的全面战争。①2000 年初,"阿布萨耶夫"在苏禄、巴西兰及马来西亚的沙巴等地制造了多起绑架事件,引起国际舆论的关注。菲律宾为应对局势的变化,宣布对和乐地区进行军事管制,并对"阿布萨耶夫"发动大规模局部进攻。

2001 年 1 月,阿罗约就任总统,摒弃了埃斯特拉达的两面手法,走和平路线,于当年 6 月与"摩洛伊斯兰解放阵线"达成和平协议,缓和了双方之间的军事冲突。然而,阿罗约政府与"摩洛伊斯兰解放阵线"签订的和平协议及 2008 年签署的《祖传地备忘录》,被国会和高等法院相继否定,和平进程再次受挫。

2012 年 10 月 15 日,阿基诺三世政府与"摩洛伊斯兰解放阵线"在马尼拉总统府正式签署和平框架协议,双方都力争在 2016 年时结束菲律宾国内的冲突。该框架协议规定将在南部摩洛人地区设立一个新的政治实体,取代此前建立的穆斯林自治区。不过,前提是南部摩洛人地区仍属于菲律宾,菲律宾中央政府在外交、国防等方面有权代表南部摩洛人,摩洛人则有机会获得税收照顾等现实利益。

菲南部穆斯林试图用他们在历史上的疆域建立独立国家政权,实现分离,这一目标经实践证明难以实现。"从西班牙殖民时期开始至今,每当原有的穆斯林反抗势力妥协、事态得以平息时,总有新的激进势力出现,声称代表所有南部穆斯林的利益,从而掀起新的一轮抗争。"② 因此,菲律宾南部穆斯林分离运动不会在短期内彻底终结,实现彻底的和平依然需要时日。

(三) 山地民族的政治整合

1986 年,马科斯政府倒台后,菲律宾社会重新进入民主社会,随着民主化的需要和新宪法的制定,菲律宾政府过去强迫同化的民族政策也得到改变。加之国内族群冲突不断,为了缓和国内的民族矛盾,菲政府将北部的山地民族和南部的穆斯林群体这些民族整体视为同化对象,并

---

① Nathan Gilbert Quimpo, "Options in the Pursuit of a Just, Comprehensive, and Stable Peace in the Southern Philippines", *Asian Survey*, Vol. 41, No. 2, 2001, p. 271.

② 彭慧:《论菲律宾穆斯林群体的性质和影响》,《东南亚研究》2007 年第 4 期。

给予他们一些特殊的政策对待。

1987年,阿基诺夫人执政以后,菲律宾的非政府组织积极参与菲律宾政府的地方治理和社会发展,推动了国内山地民族"土著化"运动的兴起。他们利用国际土著环境权利理论,驳斥过去对山地民族轮耕方式的批评。相反,轮耕是山地民族为适应居住地环境而采取的与环境和谐共存的生存方式。这一观念的改变,为山地民族获取"土著民资源权"提供了正当性和合理性。① 为此,菲律宾政府一改过去的政策,从原先的"少数民族同化式发展模式"转变为"土著保护式发展模式"。1997年,菲律宾政府正式出台了《共和国第 8371 号法案》(Republic Act No. 8371),即《土著权利法案》(the Indigenous Peoples Rights Act, IPRA)②,并成立了"国家土著事务委员会"(The National Commission on Indigenous Peoples,NCIP)。该委员会将全国的 40 个山地民族分为 5 个大类,制定了详细的规定来保护土著的权益。③《土著权利法案》规定了菲律宾土著人民的权利,包括其拥有祖先领地的权利、自治权,社会正义与人权以及文化完整性。

二 "后马科斯时代"的菲律宾民族国家经济整合

(一)阿基诺夫人的土地改革

马科斯下台以后,阿基诺夫人就任菲律宾总统,她受到了社会、政治动乱的掣肘,阿基诺夫人政府并没有有效制定经济改革方案和开展经济改革,并推动菲律宾经济的发展。此外,政治不稳也严重影响了投资者的投资意愿,加之菲律宾政府存在的腐败、贪污、行政效率低下等现象,也严重影响了外国投资进入菲律宾。

阿基诺夫人于 1986 年上台后,面临着严重的农民反抗形势。她一方面借助民意修改宪法,将土地改革写入宪法;另一方面积极推行"全面

---

① 彭慧:《菲律宾的山地民族及其"土著化"问题》,《世界民族》2013 年第 4 期。
② Nestor Castro, "Indigenous Languages for Development: The Philippine Experience", in Joseph Lo Bianco (ed.), *Voices from Phnom Penh-Development & Language: Global Influences & Local Effects*, Melbourne: Language Australia Ltd., 2002, p. 75.
③ 彭慧:《菲律宾的山地民族及其"土著化"问题》,《世界民族》2013 年第 4 期。

土改计划"。新宪法规定，国家应该依法实施土地改革计划，其理论基础是无地农民和正式的农业工人有权直接或集体拥有自己耕种的或分成劳动果实的土地。最终要达到的目标是，国家应该公平分配所有的农田，但条件是必须依照国会提出的优先顺序，规定原土地所有者保有土地的限额，确保其出让的土地获得公平补偿，另外还要综合考虑到生态环境、社会发展和公平问题。[①]

在宪法的基础上，阿基诺夫人设立了"土改基金"，资助"全面土改计划"的执行，1987—1992年的资助额达到500亿比索。与以前的历次土改相比，这一次不仅分配土地，而且还提供整体支持服务，包括信用贷款、修路、水利灌溉、提供收割设备、技术转让以及经营咨询等。由于土改计划事关农村发展的全局，在实施过程中不单由农业改革部领导进行，整个国家机器都参与到其中。不过，这次土地改革是菲律宾历史上最综合、最激进的土改，经过努力，从1987年7月到1992年6月，土改部共分配了近85万公顷的私人土地和再安置地，环境与自然资源部也分配了近100万公顷的土地给农民。虽然，这与最初1030万公顷面积的土改目标相差甚远，却也让超过40万的农户受益。

（二）拉莫斯的经济发展策略与经济整合

1992年5月，拉莫斯上台以后，把精力放到了如何让初步得到恢复的菲律宾经济协调发展上。为加快基础设施建设，拉莫斯政府在1993年颁布了《菲律宾基础设施私有化方案》，允许私人参与过去由国家垄断的各种基础设施投资、建设与运营维护，允许外资在原先受限制的投资领域进行投资。[②]为打破菲律宾不少地方与外界的封闭隔绝状态，加强各地的经济联系，促进地方经济均衡发展，拉莫斯上台以后，兴建了覆盖吕宋、比萨扬和棉兰老岛三个经济增长带的战略性公路网。在1992—1997年间，共完成了11472公里长的公路修建、改造和恢复；修建和恢复、改造了总计长105.911公里的桥梁。拉莫斯政府还制定了一个25年的港口总体规划，计划未来25年将在全国范围内修建的重要

[①] 包茂红：《森林与发展：菲律宾森林滥伐研究（1946—1995）》，中国环境科学出版社2008年版，第72页。

[②] 覃主元等：《战后东南亚经济史（1945—2005）》，民族出版社2007年版，第282页。

港口，该计划将吸引私营部门参与。从 1992 年底至 1997 年初，政府投入了 45 亿比索的资金用于港口建设。拉莫斯政府还投入 200 亿比索的资金用于"国内—国际机场扩建与现代化计划"，主要内容是改建国内和国际客运货运航空站，并在周围修建交通设施。到 1997 年初，拉莫斯上台时承诺的 17 个机场设施修建项目中的空运设施项目均完全得到实施。[1]

经过投资体制的改变，菲律宾多年来因资金缺乏而得不到改善的基础设施，在民间资本和国际资本的介入下，得到了迅速的发展。[2] 交通连接性的有效提高，促进了国内经济市场、资源的有效整合，促进了国内统一市场的发展。为了平衡经济发展，合理分配收入，减少工业与农业之间的发展差距，解决菲律宾农村的贫困问题，拉莫斯政府提高了对农村经济发展的重视程度。由于原先单纯地把农村土地所有权向农民转移的做法，对解决农村的贫困问题并没有产生原先设想的效果，因此拉莫斯政府采取了提高农业生产率与土地改革相结合的农业发展方案。一是扩大了土地所有权的分配。在 1992 年至 1995 年 7 月的 3 年间，拉莫斯政府向农户分配了相当于 1972 年至 1992 年 20 年间政府分配土地的 42% 的土地[3]，共有 20 多万佃农获得了土地。二是加强对农业生产的支持和管理，让获得土地的农民不再因为缺乏种子、资金和技术重新失去土地，把土改后的农地迅速转为农民的增产、致富的土地。[4] 菲律宾南部穆斯林主要从事农业生产，这些举措从侧面分化了南方穆斯林反政府势力。

(三) 埃斯特拉达的经济整合

1998 年，埃斯特拉达就任菲律宾总统。面对 1997 年亚洲金融危机的冲击性影响，埃斯特拉达政府采取了一系列措施，通过采取建立稳定的金融体系，刺激经济发展，加快国有企业私有化的进度，优先发展农业等举措使得菲律宾经济到 1998 年就出现了经济复苏的景象。

---

[1] 覃主元等：《战后东南亚经济史 (1945—2005)》，民族出版社 2007 年版，第 283—284 页。
[2] 覃主元等：《战后东南亚经济史 (1945—2005)》，民族出版社 2007 年版，第 284 页。
[3] 沈红芳：《菲律宾拉莫斯政府的经济改革及其成效》，《世界经济与政治》1997 年第 12 期。
[4] 覃主元等：《战后东南亚经济史 (1945—2005)》，民族出版社 2007 年版，第 287 页。

三 "后马科斯时代"的菲律宾民族国家文化整合

（一）"自治区教育文化体育局"与自治区自主教育政策

1986年，马科斯政府倒台后，菲律宾的民族政策也由"同化主义"转为"团体多员主义"。[①] 随着民主化的需要和新宪法的制定，菲律宾政府改变了过去强迫同化的民族政策。为缓和国内民族矛盾，政府给予北部的山地民族和南部的穆斯林群体一些特殊政策。

阿基诺夫人执政时期，1987年新宪法正式确定了菲律宾语作为菲律宾的国语。不过，也许是为了照顾其他族群的感情，阿基诺夫人政府任内制定的1987年宪法中明确说明，菲律宾语以他加禄语为基础吸收了其他族群的语言。同时，阿基诺夫人政府取消了马科斯时期禁止学校使用地方语言教学的限制，允许各地学校使用地方性语言开展教学。

1991年，4个穆斯林占多数的省份加入了新成立的"棉兰老穆斯林自治区"（the Autonomous Region in Muslim Mindanao，ARMM），在这些地方，过去属于中央政府的教育文化体育部的职责被移交给了"自治区教育文化体育局"（Regional Department of Education, Culture and Sports，RDECS）。"自治区教育文化体育局"由自治区政府任命的官员领导。这是棉兰老穆斯林在过去殖民时期失去独立地位后，首次获得自主管理本地公立、私立学校的权利。

20世纪90年代中期，"自治区教育文化体育局"的主要工作，是推动了伊斯兰宗教学校（Madaris）与公立学校的融合，使得公立学校增加了伊斯兰课程，伊斯兰宗教学校增加了世俗课程。由于"自治区教育文化体育局"的经费由菲律宾中央政府拨款，"自治区教育文化体育局"的政策因而也受到菲律宾中央政府较大的影响。[②] 据统计，2000年，"棉兰老穆斯林自治区"的简单识字率为68.7%，在全国最低，而实用识字率

[①] 彭慧：《菲律宾的山地民族及其"土著化"问题》，《世界民族》2013年第4期。
[②] Jeffrey Ayala Milligan, *Islamic Identity, Postcoloniality and Educational Policy-Schooling and Ethno-Religious Conflict in the Southern Philippines*, New York: Palgrave Macmillan, 2005, p.107.

为61%。①

进入21世纪，一方面，菲律宾国会通过了《2002年穆斯林教育经费援助规划》，全面帮助南部穆斯林建设伊斯兰学校，承认这些学校是菲律宾的正规教育。学校通过这个规划，政府协调了穆斯林地区的教育与全国教育的关系，保证了地方教育制度与全国教育体系的接轨，伊斯兰学校的学生可以顺利升学，进入高层次的学校。②另一方面，20世纪70年代，随着伊斯兰宣教团体在棉兰老地区首次出现，截至2000年，仅巴西兰地区就有宣教成员2万人。虽然宣教团体不主动参与菲律宾政治，但在信仰伊斯兰教的摩洛人眼中，宣教团体已经开始影响巴西兰的政治。③而且，宣传团体的出现，本身就说明这是菲律宾南部的穆斯林对菲律宾民族国家整合的一种回应。

（二）华人的文化融合

相对而言，华人对菲律宾民族国家整合的回应更为积极。1991年底，据在马尼拉华人聚居地的侨中学院的学生中进行的调查，学生在感情上明显倾向于菲律宾：在英语、菲律宾语、华语3门课程中，这所全菲华文教育水平最高的学校的中学学生最喜欢的是英语，最不喜欢的是华语。到21世纪初，全菲华文学校减少到129所，学生只有5万人。④

整体来说，菲律宾华人与菲律宾社会的融合程度较高。这一方面由于菲律宾国教为天主教，使得华人在宗教上的接受程度更高。另一方面菲律宾社会的"美化"与华人的"美化"同步相向，因而华人与菲律宾社会的融合相对和谐。⑤

---

① Thomas M. Mckenna and Esmael A. Abdula, "Islamic Education in the Philippines: Political Separatism and Religious Pragmatism", in Robert W. Hefner (ed.), *Making Modern Muslims: The Politics of Islamic Education in Southeast Asia*, Honolulu: The University of Hawaii Press, 2009, p. 209.
② 马燕冰、黄莹：《列国志·菲律宾》，社会科学文献出版社2007年版，第293页。
③ Jeffrey Ayala Milligan, *Islamic Identity, Postcoloniality and Educational Policy-Schooling and Ethno-Religious Conflict in the Southern Philippines*, New York: Palgrave Macmillan, 2005, pp. 121–122.
④ 黄滋生、何思兵：《菲律宾华侨史》，广东高等教育出版社2009年版，第602—603页。
⑤ [菲]吴文焕：《菲律宾地理、历史的独特性及其对华人的影响》，魏维贤、张玉安主编《"面向21世纪的东南亚"国际学术研讨会论文集》，经济日报出版社2001年版，第403—415页。

四 "后马科斯时代"的菲律宾民族国家社会整合

(一) 高出生率引发的社会问题

根据学者研究,教育水平、就业情况、年龄等因素对穆斯林的国家认同有着重要影响。教育水平相对较高,有稳定、地位较高的工作及收入来源的成年穆斯林更认同自己是菲律宾人。相反,受教育水平低,失业,没有稳定收入来源的青年穆斯林,绝大多数不认同自己是菲律宾人。因此,如何解决好受教育水平、收入水平等影响菲律宾南部穆斯林民众的社会经济问题,在相当大的程度上将会决定菲律宾国家整合的成效。[1]

1960年,菲律宾仅有2700万左右的人口,截至2014年,菲律宾人口就达到了一个亿。如此大规模的人口增长,使得菲律宾政府在向年轻人提供教育、就业和生活技能培训等方面的努力近乎失效,人口的增加也给菲律宾政府在粮食供应、卫生服务、教育覆盖及人口素质提高、住房保障以及其他社会基本服务等方面带来了巨大的压力。2013年,阿基诺三世政府推出《健康生育法案》,试图降低菲律宾的人口增长率。尽管菲律宾贫困人口从2006年的21%下降到2012年的19.7%,然而,贫困人口的绝对数却在增加。由于经济困难,近一成的青少年辍学。[2]

人均教育投入的严重不足反过来降低了教育教学的水准,使得菲律宾的人口素质难以得到有效提升。菲律宾官员及学者一致认为,人口过快增长是菲律宾社会长期贫困的主要因素。由于菲律宾的工业化和城市化不能吸引太多的人口离开农村,转为工资劳动者,所以菲律宾的人口流动主要是从人口密集地区向人口稀少地区转移。

(二) 贫困困扰下的菲律宾社会整合

除了人口问题,菲律宾另一个严重的社会问题即是贫困问题。尽管菲律宾的经济从独立后到1983年的绝大部分时间里一直在增长,人均收入也持续增长,但实际上贫困化也在不断加剧,主要原因在于财富分配

---

[1] Luis Q. Lacar, "Culture Contact and National Identification among Philippine Muslims", *Philippine Study*, Vol. 42, No. 4, 1994, p. 449.

[2] 世界人口网:《面临人口问题,菲律宾计划生育政策呼之欲出》,网址:http://www.renkou.org.cn/countries/feilvbin/2016/4965.html。

的不公。据学者研究，菲律宾 1961—1975 年的基尼系数在 0.44—0.66 徘徊。经过进一步考证，特别是对消费的食品量、收入和支出进行具体分析后，学者发现菲律宾工人的实际工资自 20 世纪 50 年代中期以来出现了连续下降，无论是绝对贫困还是相对贫困在 1956—1977 年都在持续恶化。到 1975 年，全国至少 60% 的人口生活在贫困中。从 1983 年到 1985 年，菲律宾的国内生产总值下降了约 10%，而每年的人口增长率在 2.4%—2.8%，这意味着人均收入下降了大约 20%。处在贫困线以下的人口在总人口中的比例从 1971 年的 43.8% 上升到 1985 年的 58.9%，绝对数增加了 1000 多万。1985 年，全国人口中的一半多（3050 万）生活在贫困线以下。由于这种下降发生在贫富分化已经非常严重、大多数人的生活水平已经长期降低的情况下，这对穷人来说就尤其悲惨。农村的贫困状况比城市更为严重。全国有 300 万家庭处在收入最低的 30% 以内，其中 250 万家庭生活在农村或以农业为生。一般来说，农村家庭平均收入只有城市家庭平均收入的 40%。比克尔地区 95% 的在校学生存在营养不良。[①] 这说明菲律宾在战后实施的发展战略并没有改善大多数民众的生活，推动建立经济作物种植园也没有为菲律宾社会创造出多少就业机会，农地改革由于成效不大而不能让农民在传统农业部门安居乐业，贫困化的低地农民只能背井离乡另谋生路。

正是由于菲律宾经济和社会发展严重的不平衡，促使贫困人口大量从北部向南部穆斯林地区迁徙，从平原地区向山上林地迁徙，迁徙带来的人口、资源压力，不断挤占摩洛人和山地民族的生存空间，加深了群体之间的对立。同时，长时期大面积的贫困也为滋生仇视、排斥经济地位较为优越的华人的情绪提供了土壤。

---

① 包茂红：《森林与发展：菲律宾森林滥伐研究（1946—1995）》，中国环境科学出版社 2008 年版，第 74 页。

结　语

在宗教、历史、地理或族群意义上，东南亚地区并非一个单元。东南亚至少有4种不同的宗教，即伊斯兰教、印度教、佛教和基督教。从历史上看，东南亚地区从未像印度或中国那样经历过政治巩固。晚近的殖民历史经历加剧了东南亚的民族群体的分裂。除泰国设法保持了国家的自由独立之外，5个非亚洲国家殖民统治了东南亚地区：英国殖民者对缅甸、马来西亚和新加坡的殖民统治；荷兰对印尼的殖民统治；法国殖民者在老挝、柬埔寨和越南的殖民统治；西班牙与美国对菲律宾先后进行的殖民统治；以及葡萄牙对东帝汶的殖民统治。东南亚这些殖民地在行政、教育、贸易、货币和航运等领域的不同取向，仅提及最重要的方面，已对"东南亚人"之间进行轻松有效的交流构成额外的障碍。[①] 事实上，除欧美列强经由殖民统治对东南亚地区造成重大影响之外，"后来居上"的日本帝国主义对东南亚地区的侵略占领，同样对东南亚国家战后的历史发展产生了不容忽视的影响。

在西方观察家看来，在冷战时期的后半期，国族建设已降级到次要位置。然而，在亚洲，特别是在（南亚和）东南亚的"后殖民时期的民族国家"，自20世纪50年代以来，国族建设一直是这些国家政治议程的一部分。在国际层面，"外部观察家"（external observer）目前正在从工具角度讨论国族建设问题。而从民族国家内部来看则表现出很大的不同，因为那些已经成为或是仍然处于国族建设进程的人，他们或多或少直接

---

① D. R. Sar Desai, *Southeast Asia: Past & Present* (4th ed.), Boulder: Westview Press, 1997, p.5.

受到了创造民族/国家认同的直接影响。如果可以这样理解的话,国族建设政策往往与社会政治发展政策交织在一起,这涉及意识形态上的一体化/整合概念,并在很大程度上涉及国家建设的衡量标准。虽然民族国家的概念意味着国族建设和国家建设是双重过程,但重要的是要注意到,国族建设和国家建设二者并非"形影相随"。"没有国家的民族"和"没有民族的国家",就足以说明国族建设和国家建设这两个进程的必要区别。①

民族国家建构与民族整合进程具有系统性、长久性与动态性的突出特点。每个国家都有不同的历史、经济、社会情况以及国内外的环境,用以启动、继续或完成国家建设进程。即使在明显的"已然建立"国家的法国、英国和德国,它们仍然需要通过大量不同类型的象征性整合机制来培养民族/国家意识,这些机制远远超出国旗和国歌,包括经济、体育、政治、历史和其他元素。因此,我们是否以及何时可以谈论国族建设的实际完成是值得怀疑的。此外,需要引起注意的是,我们不能通过在某个时间点所记录的"民族的状态"(the state of the nation)来分析国族建设,因为民族是一个动态的现象,处于不断变化之中。② 由此可见,国族建设是一个动态过程,从很大程度上来说,这是民族本身就是一个处于不断变化之中的动态现象所决定的。

20世纪,在东南亚"民族"(nation)一词产生,这伴随着民族主义或民族主义运动(可能除了泰国之外)的兴起。实际上,这是一场在前殖民地边界上创建"民族国家"的运动。因此,可以理解的是,东南亚地区的国族建设相当新近,而这些国家所使用的模型(model or models)多为"欧式民族国家",而非"美式"(从一定程度上来说,菲律宾或许需要被排除)。在东南亚的这些前殖民地获得独立后不久,就开始国族建设进程了,但这个过程至今还没有完成。③ 事实上,东南亚一些新兴国家的政治边界是"殖民时代"的产物,这些国家以前并没有统一政治的历

---

① Claudia Derichs and Thomas Heberer, "Introduction: Diversity of Nation-Building in East and Southeast Asia", *European Journal of East Asian Studies*, Vol. 5, Issue 1, 2006, pp. 1 – 2.

② Claudia Derichs and Thomas Heberer, "Introduction: Diversity of Nation-Building in East and Southeast Asia", *European Journal of East Asian Studies*, Vol. 5, Issue 1, 2006, p. 5.

③ Leo Suryadinata, *The Making of Southeast Asian Nations: State, Ethnicity, Indigenism and Citizenship*, Singapore: World Scientific, 2015, p. 35.

结　语

史。这适用于印尼、菲律宾、新加坡和马来西亚；从较小程度上来说，也适用于老挝。① 对亚洲邻国发生的"划时代事件"的了解也提高了东南亚人民的民族主义情感。如1911年在中国发生的"辛亥革命"，被誉为人民反对专制的革命，成功推翻了颓废的清王朝并建立了中华民国。中国领导人，特别是孙中山及其领导的国民党，深刻影响了整个东南亚的民族主义者，特别是越南。如果东南亚邻国的事件影响了东南亚民族主义者，那么全球舞台上发生的一些事件，特别是两次世界大战也是如此。美国总统伍德罗·威尔逊（Woodrow Wilson）在其提出的"十四点原则"中，最重视小国的存在权及其决定自己未来的权力。此外，第二次世界大战时期，日本帝国主义对东南亚地区的侵略占领，既是东南亚民族主义运动的催化剂，也"启示"了东南亚民族主义。尽管东南亚人很快认识到日本意图建立"大东亚共荣圈"的真实本质及其自私目的，但日本侵略占领时期给了东南亚国家的领导人，特别是在缅甸和印尼的领导人"宝贵的行政经验"，这成为这些国家"后独立时代"的资产。②

第二次世界大战后，民族主义在东南亚地区被视为一种积极的发展，一种有组织地对独立、自由和现代化的追求。冷战格局决定了新独立国家的领导人至少可以观察两个不同的政治方向。一些领导人选择在资本主义和"自由民主"的帮助下建立与建设自己的国家。这些国家将使用"西欧模式"作为其立国之基，对其而言，开放的市场经济是实现现代化的最佳方式。很快，这些国家发现美国非常愿意沿着这条路线帮助它们。其他一些领导人则选择社会主义道路，要么反对资本主义民主国家，要么在冷战时期寻求某种中立主义。以苏联为首的国家则鼓励"非西方模式"的国家挑战美国在亚洲强势的全球经济和军事力量。这些国家动员了国内占多数的穷苦工人，其中更为激进的国家，则更进一步倡导推翻"新殖民主义"和封建制度。③ 新的领导人很快便发现国族建设难以进行。

---

① D. R. SarDesai, *Southeast Asia: Past & Present* (4th ed.), Boulder: Westview Press, 1997, p. 145.

② D. R. SarDesai, *Southeast Asia: Past & Present* (4th ed.), Boulder: Westview Press, 1997, pp. 147–149.

③ Wang Gungwu, "Introduction", in Cheah Boon Kheng, *Malaysia: The Making of a Nation*, Singapore: Institute of Southeast Asian Studies, 2002, p. xiv.

原因在于，仅仅通过宣布独立还不够，如果他们想快速实现现代化，就需要外部的帮助。比如，需要大量资金来修建用于发展工业的新基础设施。基本的读写能力是必不可少的，未来几代人接受中等和高等教育而掌握的技能同样如此。不过，民族国家作为一种新型政体，比当时大多数人所能认识到的更为陌生。对于在后殖民地国家掌权的一小部分精英来说，向西欧和东欧，或向日本，或向中国或美国学习，可能看起来非常容易，但建立一个稳定和繁荣的国家却是很难达到的目标。①

陈衍德、彭慧两位学者认为，当东南亚各国从殖民地国家或王朝国家过渡到现代民族国家时，都面临着民族国家的整合问题。一般而言，殖民地时期爆发的东南亚各国革命，具有民族革命与民主革命的双重性质。到建立新的民族国家时，各国虽然基本完成了民族革命，但却尚未完成民主革命。这导致的后果是，新生的东南亚国家与现代的公民国家尚存在差距。② 换言之，取得国家独立，并不意味着民族国家建构的完成，相反，取得民族或国家独立，恰恰是民族国家建构与民族整合的开始阶段。而东南亚国家面临的"民族国家的整合问题"，实际上就是指国家整合和/或民族整合。

王赓武认为，东南亚的国族建构所使用的"模型"或"指南"通常来自西方，主要是英国和法国，而不是美国和加拿大。③ 不过，这或许要排除越南和老挝等坚持人民民主共和制度的国家。此外，需要注意的是，尽管东南亚的"民族国家"采取的模式是西方模式，即在20世纪，特别是在第二次世界大战后不久，欧洲国家而不是美国经常被视为"模范"，但是，族裔的兴起和西方许多"民族国家"面临的问题，使东南亚国家失去了"榜样"。一些国家认为，这可能是暂时的挫折，东南亚国家最终会通过模仿"美国的做法"来解决自己的问题。而其他一些国家则可能会根据自己的传统来看待自己的"模型"。无论如何，还没有一种可以取

---

① Wang Gungwu, "Introduction", in Cheah Boon Kheng, *Malaysia: The Making of a Nation*, Singapore: Institute of Southeast Asian Studies, 2002, p. xiv.

② 陈衍德、彭慧：《当代东南亚民族关系模式探析》，《厦门大学学报》（哲学社会科学版）2010年第4期。

③ Leo Suryadinata, *The Making of Southeast Asian Nations: State, Ethnicity, Indigenism and Citizenship*, Singapore: World Scientific, 2015, p. 35.

结　语

代"民族国家"的替代模式。[①] 需要注意的是，实际上，东南亚各国将"民族/国家建构"或"民族/国家形成"视为一种"方案"或"一种政策"。东南亚地区民族国家形成的特殊历程，决定了其在从传统社会向现代社会的过渡中，始终难以与传统社会割裂，也难以与西方世界彻底割裂。[②] 换言之，东南亚的民族国家建构，是基于传统与现代之间的一种取舍与平衡，在模仿西方民族国家建构模型的同时，也将其进行了"本土化改造"。

从东南亚的民族国家建构与民族整合进程的实际来看，目前，除新加坡取得的效果比较明显之外，本书研究的其余东南亚国家均尚未取得较为圆满的预期效果。或者说，在东南亚的民族国家建构和/或民族整合方面，新加坡走在了前面，而其余的东南亚国家则处于不同阶段。并且，从东南亚的整体实际来看，东南亚国家均未完成民族国家建构与民族整合的双重任务。就新加坡来看，正如李光耀所言，大多数现代国家都是由群体构成的民族（a nation of people）推动的自决的产物。新加坡的起源则是反过来的：一个国家诞生了，然后一个民族必须被人为地创造出来。从 20 世纪 60 年代开始，新加坡国家身份认同形成的整个主旨是逐渐淡化族群、宗族和社群的身份和情感，转而支持更高、更常见的"新加坡人身份"。不过，大规模移民削弱了新加坡在族群整合方面的努力。比如，1990 年，新加坡 86% 以上的人口由新公民组成，但到 2011 年，这一比例已降至 63% 以下。更有说服力的是，鉴于来自国外的新公民人数众多，实际上，新加坡总人口中不到 50% 是在这里出生的。目前，"族群聚居区"（ethnic enclaves）已然形成，其中包括东海岸的一个相当豪华的印度人聚居区及在如切（Joo Chiat）的一个更显卑微的越南人聚居区。[③] 由此可见，像新加坡这样采取"公民价值"建构国家路径的国家，虽然在国家建构层面取得了较大的成功，但这并不意味着没有遇到挑战或挑战性因

[①] Leo Suryadinata, *The Making of Southeast Asian Nations: State, Ethnicity, Indigenism and Citizenship*, Singapore: World Scientific, 2015, p. 185.

[②] 岳蓉：《东南亚地区民族国家研究》，中国社会科学出版社 2016 年版，第 237—238 页。

[③] Donald Low and Sudhir Thomas Vadaketh, *Hard Choices: Challenging the Singapore Consensus*, Singapore: NUS Press, 2014, pp. 60 – 66.

素,这些挑战突出表现在民族/族群整合方面。

东南亚是一个由多族群社会组成的地区。除泰国外,东南亚的其余国家均沦为"前西方殖民地"。殖民地中的不同族群之所以能最终聚集在一起形成一个新的国家实体,这与民族主义运动或民族主义有关。这一运动旨在沿着前殖民地边界建构一个民族或是一个独立的国家。即使在取得政治独立之后,殖民地建立"新民族国家"的愿望仍然存在。在独立运动中,有些国家的民族主义情绪可能并不那么强烈。然而,东南亚各国政府倾向于继续这一国族建构进程,主要是通过国家和民族整合进行。不过,东南亚的国家建设进程并不顺利,面临诸多问题,如存在或发生针对中央政府的民族叛乱,而其中一些国家则面临国族建设危机。[①] 基尔斯滕·E. 舒尔茨(Kirsten E. Schulze)和戴维·M. 琼斯(David M. Jones)两位学者就认为,事实证明,"东盟"无法应对经济危机或解决群体间的暴力问题,从而显示出无效,这是其致力于不干涉成员国内政的必然结果。印尼、马来西亚和新加坡是"东盟"的核心成员,尽管暴力超越了国界,但它们仍然保留了对这一政策的"死板承诺"。显然,尽管有关于共同的"亚洲价值观"的修辞言论,但民族建构和族裔(性)仍然是东南亚大部分地区紧张的根源。[②] 换言之,东南亚多数国家进行的民族建构,尤其是强制推行具有族群中心主义性质的同化或民族整合的政策,依然是造成国家或地区局势紧张的一个不容忽视的根源性因素。

新加坡国族建构的重要基础在于各族人民拥有共同的经济利益与需要稳定和谐的社会环境。新加坡作为一个移民社会,没有原生的国家和民族认同,也没有任何族群对新加坡这块土地拥有原生的历史性权力,因而其国族意识,完全是建国后人为建构的。这种以确立公民身份、形塑公民意识为主题的国族建构称为"公民国族主义"。在这一过程中,新加坡形成了独特的国家建构经验。首先,也是最为重要的一点:新加坡

[①] Leo Suryadinata, *The Making of Southeast Asian Nations: State, Ethnicity, Indigenism and Citizenship*, Singapore: World Scientific, 2015, pp. 32 – 34.
[②] Kirsten E. Schulze and David M. Jones, "Nation-Building, Ethnicity and Politics in Southeast Asia", in Patrick Heenan and Monique Lamontagne (eds.), *Southeast Asia Handbook*, London · Chicago: Fitzroy Dearborn Publishers, 2001, p. 177.

结 语

国族建构走的是公民路径。新加坡国族建构的过程是以超越种族的公民概念形塑各族人民的公民意识。不管是李光耀于1979年提出的"亚洲价值",还是新加坡学校推广的公民教育,新加坡政府在对国民的现代公民意识的培养上可谓不遗余力。其次,区分国族认同和民族认同的不同,着力塑造国族认同和政治认同。不论是新加坡政府提出的"政治效忠新加坡、文化可以各自表述"的理念,还是前总理吴作栋提出的"新加坡族"的概念——实际上指的是国族(认同)而非民族(认同),其着力点都在于建构并维系统一的国家认同。当新加坡建构的国族认同稳定下来后,尽管其国内的多种族文化局面依然存在,但此时新政府采取了包容差异的政策、尊重多元存在,从而形成了"一和多"和谐相处的局面。其中,"一"代表的即是共同的想象空间、价值载体和政治忠诚中心。[①]

整体来看,笔者认为,东南亚的民族国家建构与民族/国家整合进程,可以简单划分为以下几类。

第一,完成国家整合但未完成民族整合一类的国家,如泰国、柬埔寨、老挝和越南等国家。这些国家的局势总体稳定,主要问题在于民族整合的程度还有不小的提升空间。有所不同的是,泰国完成国家整合,主要是依靠朱拉隆功时期进行的行政改革,而越南、柬埔寨和老挝,则主要是依靠战争手段完成的国家整合。在面对殖民势力留下来的"殖民遗产"时,东南亚相关国家的选择也出现了差异。王赓武认为,东南亚政体可分为两种:一种是完全放弃殖民时期的国家架构,努力去寻找一种能建立民族国家的政治架构,例如印尼和缅甸;另一种是保留帝国势力遗留下来的国家架构,并试图通过自己的政党建立新的民族国家,就像菲律宾、马来西亚和新加坡。[②]

第二,国族/国家建构在东南亚地区而言取得标志性进展,但并未完成民族整合进程的国家,主要是指新加坡。与此类似,但与新加坡的民族国家建构与民族整合路径存在明显差异的国家是马来西亚,尽管马来西亚在

[①] 有关新加坡国族认同的建构过程、经验及特点等的分析,参见王贞威《新加坡国族认同建构的经验及启示》,《九鼎》2014年第83期。
[②] [新加坡]王赓武:《东南亚的政党与国家》,吴宏娟译,《东南亚研究》2012年第4期。

国家/国族建构方面取得了不少成就,但就民族整合进程来看,由于马来人特权的制度性存在,使得马来西亚的民族整合进程仅仅处于"维持族群边界的共处"状态。从马来西亚国族建构的实践可以看出,独立以来马来西亚在国族建构的路程上清楚地展现出两条轨迹:强调单一化国族的民族主义和文化多元主义。马来和非马来族群在两股力量的驱动下,彼此对国家/国族建构有着不同的想象与期待。① 马来人所期望的,自然是国家主义等同于马来民族主义,即"马来人的马来西亚";而其他族群,则希望将两者区别开来,强调多元文化和族群和谐相处,共同发展,即"马来西亚人的马来西亚"。② 1969年的"5·13事件"是重要的分水岭,独立前后至"5·13事件"前,如果说这一时期马来西亚的国族建构介于马来民族主义和文化多元主义之间,那么,"5·13事件"后,马来西亚的国族建构就完全倒向了马来民族主义。"后5·13事件时代",尽管民族主义和文化多元主义的政治角力在政府与民间持续博弈,但马来民族主义始终是马来西亚国族建构的主旋律。③ 因此,马来西亚民族国家建构与民族整合能否取得突破性进展在于未来"马来人特权的制度性安排"是否发生重大变化。

廖建裕认为,除了新加坡之外,东南亚各国政府似乎已经认同了"本土/土著主义",主要以"土著模式"为基础建立新国家。预计华人将融入土著社会,如果不被同化的话。然而,随着全球化和民主化的发展,同化主义模式不再可以被接受,但本土主义似乎难以"寿终正寝"。这往往表现为本土/土著民族主义或族群民族主义。华人仍然面临着土著主义的挑战。由于国族建构是一个漫长而艰难的过程,像新加坡这样的移民国家似乎更注重公民身份而非"民族意识/认同"(nationhood)。然而,对于印尼和马来西亚而言,"国族建构项目"正在进行中,但由于不确定性以及经济和社会差异的存在,不同族群之间的紧张关系程度仍然很高。"华人问题"和东南亚国家建设问题还远未解决。④

---

① 许红艳:《马来西亚国族建构研究》,《广西民族研究》2015年第1期。
② 段颖:《马来西亚的多元文化、国家建设与族群政治》,《思想战线》2017年第5期。
③ 许红艳:《马来西亚国族建构研究》,《广西民族研究》2015年第1期。
④ Leo Suryadinata (ed.), *Ethnic Relations and Nation-Building in Southeast Asia: The Case of the Ethnic Chinese*, Singapore: Institute of Southeast Asian Studies, 2004, pp. 239–240.

结　语

第三，既未完成国家整合，也未完成民族整合的国家，如缅甸。对于这类国家，先行完成国家整合往往是进行民族整合的一个重要前提，尽管国家整合与民族整合存在或多或少的重叠性。从本质上来说，缅甸目前仍在持续发生的武装冲突，或是昂山素季推进的"21世纪彬龙会议"，尽管手段不一样，但从目的来看却是一致的，即争取完成国家整合进程。

第四，菲律宾和印尼，这两个国家，尽管存在分离主义运动、暴力袭击或恐怖主义威胁，但两国均与相关武装分离组织进行了政治谈判，但取得的最终成果却有所差异。就效果来看，印尼"亚齐问题"的成功解决，对存在族群冲突的国家而言，无疑具有一定的借鉴意义。对菲律宾和印尼而言，如何妥善处理国内民族问题，发展社会经济，对其进行进一步的民族整合而言，具有十分重要的意义。

事实上，如果我们进一步分析，缅甸与马来西亚在取得国家独立方面，还是具有一定的相似性，即两国都是通过谈判争取了民族和国家的独立。其中一个不同之处在于，缅甸取得独立是基于民族平等、团结与自治原则，而马来西亚则是马来人联合华人和印度人取得的独立。马来西亚为了争取国家的独立，马来人、华人与印度人三大族群精英在一系列的重大问题上达成妥协，为国家独立奠定了基础。1957年7月通过的《马来亚联合邦宪法》，给予绝大部分非马来人公民权，但也同时确认了马来人的特殊地位。1957年8月31日，马来西亚正式宣布从英国殖民统治下获得独立。① 此外，由于国情的不同，东南亚国家进行民族国家建构与民族整合的基础也不一样。比如越南取得民族与国家的独立和统一，主要是依靠战争手段，而像缅甸、马来西亚甚至是新加坡，主要是通过（联合性）政治谈判取得国家独立的。而对于未被西方殖民者直接殖民的泰国而言，主要问题则在于泰国至今依然采取具有族群中心主义的整合政策，以期达成"泰民族国家"的建构与整合。

在东南亚的民族国家建构与民族整合进程中，军人曾经或现在发挥的作用与影响也不容忽视。对此，可从军人及其角色写进宪法加以制度

---

① 许红艳：《马来西亚国族建构研究》，《广西民族研究》2015年第1期。

化看出。经过对东南亚泰国、菲律宾和缅甸三国的宪法变迁和安全部队进行的案例研究，保罗·钱伯斯（Paul Chambers）认为，在泰国、缅甸和菲律宾，宪法和法令要么只是有时限制/规制安全部队，要么只是为了使其在政治中的统治/主导地位合法化，这些都是教训。首先，文职官员与安全官员或"文武官员"之间的变革性的交易过渡，致使泰国、缅甸和菲律宾这三个国家的安保部队得以在宪章下制度化。制定每一部新宪法的结果是，在制定宪章时，文职或安全官员是否更具凝聚力，安全环境是否有利于特定部分的修改，以及由于历史遗产，军人和非军人是否愿意让安全官员拥有更多的宪法特权。其次，安全部队已经在民选政府领导的宪法下制度化，尽管方式有所不同。泰国穿插经历过多次政变和多部宪法的颁布，相对于菲律宾和缅甸而言，这也许是由于泰国政治更具有派系性和流动性。与此同时，对菲律宾而言，安全部队甚至在国家独立之前就已经发展成为民选统治精英的"寄生客户"。而在缅甸，民盟政府上台执政之前，安全官僚则逐渐发展成为该国的主导阶层。再次，比较而言，缅甸的安全部队传统上拥有最多的宪法权力，其次是泰国，最后是菲律宾。不过，泰国2014年政变的发生，则"臭名昭著"地将泰国推到了首位。然而，必须承认的是，在这三个国家，尽管有法律规定，安保人员有时也会采取非正式行动。最后，当现役国防人员退休但随后被任命为文职职员，从而继续行使宪法规定的权力时，这些人只是帮助维持政治之中安全部队的权力。实际上，今天对安全部队在宪法上实现对其进行的正式控制的最大挑战，可能在于如何建立和维持真正的民事控制，而这种控制则可以通过监督机制加以制度化。不过，要在泰国、菲律宾和缅甸实现这一目标并非易事。①

在马来西亚和印尼两国国家建设的过程中，伊斯兰因素发挥了主导或重要作用。具体而言，在马来西亚，马哈蒂尔领导下的亲伊斯兰国家领导人通过灵活和务实地解释和合理化宗教教义，设法使伊斯兰教适应并融入

---

① 有关对泰国、缅甸与菲律宾的宪法变迁（方式）与相应国家的安全部队之间的关系及异同教训的详细分析，参见 Paul Chambers, "Constitutional Change and Security Forces in Southeast Asia: Lessons from Thailand, the Philippines and Myanmar", in Marco Bünte and Björn Dressel (eds.), *Politics and Constitutions in Southeast Asia*, Oxon and New York: Routledge, 2017, pp. 93–113.

结　语

其"国家"愿景中。这些原则的实际实施——特别是伊斯兰普遍主义，帮助新兴的"马来西亚人"国家奠定了包容性的意识形态基础。而在印尼，军方主导的苏哈托政权大体上——但并非总是——依然对其保持警惕并试图中立伊斯兰势力。在组织和意识形态方面，可以说，苏哈托政权做到了这一点，但没有从根本上充分利用"整合主义国家"（the integrationist state）的国家意识形态——潘查希拉（Pancasila）。到"后苏哈托政府"时期，这种"世俗民族主义"的意识形态立场在很大程度上甚至还得到了采纳。[1]

需要注意的是，印尼存在的或多或少的"以爪哇为地域中心的地域中心主义"，以及马来西亚的"马来人特权"等体系族群中心主义思想与实践的继续存在，从其实质来看，还是属于一种具有霸权性质的族群—地域中心主义思想，或者说是一种狭隘的族群民族主义。丹·斯莱特（Dan Slater）认为，当威权主义被广泛认为是必要的稳定器时，威权主义是最强大的，马来西亚和新加坡的专制持久性一直依赖于这种看法。因此，对于马来西亚和新加坡来说，是否出现民主化之后的不稳定的前景对其实现民主化至关重要。[2] 北伊利诺伊大学学者滨四津菊枝（Kikue Hamayotsu）认为，马来西亚民主化之后的不稳定前景渺茫。如果丹·斯莱特的观点是正确的，那么，马来西亚的民主转型和巩固的前景似乎也很严峻。除此之外，还有出路吗？对宗教和族群问题的争议日益加剧，这表明马来西亚社会的民主转型不仅是在传统意义上终止政党主导或制度与政治改革。这种转变可能至少需要一个民主的政治社会，这种社会跨越狭隘的社群边界，并准备好进行辩论和接受基本的民主价值观、原则和规则，并需要认识到，以族群和宗教排外主义为基础是不可能实现宪法上的平等和民主的。[3]

---

[1] Kikue Hamayotsu, "Islam and Nation Building in Southeast Asia: Malaysia and Indonesia in Comparative Perspective", *Pacific Affairs*, Vol. 75, No. 3, 2002, p. 356.

[2] Dan Slater, "Strong-State Democratization in Malaysia and Singapore", *Journal of Democracy*, Vol. 23, No. 2, 2012, p. 20.

[3] Kikue Hamayotsu, "Towards a More Democratic Regime and Society? The Politics of Faith and Ethnicity in a Transitional Multi-Ethnic Malaysia", *Journal of Current Southeast Asian Affairs*, Vol. 32, Issue 2, 2013, p. 21.

在东南亚，宗教与民族/国家有着错综复杂的概念性关系。宗教信仰，一方面，在国家的想象和建设过程中发挥了相当大的作用，确实是起到了至关重要和充满活力的作用；另一方面，宗教信仰在激发由于竞争性的国家/民族意识概念而产生或引发的冲突的过程中也起到了类似的作用，其基础在于宗教在通过身份/认同进行解释，并在文化和历史叙事方面进行动员上发挥了重要作用。宗教，在民族/国家的形成和维持过程中，通过塑造民族/国家认同，已被证明是不可缺少的，经常作为民族建构的基石。这明显体现在泰国、马来西亚和印尼的"官方"民族主义案例中，而菲律宾可能是例外。然而，与此同时，宗教信仰也可能对被定义为"后独立国家"的"国家"造成挑战与削弱。这已体现于在宗教语言框架内的国内冲突如何发挥作用，在所有四个案例（菲律宾南部、泰国南部、马来西亚和印尼）中，宗教因素所创造出来的压力。[1] 不过，就印尼而言，"潘查西拉"（Panca Sila）或"建国五项原则"成为印尼国家首要的原则，而宗教则置于末位；它没有提到伊斯兰教，更不用说，责令穆斯林成员遵从伊斯兰法律。尽管"潘查西拉"原则通常是"人道主义"和"平等主义"，但这并不妨碍其被利用来支持强权和等级制度。印尼的"潘查西拉"的价值已充分体现在其官方意识形态中，以构成印尼实现文明意图的陈述。统治者使用而不是观察这些原则，但他们的重申肯定了对当权者的要求，并断言了衡量合法性的标准。[2]

除了军人、海岛地区的伊斯兰因素在东南亚的民族国家建构与民族整合进程中发挥的作用之外，事实上，在推进这一过程的进程中，政党所发挥的作用与影响也不应忽视。王赓武将东南亚的政党与国家建构相联系起来，分析了在尚未建立民族国家前，其政党领导人又希望通过政党塑造国家未来，以及政党在此过程中发挥的作用。王赓武指出，一个国家（nation）可能并不仅仅是民族国家（nation-state）或者国家民族

---

[1] Joseph Chinyong Liow, *Religion and Nationalism in Southeast Asia*, Cambridge: Cambridge University Press, 2016, p. 221.
[2] Ruth McVey, "Building Behemoth: Indonesian Constructions of the Nation-State", in Daniel S. Lev and Ruth McVey (eds.), *Making Indonesia: Essays on Modern Indonesia in Honor of George McT. Kahin*, Ithaca, New York: Cornell Southeast Asia Program, 1996, pp. 18–24.

结　语

（state-nation），还可能是政党国家（party-nation）。越南属于在独立时就确认存在"原生民族"的国家，是民族决定其所需要的政党类型，以确保民族团结及其为国家服务。但在尚未存在民族而不得不从零开始建构国家的地方，就像东南亚其他的大多数国家，尤其是印尼、马来西亚和缅甸，各种不同的政党或者政党制度都有可能出现。[①]

整体来看，尽管东南亚不同国家的建国基础和发展水平存在或多或少的差别，但东南亚地区的民族国家建构与民族整合进程，依然任重道远，尤其是在至今依然存在内部武装冲突、暴恐袭击或恐怖主义等问题的国家。其中，缅甸、菲律宾、印尼表现得尤为突出。尽管印尼已经通过政治谈判解决了"亚齐问题"，但依然面临民族整合的任务。对于泰国，尽管存在"泰南问题"，但从国家层面来看，"泰南问题"并不影响泰国国家的总体稳定局势。

目前而言，缅甸面临的问题比较严重。虽然缅甸的国家边界业已划定，但由于受到历史与现实方面的种种主客观因素的影响和制约，缅甸的国家整合与民族整合依然进展缓慢。在缅甸完成国家整合任务之前，缅甸的民族整合，由于受到内部武装冲突及若开穆斯林问题的严重影响，短期内难以取得突破性的进展。这是由缅甸至今未完成全国范围内的国家整合进程所决定的。实证研究表明：一个国家内部的种族、族群，宗教或文化多样化程度越高，其国家认同的创造就越困难。[②] 对此，我们可以从东南亚国家的民族国家建构与民族整合进程的相关案例研究看出，此处不再赘述。

需要注意的一点是，除新加坡之外的其他东南亚国家，如何走出一条符合本国国情而又在一定程度上借鉴"新加坡国族建构经验"即有所借鉴地实行"一体多元"（塑造政治一体、包容文化多样）进行民族整合的特色之路，是提高东南亚国家民族国家建构与民族整合水平、塑造"国族共同体"的关键所在。廖建裕认为，与国族建设相比，从短期来看，建设公民身份更容易、更有效。毫不奇怪的是，一些国家更多地关

---

① ［新加坡］王赓武：《东南亚的政党与国家》，吴宏娟译，《东南亚研究》2012年第4期。
② Claudia Derichs and Thomas Heberer, "Introduction: Diversity of Nation-Building in East and Southeast Asia", *European Journal of East Asian Studies*, Vol. 5, Issue 1, 2006, p. 2.

注公民身份建设而不是国族建设。不过,这并不意味着这些国家完全放弃了国族建设。相反,许多国家的长期目标仍然是建设一个国族。只要"民族国家"的概念仍然存在,国家归属就不可能消失。① 此外,印尼在解决族群冲突问题方面的"亚齐经验",泰国政府在整合华人时采取的做法,也能够为东南亚其他国家提供或多或少的参照与借鉴。从本质上来看,经验或"模型"属于兼具地域性与有限普遍性的认知产物,不管是模仿还是借鉴,往往需要进行"本土化"过程的消化与再生产。至于这些问题,已超出本书研究的范围,故不再展开。

概言之,在实现稳定、发展、现代化和繁荣方面,民族和民族国家业已成为同义词。而且,由于民族国家在全球范围内得到巩固,成为独立和主权的参照对象,身处"政治世界"之中的任何人都不会质疑它的意义和重要性。直到今天,尽管全球化进程、区域一级的超国家制度建设(欧盟)和越来越多的跨国合作事实存在,但是,民族国家概念并未失去其吸引力。对刚刚获得独立的国家,及那些从取得独立时起就一直小心翼翼地保持独立地位的国家而言,国族建设的任务,是一项具有现代性和时新性的任务。②

王赓武认为,"在我们完成(民族建构)这项工作之前,谈论一个'无国界的地区'(a borderless region)还为时过早,尤其是在一个民族国家和民族主义将逐渐消失的新世界秩序到来之前。迄今为止,从'民族国家的世界'的现代历史来看,民族国家似乎仍然留在这一世界。如果只是作为区域集团的基本单位,民族国家则将作为独特的主角发挥越来越重要的作用。因此,我们越早得到历史学家在其所处的区域环境中进行的经过充分研究的民族国家的发展的话,我们就能越早知道如何与其共处,甚至知晓如何使他们为我们地区的和平事业服务。"③

笔者认为,在新世界秩序和组成新世界秩序单元的行为体到来或产

---

① Leo Suryadinata, *The Making of Southeast Asian Nations: State, Ethnicity, Indigenism and Citizenship*, Singapore: World Scientific, 2015, pp. 185 – 186.
② Claudia Derichs and Thomas Heberer, "Introduction: Diversity of Nation-Building in East and Southeast Asia", *European Journal of East Asian Studies*, Vol. 5, Issue 1, 2006, p. 4.
③ Wang Gungwu, "Introduction", in Cheah Boon Kheng, *Malaysia: The Making of a Nation*, Singapore: Institute of Southeast Asian Studies, 2002, pp. xv – xvi.

生之前，与民族国家、民族国家建构与民族整合相关主题的话题，在可预见的时期内，并不会消失。正如世界历史上所存在的帝国存在时空限度一样，现存的民族国家的规模是存在也是具有限度的，在一定历史时期之内，这种规模与限度也是呈现稳定状态的。对于东南亚的民族国家建构与民族整合进程而言，也不例外。

参考文献

一 中文著作

包茂红：《森林与发展：菲律宾森林滥伐研究（1946—1995）》，中国环境科学出版社2008年版。

毕世鸿编著：《新加坡概论》，世界图书出版广东有限公司2012年版。

曹淑瑶：《国家建构与民族认同：马来西亚华文大专院校之探讨（1965—2005）》，厦门大学出版社2010年版。

曹云华、李皖南等：《民主改革时期的印度尼西亚华人》，暨南大学出版社2014年版。

陈鸿瑜：《寮国史》，台北：台湾商务出版社2017年版。

陈鸿瑜主编：《海外华人之公民地位与人权》，台北：华侨协会总会2014年版。

[菲] 陈烈甫：《菲律宾的资源经济与菲化政策》，台北：正中书局1969年版。

陈明华编著：《当代菲律宾经济》，云南大学出版社1999年版。

陈茜、孔晓莎等编：《澜沧江—湄公河流域基础资料汇编》，云南科学技术出版社2000年版。

陈序经：《扶南史初探》，自印本。

陈衍德、彭慧、高金明等：《全球化进程中的东南亚民族问题研究——以少数民族的边缘化和分离主义运动为中心》，厦门大学出版社2008年版。

陈衍德主编：《多民族共存与民族分离运动——东南亚民族关系的两个侧面》，厦门大学出版社2009年版。

陈真波：《独立以来缅甸民族关系研究》，吉林人民出版社2014年版。

成都军区政治部联络部、云南省社会科学院东南亚研究所：《柬埔寨问题资料选编》（上），成都军区政治部联络部1987年版。

［新加坡］崔贵强编著：《东南亚史》，新加坡：联营出版有限公司1965年版。

《东南亚历史词典》编辑委员会编：《东南亚历史词典》，上海辞书出版社1995年版。

段立生：《泰国通史》，上海社会科学院出版社2014年版。

段立生：《泰国文化艺术史》，商务印书馆2005年版。

范宏贵：《越南民族与民族问题》，广西人民出版社1999年版。

傅岩松、胡伟庆：《柬埔寨研究》，军事谊文出版社2004年版。

顾长永：《东南亚政府与政治》，台北：五南图书出版公司1996年版。

顾长永、萧文轩：《边缘化或是整合：泰国的少数族群政治》，高雄：中山大学出版社2016年版。

郭振铎、张笑梅主编：《越南通史》，中国人民大学出版社2001年版。

郝时远、赵锦元主编：《世界民族与文化（亚非篇）》，中央民族大学出版社1995年版。

郝文明主编：《中国周边国家民族状况与政策》，民族出版社2000年版。

郝勇、黄勇等编著：《老挝概论》，世界图书出版广东有限公司2012年版。

何平：《傣泰民族的起源与演变新探》，社会科学文献出版社2015年版。

何平：《东南亚民族史》，云南大学出版社2012年版。

何平：《中南半岛民族的渊源与流变》，民族出版社2006年版。

贺圣达：《东南亚历史重大问题研究　东南亚历史和文化：从原始社会到19世纪初》（下册），云南人民出版社2015年版。

贺圣达：《东南亚伊斯兰教与当代政治》，中国书籍出版社2010年版。

贺圣达：《缅甸史》，人民出版社1992年版。

贺圣达、李晨阳：《缅甸》，社会科学文献出版社2009年版。

贺圣达、王文良、何平：《战后东南亚历史发展：1945—1994》，云南大学出版社1995年版。

［泰］洪林、黎道纲主编：《泰国华侨华人研究》，香港：香港社会科学出

版社有限公司 2006 年版。
胡春艳：《抗争与妥协：马来西亚华社对华族母语教育政策制定的影响》，暨南大学出版社 2012 年版。
华侨志编纂委员会：《柬埔寨华侨志》，台北：华侨志编纂委员会 1959 年版。
黄兴球：《老挝族群论》，民族出版社 2006 年版。
黄元焕等：《印尼教育》，广东高等教育出版社 1989 年版。
黄云静、张胜华：《国家·发展·公平：东南亚国家的比较研究》，中国社会科学出版社 2016 年版。
黄滋生、何思兵：《菲律宾华侨史》，广东高等教育出版社 1987 年版。
贾英健：《全球化背景下的民族国家研究》，中国社会科学出版社 2005 年版。
江宜桦：《自由主义、民族主义与国家认同》，台北：杨智文化事业股份有限公司 1998 年版。
金应熙主编：《菲律宾史》，河南大学出版社 1990 年版。
孔建勋等：《多民族国家的民族政策与族群态度：新加坡、马来西亚的泰国实证研究》，中国社会科学出版社 2010 年版。
李晨阳等：《柬埔寨》，社会科学文献出版社 2010 年版。
李恩涵：《东南亚华人史》，东方出版社 2015 年版。
李路曲：《新加坡现代化之路：进程、模式与文化选择》，新华出版社 1996 年版。
李志东：《新加坡国家认同研究（1965—2000）》，中国人民大学出版社 2014 年版。
梁英明：《东南亚史》，人民出版社 2010 年版。
梁志明等：《东南亚古代史：上古至 16 世纪初》，北京大学出版社 2013 年版。
廖小健：《战后马来西亚族群关系：华人与马来人关系研究》，暨南大学出版社 2012 年版。
林若雩：《马哈迪主政下的马来西亚：国家与社会关系（1981—2001）》，台北：韦伯文化事业出版社 2001 年版。

刘务：《1988年以来缅甸民族国家构建》，社会科学文献出版社2014年版。

卢光盛等：《柬埔寨》（第三版），社会科学文献出版社2014年版。

吕元礼、陈家喜主编：《新加坡研究》（2013卷），社会科学文献出版社2014年版。

吕元礼、刘歆等：《问政李光耀：新加坡如何有效治理?》，天津人民出版社2015年版。

罗圣荣：《马来西亚的印度人及其历史变迁》，中国社会科学出版社2015年版。

马燕冰、黄莹：《列国志·菲律宾》，社会科学文献出版社2007年版。

米良：《东盟国家宪政制度研究》，云南大学出版社2006年版。

宁骚：《民族与国家：民族关系与民族政策的国际比较》，北京大学出版社1995年版。

潘金娥等：《越南革新与中越改革比较》，社会科学文献出版社2015年版。

庞海红：《泰国民族国家的形成及其民族整合进程》，民族出版社2012年版。

秦钦峙、赵维杨主编：《中南半岛民族》，云南人民出版社1990年版。

［马来西亚］丘光耀：《第三条道路——马来西亚华人政治选择批判》，雪兰莪：地球村网络有限公司1997年版。

申旭、马树洪：《当代老挝》，四川人民出版社1992年版。

申旭：《老挝史》，云南大学出版社1990年版。

孙振玉：《马来西亚的马来人与华人及其关系研究》，甘肃民族出版社2008年版。

覃主元等：《战后东南亚经济史（1945—2005）》，民族出版社2007年版。

唐慧等编著：《印度尼西亚概论》，世界图书出版广东有限公司2012年版。

滕成达：《越南当代民族问题和民族政策研究》，厦门大学出版社2017年版。

田禾、周方冶编著：《泰国》，社会科学文献出版社2005年版。

王建娥：《族际政治：20世纪的理论与实践》，社会科学文献出版社2011年版。

王建娥、陈建樾等：《族际政治与现代民族国家》，社会科学文献出版社

2004年版。

王民同：《东南亚史纲》，云南大学出版社1994年版。

王瑞贺编著：《新加坡国会》，华夏出版社2002年版。

王士录主编：《2000年东南亚发展报告》，云南省社会科学院东南亚研究所2001年版。

王士录：《当代柬埔寨》，四川人民出版社1994年版。

王士录：《当代柬埔寨经济》，云南大学出版社1999年版。

王喜娟等编译：《柬埔寨高等教育政策法规》，广西师范大学出版社2014年版。

韦红：《东南亚五国民族问题研究》，民族出版社2003年版。

韦红等：《东南亚国家城市化与乡村发展研究》，高等教育出版社2016年版。

温北炎、郑一省：《后苏哈托时代的印度尼西亚》，世界知识出版社2006年版。

吴彬康等主编：《八十年代世界共产党代表大会重要文件选编》，中国广播电视出版社1989年版。

吴复新：《泰国行政发展之研究》，台北：私立东吴大学1981年版。

[马来西亚] 谢诗坚：《马来西亚华人政治思潮演变》，槟城：友达企业有限公司1984年版。

谢远章：《泰傣学研究六十年》，云南民族出版社2008年版。

许红艳：《马来西亚族际政治整合研究》，中国社会科学出版社2021年版。

阳阳等：《菲律宾文化概论》，世界图书出版公司2014年版。

杨健：《交融与内聚：越南文化流变的多维透视》，中国社会科学出版社2017年版。

杨临宏：《东南亚国家宪政制度》，云南大学出版社2014年版。

杨眉：《印度尼西亚共和国经济贸易法律选编》，中国法制出版社2006年版。

杨木：《西哈努克国王》，四川人民出版社1997年版。

杨晓强、庄国土主编：《东盟发展报告（2014）》，社会科学文献出版社2014年版。

易君、建青：《柬埔寨·老挝》，世界知识出版社1957年版。

于春洋：《现代民族国家建构：理论、历史与现实》，中国社会科学出版社2016年版。

余定邦：《东南亚近代史》，贵州人民出版社2003年版。

余定邦、黄重言等编：《中国古籍中有关新加坡马来西亚资料汇编》，中华书局2002年版。

岳蓉：《东南亚地区民族国家研究》，中国社会科学出版社2016年版。

云南省社会科学院东南亚研究所：《老挝问题资料选编：1975—1986》（上），成都军区政治部联络部1987年版。

张力：《多族群国家的政治整合——以瑞士、比利时、新加坡、马来西亚四国为例》，山西经济出版社2016年版。

张锡镇：《当代东南亚政治》，广西人民出版社1994年版。

张锡镇：《西哈努克家族》，社会科学文献出版社1996年版。

张寅：《多元文化背景下的民族国家建构》，云南人民出版社2015年版。

张永和：《李光耀传》，花城出版社1993年版。

赵海英：《现代化进程中东南亚国家建构研究——基于族际整合视角》，中国政法大学出版社2016年版。

赵锦元、葛公尚等：《当今世界的民族关系与民族问题》，广西师范大学出版社1995年版。

郑永年：《民主，中国如何选择》，浙江人民出版社2015年版。

郑资约编著：《东南亚地理志略》，台北："国立编译馆"1972年版。

中国大百科全书出版社《简明不列颠百科全书》编辑部译编：《简明不列颠百科全书》（第2卷），中国大百科全书出版社1985年版。

中国大百科全书出版社《简明不列颠百科全书》编辑部译编：《简明不列颠百科全书》（第8卷），中国大百科全书出版社1986年版。

中国大百科全书出版社《简明不列颠百科全书》编辑部译编：《简明不列颠百科全书》（第9卷），中国大百科全书出版社1986年版。

中山大学东南亚史研究所编：《泰国史》，广东人民出版社1987年版。

钟贵峰：《缅甸民族国家建设中的族际关系治理研究》，中国社会科学出版社2017年版。

钟楠主编：《柬埔寨文化概论》，世界图书出版公司2014年版。

周方冶:《王权·威权·金权:泰国政治现代化进程》,社会科学文献出版社 2011 年版。

周建新:《中越中老跨国民族及其族群关系研究》,民族出版社 2002 年版。

周平:《多民族国家的族际政治整合》,中央编译出版社 2012 年版。

朱之鑫主编:《国际统计年鉴》,中国统计出版社 2002 年版。

祝湘辉、孔鹏、杨祥章:《缅甸国情报告(2016)》,社会科学文献出版社 2017 年版。

祝湘辉、孔鹏、杨祥章:《缅甸国情报告(2017)》,社会科学文献出版社 2017 年版。

祝湘辉:《山区少数民族与现代缅甸联邦的建立》,广东世界图书出版公司 2010 年版。

庄国土:《华侨华人与中国的关系》,广东高等教育出版社 2001 年版。

二 英文著作

Alex Josey, *Lee Kuan Yew: The Crucial Years*, Singapore: Times Books International, 1980.

Alexander Barton Woodside, *The Vietnamese and the Chinese Model: A Comparative Study of Vietnamese and Chinese Government in the First Half of the Nineteenth Century*, Cambridge: Harvard University Press, 1988.

Andrew Porter, *The Oxford History of the British Empire, Vol. III: The Nineteen Century*, Oxford: Oxford University Press, 2001.

Angelene Naw, *Aung San and the Struggle for Burmese Independence*, Chiang Mai: Silkworm Books, 2001.

Anthony D. Smith, *Ethno-Symbolism and Nationalism: A Cultural Approach*, Oxen: Routledge, 2009.

Anthony Giddens, *The Nation-State and Violence: Volume Two of A Contemporary Critique of Historical Materialism*, Cambridge: Polity Press, 1985.

Anthony H. Birch, *Nationalism and National Integration*, London: Unwin Hyman, 1989.

Ariel Hernandez, *Nation-Building and Identity Conflicts: Facilitating the Mediation Process in Southern Philippines*, Wiesbaden: Springer VS, 2014.

Ashley South, *Ethnic Politics in Burma: State of Conflict*, New York: Taylor and Francis, 2008.

Ashley South, *Ethnic Politics in Burma: States of Conflict*, Oxon and New York: Routledge, 2008.

Ashley South, *Mon Nationalism and Civil War in Burma: The Golden Sheldrake*, New York: Routledge, 2003.

Astrid Norén-Nilsson, *Cambodia's Second Kingdom: Nation, Imagination and Democracy*, Ithaca, NY: Southeast Asia Program, Cornell University, 2016.

Barbara L. LePoer (ed.), *Singapore: A Country Study*, Washington, D. C.: Federal Research Division, Library of Congress, 1991.

Barbara Leitch LePoer (ed.), *Thailand: A Country Study*, Washington, D. C.: Library of Congress, Federal Research Division, 1989.

Badas Goshal, Jae H. Ku and David R. Hawk, *Minorities in Cambodia*, London: Minority Rights Group, 1995.

Ben Kiernan, *How Pol Pot Came to Power: A History of Communism in Kampuchea, 1930–1975*, London: The Thetford Press Limited, 1985.

Ben Kiernan, *The Pol Pot Regime: Race, Power and Genocide in Cambodia under the Khmer Rouge 1975–1979* (2nd ed.), New Haven and London: Yale University Press, 2002.

Blanchard Wendell et al., *Thailand: Its People, Its Society, Its Culture*, New Haven: HRAF Press, 1958.

C. M. Turnbull, *A History of Singapore: 1819–1988*, New York: Oxford University Press, 1989.

Charles F. Keyes (ed.), Assisted by E. Jane Keyes and Nancy Donnelly, *Reshaping Local Worlds: Formal Education and Cultural Change in Rural Southeast Asia*, New Haven, Connecticut: Yale University Southeast Asia Studies, 1991.

Charles F. Keyes, *Thailand: Buddhist Kingdom as Modern Nation-State*, Boulder and London: Westview Press, 1987.

Cheah Boon Kheng, *Malaysia: The Making of a Nation*, Singapore: Institute of Southeast Asian Studies, 2002.

Chris Baker and Pasuk Phongpaichit, *A History of Thailand* (3rd ed.), Melbourne, Australia: Cambridge University Press, 2014.

Christine Drake, *National Integration in Indonesia: Patterns and Policies*, Hawaii: University of Hawaii Press, 2019.

Christopher R. Duncan (ed.), *Civilizing the Margins: Southeast Asian Government Policies for the Development of Minorities*, Ithaca and London: Cornell University Press, 2004.

Colin MacAndrews, *Central Government and Local Development in Indonesia*, New York: Oxford University Press, 1986.

Colin Mackerras (ed.), *Ethnicity in Asia*, London and New York: RoutledgeCurzon, 2003.

D. R. SarDesai, *Southeast Asia: Past & Present* (4th ed.), Boulder: Westview Press, 1997.

D. R. SarDesai, *Vietnam: Trials and Tribulations of a Nation*, Michigan: Promilla & Company Publishers, 1988.

Daljit Singh and Liak Teng Kiat (eds.), *Southeast Asian Affairs 1996*, Singapore: Institute of Southeast Asian Studies, 1996.

Daljit Singh and Tin Maung Maung Than (eds.), *Southeast Asian Affairs 2008*, Singapore: Institute of Southeast Asian Studies, 2008.

Daljit Singh and Pushpa Thambipillai (eds.), *Southeast Asian Affairs 2012*, Singapore: Institute of Southeast Asian Studies, 2012.

Dặng Nghiêm Vạn, Chu Thái So'n, Lu'u Hùng, *Ethnic Minorities in Vietnam* (*4th edition*), Hanoi: Thê Giớ'i Publishers, 2010.

Daniel S. Lev and Ruth McVey (eds.), *Making Indonesia: Essays on Modern Indonesia in Honor of George Mc T. Kahin*, Itaca, New York: Cornell Southeast Asia Program, 1996.

David Ablin, *The Cambodian Agony* (1st ed.), London & New York: Routledge, 1987.

David Brown, *The State and Ethnic Politics in Southeast Asia*, London: Routledge, 1994.

David I. Steinberg, *Burma/Myanmar: What Everyone Needs to Know*, New York: Oxford University Press, 2010.

David K. Wyatt, *Thailand: A Short History*, London: Yale University Press, 1984.

David M. Ayers, *Anatomy of a Crisis: Education, Development and the State in Cambodia, 1953 – 1998*, Honolulu: University of Hawaii Press, 2000.

David P. Chandler, *A History of Cambodia*, Chiang Mai: Silkworm Books, 1993.

David P. Chandler, *A History of Cambodia* (4th ed.), Boulder, Colorado: Westview Press, 2008.

David P. Chandler, *The Tragedy of Cambodian History: Politics, War and Revolution since 1945*, New Haven and London: Yale University Press, 1991.

David P. Chandler et al., *In Search of Southeast Asia: A Modern History*, Sydney, N. S. W.: Allen & Unwin, 1971.

Dittmer Lowell (ed.), *Burma or Myanmar: The Struggle for National Identity*, Singapore: World Scientific, 2010.

Donald Low and Sudhir Thomas Vadaketh, *Hard Choices: Challenging the Singapore Consensus*, Singapore: NUS Press, 2014.

Edmund Terence Gomez (ed.), *The State of Malaysia: Ethnicity, Equity and Reform*, London and New York: RoutledgeCurzon, 2004.

Edwin Lee, *Singapore: The Unexpected Nation*, Singapore: Institute of Southeast Asian Studies, 2008.

Edward Van Roy, *Siamese Melting Pot: Ethnic Minorities in the Making of Bangkok*, Chiang Mai: Silkworm Books, 2017.

Elizabeth Becker, *When the War Was over: The Voices of Cambodia's Revolu-

tion and Its People (1st ed.), New: Simon & Schuster, 1987.

Elizabeth J. Harris, *Cambodian Buddhism: History and Practice*, Honolulu: University of Hawaii Press, 2008.

Emmanuel Guillon, *The Mons: A Civilization of Southeast Asia*, Translated and edited by James V. Di Crocco, Bangkok: The Siam Society, 1999.

Evan Gottesman, *Cambodia after the Khmer Rouge: Inside the Politics of Nation Building*, New Haven and London: Yale University Press, 2002.

Foreign Office, *The Constitution of the Union of Burma 1947*, Rangoon: Constituent Assembly of Burma, 1947.

Frank M. Lebar (ed.), *Ethnic Group of Insular Southeast Asia*, Vol. I, New Haven: Human Relations Area Files Press, 1972.

Frederik Holst, *Ethnicization and Identity Construction in Malaysia*, Oxon and New York: Routledge, 2012.

Garry Rodan, *The Political Economy of Singapore's Industrialization: National State and International Capital*, New York: St. Martin's Press, 1989.

George C. Hildebrand and Gareth Porter, *Cambodia: Starvation and Revolution*, New York and London: Monthly Review Press, 1976.

Gerald Cannon Hickey, *Free in the Forest: Ethnohistory of the Vietnamese Central Highlands, 1954 – 1976*, New Haven and London: Yale University Press, 1982.

Grant Evans, *The Politics of Ritual and Remembrance: Laos since 1975*, Chiang Mai: Silkworm Books, 1998.

Greg Bankoff and Kathleen Weekley, *Post-Colonial National Identity in the Philippines: Celebrating the Centennial of Independence*, Oxon and New York: Routledge, 2018.

Holger Daun and Reza Arjmand (eds.), *Handbook of Islamic Education*, Cham: Springer, 2018.

Howard Federspiel, *Islam and Ideology in the Emerging Indonesian State: The Persatuan Islam (Persis), 1923 to 1957*, Boston: Koln Brill, 2001.

Hugh Seton-Watson, *Nations and States: An Enquiry into the Origins of Nations and the Politics of Nationalism*, London: Methuen & Co., Ltd., 1977.

Hugh Toye, *Laos: Buffer or Battleground?*, London: Oxford University Press, 1968.

Ian Harris, *Buddhism under Pol Pot Regime*, Phnom Penh: Documentation Center of Cambodia, 2007.

Ian Harris, *Cambodian Buddhism: History and Practice*, Honolulu: University of Hawaii Press, 2005.

Ian Holliday, *Burma Redux: Global Justice and the Quest for Political Reform in Myanmar*, Hong Kong: Hong Kong University Press, 2011.

Ian Mabbett and David Chandler, *The Khmers*, Oxford and Cambridge: Blackwell, 1995.

Jacques Bertrand, *Nationalism and Ethnic Conflict in Indonesia*, Cambridge: Cambridge University Press, 2004.

James C. Ingram, *Economic Change in Thailand since 1850*, Stanford, California: Stanford University Press, 1955.

James C. Ingram, *Economic Change in Thailand: 1850 – 1970*, Stanford, California: Stanford University Press, 1971.

James P. Ongkili, *Nation-Building in Malaysia, 1946 – 1974*, Singapore: Oxford University Press, 1985.

Jean Michaud, *Turbulent Times and Enduring Peoples: Mountain Minorities in the South-East Asian Massif*, Richmond: Curzon Press, 2000.

Jeffrey Ayala Milligan, *Islamic Identity, Postcoloniality and Educational Policy-Schooling and Ethno-Religious Conflict in the Southern Philippines*, New York: Palgrave Macmillan, 2005.

Joachim Schliesinger, *Ethnic Groups of Cambodia, Vol.1: Introduction and Overview*, Bangkok: White Lotus, 2011.

Joachim Schliesinger, *Ethnic Groups of Cambodia, Vol.2: Profile of Austro-Asiatic Speaking People*, Bangkok: White Lotus, 2011.

Joachim Schliesinger, *Ethnic Groups of Cambodia, Vol.3: Profile of the Austro-Thai-and Sinitic-Speaking Peoples*, Bangkok: White Lotus, 2011.

Joachim Schliesinger, *Ethnic Groups of Laos*, Vol. 3: *Profile of Austro-Thai-Speaking Peoples*, Bangkok: White Lotus, 2003.

Jochen Hippler (ed.), Barry Stone (tr.), *Nation-Building: A Key Concept for Peaceful Conflict Transformation?*, London: Pluto Press, 2005.

John Bastin and Harry J. Benda, *A History of Modern Southeast Asia: Colonialism, Nationalism and Decolonization* (2nd ed.), Sydney: Prentice-Hall of Australia Pty. Ltd., 1977.

John Clammer, *Race and State in Independent Singapore 1965 – 1990: The Cultural Politics of Pluralism in a Multiethnic Society*, Oxon and New York: Routledge, 2018.

John Tully, *A Short History of Cambodia: From Empire to Survival*, Crow's Nest, N. S. W: Allen & Unwin, 2005.

Joseph Chinyong Liow, *Religion and Nationalism in Southeast Asia*, Cambridge: Cambridge University Press, 2016.

Joseph Lo Bianco (ed.), *Voices from Phnom Penh-Development & Language: Global Influences & Local Effects*, Melbourne: Language Australia Ltd., 2002.

Justin Corfoeld, *Khmer stand up: A History of the Cambodia Government 1970 – 1975*, Melbourne: Monash Asia Institute, 1994.

Justine Chambers, Gerard McCarthy and Nicholas Farrelly el al., *Myanmar Transformed?: People, Places and Politics*, Singapore: Yusof Ishak Institute, 2018.

Katherine Brickell and Simon Springer, *The Handbook of Contemporary Cambodia*, Oxon and New York: Routledge, 2017.

Kathleen Nadeau, *The History of the Philippines*, Westport, CT: Greenwood Press, 2008.

Keith Suter, *Global Order and Global Disorder: Globalization and the Nation-State*, Westport: Praeger Publishers, 2003.

Kobkua Suwannathat-Pian, *Thailand's Durable Premier: Phibun through Three Decades 1932 – 1957*, Kuala Lumpur: Oxford University Press, 1995.

Leakthina Chau-Pech Ollier and Tim Winter (eds.), *Expressions of Cambodia: The Politics of Tradition, Identity and Change*, Oxon and New York: Routledge, 2006.

Lee Hock Guan and Leo Suryadinata (eds.), *Language, Nation and Development in Southeast Asia*, Singapore: Institute of Southeast Asian Studies, 2007.

Leo Suryadinata, Evi Nurvidya Arifin and Aris Ananta, *Indonesia's Population: Ethnicity and Religion in a Changing Political Landscape*, Singapore: Institute of Southeast Asian Studies, 2003.

Leo Suryadinata (ed.), *Ethnic Relations and Nation-Building in Southeast Asia: The Case of the Ethnic Chinese*, Singapore: Institute of Southeast Asian Studies, 2004.

Leo Suryadinata and staff (eds.), *Southeast Asian Affairs 1980*, Singapore: Institute of Southeast Asian Studies, 1980.

Leo Suryadinata, *The Making of Southeast Asian Nations: State, Ethnicity, Indigenism and Citizenship*, Singapore: World Scientific, 2015.

Lian H. Sakhong, *In Search of Chin Identity: A Study in Religion, Politics, and Ethnic Identity in Burma*, Copenhagen: NIAS Press, 2003.

Marco Bünte and Björn Dressel (eds.), *Politics and Constitutions in Southeast Asia*, Oxon and New York: Routledge, 2017.

Mark R. Thompson and Eric Vincent C. Batalla (eds.), *Routledge Handbook of the Contemporary Philippines*, Oxon and New York: Routledge, 2018.

Martin Smith, *Burma: Insurgency and the Politics of Ethnicity*, London and New Jersey: Zed Books, 1991.

Martin Smith, *Burma: Insurgency and the Politics of Ethnicity* (2nd ed.), London: Zed Books, 1999.

Martin Smith, *State of Strife: The Dynamics of Ethnic Conflict in Burma*, Washington, D.C.: The East-West Center, 2007.

Martin Stuart-Fox, *A History of Laos*, New York: Cambridge University Press, 1997.

Martin Stuart-Fox, *Historical Dictionary of Laos* (3rd ed.), Lanham, Maryland: The Scarecrow Press, Inc., 2008.

Martin Stuart-Fox, *Laos: Politics, Economics and Society*, London: Great Britain Frances Pinter Limited, 1986.

Mary P. Callahan, *Making Enemies: War and State Building in Myanmar*, Ithaca and London: Cornell University Press, 2003.

Michael Aung-Thwin and Maitrii Aung-Thwin, *A History of Myanmar since Ancient Times: Traditions and Transformations*, London: Reaktion Books, 2012.

Michael D. Barr and Zlatko Skrbiš, *Constructing Singapore: Elitism, Ethnicity and the Nation-Building Project*, Copenhagen: NIAS Press, 2008.

Michael Hill and Kwen Fee Lian, *The Politics of Nation Building and Citizenship in Singapore*, London and New York: Routledge, 1995.

Michael Keating, *Nations against the State: The New Politics of Nationalism in Quebec, Catalonia and Scotland*, London: Macmillan Press, 2001.

Michael Leach, *Nation-Building and National Identity in Timor-Leste*, Oxon and New York: Routledge, 2017.

Michael Vickery, *Kampuchea: Politics, Economics and Society*, London: Frances Pinter, 1986.

Ministry of Education, *National EFA Review Report: Myanmar*, Naypyidaw: The Government of the Republic of the Union of Myanmar, 2014.

Mohamed Mustafa Bin Ishak, *From Plural Society to Bangsa Malaysia: Ethnicity and Nationalism in the Politics of Nation-Building in Malaysia*, Leeds: University of Leeds, 1999.

Muhammad bin Abubakar, *The Politics of National Integration in Indonesia: An Analysis of the Role of Military in the Province of Aceh*, Aceh: Unimal Press, 2015.

Moshe Yegar, *Between Integration and Secession: The Muslim Communities of the Southern Philippines, Southern Thailand, and Western Burma/Myanmar*, Lanham: Lexington Books, 2002.

Mya Than and Joseph L. H. Tan (eds.), *Laos' Dilemmas and Options: The Challenge of Economic Transition in the 1990s*, New York: ST. Martin's Press, 1997.

N. Ganesan and Kyaw Yin Hlaing (eds.), *Myanmar: State, Society and Ethnicity*, Singapore: Institute of Southeast Asian Studies, 2007.

Nicholas Tarling (ed.), *The Cambridge History of Southeast Asia: Volume 2, The Nineteenth and Twentieth Centuries*, Cambridge: Cambridge University Press, 2008.

Norman G. Owen (ed.), *The Emergence of Modern Southeast Asia: A New History*, Honolulu: University of Hawaii Press, 2005.

Oscar Salemink, *The Ethnography of Vietnam's Central Highlanders: A Historical Contextualization, 1850–1990*, Honolulu: University of Hawaii Press, 2003.

Patit Paban Mishra, *The History of Thailand*, Santa Barbara, CA: Greenwood, 2010.

Patricio N. Abinales and Donna J., Amoroso, *State and Society in the Philippines*, Lanham: Rowman & Littlefield Publishers, Inc., 2005.

Patrick Heenan and Monique Lamontagne (eds.), *Southeast Asia Handbook*, London · Chicago: Fitzroy Dearborn Publishers, 2001.

Penny Edwards, *Cambodge: The Cultivation of a Nation, 1860–1945*, Honolulu: University of Hawaii Press, 2007.

Penny Edwards, *Ethnic Chinese in Cambodia Interdisciplinary Research on Ethnic Groups in Cambodia*, Phnom Penh: Center for Advanced Study, 1996.

Peter Bellwood, *Prehistory of the Indo-Malaysian Archipelago*, Sydney: Academic Press, 1985.

Peter Mayo (ed.), *Gramsci and Educational Thought*, Chichester, West Sussex: Wiley-Blackwell, 2010.

Peter Rogers, *Northeast Thailand from Prehistoric to Modern Times: In Search of Isan's Past*, Bangkok: Duang Kamol (D. K.) Book House, 1969.

Philip G. Altbach and Gail P. Kelly, *Education and Colonialism*, New York:

Longman Inc., 1978.

Philip Taylor (ed.), *Connected & Disconnected in Viet Nam: Remaking Social Relations in a Post-Socialist Nation*, Acton, ACT: ANU Press, 2016.

Philippine Statistics Authority, *Philippine Statistical Yearbook*, Quezon City: Philippine Statistics Authority (PSA), 2018.

Pranee Liamputtong (ed.), *Contemporary Socio-Cultural and Political Perspectives in Thailand*, Dordrecht: Springer, 2014.

R. E. Elson, *The Idea of Indonesia: A History*, Cambridge and New York: Cambridge University Press, 2008.

R. J. May and Francisco Nemenzo (eds.), *The Philippines after Marcos*, New York: St. Martin's Press, 1985.

R. William Liddle, *Ethnicity, Party, and National Integration: An Indonesian Case Study*, New Haven and London: Yale University Press, 1970.

Renato Constantino, *A History of the Philippines: From the Spanish Colonization to the Second World War*, New York and London: Monthly Review Press, 1975.

Robert W. Hefner (ed.), *Making Modern Muslims: The Politics of Islamic Education in Southeast Asia*, Honolulu: The University of Hawaii Press, 2009.

Research Center for Regional Resources-Indonesian Institute of Sciences (ed.), *Multiculturalism, Separatism and Nation State Building in Thailand*, Jakarta, Indonesia: Research Center for Regional Resources-Indonesian Institute of Sciences (PSDR-LIPI), 2004.

Ronald J. Cima (ed.), *Vietnam: A Country Study*, Washington, D. C.: Library of Congress, 1989.

Selvaraj Velayutham, *Responding to Globalization: Nation, Culture and Identity in Singapore*, Singapore: Institute of Southeast Asian Studies, 2007.

Shelby Tucker, *Burma: The Curse of Independence*, London: Pluto Press, 2001.

Soekarno (au.), Karel H. Warouw and Peter D. Weldon (trs.), *Nationalism, Islam and Marxism*, Ithaca: Cornell University Press, 1970.

Sorpong Peou, *Intervention and Change in Cambodia: Towards Democracy?*, Singapore: Institute of Southeast Asian Studies, 2000.

Søren Ivarsson, *Creating Laos: The Making of a Lao Space between Indochina and Siam, 1860 – 1945*, Copenhagen: NIAS Press, 2008.

Stanley Jeyaraja Tambiah, *World Conqueror and World Renouncer: A Study of Buddhism and Polity in Thailand Against a Historical Background*, Cambridge: Cambridge University Press, 1976.

Stephen L. Keck, *British Burma in the New Century: 1895 – 1918*, New York: Palgrave Macmillan, 2015.

Stuart Hall (ed.), *Questions of Cultural Identity*, London: Sage Publications Ltd., 1996.

Teodoro A. Agoncillo, *Histoty of the Filipino People*, Quezon: R. P. Garcia Publishing, 1984.

Thak Chaloemtiarana, *Read Till It Shatters: Nationalism and Identity in Modern Thai Literature*, Acton ACT: Australian National University Press, 2018.

Thak Chaloemtiarana (ed.), *Thai Politics: Extracts and Documents, Vol. I (1932 – 1957)*, Bangkok: Social Science Association of Thailand, 1978.

The Ministry of Planning, *Annual Ministerial Review of The High-Level Segment of Ecosoc: Progress in Achieving Cambodia Millennium Development Goals: Challenges and Opportunities*, Phnom Penh: The Ministry of Planning, 2007.

The National Institute of Statistics (NIS), *Cambodia Socioeconomic Survey 2004*, Phnom Penh: The Ministry of Planning, Government of Cambodia, 2004.

The World Bank, *Country Social Analysis: Ethnicity and Development in Vietnam*, Washington, D. C.: The World Bank, 2009.

Thomas Sikor, Nghiêm Phu'o'ng Tuyên and Jennifer Sowerwine et al. (eds.), *Upland Transformations in Vietnam*, Singapore: NUS Press, 2011.

Tim Kell, *The Roots of Acehnese Rebellion, 1989 – 1992*, Ithaca, New York:

Cornell Modern Indonesia Project, 1995.

Tin Maung Maung Than, *State Dominance in Myanmar: The Political Economy of Industrialization*, Singapore: Institute of Southeast Asian Studies, 2007.

Trevor Wilson (ed.), *Myanmar's Long Road to National Reconciliation*, Singapore: Institute of Southeast Asian Studies, 2006.

Trudy Jacobsen, *Lost Goddesses: The Denial of Female Power in Cambodia History*, Copenhagen: NIAS Press, 2008.

Vatthana Pholsena, *Post-war Laos: The Politics of Culture, History and Identity*, Singapore: Institute of Southeast Asian Studies, 2006.

Victor Lieberman, *Strange Parallels, Vol. 1: Integration on the Mainland Southeast Asia in Global Context, c. 800 – 1830*, New York: Cambridge University Press, 2003.

Volker Grabowsky (ed.), *Regions and National Integration in Thailand: 1892 – 1992*, Wiesbaden: Harrassowitz Verlag, 1995.

Walter F. Vella, *Chaiyo! King Vajiravudh and the Development of Thai Nationalism*, Honolulu: The University of Hawaii Press, 1978.

Wang Gungwu (ed.), *Nation-Building: Five Southeast Asian Histories*, Singopore: Institute of Southeast Asian Studies, 2005.

Wang Rong and Cuiping Zhu (eds.), *Annual Report on the Development of the Indian Ocean Region (2017): The Belt and Road Initiative and South Asia*, Singapore: Springer, 2017.

William E. Connolly, *Identity/Difference: Democratic Negotiations of Political Paradox*, New York: Cornell University Press, 1991.

Yves Boquet, *The Philippine Archipelago*, Cham, Switzerland: Springer International Publishing AG, 2017.

三 译著

［澳］J. D. 莱格：《苏加诺政治传记》，上海外国语学院英语系翻译组译，上海人民出版社1977年版。

［澳］梅·加·李克莱弗斯：《印度尼西亚历史》，周南京译，商务印书馆

1993年版。

［澳］米尔顿·奥斯本：《东南亚史》，郭继光译，商务印书馆2012年版。

［澳］史蒂文·德拉克雷：《印度尼西亚史》，郭子林译，商务印书馆2009年版。

［法］G. 赛代斯：《东南亚的印度化国家》，蔡华、杨保筠译，商务印书馆2008年版。

［菲］格雷戈里奥·F. 赛义德：《菲律宾共和国：历史、政府与文明》，吴世昌译，商务印书馆1979年版。

［柬］诺罗敦·西哈努克著，W. G. 贝却敌整理：《西哈努克回忆录——我同中央情报局的斗争》，王俊铭译，商务印书馆1979年版。

［柬］诺罗敦·西哈努克：《西哈努克回忆录——甜蜜与辛酸的回忆》，晨光等译，黑龙江人民出版社1987年版。

［美］芭芭拉·沃森·安达娅、伦纳德·安达娅：《马来西亚史》，黄秋迪译，中国大百科全书出版社2010年版。

［美］本尼迪克特·安德森：《想象的共同体：民族主义的起源与散布》，吴叡人译，上海人民出版社2016年版。

［美］大卫·钱德勒：《柬埔寨史》（第四版），许亮译，中国大百科全书出版社2013年版。

［美］约翰·F. 卡迪：《战后东南亚史》，姚楠等译，上海译文出版社1984年版。

［苏］B. Ф. 瓦西里耶夫：《缅甸史纲》，中山大学历史系东南亚历史研究室、外语系编译组合译，商务印书馆1975年版。

［泰］集·蒲米萨：《暹泰佬孔各族名称考》，黎道纲译，DuangKamol出版社1976年版。

［新加坡］李光耀：《风雨独立路——李光耀回忆录（1923—1965）》，外文出版社1998年版。

［新加坡］李光耀：《经济腾飞路——李光耀回忆录（1965—2000）》，外文出版社2001年版。

［新加坡］李光耀：《李光耀回忆录：我一生的挑战——新加坡双语之路》，译林出版社2013年版。

［新加坡］廖健裕：《爪哇土生华人政治》，李学民、陈巽华译，中国友谊出版社1986年版。

［新加坡］苏瑞福：《新加坡人口研究》，薛学了等译，厦门大学出版社2009年版。

［新西兰］尼古拉斯·塔林主编：《剑桥东南亚史Ⅰ》，贺圣达、陈明华、俞亚克等译，云南人民出版社2003年版。

［新西兰］尼古拉斯·塔林主编：《剑桥东南亚史Ⅱ》，王士录、孔建勋、李晨阳等译，云南人民出版社2003年版。

［印尼］苏加诺著，世界知识社编辑：《苏加诺演讲集》，世界知识社1956年版。

［英］爱德华·莫迪默、罗伯特·法恩：《人民·民族·国家——族性与民族主义的含义》，刘泓、黄海慧译，中央民族大学出版社2009年版。

［英］安东尼·吉登斯：《民族—国家与暴力》，胡宗泽、赵力涛译，生活·读书·新知三联书店1998年版。

［英］安东尼·D. 史密斯：《全球化时代的民族与民族主义》，龚维斌、良警宇译，中央编译出版社2002年版。

［英］D. G. E. 霍尔：《东南亚史》，中山大学东南亚历史研究所译，商务印书馆1982年版。

［英］戴维·米勒、韦农·波格丹诺编，中国问题研究所、南亚发展研究中心等组织翻译：《布莱克维尔政治学百科全书》，中国政法大学出版社1992年版。

［英］G. E. 哈威：《缅甸史》，姚枬译，商务印书馆1943年初版，1957年重印第一版。

［英］康斯坦丝·玛丽·藤布尔：《新加坡史》，欧阳敏译，东方出版中心2013年版。

［英］理查德·温斯泰德：《马来亚史》（上册），姚梓良译，商务印书馆1974年版。

［英］亚力克斯·乔西：《李光耀》，安徽大学外语系、上海人民出版社编译室译，上海人民出版社1976年版。

［越］陈重金：《越南通史》，戴可来译，商务印书馆1992年版。

［越］越南第十届国会民族委员会：《党和国家有关民族的政策和法律》，河内：民族文化出版社2000年版。

［越］越南社会科学委员会编著：《越南历史》，北京大学东语系越南语教研室译，人民出版社1977年版。

［越］《越南社会主义共和国宪法》，1992年中文译本。

四 中文学位论文

戴万平：《印尼族群政治研究》，博士学位论文，中山大学，2003年。

德全英：《民族区域自治权》，博士学位论文，中国社会科学院研究生院，2000年。

范磊：《新加坡族群多层治理结构研究》，博士学位论文，山东大学，2014年。

郭雷庆：《聚居型多民族国家民主转型进程中的民族分离问题研究——以我国周边五国为例》，博士学位论文，山东大学，2017年。

胡琦：《越南革新开放以来的民族问题与民族政策研究》，博士学位论文，中央民族大学，2015年。

蒋炳庆：《马来西亚民族国家建构研究——基于东姑·拉赫曼到马哈蒂尔时期族群利益博弈的视角》，博士学位论文，云南大学，2017年。

金珍：《老挝苗族问题研究：由来、发展及前景》，硕士学位论文，云南大学，2009年。

瞿伟：《法国殖民统治时期的越南经济研究》，硕士学位论文，贵州师范大学，2015年。

李悦肇：《马哈迪时期马来西亚之国家整合（1981—2003）》，博士学位论文，台北：中国文化大学，2004年。

罗圣荣：《马来西亚的印度人及其历史变迁研究》，博士学位论文，云南大学，2009年。

孟宪霞：《社会主义国家处理宗教问题的经验教训》，博士学位论文，山东大学，2012年。

庞卫东：《新马分离与合并研究：1945—1965》，博士学位论文，厦门大学，2009年。

秦硕：《柬埔寨选举制度改革研究》，硕士学位论文，广西民族大学，2015年。

施雪琴：《西班牙天主教在菲律宾：殖民扩张与宗教调适》，博士学位论文，厦门大学，2004年。

苏彩琼：《越南文字的变迁与民族意识的发展——越南国语字的推广历史探究》，硕士学位论文，暨南大学，2010年。

唐睿：《体制性吸纳与二战后东亚国家政治转型——韩国、新加坡和菲律宾的比较分析》，博士学位论文，复旦大学，2013年。

田霞：《柬埔寨民族国家构建与民族整合进程研究》，硕士学位论文，云南大学，2016年。

王子萌：《老挝泰老族群的来源与演变及现今分布格局的形成》，硕士学位论文，云南大学，2014年。

余虹姗：《政治视角下菲律宾新闻业的历史变迁研究》，硕士学位论文，暨南大学，2014年。

余颖喆：《日本民族认同的宪法塑造——从"机轴"到"象征"的天皇宪制研究》，硕士学位论文，西南政法大学，2015年。

［新西兰］袁瑒（Sylvia Y. Yuan）：《中国之后何处去？——中国内地会—海外基督使团（CIM-OMF）国际传教运动之全球地域化进程》，博士学位论文，复旦大学，2012年。

岳成浩：《民主博弈的边际约束——西方政治现代性进程中的派系驯化问题研究》，博士学位论文，南京大学，2012年。

张大利：《李光耀执政时期新加坡经济发展的原动力探析》，硕士学位论文，贵州师范大学，2007年。

张慧丽：《越南后黎朝前期民族意识研究（1428—1527）》，硕士学位论文，郑州大学，2016年。

张静：《后冷战时期菲律宾穆斯林分离运动研究》，硕士学位论文，厦门大学，2007年。

张侃：《1970年柬埔寨朗诺政变的原因分析》，硕士学位论文，广西师范大学，2015年。

郑宗玲：《殖民统治时期缅甸稻米产业的发展及影响》，硕士学位论文，云南师范大学，2005年。

周新华：《二战后东南亚海岛地区民族国家整合中的伊斯兰因素》，博士学位论文，西北大学，2012年。

五 英文学位论文

Andreas Sturm, *The King's Nation: A Studies of The Emergence and Development of Nation and Nationalism in Thailand*, London: University of London, 2006.

Chularat Meepien. Field Marshal P., *Phibunsongkhram's Nation-Building Policy and Its Impact on Muslim Identity in Southern Thailand (1939–1944)*, Bangkok: Chulalongkorn University, 2006.

Daniel C. Bottomley, *A Nation that is Religious: Indonesia, the Ahmadiyah and The State' Sara Echoes*, Newark, Delaware: The University of Delaware, 2014.

Farina So, *An Oral History of Cham Muslim Women in Cambodia under the Khmer Rouge (KR) Regime*, Columbus: Ohio University, 2010.

Keerati Chenpitayaton, *When Siam Faced the World: Transnational Relations and the Thai Modernizing State, 1855–1932*, New York: New School University, 2015, Ann Arbor, Michigan: ProQuest LLC, 2016.

Kennon Breazeale, *The Integration of the Lao States into the Thai Kingdom*, Oxford: University of Oxford, 1975.

Kok-Thay Eng, *From the Khmer Rouge to Hambali: Cham Identities in a Global Age*, Newark Rutgers: The State University of New Jersey, 2016.

Manynooch Faming, *National Integration: Education for Ethnic Minorities of the Lao People's Democratic Republic*, Hong Kong: The University of Hong Kong, 2008.

Matthew Jagel, *Son Ngoc Thanh, the United States, and the Transformation of Cambodia*, Illinois: Northern Illinois University, 2015.

Paitoon Mikusol, *Social and Cultural History of Northeastern Thailand from 1868–1910: A Case Study of the Huamuang Khamen Padong (Surin,*

Sangkha and Khukhan), Washington: University of Washington, 1984.

Paul Henry De Neui, *String Tying Ritual as Christian Communication in Northeast Thailand*, Pasadena, California: Fuller Theological Seminary, 2005.

Peera Songkunnatham, *Recognizing Village Publics: Cultural Citizenship and the State in Northeastern Thailand*, Swarthmore, Pennsylvania: Swarthmore College, 2015.

Sambath Chan, *The Chinese Minority in Cambodia: Identity Construction and Contestation*, Concordia: Concordia University, 2005.

Stefan Ehrentraut, *Challenging Khmer Citizenship: Minorities, the State and the International Community in Cambodia*, Potsdam: Potsdam University, 2013.

Tej Bunnag, *The Provincial Administration of Siam from 1892 to 1915: A Study of the Creation, the Growth, the Achievements, and the Implications for Modern Siam, of the Ministry of the Interior under Prince Damrong Rachanuphap*, Oxford: University of Oxford, 1969.

Vachara Sinduhprama, *Modern Education and Socio-Cultural Change in Northern Thailand, 1898–1942*, Hawaii: University of Hawaii, 1988.

Vatthana Pholsena, *Minorities and the Construction of a Nation in Post-Socialist Laos*, Yorkshire: University of Hull, 2001.

六 中文论文

[英] 安东尼·吉登斯：《全球时代的民族国家》，郭忠华、何莉君译，《中山大学学报》（社会科学版）2008 年第 1 期。

包茂宏：《论菲律宾的民族问题》，《世界民族》2004 年第 5 期。

毕世鸿：《多元、平等与和谐：新加坡族群政策评析》，《东南亚南亚研究》2009 年第 1 期。

蔡文枞编译：《共和国初期的老挝》，《东南亚研究》1987 年第 4 期。

蔡文枞译：《老挝人民民主共和国宪法》，《东南亚研究》1992 年第 6 期。

曹云华：《论当前东南亚局势》，《东南亚研究》2017 年第 2 期。

陈兵：《新加坡和印度尼西亚语言政策的对比研究及其启示》，《东南亚研究》2009 年第 6 期。

陈光裕：《从儒家伦理到认同替代：新加坡价值整合的得失与借鉴——兼论一种经验事实的建构及其意义》，《理论与改革》2016 年第 2 期。

陈国保：《汉代交趾地区社会经济发展之探析》，《中国社会经济史研究》2005 年第 4 期。

陈建樾：《全球化、民族国家与马克思主义》，《世界民族》2002 年第 2 期。

陈松涛：《论苏哈托与军队关系的变化》，《南洋问题研究》2004 年第 1 期。

陈衍德、彭慧：《当代东南亚民族关系模式探析》，《厦门大学学报》（哲学社会科学版）2010 年第 4 期。

陈衍德、彭慧：《菲律宾现代化进程中摩洛人的处境与反抗（1946—1986）》，《南洋问题研究》2007 年第 1 期。

陈永贵：《苏加诺时期印尼经济政策的特点及历史原因分析》，《三门峡职业技术学院学报》2009 年第 3 期。

代帆、刘菲：《柬埔寨华裔新生代的认同及对华认知》，《八桂侨刊》2015 年第 4 期。

邓越青、李亚舒：《越南最早的民族民主文化革命运动——东京义塾运动》，（越南）《历史研究》1961 年第 25 期。

段立生：《从文物遗址看佛教在泰国的传播》，《东南亚研究》2001 年第 4 期。

段颖：《马来西亚的多元文化、国家建设与族群政治》，《思想战线》2017 年第 5 期。

范宏伟、肖君拥：《缅甸新宪法（2008）与缅甸民主宪政前景》，《太平洋学报》2008 年第 8 期。

方文：《老挝人民革命党第十次全国代表大会述评》，《学术探索》2016 年第 3 期。

冯立军：《试比较暹罗朱拉隆功改革与中国戊戌变法的成败》，《东南亚》1999 年第 1 期。

高永久、张金国：《民族学视野下的"新加坡经验"及其启示——以组屋"族群比例"政策为中心》，《广西民族研究》2016 年第 1 期。

龚浩群：《民族国家的历史时间——简析当代泰国的节日体系》，《开放时代》2005年第3期。

顾佳赟:《柬埔寨王国政党法》,《南洋资料译丛》2017年第2期。

郭保刚:《老挝华侨概述》,《印支研究》1984年第3期。

何桂全:《缅甸吴登盛政府改革评析》,《国际问题研究》2012年第6期。

何平、饶睿颖:《历史上迁移老挝的"云南人"》,《思想战线》2009年第4期。

何平:《哀牢族属再议》,《广西民族研究》2012年第3期。

何平:《泰国的孟高棉语民族》,《贵州民族研究》2010年第5期。

何平:《泰国东北部地区老族的由来及其历史变迁》,《贵州民族研究》2011年第5期。

何跃:《论二战后英国对缅甸山区民族的分治政策》,《世界民族》2005年第6期。

贺圣达:《"泰体西用":近代泰国思想发展的特点》,《东南亚》1996年第1期。

贺圣达:《缅甸:军人执政的20年(1988—2008)的政治发展及趋势》,《东南亚纵横》2008年第8期。

贺圣达:《新军人集团执政以来缅甸的经济改革和经济发展(1988—2008)》,《南洋问题研究》2009年第3期。

贺圣达、李晨阳:《缅甸民族的种类和各民族现有人口》,《广西民族大学学报》(哲学社会科学版)2007年第1期。

洪镰德:《评析新加坡多元族群的和睦相处》,《北京大学学报》(哲学社会科学版)1992年第5期。

胡若雨:《试论民族主义与新加坡的政治发展》,《世界民族》2013年第2期。

黄焕宗:《荷兰殖民者在印度尼西亚的殖民政策与演变(1602—1942)》,《南洋问题研究》1988年第2期。

黄昆章:《印尼总统瓦希德的民族和解政策》,《现代国际关系》2000年第12期。

黄荣斌:《新加坡经济转型与人才战略》,《南洋问题研究》2012年第4期。

[泰]黄瑞真:《拉玛六世的民族主义与排华思想及其影响》,《南洋问题

研究》2008 年第 2 期。

金勇：《泰国銮披汶时期的文化政策及其意涵》，《东方论坛》2013 年第 5 期。

金勇：《以国王为元首的民主制：当代"泰式民主"的文化建构》，《东南亚研究》2018 年第 2 期。

［泰］拉塔娜潘·瑟塔高：《景栋与清迈的洛人——对傣泰王国原住民的比较研究》，陈红升、谭孟玲译，《广西民族大学学报》（哲学社会科学版）2007 年第 6 期。

李斌：《独立模式对建国初期政治发展的影响：印度尼西亚与马来西亚的比较》，《东南亚研究》2001 年第 4 期。

李晨阳、陈茵：《影响缅甸民主化进程的主要政治势力》，《当代亚太》2006 年第 4 期。

李晨阳、祝湘辉：《缅甸：2012—2013 年回顾与展望》，《东南亚纵横》2013 年第 3 期。

李春霞：《冷战后越南的安全困境及其外交政策调整》，《亚太安全与海洋研究》2017 年第 1 期。

李大龙：《关于中国古代治边政策的几点思考：以"羁縻"为中心》，《史学集刊》2014 年第 4 期。

李繁：《柬埔寨近况》，《东南亚研究》1985 年第 3 期。

李路曲：《比较视野下新加坡的国家构建》，《山东大学学报》（哲学社会科学版）2014 年第 1 期。

李皖南、刘呈祥：《印尼佐科维政府执政绩效初评》，《东南亚研究》2016 年第 2 期。

李文：《战后东亚现代化进程中的农民运动》，《南洋问题研究》2009 年第 2 期。

李洋、胡万庆：《论英国对缅甸殖民统治政策及其演变》，《宜宾学院学报》2006 年第 1 期。

李晔：《论新加坡民族主义的形成与界说》，《东北师大学报》（哲学社会科学版）1998 年第 2 期。

李一平、吴向红：《冷战后泰南穆斯林分离运动的原因探析》，《南洋问题研究》2007 年第 3 期。

李一平：《论法国对印度支那殖民政策（1887—1940 年）》，《南洋问题研究》2004 年第 4 期。

梁敏和：《印尼教育简史、现状及面临的问题》，《东南亚研究》2003 年第 1 期。

梁永佳、阿嘎佐诗：《在种族与国族之间：新加坡多元种族主义政策》，《西北民族研究》2013 年第 2 期。

梁志明、刘志强：《关于越南历史发展轨迹与特征的几点思考》，《东南亚研究》2016 年第 5 期。

廖大珂：《试论荷兰东印度公司从商业掠夺机构到殖民地统治机构的演变》，《南洋问题》1987 年第 4 期。

廖小健：《柬埔寨华侨华人政策的发展变化》，《东南亚研究》1996 年第 6 期。

廖亚辉、秦羽：《缅甸：2016 年回顾与 2017 年展望》，《东南亚纵横》2017 年第 2 期。

林德荣：《是"伊斯兰教"还是"潘查希拉"——印尼国家指导思想的定位》，《厦门大学学报》（哲学社会科学版）1999 年第 2 期。

林梅、柯文君：《苏西洛总统执政 10 年的印尼经济发展及新政府的挑战》，《南洋问题研究》2014 年第 4 期。

林雨欣、崔峰：《国家认同视角下的新加坡街路译名研究》，《上海翻译》2017 年第 1 期。

刘相骏、皮军：《后苏哈托时代印尼军队的改革》，《南洋问题研究》2008 年第 1 期。

刘稚、申旭：《论云南跨境民族研究》，《云南社会科学》1989 年第 1 期。

刘稚：《新加坡的民族政策与民族关系》，《世界民族》2000 年第 4 期。

满忠和：《柬埔寨王国宪法》，《东南亚纵横》1994 年第 2 期。

潘金娥：《越南政治权力结构特征探析》，《当代世界与社会主义》2017 年第 6 期。

彭慧：《菲律宾的山地民族及其"土著化"问题》，《世界民族》2013 年第 4 期。

彭慧：《论菲律宾穆斯林群体的性质和影响》，《东南亚研究》2007年第4期。

钱伟：《试析菲律宾和新加坡的"多官方语言"现象及语言政策》，《东南亚研究》2015年第3期。

乔印伟：《论新加坡民族国家创建的基础》，《安徽史学》2009年第2期。

饶睿颖：《从"八百媳妇"到"兰那王国"名称变更考释——泰国古代北方泰族国家变迁新探》，《广西民族研究》2010年第2期。

沈红芳：《菲律宾拉莫斯政府的经济改革及其成效》，《世界经济与政治》1997年第12期。

沈燕清：《从国内移民计划看印尼地区间种族冲突》，《东南亚南亚研究》2011年第3期。

施雪琴：《印尼伊斯兰教育中的政治因素》，《当代亚太》2007年第1期。

宋培军、张秋霞：《居者有其屋：二战后新加坡组屋政策探析》，《世界历史》2016年第2期。

宋清润、张添：《民盟执政后的缅甸政治发展与挑战》，《当代世界》2018年第7期。

宋少军：《缅甸佛教民族主义的产生、发展及其实质——兼论对当代缅甸政治转型的影响》，《南亚研究》2017年第1期。

孙建楠：《权力欲望中的主权想象——试论1863年〈法柬条约〉的历史意义》，《南洋问题研究》2011年第4期。

陶红：《关于老挝的民族问题》，《东南亚纵横》2004年第3期。

［日］桐生稔著，汪慕恒校：《"缅甸式社会主义"的结构和局限》，郭梁译，《南洋资料译丛》1978年第1期。

王廷兴：《缅甸民盟政府的国家治理及面临的挑战》，《东南亚研究》2017年第2期。

［新加坡］王赓武：《东南亚的政党与国家》，吴宏娟译，《东南亚研究》2012年第4期。

王建娥：《国家建构和民族建构：内涵、特征及联系——以欧洲国家经验为例》，《西北师大学报》（社会科学版）2010年第2期。

王军：《民族国家的生成与内涵辨析》，《黑龙江民族丛刊》2012年第6期。

王民同：《越南民族民主革命的伟大先行者潘佩珠》，《云南师范大学学报》（哲学社会科学版）1992年第2期。

王全珍：《丹瑞执政四年来的缅甸政局》，《亚非纵横》1996年第1期。

王学风：《新加坡宗教和谐的原因探析》，《东南亚纵横》2005年第9期。

王贞威：《新加坡国族认同建构的经验及启示》，《九鼎》2014年第83期。

王忠田：《柬埔寨人民革命党章程》，《东南亚研究》1991年第2期。

王子昌：《"橱窗"的色彩：2001年菲律宾的政治经济形势与菲律宾研究》，《东南亚研究》2002年第1期。

王子昌：《国家哲学还是个人哲学？——对印尼建国五基的文本解读》，《东南亚纵横》2003年第12期。

韦红：《20世纪六七十年代泰国经济开发中的民族矛盾》，《中南民族大学学报》（人文社会科学版）2002年第2期。

卫彦雄：《老挝：2018年回顾与2019年展望》，《东南亚纵横》2019年第1期。

吴崇伯：《印尼新总统佐科的海洋强国梦及其海洋经济发展战略试析》，《南洋问题研究》2015年第4期。

［缅］吴觉温：《2016年总结及2017年展望——评民盟执政一周年》，孟姿君编译，《南洋资料译丛》2017年第4期。

［日］西泽信善：《奈温统治时期的经济开发政策及其后果——1962—74年缅甸经济停滞的原因分析》，汪慕恒译，《南洋资料译丛》1986年第2期。

夏玉清、孔慧：《英国殖民统治时期在新加坡的印度人》，《世界民族》2011年第3期。

萧文轩、顾长永：《权力与抵抗：泰国"国家—高山民族"关系的探析》，《问题与研究》2011年第4期。

萧文轩、顾长永：《泰国的国家整合与伊森地域认同的探析》，《台湾东南亚学刊》2012年第2期。

邢和平：《第二柬埔寨王朝十年政治总结》，《东南亚纵横》2003年第3期。

熊丽英、张林：《"罗兴伽人"问题与缅甸政府的治理困境》，《东南亚南亚研究》2016年第3期。

徐方宇：《雄王公祭与越南民族——国家认同的建构》，《东南亚南亚研究》2012年第3期。

徐绍丽：《越南对外经济关系的发展与展望》，《亚太经济》1992年第1期。

许红艳：《马来西亚国族建构研究》，《广西民族研究》2015年第1期。

许梅：《柬埔寨多党民主政治的困境》，《当代亚太》2004年第4期。

严庆：《解读"整合"与"民族整合"》，《民族研究》2006年第4期。

严庆：《民族、民族国家及其建构》，《广西民族研究》2012年第2期。

严庆：《民族整合的理念、格局与举措》，《政治学研究》2015年第1期。

严赛、苍铭：《彬龙会议前后缅甸政府对边境地区民族问题的处理》，《中央民族大学学报》（哲学社会科学版）2015年第5期。

阳举伟：《泰国整合马来穆斯林族群的困境与出路——基于影响民族同化因素的分析》，《印度洋经济体研究》2015年第6期。

阳举伟、何平：《论泰国政治整合马来穆斯林族群的政策——以"后銮披汶时代"为中心的考察》，《世界民族》2018年第4期。

阳举伟、何平：《泰国民族国家建构模式探究——基于民族国家构成要素的分析》，《东南亚南亚研究》2015年第3期。

阳举伟、左娅：《缅甸族群冲突与族群和解进程探究》，《东南亚研究》2018年第4期。

［法］杨沫丁：《老挝苗族的历史》，王伟民译，《印度支那》1985年第2期。

杨启光：《二战后印尼原住民的印尼民族观》，《东南亚研究》1990年第4期。

杨雪冬：《民族国家与国家构建：一个理论综述》，《复旦政治学评论》2005年第1期。

杨焰婵、陈发翠、鱼海波：《云南跨境民族与中国国家安全》，《广西民族师范学院学报》2015年第1期。

叶江：《当代西方的两种民族理论——兼评安东尼·史密斯的民族（nation）理论》，《中国社会科学》2002年第1期。

尤洪波：《试论苏哈托对印尼的威权统治》，《东南亚纵横》2003年第4期。

于向东：《越南思想史的发展阶段和若干特征》，《郑州大学学报》（哲学社会科学版）2001年第3期。

袁仕仑：《越南民族政策的一些情况》，《印度支那》1989年第2期。

云鹤、云松：《老挝2002年回顾与2003年前瞻》，《东南亚纵横》2003年第3期。

云鹤、云松：《老挝2004年形势与2005年前瞻》，《东南亚纵横》2005年第4期。

翟坤：《老挝民族宗教概况》，《国际资料信息》2003年第9期。

詹小娟：《法国的印度支那殖民经济政策（1887—1930）》，《东南亚研究》1989年第1期。

张党琼：《缅甸经济发展道路之我见》，《东南亚南亚研究》2013年第3期。

张建军：《近二十年民族分离主义研究述评》，《西南民族大学学报》（人文社会科学版）2011年第2期。

张锡镇：《浅析苏加诺的"有领导的民主"》，《国际政治研究》1989年第4期。

张旭鹏：《论欧洲一体化的文化认同建构》，《云南民族大学学报》（哲学社会科学版）2004年第2期。

赵永胜：《缅甸掸人及其分布格局的演变》，《贵州民族研究》2015年第5期。

甄中兴、成锡忠、王忠田：《韩桑林政权宪法》，《东南亚研究》1990年第2期。

郑国富：《民盟执政缅甸外资发展的新特征、新趋势及中国的应对策略》，《学术探索》2017年第6期。

钟贵峰：《缅甸吴努政府时期的族际关系治理析论》，《云南行政学院学报》2016年第2期。

周建新：《东南亚各国的民族划分及相关问题思考》，《贵州民族研究》2018年第2期。

周建新：《老挝的民族识别与划分及其未来发展》，《贵州民族研究》2001年第1期。

周平：《对民族国家的再认识》，《政治学研究》2009年第4期。

周平：《国家建设与国族建设》，《社会科学研究》2010年第2期。

周平:《民族国家与国族建设》,《政治学研究》2010年第3期。

朱大伟:《銮披汶·颂堪政府时期的泛泰主义研究(1938—1944)》,《淮北师范大学学报》(哲学社会科学版)2013年第2期。

朱刚琴:《潘查希拉的提出及其文化根源》,《东南亚研究》2008年第2期。

祝湘辉:《"保护的责任"中的非军事干预新模式——以缅甸若开邦罗兴亚人危机为例》,《南亚研究》2019年第1期。

祝湘辉:《英国殖民初期缅甸山区行政制度研究》,《东南亚南亚研究》2010年第2期。

庄国土:《二战以来柬埔寨华人社会地位的变化》,《南洋问题研究》2004年第3期。

庄国土:《略论二战以来老挝华人社会地位的变化》,《华侨华人历史研究》2004年第2期。

[日]佐藤圭四郎:《缅甸历史地理》,潘明智、张清江译,《南洋学会专刊之四:东南亚历史地理译丛》,新加坡《南洋学会》1989年。

七 英文论文

Agnese Nelms Lockwood, "The Burma Road to Pyidawtha", *International Conciliation*, No. 518, 1958.

Alice Thorner, "British 'Blue Print' for Burma", *Far Eastern Survey*, Vol. 14, No. 10, 1945.

Amy L. Freedman, "The Effect of Government Policy and Institutions on Chinese Overseas Acculturation: The Case of Malaysia", *Modern Asian Studies*, Vol. 35, Issue 2, 2001.

Anthony D. Smith, "National Identity and the Idea of European Unity", *International Affairs*, Vol. 68, No. 1, 1992.

B. M. Jain, "Dynamics of Political Transition in Myanmar", *Indian Journal of Asian Affairs*, Vol. 19, No. 2, 2006.

Baladas Ghoshal, "Democratic Transition in Myanmar: Challenges Ahead", *India Quarterly: A Journal of International Affairs*, Vol. 69, Issue 2, 2013.

Ben Kiernan, "Kampuchea's Ethnic Chinese under Pol Pot: A Case of Systematic Social Discrimination", *Journal of Contemporary Asia*, Vol. 16, No. 1, 1986.

Bruce E. Reynolds, "Phibun Songkhram and Thai Nationalism in the Fascist Era", *European Journal of East Asian Studies*, Vol. 3, No. 1, 2004.

Carl H. Landé, "Ethnic Conflict, Ethnic Accommodation, and Nation-Building in Southeast Asia", *Studies in Comparative International Development*, Vol. 33, Issue 4, 1999.

Carlyle A. Thayer, "Laos in 2002: Regime Maintenance through Political Stability", *Asian Survey*, Vol. 43, No. 1, 2003.

Charles F. Keyes, "Ethnic Identity and Loyalty of Villagers in Northeastern Thailand", *Asian Survey*, Vol. 6, No. 7, 1966.

Charles F. Keyes, "Millennialism, Theravāda Buddhism, and Thai Society", *The Journal of Asian Studies*, Vol. 36, Issue 2, 1977.

Charles Hirschman, "The Making of Race in Colonial Malaya: Political Economy and Racial Ideology", *Sociological Forum*, Vol. 1, No. 2, 1986.

Chester L. Hunt, "Moslem and Christian in the Philippines", *Pacific Affairs*, Vol. 28, No. 4, 1955.

Chusak Wittayapak, "History and Geography of Identifications Related to Resource Conflicts and Ethnic Violence in Northern Thailand", *Asia Pacific Viewpoint*, Vol. 49, No. 1, 2008.

Claudia Derichs and Thomas Heberer, "Introduction: Diversity of Nation-Building in East and Southeast Asia", *European Journal of East Asian Studies*, Vol. 5, Issue 1, 2006.

Colin Long and Jonathan Sweet, "Globalization, Nationalism and World Heritage: Interpreting Luang Prabang", *South East Asia Research*, Vol. 14, No. 3, 2006.

Dan Slater, "Strong-State Democratization in Malaysia and Singapore", *Journal of Democracy*, Vol. 23, No. 2, 2012.

David I. Steinberg, "Democracy, Power, and the Economy in Myanmar: Donor Dilemmas", *Asian Survey*, Vol. 31, No. 8, 1991.

Dennis J. Duncanson, "Vietnam as a Nation-State", *Modern Asian Studies*, Vol. 3, No. 2, 1969.

Donald Kirk, "Cambodia's Economic Crisis", *Asian Survey*, Vol. 11, No. 3, 1971.

Donald L. Horiwitz, "Incentives and Behaviour in the Ethnic Politics of Sri Lanka and Malaysia", *Third World Quarterly*, Vol. 11, No. 4, 1989.

Edgar Wickberg, "Early Chinese Economic Influence in the Philippines, 1850 – 1898", *Pacific Affairs*, Vol. 35, No. 3, 1962.

Eiji Murashima, "The Origin of Modern Official State Ideology in Thailand", *Journal of Southeast Asian Studies*, Vol. 19, Issue 1, 1988.

Felipe B. Miranda, "The Political System and Nation-Building in the Philippines", *Social Weather Stations (SWS) Occasional Paper*, 1987.

Geoffrey C. Gunn, "Laos in 1990: Winds of Change", *Asian Survey*, Vol. 31, No. 1, 1990.

Ian G. Baird, "Different Views of History: Shades of Irredentism along the Laos-Cambodia Border", *Journal of Southeast Asian Studies*, Vol. 41, No. 2, 2010.

Ian G. Baird, "'Indigenous Peoples' and Land: Comparing Communal Land Titling and Its Implications in Cambodia and Laos", *Asia Pacific Viewpoint*, Vol. 54, No. 3, 2013.

Ishak bin Tadin, "Dato Onn and Malay Nationalism 1946 – 1951", *Journal of Southeast Asian History*, Vol. 1, Issue 1, 1960.

Jan Stark, "Indian Muslims in Malaysia: Images of Shifting Identities in the Multi-ethnic State", *Journal of Muslim Minority Affairs*, Vol. 26, Issue 3, 2006.

Jean-Christophe Castella, Guillaume Lestrelin and Cornelia Hett et al., "Effects of Landscape Segregation on Livelihood Vulnerability: Moving from Extensive Shifting Cultivation to Rotational Agriculture and Natural Forests in Northern Laos", *Human Ecology*, Vol. 41, No. 1, 2013.

Jennifer S. Berman, "No Place Like Home: Anti-Vietnamese Discrimination and Nationality in Cambodia", *California Law Review*, Vol. 84, No. 3, 1996.

Jin Ai Mary Anne Tan, "Characterisation and Confirmation of Rare Beta-thalassaemia Mutations in the Malay, Chinese and Indian Ethnic Groups in Malaysia", *Pathology*, Vol. 38, Issue 5, 2006.

Joel M. Halpern and Marilyn Clark Tinsman, "Education and Nation-Building in Laos", *Comparative Education Review*, Vol. 10, No. 3, 1966.

John Draper and Paweena Prasertsri, "The Isan Culture Maintenance and Revitalisation Programme's Multilingual Signage Attitude Survey", *Journal of Multilingual and Multicultural Development*, Vol. 34, Issue 7, 2013.

Jomo Kwame Sundaram, "Malaysia's New Economic Policy and National Unity", *Third World Quarterly*, Vol. 11, Issue 4, 1989.

Justus M. van der Kroef, "From 'Democratic Kampuchea' to 'People's Republic'", *Asian Survey*, Vol. 19, No. 8, 1979.

K. J. Clymer, "The Killing Fields-Kiernan Ben: The Pol Pot Regime: Race, Power and Genocide in Cambodia under the Khmer Rouge, 1975 – 1979", *Review of Politics*, Vol. 59, No. 1, 2009.

Kazuya Yamamoto, "Nation-Building and Integration Policy in the Philippines", *Journal of Peace Research*, Vol. 44, No. 2, 2007.

Kachadpai Burusapatana and Porntipa Atipas, "Thai Government Policies on Minorities", *Southeast Asian Journal of Social Science*, Vol. 16, No. 2, 1988.

Kendra Schreiner, "Nation Building and Nationalism in Myanmar: From Military Rule to Democratic Opening", *University of Saskatchewan Undergraduate Research Journal*, Vol. 3, Issue 2, 2017.

Kikue Hamayotsu, "Islam and Nation Building in Southeast Asia: Malaysia and Indonesia in Comparative Perspective", *Pacific Affairs*, Vol. 75, No. 3, 2002.

Kikue Hamayotsu, "Towards a More Democratic Regime and Society? The Politics of Faith and Ethnicity in a Transitional Multi-Ethnic Malaysia", *Journal of Current Southeast Asian Affairs*, Vol. 32, Issue 2, 2013.

Kristina Jönsson, "Laos in 2009: Recession and Southeast Asian Games", *Asian Survey*, Vol. 50, No. 1, 2010.

Kyaw Yin Hlaing, "Myanmar in 2003: Frustration and Despair?", *Asian Survey*, Vol. 44, No. 1, 2004.

Luis Q. Lacar, "Culture Contact and National Identification among Philippine Muslims", *Philippine Study*, Vol. 42, No. 4, 1994.

M. Shamsul Haque, "The Role of the State in Managing Ethnic Tensions in Malaysia: A Critical Discourse", *American Behavioral Scientist*, Vol. 47, Issue 3, 2003.

Mac Alister Brown and Joseph J. Zasloff, "Laos 1974: Coalition Government Shoots the Rapids", *Asian Survey*, Vol. 15, No. 2, 1975.

Mac Alister Brown and Joseph J. Zasloff, "Laos 1979: Caught in Vietnam's Wake", *Asian Survey*, Vol. 20, No. 2, 1980.

Marco Bünte, "Perilous Presidentialism or Precarious Powersharing? Hybrid Regime Dynamics in Myanmar", *Contemporary Politics*, Vol. 24, Issue 3, 2018.

Margaret Slocomb, "The Nature and Role of Ideology in the Modern Cambodian State", *Journal of Southeast Asian Studies*, Vol. 37, No. 3, 2006.

Marilyn J. Gregerson, "Learning to Read in Ratanakiri: A Case Study from Northeastern Cambodia", *International Journal of Bilingual Education and Bilingualism*, Vol. 12, No. 4, 2009.

Martin Stuart-Fox, "The French in Laos, 1887–1945", *Modern Asian Studies*, Vol. 29, No. 1, 1995.

Md Nasrudin Md Akhir, Keum Hyun Kim Chung-Sok Suh, "Structure and Agency in the Malaysian Government's Policies for Economic Development", *The Economic and Labour Relations Review*, Vol. 24, Issue 4, 2013.

Merliza M. Makinano and Alfredo Lubang, "Disarmament, Demobilization and

Reintegration: The Mindanao Experience", Prepared for the International Security Research and Outreach Programme International Security Bureau, Canada: Department of Foreign Affairs and International Trade, Feb., 2001.

Michael Hawkins, "Muslim Integration in the Philippines: A Historiographical Survey", *Asia-Pacific Social Science Review*, Vol. 8, No. 1, 2008.

Monique Skidmore, "Darker than Midnight: Fear, Vulnerability and Terror Making in Urban Burma (Myanmar)", *American Ethnologist*, Vol. 30, No. 1, 2003.

N. J. Enfield, "Languages as Historical Documents: The Endangered Archive in Laos", *South East Asia Research*, Vol. 14, No. 3, 2006.

Nathan Gilbert Quimpo, "Options in the Pursuit of a Just, Comprehensive, and Stable Peace in the Southern Philippines", *Asian Survey*, Vol. 41, No. 2, 2001.

Nantawan Haemindra, "The Problem of the Thai-Muslims in the Four Southern Provinces of Thailand (Part One)", *Journal of Southeast Asian Studies*, Vol. 7, Issue 2, September 1976.

Nehginpao Kipgen, "Political Change in Burma: Transition from Democracy to Military Dictatorship (1948 – 62)", *Economic and Political Weekly*, Vol. 46, No. 20, 2011.

Nidhi Eoseewong, "The Thai Cultural Constitution", *Kyoto Review of Southeast Asia*, No. 3, 2003.

P. N. Abinales, "Mindanao in the Politics of the Philippine Nation-State: A Brief Sketch", *Philippine Political Science Journal*, Vol. 17, Issue 33 – 36, 1992.

Patrick Meehan, "Drugs, Insurgency and State-Building in Burma: Why the Drugs Trade Is Central to Burma's Changing Political Order", *Journal of Southeast Asian Studies*, Vol. 42, No. 3, 2011.

Peter Swift, "Changing Ethnic Identities among the Kuy in Cambodia: Assimilation, Reassertion and the Making of Indigenous Identity", *Asia Pacific*

Viewpoint, Vol. 54, No. 3, 2013.

Ramses Amer, "Ethnic Vietnamese in Cambodia: A Minority at Risk?", *Contemporary Southeast Asia*, Vol. 16, No. 2, 1994.

Ramses Amer, "Cambodia's Ethnic Vietnamese: Minority Rights and Domestic Politics", *Asian Journal of Social Science*, Vol. 34, No. 3, 2006.

Raymond L. M. Lee, "The Transformation of Race Relations in Malaysia: From Ethnic Discourse to National Imagery, 1993 – 2003", *African and Asian Studies*, Vol. 3, Issue 2, 2004.

Ronald D. Renard, "Creating the Other Requires Defining Thainess against Which the Other Can Exist: Early-Twentieth Century Definitions", *Southeast Asian Studies*, Vol. 44, No. 3, 2006.

Ronan Lee, "A Politician, Not an Icon: Aung San Suu Kyi's Silence on Myanmar's Muslim Rohingya", *Islam and Christian-Muslim Relations*, Vol. 25, Issue 3, 2014.

Rosalie Giacchino-Baker, "Educating Ethnic Minorities in Vietnam: Policies and Perspectives", *Kappa Delta Pi Record*, Vol. 43, Issue 4, 2007.

Ryerson Christie, "Millennium Development Goals (MDGs) and Indigenous Peoples' Literacy in Cambodia: Erosion of Sovereignty?", *Nations & Nationalism*, Vol. 21, No. 2, 2015.

Saowanee T. Alexander and Duncan McCargo, "Diglossia and Identity in Northeast Thailand: Linguistic, Social, and Political Hierarchy", *Journal of Sociolinguistics*, Vol. 18, Issue 1, 2014.

Shamsul Amri Baharuddin, "The Transformation of Southeast Asia: International Perspectives on Decolonization", *Contemporary Southeast Asia: A Journal of International and Strategic Affairs*, Vol. 26, No. 1, 2004.

Sheldon Appleton, "Overseas Chinese and Economic Nationalization in the Philippines", *The Journal of Asian Studies*, Vol. 19, No. 2, 1960.

Shigeharu Tanabe, "Ideological Practice in Peasant Rebellions: Siam at the Turn of the Twentieth Century", *Senri Ethnological Sthudies*, No. 13, 1984.

Stefan Ehrentraut, "Perpetually Temporary: Citizenship and Ethnic Vietnamese in Cambodia", *Ethnic and Racial Studies*, Vol. 34, No. 5, 2011.

Thamsook Numnonda, "Pibulsongkram's Thai Nation-Building Programme during the Japanese Military Presence, 1941 – 1945", *Journal of Southeast Asian Studies*, Vol. 9, Issue 2, 1978.

Thomas Clayton, "Building the New Cambodia: Educational Destruction and Construction under the Khmer Rouge, 1975 – 1979", *History of Education Quarterly*, Vol. 38, No. 1, 1998.

Tin Maung Maung Than, "Myanmar in 2013: At the Halfway Mark", *Asian Survey*, Vol. 54, No. 1, 2014.

Wang Gungwu, "Party and Nation in Southeast Asia", *Millennial Asia*, Vol. 1, Issue 1, 2010.

William Case, "Laos in 2010: Political Stasis, Rabid Development and Regional Counter-Weighting", *Asian Survey*, Vol. 51, No. 1, 2011.

William E. Willmott, "The Chinese in Cambodia", *Journal of Southeast Asian Studies*, Vol. 12, No. 1, 1981.

八　论文集

包茂红、李一平、薄文泽主编：《东南亚历史文化研究论集》，厦门大学出版社2014年版。

魏维贤、张玉安主编：《"面向21世纪的东南亚"国际学术研讨会论文集》，经济日报出版社2001年版。

中山大学东南亚历史研究所编：《东南亚历史论文集》，1984年版。

九　史籍

（南朝宋）范晔撰，（唐）李贤等注：《后汉书》，中华书局1965年版。

（元）汪大渊著，苏继校释：《岛夷志略校释》，中华书局1981年版。

［安］吴士连编辑，［日］引田利章校订句读：《大越史记全书（第二册）·外纪全书卷之三》，东京：埴山棠反刻，明治十七年。

十 网络文献

Constitution of the Republic of Singapore,网址:https://www.wipo.int/wipolex/zh/text.jsp? file_id = 188428。

International Labour Organization (ILO), National Education Law:Myanmar (2014, Parliamentary Law No. 41) 1376, New Moon of Thadingyut 7th day, Sep. 30, 2014,网址:http://www.ilo.org/dyn/natlex/natlex4.detail? p_lang = en&p_isn = 100493&p_count = 3&p_classification = 09。

Nicha Pittayapongsakorn, Shifting the Thai Education Paradigm, *Bangkok Post*, Jan. 10, 2018.

The 1945 Constitution of the Republic of Indonesia,网址:http://www.wipo.int/edocs/lexdocs/laws/en/id/id048en.pdf。

The Office of the Council of State, *Constitution of the Kingdom of Thailand* (Unofficial Translation), Bangkok:The Constitutional Court of the Kingdom of Thailand, April 6, 2017/B. E. 2560.

世界人口网:《面临人口问题,菲律宾计划生育政策呼之欲出》,网址:http://www.renkou.org.cn/countries/feilvbin/2016/4965.html。

越南文化、体育和旅游部:第796/HD-BVHTTDL号关于祭雄祖日(阴历三月初十)纪念雄王仪式的指导文件。

越南政府:第24/TTr-CP号关于全国劳动人民祭雄祖日放假的提案。

越南政府:第82/2001/ND-CP号关于国家仪式和接待外国客人仪式的决议。

后　记

　　本书是在何平教授主持的 2014—2019 年度国家社科基金项目"东南亚民族国家建构的历史基础、目标构想与民族整合进程研究"（项目编号 14BMZ043）的研究成果的基础上压缩而成的。研究者为长期从事东南亚历史和民族问题研究的专业人员和青年研究者。项目立项以后，在何平教授的指导下，研究者广泛收集资料，相互讨论交流，先后完成了各自承担的部分内容，并最后由何平和阳举伟完成统稿。项目最后评审结果为良好。

　　全书除了绪论和结语外，一共有九章。其中绪论部分由何平和阳举伟执笔；正文第一章泰国部分由阳举伟执笔；第二章越南部分由王云裳执笔；第三章老挝部分由张静执笔并提供书稿一章的初稿，后期改稿均由统稿人承担；第四章柬埔寨部分由宋云龙执笔；第五章缅甸部分由左娅执笔；第六章新加坡部分由李猛执笔；第七章马来西亚部分由蒋炳庆执笔；第八章印度尼西亚部分由李猛执笔；第九章菲律宾部分由段宜宏执笔；结语部分由何平和阳举伟执笔。

　　书稿完成后，由何平和阳举伟最后统稿。

　　感谢中国社会科学出版社张湉老师在本书出版修改过程中给予的热心指导和帮助，感谢审稿专家的认真审阅和提出的宝贵修改意见，这对书稿质量的提高无疑起到了重要的作用。同时，感谢中国社会科学出版社负责排版的张小会老师在书稿修改过程中遇到这样那样的修改问题需

后 记

要处理时所付出的时间、精力以及给予的热诚帮助。此外，谢谢中国社会科学出版社其他老师在本书出版过程中付出的精力和汗水。

由于研究对象本身的系统性和复杂性，难免存在这样那样的问题、疏漏和不足，对此，欢迎并诚恳接受批评改进意见。

是为记。

阳举伟

二〇二二年四月十四日初记

二〇二三年十月廿八日增改

于贵阳·花溪